普通高等教育“十一五”国家级规划教材

北京高等教育精品教材

BEIJING GAODENG JIAOYU JINGPIN JIAOCAI

普通高等教育物流管理专业系列教材

物流成本管理 第4版

Logistics Cost Management

主编 易 华 李伊松

参编 张文杰 王冬梅

主审 李文兴

机械工业出版社

CHINA MACHINE PRESS

本书围绕物流成本管理的理论与方法，简单介绍了物流成本管理的产生与发展、意义与作用、研究内容与研究方法，物流成本的概念、构成、分类、特点与影响因素，以及相关的物流理论等内容，重点阐述了客户服务成本，物流成本的计算，运输成本，仓储成本，库存持有成本与其他物流成本，物流成本的分析、预测与决策，物流成本的控制，物流作业成本管理等内容，在各章内容的最后都有适合讨论和学习的经典资料或案例。本书内容全面系统，重点突出，深入浅出，注重理论联系实际，可操作性强，对于物流成本的分类清晰，充分反映了物流成本管理的最新研究成果。

本书既可作为高等院校物流管理专业本科生、硕士研究生、MBA“物流成本管理”课程的教材，也可供物流企业从业人员、从事物流管理咨询的人员使用。

图书在版编目（CIP）数据

物流成本管理/易华，李伊松主编. —4版. —北京：机械工业出版社，2022.7（2025.6重印）

普通高等教育“十一五”国家级规划教材　北京高等教育精品教材　普通高等教育物流管理专业系列教材

ISBN 978-7-111-70643-4

Ⅰ.①物…　Ⅱ.①易…②李…　Ⅲ.①物流管理-成本管理-高等学校-教材　Ⅳ.①F253.7

中国版本图书馆CIP数据核字（2022）第070785号

机械工业出版社（北京市百万庄大街22号　邮政编码100037）
策划编辑：曹俊玲　　责任编辑：曹俊玲
责任校对：张亚楠　王　延　　封面设计：张　静
责任印制：任维东
河北宝昌佳彩印刷有限公司印刷
2025年6月第4版第6次印刷
184mm×260mm・21.5印张・534千字
标准书号：ISBN 978-7-111-70643-4
定价：69.00元

电话服务　　网络服务
客服电话：010-88361066　　机　工　官　网：www.cmpbook.com
010-88379833　　机　工　官　博：weibo.com/cmp1952
010-68326294　　金　书　网：www.golden-book.com
封底无防伪标均为盗版　　机工教育服务网：www.cmpedu.com

前　言

翻开所有有关物流管理的著作、论文及研究报告，物流成本都是其中必然涉及的论题。宏观上，物流成本管理对国家经济、区域经济、城市经济中经济结构的整合、经济效益的提升和产业竞争能力的改善都有重要的作用；微观上，从最初的物流管理是企业的第三利润源泉的提出，物流管理是为企业提供高效低成本的服务，到物流管理对企业的核心竞争能力形成有重要的作用，都显示出物流成本管理的重要性。而对供应链管理中有效型和反应型供应链的管理，物流成本管理又是其中最为引人注目的议题之一。

本书是在几位编者多年从事物流管理理论与实践研究，以及多年从事物流管理教学实践的基础上，通过多次课程的讲授和反复的研讨，以提出的比较适于我国物流管理的状况，又能与国外物流管理理论与方法相衔接的新的物流成本管理的分类体系及管理理念为框架编写而成。本书从成本管理的基本过程出发，从物流成本的计算、物流成本的分析、物流成本的预测与决策、物流成本的控制讲授物流成本管理的相关内容；从物流活动涉及的主要功能出发，从运输成本、仓储成本、库存持有成本、其他物流成本的角度讲授物流成本管理相关内容的框架体系，使得本书无论是从物流管理的角度还是从成本管理的角度，都有较为完整的内容及体系。

考虑到物流成本管理以往是分散在不同的物流管理活动中的，鲜有专门讲述物流成本管理的专门资料，本书中我们把近年来收集的有关物流成本管理的经典资料和案例，作为教材的一部分附在每章的后面，减小了读者查找资料的难度，增加了教材的实践性。

本书第 1 版、第 2 版及第 3 版出版之后，受到了广大读者的欢迎与好评。同时，近几年来物流成本管理领域的新方法、新理论以及新的实践经验也有了很大的发展。本次修订延续了本书原有的合理、成熟的结构体系，吸收了理论界与企业实践中的新成果。第 4 版在第 3 版整体框架的基础上，对书中的部分内容进行了调整与更新，主要包括：对相关部分的数据与内容进行了更新，以方便读者了解最新情况；对章后的绝大部分经典资料和案例进行了调整，将近年来物流成本管理领域最新的高水平研究成果和成功的企业实践经验引进来，以配合当前高校实施研究型教学、创新型教学和实践型教学的大趋势，同时也帮助读者了解本领域最新的理论与实践动态。

许多人对本书的内容有过重要的贡献，在此难以一一列举。我们要特别感谢北京交通大学经济管理学院的李文兴教授，在他的鼓励和认真审阅下，才使本书得以形成一个新的体系框架，并得以最终完成。在本书的编写及改版过程中，还参阅了大量的国内外教材、专著和期刊，并在参考文献中尽可能逐一列出，在此，特向这些作者表示衷心的感谢。当然，由于编者的疏忽，极有可能出现一些遗漏，也敬请见谅。此外，在各章的经典资料与案例中，本书节选、改写或原文引用了一些文献，由于受到客观条件的限制，无法一一与这些文献的作者取得联系，请这些文献的作者见到本书后与我们联系，领取相应的报酬。

本书为北京高等教育精品教材及普通高等教育“十一五”国家级规划教材，由北京交通大学经济管理学院的易华、李伊松担任主编，北京交通大学经济管理学院的张文杰及王冬梅参与编写。全书共分十章，其中第一章由张文杰编写，第二、五章由李伊松编写，第三、六、七、八章由易华编写，第四、九、十章由王冬梅编写。李文兴教授担任主审。全书由易华、李伊松统稿。

本书配有电子课件，凡使用本书作为教材的教师可登录机械工业出版社教育服务网（www. cmpedu. com）注册后下载。

物流成本管理的理论、方法与实践还在不断地发展，参与物流成本管理的学者与日俱增，我们希望以本书的再版作为契机，在物流成本管理的理论和方法不断完善的同时，能够不断充实本书的内容。

编　者

目　录

第一章

绪　论

作　用

本章属于物流成本管理的引言，涉及的内容以介绍为主，为后续章节的内容起到引导、规范概念及设定方法的作用，是后续章节内容展开的基础。

关　键

- 物流成本管理的概念
- 物流成本管理的产生与发展
- 物流成本管理的意义与作用
- 物流成本管理的研究内容与研究方法
- 相关的物流理论

第一节　物流成本管理的概念、产生与发展

一、物流成本管理的概念

经济的发展使得科学技术与生产经营日益结合，企业一方面靠科学技术积极开拓市场，另一方面注重管理，挖掘内部潜力，控制和降低成本，以低成本、高质量求生存。因此，成本管理是企业管理的重要组成部分。成本管理是根据会计及其他有关资料，采用会计的、数学的和统计的方法，对企业成本进行预测、决策、预算、核算、控制和分析，以达到成本最低的一项综合性的管理活动。随着成本管理实践的深入和物流管理在当今社会的快速发展，人们深刻认识到，成本管理不能仅停留在原有的模式和内容上，要想大幅度降低成本，提高质量，必须注重物流这个“第三利润源”的管理。而人们对物流管理的关心首先是从关心物流成本开始的，因此要完善成本管理体系，推动成本管理发展，加强物流在企业经营中的职能，就必须加强物流成本管理。

从物流成本管理的内容来看，物流成本管理是以物流成本信息的产生和利用为基础，按照物流成本最优化的要求有组织地进行预测、决策、计划、控制、分析和考核等一系列的科学管理活动。它是一种价值管理，涉及企业物流价值活动的各个方面。但是这种说法并没有真正揭示物流成本管理的内涵。因为许多人一提到物流成本管理，就认为是“管理物流成本”。人们把注意力单纯地集中在掌控物流成本上，所要达到的目的是物流成本计

算本身。实际上，常听到“虽然计算了物流成本，但不知道怎样利用”的反映。这类情况，是把物流成本管理误解为管理物流成本的典型例子。在大多数情况下，一味地注意“怎样计算”，却忘了“为什么计算”，完全是本末倒置。

学术界有一种观点认为：物流成本管理不单是一项具体的可操作的任务，物流成本管理不仅仅是管理物流成本，而是通过成本来管理物流，可以说是以成本为手段的物流管理方法，通过对物流活动的管理，从而在既定的服务水平上达到降低物流成本的目的。

二、物流成本管理的产生与发展

（一）物流成本管理的产生

物流管理起源于军事后勤。第二次世界大战中，美国海军基于巨额军用物资的调拨而首创了物流管理，而后被美国陆军所推崇并实施运用。由于在军事上的应用注重的是保证军用物资供应的可达性和及时性，是不怎么考虑成本的，所以物流成本管理没有得到重视。第二次世界大战后，西方发达国家各大公司的效益普遍下滑，一方面是由于市场的激烈竞争，另一方面则是物价上涨及人工成本的提高使利润率降低。企业在平均利润率的杠杆作用下，已难以靠提高产品售价增加利润，要进一步降低产品生产成本也困难重重。在这种情况下，促使企业千方百计地寻找降低成本的新途径，于是物流管理便进入了商业领域，成为继生产资料、劳动力之后的第三利润源。企业注重成本管理，追求利润最大化，于是物流成本管理便应运而生，成为一种降低成本、提高服务水平的手段。

（二）物流成本管理的发展

物流成本管理的发展与经济的发展有着密切的关系，物流的发展取决于社会经济和生产力的发展水平，也取决于科学技术的发展水平。在经济发展的初级阶段，企业的经营思想是以生产制造为中心，根本无暇顾及流通领域中的物流问题。当经济快速发展，竞争加剧，企业开始向降低生产成本以外的领域寻求出路时，开始意识到物流对企业降低成本的作用，物流总成本的概念就开始被引入。由于经济的不断发展，外部环境的变化一方面给企业自身带来了改善物流系统的推动力，同时也促使政府修改高物流成本温床的管理政策，物流成本管理逐渐得到了发展，出现了物流管理部门，使得物流成本管理开始组织化，并采用外包制这种新的管理形式来降低物流成本和提高竞争力。同时物流总成本的概念也为物流管理的发展产生了推动作用。物流成本管理是随着物流管理的发展而兴起的成本管理的一个新的发展方面。物流成本管理的发展同成本管理一样，也是沿着事后管理到事中管理，再到事前管理的逻辑演进过程而不断向前发展的。

1. 国外物流成本管理发展情况

（1）国外物流成本管理的发展阶段。从国外企业物流成本管理一般的发展过程来看，大致可以分为以下五个阶段：

1）物流成本认识阶段。物流成本管理在物流管理中占有重要的位置。“物流是经济的黑暗大陆”“物流是第三利润源”等观点都说明了物流成本问题是物流管理初期人们关心的主要问题。所谓“物流是第三利润源”，是指通过物流合理化，降低物流成本，成为在降低制造成本和扩大销售之后企业获取利润的第三种途径。正是由于在物流领域存在着广阔的降低成本的空间，物流问题才引起企业经营管理者的重视。企业物流管理可以说是从对物流成本的管理开始的。

但是，在这个阶段，人们对于物流成本的认识只是停留在概念认识的层次上，还没有

依照管理的步骤对物流成本实施全面管理。

2）物流项目成本管理阶段。在这个阶段，在对物流成本认识的基础上，根据不同部门、不同领域或不同产品出现的特定物流问题，组织专门的人员研究解决。但是，对于物流成本管理的组织化程度以及对物流成本的持久把握方面仍存在不足。到了这个阶段，物流管理组织开始出现。

3）引入物流预算管理制度的阶段。随着物流管理组织的设置，对物流成本有了一个统一、系统的把握，开始引入物流预算管理制度。也就是说，通过物流预算的编制、预算与实际的比较对物流成本进行差异分析，从而达到控制物流成本的目的。

但是，这个阶段编制的物流预算缺乏准确性，对于成本变动原因的分析也缺乏全面性，而且对物流成本的把握仅限于运费和对外支付的费用。

4）物流预算管理制度确立阶段。在这个阶段推出了物流成本的计算标准，物流预算及其管理有了比较客观准确的依据，物流部门成为独立的成本中心或利润中心。

5）物流业绩评价制度确立阶段。物流预算制度确立后，进一步发展的结果是形成物流业绩评价制度。通过物流部门对企业业绩贡献度的把握，准确评价物流部门的工作。物流部门的业绩评价离不开其对于降低物流成本的贡献度，降低物流成本是物流部门的永恒目标。

（2）日本的物流成本管理发展情况。在不同的国家，物流发展程度不同，对物流的研究程度也各异，对物流成本管理的发展也存在着不同的看法。在日本，物流技术兴起于20世纪50年代，发展至今已形成了一套完整的体系，由重视功能变为重视成本，进而变为重视服务。物流成本管理一直受到日本物流界的重视，在长期的发展中逐步向物流成本与财务结算制度相连接的方向发展。

在日本，有关物流成本管理的发展阶段问题存在着两种不同的学术观点。一种是以神奈川大学的唐泽丰教授为代表，认为日本的物流成本管理的发展可以分为下述四个阶段：

1）明确物流成本，从物流成本与销售额的比率角度进行管理的阶段，即主要是定量地掌握物流成本的阶段。

2）采用物流预算制度，可以对物流成本的差异进行分析的阶段。

3）正式确定物流成本的基准值或标准值，使物流预算的提出或物流的管理有一个客观的、恰当的标准。

4）建立物流管理会计制度的阶段，使物流成本管理与财务会计在系统上连接起来，对物流成本进行成本模拟的阶段。

日本物流成本管理的发展历程如图1-1所示。

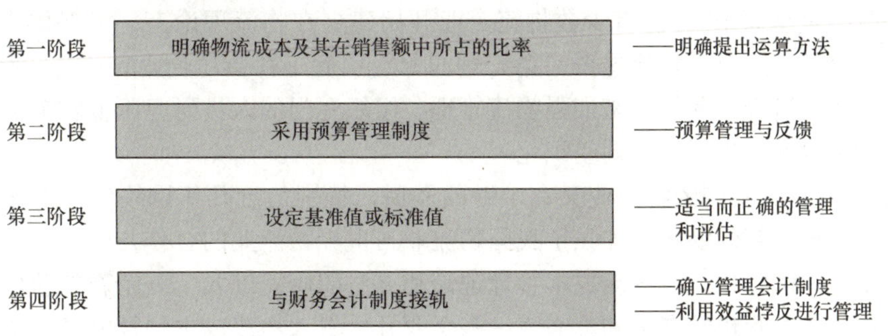

图1-1 日本物流成本管理的发展历程

唐泽丰教授认为，目前日本企业的物流成本管理基本停留在第三阶段。

另一种是以菊池康也教授为代表，他在《物流管理》（清华大学出版社出版）一书中阐明了自己的观点，他认为日本物流成本管理的发展可以分为下述几个阶段：

1）了解物流成本的实际状况（对物流活动的重要性提高认识）。

2）物流成本计算（了解并解决物流活动中存在的问题）。

3）物流成本管理（物流成本的标准成本管理和预算管理）。

4）物流收益评估（评估物流对企业效益的贡献程度）。

5）物流盈亏分析（对物流系统的变化或改革做出模拟模型）。

菊池康也教授认为，目前日本企业多处于第三阶段，还没有达到第四阶段、第五阶段，物流部门的管理还落后于销售和生产部门的管理。

2. 我国物流成本管理发展情况

我国的物流成本管理起步较晚。1979 年，中国物资经济学会派代表团参加了在日本举行的第三届国际物流会议，第一次把“物流”这一概念从日本介绍到了国内。

20 世纪 80 年代初，我国流通领域还带有很浓重的计划经济色彩，作为生产资料流通的主要承担者——国有物资部门开始从宏观角度研究物流。而此时的商业系统还无暇顾及物流领域，使当时的商业系统对物流的研究远远落后于物资系统。这时，我国物流管理的发展基本上处在概念的引进和初级的理论研究阶段，未能引起各方面重视，没有进行深入的研究和实际的操作，对物流成本的认识也只是停留在概念认识的层次上，更谈不上对物流成本进行管理了。

90 年代初，由于竞争的激烈，业态的多样化导致流通利润下降，商业系统才开始重视物流，特别是开始重视连锁经营与配送关系的研究，使商业系统对物流的研究迈向了新的高度。1991 年，由中国物资流通学会承担的“工业企业物流合理化研究”课题组，对我国电子、石化、有色金属等八个行业的物流现状做了一次表格调查，发现企业现有统计报表中按物流概念统计的数据极少，大量数据需要通过估算得出，有些数据甚至无法填写。这次活动引起企业对物流的重视，有些企业对本单位的物流状况进行了全面调查，对物流成本进行分析，对物流主要环节的某些指标定额进行探索（如物流吨费用、运输吨/公里费用、仓储吨日成本等）。物流成本开始进入初步的研究和试验性管理阶段，但只限于个别的企业和部门，并没有引起全社会对物流成本的关注。

进入 90 年代后期，随着我国经济体制的改革，企业产权关系的明确，生产企业及其他流通企业开始认识到物流的重要性。国内一些企业内部开始设立专门的物流部门，也开始出现了不同形式的物流企业（大多物流企业是由原运输企业、仓储企业、商业企业或工业企业等改造重组而来），已有少数物流企业开始建立在物流理论上，根据物流运作规律进行组织与管理。此时，物流这个“第三利润源”引起了社会和企业的极大兴趣，大家纷纷参照国外的先进经验和技术来加强物流管理，组织专门的人员研究降低物流成本的理论和方法，物流成本管理开始迈向组织化。

进入 21 世纪，我国的物流业又有了新的发展，特别是近几年网络经济的发展，电子商务对物流提出了新的要求，加强了我国物流业与世界物流业的合作与交流，使我国物流业发展开始走向国际化。对物流成本管理理论和方法的研究进入了一个新的阶段，出现了一些关于物流成本管理的专著和论文。一些企业开始引入物流成本预算制度，作为物流环节的运输、储存、装卸搬运等，都有了一些行业的定额指标。但是物流成本的预算缺乏准

确性，国内尚无物流成本的定额指标，许多物流成本都隐藏在传统的会计统计中，没有被完整地列入物流成本的范畴，对于变动成本的分析更是缺乏全面性，所以对物流成本的把握仅限于运费等一些常见的基本指标以及对外支付的费用。

目前，物流成本管理的研究工作在我国尚处于起步阶段，还没有建立专门的物流成本计算体系，缺乏规范的计算。但是近几年来有不少企业已在探讨和摸索，并取得了一些积极的成果。理论界也在积极探讨关于建立统一的物流成本计算标准的问题。通过对物流成本的管理来改善物流流程，降低成本，提高效益，已经成为我国物流业的核心问题。

第二节 物流成本管理的意义与作用

专家认为："物流既是主要成本的产生点，又是降低成本的关注点""物流是降低成本的宝库"。物流管理对于降低资源消耗、提高生产效率、增进企业经营效果、降低总体费用的作用已经引起了企业的普遍关注，物流管理正在成为企业的经营职能之一。物流成本管理是企业物流管理的核心，为此，所有企业都在谋求降低物流成本的途径。同样，我国也开始致力于这方面的研究。实行物流成本管理，降低物流成本，提高效益，对国家与企业都具有非常重要的现实与长远意义。

一、物流成本管理的微观作用

物流成本在企业的总成本中占有不小的比例，因此物流成本对于企业来说不是一个小数目。从国家发展改革委、中国物流与采购联合会对 2016 年全国重点 659 家工业企业、88 家批发和零售业企业的调查可以看出，物流成本占销售额的比例较高。2016 年工业、批发和零售业企业物流费用率（物流费用占销售额的比例）为 8.1%，其中，工业企业物流费用率为 8.6%，批发和零售业企业物流费用率为 7.4%。显然物流成本的下降所带来的利润是巨大的。物流成本的高低直接关系到企业利润水平的高低和竞争力的强弱。现在不少企业中，物流成本占了很大比例，企业为了维持其发展，迫切需要加强物流成本管理来降低成本、增加销售额，因此物流成本管理越来越受到人们的重视。

从微观的角度看，进行物流成本管理给企业带来的经济效益主要体现在以下两个方面：

（一）降低成本，提高利润

由于物流成本在产品成本中占有很大的比例，在其他条件不变的情况下，降低物流成本意味着扩大了企业的利润空间，提高了利润水平。

由经济学的基本原理可知，在充分竞争的市场环境下，产品的价格由市场的供求关系决定。但价格背后体现的还是产品的价值量，即产品中所凝结的人类抽象劳动的数量。商品价值并不取决于个别劳动时间，而是由行业平均必要劳动时间所决定。当某个企业的物流活动效率高于所属行业的平均物流活动效率，物流成本低于所属行业平均物流成本时，物流成本的降低部分就转化为企业的"第三利润"；反之，企业的利润水平就会下降。正是由于这种与降低物流成本相关的超额利润的存在，而且具有较大的降低空间，致使企业积极关注物流成本管理，并致力于降低物流成本。例如，当企业的销售额为 1 亿元，物流成本占销售额的 20%时，物流成本为 2 000 万元；如果通过物流成本管理降低了 20%的物流成本，就相当于增加了 400 万元的利润。换个角度，如果销售利润率是 10%，那么增加

400 万元的利润需要增加 4 000 万元的销售额，所以物流成本降低 20%就相当于增加 40%的销售额。因此降低物流成本对企业利润的增加具有重要意义。

（二）增强竞争优势

企业通过物流成本作为评价其物流活动的共同尺度，将物流活动用货币的形式表现出来，在同一平台上对物流活动进行比较，从而更好地认识到各个活动在企业中的地位。

物流成本的降低，首先意味着增强企业在产品价格方面的竞争优势，企业可以利用相对低廉的价格在市场上出售自己的产品，扩大销售，并以此为企业带来更多的利润。在市场竞争中，价格竞争是市场竞争的主要手段。在进货价格、销售价格不变的情况下，降低物流成本就可以增加企业盈利；若进货价格和盈利保持不变，降低物流成本就可以降低商品的销售价格，从而可以提高企业的竞争力。

其次，增强时间和质量上的竞争力。根据物流成本计算结果，不仅可以知道物流成本占企业生产总成本的份额，而且还可以发现物流活动存在的问题，即现状与理想状态之间的差距，通过对问题的进一步分析，可以有针对性地加以改进，达到物流的合理化。同时，通过对物流成本的分析可以与先前的预算进行比较，根据比较结果来重新进行物流计划的调整、分析和评价，以对物流成本进行更好的控制。所以从某种程度上说，加强物流成本管理是提高企业物流管理水平、提高服务质量的一个激励因素。通过物流成本管理可以改善物流流程，削减不必要的物流环节，减少低效率的作业，提高响应速度和服务质量，减少企业流动资金的占用，加快资金周转速度。

所以，降低物流成本是提高企业竞争实力的一个重要措施。

二、物流成本管理的宏观意义

物流活动的成本对一个国家来说并非一个小数目，其在 GDP 中占有相当的份额。表 1-1 所示为 2008 年—2018 年中美物流成本占 GDP 的百分比。

表 1-1　2008 年—2018 年中美物流成本占 GDP 的百分比

年　份	中国物流成本占 GDP 的百分比（%）	美国物流成本占 GDP 的百分比（%）
2008	18.1	8.5
2009	18.1	7.4
2010	17.8	7.5
2011	17.8	7.9
2012	18.0	7.9
2013	18.0	7.9
2014	16.6	8.0
2015	16.0	7.9
2016	14.9	7.5
2017	14.6	7.5
2018	14.8	8.0

（数据来源：《中国物流年鉴》和《美国物流年度报告》。）

从表 1-1 可以看出，物流成本在国民经济中占有显著地位。2008 年—2018 年我国物流成本占 GDP 百分比总体呈下降趋势，但与美国物流成本占 GDP 百分比相比，我国的物流成本占 GDP 百分比远远高于美国，这说明我国物流成本下降的潜力很大。

（一）提高经济运行质量和总体竞争力

随着经济全球化和信息技术的迅速发展，企业生产资料的获取与产品销售范围日益扩大，社会生产、物资流通、商品交易及其管理正在不断发生深刻的变革。物流成本管理水平的高低，将直接影响物流成本水平，进而影响产品成本。对于我国工商企业而言，在各国企业都追求客户服务的差异化或成本最小化战略之时，可以利用高质量的现代物流系统，降低物流成本，改进物流管理，提高企业及其产品参与国际市场活动的竞争力。如果全行业的物流效率普遍提高，物流成本平均水平降低到一个新的水平，那么，该行业在国际上的竞争力将会得到增强。对于一个地区的行业来说，可以提高其在全国市场的竞争力。

降低物流成本，可以降低物品在运输、装卸、仓储等流通环节的损耗，对于全社会而言，意味着创造同等数量的财富，在物流领域所消耗的物化劳动和活劳动得到节约，实现以尽可能少的资源投入，创造出尽可能多的物质财富，达到减少资源消耗的目的。物流成本的节约，不但为社会节约大量的物质财富，同时也可增加在生产领域的投入，从而创造更多的物质财富；并且还可以增加企业为国家上缴的利税，增加国家资金积累，扩大社会再生产。

全行业物流成本的普遍下降，将会对产品的价格产生影响，导致物价相对下降，减轻消费者的经济负担，这有利于保持消费物价的稳定，相对提高国民的购买力，刺激消费，提高经济运行的整体效率。

物流业越发展，物流成本越低，物流总成本占 GDP 的比例就越低。物流业水平的高低是一个国家综合实力、竞争力、经济效率与宏观调控力的重要标志。物流成本管理对于优化资源配置，提高经济运行效率，具有十分重要的意义。

（二）加速产业结构的调整，支撑新型工业化

区域经济是一种聚集经济，是人流、商流、资金流等各种生产要素聚集在一起的规模化生产，以生产的批量化和连续性为特征。在区域经济的发展进程中，合理的物流系统起着基础性的作用。

加强物流成本管理，促进现代物流的发展，改变着区域经济的增长方式。我国传统的工业化道路有一个明显特点：一方面追求高速度，另一方面呈粗放式运作。反映在物流上，就是物流成本占 GDP 的比例过高，物流成本在产成品成本中的比例过高，库存过大。依据国家统计局发布的数据，2020 年末我国规模以上工业企业产成品存货为 4.60 万亿元，资金周转速度慢。我国目前处于工业化中期，加强物流成本管理可以促进区域经济增长方式的转变，引导企业走新型工业化之路，实现用集约式经营来提高效益和效率。加强物流成本管理是实现新型工业化的强大支撑。

加强以物流成本为手段的物流管理，可以促进新的产业形态的形成，优化区域产业结构。现代物流产业本质上是第三产业，是现代经济分工和专业化高度发展的产物，其发展将对第三产业的发展起到积极的促进作用。实践表明，某一区域现代物流的发展，推动、促进了当地的经济发展，既解决了当地的就业问题，又增加了税收，并促进了其他行业的发展。此外，还能进一步带来商流、资金流、信息流、技术流的集聚，以及交通运输业、

商贸业、金融业、信息业和旅游业等多种产业的发展，这些产业都是第三产业发展的新的增长点，是第三产业重要的组成部分。加强物流成本管理还有利于对分散的物流进行集中处理，量的集约必然要求利用现代化的物流设施、先进的信息网络进行协调和管理。相对于分散经营、功能单一、技术原始的储运业务，现代物流属于技术密集型和高附加值的高科技产业，具有资产结构高度化、技术结构高度化、劳动力高度化等特征。

加强物流成本管理还可以促进以城市为中心的区域市场的形成和发展。一般来说，城市是商品集散和加工的中心，而且物流设施和基础设施齐全，消费集中而且需求量大，交通与信息发达，与周围地区存在不对称性，以其为核心枢纽，辐射周边地区，带动其他地域形成一个商品流通整体。现代物流可以促进以城市为中心的区域经济形成，促进以城市为中心的区域经济结构的合理布局和协调发展，有利于以城市为中心的经济区域吸引外资，有利于以城市为中心的网络化的大区域市场体系的建立，有利于解决城市的交通问题，有利于城市的整体规划，有利于减少物流对城市环境的种种不利影响。

总之，加强物流成本管理，降低物流成本，从微观角度上看，可以提高企业的物流管理水平，加强企业的经营管理，促进经济效益的提高，增强竞争力；从宏观角度上看，降低物流成本对提高国民经济的总体运行质量和竞争力，促进产业结构的调整，支撑新型工业化，发展国民经济，提高人民生活水平，都具有重要意义。

第三节　物流成本管理的研究内容与研究方法

一、物流成本管理的研究内容

物流成本管理是以把握物流成本、分析物流成本为手段进行的物流管理。从本质上讲，物流成本管理仍然是一个成本管理体系，但同时又兼有物流管理的特性。物流成本管理的具体研究内容可以分为三大模块：物流成本分析模块、物流成本决策模块和物流成本控制模块。

（一）物流成本分析模块

物流成本分析模块主要包括物流成本计算和物流成本分析。物流成本分析模块是进行物流成本决策与控制的基础。

1. 物流成本计算

物流成本计算是指计划执行后，根据企业确定的成本计算对象，采用相适应的成本计算方法，按规定的成本项目，对一系列的物流成本进行汇集与分配，从而计算出各物流活动成本计算对象的实际总成本和单位成本。通过物流成本计算，可以如实地反映物流活动中的实际耗费，同时，也反映出各种活动实际支出与计划支出的差异。物流成本计算是对物流成本计划执行情况的检验。

2. 物流成本分析

物流成本分析是在成本计算及其他有关资料的基础上，运用一定的方法，揭示物流成本水平的变动，进一步查明影响物流成本变动的各种因素。通过物流成本分析，检查和考核成本计划的完成情况，总结经验，找出实际与计划差异的原因，及时发现问题，查明原因，揭露物流环节中的主要矛盾。物流成本分析的方法是多种多样的，具体采用哪种方法，要根据其目的、物流特点和所掌握资料的性质与内容而确定。常用的方法主要有：指

标对比分析法和因素分析法等。物流成本分析过程同时也是对前一阶段物流成本管理业绩的评估过程。

（二）物流成本决策模块

物流成本决策模块包括物流成本预测、物流成本决策和物流成本计划的制订。它主要指企业根据自身的发展情况和利用已有的成本信息对未来的物流成本做出预测；然后从若干个方案中选择一个满意的方案，做出决策；在此基础上根据决策的结果来制订物流成本计划。决策模块是进行物流成本控制的依据和准则，决策的科学性和可行性直接影响物流成本计划实施的成功与否。

1. 物流成本预测

物流成本预测是对本年度物流成本进行分析，根据有关物流成本数据和企业具体的发展情况，运用一定的技术方法，对未来的物流成本水平及其变动趋势做出科学的估计。物流成本预测可以提高物流成本管理的科学性和预见性。

在物流成本管理的许多环节都存在成本预测问题，如仓储环节的库存预测，流通环节的加工预测，运输环节的货物周转量预测等。

2. 物流成本决策

物流成本决策是在成本分析与预测的基础上，结合其他技术、经济因素等有关资料，运用一定的科学方法进行研究、分析，决定采取的行动方针，并进行可行性分析，然后从若干个方案中选择一个满意的方案的过程。从物流整个流程来说，有配送中心新建、改建、扩建的决策，有装卸搬运设备、设施的决策，有流通加工合理下料的决策等。进行物流成本决策是编制物流成本计划的前提。

3. 物流成本计划

物流成本计划是根据成本决策所确定的方案、计划期的生产任务、降低成本的要求以及有关资料，通过一定的程序，运用一定的方法，以货币形式规定计划期物流各环节耗费水平和成本水平，并提出保证成本计划顺利实现所采取的措施。通过成本计划管理，可以在降低物流各环节成本方面给企业提出明确的目标，推动企业加强成本管理责任制，增强企业的成本意识，控制物流环节成本，挖掘降低成本的潜力，保证企业降低物流成本目标的实现。

物流成本有月度计划、季度计划、年度计划，短期计划（半年或一年）、中期计划（三年）、长期计划（五年或十年）等计划体系。

（三）物流成本控制模块

物流成本控制模块主要包括物流成本控制和物流成本信息反馈。物流成本控制模块是根据物流成本计划和控制过程中的实时信息反馈，及时调整控制手段，来保证计划的实施。成本控制阶段也是对物流计划实施和监督的阶段。

1. 物流成本控制

物流成本控制是根据计划目标，对成本发生和形成过程以及影响成本的各种因素和条件施加主动的影响，以保证实施物流成本计划的一种行为。

物流成本控制的基本内容有：①运输成本控制。如：加强运输的经济核算；防止运输过程中的差错事故；做到安全运输等。②库存持有成本的控制。③装卸搬运成本的控制。如：合理选择装卸搬运设备；防止机械设备的无效作业，合理规划装卸方式和装卸作业过程；减少装卸次数，缩短操作距离，提高被装卸物资纯度等。④包装成本控制。如：选择包装材料时要进行经济分析；运用成本计算降低包装成本；包装物的回收和旧包装物的再利用；实现包装尺寸的标准化、包装作业的机械化；有条件时组织散装物流等。⑤流通加工成本的控制。如：合理确定流通加工的方式；合理确定加工能力；加强流通加工的生产管理；制定反映流通加工特征的经济指标等。通过成本控制，可以及时发现存在的问题，采取纠正措施，保证成本目标的实现。

2. 物流成本信息反馈

对在物流过程中所发生的有关成本方面的各种资料和数据进行收集、整理、汇总，传输给有关领导和部门，使其掌握情况，加强对物流成本的控制，保证物流成本目标的实现。根据物流成本信息反馈的结果，及时调整最优方案，以指导物流成本控制工作，更好地进行物流成本管理。

上述三个模块和各项成本管理活动的内容是互相配合、相互依存的一个有机整体：成本分析与预测是成本决策的前提；成本计划是成本决策所确定目标的具体化；成本控制是对成本计划的实施进行监督，以保证目标的实现；成本计算与分析是对目标是否实现的检验和评估。

其中物流成本决策和物流成本控制主要是针对企业在已经确定的竞争战略下如何建立与竞争战略相适应的物流成本管理战略所必须实施的两个关键程序。物流成本管理的最后步骤是进行物流成本管理绩效的检验和评估，对物流成本决策的正确性和控制的有效性进行评估，发现问题，肯定成绩，以利于新的决策的制定和实施。

二、物流成本管理的研究方法

因为对物流成本管理的研究还属于起步阶段，所以对物流成本管理的研究方法也处于摸索阶段。

（一）物流成本管理研究的科学方法论

根据马克思主义的认识论与方法论，科学的方法论体系可以分为哲学方法论和亚哲学性方法论两个层次。

1. 哲学方法论

科学的方法论体系可以分为哲学方法及马克思主义哲学的核心部分——唯物辩证法，它是研究现代科学的唯一可靠的哲学方法。唯物辩证法所阐明的物质观、时空观、实践观、真理观、普遍与特殊、必然与偶然、可能与现实、原因与结果、形式与内容、现象与本质、对立与统一、量变与质变等原理，是具有普遍适用性的科学方法论，是适用于一切学科的最高层次的科学方法，是每门学科进行学科建设、形成各自独特的方法所必须共同遵循的。

2. 亚哲学性方法论

“三论”——系统论、控制论、信息论，属于新兴的横断科学，是当代科学上的重大成就，对现代各个门类科学的发展，都有重要的影响。一般文献，通常把“三论”并列。其实严格说来，尽管它们之间有着密切的关系，但这三者并不是等同于一个层次的事物，应如实将其中的系统论看作构成这三者共同组成的科学方法论的基础。所以，系统论、控制论和信息论也可总称为“系统理论”。

就“系统理论”同马克思主义哲学的关系来说，它们是比唯物辩证法低一层次的科学方法论，可称之为“亚哲学”。这也就是说，“系统理论”不仅不和马克思主义哲学的基

本原理相背离，而且它是以现代科学的发展水平为基础而提出来的许多新的概念、原理和方法，还可以看作是对马克思主义哲学低一个层次的具体化和深入化，使之同现代科学的发展水平相适应。

掌握“亚哲学”方法论的重要性，在于它有助于提示客观世界固有的属性——系统性。

（二）科学方法论在成本管理学中形成的具体化的专门方法

哲学方法论、亚哲学性方法论反映的是一般思维过程的方法，因而它们具有普遍的适用性。但其具体应用，还应结合各门学科的内容和特点进行具体化，形成各自的具体化的专门方法。

在物流成本管理中，科学方法论运用的具体化的专门方法，主要体现在以下几种方法上：

1. 逻辑研究方法

物流成本管理活动是主观见之于客观的活动，物流成本管理研究非常强调研究方法的逻辑性。逻辑研究方法有很多，这里主要介绍归纳法、演绎法和实证研究方法。

（1）**归纳法**。归纳法是通过个别到一般的逻辑方法，通过物流成本管理研究人员对于物流管理实务和物流管理惯例有目的的观察，收集实证数据或者实务证据，从中发现一般以及规律性的东西，在经过整理和描述之后，形成某种理论。比较典型的归纳方法往往使用描述性的方法，所以也有些人将归纳法称为描述性方法。

归纳法是通过对事物的详细观察和计量，从中得出新的概括，归纳出一般性原理，是在科学研究中广泛运用的一种行之有效的方法。其特点是从实践中来，即从对实践中个别事物和现象的概括中得出一般性原理，然后经过分类、汇总、分析，最终揭示其规律性，并且经过归纳，将一般性的规律上升到普遍性规律去认识。其思路是从个别到一般。不少人因此将其称为经验性方法。

在物流成本管理研究中使用归纳法，首先观察某个方面的物流事项，然后对这些现象进行分类、汇总、归纳、分析，从中找出规律性的东西，用这种规律性的东西指导这方面的物流活动；再对一般性的规律进行修正，最后形成普遍性的规律，即物流成本管理实践—物流成本管理惯例—物流成本管理原则—物流成本管理规则—物流成本管理实践。

归纳法是从观察和分析中引申出一般原理，在归纳过程中实际上也使用了推理的方法。归纳法的优点是可以不受某种预定框架的束缚，物流管理的研究人员通过观察物流成本管理工作或者重复出现的某种物流成本管理法，得出的结论都可以通过逻辑演绎的方法来加以证实。其缺点也是比较明显的。物流成本管理的研究人员总是不可能完全摆脱某种主观意识的影响，因此客观性难免会受到影响。对于归纳法的评价争议比较大，相当多的人认为这种方法本质上是一种局限性很大的方法，很难形成严谨的物流成本管理理论框架体系。

（2）**演绎法**。演绎法也称演绎推论法，也是科学研究中广泛运用的方法。一般人的理解是通过一般原理推导出特殊情况下的结论，其特点是从已经具有的科学结论、科学原理出发，通过推理、演绎，得出另一特定事物的规律性结论。其特点是：作为演绎前提的少数概念往往比较抽象，能够保持理论结构体系逻辑上的统一性和严密性。如果说，归纳法一般是从物流成本管理实务中通过分类、综合、整理以便形成物流成本理论框架体系，那么演绎法则是通过对物流成本管理中最核心的概念出发，通过对这些概念的讨论和推导，建立物流成本管理的理论框架。

演绎法从一般到个别的要求：首先，已知的前提必须是正确的，已知的科学结论、科学原理不能有任何缺陷；其次，前提和结论之间必须具有可靠的逻辑关系；最后，推理要严密。其推理过程为：物流成本管理目标—物流成本管理假设—物流成本管理原则—物流成本管理实践。在物流成本管理理论的研究过程中，同样也广泛采用了演绎推理的方法。

例如，物流活动固定资产的折旧是考虑到作为企业的长期资产可以带来未来经济效益，因此，要将其价值量分配到各个物流成本管理期间，那么根据同样道理，企业购买物流软件的成本也可以看作一项类似的资产，也应该采用摊销的办法，将其价值量同样均匀地分摊到各个物流成本管理期间。

在物流成本管理理论研究中使用演绎法，一般的研究程序是先提出一个物流成本管理事务或者理论方面的问题，然后从各个不同的方面分析该问题的特殊性或者一般性，分析该问题产生的原因和相应的约束办法，概括出这个事务或者事项的一般性规律并且恰当地进行表述，根据逻辑推理制定相应的原则，最后针对这种特殊现象或者事务制定相应的方法和规则。

应该指出，在理论研究中演绎法和归纳法是不断配合使用的。可以断言，在实践中任何科学研究都是演绎过程和归纳过程的结合。演绎法提供前提的必要含义，可以是一般性的原理、原则、法则，或者是某种具体的事实；而归纳法则检验前提的有效性和可用性。演绎推理可将已经知道的东西加以组织并且推出新的关系，但是它作为知识的一个来源却不是充分的；归纳不能使用以前的知识，因此效率是低下的。

(3) 实证研究方法。实证研究方法是借用自然科学的研究方法，通过一定的观察、分析、实验，对于已经事先确定的假设进行检验，以求得近似正确结论的一种方法。实证研究的过程是：建立研究课题—寻找相关的理论—推出假设或命题—将假设或命题具体化，便于操作—设计研究方案，进行调查设计或实验设计—收集数据资料—分析数据以检验命题或假设—分析研究结构。

实证研究的特点是将物流成本管理研究的过程与自然科学研究的过程结合在一起，它利用实际证据对假设进行检验，将定性分析和定量分析结合在一起，从理论到假设再到假设的具体化，属于定性的逻辑分析；而分析实际数据对假设进行检验，又采用的是数量分析方法。所以，实证研究的结构具有较高的正确性。

实证研究方法的核心问题有三个：一是提出问题或者假设；二是设计解决问题的方案或者模型；三是收集数据资料或者统计样本。一般来说，实证研究数据的方法有五种：①实验室实验。这种方法顾名思义是在控制严密的实验环境中进行的。②实地试验，即用现实世界真实客体进行试验。③实地研究或者个案研究。它是观察现实世界的客体进行的研究，如实地考察研究有关物流企业职工的工资水平。④问卷调查研究。通过研究人员设计并发放问卷来收集数据进行研究。⑤档案式研究。其研究数据来自档案资料，如现成的报纸杂志或者电子数据。

实际上，这种方法的局限性也十分明显。因为社会经济科学与自然科学毕竟存在许多的不同。很多经济现象是客观存在的，但是人们根本不可能放在实验室里观察它、触摸它。

2. 其他研究方法

(1) 系统性和集成性研究方法。物流成本管理问题涉及企业物流活动的方方面面，情况十分复杂。研究物流成本管理问题，需要综合运用多学科的知识和方法，重要的是要建立和运用系统思考的观点和工具，从系统的整体结构出发，研究和评价系统各个部分或子系统之间的相互作用及其相互关系。

企业不应把物流成本管理的重点放在单纯地为管理物流成本而管理物流成本上，而是通过物流成本管理来管理物流活动，所以应将物流成本管理和企业的整体战略相联系，如企业的规模、整合程度、地理位置、产品的复杂性，甚至像厂房的布局规划、企业的管理制度、管理理念等因素都会对产品成本产生很大的影响。必须通过分析自己与竞争对手的竞争态势来确定企业的竞争战略，取得竞争中的有利地位，并根据企业内外部环境的变化和企业所采取的竞争战略制定相应的物流成本管理模式，以适应瞬息万变的外部环境，取得持续性的竞争优势。

由于各部门在管理目标、管理手段和处理方法等方面的不同，特别是由于传统的分工模式和物流责任成本管理模式所造成的壁垒，往往在物流成本管理中形成许多“信息孤岛”“功能孤岛”“组织孤岛”。这些“孤岛”的存在，不仅使物流基础成本信息不能共享，还自行“制造”出许多不一致的、冗余的物流成本信息，有时候甚至诱导错误决策；各部门在物流成本管理中自行其是，难以形成物流成本管理的合力，往往事倍功半。显然，对企业物流成本管理进行集成和优化，十分必要和迫切。

企业中的物流成本管理孤岛，不能简单地依靠“加强物流成本信息沟通”或“改善物流成本管理领域的部门协作”来解决。集成化物流成本管理体系，指的是由这样三个层次整合而成的系统——适用的物流成本战略及其策略体系，支持该战略体系并具有内在一致性的物流成本管理体制，具有并行特征、专门化方法和技术支持的物流成本管理作业体系。

（2）**模糊性随机定量分析的研究方法**。数学方法对各门学科的发展都具有重大的影响。无论是自然科学，还是社会科学，凡是涉及数、数量关系、数量计算、空间形态等问题的学科，无一例外都以数学方法作为行之有效的研究手段。众所周知，物流成本管理和数学关系极其密切，物流成本管理中存在着大量的数量关系和数量计算，用数学语言反映其内在的数量关系及其变化规律是非常必要的，数学方法自然也就成为进行成本管理研究的重要手段。但在目前的物流成本管理体系中，物流成本管理的技术方法与物流成本管理理论的发展相比很不协调，对物流成本管理的技术方法的研究与应用远远不能适应物流成本管理发展的要求。其原因有以下几点：

1）长期以来物流成本管理从属财务会计，同时受到经济的影响，物流成本管理的职能受到了很大的限制。物流成本管理理论较重视定性分析，而忽视定量分析，说明相关因素的理论多，辅以定量论证、揭示数量界限的方法少。就现有的方法、技术水平而言，也未运用系统论、控制论、信息论、运筹学等系统工程方法进行论证分析，以致物流成本管理缺乏标准化、科学化、系统化的定量分析。总之，数学方法在物流成本管理中的应用没有得到充分的发展，影响了数学在物流成本管理中的应用效果，也影响了物流成本管理的发展。因此，应把数学在物流成本管理中的运用作为一个重要课题去研究，揭示物流成本管理与数学之间的内在联系，探讨数学在物流成本管理中运用的一般规律，以便在物流成本管理中能更好地运用数学，并促进物流成本管理学更好地发展。

2）物流成本管理中所研究的对象处在极为复杂的管理环境中。一般具有以下特点：①相关因素的多重性。影响物流成本研究对象的因素是多方面的，各种因素相互叠加在一起，使得对这些因素的分析变得十分困难。②相关因素的复杂性。影响物流成本管理的因素不仅众多，而且对研究对象的影响程度各不相同，彼此之间也存在着极为复杂的相互影响。③相关因素具有不稳定性。影响物流成本研究对象的因素处在不断变化之中，有些因素会消失，有些新的因素会不断产生，还有些因素在不断变化，从而对物流成本的研究对象的影响方式和影响程度也处在不稳定状态。④相关因素的不确定性。有些因素的发生具有很大的随机性，虽然在若干因素中总有某些因素会发生，但对某一个（或几个）因素而言其发生与否是不确定的。⑤相关因素的模糊性。有些相关因素在确认时具有模糊性，其发生虽然是确定的，但其发生状况却模糊不清、难以确定。

（3）与工业工程相结合的研究方法。工业工程学科的发展，促进了物流成本管理的理论与实践的进步。近年来工业工程学科取得了很大的发展，精益、柔性、敏捷以及供应链的管理模式得到了企业界的认可，就物流成本降低来说，其范围与以往不同，现在所说的物流成本降低既有战术意义，又具有战略意义，因此，企业在制定物流成本管理战略时不仅要考虑本企业内部的生产过程、供应与销售环节，还要考虑企业间的合作。把企业放在供应链的整体上研究问题，研究供应链的价值链的问题，通过了解整个行业价值链进行物流成本管理，更有助于企业战略目标的实现。考虑整个产品生命周期成本，既包括研究开发与设计，还必须考虑售后范围环节；既要重视与上游供应商的联系，也应重视与下游客户与经销商的联系。总之，物流成本管理与工业工程的结合，是管理科学纵深发展的必然要求。研究物流成本管理与工业工程的关系及其两者的结合，是现代物流成本管理与工业工程的必然要求。

（4）历史法。历史法是通过研究物流成本管理的历史过程，收集大量的历史资料和数据，研究人类物流成本管理行为、物流成本管理思想的发生、发展过程，从史料中概括出物流成本管理发展的一般规律。历史法首先要求广泛地占有资料，如对某些物流公司过去几年的物流成本变动情况进行分析，从中找出规律性的东西。有些人认为历史法类似于归纳法，其实历史法并不同于归纳法。历史法是从历史的角度通过大量的历史资料和现象来概括物流成本管理的规律性的东西，它比较侧重历史的演变或者历史的渐近过程，重视演变过程中的必然性。历史法往往借助于古今中外的历史现象或者历史发展过程，研究物流成本管理实务或者物流成本管理理论的发展趋势。

（5）移植拓展法。移植拓展法是指借鉴其他学科的研究成果，将其移植到本学科并且拓展出新的研究领域的方法。这种方法多数是用来建立新兴的边缘性学科。物流成本管理理论研究中使用移植拓展法的地方很多，如将会计成本管理的理论用于研究企业内部混合在其他项目中的物流成本。社会科学的发展和自然科学一样，都不可能在一个封闭的环境中闭门造车，孤立地发展研究，而是通过相互渗透、相互借鉴的方法，不断汲取其他学科的研究成果，促进本学科的完善和发展。由于采用移植拓展法可以拓展思路，节约研究时间，因此移植拓展法日益受到人们的重视。特别是近100年来，相当多的学科发展都是通过移植拓展法，在边缘性学科研究中取得了突破性的、令人瞩目的成就。移植拓展法可以将不同的学科知识有机地融合在一起，从一个崭新的角度去研究问题，所以广泛地采用移植拓展法，有益于人们开发新的思路，不断地开拓新的研究领域。物流成本管理作为管理学科的一部分，非常重视移植拓展法，它有可能发现物流成本管理研究的新领域。

（三）物流成本管理研究的相关学科

1. 数学

数学是关于量及其关系的科学，是从量的角度出发，来反映和研究客观世界的运动变化及其规律性的工具，因而数学是一切科学的基础。在物流成本管理中大量的定量分析与预测都离不开数学方法的应用。

物流成本管理中数学方法的应用，主要体现在应用经济数学模型上。数学模型可以帮助人们解决如下问题：

（1）借助于模型，用数学的形式对所研究的对象进行定量描述，可显示出其特有的精确性和严密性。

（2）借助于模型，可以掌握变量之间的相关性，即可据以了解其运动变化的趋势，预测其在一定条件下可能出现的情况，从而提高预见性，减少盲目性。

（3）模型和最优化方法相结合，进而确定有关变量在一定条件下的最优数量关系，可以为企业在生产经营中做出最优决策提供客观、科学的依据。

但另一方面，也应看到社会科学与自然科学的不同，在社会经济活动中，人的因素是居于主导地位的。因此，对数学模型的数量关系，还必须依据信息使用者的综合分析判断，以确定其可行性和满意程度，并据以做出必要的修正。

2. 预测、决策学

（1）预测。在物流成本管理中，与其他学科一样，预测是依据过去和现在多样化的信息，用科学的定性分析和定量计算，预测在一定期间内可能达到的目标，为正确进行决策提供依据。定性分析是在调查研究的基础上，依据收集整理的信息和预测者本身的经验及判断，对未来的发展进行推理，从而洞察经济数学模型无法反映的一些因素。经济模型用数学形式对客观事物进行定量描述，能够更为严密地反映有关因素之间的内在联系和依存关系。在实际工作中，定性分析与定量分析都是不可缺少的预测工具，只有将这两方面有效地结合起来，才能收到较好的效果。

（2）决策。决策理论可分为传统（或古典）决策理论与现代决策理论。最早将决策这个概念引入管理理论的，是20世纪20年代美国学者切斯特、巴纳德等创建的社会系统理论，以此为基础形成的决策理论称为传统决策理论，其出发点是把进行决策的个人或企业看作“理性的人”或“经济的人”。他们在决策时遵循“最优化”原则，进行最优方案的选择。诺贝尔经济学奖获得者西蒙丰富和发展了巴纳德提出的有关决策理论，他吸收行为科学、系统理论、运筹学等学科的内容，发展成为现代决策理论。现代决策理论的核心是用令人满意的行为准则替代传统决策理论中的最优化原则，并提出程序化决策和非程序化决策的相应决策程序。西蒙认为，在现实生活中，决策者由于所处的环境和当时当地的条件，既不可能找到一切方案，也不可能比较一切方案，因而事实上不可能按最优化原则进行决策。在决策中，以满意性准则代替最优化原则，更具有客观现实性。

3. 行为科学

现代意义上的行为科学是20世纪50年代以来发展起来的一门新兴学科，主要是应用心理学、社会学、社会心理学等方面的研究成果，来研究人的各种行为的规律性，分析人产生各种行为的客观原因和主观动机。

将行为科学的原理应用到企业物流成本管理上来，最重要的一点是主张企业物流管理应由原来的以“事（物）”为中心发展到以“人”为中心，这是管理思想上的一个重大转变。在物流成本管理中，引入及应用行为科学，能够更明确地寻找物流成本发生的动因，发挥人的主观能动性，为企业的物流成本管理奠定良好的基础。

4. 经济学

这里所指的经济学法是研究如何将宏观经济指标变动的控制能力与物流成本管理的政策、物流成本管理的方法联系起来研究的方法。一般来说，经济学研究的主要问题是宏观的、社会的、一般性的。企业物流成本管理研究的问题主要是微观的、企业内部的、个别的。二者之间由于研究角度和研究目标不同，似乎存在较大的差异。

所谓经济学法则，是将二者结合起来考虑，或者更加确切地说是从宏观经济的角度来研究企业物流成本管理的问题。

5. 其他学科

物流成本管理是一门跨专业的综合学科，它涉及的领域极其广泛，与它相关的学科也十分多，如系统论、信息论、控制论、运筹学、博弈论、协同学等，都在物流成本管理研究中有着重要的地位。

第四节　相关的物流理论

一、“黑大陆”学说

在财务会计中把营运生产费用大致划分为生产成本、管理费用、营业费用、财务费用和营业外费用，再把营业费用按各种支付形态进行分类。这样，在利润表中所能看到的物流成本在整个销售额中只占极少的比例。因此物流的重要性当然不会被认识到，这就是物流被称为“黑大陆”的一个原因。著名的管理学家彼得·德鲁克曾经说过：“流通是经济领域的黑暗大陆”。德鲁克泛指的是流通。但是由于流通领域中物流活动的模糊性特别突出，是流通领域中人们认识不清的领域，所以“黑大陆”学说主要针对物流而言。

“黑大陆”学说主要是指人们尚未认识、尚未了解的事物。如果理论研究和实践探索照亮了这块黑大陆，那么摆在人们面前的可能是一片不毛之地，也可能是一片宝藏之地。“黑大陆”学说是对物流本身的正确评价：这个领域未知的东西还很多，理论与实践皆不成熟。

从某种意义上看，“黑大陆”学说是一种未来学的研究结论，是战略分析的结论，带有较强的哲学抽象性，这一学说对于研究物流成本管理起到了启迪和动员作用。

二、物流成本冰山理论

“物流冰山”学说是日本早稻田大学教授、日本物流成本学的权威学者西泽修提出来的。他在研究物流成本时发现，现行的财务会计制度和会计核算方法都不能掌握物流费用的实际情况，因而人们对物流费用的了解是一片空白，甚至有很大的虚假性。他把这种情况比作“物流冰山”。冰山的特点是大部分沉在水面之下，而露在水面的仅仅是冰山的一角。物流便是一座冰山，其中沉在水面以下的是看不到的黑色区域，而看到的不过是物流成本的一部分，人们过去之所以轻视物流，正是因为只看见了冰山的一角，而没有看见冰山全貌的缘故。物流冰山说图解如图 1-2 所示。

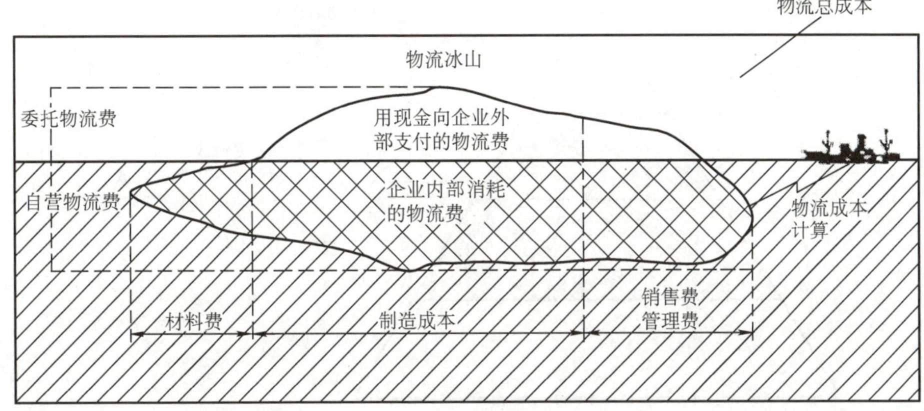

图 1-2 物流冰山说图解

从图 1-2 中可以看出：物流冰山代表物流总成本；曲线内包含的部分为物流成本计算。物流成本计算又分为两部分：水平线以上部分为委托物流费，即用现金向企业外部支付的物流费；水平线以下部分（斜格部分）为自营物流费，即企业内部消耗的物流费。

西泽修教授用物流成本具体分析了德鲁克的"黑大陆"学说，在"黑大陆"中和"冰山"的水下部分正是物流尚待开发的领域，也正是物流管理的潜力所在。

在企业财务会计中，向企业外部支付的物流成本能体现出来，而企业内部消耗的物流成本一般是体现不出来的。如果把决算表中记载的物流成本只认为是企业外部支付的部分，把它误解为"冰山全貌"，企业就会面临险境。只有对物流成本进行全面计算，才能够解释清楚混在有关费用中的物流部分成本。

西泽修教授指出，在企业内部占压倒多数的物流成本混在其他费用之中，如不把这些费用计算清楚，很难看出物流成本的全貌。物流成本计算的是企业对外部运输业者所支付的运输费或向仓储业者支付的商品保管费等传统的物流成本。对于企业内与物流中心相关的人员费、设备折旧费等各种费用，则与企业其他经营费用统一计算，从而很难正确把握实际的企业物流成本。具体来讲，企业生产的产品从工厂运到商业部门的物流成本，是计算在物流成本中的；购买原材料所支付的物流成本是计算在原材料成本中的；自运运输费和自用保管费是计入营业费用中的；与物流有关的利息和其他利息一起是计入财务费用中的。如果把这些来自生产成本、原材料、营业费用和财务费用之中的有关物流部分费用划分出来，并单独加以汇总计算，就会对物流成本的全部有进一步的了解，并会为其巨大的金额而感到惊讶。实践表明，实际发生的物流成本往往要超过外部支付额的 5 倍以上。物流成本冰山理论如图 1-3 所示。

实际上，物流成本中有不少是承担物流的部门无法控制的，如物流成本中往往包含促销费用。根据物流冰山理论，要把隐藏在水面下的物流成本全部计算出来是不可能的。传统的财务会计体系不仅不能提供足够的物流成本分摊数据，而且也认为没有这个必要。

理论研究与实际管理毕竟是有所区别的。在企业物流管理中，不可能为了建立物流独立核算体系而破坏其他若干成熟的财务会计核算体系，实际上真正需要纳入管理的是有影响的物流数据。

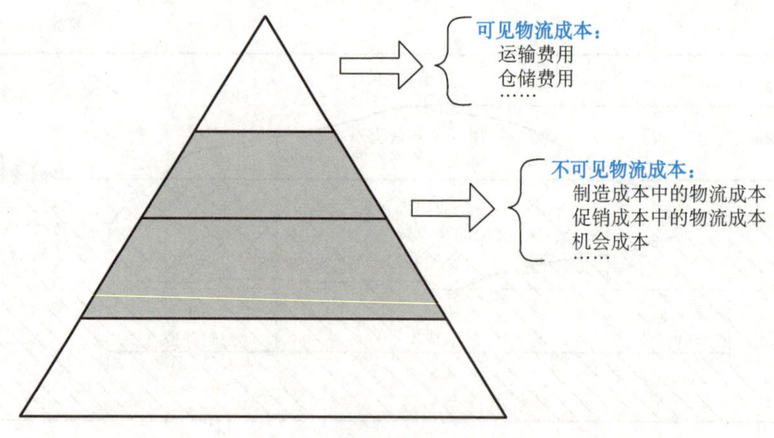

图 1-3　物流成本冰山理论

三、“第三利润源”学说

“第三利润源”说法是西泽修教授在 1970 年提出的。

从历史发展来看，人类历史上曾经有过两个大量提供利润的领域。在生产力相对落后、商品处于供不应求的历史阶段，由于市场上商品匮乏，制造企业无论生产多少产品都能销售出去。于是就大力进行设备更新改造、扩大生产能力、增加产品数量、降低生产成本，以此来创造企业剩余价值，即“第一利润源”。当产品充斥市场，转为供大于求，销售产生困难时，也就是第一利润达到一定极限，很难持续发展时，便采取扩大销售的办法寻求新的利润源泉。人力领域最初是廉价劳动力，其后则是依靠科技进步提高劳动生产率，降低人力消耗或采用机械化、自动化来降低劳动耗用，从而降低成本，增加利润，称之为“第二利润源”。然而，在前两个利润源潜力越来越小，利润开拓越来越困难的情况下，物流领域的潜力被人们所重视，于是出现了西泽修教授的“第三利润源”学说。同样的解释还反映在日本另一位物流学者谷本谷一先生编著的《现代日本物流问题》一书和日本物流管理协会编著的《物流管理手册》中。

第三利润源是对物流潜力及效益的描述。经过半个世纪的探索，人们已肯定物流是“黑大陆”，虽然对它还不清楚，但绝不是不毛之地，而是一片富饶之源。尤其是经受了 1973 年石油危机的考验，物流已牢牢树立了自己的发展地位。

这三个利润源着重开发生产力的三个不同要素：第一个利润源挖掘对象是生产力中的劳动对象；第二个利润源挖掘对象是生产力中的劳动者；第三个利润源主要挖掘对象则是生产力中劳动工具的潜力，同时注重劳动对象与劳动者的潜力，因而更具全面性。

对第三利润源理论的最初认识基于以下几个方面：

（1）物流可以完全从流通中分化出来，自成体系，有目标，可以进行管理，因而能进行独立的总体判断。

（2）物流和其他独立的经济活动一样，它不是总体的成本构成因素，而是单独盈利因素。物流可以成为“利润中心”。

（3）从物流服务角度来说，通过有效的物流服务，可以给接受物流服务的生产企业创造更好的盈利机会，成为生产企业的“第三利润源”。

（4）通过有效的物流活动，可以优化社会经济系统和整个国民经济的运行，降低整个

社会的运行成本，提高国民经济的总效益。

四、“效益悖反”理论

“效益悖反”又称为“二律悖反”，这一术语表明了两个相互排斥而又被认为是都同样正确的命题之间的矛盾。“效益悖反”是物流领域中很常见、很普遍的现象，是这个领域中内部矛盾的反映和表现。“效益悖反”是指物流的若干功能要素之间存在着损益的矛盾，即某一功能要素的优化和产生利益的同时，必然会存在另一个或几个功能要素的利益损失；反之也如此。这是一个此消彼长、此盈彼亏的现象，虽然在许多领域中这种现象也是存在的，但在物流领域中，这个问题尤其严重。

物流系统的效益悖反包括物流成本与物流服务水平的效益悖反和物流各功能活动之间的效益悖反。

（一）物流成本与物流服务水平的效益悖反

高水平的物流服务是由高水平的物流成本做保证的。在没有较大的技术进步情况下，企业很难做到既提高物流服务水平，同时也降低物流成本。一般来讲，提高物流服务水平，物流成本就会上升，两者之间存在着效益悖反。而且，物流服务水平与物流成本之间并非呈线性关系，而是如图 1-4 所示。

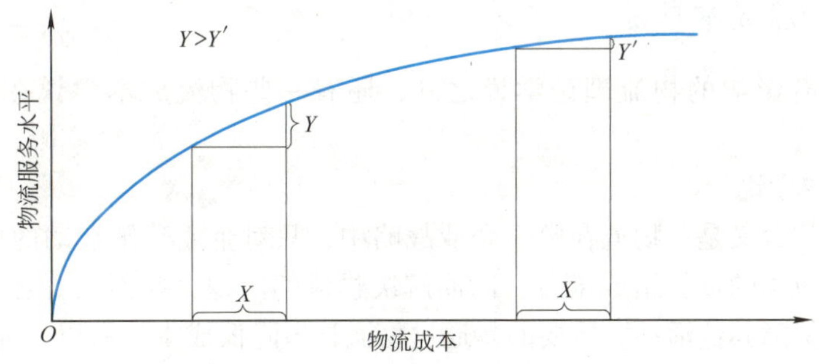

图 1-4 物流服务水平与物流成本之间的关系

物流服务如处于低水平阶段，追加成本 X，物流服务水平即可上升 Y；如果处于高水平阶段，同样追加 X，则物流服务水平就上升了 Y'，但 $Y'<Y$。

（二）物流各功能活动之间的效益悖反

现代物流是由运输、包装、仓储、装卸及配送等物流活动组成的集合。在构成物流系统的各个环节（活动）之间，存在着“效益悖反”状态，要想较多地达到某个方面的目的，必然会使另一方面的目的受到一定的损失，也就是一方成本降低，而另一方成本增大，这便是物流各功能活动之间的效益悖反。

物流系统是以成本为核心，按最低成本的要求，使整个物流系统化。它强调的是调整各要素之间的矛盾，强调要素之间的有机结合。这就要求必须从总成本的角度出发，全面系统地看问题，追求整个物流系统总成本的最低。

企业物流成本的效益悖反关系实质上是研究企业物流的经营管理问题，即将管理目标定位于降低物流成本的投入并取得较大的经营效益。在物流成本管理中，作为管理对象的是物流活动本身，物流成本是作为一种管理手段而存在的。一方面成本能真实地反映物流活动的实态，另一方面成本可以成为评价所有物流活动的共同尺度。

企业物流管理肩负着“降低企业物流成本”和“提高服务水平”两大任务，这是一对相互矛盾的对立关系。整个物流管理的合理化，需要用总成本评价，这反映出企业物流成本管理的效益悖反特征及企业物流对整体概念的重要性。

在认识物流效益悖反的规律之后，物流学科也就迈出了认识物流功能要素这一步，寻求解决和克服各功能要素效益悖反现象。当然，或许也曾有过追求各个功能要素全面优化的企图，但在系统科学已在其他领域形成和普及的时代，科学的思维必将引导人们寻求物流的总体最优化。不但将物流这一块“黑大陆”细分成若干功能要素来认识，而且将包装、运输、仓储等功能要素有机地结合起来，连成一个整体来认识物流，进而有效解决“效益悖反”规律，追求整体的效益，这是物流学科的一大发展。

这种思想在不同国家、不同学科的表述方法是不同的。如美国学者用“物流森林”的结构概念来表述物流的整体观念，指出物流是一种结构，对物流不能只见功能要素而不见结构，即不能只见树木不见森林。物流的总体效果是森林的效果，这可以归纳成一句话：“物流是一片森林而非一棵棵大树”。

对这种总体观念的描述还有许多提法，诸如物流系统观念、多维结构观念、物流一体化观念、综合物流观念和物流的供应链管理等，都是这种思想的另一种提法或是同一思想的延伸和发展。

五、其他物流成本学说

除了上述较有影响的物流理论学说之外，还有一些物流成本学说在物流学界广为流传。

（一）成本中心说

成本中心说的含义是：物流在整个企业战略中，只对企业营销活动的成本发生影响。物流成本是企业成本的重要组成部分，因而解决物流的问题，并不只要合理化、现代化，不只是为了支持保障其他活动，重要的是通过物流管理降低成本。所以，成本中心既指物流是主要成本的产生点，又指物流是降低成本的关注点，物流是“降低成本的宝库”等说法正是对这种认识的形象表述。

（二）利润中心说

利润中心说的含义是：物流可以为企业提供大量直接和间接的利润，是形成企业经营利润的主要活动。不但如此，对国民经济而言，物流也是国民经济中创利的主要活动。物流的这一作用，被表述为“第三利润源”。

（三）服务中心说

服务中心说代表了美国和欧洲一些国家的学者对物流的认识。这种认识认为，物流活动最大的作用，并不在于为企业节约了消耗，降低了成本或增加了利润，而在于提高了企业对用户的服务水平进而提高了企业的竞争能力。因此，他们在使用描述物流的词汇上选择了 Logistics 一词，特别强调其服务保障的职能。通过物流的服务保障，企业以其整体能力来压缩成本，增加利润。

（四）战略说

学术界和产业界越来越多的人已逐渐认识到，物流更具有战略性，是企业发展的战略，而不是一项具体的操作任务。

经典资料

经典资料一　中国的物流成本

（张晓宁，北京交通大学，根据资料整理）

近年来，我国物流行业市场规模持续扩大，需求稳中向好，物流服务能力不断增强，为保证国民经济平稳、较快发展发挥了重要的支撑和保障作用。社会物流成本水平保持稳步下降，但经济运行中的物流成本依然较高。

2018 年全社会物流总额保持平稳增长，社会物流总费用占 GDP 的比例为 14.8%，其中运输费用比例稳中有降，保管费用和管理费用比例上升。

2018 年社会物流总费用 13.3 万亿元，同比增长 9.8%，增速比上年同期提高 0.7 个百分点。社会物流总费用占 GDP 的比例为 14.8%，比上年同期上升 0.2 个百分点。运输费用 6.9 万亿元，增长 6.5%，增速比上年同期下降 4.3 个百分点，运输费用占 GDP 的比例为 7.7%，比上年同期下降 0.3 个百分点；保管费用 4.6 万亿元，增长 13.8%，增速比上年同期提高 7.1 个百分点，保管费用占 GDP 的比例为 5.1%，比上年同期提高 0.4 个百分点；管理费用 1.8 万亿元，增长 13.5%，增速比上年同期提高 5.1 个百分点，管理费用占 GDP 的比例为 2%，比上年同期提高 0.1 个百分点。

依据国务院发展研究中心和 2013 年—2019 年《中国物流年鉴》的数据，我国近年来的社会物流总费用及其占 GDP 的比例如表 1-2 所示。进一步分析可以看出：中国社会物流总费用占 GDP 比例从 1998 年的 20.2%下降到 2018 年的 14.8%用了 19 年时间，即 19 年间中国的物流总费用占 GDP 比例仅下降了 5.4 个百分点。这表明：虽然近年来我国物流业发展迅速，物流成本总体呈下降趋势，但我国的物流成本水平与发达国家相比仍居高位，且下降速度较为缓慢。因而降低我国物流成本的途径尚待积极探索，在实践中，这一领域的研究机遇与挑战并存。

表 1-2　1998 年—2018 年社会物流总费用及其占 GDP 的比例

年份	社会物流总费用金额（亿元）				社会物流总费用占 GDP 的比例（%）			
	运输费用	保管费用	管理费用	社会物流总费用	运输费用	保管费用	管理费用	社会物流总费用
1998	8 668	5 625	2 728	17 021	10.3	6.7	3.2	20.2
1999	9 533	5 344	2 937	17 814	10.6	6.0	3.3	19.9
2000	10 070	5 975	3 185	19 230	10.1	6.0	3.2	19.3
2001	10 813	6 458	3 348	20 619	9.9	5.9	3.1	18.9
2002	12 000	7 281	3 460	22 741	10.0	6.1	2.9	19.0
2003	14 068	8 057	3 570	25 695	10.4	5.9	2.6	18.9
2004	16 932	8 981	4 089	30 002	10.6	5.6	2.6	18.8
2005	18 639	10 632	4 590	33 861	10.2	5.8	2.5	18.5
2006	21 196	12 695	5 066	38 957	10.0	6.0	2.4	18.4
2007	26 648	15 544	6 074	48 266	10.0	5.8	2.2	18.0
2008	31 436	18 560	6 745	56 741	10.0	5.9	2.2	18.1
2009	33 628	19 955	7 244	60 827	10.0	5.9	2.2	18.1
2010	38 321	24 044	8 619	70 984	9.6	6.0	2.2	17.8

（续）

年份	社会物流总费用金额（亿元）				社会物流总费用占GDP的比例（%）			
	运输费用	保管费用	管理费用	社会物流总费用	运输费用	保管费用	管理费用	社会物流总费用
2011	44 389	29 362	10 375	84 126	9.4	6.2	2.2	17.8
2012	49 184	32 949	11 569	93 702	9.4	6.3	2.2	18.0
2013	53 708	35 874	12 814	102 396	9.4	6.3	2.3	18.0
2014	55 998	36 971	12 975	105 944	8.8	5.8	2.0	16.6
2015	57 648	36 829	13 619	108 096	8.5	5.5	2.0	16.0
2016	59 595	36 654	14 379	110 627	8.0	4.9	1.9	14.9
2017	66 080	39 111	15 576	120 766	8.0	4.7	1.9	14.6
2018	69 351	45 958	17 671	132 980	7.7	5.1	2.0	14.8

注：根据《中国物流年鉴》数据，2016年和2017年社会物流总费用分别是110 627亿元和120 766亿元，但2016年和2017年运输费用、保管费用、管理费用相加总和分别是110 628亿元和120 767亿元；2012年和2016年社会物流总费用占GDP的比例分别是18.0%和14.9%，但2012年和2016年运输费用、保管费用、管理费用各自占GDP的比例相加总和分别是17.9%和14.8%。这可能是由于四舍五入导致的。

经典资料二　物流成本指数及其影响因素比较研究

（王艳，北京财贸职业学院，价格理论与实践，2020，04期）

根据国办发〔2020〕10号文件《国务院办公厅转发国家发展改革委交通运输部关于进一步降低物流成本实施意见的通知》，要求全社会各部门统筹联动、共同发力，进一步降低物流成本，提升物流效率，促进物流业高质量发展。据统计，我国社会物流总费用占GDP比例从2014年的16.6%降至2019年的14.7%；工商企业物流费用率从2014年的8.3%降至2018年的7.9%。据国家发展改革委最新数据，我国物流绩效水平在全球160多个经济体中排名第26位，在同等收入水平经济体中位居前列。但我国各区域间物流发展水平差异大，很多区域物流“成本高、效率低”问题仍较为突出，不能有效满足经济高质量发展和现代化经济体系建设的总体要求。因此，本文运用物流成本指数，结合相关数据对我国不同区域的物流发展水平进行横向比较研究，挖掘区域物流成本的影响因素，为促进物流业降本增效、提升我国物流业发展质量提供理论依据。

一、相关研究文献评述

针对物流成本指数的研究，一般以分析社会物流总费用/GDP为主。王之泰（2013）认为，由于缺乏更详细的数据，物流总费用不能反映宏观物流成本的全貌，因此仅依靠此指数不能完全反映物流成本。林坦（2018）认为，社会物流总费用/GDP可以反映物流行业的相对规模，但不能判断物流成本的高低。学者们也针对其他成本指数展开研究，其中，社会物流总费用/社会物流总额、物流费用率、物流需求系数是研究较多的其他物流成本指数。赵东明（2012）认为，应使用“社会物流总费用/社会物流总额”作为“社会物流总费用/GDP”测算比重的补充，加入商品价值和物流需求两个要素，解决“社会物流总费用/GDP”指数与微观物流成本衔接不畅的弊端。胡焓（2019）使用物流费用率进行研究，得出我国工商企业物流费用率逐年呈下降趋势的结论。

社会物流总费用/GDP数值背后，有诸多影响要素值得深度挖掘，包括第三产业占比、单位GDP货运量、经济发展水平、区域地理位置和人口分布、物流企业运营水平等。翁心刚（2016）认为，社会物流总费用/GDP 受产业结构影响大，第一、第二产业占比高的区域，此数值通常较大，应挖掘物流总费用中的各个单项数据，注重绝对指标和成本结构的比较，补充单一指标研究的不足。张兆民等（2018）将社会物流总费用/GDP 分解为单位 GDP 物流规模和单位物流规模物流费率两个指标，得出单位 GDP 物流规模是影响社会物流总费用/GDP 比值高的主要原因。

一些学者通过研究物流成本提出诸多物流业降本增效的举措。曹刚（2018）基于成本控制视角，以最优库存方案实现物流流程整合，从而降低物流成本。汪鸣（2019）认为，物流企业应基于技术、业态、模式进行创新融合，加快推进物流业转型升级，更好地发挥对其他产业的支撑引领作用。依绍华（2016）通过分析高物流成本的原因，提出消除体制性成本、提高资源集约化利用、加快社会资源整合及推进供应链管理等措施促进物流业降本增效。何黎明（2019）建议引导物流企业以技术进步、模式创新、节能环保来降低自身物流成本，提升企业运行质量和效率。

综上所述，单一的社会物流总费用/GDP 指数无法真实、客观、准确地反映一个经济体的物流成本和物流业发展水平，不能只通过此指数数值的降低，就得出物流成本持续下降的结论。本文结合社会物流总费用/社会物流总额、物流需求系数等其他宏观指标进行全面研究，并将社会物流总费用进行细化微观研究，挖掘影响物流成本的更多要素，得出更加客观、准确的结论。

二、物流成本指数的比较研究

（一）两种常见物流成本指数的比较

根据 GB/T 24361—2009《社会物流统计指标体系》，社会物流总额是指我国全部常住单位初次进入社会物流经济活动中的物品总价值。与 GDP 相比，社会物流总额包含物流商品价值和物流需求量两个要素，更能真实反映物流业发展水平。根据历年《中国物流年鉴》，比较我国 2000 年—2018 年数据，社会物流总费用/GDP 从 2000 年的 19.3%下降到 2018 年的 14.8%，下降幅度为 23.32%；社会物流总费用/社会物流总额从 2000 年的 11.14%下降到 2018 年的 4.70%，下降幅度为 57.81%，后者约为前者的 2.5 倍，说明 GDP 的增速远小于社会物流总额的增速。原因有两点：第一，物流运作效率提升，物流成本降低；第二，物流商品总价值提升。两个因素共同作用，使社会物流总费用/社会物流总额下降幅度更大，这也与我国第三产业占比逐年提升、物流技术和管理水平不断进步的路径相吻合。

（二）基于宏观数据的比较研究

基于 2018 年全国及部分省市的相关数据进行横向比较研究，结合区域人均 GDP、物流需求系数对各区域的社会物流总费用/GDP 和社会物流总费用/社会物流总额进行比较，分析各区域的物流成本高低和物流发展水平。

两项物流成本指数结合研究更能体现区域的经济发展水平和物流发展差异。据表 1-3 可知，与各区域的社会物流总费用/GDP 指数相比，社会物流总费用/社会物流总额指数波动更大，更能体现不同区域物流水平的差异度。经济发展水平与社会物流总费用/GDP、社会物流总费用/社会物流总额呈负向相关，即经济发展水平越高，两项比值越低，比如浙江和江苏。与社会物流总费用/GDP 相比，社会物流总费用/社会物流总额对经济发展、地区产业结构、物流产业需求等影响因素反映更敏感，更能客观、准确反映区域物流发展水平。比如，海南和宁夏的此比值均超过了 9%，原因在于：一是农业占比高，农产品物流成本居高不下；二是物流需求系数低，物流集中度和规模度不高，物流运作效率低；三是地理分布导致运输距离长，提升了物流成本。

表 1-3 中的物流需求系数是指社会物流总额/GDP，可从宏观角度判断一个经济体对物流的需求程度。通常来讲，经济发展水平高，第二产业占比高的地区，对物流业依赖度较高。物流需求系数与社会物流总费用/社会物流总额呈负相关，即区域产业对物流业依赖程度越高，物流业发展水平高，社会物流总费用/社会物流总额比值越低，说明物流费用逐步下降和物流商品价值逐步上升，经济越发达的地区，物流成本下降空间越有限。比如浙江和江苏，两个区域的物流需求系数均超过 3，工业化水平高，第二产业对物流业依赖度高，工商企业与物流业合作共赢。据中国物流与采购联合会统计，浙江和江苏 A 级

物流企业占比位于全国前列。以浙江为例，2018 年已有 A 级物流企业 641 家，全国占比 12.8%，位居全国第一，这是区域物流业运营水平高的标志。

表 1-3　社会物流总费用/GDP 和社会物流总费用/社会物流总额的比较研究

地区	社会物流总费用（亿元）	社会物流总额（万亿元）	GDP 总值（亿元）	社会物流总费用/GDP（%）	社会物流总费用/社会物流总额（%）	物流需求系数	人均 GDP（元）
全国	133 000	283.1	900 309.5	14.80	4.70	3.14	64 644
河北	5 884.8	8.49	36 010.3	16.3	6.93	2.36	47 656
浙江	8 127	16.93	56 197	14.50	4.80	3.01	98 643
江苏	12 863.2	30.21	92 595.4	13.89	4.26	3.26	115 015
内蒙古	3 061.7	3.51	17 289.20	17.7	8.72	2.03	68 272
河南	7 373.1	13.09	48 055.86	15.30	5.70	2.72	50 152
四川	6 440.2	6.60	40 678.10	15.83	9.75	1.62	48 883
海南	732	0.75	4 832.05	15.15	9.82	1.54	51 955
安徽	4 711.0	6.57	30 006.82	15.70	7.17	2.19	47 712
湖南	5 551.8	10.86	36 425.78	15.24	5.11	2.98	52 949
宁夏	648	0.63	3 705.18	17.49	10.31	1.70	53 846

（数据来源：根据 2019 年《中国物流年鉴》《中国统计年鉴》及各省市统计年鉴整理。）

三、物流成本指数的分解研究

单纯通过基本宏观数据研究物流成本指数的大小，缺乏对产业结构和物流规模等影响因素的细化考量，无法准确衡量区域 GDP 运行质量和区域物流成本的高低。众多学者研究证实，物流成本高低与产业结构关联度极高，区域第一、第二产业占比高，则大量有形产品需要流通，需要物流业高度的配套支撑；区域第三产业占比高，则无形产品占比高，无须物流业的紧密支撑。据中国物流与采购联合会的测算，我国第三产业占比每提高 1 个百分点，社会物流总费用/GDP 的数值就会下降 0.5 个百分点。因此，本文首先结合我国主要区域的产业结构数据进行物流成本指数的研究。其次，将社会物流总费用/GDP 指数进行分解，纳入全社会货运量、货物周转量两项参数，将此指数拆分为单位 GDP 货运量、平均运距和物流费率三部分进行更为深入的量化研究。物流费率是衡量物流成本高低的合理指标，单位 GDP 货运量和平均运距则由经济结构、地理分布等因素决定。

本文以 2018 年的数据为研究对象，并加入单位重量货物价值（社会物流总额/货运量）和三类产业结构占比进行比较，相关数据如表 1-4 所示。

表 1-4　单位 GDP 货运量、平均运距、物流费率和单位重量货物价值对比

地区	社会物流总费用/GDP（%）	单位 GDP 货运量/（t/万元）	平均运距/km	物流费率［元/（t · km）］	单位重量货物价值（元/t）	三类产业结构占比
全国	14.80	5.72	397	0.67	5 494.17	7.2 : 40.7 : 52.2
河北	16.30	6.94	555	0.42	3 395.69	9.3 : 44.5 : 46.2
浙江	14.50	4.8	429	0.7	6 308.92	3.5 : 41.8 : 54.7
江苏	13.89	2.67	391	1.33	12 212.86	4.5 : 44.5 : 51.0

（续）

地区	社会物流总费用/GDP（%）	单位 GDP 货运量/（t/万元）	平均运距/km	物流费率［元/（t·km）］	单位重量货物价值（元/t）	三类产业结构占比
内蒙古	17.70	14.34	228	0.54	1 415.70	10.1：39.4：50.5
河南	15.30	5.40	344	0.82	5 045.07	8.9：45.9：45.2
四川	15.83	4.61	150	2.29	3 521.56	11.6：38.7：49.7
海南	15.15	4.57	404	0.82	3 373.91	20.7：22.7：56.6
安徽	15.70	13.55	290	0.40	1 616.66	8.79：46.13：45.08
湖南	15.24	6.34	191	1.26	4 698.03	8.5：39.7：51.8
宁夏	17.49	10.83	173	0.94	1 591.67	7.55：44.54：47.91

（数据来源：根据 2019 年《中国物流年鉴》《中国统计年鉴》及各省市统计年鉴整理。）

$$\frac{\text{社会物流总费用}}{\text{GDP}}=\text{单位 GDP 货运量}\times\text{平均运距}\times\text{物流费率}$$

$$=\frac{\text{货运量}}{\text{GDP}}\times\frac{\text{货物周转量}}{\text{货运量}}\times\frac{\text{社会物流总费用}}{\text{货物周转量}}$$

（一）物流成本指数与产业结构

社会物流总费用/GDP 首先与产业结构相关。第三产业与物流业关联度低，第三产业占比提升，社会物流总费用/GDP 会持续下降。不过也有例外，根据表 1-4，以海南为例，第三产业占比 56.6%，超过全国 52.2%，但社会物流总费用/GDP 为 15.15%，高于全国平均水平 14.8%。究其原因：一是海南第一产业占比 20.7%，远高于全国平均水平，北京第一产业占比仅为 0.4%，可见区域差距之大；二是海南虽然第三产业占比高，但起步晚，对 GDP 贡献率低于发达省份。第二产业占比低，工业基础薄弱，农业一直是海南的支柱产业，我国农产品冷链物流难度大、效率低，农业物流成本居高不下，导致海南社会物流总费用持续在高位运行。此观点同样适用于我国黑龙江、新疆、云南、广西、贵州等农业大省，农产品流通导致了较高的物流成本。浙江和江苏均为工业发达省份，高端制造业占比高。浙江的工业占比 36.5%，其中，电子机械、计算机、通信、仪器仪表、汽车、通用设备等高技术含量和高附加值产业占比高，商品价值高，物流费用也水涨船高。江苏的工业占比 39%，其中，排在前三位的分别为计算机、通信和其他电子设备制造业，电子机械和器材制造业以及化工原料和化学制品制造业。物流商品价值高、技术含量高、利润率高，对物流服务要求高，能够支撑较高的物流成本，尤其是化工制品，需要极高的物流成本来支撑，这也是江苏的物流费率远高于其他省份的主要原因。

（二）物流成本指数与单位 GDP 货运量

单位 GDP 货运量是指一个单位 GDP 产生的货运量，主要由区域的经济规模和产业结构决定。我国作为世界第二大经济体，物流需求系数 3.14，经济发展对物流业依赖度高。2018 年，我国产业结构比为 7.2：40.7：52.2，美国产业结构比为 0.8：18.6：80.6，第一、第二产业占比远高于美国，物流导致需求高，从而导致我国单位 GDP 货运量远高于美国。美国每万美元 GDP 货运量为 7.7t，我国每万美元 GDP 货运量为 48.7t，我国为美国的 6 倍多，货运量大导致我国社会物流总费用居高不下。

根据表 1-4，内蒙古单位 GDP 货运量最高，为 14.34t/万元，究其原因：一是内蒙古资源型高耗能产业占比高，煤炭、钢铁等大宗商品物流需求大；二是农业占比超 10%，粮食、牛羊肉、奶制品等源源不断运往全国各地。安徽单位 GDP 货运量为 13.55t/万元，安徽粮食产量高，塑料制品、纸制品等低端制造业占比高，物流货物重量大、价值低，导致安徽的单位 GDP 货运量也较高。江苏的单位 GDP 货运量只有 2.67t/万元，江苏高端制造业占比高，物流商品价值高，江苏单位重量货物价值远超出其他省份，为12 212.86 元/t，是江苏单位 GDP 货运量低的主要原因。

（三）物流成本指数与平均运距

平均运距是指货物周转量/货运量，主要由区域经济发展水平、地理位置等决定。根据表 1-4，浙江和江苏数值较高，两区域经济发达，产品辐射全国，导致平均运距长。海南平均运距长是由区域所处地理位置决定的，需要运输大量的农产品。四川的数据也值得关注，平均运距最短，为 150km，物流费率却高达 2.29 元/(t·km)。究其原因：一是区域物流体系不完善，物流环节衔接不畅，物流效率低、费用高；二是四川属于物流输入大于输出的地区，物流输出货源集中在省内和周边省份，运距短，无规模优势，物流费率高；三是四川地理结构特殊，高速路况差，公路运输在货运中占据主导地位，运输时间长、成本高。我国物流需求巨大，平均运距与美国差距不大，但由于地理空间格局所限，很多产区位于内陆腹地，煤炭、水泥等大宗货物资源和原材料的运输都主要依靠公路运输，内河和铁路资源未得到充分利用，也是物流成本高的原因之一。

（四）物流成本指数与物流费率

物流费率为每吨货物每公里的物流成本。根据表 1-4，2018 年全国的物流费率为 0.67 元/(t·km)，与美国 2017 年的物流费率 1.2 元/(t·km)（根据第 29 次美国物流年报换算）相比，约为其 1/2，从这个角度讲，我国的物流成本为美国的一半。江苏的物流费率为 1.33 元/(t·km)，远高于其他区域，这并不代表江苏物流业发展水平低，主要原因是江苏的单位重量货物价值 12 212.86 元/t 远超其他省份。货物价值高，物流服务水平要求高，客户愿意承担更高的物流费用。四川物流费率高达 2.29 元/(t·km)，上文已阐述过原因，在此不做赘述。安徽的物流费率只有 0.40 元/(t·km)，因为安徽的单位重量货物价值和产品附加值低，利润低，无法承担较高的物流成本。

四、研究结论与启示

物流成本指数的高低由众多要素决定，主要包括经济发展水平、地理结构和人口分布、货运量、地区产业和产业结构、地区工业化进程等。我国各区域基础情况差异大，应对症下药，促进物流业的降本增效。

（一）全社会多方位推进，促进物流业降本增效

在全国范围内，各部门统筹协调，进一步降低税费、通行费、口岸费、融资、用地、审批等制度性交易成本，切实为物流企业减负。推进运输结构调整，降低公路运输量，提高国内水运、铁路运输数量，扩大多式联运占比，为煤炭、钢铁、粮食等大宗商品主要产区的物流企业，切实降低干线运输成本。科学规划布局国家物流枢纽，加大中西部内陆地区物流基础设施建设，促进物流资源互联共享，降低运输车辆空驶率，提升中西部物流输入大省与东部物流输出大省的物流运转效率，切实降低中西部省份的物流成本。政府通过税费、用地、房租等优惠措施，推进物流业供给侧结构性改革，积极鼓励一批综合实力强的物流企业投身技术创新研发和应用场景落地，推动智慧物流行稳致远。

（二）结合区域发展特点，促进物流业提质增效

海南、内蒙古和四川作为农业大省（自治区），一方面，可与专业物流企业合作，通过冷链、储存、包装等新型技术提升农产品物流效率，降低物流成本；另一方面，发挥自身农业优势，生产更多高端优质农产品，满足不断提升的消费升级需求，走提质增效的途径，而不是一味地降本增效。

浙江、江苏等发达省份的 5A 级物流企业应利用现有优势，通过人工智能、区块链等新技术提升自身核心竞争力，推进区块链技术落地应用，比如优化电子流程、实现数据各方共享流转、提供供应链合作征信服务、商品全程追溯等实际应用，为合作企业提供高端化、生态化、融合化、国际化等可增值的物流供应链服务，提升国际竞争力，引领合作产业迈向价值链中高端。

四川、宁夏等中西部省区应在“一带一路”倡议大背景下，借助国家发展战略和区域的低成本优势，在国际物流大枢纽中找准位置，有效对接国际物流服务网络，构建新型区位优势，发展智慧物流，为企业“走出去”战略提供新路径。

（三）结合区域发展水平，制定不同的物流成本衡量指标

我国各区域经济发展水平不同、产业和产品结构不同、地理结构和人口分布不同，应该找到与此区

域匹配的社会物流总费用/GDP 的最优值。美国的社会第三产业占比已超 80%，制造业严重空心化，美国的社会物流总费用/GDP 近十年稳定在 8%~9%。我国经济调整远未结束，未来很长时间还将处在工业化阶段，单位 GDP 所需物流量远高于非工业化国家。如果此比例数值过低，极有可能出现实体经济衰落、实体经济与虚拟经济比例失调的现象。总之，在我国经济健康发展前提下，社会物流总费用/GDP 不会无止境下降，需要更加全面、科学地测算研究。另外，物流业随着服务水平不断提升，也需要维持长期的合理利润，保证良性、健康、可持续发展，从而提升整个国民经济的运行质量。

思 考 题

1. 什么是物流成本管理？
2. 物流成本管理的意义与作用有哪些？
3. 请简述物流成本管理研究的内容。
4. 请简述物流成本冰山理论的内容。

第二章

物流成本管理概述

作　用

本章对物流成本管理进行概要的介绍，其中物流成本的概念与新的分类方法在本教材中占有重要的地位，后续章节的组织均依此而展开。

关　键

- 物流成本的概念、构成
- 物流成本的重新分类
- 物流成本的影响因素
- 物流成本管理的目的与方法

第一节　物流成本的概念、构成与分类

一、物流成本的概念

（一）成本的概念

成本（Cost）是企业为生产商品和提供劳务等所耗费物化劳动、活劳动中必要劳动的价值的货币表现，是商品价值的重要组成部分。关于成本的内涵，马克思曾有过深刻的描述。马克思认为：“按照资本主义方式生产的每一个商品 W 的价值，用公式来表示是 $W=C+V+M$。如果从这个商品价值中减去剩余价值 M，那么，在商品剩下来的，只是一个在生产要素上耗费的资本价值 $C+V$ 的等价物或补偿价值”“商品价值的这个部分，即补偿所消耗的生产资料价格和所使用的劳动力价格的部分，只是补偿商品使资本家自身耗费的东西，所以对资本家来说，这就是商品的成本价格”。[㊀]马克思的这段话，第一，指出的只是产品成本的经济实质，并不是泛指一切成本；第二，从耗费角度指明了产品成本的经济实质是 $C+V$，由于 $C+V$ 的价值无法计量，所以人们所能计量和把握的成本，实际上是 $C+V$ 的价格即成本价格；第三，从补偿角度指明了成本补偿了产品生产中使资本自身消耗的东西，实际上说明了成本对再生产的作用，也就是说，产品成本是企业维持简单再生产的补偿尺度。由此可见，在一定的产品销售量和销售价格条件下，产品成本水平的高低，不但

㊀ 《资本论》第 3 卷。《马克思恩格斯全集》第 25 卷，人民出版社 1974 年版，第 30 页。

制约着企业的生存，而且决定着剩余价值 M 即利润的多少，从而制约着企业扩大再生产的可能性。马克思对于成本的考察，既看到耗费，又重视补偿，这是对成本性质完整的理解。在商品生产条件下，耗费和补偿是对立统一的。任何耗费总是个别生产者的事，而补偿则是社会的过程。耗费要求得到补偿和能否得到补偿是两个不同的事情。这就迫使商品生产者不得不重视成本，努力加强管理，力求以较少的耗费来寻求补偿，并最大限度地获取利润。

由于我国允许多种所有制的生产主体同时并存，也有人认为成本的含义应与目前的经济体制相适应。即在理论上可以采用以下多种成本方式确定成本：①生产主体是小商品生产者的，只有生产资料需要购买并及时支付费用，所需要的劳动就是生产者本身，不需付给工资，可以用 C 作为其理论成本；②生产主体是国有企业的，以社会作为主体，商品生产中物化劳动和活劳动的耗费都可看作社会的耗费，是社会生产成本，可以用 $C+V+M$ 作为其理论成本；③其他生产主体一般用 $C+V$ 作为理论成本。

此外，也有人将成本概括为人们为进行生产经营活动或达到一定的所需耗费的人力、物力和财力等资源的货币表现及其对象化。它具有以下几个方面的含义：

（1）成本是生产和销售一定种类与数量产品，以耗费资源用货币计量的经济价值。企业进行产品生产需要消耗生产资料和劳动力，这些消耗在成本中用货币计量，就表现为材料费用、折旧费用、工资费用等。企业的经营活动不仅包括生产，也包括销售活动，因此在销售活动中所发生的费用，应计入成本；为了管理生产所发生的费用，也应计入成本。同时，为了管理生产经营活动所发生的费用也具有形成成本的性质。

（2）成本是为取得物质资源所需付出的经济价值。企业为进行生产经营活动，购置各种生产资料或采购商品，而支付的价款和费用，就是购置成本或采购成本。随着生产经营活动的不断进行，这些成本就转化为生产成本和销售成本。

（3）成本是为达到一定目的而付出或应付出资源的价值牺牲，它可用货币单位加以计量。

（4）成本是为达到一种目的而放弃另一种目的所牺牲的经济价值。

对成本含义的不同理解，使得成本在经济活动中有着重要的作用，具体有以下五个方面：

（1）成本是补偿生产耗费的尺度。企业为了保证再生产的不断进行，必须对生产耗费，即资金耗费进行补偿。企业是自负盈亏的商品生产者和经营者，其生产耗费必须用自身的生产成果，即销售收入来补偿，维持企业再生产按原有规模进行。而成本就是衡量这一补偿份额大小的尺度。

（2）成本是制定产品价格的基础。产品价格是产品价值的货币表现。但在现阶段，人们还不能直接地准确计算产品的价值，而只能计算成本。成本作为价值构成的主要组成部分，其高低能反映产品价值量的大小，因而产品的生产成本成为制定产品价格的重要基础。也正是如此，需要正确地计算成本，只有这样才能使价格最大限度地反映社会必要劳动的消耗水平，从而接近价值。当然，产品的定价是一项复杂的工作，还应考虑其他因素，如国家的价格政策及其他经济政策法令、产品在市场上的供求关系及市场竞争的态势等。

（3）成本是计算企业盈亏的依据。企业只有当其收入超出其为取得收入而发生的支出时，才有盈利。成本也是划分生产经营耗费和企业纯收入的依据。因为成本规定了产品出售价格的最低经济界限，在一定的销售收入中，成本所占比例越低，企业的纯收入就越多。

(4) 成本是企业进行决策的依据。企业要努力提高其在市场上的竞争能力和经济效益，首先必须进行正确可行的生产经营决策，而成本就是其中十分重要的一项因素。成本作为价格的主要组成部分，其高低是决定企业有无竞争能力的关键。因为在市场经济条件下，市场竞争在很大程度上就是价格竞争，而价格竞争的实际内容就是成本竞争。企业只有努力降低成本，才能使自己的产品在市场上具有较强的竞争能力。

(5) 成本是综合反映企业工作业绩的重要指标。企业经营管理中各方面工作的业绩，都可以直接或间接地在成本上反映出来，如产品设计好坏、生产工艺合理程度、产品质量高低、费用开支大小、产品产量增减以及各部门各环节的工作衔接协调状况等。正因如此，可以通过对成本的预测、决策、计划、控制、计算、分析和考核等来促使企业加强经济核算，努力改善管理，不断降低成本，提高经济效益。

(二) 物流成本的概念

物流成本的概念有狭义与广义之分。

所谓狭义物流成本，是指在物流过程中，企业为了提供有关的物流服务，要占用和耗费一定的活劳动和物化劳动，这些活劳动和物化劳动的货币表现是物流服务价值的重要组成部分。在商品经济中，物流活动是创造时间价值、空间价值的过程，要保证生产和物流活动有秩序、高效率、低消耗地进行，需要耗费一定的人力和物力，投入一定的劳动。一方面，物流劳动同其他生产劳动一样，也创造价值，狭义物流成本在一定程度上，即在社会需要的限度内会提高商品价值，扩大生产耗费数量，成为生产一定种类及数量产品的社会必要劳动时间的一项内容，其总额必须在产品销售收入中得到补偿；另一方面，物流劳动又不完全等同于其他生产劳动，它并不增加产品使用价值总量，相反，产品总量往往在物流过程中因损坏、丢失而减少。同时，为进行物流活动，还要投入大量的人力、物力和财力。

所谓广义物流成本，包括狭义物流成本与客户服务成本。物流活动是企业追求客户满意，提高客户服务水平的关键因素和重要保障。客户服务是连接和统一所有物流管理活动的重要方面。物流系统的每一组成部分，都会影响顾客是否在适当的时间、适当的地点，以适当的条件收到适当的产品。现实当中常有企业因为物流服务水平低，造成客户不满意，而失去现有客户与潜在客户的情况。这种情况所带来的损失，就是客户服务成本。

二、物流成本的构成

广义物流成本包括狭义物流成本与客户服务成本。

狭义物流成本涵盖了生产、流通、消费全过程的物品实体与价值变化而发生的全部费用。它包括从生产企业内部原材料的采购、供应开始，经过生产制造中的半成品、产成品的仓储、搬运、装卸、包装、运输以及在消费领域发生的验收、分类、仓储、保管、配送、废品回收等过程发生的所有成本。具体来讲，狭义物流成本由以下几部分构成：

(1) 物流活动中的物资消耗，主要包括电力、燃料、包装耗材，固定资产的损耗等。

(2) 物资在物流活动中发生的合理耗损。

(3) 企业为了开展物流活动的人力成本。

(4) 物流活动中发生的其他费用，包括与物流活动有关的办公、差旅支出。

（5）用于保证物流系统顺利运行的资金成本。

（6）研究设计、重建与优化物流过程的费用。

三、物流成本的分类

（一）常见的分类方法

企业在进行物流成本管理时，通常只考虑狭义物流成本，而对客户服务成本关注甚少。因此，目前企业对物流成本的分类主要是针对狭义物流成本的。具体来说，主要有：按经济内容分类；按经济用途分类；按作业类别分类；按成本与业务量的关系分类；按狭义物流成本计入营业成本的方式分类；按狭义物流成本转化为费用的不同方式分类；按狭义物流成本与决策的关系分类；按狭义物流成本是否可以控制分类；按决策方案变动时狭义物流成本是否可避免分类；按狭义物流成本的发生是否需支付现金等流动资产分类等。下面介绍其中的几种分类方式。

1. 按经济内容分类

企业的生产经营过程，也是物化劳动（劳动对象和劳动手段）和活劳动的耗费过程，因而生产经营过程中发生的成本，按其经济内容分类可划归为劳动对象方面的成本、劳动手段方面的成本和活劳动方面的成本三大类。狭义物流成本按照经济内容分类如下：

（1）固定资产折旧费，包括使用中的固定资产应计提的折旧和固定资产大修理费用。

（2）材料费，包括一切材料、包装物、修理用备件和低值易耗品等。

（3）燃料动力费，包括各种固体、液体、气体燃料，水费，电费等。

（4）职工薪酬。

（5）利息支出，企业应计入财务费用的借入款项的利息支出减利息收入后的净额。

（6）税金，应计入企业管理费用的各种税金，如房产税、车船税、城镇土地使用税、印花税等。

（7）其他支出，不属于以上各要素费用支出，如差旅费、租赁费、外部加工费以及保险费等。

这种分类方式的作用是：

（1）可以反映企业一定时期内在生产经营中发生了哪些费用，数额各是多少，据以分析企业各个时期各种费用的构成和水平，还可以反映物质消耗和非物质消耗的结构和水平，有助于统计工业净产值和国民收入。

（2）这种分类反映了企业生产经营中材料和燃料动力以及职工工资的实际支出，因而可以为企业核定储备资金定额、考核储备资金的周转速度，以及编制材料采购资金计划和劳动工资计划提供资料。

但是，这种分类不能说明各项成本的用途，因而不便于分析各种成本的支出是否节约、合理。

2. 按经济用途分类

狭义物流成本按其经济用途分为以下几类：

（1）运输成本。物流企业的运输成本主要包括：人工费用，如工资、福利费、奖金、津贴和补贴等；营运费用，如营运车辆的燃料费、轮胎费、折旧费、维修费、租赁费、车辆牌照检查费、车辆清理费、养路费、过路过桥费、保险费、公路运输管理费等；其他费用，如差旅费、事故损失、相关税费等。

（2）**流通加工成本**。流通加工成本构成内容主要有：流通加工设备费用、流通加工材料费用、流通加工劳务费用以及流通加工的其他费用。除上述费用外，在流通加工中耗用的电力、燃料、油料以及车间经费等费用，也应加到流通加工费用之中去。

（3）**配送成本**。配送成本是企业的配送中心在进行分货、配货、送货过程中所发生的各项费用的总和，其成本由以下费用构成：配送运输费用、分拣费用、配装费用。

（4）**包装成本**。包装成本构成一般包括：包装材料费用、包装机械费用、包装技术费用、包装辅助费用、包装的人工费用。

（5）**装卸与搬运成本**。装卸搬运成本构成主要包括：人工费用、固定资产折旧费、维修费、能源消耗费、材料费、装卸搬运合理损耗费用以及其他如办公费、差旅费、保险费、相关税费等。

（6）**仓储成本**。仓储成本主要包括：仓储持有成本、订货或生产准备成本、缺货成本和在途库存持有成本。

成本按经济用途的分类，反映了企业不同职能的费用耗费，也叫成本按职能的分类。这种分类有利于成本的计划、控制和考核，便于对费用实行分部门管理和进行监督。

3. 按成本与业务量的关系分类

成本按其与业务量之间的依存关系，可以分为固定成本与变动成本两大类。

（1）**固定成本**。固定成本是指其总额在一定时期和一定业务量范围内，不受业务量增减变动影响而保持不变的成本。如按直线法计算的固定资产折旧、管理人员的工资、机器设备的租金等。

固定成本的概念是就其总额而言的。由于固定成本总额在一定时期和一定业务量范围内保持不变，所以随着业务量在一定范围内的增加或减少，单位业务量所分摊的固定成本就会相应地减少或增加，即从单位固定成本看，它与业务量的增减成反比例变动。

为了更好地对固定成本进行规划和控制，对固定成本还可以进一步划分为“约束性固定成本”和“酌量性固定成本”。约束性固定成本也叫“经营能力成本”，是指同企业的生产经营能力的形成及其正常维护相联系的固定成本，如厂房和机器设备的折旧费、保险费、企业管理人员的基本工资等。这类成本有很大的约束性，一般在短期内很难有重大改变。酌量性固定成本也叫“随意性固定成本”，是指由企业高层管理者按照经营方针的要求所确定的一定时期的预算固定成本，如广告费、研究开发费、职工培训费等。这类成本的发生及其数额的多少，服从于企业不同时期生产经营的实际需要，取决于管理当局对不同费用项目所做的具体预算。因此，它可随经营方针的改变而改变，只能在某个特定的预算期内存在。

应当指出的是，固定成本总额只是在一定时期和一定业务量范围内才是固定的。这里所说的一定范围，通常称为相关范围。如果业务量超过了相关范围，固定成本也会发生变动。所以，所谓固定成本，必须和一定时期、一定业务量相联系。

（2）**变动成本**。变动成本是指其总额随着业务量的变动而成正比例变动的成本。如直接材料、直接人工、包装材料等都属于变动成本。

变动成本的概念也是就其总额而言的。若从单位业务量的变动成本看，它又是固定的，即它不受业务量增减变动的影响。

应当指出的是，变动成本也存在相关范围问题。也就是说，在相关范围之内，变动成本总额与业务量之间保持着完全的线性关系，在相关范围之外，它们之间的关系可能是非

线性的。

变动成本还可以考察成本与业务量之间的依存关系，即所谓成本习性（也称为成本性态）。研究成本与业务量之间的依存性，考察不同类型成本与业务量之间的特定数量关系，把握业务量变动对各类成本变动的影响，有利于进行本量利分析和短期决策，加强成本控制和科学地进行成本分析，可以简化成本的计算，对于正确地进行经营决策，挖掘内部潜力，提高企业经济效益，有着重要的意义。

4. 按狭义物流成本计入营业成本的方式分类

狭义物流成本按其计入成本对象的方式分为直接成本和间接成本。成本对象是指需要对成本进行单独测定的一项活动。成本对象可以是一件产品、一项服务、一项设计、一个客户、一种商标、一项作业或者一个部门等。

（1）**直接成本**。直接成本也称为可追溯成本，是指与某一特定的成本对象存在直接关系，它们之间存在明显的因果关系或受益关系，是为某一特定的成本对象所消耗，故可直接计入该成本对象的成本。一种成本是否属于直接成本，取决于它与成本对象是否存在直接关系，并且是否便于直接计入。因此直接成本也可以说是与成本对象直接相关的成本中可以用经济合理的方式追溯到成本对象的那一部分成本。大部分直接材料和直接人工成本属于直接成本。

（2）**间接成本**。与直接成本相反，间接成本是指与某一特定成本对象没有直接联系的成本，它为几种成本对象所共同消耗，不能直接计入某一特定成本对象。如厂房的折旧等大多属于间接成本。间接成本是与成本对象相关联的成本中不能用一种经济合理的方式追溯到成本对象的那一部分成本。所谓“不能用经济合理的方式追溯”，有两种情况：一种是不能合理地追溯到成本对象，另一种是不能经济地追溯到成本对象。例如，总经理的工资很难分辨出每种成本对象应分担的数额，不能合理地追溯到成本对象。又如，润滑油的成本可以通过单独计量追溯到个别成本对象，但是单独计量的成本较高，而其本身数额不大，更准确地分配实际意义不大，不如将其列入间接成本，统一进行分配更经济。间接成本应当先按地点或用途进行归集，然后按照适当合理的标准进行分配，计入各种成本对象。小部分的直接材料、直接人工成本、制造费用和期间费用通常属于间接成本。

狭义物流成本按其计入成本对象的方式分为直接成本和间接成本，这种分类的目的是经济合理地把成本归属于不同的成本对象。一项成本可能是直接成本，也可能是间接成本，要根据成本对象的选择而定。

5. 按狭义物流成本转化为费用的不同方式分类

在实务中，按照现行财务会计制度规定，生产经营成本按其可盘存性质可划分为产品成本与期间成本。划分产品成本和期间成本，是为了贯彻配比原则。按照配比原则的要求，收入和为换取收入的费用要在同一会计期间确认。产品成本在产品出售前与当期收入不能配比，应按“存货”报告，是“可存储的成本”，只有产品出售时才能与当期收入配比，因此在出售时将其成本转为费用。特别要注意的是，“产品”在这里是广义的，不仅指企业的产成品，还可指企业提供的劳务，实际上是指企业的产出物，即最终的成本计算对象。

（1）**产品成本**。产品成本是指可计入存货价值的成本，包括按特定目的分配给一项产品的成本总和。对外财务报告使用的产品成本内容，由统一的会计制度规定。在实务中，产品成本包括以下四个成本项目：直接材料，是指直接用于产品生产、构成产品实体的原料及主要材料、外购半成品、有助于产品形成的辅助材料以及其他直接材料；直接人工，是指参加产品生产的工人工资以及按生产工人工资总额和规定的比例计算提取的职工福利费；燃料和动力，是指直接用于产品生产的外购和自制的燃料及动力费；制造费用，是指为生产产品和提供劳务所发生的各项间接费用。

为了使生产成本项目能够反映企业生产的特点，满足成本管理的要求，允许企业根据自己的特点和管理要求，对以上项目做适当的增减调整。如果直接用于产品生产的外购半成品成本比重较大，可以将"外购半成品"单独列为一个成本项目；外部加工费比较多的产品，可以将"外部加工费"单独列为一个成本项目；如果产品成本中燃料和动力费所占比重很小，也可以将其并入"制造费用"成本项目中。

（2）**期间成本**。期间成本是指不计入产品成本的生产经营成本，包括除产品成本以外的一切生产经营成本。期间成本在发生当期立即转为费用，是"不可存储的成本"，正因为期间成本的这一特性，因此也称之为"期间费用"。按照我国企业会计制度的规定，企业的期间成本包括销售费用、管理费用和财务费用。

销售费用是指企业在销售产品过程中发生的费用，包括企业销售产品过程中发生的运输费、装卸费、包装费、保险费、展览费和广告费，以及为销售本企业产品而专设的销售机构（含销售网点、售后服务网点等）的职工薪酬，类似工资性质的费用、业务费等经营费用。商品流通企业在购买商品过程中所发生的进货费用，也包括在内。

管理费用是指企业组织和管理企业生产经营所发生的管理费用，包括企业的董事会和行政管理部门在企业的经营管理中发生的，或者应当由企业统一负担的公司经费（包括行政管理部门的职工工资、修理费、物料消耗、低值易耗品摊销、办公费和差旅费等）、工会经费、失业保险费、劳动保险费、董事会费、聘请中介机构费、咨询费（含顾问费）、诉讼费、业务招待费、房产税、车船税、城镇土地使用税、印花税、技术转让费、矿产资源补偿费、无形资产摊销、职工教育经费、研究与开发费、排污费、存货盘亏或盘盈（不包括应计入营业外支出的存货损失）、计提的坏账准备和存货跌价准备等。

财务费用是指企业为筹集生产经营所需资金等而发生的费用，包括应当作为期间费用的利息支出（减利息收入）和汇兑损失（减汇兑收益以及相关的手续费等）。

营业成本和期间成本都必须从营业收入中扣除，因为它们都是对生产经营的耗费。不同的是，产品成本要待产品销售时才能扣除，期间成本则从当期收入中直接扣除，两者的扣除时间不同。

产品成本和期间成本的划分是相对的，所有生产经营成本，如果不列入产品成本，就必须列入期间成本。计入产品的成本范围越大，期间成本的范围就越小；反之亦然。

（二）物流成本的重新分类

以上狭义物流成本分类方法，在一定程度上满足了企业统计计算物流成本的需要。但是值得注意的是：客户服务成本是企业在进行物流成本管理时必须考虑的成本要素；各类物流成本之间具有此消彼长的关系，试图减少单个活动的成本也许会导致总成本增加，管理层必须考虑所有物流成本的总和，才能实现有效的管理和真正的成本节约。由于现有的物流成本分类方法不但忽略了客户服务成本，而且不能清楚地反映各类物流成本之间的悖反关系，因此，为了提升企业物流成本的管理效率，必须将物流成本管理的视角扩展到广义物流成本的范畴，并进行重新分类。

1. 客户服务成本

客户服务成本从某种意义上讲，是一种隐性成本，是当物流服务水平令客户不满时产生的销售损失。因此，它是与不同物流服务水平相关的关键的成本权衡因素。丧失销售的成本不仅包括失去的现有销售所带来的贡献，还包括未来的潜在销售。有研究表明，流失的客户减少5%，利润可以增加50%。由此，可以看到，客户服务成本的重要性。

由于客户服务成本的精确计算十分困难，因此，最好的办法是根据客户需要确定物流服务水平，然后，在既定物流服务目标的前提下，使总的狭义物流成本最小。

2. 运输成本

根据分析个体的不同，可以用多种不同的方法来考察支持运输的支出。运输成本可以按客户、生产线、渠道类型、运输商、方向（进货对发货）等分类。发运量、运输的重量、距离以及出发地和目的地不同，成本相应地变化很大。成本和服务还会随着所选择的运输方式的不同而发生大幅度的变动。

3. 仓储成本

仓储成本由仓储和储存活动以及工厂和仓库的选址所造成，包括由于仓库数量和位置的变化而引起的所有成本。

4. 订单处理和信息系统成本

订单处理和信息系统的成本与诸如处理客户订单、配送信息和需求预测等活动相关。

5. 批量成本

主要的物流批量成本是由于生产和采购活动所引起的。批量成本是和生产或采购相关的成本，随着生产批量、订单的大小或频率的改变而变化。

6. 库存持有成本

可能影响库存持有成本的物流活动包括库存控制、包装以及废品回收和废物处理。库存持有成本由许多因素组成，除销售的丧失成本之外，库存持有成本是最难确定的。

7. 包装成本

包装作为物流企业的构成要素之一，与运输、保管、搬运、流通加工均有十分密切的关系。包装是生产的终点，同时又是物流的起点，因而包装在物流中有非常重要的作用。

以上对广义物流成本的分类，将物流看成一个完整的系统，并以给定企业的客户服务目标为前提。这种分类方法从各种物流活动和成本的关系出发，分析成本产生的原因，将总成本最小化，实现有效的物流管理和真正的成本节约。

第二节　物流成本的特点与影响因素

物流长期以来一直被认为是企业的第三大利润源泉，在不少企业中，物流成本在企业销售成本中占了很大的比例，因而应加强对物流活动的管理，其关键是控制和降低企业各种物流费用。但是要加强物流成本管理，应先明确在当今企业活动中物流成本的特征与影响因素。

一、物流成本的重要特性

从当今企业的物流实践中反映出来的物流成本的特征如下：

（1）具有很强的隐蔽性。在通常的企业财务决算表中，物流成本是企业对外部运输业者所支付的运输费用或因仓储而支付的商品保管费等传统的物流成本，对于企业内与物流部门相关的人员费、设备折旧费等各种费用则与企业其他经营费用统一计算，因而，从现代物流管理的角度来看，物流成本具有很强的隐蔽性。经验表明，实际发生的物流成本往往要超过外部支付额的5倍以上。这也印证了“物流冰山”学说的成立。

（2）不同企业间，物流成本难以相互比较。不同企业规定的物流成本科目不同。也就是说，各企业根据自己不同的理解和认识来把握物流成本，这样就带来了一个管理上的问题，即企业间无法就物流成本进行比较分析，也无法得出产业平均物流成本值。

就国家而言，每个国家的宏观经济中，对物流成本的计算方法也是不一致的。这也直接影响了国家间的物流成本的比较和分析。

美国对宏观经济中的总体物流成本的计算范围包括以下三部分：

第一部分为库存费用。库存费用是指花费于保存货物的费用，除了包括仓储、合理损耗、人力费用、保险和税收费用外，还包括库存占压资金的利息。其中利息是由美国当年商业利率乘以全国商业库存总金额得到的。把库存占用的资金利息加入到物流成本，这是现代物流与传统物流费用计算的最大区别。只有这样，降低物流成本和加速资金周转速度才能从根本利益上统一起来。

第二部分为运输成本。运输成本包括汽车运输与其他运输方式发生的费用。汽车运输费用包括城市内运送与区域间卡车运输发生的费用。其他运输方式费用包括铁路运输、航空运输、船舶运输、管道运输发生的费用。此外，还包括搬运装卸费等。

第三部分为物流管理费用。物流管理费用是按照美国的历史情况由专家确定一个固定比例，乘以库存费用和运输费用的总和得出的。

日本物流成本的计算则依据的是1997年日本运输省制定的《物流成本计算统一标准》。该标准按三种不同的方式规定了物流成本计算的标准。

第一种方式是按物流范围划分的物流费用计算标准。将物流费用分为：供应物流费用、生产物流费用、企业内部物流费用、销售物流费用、退货物流费用和废弃物物流费用六种类型。

第二种方式是按支付形式划分的物流费用计算标准。其物流费用分为材料费、人工费、公益费、维护费、一般经费、特别经费和委托物流费用等。材料费是指材料费、燃料费、工具费、器具费、备用品费等费用；人工费是指人员工资、补贴、奖金、杂费、退休金、福利费等费用；公益费是指向电力、煤气、自来水等提供公益服务部门支付的费用；维护费是指使用和维护土地、建筑物、车辆、搬运工具等支出的维护维修费、材料消耗费、课税、租赁费、保险费等费用；一般经费是指差旅费、交通费、会议费、交际费、教育费、杂费等一般支出费用；特别经费是指折旧费、企业贷款利息等特殊支出费用；委托物流费用是指企业向外支付的包装费、运输费、保管费、装卸费、手续费等物流业务费用。

第三种方式是按物流的功能划分的物流费用计算标准。其物流费用包括运输费、保管费、包装费、装卸费、信息费和物流管理费。

我国也对物流成本的计算范围和具体计算方法进行了标准化规定，该规定的推行，将有利于我国企业间进行物流成本比较。

（3）物流成本削减具有乘数效应。例如，某企业销售额为100万元，物流成本为9万元，其他成本为85万元，如果此时物流成本削减0.9万元，即削减10%，其他成本及销

售额不变，则产生了0.9万元的利润增加；同样，如果通过增加销售额的方式来增加利润，则为了同样额度的利润增加，销售额必须增加15%。这就是物流成本削减的乘数效应。

（4）从销售关联的角度来看，物流成本中过量服务所产生的成本与标准服务所产生的成本是混同在一起的，也造成了物流成本管理的难度。如很多企业将销售促进费都算在物流成本中。

（5）各类物流成本之间具有悖反关系，一类物流成本的下降往往以其他物流成本的上升为代价。

二、影响物流成本的因素

（一）竞争性因素

企业所处的市场环境充满了竞争。企业之间的竞争除了产品的价格、性能、质量外，从某种意义上来讲，优质的客户服务是决定竞争成败的关键。而高效物流系统是提高客户服务的重要途径。如果企业能够及时可靠地提供产品和服务，则可以有效地提高客户服务水平，这都依赖于物流系统的合理化。而客户的服务水平又直接决定物流成本的高低。因此物流成本在很大程度上是由于日趋激烈的竞争而不断发生变化的，企业必须对竞争做出反应。影响客户服务水平的因素主要有以下几个方面：

1. 订货周期

企业物流系统的高效必然可以缩短企业的订货周期，降低客户的库存，从而降低客户的库存成本，提高企业的客户服务水平，提高企业的竞争力。

2. 库存水平

存货成本的提高，可以减少缺货成本，即缺货成本与存货成本成反比。库存水平过低，会导致缺货成本增加。库存水平过高，虽然会降低缺货成本，但是存货成本会显著增加。因此，合理的库存应保持在使总成本最小的水平上。

3. 运输

企业采用更快捷的运输方式，虽然会增加运输成本，但可以缩短运输时间，降低库存成本，提高企业的快速反应能力。

（二）产品因素

产品的特性不同也会影响物流成本，主要有以下几个方面：

1. 产品价值

产品价值的高低会直接影响物流成本的大小。随着产品价值的增加，每一物流活动的成本都会增加，运费在一定程度上反映货物移动的风险。一般来讲，产品的价值越大，对其所需使用的运输工具要求越高，仓储和库存成本也随着产品价值的增加而增加。高价值意味着存货中的高成本，以及包装成本的增加。

2. 产品密度

产品密度越大，相同运输单位所装的货物越多，运输成本就越低。同理，仓库中一定空间领域存放的货物越多，库存成本就会降低。

3. 产品废品率

影响物流成本的一个重要方面还在于产品的质量，即产品废品率的高低。生产高质量的产品可以杜绝因次品、废品等回收、退货而发生的各种物流成本。

4. 产品破损率

产品破损率较高的物品即易损性物品，对物流成本的影响是显而易见的。易损性物品对物流各环节如运输、包装、仓储等都提出了更高的要求。

5. 特殊搬运

有些物品对搬运提出了特殊的要求。如对长大物品的搬运，需要特殊的装载工具；有些物品在搬运过程中需要加热或制冷等，这些都会增加物流成本。

（三）环境因素

环境因素包括空间因素、地理位置及交通状况等。空间因素主要是指物流系统中企业制造中心或仓库相对于目标市场或供货点的空间关系等。地理位置主要是指物流系统中企业制造中心或仓库、目标市场或供货地点的地理位置。交通状况主要是指物流系统中企业制造中心或仓库、目标市场或供货地点间的交通方式及拥堵情况。若企业与多个目标市场有空间关联，且相互距离较远，交通状况较差，则必然会增加运输及包装等成本；若在目标市场建立或租用仓库，也会增加仓储及库存持有成本。因此，环境因素对物流成本的影响是很大的。

（四）管理因素

管理成本本身与企业的生产和流通没有直接的数量依存关系，但却直接影响着企业的物流成本的大小。如节约办公费、水电费、差旅费等管理成本，相应地可以降低物流成本总水平。另外，企业利用贷款开展物流活动，必然要支付一定的利息（如果是自有资金，则存在机会成本问题），资金利用率的高低，会影响利息支出的大小，从而也影响着物流成本的高低。

第三节　物流成本管理的目的与方法

一、物流成本管理的目的

企业在进行物流成本管理时，首先要明确管理目的，有的放矢。一般情况下，企业物流成本管理的出发点是：通过掌握物流成本现状，发现企业物流活动中存在的主要问题；对各个物流相关部门进行比较和评价；依据物流成本计算结果，制定物流规划，确立物流管理战略；通过物流成本管理，发现降低物流成本的环节，强化总体物流管理。

二、物流成本的管理方法

1. 物流成本横向管理法

物流成本横向管理即对物流成本进行预测和编制计划。物流成本预测是在编制物流计划之前进行的。它是在对本年度物流成本进行分析，充分挖掘降低物流成本的潜力的基础上，寻求降低物流成本的有关技术经济措施，以保证物流成本计划的先进性和可靠性。物流成本计划按时间标准进行划分，有短期计划（半年或一年）、中期计划和长期计划。

2. 物流成本纵向管理法

物流成本纵向管理即对物流过程的优化管理。物流过程是一个创造时间性和空间性价值的经济活动过程。为使其能提供最佳的价值效能，就必须保证物流各个环节的合理化和物流过程的迅速、通畅。物流系统是一个庞大而复杂的系统，要对它进行优化，需要借助

先进的管理方法和管理手段。

（1）用线性规划、非线性规划制订最优运输计划，实现物品运输优化。物流过程中遇到最多的是运输问题。例如，某产品现由某几个企业生产，又需供应某几个客户。怎样才能使企业生产的产品运到客户所在地时总运费最小？假定这种产品在企业中的生产成本为已知，从某企业到消费地的单位运费和运输距离，以及各企业的生产能力和消费量都已确定，则可用线性规划来解决；如企业的生产数量发生变化，生产费用函数是非线性的，就应使用非线性规划来解决。属于线性规划类型的运输问题，常用的方法有单纯形法和表上作业法。

（2）运用系统分析技术，选择货物最佳的配比和配送线路，实现货物配送优化。配送线路是指各送货车辆向各个客户送货时所要经过的路线，它的合理与否，对配送速度、车辆的利用效率和配送费用都有直接影响。目前较成熟的优化配送线路的方法是节约法，也称节约里程法。

（3）运用存储论确定经济合理的库存量，实现物资存储优化。存储是物流系统的中心环节。物资从生产商到客户需要经过几个阶段，几乎在每一个阶段都需要存储。究竟在每个阶段库存量保持多少为合理？为了保证供给，需隔多长时间补充库存？一次进货多少才能达到费用最省的目的？这些都是确定库存量的问题，也都可以在存储论中找到解决的方法。其中应用较广泛的方法是经济订购批量模型，即 EOQ 模型。

（4）运用模拟技术对整个物流系统进行研究，实现物流系统的最优化。例如，克莱顿·希尔模型，它是一种采用逐次逼近法的模拟模型。这个方法提出了物流系统的三项目标：最高的服务水平，最小的物流费用，最快的信息反馈。在模拟过程中采用逐次逼近的方法来求解下列决策变量：流通中心的数目，对客户的服务水平，流通中心收发货时间的长短，库存分布，系统整体的优化。

3. 计算机管理系统管理法

计算机管理系统将物流成本的横向与纵向连接起来，形成一个不断优化的物流系统的循环。通过一次次循环、计算、评价，整个物流系统不断地优化，最终找出其总成本最低的最佳方案。

三、降低物流成本管理的手段

（一）从商品的流通过程降低物流成本

对于一个企业来讲，控制物流成本不单单是本企业的事，即追求本企业物流的效率化，而应该考虑从产品制成到最终用户整个供应链的物流成本效率化，亦即物流设施的投资和扩建与否要视整个物流渠道的发展和要求而定。例如，原来有些厂商是直接面对批发商经营的，因此，很多物流中心是与批发商物流中心相吻合，从事大批量的商品运输。然而，随着零售业中便民店、折扣店的迅猛发展，客观上要求厂商必须适应这种新型的产业形式，展开直接的面向零售店铺的物流活动，在这种情况下，原来的投资就有可能沉淀，同时又要求建立新型的符合现代流通发展要求的物流中心和自动化设施，这些投资尽管从本企业来看，增加了物流成本，但从整个流通过程来看，却大大提高了物流绩效。

在控制企业物流成本时，还有一个值得注意的问题是，即针对每个用户成本削减幅度的大小。特别是零售业的价格竞争异常激烈时，零售业纷纷要求供应商降低商品价格，因此，作为供应商的厂商或批发商都在努力提高针对不同用户的物流活动绩效，如原 1 日

1 次的商品配送，集约成 1 周 2 次的配送。但问题是，如果厂商和批发商不能明确测定出这种个别成本削减幅度有多大，进而以价格下降的形式转化为对用户的利益，势必会影响最终用户对厂商和批发商的信赖。

（二）通过物流服务削减成本

随着食品业界价格竞争的激化，ECR 等新型供应链物流管理体制不断得到发展与普及。这种新型的物流管理体制使得用户除了对价格提出较高的要求以外，更要求企业能有效缩短商品周转期，真正做到迅速、准确、高效地进行商品管理。要实现上述目标，仅仅本企业的物流体制具有效率化是不够的，它需要企业协调与其他企业（如零部件供应商）以及顾客、运输业者之间的关系，实现整个供应链活动的绩效化。也正因为如此，追求成本的效率化不仅仅是企业中物流部门或生产部门的事，同时也是经营部门以及采购部门的事，亦即降低物流成本的目标贯彻到企业所有职能部门之中。

提高对顾客的物流服务水平是企业确保利益的最重要手段。从某种意义上讲，提高顾客服务是降低物流成本的有效方法之一，但是，超过必要量的物流服务不仅不能带来物流成本的下降，反而有碍于物流效益的实现。例如，随着多频度、少量化的经营的扩大，对配送的要求越来越高，而在这种情况下，如果企业不充分考虑用户的产业特性和运送商品的特性，一味地开展商品的翌日配送或发货的小单位化，无疑将大大增加供应商的物流成本。所以，在正常情况下，为了既保证提高对顾客的物流服务水平，又防止出现过剩的物流服务，企业应当在考虑用户产业特性和商品特性的基础上，与顾客充分协调，探讨有关配送、降低成本等问题。如果能够实现 1 周 2~3 次的配送，可以商讨将由此产生的利润与顾客分享，从而相互促进在提高物流服务水平的前提下，寻求降低物流成本的有效途径。

（三）借助信息降低物流成本

各企业内部的物流效率化仍然难以使企业在不断激化的竞争中取得成本上的优势，为此，企业必须与其他交易企业之间形成一种效率化的交易关系。即借助于现代信息系统的构筑，一方面使各种物流作业和业务处理能准确、迅速地进行；另一方面，能由此建立起物流经营的战略系统。具体来说，通过将企业订购的意向、数量、价格等信息在网络上进行传输，从而使生产、流通全过程的企业或部门分享由此带来的利益，充分对应可能发生的各种要求，进而调整不同企业间的经营行为和计划，这无疑从整体上控制了物流成本发生的可能性。从图 2-1 中可以看出，现代信息系统对降低生产、销售、物流成本都具有积极的意义。

（四）通过配送降低物流成本

对应于用户的订货要求建立的短时间、正确的进货体制是企业物流发展的客观要求。但是，伴随配送产生的成本费用要尽可能降低，特别是最近多频度、小单位配送的发展，更要求企业采用效率化的配送方法。一般来讲，企业要实现效率化的配送，就必须重视配车计划管理、提高装载率以及车辆运行管理。

所谓配车计划，是指与用户的订货相吻合，将生产或购入的商品按客户指定的时间进行配送的计划。对于生产商而言，如果不能按客户指定的时间进行生产，也就不可能在用户规定的时间配送商品，所以，生产商配车计划的制订必须与生产计划相联系来进行。同样，批发商也必须将配车计划与进货计划相联系开展。当然，要做到配车计划与生产计划或进货计划相匹配，就必须构筑最为有效的配送计划信息系统。这种系统不仅仅是处理配送业务，而是在订货信息的基础上，管理从生产到供货全过程的业务系统，特别是制造商

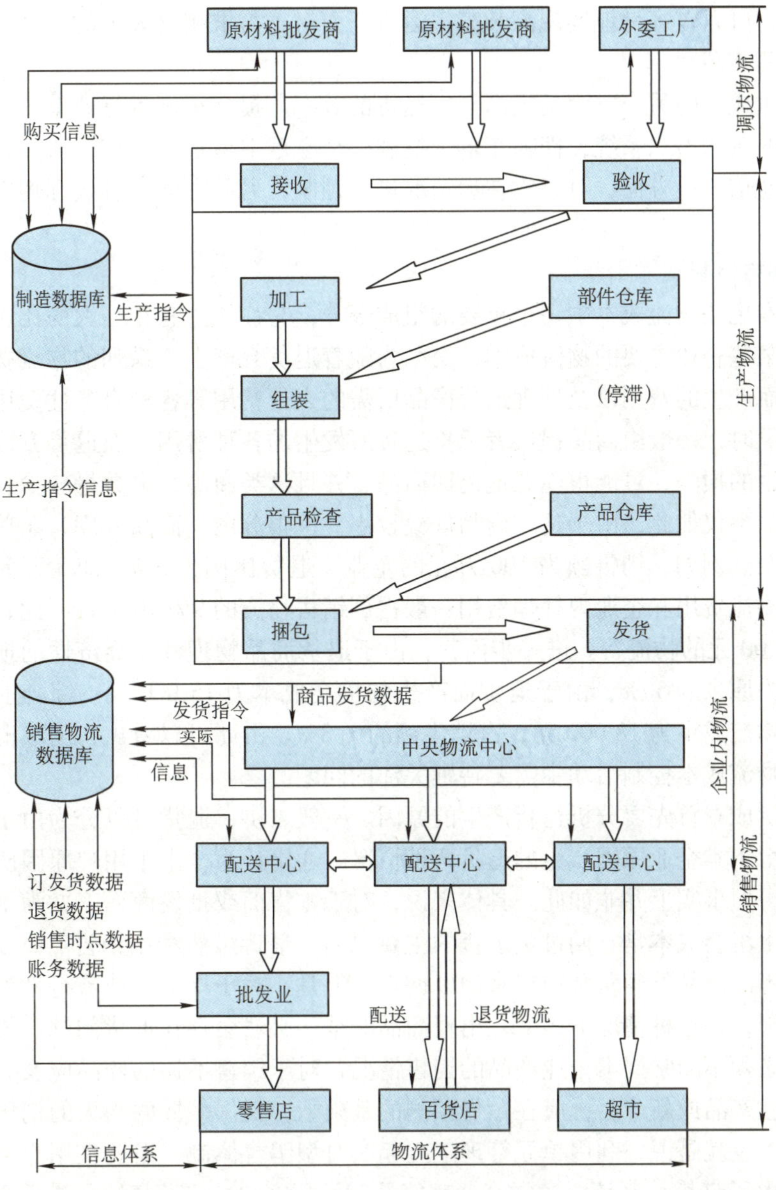

图 2-1　物流信息数据库与多重利用概念图

为了缩短对用户的商品配送，同时降低成本，必须通过这种信息系统制订配送计划，商品生产出来后，装载在车辆中进行运送。对于发货量较多的企业，需要综合考虑并组合车辆的装载量和运行路线。也就是说，当车辆有限时，在提高单车装载量的同时，事先设计好行车路线以及不同路线的行车数量等，以求在配送活动有序展开的同时，追求综合成本的最小化。另外，在制订配车计划的过程中，还需要将用户的进货条件考虑在内。如进货时间、司机在用户作业现场搬运的必要性、用户附近道路的情况等都需要关注和综合分析。还有用户的货物配送量也对配车计划具有影响，货物输送量少，相应的成本就高，配车应当优先倾向于输送量较多的地域。

在提高装载率方面，先进企业的做法是，将本企业的商品名称、容积、重量等数据输入到信息系统中，再根据用户的订货要求计算出最佳装载率。从总体上看，对于需求比较集中的地区，可以较容易地实现高装载率运输，而对于需求相对较少的地区，可以通过共同配送来提高装载率。

削减配送成本的另一方面是提高车辆运行的效率。提高车辆运行效率的一个有效方法是建立有效的货物追踪系统，即在车辆上搭载一个全球卫星定位系统，通过这种终端与物流中心进行通信，一方面，对货物在途情况进行控制，另一方面，有效利用空车信息，合理配车。

（五）削减退货成本

退货成本也是物流成本中一个重要的组成部分，它往往占有相当大的比例。退货成本之所以成为某些企业主要的物流成本，是因为随着退货会产生一系列的物流费、退货商品损伤或滞销而产生的费用以及处理退货商品所需的人员费用等各种事务性费用。特别是出现退货的情况时，一般由商品提供者承担退货所发生的各种费用，而退货方因为不承担商品退货而产生的损失，可能很随意地退回商品，并且这类商品大多数量较少，配送费用有增高的趋势。不仅如此，由于这类商品规模较小，也很分散，商品入库、账单处理等业务也都非常复杂。例如，销售额为 100 万元的企业，退货比例为 3%，即 3 万元的退货，由此而产生的物流费用和企业内处理费用一般占到销售物流的 9%~10%，因此，伴随着退货将会产生 3 000 元的物流费。进一步而言，由于退货商品物理性、经济性的损伤，可能的销售价格只为原来的 50%，由于退货而产生的机会成本为 15 000 元。综合上述费用，退货所引起的物流成本为 18 000 元，占销售额的 1. 8%。由此可以看出，削减退货成本十分重要，它是物流成本控制活动中需要特别关注的问题。

控制退货成本首先要分析退货产生的原因。一般来讲，退货可以分为由于用户原因产生的退货和由于本企业原因产生的退货两种情况。通常认为，由于用户原因所产生的退货是不可控的，但事实上并非如此。具体来说，对于零售商或批发商而言，为了防止由于商品断货而产生机会成本是它们过量进货的主要原因，最近虽然利用销售点终端（POS）系统可以根据不同商品的经营及销售来加以调整，但是，对于季节性或流行性商品，却无法合理进行控制，在这种情况下，一旦出现商品滞销，必然会存在退货问题。要杜绝此类情况发生，就必须不断掌握本企业产品的销售情况，对于销售不振的商品应及时制定促销策略，而季节性产品或新产品，应在销售预测的基础上，根据掌握的当天的销售额来确定以后的生产量。也就是说，利用单元管理建立起实时型销售体制，需要在用户店铺设置本企业的 EOS（电子订货）系统，这样企业就能及时掌握客户的经营情况，进而不断调整企业的产品生产量和产品种类，真正从根本上遏制退货现象的出现。造成退货现象的一个根本原因是生产方为了片面追求自身的经济利益，采取推销式销售方式而引起的负效应，结果造成商品库存增加、销售不振，退货成本高昂。要有效地降低退货成本，重要的是改变企业片面追求销售额的战略，在追踪最终需求动向的同时，为实现最终需求增加而实施销售促进策略。

与上述问题相关联，要从根本上防止退货成本，企业还必须改变营业员绩效评价制度。即不是以营业员每月的销售额作为奖惩的依据，而是在考察用户状况的同时，以营业员年度月平均销售额作为奖励的标准，这样才能在防止退货出现的情况下，提高经营效率。当然，在制度上还必须明确划分产生退货的责任，如果是发货业务人员因为商品数量、品种与顾客要求不一致而造成的退货，就应该由发货业务人员承担相应的损失；如果是由于错误配送而造成的退货，就应当由运输业者承担。

（六）利用一贯制运输和物流外包降低成本

降低物流成本从运输手段上讲，可以通过一贯制运输来实现。也就是说，从制造商到最终消费者之间的商品搬运，利用各种运输工具的有机衔接来实现，运用运输工具的标准化以及运输管理的统一化，来减少商品周转、装载过程中的费用和损失，并大大缩短商品在途时间。

在控制物流成本方面，还有一种行为是值得注意的，那就是物流的外包，或称第三方物流或合同物流。通过物流外包可以使企业从规模经济、更多地门对门运输等方面实现运输费用的节约。另外，一些突发事件、额外费用如空运和租车等问题的减少，增加了工作的有序性和供应链的可预测性。实际上，外包的利益不仅局限在降低物流成本上，企业也能在服务和效率上得到其他改进，如增加战略行动的一致性、提高顾客反应能力、降低投资需要、带来创新的物流管理技术和有效的管理信息系统。

经典资料

经典资料一　各国物流成本的统计方法

（李伊松，北京交通大学，根据资料整理）

一、美国

根据《美国物流年度报告》（*Annual State of Logistics Report*），美国的企业物流成本计算普遍采用下列公式。即

物流总成本＝存货持有成本+货物运输成本+物流行政管理成本

其中：

存货持有成本＝利息+税、折旧、贬值、保险+仓储费用

货物运输成本＝公路运输费用+铁路运输费用+水路运输费用+油料管道运输费用+航空运输费用+货运代理相关费用+货币费用

物流行政管理成本＝订单处理及 IT 成本+市场预测、策划制定成本及相关财务人员的管理费用

美国各项物流成本统计表如表 2-1 所示。

表 2-1　美国各项物流成本统计表　　（金额单位：十亿美元）

年份	GDP	商业库存总值	库存维持费所占的比例（%）	库存维持费	运输成本	管理费用	物流总成本	物流成本/GDP（%）
1992	6 340	1 043	22.7	237	375	24	636	10
1993	6 640	1 076	22.2	239	396	25	660	9.9
1994	7 050	1 127	23.5	265	420	27	712	10.1
1995	7 400	1 211	24.9	302	441	30	773	10.4
1996	7 810	1 240	24.4	303	467	31	801	10.3
1997	8 320	1 280	24.5	314	503	33	850	10.2

（续）

年份	GDP	商业库存总值	库存维持费所占的比例（%）	库存维持费	运输成本	管理费用	物流总成本	物流成本/GDP（%）
1998	8 700	1 317	24.4	321	529	34	884	10.2
1999	9 270	1 381	24.1	333	554	35	922	9.9
2000	9 820	1 478	25.3	374	594	39	1 007	10.3
2001	10 130	1 403	22.8	320	609	37	966	9.5
2002	10 460	1 451	20.7	300	582	35	917	8.8
2003	10 960	1 508	20.2	304	607	36	947	8.6
2004	11 690	1 650	20.4	337	652	39	1 028	8.8
2005	12 430	1 773	22.3	395	739	46	1 180	9.5
2006	13 190	1 863	24	447	809	50	1 306	9.9
2007	13 840	2 026	24	487	857	54	1 398	10.1
2008	14 450	1 975	21.3	422	872	53	1 344	9.3
2009	14 270	1 930	18.8	362	693	44	1 099	7.7
2010	14 590	2 064	17.9	396	766	47	1 211	8.3
2011	15 080	2 064	10.3	418	806	59	1 282	8.5
2012	15 590	2 300	18.9	435	830	60	1 325	8.5
2013	16 890	2 459	19.1	469	852	63	1 385	8.2
2014	17 460	2 496	19.1	476·	907	66	1 449	8.3
2015	17 830	2 510	17.1	427.3	888.9	91	1 408.2	7.9
2016	18 570			409.8	894.7	88.1	1 392.64	7.5
2017	19 410			428	965.5	101.2	1 494.7	7.7
2018	20 440			493.7	1 037.4	104.4	1 635.46	8.0
2019	21 440			454.6	1 059.1	116.1	1 629.77	7.6

（数据来源：《美国物流年度报告》。）

注：由于2016年—2019年的商业库存总值未给出统计结果，因此本表中未显示商业库存总值和库存维持费所占的比例。

二、日本

日本的企业物流成本计算基本上是以作业成本法为基础，即借助物流费用和成本的两层分解，最终确立成本对象的成本以及相应的绩效。具体来说，第一阶段是将各种资源分解到业务流程中的活动，从而计算各活动环节所耗费的资源，第二阶段再将活动成本分摊到各产品、服务、顾客或部门，进而计算这些类别是如何消费活动资源的，从而能够更为全面地反映物流作业成本，并且以此为基础，优化物流活动，在这一点上，日本、美国等发达国家基本上是一致的。但是在具体的计算方法上，应该说日本的物流成本计算考虑得更为具体、细致，也更具有可操作性。

首先从物流成本的类别划分看，日本企业强调可以按照多种标准进行划分，这样可以从不同的角度或侧面反映相应的问题和物流组织程度，通过综合的成本测度，来全面计算物流成本。其次，立足于上述物流成本类别的划分，在具体的物流成本体系和框架上，日本企业认为必须从多角度、系统化出发，来衡量物流成本，这样不仅能够全面反映企业物流费用的真实水准，而且还能利用物流成本计算出来的数据，进行针对性的管理改进和调整，优化物流经营活动。

日本企业人事费、配送费、保管费、信息处理费和其他费用的计算原则如表 2-2 所示。

表 2-2 日本企业人事费、配送费、保管费、信息处理费和其他费用的计算原则

费用类别	费用项目	区分	主要内容
人事费	管理者 一般员工	推定	推定与物流活动相关人员的工资、福利等 其他部门支援物流部门时，推定支援的程度 （1）营业人员配送 （2）员工物流作业 （3）管理部门的支援等
	打工人员	实绩	向打工者支付的费用
配送费	支付运费	实绩	向运输业者支付的费用
	物流中心费	实绩	零售端物流设施的利用费
	车辆费	推定	（1）购买车辆时，按月分配购车费用 （2）租赁车辆时，计算车辆租赁费
	车辆维持费	实绩	车辆的修理、燃料、停车、高速公路费等
保管费	支付保管费	实绩	对外支付的保管费
	支付作业费	实绩	保管作业的费用
	包装材料费	实绩	包装材料、标签、纸张等购入费用
	本企业仓库费	推定	本企业设施的利用费以及邻近设施的利用费
	库内器械费	推定	货架、堆码机等各种设备费用
	在库利息	推定	月末结余库存或存货的月利息
信息处理费	信息设备费	推定	系统开发以及信息设备按月分摊费用
	消耗品费	推定	单据、纸张等各种消耗品费用
	通信费	推定	电话、传真、网络费用等
其他费用	办公费用	实绩	与物流作业相关的各种办公费用和管理费用

三、韩国

为了更好地掌握韩国当前国家物流系统的现状并采取战略发展措施优化国家物流系统，韩国提出了一种宏观物流成本的统计估算方法。这种统计方法与美国宏观物流成本计算方法有些类似，物流成本因素构成包括：运输成本、库存持有成本、包装成本、装卸成本、信息成本和管理成本。

韩国的企业物流成本分类及数据来源如表 2-3 所示。

四、中国

按成本项目划分，物流成本由物流功能成本和物流特别成本构成。其中，物流功能成本包括物流活动过程中所发生的运输成本、仓储成本、包装成本、装卸搬运成本、流通加工成本、物流信息成本和物流管理成本；物流特别成本包括企业持有存货所发生的资金占用成本、物品损耗成本、保险费和税收成本。中国企业物流成本项目构成如表 2-4 所示。

表 2-3　韩国的企业物流成本分类及数据来源

名称	分类Ⅰ	分类Ⅱ	数据来源
运输成本	铁路	整车货运	铁路统计年度报告
		小件运输	
	公路	公共	交通运输业统计调查报告
		自营	韩国交通研究院（KOTI）计算
	水路	内河港口	交通运输业统计调查报告：韩国船商代表协会
		海洋	
		内河运输	
	航空	国内运输	建设交通部年度报告
		国际运输	
	货运代理	货运代理	交通运输业统计报告

名称	分类Ⅰ	分类Ⅱ	数据来源
库存持有成本	保管	公共仓库	交通运输业统计调查报告
		自营仓库	韩国商业和工业部
	库存持有		企业管理分析
	破损		韩国商业和工业部
包装成本	波纹纸板包装		韩国纸箱协会（KCCA）
	托盘包装		韩国商业和工业部
装卸成本	陆地和空中运输装卸		交通运输业统计调查报告
	水路运输装卸		
信息成本			韩国商业和工业部
管理成本			韩国商业和工业部

表 2-4　中国企业物流成本项目构成

成本项目			内容说明
物流功能成本	物流运作成本	运输成本	一定时期内，企业为完成货物运输业务而发生的全部费用。该成本包括从事货物运输业务人员的工资、福利、奖金、津贴和补贴；车辆（包括其他运输工具）的燃料费、折旧费、维修保养费、租赁费、过路费、年检费、事故损失费、相关税费等
		仓储成本	一定时期内，企业为完成货物储存业务而发生的全部费用。该成本包括仓储业务人员的工资、福利、奖金、津贴和补贴；仓储设施的折旧费、维修保养费、水电费、燃料与动力消耗等
		包装成本	一定时期内，企业为完成货物包装业务而发生的全部费用。该成本包括从事包装业务人员的工资、福利、奖金、津贴和补贴；包装材料消耗；包装设施折旧费、维修保养费；包装技术设计、实施费用以及包装标记的设计、印刷等辅助费用
		装卸搬运成本	一定时期内，企业为完成装卸搬运业务而发生的全部费用。该成本包括从事装卸搬运业务人员的工资、福利、奖金、津贴和补贴；装卸搬运设施折旧费、维修保养费、燃料与动力消耗等
		流通加工成本	一定时期内，企业为完成货物流通加工业务而发生的全部费用。该成本包括从事流通加工业务人员的工资、福利、奖金、津贴和补贴；流通加工材料消耗；加工设施折旧费、维修保养费；燃料与动力消耗费等
	物流信息成本		一定时期内，企业为完成有关信息业务而发生的全部费用。该成本包括从事信息业务人员的工资、福利、奖金、津贴和补贴；软硬件折旧费、维护保养费等
	物流管理成本		一定时期内，企业物流管理部门及物流作业现场所发生的管理费用。该成本具体包括管理人员的工资、福利、奖金、津贴和补贴；差旅费、办公费等
物流特别成本			一定时期内，企业在物流活动过程中发生的不能归属于物流功能成本，但对企业物流管理和决策有重要影响的成本费用。该成本具体包括资金占用成本、物品损耗成本、保险费及税收成本等

按物流成本产生的范围划分，物流成本由供应物流成本、生产物流成本、销售物流成本、退货物流

成本以及废弃物物流成本构成。中国企业物流成本范围构成如表 2-5 所示。

表 2-5　中国企业物流成本范围构成

成本范围	内容说明
供应物流成本	从采购原材料、燃料、外购件等开始，至所购货物到货或由本企业提货时为止的物流过程中所发生的物流成本
生产物流成本	从购进的原材料、燃料、外购件等到货或由本企业提货时开始，直到最终确定销售对象为止的物流过程中所发生的物流成本
销售物流成本	从确定销售对象时开始，直到商品送交顾客为止的物流过程中所发生的物流成本
退货物流成本	已销售的商品在退货过程中所发生的物流成本
废弃物物流成本	商品、包装材料、运输容器及物料用具等物资在废弃过程中所产生的物流成本

按物流成本支付形态划分，企业物流总成本由内部物流成本和委托物流成本构成。其中，内部物流成本按支付形态分为材料费、人工费、维护费、一般经费、资金占用费、物品损耗费、保险费及相关税费。中国企业物流成本支付形态构成如表 2-6 所示。

表 2-6　中国企业物流成本支付形态构成

成本支付形态		内容说明
内部物流成本	材料费	资材费、工具费、器具费等
	人工费	工资、福利、奖金、津贴和补贴等
	维护费	土地、建筑物及各类物流设施设备的折旧费、维护维修费、租赁费、保险费、相关税费、燃料与动力消耗费等
	一般经费	办公费、差旅费、会议费、水电费、煤气费等
	资金占用费	物流活动过程中负债融资所发生的利息支出（显性成本）和占用内部资金所发生的机会成本（隐性成本）
	物品损耗费	物流活动过程中所发生的物品跌价、毁损、盘亏等损失
	保险费和相关税费	向保险部门支付的财产保险费和与存货有关的税费支出
委托物流成本		企业向外部物流机构所支付的各项费用

经典资料二　2019 年全国物流运行情况通报

（国家发展改革委、中国物流与采购联合会，http://www.chinawuliu.com.cn，2020 年 4 月）

2019 年，全社会物流总额基本保持平稳增长，社会物流总费用占 GDP 的比例为 14.7%，比上年下降 0.1 个百分点。

一、社会物流总额保持平稳增长

2019 年，全国社会物流总额为 298.0 万亿元，按可比价格计算，同比增长 5.9%，增速比上年同期回落 0.5 个百分点。其中一季度增长 6.4%，上半年增长 6.1%，前三季度增长 5.7%，全年社会物流总额缓中趋稳，四季度小幅回升。

从构成上看，工业品物流总额为 269.6 万亿元，按可比价格计算，同比增长 5.7%，增速比上年回落 0.5 个百分点；进口货物物流总额为 14.3 万亿元，增长 4.7%，比上年提高 1 个百分点；农产品物流总额为 4.2 万亿元，增长 3.1%，比上年回落 0.4 个百分点；单位与居民物品物流总额为 8.4 万亿元，增长

16.1%；再生资源物流总额为1.4万亿元，增长13.3%。

二、社会物流总费用占GDP的比例小幅回落

2019年，社会物流总费用为14.6万亿元，同比增长7.3%，增速比上年回落2.5个百分点。社会物流总费用占GDP的比例为14.7%，比上年下降0.1个百分点。

其中，运输费用为7.7万亿元，同比增长7.2%；保管费用为5.0万亿元，增长7.4%；管理费用为1.9万亿元，增长7.0%。

三、物流业总收入保持较快增长

2019年，物流业总收入为10.3万亿元，同比增长9.0%。

思考题

1. 什么是物流成本？
2. 物流成本的构成内容有哪些？物流成本如何分类？
3. 影响物流成本的因素有哪些？
4. 简述物流成本的特性。
5. 简述降低物流成本的方法和措施。
6. 从社会角度来看，物流成本包括哪些内容？

第三章

客户服务成本

作　用

作为隐含在物流成本中的隐性成本，客户服务成本是每个物流成本管理者必须面对而又难以衡量的。本章主要围绕客户服务成本展开，所提出的客户服务成本衡量方法对正确管理物流成本有着重要的意义。

关　键

- 客户服务成本的概念与构成
- 客户服务的概念、特征与重要性
- 物流服务水平的衡量
- 物流服务水平标准的制定

第一节　客户服务成本概述

一、客户服务成本的概念与构成

物流成本中的客户服务成本是一种隐性成本，是当物流服务水平令客户不满时产生的销售损失。该成本影响客户对企业物流服务的感受、客户满意水平以及最终能否产生客户信任。

客户服务成本不仅包括失去的现有客户所产生的销售损失，还包括失去潜在客户所带来的销售损失。曾经有调查显示，每个不满意的客户平均会向九个人诉说这种不满，而这种诉说有可能使这些听众打消选择该企业产品或服务的念头，从而使企业丧失原本可以获得的潜在的销售机会。

二、客户服务成本与狭义物流成本之间的关系

物流系统的目标就是向客户提供适当的物流服务。在物流管理中，“适当”（Right）的观点很重要，因为没有一个物流系统既可做到提供最高水平的客户服务，使客户的满意程度最高，又可做到狭义物流成本之和最低。而这一点正说明了客户服务成本与狭义物流成本之间的悖反关系。

物流服务水平是影响客户购买和连续购买的关键因素，也是企业用来吸引潜在客户的

有效手段。最佳的物流服务水平，可以创造客户满意与客户信任，减少现有客户与潜在客户的流失，从而大幅度降低失销成本——客户服务成本。然而，客户服务成本的降低（也就是物流服务水平的提高）要求有大量的存货、快捷的运输、充分的仓容和高效的订单处理，这必然要增加狭义物流成本。而降低狭义物流成本，又必然会导致物流服务水平的降低，也就是客户服务成本的上升。客户服务成本与狭义物流成本之间的悖反关系如图 3-1 所示。

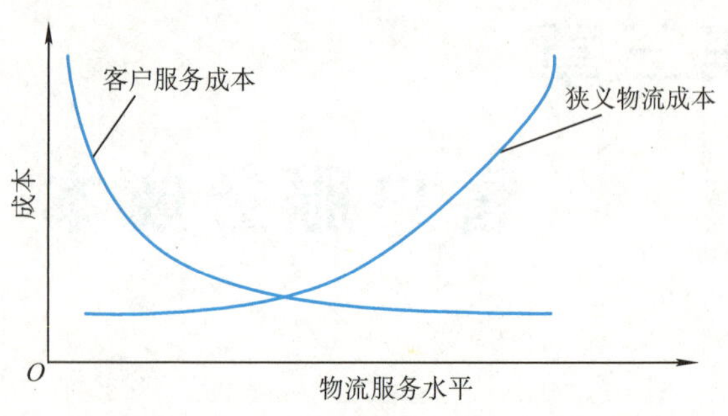

图 3-1　客户服务成本与狭义物流成本之间的悖反关系

一般来说，随着物流服务水平的提高，狭义物流成本将加速增长。如将服务水平由 90%提高到 94%所增加的狭义物流成本要比将服务水平从 94%提高到 98%所增加的狭义物流成本要小；同样，随着物流服务水平的提高，客户服务成本将减速下降，如将服务水平由 90%提高到 94%所减少的客户服务成本要比将服务水平从 94%提高到 98%减少的客户服务成本要大。

当然，在提供相同的物流服务水平时，也就是将客户服务成本控制在一定水平时，可以有很多的物流运作方案备选，且不同的物流运作方案，其狭义物流成本之和也不同。这种情形可以用等成本线与等量线的概念进行分析，如图 3-2 所示。

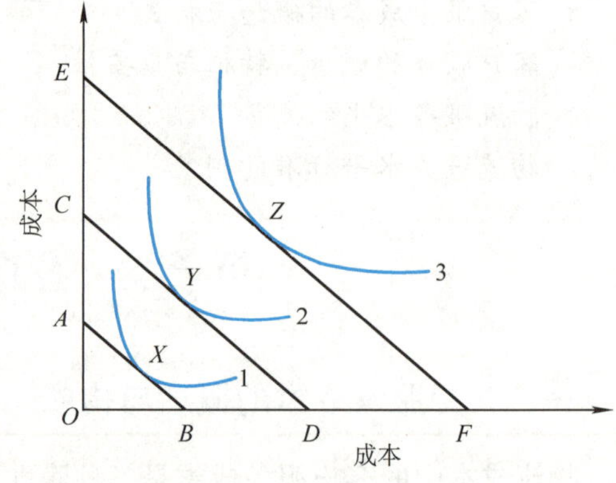

图 3-2　等成本线与等量线图

图 3-2 中的横纵坐标轴代表物流系统的狭义物流成本，如运输、仓储等成本。图中的直线 *AB*、*CD* 和 *EF* 被称为等成本线，落在同一等成本线（*AB*、*CD* 和 *EF*）上的物流运作方案，所花费的狭义物流成本的组合是固定的；图中的曲线 1、2、3，被称为等量线，落在同一等量线（1、2、3）上的物流运作方案可以产生相同的物流服务水平。不同的等量线代表在给定时期内由低到高的物流服务水平。首先看等成本线 *AB*，它与等量线 1 相切于 *X*，这是获得物流服务水平 1 的最小成本，落于该点的物流运作方案是实现物流服务水平 1 的最佳方案。等成本线 *CD* 代表的方案也能产生物流服务水平 2，但其成本比最优成本要高。*CD* 与 *EF* 分别与等量线 2、3 相切于 *Y*、*Z*，表明这些方案的成本分别是获得对应服务水平的最小狭义物流总成本。

三、客户服务成本的处理

客户服务成本是十分难以估计和衡量的。通常采取以下办法解决这一难题：根据一定的方式制定出最适合的物流服务水平，然后在达到该物流服务水平的前提下，寻求其他物流成本即狭义物流成本之和的最小化。

要确定最适合的物流服务水平，需要完成以下三个步骤的工作：

（1）明确与物流活动相关的客户服务要素。

（2）衡量目前的各物流服务要素所达到的水平，包括企业（部门）现在提供的物流服务水平、客户心目中理想的物流服务水平等。

（3）在既定的服务战略指导下，为企业（部门）制定最适合的物流服务水平，并根据衡量所得的现有物流服务水平，制定出最终的物流服务水平调整方案。

本章中的下面几节将围绕物流成本中的客户服务成本展开，着重论述客户服务、物流服务水平的衡量与物流服务水平的制定三方面内容。本章以后的章节将讨论各类狭义物流成本的问题，在这些章节中提到的物流成本均指的是狭义物流成本。

第二节 客户服务

一、客户服务的概念

关于“客户服务”的概念，许多学者从不同的角度进行了阐述，具有代表性的有以下三种：

（1）营销学界权威专家菲利普·科特勒将“客户服务”定义为：“服务是一方能够向另一方提供的基本上是无形的任何行为或绩效，并且不导致任何所有权的产生。它的生产可能与某种物质产品相联系，也可能毫无联系。”

菲利普·科特勒的定义可解释为：服务可能以有形产品为依托，成为有形产品的附加层次，也可能与有形产品没有任何关系，只是一种技术或者智力付出，属于无形产品；服务是由一方对另一方的付出，这种付出可以使接受者产生满意的感觉；服务是有价的、无形的，因此，服务不会产生物权，但会产生债权。

（2）著名管理专家拉隆德和辛格认为：客户服务是一种活动、绩效水平和管理观念。

具体而言：“客户服务是一种活动”，是指企业与客户之间的一种互动，在这种互动中，企业掌有管理控制权；“客户服务是一种绩效水平”，是指企业可以对客户服务进行精确衡量，并且可以将客户服务水平作为评价企业绩效的指标；而“客户服务是一种管理理念”，则是“以客户为中心”的企业营销哲学的核心内容，是企业实施管理的指导思想。

（3）莱维特与菲利普·科特勒处于相同的时代，他认为：客户服务是“能够使客户更加了解核心产品或服务的潜在价值的各种行为和信息”。

在这个定义中，客户服务是以客户为对象，以产品或服务为依托的行为；客户服务的最终目标是将产品或服务的潜在价值挖掘与开发出来；客户服务的方式可以是某些具体行为，也可以是一种信息支持。

二、客户服务的特征

客户服务在企业生产经营过程中，显示着越来越重要的作用。它具有如下特征：

（一）客户服务的本质性特征

1. 无形性

客户服务是无形的，在购买之前、消费之中和享受之后，它都不会像有形产品那样呈现在客户的眼前。

2. 感知性

虽然客户服务没有具体的实物形态，但它是可以被感知的，并且客户服务的接受者可以根据这种感知来评价服务质量的优劣高低，因此，在提供服务时应当“化无形为有形”，增强客户体验或感受。

3. 不可分性

客户服务的生产和消费是同时进行的，两者不可分割，因此客户服务不能提前生产出来，不可储存、不可长期拥有、难以复制、容易消失。

4. 不确定性

客户服务具有高度的不确定性：服务所能达到的水平会由于具体情况的不同而产生波动。提供服务的人员不同、时间不同、地点不同，服务的质量也会相应地产生差异。服务的这种不确定性会使客户产生不安全感和不信任的心理，因此，企业应当尽量使服务质量保持在稳定的水平，让客户感到服务是可靠的、低风险的，这样客户才能从企业提供的服务中获得最大的满意。为了长期保持高质量的服务，企业一方面应加强服务的标准化建设，如对员工进行严格的培训，用高技术设备来替代人工操作等；另一方面，应当通过客户建议和投诉系统、客户调研、客户追踪等方式及时掌握客户感受，适时调整服务方式，消化服务的不确定性感受。

（二）客户服务的经营性特征

1. 有偿性

客户服务是具有价值的，客户为了享受服务必须支付相应的费用。

2. 可得性

良好的客户服务不仅在于服务本身，还在于使客户得到服务的便利性。客户应能在合适的时间、合适的地点方便地获得所需要的服务。让客户等待时间过长，或者必须进行远距离跋涉，或者提供方式不恰当，都会使服务质量受到很大的影响。

3. 互动性

客户服务是企业与客户相互响应的互动性过程，“有求必应”是一种被动的反应，在客户提出要求以前，甚至在客户认识到以前，就能为客户考虑周全，服务到位，才是高质量服务的标志。

4. 独特性

客户服务的独特性特征包含以下两层含义：

首先，客户服务是专业性的具体活动过程，它与特定企业、客户、产品、环境等具体因素相联系，并因这些因素的不同而不同。企业可以为客户服务制定一些基本准则，也可以根据情况借鉴一些他人的成功经验，但对于特定的客户来说，服务的策略和措施却是各具特色、互不相同的。

其次，独特性还意味着客户服务必须有创新性，模仿别人的做法虽然也可以提升客户的价值感，但具有创新性的服务更能打动客户。

三、客户服务的重要性

客户服务是企业强有力的竞争武器，它与价格竞争相比有着特殊的优越性。这是因为如果企业降低销售价格，其竞争对手也能立即采取相应的降价对策以破坏该企业的竞争优势。而良好的客户服务则需要较长时期的培植，竞争对手一时难以模仿。因此，对于企业

而言，优质的客户服务十分重要。

优质的客户服务可以使客户满意。反复多次产生客户满意便可赢得客户信任，从而为企业带来利润。客户服务产生客户信任的过程如图 3-3 所示。

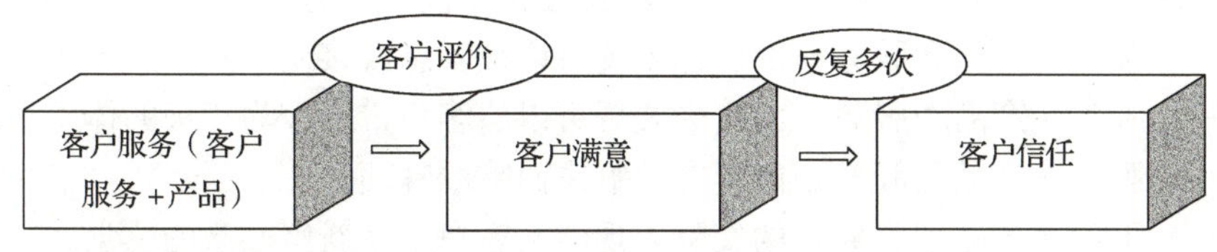

图 3-3　客户服务产生客户信任的过程

当客户服务依附于有形产品时，客户满意是客户对企业和员工提供的产品和服务的直接性综合评价，不断强化的客户满意就可以产生客户信任。由于目前很多产品在核心层面的差异逐渐缩小，因此，作为产品附加层面的客户服务，便成为创造客户满意直至产生客户信任的主要着力点。

当服务作为独立的产品出现时（如电信公司向客户提供的通信服务），客户满意与客户信任则完全是由服务产生的。

（1）客户服务在经历了客户评价之后，可能产生客户满意。客户对服务（产品和服务）的评判主要是根据他们自己的标准来进行，一般来说，客户满意与否主要取决于客户对服务（产品和服务）所设想的绩效或产出与实际情况的比较。如果服务与他们的期望值相吻合，便会产生客户满意。具体过程可用客户满意模型解释，如图 3-4 所示。

客户满意模型认为：客户在进行购买之前就在心目中对该服务（产品和服务）有了一定的要求，也就是形成了期望；在购买之后，客户便会将服务（产品和服务）的实际表现与自己的要求相比较，从而判断对客户服务是否满意。通常，这种判断会产生三种可能的结果：如果该服务（产品和服务）与自己的要求相符，客户就会接受该服务（产品和服务）；如果该服务（产品和服务）与自己的要求相比，表现更为出色，客户就会产生满意的感觉；如果该服务（产品和服务）的实际表现达不到自己的要求，那么客户就会产生不满意的感觉。

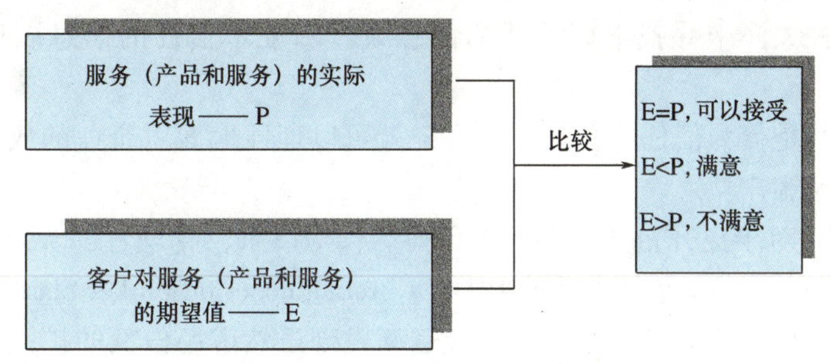

图 3-4　客户满意模型示意图

由上面的客户满意模型可知：客户对服务（产品和服务）是否满意与客户的价值标准息息相关，客户对满意与否的评判充满了主观色彩。主观性的评判加大了企业为客户提供服务的难度。因为不同客户的价值标准是不相同的，他们对相同的服务（产品和服务）的感知可能完全不同。但总的来说，能否实现客户满意，主要会受到三个方面的影响：客户对服务（产品和服务）的期望值——它可能源于先前的购买经验，也可能源于他人的口碑以及企业的承诺；服务（产品和服务）的实际表现；客户将服务（产品和服务）的实际表现与期望值进行比较的过程。

不过，还应当注意到，“满意”本身，感受也是不同的，有不同的层次。例如：

满足——服务（产品和服务）的实际表现可以被容忍或接受。

愉快——服务（产品和服务）的实际表现可以给客户带来较为积极的体验。

解脱——服务（产品和服务）能给客户解决面临的麻烦。

新奇——服务（产品和服务）的实际表现能给客户带来新鲜刺激的感觉。

惊喜——服务（产品和服务）的实际表现大大超过了客户的期望。

（2）客户服务的最终目标是要经过多次的客户满意，不断强化客户印象，并最终产生客户信任。客户满意是实现客户信任的必经之路。

对于企业来说，如果客户对企业的服务（产品和服务）感到满意的话，他就有可能会重复其购买行为，从而提高企业的盈利。与此同时，产生了满意感的客户也有可能将他们的感受通过口碑的形式传播给其他人，从而扩大服务（产品和服务）的知名度，提高企业形象。但应当看到，客户满意只是客户针对某一产品或某项服务做出的积极评价，即便是客户对某企业满意，也只是基于他们所接受的某种或某次服务（产品和服务），如果某一次的服务（产品和服务）不完善，客户便会对该企业产生不满。由此可见，客户满意是一个感性的、一次性的评价指标，它无法长时间地维持客户。客户信任是指客户对某一企业、某一品牌的服务（产品和服务）经历了多次满意之后，进而产生的一种认同感和信赖感。客户信任是客户满意不断强化的结果。与客户满意倾向于感性感觉不同，客户信任是客户经过多次感性感觉后，在理性分析基础上达成的肯定、认同和信赖。客户信任大致可以划分为三个层次：一是认知信任——它是基于服务（产品和服务）而形成，因为这种服务（产品和服务）使他的个性化需求得到了满足，这种信任处于基础层面，它可能会随志趣、环境等的变化而转移；二是情感信任——在使用服务（产品和服务）之后获得的持久满意，它可能形成对服务（产品和服务）的偏好和信任；三是行为信任——只有在企业提供的服务（产品和服务）成为客户不可或缺的需要和享受时，行为信任才会形成，其表现是能够维持长期稳定的关系、重复购买，以及对企业的特别关注。在行为信任形成之后，客户往往会在这种关注中寻找巩固信任的信息或者求证不信任的信息以巩固自己的行为信任。

客户信任尤其是行为信任一旦确立，客户就可以理性地面对企业的成功与失败，并最终成为企业的忠诚客户。

（3）客户信任对于提升企业利润至关重要。长期以来，管理者都认为市场份额是取得利润的原动力，20 世纪 70 年代中期的 PIMS（Profit Impact of Market Share）模型支持了这种观点。但随着市场竞争的日趋激烈，企业逐渐发现虽然市场份额的扩大可以带来销售额的提高，但由于生产成本和销售费用上升的速度更快，出现了利润不升反降的现象。因此，企业不得不转而寻求增加利润绝对值的方法，如采取有效措施在生产和营销部门的各个环节上挖掘潜力、提高效率、降低生产成本与销售费用，以实现利润最大化。但成本是由各种资源构成的，相对而言它是一个常量，不可能无限制地去削减，所以，很快这方面的潜力也挖掘殆尽了。

近来，一系列的研究发现，与高利润和销售额快速增长最相关的因素是客户信任，而

不是以前所认为的市场份额。忠实的老客户出于对企业、产品、服务有信任感而多次重复购买，他们才是购买服务（产品和服务）的主要群体，是对企业贡献最大的客户，是企业利润的最重要来源。但有些企业为了提高市场份额和完成不断增长的销售额压力，往往都将寻找新客户作为营销管理的重点，从而忽视了对老客户的关怀和注意，这种舍本逐末的做法是十分不可取的。丹尼尔·查密兹教授在教授市场营销学时，曾经用漏桶来形象地比喻企业的这种行为。他在黑板上画了一只桶，然后在桶的底部画了许多洞，并给这些洞标上各种名字：粗鲁、劣质服务、未经过训练的员工、质量低劣、选择性差等，他把桶中流出的水比作客户。他说，在这样一只桶中，企业为了保住原有的营业额，必须从桶顶不断注入"新客户"来补充流失的客户，实际上，这是一种十分不合算的做法。最有效的办法应是改进服务质量、堵住漏洞，通过建立客户信任来维系老客户，减少老客户流失。这才是最经济有效的方法。

客户信任能从多方面给企业带来利润：客户信任带来重复购买，客户重复购买增加企业的收入。老客户保持的时间越长，购买量就越大，随之招揽客户需要的费用就会减少，从而使企业成本降低。一项研究表明，争取一位新客户的成本约比维持一位老客户的成本多数倍，而且在成熟的竞争性强的市场中，企业争取到新客户的困难非常大。由于"口碑效应"，老客户会推荐他人购买从而增加新客户。由于企业的客户多为有丰富消费经验的老客户，因此企业的服务会更有效率、更加经济。客户信任度和企业经济效益的提高有助于改善企业员工的工作条件，充分调动员工的工作积极性和增强凝聚力，进而提高工作效率，降低招聘和培训费用，减少员工流失，这又进一步使成本降低，形成一种强化客户信任的良性循环效应。

总之，如果一家企业始终不渝地给予客户超值回报并赢得了客户的信任，那么它的市场份额和收益就会增加，同时招揽客户和为客户服务的费用还会由于客户成熟度的提高而下降。许多行业的经营经验表明，客户信任给企业带来的经济效益是相当可观的。就拿服务行业来说，软件和银行业的调查统计表明，客户信任度每提高 5%，企业收益可上升 25%~80%，这就是最好的例证。

四、物流成本管理中的客户服务

在物流成本管理中，人们关注的是企业提供的客户服务中与物流相关的那部分。

与物流相关的客户服务的受体有两类：企业内部的相关部门（如生产部门等）和企业外部的客户。

与物流相关的客户服务的提供主体有三类：制造企业物流部门、流通企业物流部门及物流服务供应商。

与物流相关的客户服务有两个层次：第一层次属于基本的、传统的客户服务，如运输、仓储服务等，这类服务与有形产品联系紧密，以有形产品为处理对象；第二个层次与有形产品联系较小，如进行物流系统的设计、提供物流运作方案等。

与物流相关的客户服务中，制造企业物流部门、流通企业物流部门为外部客户提供的服务，往往属于基本层次的客户服务，这些服务以有形产品为依托，是作为制造企业所制造的有形产品，或流通企业所销售的有形产品的附加层次传递给客户的；制造企业物流部门、流通企业物流部门为本企业其他部门、物流服务供应商为外部客户提供的服务，既有基本层次的服务，也有与有形产品联系较小的服务，但这些服务都是作为一种独立的产品传递给其他部门或客户的，并不是某种有形产品的附加层次。

第三节 物流服务水平的衡量

一、物流服务的组成要素

物流服务是十分复杂的，如何对其进行衡量，一直是物流管理中难以处理的问题。美国全国实物配送管理协会（NCPDM）的客户服务研究小组的研究结果认为：将物流服务作为一个整体来进行衡量是不现实的，明智的做法是首先要搞清楚组成物流服务的各要素的内容，然后通过衡量物流服务的各个组成要素，来完成物流服务的评价与测量。

物流服务的组成要素十分繁杂，且不同性质的行业在物流服务要素上也存在很大的差别。但总的说来，根据伯纳德与保罗的研究，所有的物流服务要素都可以根据它们存在的阶段不同而被划分为三大类：发生在交易前的物流服务要素、发生在交易过程中的物流服务要素和发生在交易完成以后的物流服务要素。

（一）存在于交易前的物流服务要素

存在于交易前的物流服务要素不但与企业的客户服务战略有着十分密切的关系，而且会在很大程度上影响客户对企业的感知及满意度。在执行和运作物流服务之前，企业必须保证所有的交易前要素都到位。同时，由于交易前要素都比较偏向政策层面，因此这些要素应该是企业相对稳定的、不经常变动的长期决策，以便给客户留下服务水平较为稳定的感觉。

交易前的物流服务要素包括以下内容：

1. 客户服务书面指南

客户服务书面指南被用来向客户陈述企业的客户服务政策与标准，是企业对客户做出的有关客户服务的书面承诺。首先，该指南的制定应当基于一定的客户服务战略，并能够与客户需求或其他因素相匹配。其次，指南应当明确给出客户服务要达到的具体水平。再次，指南应明确客户服务绩效评估的汇报制度，即确定由谁向何人汇报绩效评估结果以及汇报的频率。此外，指南还必须为客户提供相关的沟通方式，以便客户在企业承诺的服务水平没有兑现的情况下，能及时与企业取得联系。最后，该指南必须具有实际操作性。

2. 客户服务书面指南的沟通与提供

将客户服务书面指南提供给客户，与客户就指南进行沟通，并使其接受该指南。企业制定客户服务指南的目的就是使其成为企业与客户沟通的桥梁，指南使客户知道可以期望些什么服务，以避免产生不合理的期望。

3. 构建企业实施客户服务的相关组织结构

合理的组织结构将有利于那些实施客户服务政策的各职能部门之间的沟通与合作，使企业在策略、运作和错误修正等方面的沟通都变得通畅，从而提高客户服务政策的实施效果。构建企业实施客户服务的相关组织结构时必须明确管理客户服务的岗位职责和职权；必须建立起激励机制，以便激励客户服务岗位中的工作人员与企业其他职能部门的员工密切合作；必须保证客户能很方便地与企业内部的相关人员沟通。设想一下，如果客户对产品运送情况产生了疑问，打电话给企业的销售部门进行咨询，却被该部门以种种借口搁置下来，或被告知应当询问另一个部门，并且最终成为企业不同部门之间的皮球被踢来踢

去，那么该客户一定会感到十分失望，他可能再也不会给这个企业打电话来询问任何事情了，同时也会对这个企业的服务产生不满。

4. 确保企业的客户服务系统具有一定的柔性

客户服务系统柔性是指该系统应付突发事件的能力。在现实中，总会出现一些让人意想不到的事件，如物料短缺和暴风雪、洪水等天灾人祸，为了有效地对无法预料的事件做出反应，保证客户服务水平不因这些突发事件而降低，柔性和应急计划必须被纳入到系统之中。

5. 向客户提供管理服务

企业与客户之间的关系是互动的，一方面企业应当服务于客户，满足他们的需求，另一方面企业还应当担负起教育客户的职责。不断地教育培养客户，提高客户的管理水平，这样不但可以提高客户对企业的信任与依赖，而且可以使双方的合作更为愉快与默契。企业可以通过培训手册、专题讨论会或一对一的咨询形式为客户提供管理方面的服务与咨询，帮助他们提高改进库存管理和订货等方面的管理水平。一般来说，管理服务既可以免费提供，也可根据实际情况采取收费的方式提供。

（二）存在于交易中的物流服务要素

存在于交易中的物流服务要素对于企业销售具有直接的影响，因此企业往往给予这些要素最大的关注。对于客户来说，交易中要素也是最直接、最明显和最重要的。它包括下列内容：

1. 缺货水平

缺货水平是对产品供应能力的衡量，是对产品供应情况的测度。产品供应能力较差时，就容易出现缺货的情况。当出现缺货时，企业可以通过安排合适的替代产品，或从其他地方调配产品给客户等方式来满足客户需求。同时，为更好地查明发生缺货的原因，以尽量避免类似事件的发生，企业和客户应当建立起缺货监测系统。

2. 转运的情况

转运是指为避免缺货而将产品在不同配送点之间进行运输，以使产品从没有发生缺货的地区流向发生缺货的地区。

3. 产品的替代性

产品的替代性是指当某种产品发生缺货时，客户可以用其他产品替代该产品的可能性。产品的替代性越强，该种产品发生缺货时造成的不良影响就越小。作为替代的产品，通常是同种品牌的不同规格的产品或者其他品牌的同类产品，这些替代产品应当能够同样或者更好地具备原来产品的功能。有研究显示，如果某产品的服务水平为70%，它具有一个替代产品，该产品的服务水平也为70%，那么企业可以通过该替代产品将其服务水平大幅度提高至80%~91%。如果这种产品有两种可以接受的替代产品的话，那么该产品的可获性就会更高，如达到97%以上。由此可见，产品的可替代性越高，企业可为客户提供的服务水平也就越高。不过，当出现缺货，需要用其他产品来进行替代时，企业应当事先与客户进行沟通，并征得客户的同意。

4. 订货信息的提供

订货信息的提供是指企业可以快速而准确地向客户提供有关库存情况、订单状态、预期发货和交付日期以及延期交货情况等信息的能力。由于目前计算机技术、网络技术与信息技术的发展十分迅猛，越来越多的客户希望能从企业那里获得快捷而广泛的订货信息。

如像延期交货这样的信息，如果可以提前获知，企业与客户就可以提前采取相应的措施以解决问题。除了能快速获取广泛而多样化的数据外，客户还希望收到的有关订单执行情况和库存水平的信息具有较高的准确性。因为对客户和企业来说，错误信息会造成巨大的损失。有鉴于此，企业应及时记录和报告误差，并尽可能地及时修正这些误差。对于重复发生的问题，企业必须采取措施加以纠正，并且要引起高度重视。

5. 提交订单的便利性

提交订单的便利性是指客户下订单的难易程度。如果订单的形式混乱，条款不标准，客户就会因此而产生困惑，从而出现不满意的感觉。如果客户通过网络下订单，但上网的等待时间过长，客户也可能会因此而感觉很不满意。通常可以用出现问题的订单数占总订单数的百分比来衡量提交订单的便利程度。提交订单的便利程度如何，一般可以通过与客户的直接沟通来获知，如果发现在这方面存在问题，企业就要尽快采取措施，以提高客户的满意度。

6. 订货周期

所谓订货周期，是指从客户发出订单开始到产品交付给客户为止整个过程所花费的时间。订货周期由以下几部分时间组成：订单传递、订单输入、订单处理、根据订单备货、包装以及最终交付。客户关心的是订货周期整个过程花费的总时间。为了控制好这个总时间，企业必须对订货周期的每一个环节做好监控和管理工作，尽力削减各环节中不必要的时间耗费。

7. 特殊运输处理

当客户需要加急运货或者有特殊的运输要求时，特殊运输处理就出现了。由于特殊运输处理对运输时间和运输方式方面有较高或较为独特的要求，因此，这种运输的成本往往要高出标准运输很多。是否给相关的客户提供特殊的服务，取决于该客户对企业的利润贡献。通常企业会给优质客户提供特殊服务。

（三）存在于交易后的物流服务要素

交易后的物流服务要素主要用于支持产品的售后服务。从数量上来讲，交易后要素在所有物流服务要素中所占的比例比较小，而且在客户对不良服务的投诉中，交易后要素也要比其他类型的要素少，因此这类要素往往被企业所忽视。由于努力使现有客户满意、留住现有客户比开发新客户更有效率，因此企业必须提高对于这类要素的关注度。

存在于交易后的物流服务要素包括：

1. 安装设备、修理、质量保证以及提供零部件

随着市场竞争激烈程度的加剧，该要素的重要性等级不断提升。特别是对于那些服务成本远远超出了产品本身成本的产品来说，该要素就显得更为重要。为了使客户满意，针对此方面的服务，企业应当努力做到：为客户提供高水平、周到的安装服务；确保零部件供应充足，当产品出现毛病时，可及时提供修理服务；确保质量管理的有效执行。

2. 产品跟踪

所谓产品跟踪，是指企业对已经投放市场的产品进行随时追踪，如果发现产品存在问题，企业便要及时地从市场上调回所有存在问题的产品。企业实施产品追踪，并且能够在产品出现问题时进行快速反应，这将有利于企业维护自己的声誉，使企业免于陷入法律诉讼的泥潭。该要素的重要性目前也在日益增强。

3. 对于客户退货、投诉和索赔的应对

企业对于客户退货、投诉和索赔的应对状况能在很大程度上影响客户的满意度。如果企业能够对客户退货、投诉和索赔做出快速而恰当的反应，那么客户由于产品问题产生的不快就会大幅度减少，有时甚至会对企业更加信任。通常企业在设计物流系统时，都只考虑一个移动方向——产品由企业朝客户方向移动。但是，退货是每个企业都要面临的问题。这些退货产品的运动方向与正常的产品移动方向相反，是由客户流向企业的。由于这些逆向流动属于非日常性运作，没有规模效应，因此处理成本很高。为了降低处理退货的物流成本，加快反应速度，企业在物流系统设计时，应该考虑这部分逆向物流。此外，企业还应当设计一套便利快捷的在线信息系统，以便能够更好地应对客户投诉。最后，企业还应保留有关索赔、投诉和退货方面的数据，以便为日后的产品开发、市场营销、物流等方面的决策提供有价值信息。

4. 临时性的替代产品的可获性

临时性的替代产品的可获性是指当客户先前购买的产品出现问题而不得不进行修理时，企业能否为客户提供临时性的替代产品，以不影响客户的正常使用。例如，一些计算机生产厂商在客户的计算机因故障需要修理时，可以免费借给客户备用计算机，以不影响客户的正常工作或生活。较高的临时性替代产品的可获性能够带来较高的客户满意，这对于企业培养出更忠诚的客户是十分有利的。

二、物流服务水平的外部衡量和内部衡量

所谓物流服务水平的衡量，就是通过一定的技术与方法，测量与评价企业提供的物流服务所达到的水平。物流服务水平衡量的结果就是该企业目前提供的物流服务的现状。该结果可以作为企业制定物流服务水平标准时的决策依据与变动基准。

物流服务水平的衡量包括外部衡量与内部衡量两部分内容。

（一）外部衡量

完整的物流服务水平衡量应当从外部衡量开始。所谓外部衡量，是指针对企业或物流部门的物流服务接受方进行的衡量与评估，如针对企业的客户，或企业中接受物流部门服务的其他部门。

1. 外部衡量的目标

企业进行物流服务水平外部衡量是十分必要的，它能够帮助企业了解自己所服务的对象对各类服务的评价与看法，是企业制定物流服务水平标准的主要依据。具体来说，外部衡量要达到以下目标：

（1）识别影响客户决策的最重要的物流服务要素。物流服务由多个要素组成，但是各要素在客户进行决策时所占的分量各不相同，有的要素客户很看重，有的要素客户比较看重，而有的要素客户并不在意，同时不同的客户在进行决策时看重的要素也会因为客户本身的差别而不同。所有这些信息对于企业制定物流服务水平标准而言是十分重要的。

（2）确定客户对企业所提供物流服务的感知情况。客户对企业所提供物流服务的感知情况是指各个客户对企业目前提供的物流服务水平的满意程度，通过这些信息，企业可以了解自己目前达到的水平，从而有助于企业进行相关决策。

2. 外部衡量的内容

物流服务外部衡量的主要内容有：客户关注的物流服务要素清单；客户对各物流服务

要素的重要性认识；客户对企业（主要竞争对手）提供的物流服务的感觉；客户心目中理想的物流服务；客户的基本特征。

（1）客户关注的物流服务要素清单。通常，企业对物流服务要素清单都有一个总的设想和认识，但是为了使该清单更加完整，更加符合客户的要求，企业会通过定性研讨的方式（小组座谈会）将自己已经建立好的清单与客户进行讨论，并根据讨论的结果对清单进行修改，最终拍板定案。

应该强调的是，不同的行业，由于其行业特点的关系，所关注的物流服务清单会有很大的不同，因此在进行物流服务的外部衡量时，不同行业的清单是不能混用的。

例如，对于一个生产消费品的企业来说，相关的物流服务要素可能包括以下几个方面：

有关订单的物流服务要素：平均的订货周期、订货周期的变动情况、整批发货的订单数、履行订单的准确性、订单状态信息、远程订单发送（计算机到计算机的订单输入）、处理紧急订单的能力。

有关库存信息方面的物流服务要素：在库库存变动情况、库存状态信息的可获取性。

有关售后服务的物流服务要素：对投诉采取的应对措施、退货政策、索赔处理。

有关运输方面的物流服务要素：回程运费政策、选择承运商的能力、给愿意到制造商仓库取货的分销商的取货折扣。

有关文书处理的物流服务要素：开具发票的速度和准确度、开具发票的程序。

此外，在物流服务外部衡量中应当尽量加入一些有关营销职能的要素。原因包括：首先，营销职能要素在物流服务权衡方面起主导作用；其次，营销职能有助于企业深入理解客户需要；最后，因为在衡量时加入了营销职能要素，所以当贯彻实施衡量结果时，营销部门会提供更多支持。

（2）客户对各物流服务要素的重要性认识。本部分的目的是测试清单中各物流服务要素的重要程度，以便发现对于客户来说最为重要的物流服务要素是哪些。

确定客户认为哪些物流服务要素比较重要，可以通过定量研究的方法来进行，即通过对企业客户的抽样访问调查来完成。调查时首先要设计调查问卷。为了测量客户对各物流服务要素的重要性评价，企业通常会采用评比量度的方法进行测量。所谓评比量度法，就是要求被访者根据自己心目中对该要素的重要性评价打分。通常可以采取 5 分制或 7 分制，5 分（7 分）表示非常重要，1 分表示非常不重要。在设计好的问卷中，1~5（7）的分值已经被列出，客户通常只要在 1~5（7）中圈出最能够反映他们给每一个要素所赋予的重要程度的数字就可以了。

在对调查结果进行分析时，通常会采用两个指标：①每个要素的重要性得分的加权平均值（Mean）。该指标反映了其本身的重要性。均值越大，说明该要素越重要；均值越小，说明该要素越不重要。②每个要素的重要性得分的标准差（δ）。该指标用来测量不同客户对该要素重要性评价的分散程度。标准差越小，说明不同客户对该要素的重要性评价越集中；标准差越大，说明客户对该要素的重要性评价越分散。当标准差过大时，就应该通过交叉分析来判断，是否不同类型的客户对该指标的重要性有显著不同的看法，如果是，则说明企业应当对当前的客户进行市场细分，不同细分市场的客户（不同类型的客户）对该要素的重视程度不同，但同一细分市场的客户（同一类型的客户）对该要素的重视程度相似。均值与标准差的计算公式为

$$\text{Mean} = \sum_{i=1}^{5(7)} i \times p_i \tag{3-1}$$

$$\delta = \sqrt{\sum_{i=1}^{5(7)} (i - \text{Mean})^2 p_i} \tag{3-2}$$

式中　p_i——该要素评分为 i 的被选百分比。

例　某企业，对100个客户进行了访问，针对5个物流服务要素（要素代号为1~5），100个客户就其重要性选择了不同的分值，每个要素各分值的被选百分比如表3-1所示，根据式（3-1）与式（3-2），可以计算出相应的均值与标准差，如表3-1所示。

表3-1　各要素相应的均值与标准差

要素代号	各分值被选百分比					均值	方差（δ^2）	标准差
	1	2	3	4	5			
1	2%	12%	36%	25%	25%	3.59	1.101 9	1.049 714
2	14%	16%	30%	23%	17%	3.13	1.613 1	1.270 079
3	1%	26%	46%	24%	3%	3.02	0.659 6	0.812 158
4	30%	14%	1%	35%	20%	3.01	2.489 9	1.577 942
5	7%	23%	45%	13%	12%	3.00	1.12	1.058 301

（3）客户对企业（主要竞争对手）提供的物流服务的感觉。物流服务水平外部衡量的另一个重要内容是考量客户对企业所提供物流服务的感觉与评价。当企业要通过以竞争为导向的方式来制定物流服务水平标准时（在下一节中详细论述），还应当测量客户对其竞争对手所提供服务的感觉与评价。

在测量客户对企业（主要竞争对手）所提供物流服务的感觉与评价时，依然要采用定量研究的方法，并且在问卷中应包括客户对企业（主要竞争对手）表现的总体满意度评价，和客户对企业（主要竞争对手）在各物流服务要素的满意度评价，如果有可能，最好让客户填写他们分配给企业（主要竞争对手）的业务量比例。

客户对企业（主要竞争对手）所提供物流服务的感觉与评价的测量方法与物流服务要素的重要性评价方法相同，都是评比量度法，只不过，5分（7分）表示非常满意，1分表示非常不满意。

客户对企业（主要竞争对手）所提供物流服务的感觉与评价的数据分析指标为均值，其计算方法与物流服务要素重要性评价中均值的计算方法相同。某物流服务要素获取的评价均值越大，表示客户越满意；获取的评价均值越小，表示客户越不满意。

（4）客户心目中理想的物流服务。这部分内容是指询问客户对于各物流服务要素的具体期望值。例如，企业可以询问客户，在他心目中最理想的订货周期为多久，最理想的送货频率为多少。

有关客户心目中理想的物流服务的信息也应当通过设计问卷，并进行抽样调查的定量研究方法来获取。由于研究中对问卷复杂程度与访问时间有一定的限制，且不是所有的要素都可以进行量化，因此，企业不能针对每个要素都进行该项内容的测试。变通的方法是对一些关键性的，可量化的要素测试该项内容。

（5）客户的基本特征。所谓客户的基本特征，是指客户的一些本质属性，这些本质属性是划分客户类型的基本标准。具体来说，客户的基本特征包括：客户的本质类别（批发商、零售商等）、客户经营区域的覆盖范围（全国性市场还是地区性市场）、客户所处的具体地理位置、客户每年可达到的销售量、客户的销售增长情况以及利润占销售额的比例等。获取这部分内容的目的是进行交叉分析，以便为进一步的市场细分做准备。同样，这部分内容也要通过定量研究的方式获取。

3. 外部衡量的实施

（1）实施步骤。由于除“客户关注的物流服务要素清单”之外，“客户对各物流服务要素的重要性认识”“客户对企业（主要竞争对手）提供的物流服务的感觉”“客户心目中理想的物流服务”“客户的基本特征”均要通过定量研究的方式进行，因此在进行物流服务水平外部衡量时，要分以下步骤来实施：

1）通过一定的方式获得企业客户清单列表，并根据客户所处的行业不同，将客户进行分类，然后再针对不同行业的客户进行分项研究。

2）通过定性研究——小组座谈会的方式，确定某行业客户关注的物流服务要素清单。定性研究的抽样方式通常属于非概率抽样。在进行小组座谈会时，企业可以采取两种方式：一种是多组式，也就是将不同类型的客户分在不同的组中进行访问；另一种是单组式，也就是将各类客户放在同一组进行访问，这时必须注意的一点是，各类客户均要在小组中有一定的名额，这样才能保证访问得出的物流服务清单全面，能够代表全行业的所有需求。

3）通过定量研究的方式，根据上一步骤中确定的物流服务要素清单设计问卷，完成“客户对各物流服务要素的重要性认识”“客户对企业（主要竞争对手）提供的物流服务的感觉”“客户心目中理想的物流服务”“客户的基本特征”等几方面的研究。定量研究的抽样方式既可以是概率抽样也可以是非概率抽样。由于概率抽样可以让企业进行研究假设检验等进一步的统计分析，因此建议企业尽量采用概率抽样的方式。在问卷与抽样方法确定之后，企业就要决定采用何种访问方式。通常，可以根据实际情况采用邮寄问卷、个人访问、电话访问的方式进行。以上三种访问方式的优劣势比较如表 3-2 所示。

表 3-2　各类访问方式的优劣势比较

评价标准	邮寄问卷	个人访问	电话访问
1. 处理复杂问题的能力	差	很好	好
2. 收集大量信息的能力	一般	很好	好
3. 敏感问题答案的标准性	好	一般	一般
4. 对调研员效应的控制	很好	差	一般
5. 样本控制	一般	很好	好
6. 时间	一般	很好	很好
7. 灵活程度	差	很好	好
8. 成本	很好	差	好

（2）实施的机构。主要有以下两个：

1）当企业内部有专门的市场研究部门时，可以委托该部门实施物流服务的外部衡量。

2）若企业自身没有专门的市场研究部门，可以采用以下方式来替代：利用企业以外的专业市场研究公司；利用相关领域的咨询公司或具有特定专业知识的服务供应商；利用当地的大学来开展研究。

利用这些替代方法的好处是：首先，企业可以进行隐秘式调查，也就是不让被访者知道究竟是谁在出资进行研究，因为一旦被访者知道研究的发起方是谁，就有可能给研究结果带来误差和偏见；其次，这种方式可以使企业获得专业的市场研究服务，如在问卷设计上更加出色，结论分析上更加透彻与准确；最后，使用外面的研究部门可以增加问卷的回复率，提高研究的效果。

（二）内部衡量

内部衡量是针对提供物流服务的企业或企业中的某个提供物流服务的部门进行的，属于企业或相关部门的内部审计与检查。为了节省时间，提高效率，通常企业可以安排内部衡量与外部衡量同时进行。

1. 内部衡量的目的

实施内部衡量的目的在于：

（1）找出企业的物流服务与客户要求之间是否真的存在差距。也就是说，应当确定客户对当前物流服务水平的看法是否与真实的物流服务水平相符，因为客户可能把物流服务水平看得比实际的服务水平差。如果情况真是这样，就应该通过引导和沟通来改变客户的看法，而不是对企业的物流服务水平做出调整。

（2）内部衡量的另一个目的是了解企业内部的信息流和从客户到企业的信息流是否通畅，这其中也包含衡量物流服务和报告物流服务的工作是否被有效地实施。

所谓评价“从客户到企业的外部信息流”，就是要了解客户是如何从企业获得信息的。具体来说，就是确定客户可获取什么样的信息，每种信息由企业内的何人负责提供，客户可以通过何种方式与这些部门与人员进行联系，企业对客户询问做出反应要花费的平均时间是多少，负责回答询问的人对所需信息的知晓程度等。而客户与企业间的信息交流主要包括以下几个方面：订单录入、订单录入后的询问/更改、发货、发货后与运货有关的报告、收款、货款差异和付款的相关问题。

如果企业内部以及企业与其客户之间没有良好的信息流，将对物流服务水平有很大的影响。因为缺少有效的信息交流，物流服务就会变成以问题为中心，属于问题反应型，也就是等到出了问题才进行事后弥补。而信息交流顺畅，物流服务就会成为问题预警型，也就是能够做到防患于未然。很显然，预警型的物流服务的水平与质量均好于问题反应型的物流服务。

2. 内部衡量的内容

内部衡量应该针对以下几个问题展开：

（1）目前企业内部是如何对物流服务进行评价的？

（2）企业评价物流服务的指标是什么？这些指标以什么为单位？

（3）企业对自己提供的物流服务的绩效标准或目标是怎样的？

（4）目前企业的物流服务达到了什么水平？实际结果与目标的差距有多大？

（5）有关物流服务的评价指标值是如何从企业的相关系统中获取的？

（6）企业的内部物流服务报告系统是怎样的？

（7）企业的各个职能部门（如物流和市场营销部门）通过何种方式来感知物流服务？

（8）企业各职能部门之间是怎样实现信息和控制方面的沟通的？

3. 内部衡量的实施

进行内部衡量时，企业既可以通过企业现有的记录与数据收集相关信息，也可以对管理层进行深度访谈。

对管理层的深度访谈应该针对一些关键部门的负责人。负责订单处理、运输、仓储、库存管理、物料管理的管理者是访谈的重点，同时一些重要相关部门，如客户服务、会计或财务、生产、销售或营销等业务的管理者也必须纳入到访谈的名单中来。对管理层的深度访谈可以帮助企业明确每个职能部门的管理者是如何感受物流服务的，与客户沟通状况如何，各部门如何与其他相关部门进行配合。

第四节　物流服务水平标准的制定

什么水平的物流服务对于企业的客户来说是适合与恰当的？确定恰当的物流服务水平的依据是什么？目前企业提供的物流服务水平是否恰当？如果不恰当应当如何进行调整？要回答这些问题，就必须通过一定的方式为企业的客户制定适合的物流服务水平标准。

通常，企业在制定物流服务水平标准时，总是基于行业标准、行业惯例或管理人员对客户所需物流服务的主观判断上，没有将客户的具体需求与市场竞争状况纳入考虑的范围之内。同时，管理人员通常会为所有的客户制定完全相同的物流服务水平标准，没有意识到对不同的客户应当区别对待，为他们提供不同种类与水平的服务。

这些错误的做法往往浪费了企业有限的资源，降低了企业的盈利能力，使企业制定出的物流服务水平标准缺乏竞争力，从而影响了客户满意度与信任度，是十分不可取的。

本节将介绍几种制定物流服务水平标准的有效方法：以客户为导向制定物流服务水平标准、以成本/收益为导向制定物流服务水平标准、以竞争为导向制定物流服务水平标准。其中，以客户为导向制定物流服务水平标准强调以客户为中心，一切从客户需求出发；以成本/收益为导向制定物流服务水平标准，强调以成本最优化为基础，为实现企业的整体利润服务；以竞争为导向制定物流服务水平标准，考虑了市场经济环境下竞争对企业物流服务水平的影响。

下面将详细论述如何通过上述三种方法，为企业制定恰当的物流服务水平标准。

一、以客户为导向制定物流服务水平标准

以客户为导向制定物流服务水平标准就是以客户的需求为中心，根据客户的需求来制定企业应当提供的物流服务水平标准。

具体的做法是：根据企业得出的物流服务外部衡量的结果，为客户重视程度高的客户服务要素提供客户心目中最理想的服务水平。同时，企业还应结合内部衡量的结果，考量客户不满意的服务要素的实际水平是否真如客户感觉的那么差。有时会出现这种情况，即企业实际提供的物流服务水平并不低，但是由于沟通或其他方面的原因，客户的感觉发生了错位与歪曲，这时企业应当想办法去改变客户的错误感觉，而不是提高企业的物流服务水平。

以客户为导向制定物流服务水平标准的优点是：在客户重视的方面表现出色，因而可

以获得较高的客户满意度，并可以进一步获得较高的客户信任度。

这种做法的缺点是：没有考虑成本与收益的配比，可能会出现为低价值客户（给企业带来的利润比较少）提供高质量服务的情况，从而损害企业的经济利益；对竞争对手的表现考察不足，因而有可能在竞争中处于劣势。

下面的例子说明了如何用以客户为导向的方法制定物流服务水平标准。

消费者对于不同的产品发生缺货的态度各不相同，换句话说，就是重视程度不同。对于有的产品，客户可以容忍其缺货，当产品缺货时，他们会推迟购买，或者购买替代产品，而不是转换零售商；而有的产品，客户就不能容忍其缺货，如果零售商那里没有该产品，他们往往转换零售商，到别处去购买。

例如，一个消费者去某零售商处购买一瓶 400mL 装的宝洁生产的潘婷乳液修护洗发露，但是不巧的是，该店正好刚刚卖完该种产品，只有 400mL 装潘婷的另一系列的产品——丝质顺滑洗发露和其他品牌的洗发露——飘柔、海飞丝、夏士莲、诗芬等。这时，消费者可以去另一家零售商那里购买他所想要的潘婷乳液修护洗发露。可绝大多数消费者都会认为，为了这么一个小商品跑到其他商店去是不值得的。因此，对于想要购买 400mL 装的宝洁生产的潘婷乳液修护洗发露的消费者来说，如果家里的洗发露还没有完全用完，他们就可能愿意将购买延期，等到下次光顾该商店时再购买。如果家里的洗发露已经用光了，消费者就可能购买替代产品，如购买 400mL 装潘婷丝质顺滑洗发露或其他品牌的洗发露。由此可见，对于零售商来说，洗发露这样的产品是否缺货，消费者的重视程度并不高，因此零售商不用在这方面保持高水平的服务，只要能够提供替换产品，就可以留住消费者。当然，产品缺货对于渠道中的不同成员的意义是不同的，以上述洗发露为例，当零售商的店铺中某种品牌的洗发露完全缺货时，消费者不会离开该零售商而到其他零售商那里购买，他有可能购买别的品牌的洗发露作为替代，因而对于零售商来说他没有失去该用户，但对于此品牌洗发露的生产企业来说，它却失去了客户，如消费者可以购买夏士莲或诗芬。因此，生产企业应当比零售商更重视该服务要素。

但是有些产品的情况却并不是这样的，以婴儿食品为例。当婴儿已经习惯于某品牌食品之后（如某种品牌的婴儿奶粉），如果更换品牌，婴儿由于不习惯新品牌产品的特性，就有可能出现腹泻等不良反应，因此，母亲在更换婴儿食品品牌上往往显得十分保守与谨慎。这时，当母亲到某零售商那里购买该食品，但该品牌缺货时，母亲通常不会购买其他品牌的产品作为替代品，她们会转向其他的零售商去购买，这样缺货的零售商就会失去一次销售机会，消费者的满意度也会受到损害。如果这种产品经常缺货，那么该消费者有可能对零售商产生不满，从而永久地转向其他零售商。因此，对于某些产品来说，如果消费者对于其是否缺货的重视程度很高，那么零售商就应该关注这些产品，尽力保证供应。

二、以成本/收益为导向制定物流服务水平标准

“以成本/收益为导向制定物流服务水平标准”这一方法的中心思想是：企业提供的物流服务的水平越高，为此耗费的成本也就越高，因此，企业不能一味地考虑客户的需求。对于企业来说，适合的做法是：从企业的利益出发，将企业能从客户那里得到的收入与企业为其提供各项服务所要支付的成本进行比较，选择利润较大的物流服务水平作为最终的服务水平。以成本/收益为导向制定物流服务水平标准的具体做法有以下两大类：

（一）以成本/收益权衡图为工具，制定物流服务水平标准

企业在诸如采购、运输、仓储、库存管理、订单处理和信息系统以及生产准备等物流活动中产生的狭义物流成本总和可以被看成是企业用于产出物流服务的投入。为了实现最低的物流成本，企业必须在给定的具体物流服务水平标准下实现狭义物流总成本的最小化。

在利用成本/收益权衡图制定物流服务水平标准时，企业首先要估算出不同物流服务水平下企业可以达成的最小狭义物流成本之和以及可以取得的相关收入，然后企业将不同物流服务水平下的狭义物流成本线与收入线绘制到成本/收益权衡图上，如图3-5所示。可以看出，随着物流服务水平的提高，相关的狭义物流成本的总额将以递增的速度增加，而由于服务提升所带来的收入却以递减的速度增加；某一物流服务水平点成为分界点，在该点之下，随着物流服务水平的上升，狭义物流成本增加速度低于收入的增加速度；在该点之上，随着物流服务水平的上升，狭义物流成本增加速度高于收入的增加速度，因此，该点便是能够帮助企业取得最大利润的物流服务水平点。利用成本/收益权衡图制定物流服务水平较为直观，但是估算不同物流服务水平下企业最低狭义物流成本之和与可实现的收入较为困难。

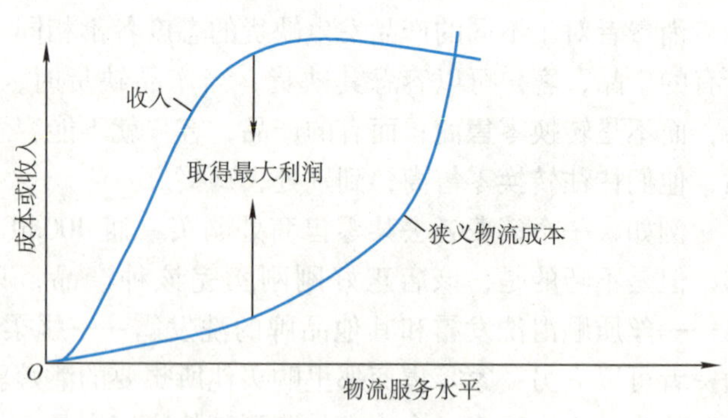

图 3-5　成本/收益权衡图（一）

还可以通过另外一种方式来利用成本/收益权衡图：确定物流服务水平时，在物流服务水平权衡图中以企业的现有服务水平为基础，将定量提升现有物流服务水平时所带来的最小成本的上升与由于物流服务水平上升所带来的收入的上升相比较，以确定将现有物流服务水平提升多少，才能使企业获得最大的利润增量。如图3-6所示，狭义物流成本的增量，都是实现不同物流服务水平时的最小成本之间的差额，因此，可以选取图中利润增量最大的一点作为物流服务水平提升量，在该点企业可以获取最大化的利润增量。

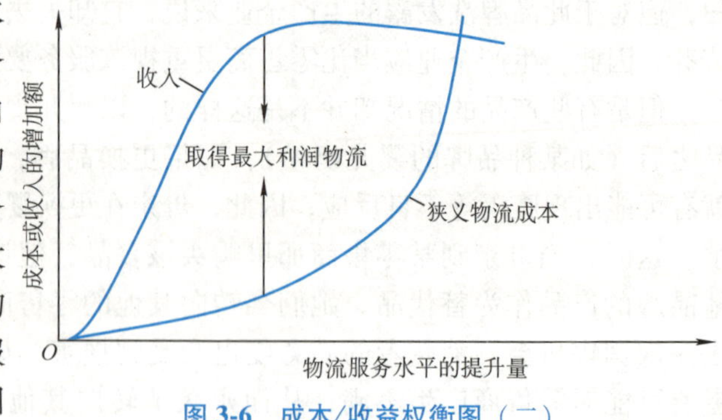

图 3-6　成本/收益权衡图（二）

（二）客户与产品的ABC分析

客户与产品的ABC分析的核心思想是：根据客户与产品对企业的价值不同，为不同的客户与产品组合提供恰当的物流服务水平。这种方法源于一些客户和产品比其他客户和产品更有利可图。因此，企业应该为盈利性最大的客户-产品组合维持最高的物流服务水平。

（1）对客户进行ABC分析。企业在提供物流服务时，要对客户区别对待，不能对所有的客户都一视同仁，服务需要辩证法。企业在为客户提供服务之前首先要弄清楚在这些

客户中谁是一般客户，谁是合适客户，谁是关键客户。

有一句口号是“客户是上帝”，但从企业经营的本质来看，任何企业都不可能把每一个客户都当成“上帝”，只有那些能为企业带来利润的合适客户才是“上帝”。企业的终极目的是追求利润，没有利润的任何行为都是背离市场经济规律的。事实上，并不是所有的客户都是利润之源，如果为了兑现“客户是上帝”的承诺而保留他们，企业就会被这种对无利润甚至负利润客户的大量付出而拖垮。

1897年，意大利经济学家帕累托发现了著名的“80/20”定律，100年之后，里查德·考齐推出了《80/20法则》一书，详尽地解释了这条实用的帕累托法则。他指出，在因和果、投入和产出、努力和收获之间本来就存在着不平衡的关系。典型的情况是，80%的收获来自20%的努力，80%的销售额来自20%的客户，80%的利润来自20%的客户。当然，“80/20”法则并不是精确的数学式，但它的可贵之处在于：在不精确之中寻找到了一条精确的平衡关系。

根据帕累托原则可知，如果从企业价值最大化的角度看，则20%的客户对企业的价值最大。因此有些人认为，只要为给企业带来80%利润的20%的客户提供好服务就行了，其余80%的客户不必考虑。其实这是一种错误的观点。因为，从企业现实的角度来看，任何产品都有一定的消费群体，为能带来80%利润的那部分客户提供优质服务是不言而喻的。但是企业为客户提供服务时并不可能将客户明确地分类，如果企业没有为80%的客户提供可接受的服务，那么在他们负面口碑的作用下，20%的关键客户可能也会背离；况且80%的客户也存在20%的利润，如果你不去争取，他们就会变为其他企业的有价值的客户；同时，在这一部分客户里面，可能会有代表企业未来发展方向的客户，他们属于前卫的客户，企业从他们那里可以得到下一步发展的有价值的信息，从这些信息中，企业可能发现下一个增长热点；还有一些潜在的客户，他们现在虽然不是企业的关键客户，但将来可能会成为关键客户，因此企业不应从暂时的功利出发，将他们人为地拒之门外。

总之，为关键的客户提供优质的服务是必要的，为一般的客户提供基本的可接受的服务同样也是十分必要的，因此要对服务进行综合的辩证分析，从而提供有针对性的服务，使每一个客户都感到可接受或者满意，甚至感动。当然，关键是要对客户进行合理分类，尽可能地将不同层次的客户从客户群中分辨出来。

根据帕累托原则对客户进行分类的方法叫作ABC分析法。例如，使用ABC分析法对某个企业的所有客户进行分类，分类的依据是客户为企业带来的利润，具体分类的结果如表3-3所示。

表3-3　利用ABC分析法对企业客户分类的结果

客户类别	各类客户带来的利润占企业全部利润的比例（%）	各类客户数量占企业客户总数量的比例（%）
1	60	5
2	20	10
3	10	15
4	7	30
5	3	40

（2）产品的ABC分析。与客户的分析方法相同，也可以按照产品对企业利润贡献等

的不同，对它们进行 ABC 分析。

与上述对客户的分析一样，从企业盈利的角度出发，企业应当对不同的产品提供不同的物流服务，能给企业带来最高价值的产品，与其相关联的物流服务也应当是最优质的。

针对上例中的企业，也同样对其产品进行 ABC 分析，其结果如表 3-4 所示。

表 3-4　利用 ABC 分析法对企业产品分类的结果

产品类别	各类产品带来的利润占企业全部利润的比例（%）	各类产品种类数占企业产品总种类数的比例（%）
A	75	10
B	15	20
C	8	30
D	2	40

（3）建立客户-产品组合，根据客户-产品组合的重要性等级，制定恰当的物流服务水平。根据上例中的客户与产品 ABC 分析，可以建立起客户-产品组合，如图 3-7 所示。

		产品类别			
		A	B	C	D
客户类别	1	1	2	6	10
	2	3	4	7	12
	3	5	8	13	16
	4	9	14	15	19
	5	11	17	18	20

图 3-7　客户-产品组合

矩阵中，1 类客户的利润贡献最大，但数量极少；5 类客户的利润贡献最小，却占企业客户总数的大部分。同样，A 类产品获得的利润在整个企业利润中占有最大的比例，而 A 类产品的种类数只在企业产品种类总数中占很小的比例；D 种产品对企业利润的贡献最小，但其种类数却在企业产品种类总数中占有相当大的比例。

由此可见，获利最大的客户-产品组合出现在 1 类客户购买 A 种产品时，以下依次是 1 类客户购买 B 种产品，2 类客户购买 A 种产品等。企业可以通过建立客户-产品矩阵将各类客户-产品组合的重要性进行排序，然后为重要性等级高的客户-产品组合提供客户心目中最理想的物流服务，为重要性等级较低的客户-产品组合提供适合的或者可以接受的物流服务。

（4）使用客户-产品 ABC 分析方法制定物流服务水平标准时应注意的问题。

1）客户-产品 ABC 分析以企业利润为目标，是一种有效的制定企业物流服务水平的方法。但是，当一个客户向企业购买不同类别的产品时，问题就出现了。如企业的 1 类客户，既向企业购买 A 类产品，又向企业购买 D 类产品，这时，客户会发现企业在其购买 A 类产品时提供的物流服务水平远高于其购买 D 类产品时的物流服务水平，这种服务水平的不一致有可能导致客户不满，这时应采取的补救办法就是对于重要的关键性的客户，当其购买的产品类别有差别时，按较高的水平提供服务。

2）根据客户-产品矩阵制定物流服务水平的关键是理解客户如何定义物流服务，识别哪些物流服务内容是最重要的，客户心目中的理想物流服务是怎样的？尤其对那些优先等级最高的客户-产品组合来说，为其提供何种水平的物流服务主要取决于客户对物流服务的需求。而对于优先等级较低的客户-产品组合来说，其物流服务水平等级应当以客户对物流服务的需求为基础，同时结合客户-产品组合对企业的价值做出适当调整，使得客户能够接受该服务水平。客户对服务需求的相关信息，可以在物流服务衡量中获得。

三、以竞争为导向制定物流服务水平标准

随着商品经济与生产力的发展，产品与服务的供求关系正在发生变化，越来越多的产品与服务由原来的供小于求转变为供大于求，市场由原来的卖方市场转变为买方市场。产品与服务的接受者——客户有着越来越多的选择余地，企业与服务的提供者——企业不得不面对越来越多的竞争对手。

企业在制定物流服务水平标准时应当考虑竞争对手的表现与策略，因为客户会拿企业与其竞争对手做比较，有时企业要赢得客户，只要提供优于竞争对手的服务就可以了，而不需要提供令客户满意的服务。

以竞争为导向制定物流服务水平标准的核心思想是：将竞争对手或物流服务标杆的服务表现，纳入企业物流服务水平决策的视线范围中来，通过制定恰当而经济的物流服务水平标准来获取竞争优势。

以竞争为导向制定物流服务水平标准应按以下步骤进行：

1. 根据企业所做的物流服务外部衡量的结果制作数据表格

数据表格是进一步绘制竞争地位图与绩效评估图的依据。表中的数据来源是企业所做的物流服务外部衡量。

表格包含有以下项目：每个物流服务要素的重要性均值，企业及其主要的竞争对手在每个物流服务要素上的绩效表现均值，比较标杆在每个物流服务要素上的绩效表现均值，企业在每个物流服务要素上的相对绩效。其中企业相对绩效的计算公式为

$$相对绩效=\begin{matrix}企业在某物流服务要\\素上的绩效表现均值\end{matrix}-\begin{matrix}标杆在该要素上\\的绩效表现均值\end{matrix}$$

设立比较标杆可以采用多种方式。首先，企业可以将整个行业的所有竞争对手的平均物流服务水平作为比较标杆，这时计算所得的相对绩效体现了企业与行业整体水平之间的差别，由此绘制的竞争地位图能够反映企业在整个市场中所处的竞争地位。其次，可以将企业在每个细分市场的主要竞争对手的表现作为比较标杆，并分别进行比较，这时计算所得的相对绩效体现了企业在每个细分市场与主要竞争对手之间的差别，由此绘制的竞争地位图能够反映企业在每个细分市场中的竞争地位，并有利于企业针对各细分市场进行物流服务水平决策。最后，针对某些客户，将企业的服务水平与同时服务该类客户的某个竞争对手进行比较，这时相对绩效体现了企业与该竞争对手之间的差别，由此绘制的竞争地位图能够反映对于某一类同时从两家企业购买产品与服务的客户来说，本企业相对于另一个企业的竞争地位，从而使企业能够制定针对具体客户和竞争对手的物流服务水平决策。

表 3-5 是数据表格的示例。

表 3-5 数据表格示例

编号	要素	重要性	绩效评估		
			本企业	标杆	相对绩效
1	履行订单的准确程度	5.71	5.35	5.03	0.32
2	对加急订单的处理速度	5.56	4.93	5.65	-0.72
3	对投诉采取行动	5.40	4.79	4.61	0.18
4	发货日期准确	5.27	4.53	3.89	0.64
5	发货的完整率	5.06	5.21	5.69	-0.48
6	快速调整发货误差	4.75	4.63	4.36	0.27
7	快速调整开票误差	4.05	4.98	3.69	1.28
8	交付频率	3.82	5.01	5.48	-0.46
9	订单处理人员距离客户较近	3.19	5.24	4.64	0.60
10	网络输入订单	2.05	4.12	4.14	-0.02

2. 绘制绩效评估图

首先将物流服务要素的重要性作为 y 轴、本企业绩效作为 x 轴，建立一个二维坐标系。然后根据上述数据表格中的数据，将各物流服务要素描点在该坐标系上。例如，编号为 1 的物流服务要素——履行订单的准确程度的 y 坐标为该要素的重要性均值——5.71；x 坐标为企业在该要素上的绩效表现均值——5.35。以此类推，当所有的要素都在该坐标系中描点完毕后，绩效评估图就绘制完成了。绩效评估图的形式如图 3-8 所示。

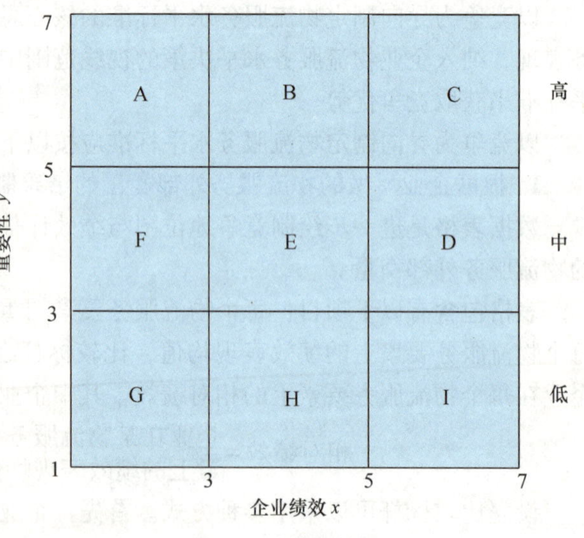

图 3-8 绩效评估图

绩效评估图可划分成 9 个单元格。各要素落在图中的不同区域时的含义，以及应当对现有水平做出的调整各不相同，具体如表 3-6 所示。

表 3-6 绩效评估图释义

区域	客户服务要素状态	应该采取的措施	区域	客户服务要素状态	应该采取的措施
A	重要性高，绩效水平低	绝对提高服务	F	重要性中等，绩效水平低	提高服务
B	重要性高，绩效水平中等	提高服务	G	重要性低，绩效水平低	保持服务
C	重要性高，绩效水平高	保持/提高服务	H	重要性低，绩效水平中等	降低/保持服务
D	重要性中等，绩效水平高	降低/保持服务	I	重要性低，绩效水平高	降低/保持服务
E	重要性中等，绩效水平中等	保持服务			

由表 3-6 可知，当服务要素落在 A 区域时，意味着该要素在客户心目中的重要性等级很高，但企业在该要素上的表现却并不能令客户满意，这时就应当绝对提高该要素的服务水平。当然，如果物流服务的内部衡量显示，企业实际在该要素上表现并不差，只是由于和客户沟通不够或其他原因导致客户产生了误解，这时就要加强同客户的沟通，使得客户认识到该要素的真实服务水平，而不是提升现有水平。当服务要素落在 B 区域时，意味着该要素在客户心目中的重要性等级很高，但企业在该要素上表现一般，这时应当提高该要素的服务水平。同样，如果是由于沟通等产生的误解，则应该消除误解。当服务要素落在 C 区域时，意味着该要素在客户心目中的重要性等级很高，而企业在该要素上的表现令客户非常满意，这时应当提高或保持该要素的服务水平。当服务要素落在 D 区域时，意味着该要素在客户心目中的重要性等级中等，但企业在该要素上的表现令客户非常满意，这时应当保持或降低该要素的服务水平。当服务要素落在 E 区域时，意味着该要素在客户心目中的重要性等级中等，企业在该要素上的表现一般，这时应当保持该要素的服务水平。当服务要素落在 F 区域时，意味着该要素在客户心目中的重要性等级中等，但企业在该要素上的表现令客户很不满意，这时应当提升该要素的服务水平。当然，如果是由于沟通不畅引起了客户的误解，则应该先消除误解。当服务要素落在 G 区域时，意味着该要素在客户心目中的重要性等级很低，企业在该要素上的表现也令客户不满意，这时应当保持该要素的服务水平。当服务要素落在 H 区域时，意味着该要素在客户心目中的重要性等级很低，但企业在该要素上表现一般，这时应当保持或降低该要素的服务水平。当服务要素落在 I 区域时，意味着该要素在客户心目中的重要性等级很低，但企业在该要素上的表现令客户非常满意，这时应当保持或降低该要素的服务水平。

总之，由上面的分析可以看出，当各物流服务要素落在绩效评估图的对角线上时，物流服务水平最为合理。同时，弄清客户对物流服务水平的评价与真实情况是否相符，及时消除误解也是十分必要的。

3. 绘制竞争地位图

首先将物流服务要素的重要性作为 y 轴、相对绩效作为 x 轴，建立一个二维坐标系。然后根据上述数据表格中的数据，将各物流服务要素描点在该坐标系上。例如，编号为 1 的物流服务要素——履行订单的准确程度的 y 坐标为该要素的重要性均值——5.71；x 坐标为该要素的相对绩效——0.32。以此类推，当所有的要素都在该坐标系中描点完毕后，竞争地位图就绘制完成了。竞争地位图的形式如图 3-9 所示。

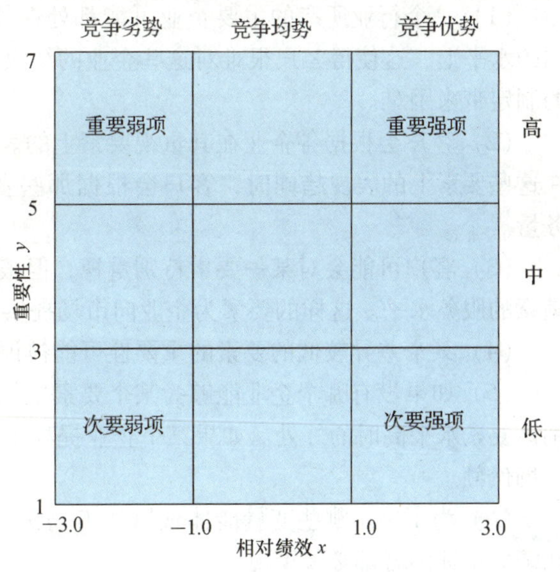

图 3-9　竞争地位图

竞争地位图中的 9 个单元格可以被划分成三大类。竞争优势区域的要素属于企业强于比较标杆的方面，它包括重要的强项（重要程度高，相对绩效值高）与次要的强项（重要程度低，相对绩效值高）；当要素落在竞争均势区域时，说明企业在该要素上与比较标杆势均力敌，没有显著差异；竞争劣势区的要素属于企业弱于比较标杆的方面，它包括重要的弱项（重要程度高，相对绩效值低）与次要的弱项（重要程度低，相对绩效值低）。

落在重要强项区的服务要素需要在与客户的沟通过程中得到加强，落在重要弱项区的服务要素应该得到改善，或者需要说服客户，让他们感到这些要素的重要性并不像他们认为的那么高。当服务要素落在次要的强项区时，代表了企业在这些要素上优于竞争对手，但客户并不认为这些要素的重要性高，应该使客户相信这些要素对他们是很重要的，或者需要减少这方面的支出，降低这些要素的服务水平。

4. 绩效评估图与竞争地位图相结合，制定企业的物流服务水平

单独利用绩效评估图或竞争地位图来制定企业的物流服务水平是危险的。因为，竞争地位图只反映企业相对其比较标杆的优劣，绩效评估图只反映企业在各个要素上的实际表现。为了能够更加全面地考虑问题，使决策更加科学合理，必须将绩效评估图与竞争地位图结合起来进行最终的决策。

具体原则如下：

（1）竞争地位图反映了企业与标杆相比的竞争优势与劣势。

（2）绩效评估图反映了企业实际达到的绩效水平。

（3）竞争地位图反映了应当提高水平的要素，同时还可以通过绩效评估矩阵考量企业在该要素上的绩效表现，提升绩效表现好的要素的效益，要低于提升绩效表现低的要素的效益。

（4）对于绩效评估图显示应当降低服务水平的要素，同时还应观察该要素与标杆相比的竞争地位。如果处于竞争均势或竞争劣势，则应慎重下调。

5. 使用以竞争为导向的方法制定物流服务水平标准应注意的问题

（1）一个行业所有的主要企业可能都处在物流服务的“极限”水平，或处于大体相同的水平上，这使得客户很难对这些企业的绩效进行优劣区分，从而给物流服务水平标准的制定带来困难。

（2）客户会根据各企业在其重视要素上的表现来给各企业分配业务量，但是多个企业在这些要素上的表现趋同时，客户会根据那些企业间绩效存在显著差异的要素来分配业务量。

（3）客户可能会对某一要素特别重视，但很少有或没有企业能够提供该方面的令客户满意的服务水平。这样的要素为企业向市场提供差异化服务提供了机会。

（4）某个差异较低的要素的重要性可能被评价得很低。

（5）如果没有哪个企业能够为某个要素提供足够的服务水平，那么客户可能不能够识别该要素水平高时的好处。如果某个企业提高了该要素的绩效水平，就有可能获取更多的市场份额。

（6）为了确定哪些变量能体现增加市场份额和（或）盈利的最佳机会，重要性指标和绩效指标两者都必须重视。

（7）企业必须将客户对服务的印象与企业内部的绩效评估进行比较。通过比较可能会发现客户并不知道所提供的服务的真实水平，或者企业的管理者对服务绩效进行了不正确的评价。

经典资料

经典资料一 B2C电子商务物流服务现状调研分析

（邹霞，山东财经大学，物流技术与应用，2017，08期）

从CNNIC《第39次中国互联网络发展状况统计报告》中可以看出，截至2016年末，我国民众网购使用率已经达到67.5%，越来越多的消费者选择电子商务作为商品交易方式。但在电商行业市场规模不断扩张的同时，物流环节却发展缓慢，其存在的很多问题使消费者对网购的物流服务满意度不高，成为阻碍电子商务发展的重要原因。针对目前环境，本文从消费者满意度着手，对B2C电商物流的服务现状进行分析，总结出存在的问题并提出相应策略方案。电商企业对物流模式的转变和改善并不是盲目的，应该根据自身发展状况和现有物流模式情况，结合不同物流模式的优缺点，相互借鉴，取长补短，选择适合自身发展的物流模式或针对现有的物流模式进行改善，以增强自身竞争力，提高客户满意度。

一、B2C电商物流服务现状调查

1. B2C电商物流典型模式

（1）电商企业自营配送模式。自营物流配送模式是指电商企业建立自身的物流配送体系，把仓库、配送中心放在网民集中的区域，并由企业自己完成整个物流配送环节的模式。

（2）第三方物流模式。第三方物流是指电商企业将自己的物流服务以合同方式委托给专业的物流企业。选择第三方物流模式的电商企业不需要自己建立配送体系，货物的配送全部由第三方物流公司完成。

2. 调查问卷设计

通过问卷调查，对自营物流和第三方物流两种不同物流模式的购物体验进行分析及对比考量。为提高本问卷的有效性、科学性，结合文献研究及研究背景，分三个层次甄选物流服务评价指标，如表3-7所示。

表3-7 影响顾客网购体验的三层次指标体系

顾客网购体验	产品质量 物流服务 产品价格 朋友建议 以往的购物经验
物流服务满意度	服务信誉 处理问题的能力 服务范围 服务态度 配送时间 物流费用
物流作业流程	快递服务模式的种类 送达的货物数量、型号等与订单的符合程度 配送人员形象、服务和态度 货物跟踪服务 货物按时到达的情况 货物准确到达顾客要求地点的情况 货物的包装 货物的破损程度 退换货的流程 公司整体的物流服务质量

首先，从影响顾客网购体验的因素入手，找出物流服务水平影响顾客购物体验的重要因素；继而剖析物流服务，找到影响物流满意度的因素；最后，针对不同物流模式的物流服务水平，从作业流程的角度提出影响物流服务水平的 10 项指标。

3. 调研问卷数据分析

（1）B2C 电商物流服务现状调研统计分析。在影响消费者网购体验的因素中，产品质量和产品价格所占比例较高，对于物流服务，有 59. 13%的调查对象认为其会影响网购体验，如图 3-10 所示。

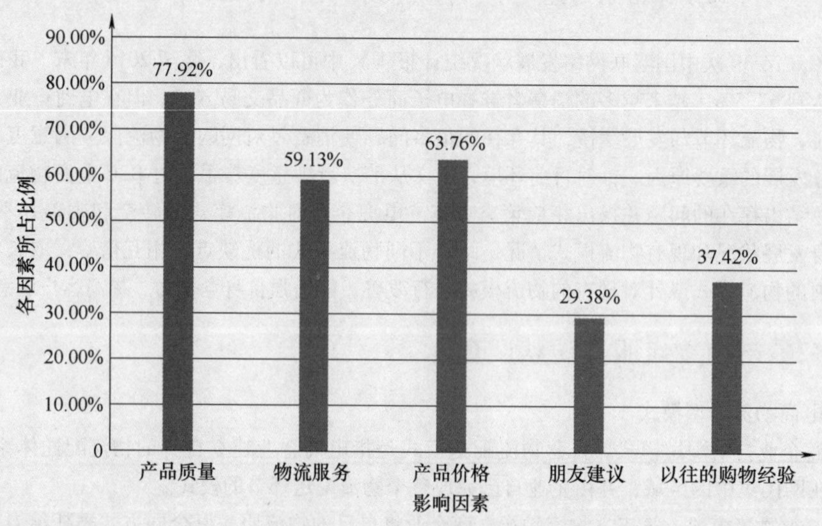

图 3-10 影响网购体验的因素

在影响 B2C 电商物流服务满意度因素的调查中，配送时间和处理问题的能力两项因素比较重要；其次，服务态度和物流费用的占比也较高，如图 3-11 所示。

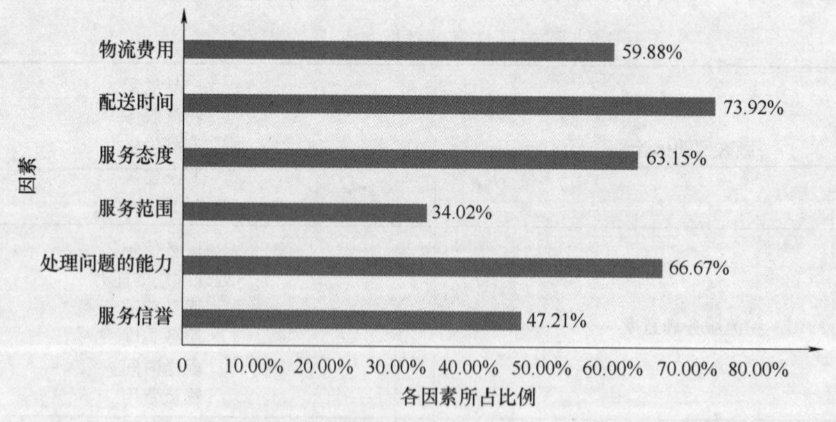

图 3-11 网络购物网站最重要的物流因素

（2）自营物流模式的购物体验。网购客户对快递方式的可选择性，物流服务的覆盖范围，配送商品的完好性，退换货服务的可靠性，货物配送时间，退换货处理情况，员工的形象、服务和态度，签收前验货，公司整体的物流服务质量等 9 项评价指标的满意情况如表 3-8 所示。

（3）第三方物流模式的购物体验。同样，对第三方物流模式的购物体验满意度进行调查，如表 3-9 所示。

4. 调查结论

通过问卷调研发现，物流服务对客户的购物体验有重要影响。综合来看，物流服务的各项因素重要性都不低，说明消费者对物流服务各个方面都比较看重，因此，全面提高 B2C 电商物流的服务质量十分必要。

表 3-8　自营物流模式评价指标满意度

评 价 指 标	非常不满意	比较不满意	一般	比较满意	非常满意
快递方式的可选择性	9	29	48	101	60
物流服务的覆盖范围	7	28	102	67	43
配送商品的完好性	4	6	55	143	39
退换货服务的可靠性	1	2	64	128	52
货物配送时间	3	18	71	129	26
退换货处理情况	3	3	79	111	51
员工的形象、服务和态度	6	17	77	93	54
签收前验货	5	19	86	90	47
公司整体的物流服务质量	2	14	69	125	47

表 3-9　第三方物流模式评价指标满意度

评 价 指 标	非常不满意	比较不满意	一般	比较满意	非常满意
快递方式的可选择性	10	62	111	55	9
物流服务的覆盖范围	11	87	79	59	11
配送商品的完好性	12	28	153	41	13
退换货服务的可靠性	51	74	89	24	9
货物配送时间	29	65	117	22	14
退换货处理情况	62	99	65	16	5
员工的形象、服务和态度	30	54	128	20	15
签收前验货	35	124	57	13	8
公司整体的物流服务质量	19	107	86	11	24

在不同物流模式的物流服务满意度调查中，自营物流模式的满意度要高于第三方物流模式的满意度，但是自营物流也存在高成本和配送资源浪费等问题。两种不同的物流模式各有优劣，因此，如何选择合适的物流模式也是目前 B2C 电商企业考虑的主要问题。

二、B2C 电商物流模式的选择

1. B2C 电商典型物流模式对比分析

自营物流和第三方物流两种配送模式的优势、劣势对比如表 3-10 所示。

表 3-10　自营物流和第三方物流两种配送模式的优势、劣势对比

	优　势	劣　势
自营物流	更好的控制力 更好的服务竞争力 更快的资金回流速度 更好的承载新的服务 更高的顾客满意度	高成本、高风险 网络覆盖扩张有限 专业化程度较低 分散企业精力
第三方物流	减轻资金投资负担，降低经营成本 使企业集中精力发展核心业务 更好的网络覆盖 更高的专业化程度 提供增值性服务	电商企业的可控性弱 服务质量难以保证，满意度低 难以实现增值服务，丢失品牌宣传的效果 回款周期长

2. 物流评价指标体系的建立

（1）建立评价指标体系结构。根据各因素的属性，将因素自上而下分解成若干层，同一层因素隶属于上层因素，或能对上层因素产生影响，同时又能支配下一层因素或受下一层因素影响。最上层为目标层，最下层为决策层，中间可以有一个或几个层次，通常为准则层或指标层。考虑到企业发展物流模式的决定性因素，并综合考虑不同物流模式的优缺点，决定取长补短，建立评价指标体系结构。

（2）构造判断矩阵。采用 1~9 标度法来表示两个因素之间的相对重要性，即 $a_{ij}=1\sim9$，其中 a_{ij} 所表示的意义如表 3-11 所示。

表 3-11　判别矩阵取值

标度 a_{ij}	定　义
1	因素 a_i 和因素 a_j 同等重要
3	因素 a_i 比 a_j 稍重要
5	因素 a_i 比 a_j 较重要
7	因素 a_i 比 a_j 非常重要
9	因素 a_i 比 a_j 绝对重要
2，4，6，8	因素 a_i 与 a_j 的重要性介于上述两个相邻等级之间
1，1/3，1/5，1/7，1/9	比较得到判断之为 a_{ij} 的互反数，$a_{ji}=1/a_{ij}$，$a_{ii}=1$

对同一层所有的因素两两比较相对重要性，并用 1~9 标度法取值，即可得出这一层因素的判别矩阵 $\boldsymbol{A}$。

$$\boldsymbol{A}=\begin{pmatrix} a_{11} & a_{12} & a_{13} & \cdots & a_{1(j-1)} & a_{1j} \\ a_{21} & a_{22} & a_{23} & \cdots & a_{2(j-1)} & a_{2j} \\ a_{31} & a_{32} & a_{33} & \cdots & a_{3(j-1)} & a_{3j} \\ \vdots & \vdots & \vdots & & \vdots & \vdots \\ a_{(j-1)1} & a_{(j-1)2} & a_{(j-1)3} & \cdots & a_{(j-1)(j-1)} & a_{(j-1)j} \\ a_{j1} & a_{j2} & a_{j3} & \cdots & a_{j(j-1)} & a_{jj} \end{pmatrix}$$

3. 策略方案

（1）选择合适的物流模式。两种典型的物流模式各有优劣，对于不同类型的 B2C 电商企业来说，选择一个合适的物流模式才能有针对性地提高物流服务质量。模式选择不当，不仅会使物流服务质量得不到保障，还会让物流成为企业的累赘。

模式的选择主要从两个方面考虑。

一方面是企业的规模和实力。当 B2C 电商企业达到一定规模，有能力和资金自建物流体系时，自营物流模式就是最佳选择。此时企业没有投资和运营成本方面的担忧，从可持续发展的角度来看，自营物流不仅可以让企业主导物流配送环节，使物流服务质量得到保证，还可以通过与其他企业实现资源共享，最大限度地为企业带来收益。而对于小规模的 B2C 电商企业来说，由于资金有限，并且业务量也比较少，为了节约成本，应该把企业的资源和精力集中在核心竞争力上，因此最好是将物流外包给第三方物流企业，这样既能降低企业的风险，又能让企业快速成长。

另一方面就是物流对于企业的重要性。如果物流环节对于企业其他业务的发展比较重要，那么物流服务的质量势必会影响整个企业的运营，那么选择自营物流就更能让企业稳定地成长起来。相反，如果物流只是一个小环节，那么外包给第三方来减少管理费用是最合适的选择。

综合以上两个方面来看，如果面临企业规模大但是物流对于企业又不太重要，或者企业规模小但物流对企业却很重要这两种情况时，不妨选择物流联盟的模式。这种模式介于自营物流模式与第三方物流模式之间，它的特点显而易见，前期既不需要巨大的投资，在物流环节的控制上也能取得平衡。当然也有一定的不足，即企业间需要长时间的相互磨合。具体选择方案如图 3-12 所示。

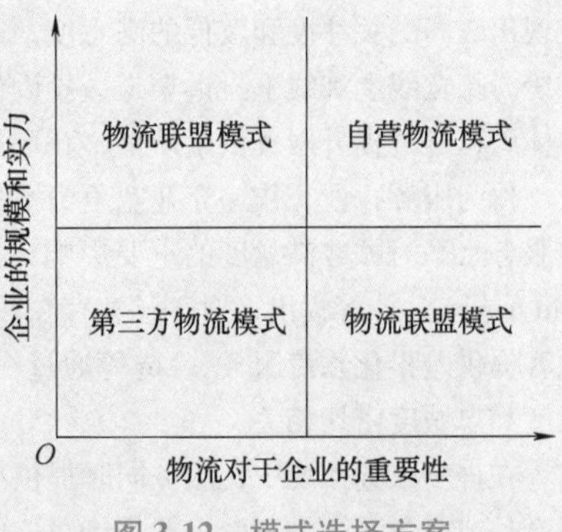

图 3-12 模式选择方案

（2）对于自营物流模式的策略。

1）整合物流资源，优化配送体系。为了不断提高物流服务的质量，以自营物流模式为主的 B2C 电商企业可以对一些小型的、有地域优势的物流资产并购和整合，不断优化物流配送网络结构。

2）成立物流联盟，降低配送成本。适当选择合适的第三方物流企业进行合作，形成稳固的物流战略联盟，从而共享物流信息，以此降低配送成本。

（3）对于第三方物流模式的策略。

1）以消费者导向为服务质量标准。第三方物流模式的 B2C 电商必须从消费者的角度出发，了解消费者在物流方面的需要，从而有针对性地制定、完善物流服务质量管理体系。另外需要注意的是，不同时间和市场环境可能会导致消费者的需求发生变化，因此企业的服务质量标准也要不断更新。

2）注重服务过程管理。对于消费者来说，服务结果固然重要，但是物流服务涉及各个环节，并且每个环节都与消费者联系密切，倘若只看重结果，即货物最终能到达顾客手中，但是货物到达之前的各个环节却服务不佳，比如货物配送时间长、货物破损率高、签收前不能验货等，都会降低消费者对物流服务的满意度。另外，退换货服务和员工服务态度等也是物流服务链中不可忽视的重要方面，影响着公司整体的物流服务质量水平。因此，对于物流服务来说，服务过程比结果更为重要。

三、结论

随着 B2C 电子商务及电商物流的快速发展，在不久的将来，物流必将成为 B2C 电商企业的核心竞争力之一，是 B2C 电商企业发展过程中不可忽视的关键因素。

从本文可以看出，对于自营物流模式的 B2C 电商企业而言，在配送商品的完好性、退换货服务的可靠性、货物配送时间、公司整体物流服务质量这几个方面要明显优于第三方物流模式的电商企业，但是需要注意其高成本和配送资源浪费的问题。而对于第三方物流模式的 B2C 电商企业来说，由于物流外包，成本虽低，但在物流的控制和管理上明显不足，在员工服务态度、退换货服务、签收前验货这几个方面有比较严重的问题。

对比来看，自营物流、第三方物流以及物流联盟三大主要的 B2C 电商物流模式优劣势并存。企业可以结合运输配送能力、仓储能力、商务服务能力和信息化能力等方面选择适合自己的物流模式，或吸取其他模式的优势弥补自身的不足，使现有的物流服务向着更高的水平发展。

经典资料二 面向多级别顾客的差异化服务水平优化

（韩珣、张锦，西南交通大学、四川警察学院，交通运输工程学报，2020，01 期）

一、引言

随着电子商务的不断发展，作为商品交付最后环节的末端配送，对顾客全程购物体验的影响力也越发显著。长江证券研究所通过分析历年各大快递公司服务水平和业务量增速，发现两者之间存在较为显著的正相关关系，表明快递行业正进行着“消费升级”，服务水平成为末端顾客选择快递企业的重要因素。艾瑞咨询发布的《中国网购用户行为及偏好》显示，除了商品的质量和价格，网购用户对商品送达表现出较高的关注度和较低的满意度，需要引起电商企业和末端配送企业足够的重视。同时，政府和企业纷纷拓宽线上和线下投诉渠道，投诉信息更加透明和公开。这些因素刺激快递企业更加重视顾客的服务体验，通过提升服务供给质量，获取更多的个人零散业务和电商企业大宗订单。

作为服务行业，快递企业竞争力衡量终将回归于服务质量。国内外众多学者已经通过研究证明了物流服务水平对顾客满意度的重要影响，是企业提高顾客忠诚、扩大市场份额、增强竞争力的有效手段。Van der Veeken 等提出，对于顾客存在较大差异的企业，应该根据订购行为对顾客进行分组，为不同类别顾客提供差异化物流服务；Lin 等通过在线问卷调查发现，电子商务服务质量和物流服务质量都与顾客满意度和忠诚度密切相关。

在许多服务系统中，服务同时提供给共享相同物理环境的众多客户。差异化的实现基于提供给顾客的产品或服务的各个方面，并最终对他们的偏好产生有利影响。企业一直试图通过差异化策略来影响顾客感知，主要表现在为不同顾客提供差异化的价格或服务。卢超等考虑到不同顾客对于快递时效性的要求差异较大，建立针对多消费群体的快递服务差异化定价模型；刘畅等发现顾客和网络零售商的决策会受到顾客对自提渠道的接受程度、门对门渠道的配送费用和自提渠道的出行成本等因素的影响，实施异价策略比同价策略更能帮助网络零售商吸引顾客选择自提渠道。

随着研究的逐渐深入，学者们将心理学和行为学引入顾客选择的研究中，参考效应是其中一个重要切入点。越来越多的研究表明，顾客效用也受到参照点的影响。顾客在做出购买决策前，会将历史价格或服务、他人获得的价格或服务作为参考进行比较，产生“相对效用”。Winer 指出，顾客同时受到产品自身销售价格和参考价格的影响，做出是否购买决策；Kopalle 等分析了顾客对价格和质量都存在参照效应的情形；Wu 等研究了双寡头情景下，考虑参考价格和竞争价格共同影响的定价模型；Chen 等建立了一个有限时间动态定价模型，其中每个时期的需求不仅依赖于当前价格，还依赖于过去的参考价格；吴胜等在考虑时间偏好、价格依赖、参考依赖的基础上建立了期望利润最大化的定价模型；林志炳将制造商建议零售价格作为消费者的参照价格引入供应链系统。部分学者将参考点作为服务水平的决策依据，而关于参照服务水平的研究可以借鉴参考价格的研究方法。刘光乾在考虑了当期和上一期价格和售后服务水平的基础上，构建了竞争性的动态定价策略；Lu 等考虑消费者的购买决定容易受到参考价格的影响，研究了垄断企业的联合定价和广告努力水平问题；Chenavaz 参照参考价格的动态定价方法，研究了消费者在决策中使用参考点的动态质量优化策略；段永瑞等考虑了参照价格效应以及自有品牌和全国品牌的参照质量差异，构建了自有品牌动态定价模型。

综上所述，已有成果存在以下问题：多假设顾客为无差别个体，忽略了顾客需求多样性特点对优化结果的影响；在考虑参照点对顾客选择的影响时，多将历史情况作为参考点，忽略了顾客对其他顾客接受服务的参照依赖行为；在差异化服务研究中，多针对单一产品和顾客，未探讨多类型产品与多类型顾客情景下的服务水平优化问题。

本文在顾客细分的基础上，考虑不同级别顾客需求的异质性特点，通过引入多影响因素的参照效用函数和概率模型，共同刻画顾客的选择行为；同时，企业通过为不同顾客群体提供差异化服务水平，建立服务水平与成本的关联函数，构建竞争环境下企业利润最大化模型，有利于指导企业在经营各周期内为各类顾客设计不同的运营策略，从而在竞争中取得优势。

二、模型建立

1. 问题描述

多类型自提点作为末端自提点多样化的形式，为各级别顾客提供不同需求层次和功能定位的服务。这种嵌套型自提网点体系包含自提服务中心、自提服务点和自提服务站三个层次结构，对应服务于高级顾客、中级顾客和初级顾客，其中初级顾客可以前往对应级别或更高级别自提点接受服务，网点体系如图 3-13 所示。随着末端配送发展的逐渐成熟，自提点布局已趋于稳定，在竞争企业各周期竞争策略已知的前提下，企业如何对产品进行分类决策，每个周期为各级别顾客的每一类产品需求提供怎样的服务水平和与之相适应的价格，共同提升顾客总体满意度，从而实现企业总利润的最大化，是本项研究的重要问题。

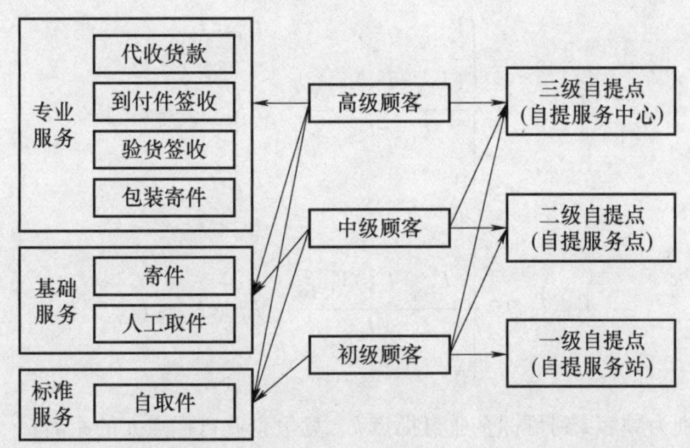

图 3-13 面向多级别顾客的自提网点结构

2. 模型假设

为了简化问题，做出以下合理假设：

（1）客户关系在一段时间内较为稳定，顾客在各周期对产品的需求量不变。

（2）目标企业为各级别顾客提供分类服务水平和价格策略，而竞争企业的同类产品采取相同的服务水平和价格策略。

（3）顾客只能前往对应级别或更高级别的自提点接受服务。

3. 顾客效用函数

快递作为服务行业，对企业竞争力的衡量终将回归于服务质量。包裹收寄逐渐成为人们日常活动的一部分，顾客对包裹自提的便利性、服务态度和经济性等方面提出了更多的要求。顾客自提的便利性通常指顾客能够以更短的距离到达自提点，当最近的自提点处理能力不足时，到达其他自提点的距离也相对较短。便利性往往取决于自提点的位置和密度，具有长期稳定的特征。随着物质生活消费的不断提高，顾客对服务水平的高低也越加重视。工作人员服务态度、品牌宣传方式和软硬件设施情况都会给顾客留下或好或差的印象，影响顾客对企业服务优劣的评价。顾客自提的经济性通常指顾客接受自提服务时需要付出的金钱代价，产品价格一般由自提服务企业决定，企业可以根据服务成本、顾客反馈和竞争环境调整价格，具有灵活性和波动性。本研究将网点距离、服务水平和产品价格作为影响顾客对服务满意度评判的主要因素，如图 3-14 所示。

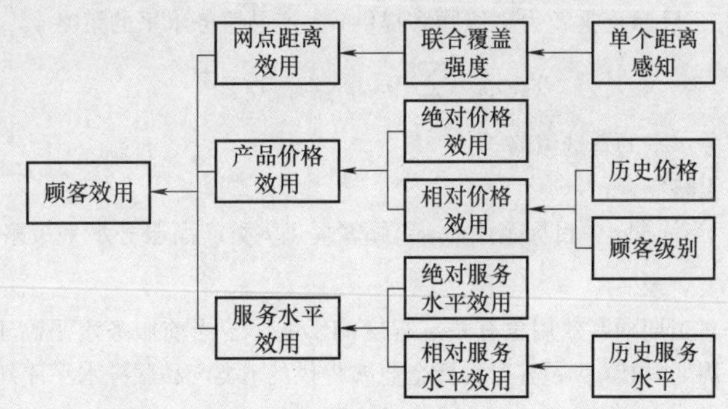

图 3-14 顾客效用影响因子

（1）网点距离效用。网点距离效用是指应用分段函数刻画顾客对提供服务的单个自提点的距离的满意度。通过顾客到自提点的直线距离描述自提点的可达性，以自提点类型和顾客级别的匹配度表达自提点的吸引力，顾客 i 对目标企业 E 中自提点 k 和竞争企业 F 中自提点 h 的距离效用 $f_{i,k}(l_{i,k})$、$f_{i,h}(l_{i,h})$ 分别为

$$f_{i,k}(l_{i,k})=\begin{cases}V_{s_i,q_k} & l_{i,k}\leqslant L_{2,s_i}\\ \dfrac{(L_{1,s_i}-l_{i,k})V_{s_i,q_k}}{L_{1,s_i}-L_{2,s_i}} & L_{2,s_i}<l_{i,k}\leqslant L_{1,s_i}\\ 0 & l_{i,k}>L_{1,s_i}\end{cases} \tag{3-3}$$

$$f_{i,h}(l_{i,h})=\begin{cases}V_{s_i,q_h} & l_{i,h}\leqslant L_{2,s_i}\\ \dfrac{(L_{1,s_i}-l_{i,h})V_{s_i,q_h}}{L_{1,s_i}-L_{2,s_i}} & L_{2,s_i}<l_{i,h}\leqslant L_{1,s_i}\\ 0 & l_{i,h}>L_{1,s_i}\end{cases} \tag{3-4}$$

式中 $l_{i,k}$、$l_{i,h}$——分别为顾客 i 到目标企业自提点 k、竞争企业自提点 h 的距离；

s_i——顾客 i 对应的级别；

q_k、q_h——分别为自提点 k、h 的级别；

V_{s_i,q_k}、V_{s_i,q_h}——分别为 q_k、q_h 级自提点对 s_i 级顾客的吸引力函数；

L_{1,s_i}、L_{2,s_i}——分别为 s_i 级顾客的最大、最小临界距离。

s_i 的取值为 1~3，分别表示初级顾客、中级顾客、高级顾客；q_k 和 q_h 取值为 1~3，分别表示一、二、三级自提点。

联合覆盖模型刻画了顾客受到服务半径内所有设施点的影响这一现象。借鉴联合覆盖的思想，并将其延伸到末端配送问题中，可以假设顾客行为受到服务半径内、同属某一自提服务企业的所有自提点的影响。设施点共同表达的能力越强，意味着顾客需求覆盖强度越高。在自提服务设施网络中，企业充分利用品牌忠诚和信息共享形成的联合覆盖优势，加强网点之间的联系。当距离最近的自提点资源被占用时，顾客可接受备选的自提点更多，服务的可靠性更大，获得的效用也随之提高。顾客 i 从服务半径内属于目标企业 E、竞争企业 F 的所有自提点接收到的联合覆盖强度 $v_{E,i}$、$v_{F,i}$ 分别为

$$v_{E,i}=1-\prod_{k}\left[1-f_{i,k}(l_{i,k})\right]\quad k\in K \tag{3-5}$$

$$v_{F,i}=1-\prod_{h}\left[1-f_{i,h}(l_{i,h})\right]\quad k\in H \tag{3-6}$$

式中 K、H——分别为目标企业、竞争企业自提点集合。

（2）服务水平效用。r_j 为服务产品 j 对应的类型，$j\in J$，J 为服务产品集合，$r_j\in R$，R 为服务产品类型集合，r_j 取值为 1~3，分别表示标准服务、基础服务、专业服务。周期 t 中，竞争企业 F 提供 r_j 类产品服务水平的策略为 γ_{F,t,r_j}，目标企业 E 为 s_i 级顾客提供 r_j 类产品服务水平的策略 γ_{E,t,s_i,r_j} 为

$$\gamma_{E,t,s_i,r_j}=\sum_{\gamma_a}x_{t,s_i,r_j,\gamma_a}\gamma_a\quad \gamma_a\in A \tag{3-7}$$

式中 γ_a——第 a 种服务水平的备选策略；

A——服务水平策略集合；

x_{t,s_i,r_j,γ_a}——0-1 变量，当周期 t 中目标企业为 s_i 级顾客提供 r_j 类产品服务水平策略为 γ_a 时，$x_{t,s_i,r_j,\gamma_a}=1$，反之，$x_{t,s_i,r_j,\gamma_a}=0$。

由于上期服务水平对当期顾客效用也有一定程度的影响，若当前服务水平高于上期，且差值越大，则顾客相对效用越大，周期 t 中 s_i 级顾客对目标企业 E 提供的 r_j 类产品服务水平评判值 $g_1(\gamma_{E,t,s_i,r_j})$ 为

$$g_1(\gamma_{E,t,s_i,r_j})=\omega_1\gamma_{E,t,s_i,r_j}+\omega_2(\gamma_{E,t,s_i,r_j}-\gamma_{E,t-1,s_i,r_j})+\omega_3 \tag{3-8}$$

式中 ω_1、ω_2、ω_3——分别为各项系数。

当 $t=1$ 时，$g(\gamma_{E,t,s_i,r_j})=\omega_1\gamma_{E,t,s_i,r_j}+\omega_3$。

同理，周期 t 中顾客对竞争企业 F 提供的 r_j 类产品服务水平评判值 $g_2(\gamma_{F,t,r_j})$ 为

$$g_2(\gamma_{F,t,r_j})=\omega_4\gamma_{F,t,r_j}+\omega_5(\gamma_{F,t,r_j}-\gamma_{F,t-1,r_j})+\omega_6 \tag{3-9}$$

式中 ω_4、ω_5、ω_6——分别为各项系数。

周期 t 中，顾客 i 对所有 r_j类产品的需求占该顾客总需求的权重为 ω_{t,i,r_j}，权重越大，表明 r_j类产品的服务水平效用对顾客总服务水平效用的影响越大。其计算公式为

$$w_{t,i,r_j}=\frac{\sum_{j\mid r_j} d_{t,\ i,\ j}}{\sum_{j} d_{t,\ i,\ j}} \tag{3-10}$$

式中 $d_{t,i,j}$——周期 t 中顾客 i 对产品 j 的需求量。

当产品服务水平处在 0 或 1 附近时，顾客效用对产品服务水平的变化并不敏感，服务水平需要发生很大的变化才能引起顾客效用的微弱改变。通过指数函数拟合，构造 Logistic 回归模型，刻画因变量与自变量之间的合理变动关系。周期 t 中，顾客 i 对服务水平为 γ_{E,t,s_i,r_j}的目标企业 E 和服务水平为 γ_{F,t,r_j}的竞争企业 F 的总服务水平效用 $f_1(\gamma_{E,t,s_i,r_j})$、$f_2(\gamma_{F,t,r_j})$ 分别为

$$f_1(\gamma_{E,t,s_i,r_j})=\sum_{r_j} w_{t,i,r}\frac{\mathrm{e}^{\delta_{s_i}g(\gamma_{E,t,s_i,r_j})}}{1+\mathrm{e}^{\delta_{s_i}g(\gamma_{E,t,s_i,r_j})}} \tag{3-11}$$

$$f_2(\gamma_{F,t,r_j})=\sum_{r_j} w_{t,i,r}\frac{\mathrm{e}^{\delta_{s_i}g(\gamma_{F,t,r_j})}}{1+\mathrm{e}^{\delta_{s_i}g(\gamma_{F,t,r_j})}} \tag{3-12}$$

式中 δ_{s_i}——s_i级顾客的服务水平敏感系数，δ_{s_i}越大，表明顾客对服务水平变化越敏感。

（3）产品价格效用。

1）价格绝对效用。周期 t 中，目标企业 E 为 s_i级顾客提供 r_j类产品 j 的价格 $p_{E,t,s_i,j}$为

$$p_{E,t,s_i,j}=c_{E,t,s_i,j}\sum_{\sigma_b} y_{t,s_i,r_j,\sigma_b}\sigma_b \quad \sigma\in B \tag{3-13}$$

式中 $c_{E,t,s_i,j}$——周期 t 中目标企业 E 为 s_i级顾客提供产品 j 的变动成本；

σ_b——第 b 种价格备选策略；

B——价格备选策略集合；

y_{t,s_i,r_j,σ_b}——0-1 变量，当目标企业为 s_i级顾客提供 r_j类产品的价格策略为 σ_b时，$y_{t,s_i,r_j,\sigma_b}=1$，反之，$y_{t,s_i,r_j,\sigma_b}=0$。

周期 t 中，竞争企业 F 提供 r_j类产品的价格策略为 σ_{F,t,r_j}，对应产品 j 的价格 $p_{F,t,j}$为

$$p_{F,t,j}=c_{F,t,j}\sigma_{F,t,r_j} \tag{3-14}$$

式中 $c_{F,t,j}$——周期 t 中竞争企业提供产品 j 的变动成本。

产品本身价格越高，顾客效用越小，惠顾该企业自提点接受服务的可能性就越小，因此，顾客的价格绝对效用为价格的线性递减函数。周期 t 中，s_i级顾客对目标企业 E 提供产品 j 的价格 $p_{E,t,s_i,j}$的绝对效用 $f_3(p_{E,t,s_i,j})$ 为

$$f_3(p_{E,t,s_i,j})=\begin{cases}\dfrac{P_{s_i,j}-p_{E,t,s_i,j}}{P_{s_i,j}} & p_{E,t,s_i,j}\leqslant P_{s_i,j}\\ 0 & p_{E,t,s_i,j}>P_{s_i,j}\end{cases} \tag{3-15}$$

式中 $P_{s_i,j}$——s_i级顾客为获取产品 j 的价格上限。

同理,周期 t 中,s_i级顾客对竞争企业 F 提供产品 j 的价格 $p_{F,t,j}$的绝对效用 $f_4(p_{F,t,j})$为

$$f_4(p_{F,t,j})=\begin{cases}\dfrac{P_{s_i,j}-p_{F,t,j}}{P_{s_i,j}} & p_{F,t,j}\leqslant P_{s_i,j}\\ 0 & p_{F,t,j}>P_{s_i,j}\end{cases} \tag{3-16}$$

2）价格相对效用。顾客对产品当期价格的满意度还受到上期价格的影响。借鉴 Kahneman 等的研究，归一化处理后，周期 t 中 s_i级顾客对目标企业 E、竞争企业 F 提供产品 j 的价格 $p_{E,t,s_i,j}$、$p_{F,t,j}$的相对效用（历史价格）$f_5(p_{E,t,s_i,j})$、$f_6(p_{F,t,j})$ 分别为

$$f_5(p_{E,t,s_i,j})=\begin{cases}\dfrac{[f_3(p_{E,t,s_i,j})-f_3(p_{E,t-1,s_i,j})]+1}{2} & f_3(p_{E,t-1,s_i,j})\leqslant f_3(p_{E,t,s_i,j})\\ \dfrac{-[f_3(p_{E,t-1,s_i,j})-f_3(p_{E,t,s_i,j})]+1}{2} & f_3(p_{E,t-1,s_i,j})>f_3(p_{E,t,s_i,j})\end{cases} \tag{3-17}$$

$$f_6(p_{F,t,j})=\begin{cases}\dfrac{[f_4(p_{F,t,j})-f_4(p_{F,t-1,j})]+1}{2} & f_4(p_{F,t-1,j})\leqslant f_4(p_{F,t,j})\\ \dfrac{-[f_4(p_{F,t-1,j})-f_4(p_{F,t,j})]+1}{2} & f_4(p_{F,t-1,j})>f_4(p_{F,t,j})\end{cases} \tag{3-18}$$

当 $t=1$ 时，即第 1 期价格无法与前期比较，因此 $f_5(p_{E,t,s_i,j})=0$，$f_6(p_{F,t,j})=0$。

顾客对产品当期价格的满意度还受到同阶段其他级别顾客价格的影响，通过与同期其他级别顾客接受同产品的平均价格对比，对当期价格效用产生或正或负的作用。归一化后，周期 t 中 s_i 级顾客对目标企业 E 提供产品 j 的价格 $p_{E,t,s_i,j}$ 的相对效用（顾客级别）$f_7(p_{E,t,s_i,j})$ 为

$$f_7(p_{E,t,s_i,j})=\begin{cases}\left\{\left[f_3(p_{E,t,s_i,j})-f_3\left(\dfrac{\sum\limits_{s_i|s_i\geqslant r_j}p_{E,t,s_i,j}-p_{E,t,s_i,j}}{3-r_j}\right)\right]+1\right\}\Big/2 & f_3\left(\dfrac{\sum\limits_{s_i|s_i\geqslant r_j}p_{E,t,s_i,j}-p_{E,t,s_i,j}}{3-r_j}\right)\leqslant f_3(p_{E,t,s_i,j})\\ \left\{-\left[f_3\left(\dfrac{\sum\limits_{s_i|s_i\geqslant r_j}p_{E,t,s_i,j}-p_{E,t,s_i,j}}{3-r_j}\right)-f_3(p_{E,t,s_i,j})\right]+1\right\}\Big/2 & f_3\left(\dfrac{\sum\limits_{s_i|s_i\geqslant r_j}p_{E,t,s_i,j}-p_{E,t,s_i,j}}{3-r_j}\right)>f_3(p_{E,t,s_i,j})\end{cases} \tag{3-19}$$

当 $r_j=3$ 时，表示只有高级顾客对该服务有需求，无须与其他级别顾客的价格对比，因此 $f_7(p_{E,t,s_i,j})=1$。由于竞争企业对不同顾客采取统一的价格策略，顾客无须和其他级别顾客比较，因而没有基于顾客级别的价格相对效用。

周期 t 中，顾客 i 对产品 j 的需求占该顾客总需求的权重为 $\omega_{t,i,j}$，该权重越大，表明产品 j 的价格效用对顾客总价格效用影响越大。其计算公式为

$$\omega_{t,i,j}=\frac{d_{t,\ i,\ j}}{\sum\limits_{j}d_{t,\ i,\ j}} \tag{3-20}$$

结合式（3-15）~式（3-20），在周期 t 中，顾客 i 对价格为 $p_{E,t,s_i,j}$ 的目标企业 E 和价格为 $p_{F,t,j}$ 的竞争企业 F 的总价格效用 $f_8(p_{E,t,s_i,j})$、$f_9(p_{F,t,j})$ 分别为

$$f_8(p_{E,t,s_i,j})=\sum_{j\in J}w_{t,i,j}[\alpha_1 f_3(p_{E,t,s_i,j})+\alpha_2 f_5(p_{E,t,s_i,j})+(1-\alpha_1-\alpha_2)f_7(p_{E,t,s_i,j})] \tag{3-21}$$

$$f_9(p_{F,t,j})=\sum_{j\in J}w_{t,i,j}[\alpha_1 f_4(p_{F,t,j})+(1-\alpha_1)f_6(p_{F,t,j})] \tag{3-22}$$

式中　α_1、α_2——价格绝对效用、价格相对效用（历史价格）的权重。

（4）顾客效用。在周期 t 中，受到距离效用、服务水平效用和价格效用的共同影响，顾客 i 从目标企业 E、竞争企业 F 获得的顾客效用 $u_{E,t,i}$、$u_{F,t,i}$ 分别为

$$u_{E,t,i}=\beta_1 v_{E,i}+\beta_2 f_1(\gamma_{E,t,s_i,r_j})+(1-\beta_1-\beta_2)f_8(p_{E,t,s_i,j}) \tag{3-23}$$

$$u_{F,t,i}=\beta_1 v_{F,i}+\beta_2 f_2(\gamma_{F,t,r_j})+(1-\beta_1-\beta_2)f_9(p_{F,t,j}) \tag{3-24}$$

式中　β_1、β_2——距离效用、服务水平效用在顾客效用中所占的权重。

4. 概率函数

顾客在做出决策之前，对比在目标企业和竞争企业获得的效用，以较大概率选择效用更大的企业接受服务。在周期 t 中，顾客 i 选择前往目标企业 E 接受服务的概率 $\varphi_{E,t,i}$ 为

$$\varphi_{E,t,i}=\frac{u_{E,t,i}}{u_{E,t,i}+u_{F,t,i}} \tag{3-25}$$

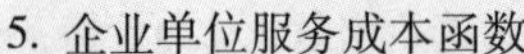

5. 企业单位服务成本函数

在各周期中，企业对服务水平侧重不同，对应所需要的设施维护、工作人员培训、广告宣传等成本投入也有差异。一般而言，单位服务成本随着服务水平的提升而增加，但非线性递增关系。当服务水平处于较低阶段，较少的成本增加会带来服务水平的大幅提高；而随着服务水平逐渐升高，服务水平对成本的敏感程度降低，同样的成本投入带来服务水平的提升将大大减小。在周期 t 中，目标企业 E 为 s_i 级顾客提供的服务水平为 γ_{E,t,s_i,r_j} 时，产品 j 的变动成本 $c_{E,t,s_i,j}$ 为

$$c_{E,t,s_i,j}=\mathrm{e}^{1/(1-z_j\gamma_{E,t,s_i,r_j}/G_{r_j})}-\mathrm{e}+c_j \tag{3-26}$$

式中　z_j——单位产品 j 的成本系数；

G_{r_j}——企业提供 r_j 类产品的服务水平上限；

c_j——产品 j 的基础单位服务成本。

6. 自提产品定价与服务水平优化模型

本节考虑了距离效用、服务水平效用和价格效用对顾客效用的共同影响，引入概率函数描述顾客的选择行为，通过企业收益、固定成本、可变成本计算企业利润，从而建立以企业利润最大化为目标的服务水平优化模型 Z。具体模型为

$$\max Z=\sum_t\sum_i\sum_j p_{E,t,s_i,j}\cdot d_{t,i,j}\varphi_{E,t,i}-\sum_t\sum_i\sum_j c_{E,t,s_i,j}\cdot d_{t,i,j}\varphi_{E,t,i}-\sum_k C_{q_k} \tag{3-27}$$

约束条件为

$$q_k,q_h\geqslant s_i \tag{3-28}$$

$$\gamma_a,\gamma_{F,t,r_j}\in A \tag{3-29}$$

$$\sigma_b,\sigma_{F,t,r_j}\in B \tag{3-30}$$

$$\alpha_1+\alpha_2\leqslant 1 \tag{3-31}$$

$$\beta_1+\beta_2\leqslant 1 \tag{3-32}$$

$$\delta_{s_i},w_{t,i,r},w_{t,i,j}\in[0,1] \tag{3-33}$$

$$z_j\in(0,1] \tag{3-34}$$

$$i\in I,j\in J,k\in K,h\in H,s_i\in S,q_k,q_h\in Q,r_j\in R,t\in T \tag{3-35}$$

$$0\leqslant\gamma_{E,t,s_i,r_j},\gamma_{F,t,r_j}\leqslant G_{r_j} \tag{3-36}$$

$$\sum_{\gamma_a}x_{t,s_i,r_j,\gamma_a}=1,x_{t,s_i,r_j,\gamma_a}=0\text{ 或 }1 \tag{3-37}$$

$$\sum_{\sigma_b}y_{t,s_i,r_j,\sigma_b}=1,y_{t,s_i,r_j,\sigma_b}=0\text{ 或 }1 \tag{3-38}$$

式中　I——顾客集合；

T——运营周期集合；

C_{q_k}——建立 q_k 级自提点的固定成本。

式（3-27）表示目标企业在多个周期内总利润最大化，其中第 1 项为企业收益，第 2 项为企业提供服务产品的固定成本，第 3 项为企业每提供单位服务的可变成本；式（3-28）为自提点只能为同级别或更低级别的顾客服务；式（3-29）、式（3-30）为服务水平和价格的备选策略与策略约束；式（3-31）、式（3-32）为效用因子权重约束；式（3-33）~式（3-36）为参数的取值范围；式（3-37）、式（3-38）为变量的取值范围。

三、模型求解

上述模型中，变量为多产品在各周期的服务水平决策 x_{t,s_i,r_j,γ_a} 和价格决策 y_{t,s_i,r_j,σ_b}，由于变量较多，设计遗传算法进行求解。遗传算法因全局搜索能力强、鲁棒性好，被广泛应用在网络优化问题中。

1. 算法步骤

步骤 1：编码并产生初始种群

将一个染色体分为 2 段，按照排列顺序对 x_{t,s_i,r_j,γ_a}、y_{t,s_i,r_j,σ_b} 采用 0-1 编码，图 3-15 为周期 1 的编码方

式。若 n 为运营周期数，r_0为服务产品类数，q_0为顾客级数，a_0为服务水平备选策略数，b_0为价格备选策略数，则 x_{t,s_i,r_j,γ_a} 的排列顺序为 $x_{1,1,1,1}$，…，$x_{1,1,1,a_0}$，…，$x_{1,1,r_0,1}$，…，$x_{1,1,r_0,a_0}$，…，x_{1,q_0,r_0,a_0}，…，x_{n,q_0,r_0,a_0}。y_{t,s_i,r_j,σ_b} 的排列顺序与前者相同。前段的基因个数为 $nr_0q_0a_0$，后段的基因个数为 $nr_0q_0b_0$。

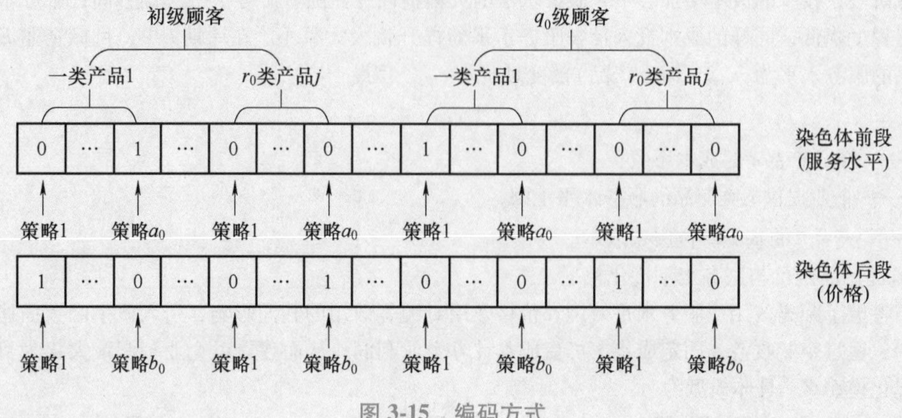

图 3-15 编码方式

步骤 2：产生初始种群

设置种群规模为 P，种群最大进化次数为 M。按照 x_{t,s_i,r_j,γ_a} ~ y_{t,s_i,r_j,σ_b} 的顺序，分段随机生成初始个体。若 x_{t,s_i,r_j,γ_a} 对应的基因不满足约束条件式（3-37），或 y_{t,s_i,r_j,σ_b} 对应的基因不满足约束条件式（3-38），则认为该个体为不可行个体。另行随机生成新个体替代原个体，直到种群中的个体都为可行个体。

步骤 3：计算顾客分配概率

（1）服务水平与单位服务成本密切相关，与价格策略共同影响产品价格。将染色体前段基因代入式（3-27），对应得到企业为不同类型顾客提供差异化服务水平时的单位服务成本。通过单位服务成本和染色体后段基因共同求解产品价格，如图 3-16 所示。

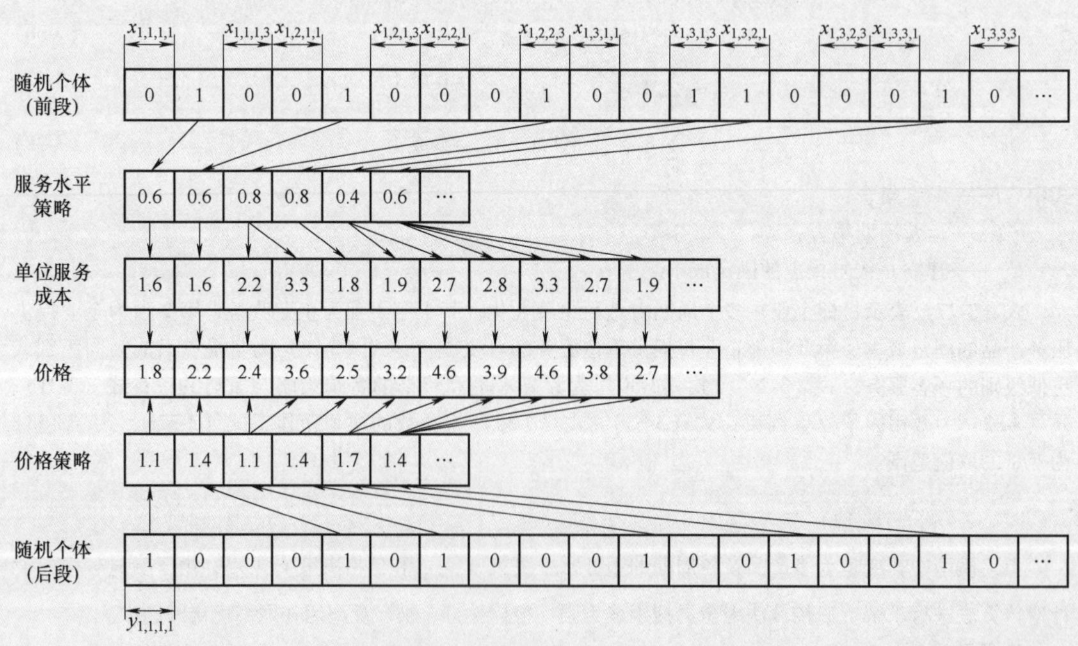

图 3-16 价格计算过程

（2）根据式（3-3）~式（3-22）计算顾客的距离效用、服务水平效用和价格效用，通过式（3-23）~

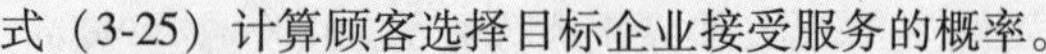

式（3-25）计算顾客选择目标企业接受服务的概率。

步骤 4：计算适应度

根据步骤 2 中的可行个体和步骤 3 中的需求点分配结果，代入式（3-27）中求解目标函数适应度。

步骤 5：选择操作

每个个体都有一定概率进入下一代，被选择概率与个体的适应度有关。结合模型可以看出：个体的适应度越大，则该个体越优，对应进入下一代的概率也就越大。个体 N 的选择概率 P_N 为

$$P_N=\frac{Z_N-\min Z}{\max Z-\min Z} \tag{3-39}$$

式中　Z_N——个体 N 的目标函数值。

步骤 6：交叉操作

由于步骤 1 中将染色体分为 2 段，因此，随机选择父代个体进行分段处理。对个体前段采用两点交叉法，在前 $nr_0q_0a_0$ 个基因中随机设置 2 个交叉点，交换 2 个交叉点之间的部分基因生成新的个体前段。同时，找到 2 个交叉点在个体后段的相应位置，同样交换 2 个交叉点之间的部分基因生成新的个体后段。若新生成的个体不符合约束条件式（3-37）、式（3-38），则令目标函数值为极小值。

步骤 7：变异操作

根据变异概率，采用离散变异法进行变异操作。若变异后的个体不满足约束条件式（3-37）、式（3-38），则令目标函数值为极小值。

步骤 8：终止判断

令进化次数 $\theta=\theta+1$，如果 $\theta>M$，则算法终止；否则，跳转回步骤 2。

2. 算法比较

为了验证遗传算法在求解模型的有效性，本文设计 6 组不同规模的随机算例，将每组算例运行 5 次后的最优值和运行时间的平均值，与粒子群算法进行对比，结果如表 3-12 所示。随机生成顾客数 $\chi_1=\{20,40,60\}$ 和目标企业自提点数 $\chi_2=\{10,20,30\}$，以及相同个数的竞争企业自提点。顾客和自提点位置随机分布在 $[0,1\,500]\times[0,1\,000]$ 的平面网络中。初级、中级和高级顾客需求量分别服从参数 $\lambda_1=20$，$\lambda_2=60$，$\lambda_3=120$ 的泊松分布，最大临界距离分别为 1 200m、1 000m、800m，最小临界距离均为 200m。目标企业一、二和三级备选自提点建设成本分别服从均匀分布 $U_1(10,40)$、$U_2(50,80)$、$U_3(90,120)$。

表 3-12　不同算法比较结果

组别	χ_1	χ_2	最优平均值		平均运算时间/s	
			遗传算法	粒子群算法	遗传算法	粒子群算法
1	20	10	4 313	4 210	623	529
2	40	10	8 011	7 989	1 121	1 015
3	40	20	8 769	8 510	1 636	1 630
4	60	10	8 935	8 931	1 735	1 669
5	60	20	11 290	11 122	1 922	1 898
6	60	30	13 360	13 003	2 120	2 062

由表 3-12 可以看出：组别 1、组别 2 计算规模小，遗传算法求解出的平均最优值仅高于粒子群算法不到 2. 3%，其运算时间比粒子群算法节省约 100s；随着计算规模增大，遗传算法和粒子群算法的运算时间相差在 70s 内，而前者求解的平均最优值依然高于后者，后者由于容易陷入局部最优而不能较好地搜索到最优解。

四、算例设计与结果分析

1. 算例设计

将某商圈内的人口聚类成 10 个需求点，需求点 1~2 为高级顾客，需求点 3~5 为中级顾客，其余为

初级顾客。依据市场细分结果和调研情况，取各级别顾客的最大临界距离分别为 1 200m、1 000m、800m；最小临界距离均为 200m。各级需求点受到各类型自提点吸引力 $V_{s_i,q_k}=\{V_{1,1},V_{1,2},V_{1,3},V_{2,1},V_{2,2},V_{2,3},V_{3,1},V_{3,2},V_{3,3}\}=\{1.0,0.8,0.6,0,1.0,0.8,0,0,1.0\}$。

目标企业在该商圈布局 2 个三级自提点，1 个二级自提点，2 个一级自提点；该商圈内已有竞争企业1 个三级自提点，2 个二级自提点，2 个一级自提点。顾客和自提点位置随机分布在 $[0,1\,200]\times[0,1\,200]$ 的平面网络中。考虑场地大小、人力资源等因素，参照《全国社会化电商物流从业人员研究报告》和《2017 年成都商铺市场简报》，各类型自提点的固定成本分别为 5 250 元、2 750 元、480 元；根据国内主要快递企业收费标准，取基础单位服务成本 $c_j=\{1.6,1.4,1.4,3.7,3.0,3.0,2.0\}$。

此外，服务水平备选策略集合 $A=\{0.2,0.5,0.8\}$，价格备选策略集合 $B=\{1.2,1.5,1.8\}$。取 $G_{r_j}=0.85$，$\omega_1=9$，$\omega_2=1$，$\omega_3=-5$。根据顾客消费行为的一般规律，取绝对价格效用和历史价格效用的权重分别为 $\alpha_1=0.5$，$\alpha_2=0.3$。为了减少权重因素对后文敏感性分析的影响，假设距离效用、服务水平效用和价格效用的权重基本相等，$\beta_1=\beta_2=0.33$。竞争企业每周期为各类产品设计的竞争策略如表 3-13 所示。

表 3-13　竞争企业每周期竞争策略

周期	服务水平			价格		
	标准服务	基础服务	专业服务	标准服务	基础服务	专业服务
1	0.2	0.5	0.8	1.2	1.5	1.5
2	0.5	0.8	0.5	1.5	1.8	1.5
3	0.2	0.5	0.2	1.8	1.2	1.8
4	0.8	0.8	0.5	1.2	1.5	1.8
5	0.2	0.2	0.5	1.5	1.8	1.5

2. 结果分析

经过计算，5 个周期后，目标企业的总利润为 190 185 元，高于竞争企业的总利润 89 115 元。目标企业的分类服务水平和价格策略如图 3-17 所示，目标企业和竞争企业的一般服务水平和价格策略如图 3-18 所示。

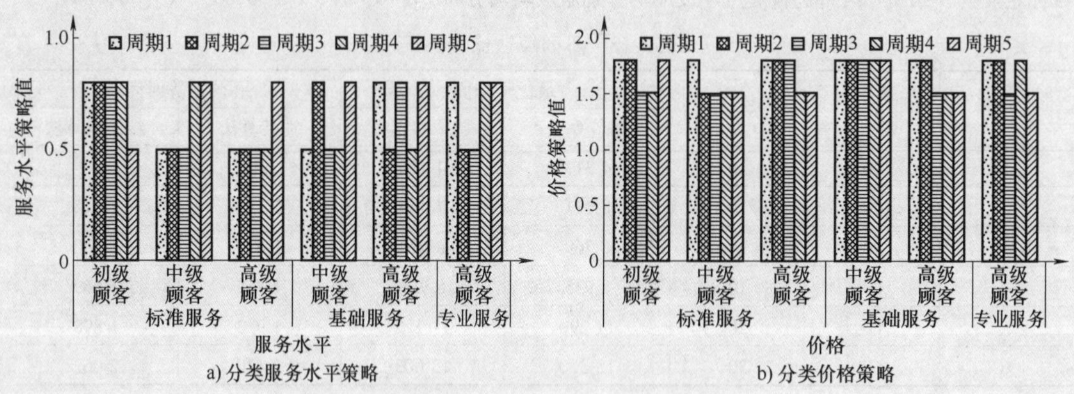

图 3-17　目标企业的分类服务水平和价格策略

由图 3-17、图 3-18 可以看出，目标企业提供给初级顾客的产品价格高于竞争企业，但高服务水平的优势更加明显，该级别顾客选择目标企业接受服务的平均概率达到了 61.6%；对于接受标准服务和基础服务的中级顾客而言，目标企业提供标准服务的服务水平更高，价格策略差值较小，且顾客在目标企业付出的产品价格低于初级和高级顾客，由此提升了中级顾客以其他级别顾客为参照点时的相对效用；由于竞争企业提供基础服务的服务水平整体偏高，而服务水平越高，带来成本的上涨越快和顾客效用的提升越缓慢，因此，目标企业提供略高于竞争者的服务水平，通过较高价格策略弥补高成本带来的利润流失，最终目标企业对中级顾客的需求覆盖率达到了 56.9%；高级顾客需求基数更大，标准服务在顾客对服务满意度评价

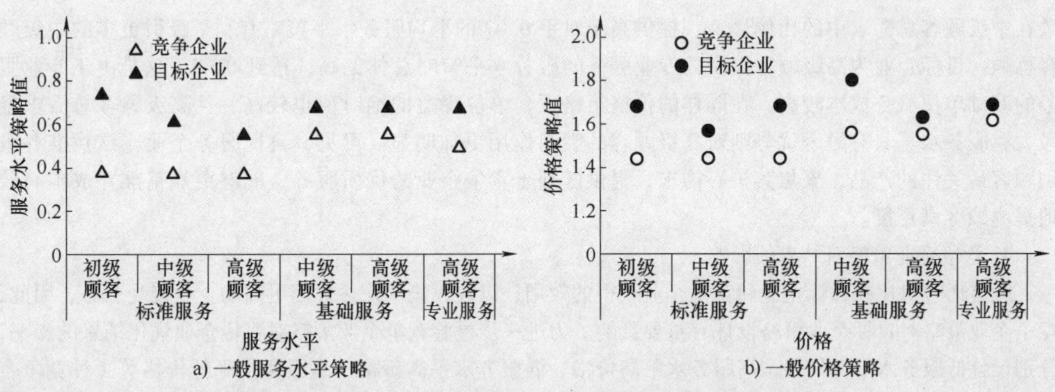

a) 一般服务水平策略　　b) 一般价格策略

图 3-18　目标企业和竞争企业的一般服务水平和价格策略

中的重要性较小，因此，目标企业提供相对高的价格策略和相对低的服务水平；而采用高于竞争者的服务水平和近似的价格策略，在保证单位利润的同时，也维持了对高级顾客 57.8%的需求覆盖率。

3. 顾客服务水平敏感程度对结果的影响

服务水平敏感系数是为了衡量顾客效用对服务水平调整的反应程度，顾客对服务水平越敏感，服务水平的略微变化则可能引起顾客效用较大的改变。为进一步检验顾客服务水平敏感程度对目标企业优化结果的影响，令敏感系数 δ 分别取 0.2、0.4、0.6、0.8、1.0，对应的服务水平优化结果、需求覆盖率和总利润等指标如表 3-14 所示，结论如下：

表 3-14　不同服务水平敏感系数下的优化结果

指标		标准服务的服务水平策略			基础服务的服务水平策略		专业服务的服务水平策略	服务水平策略均值	顾客效用	需求覆盖率（%）	总利润（元）
		初级顾客	中级顾客	高级顾客	中级顾客	高级顾客	高级顾客				
敏感系数	0.2	0.56	0.68	0.56	0.62	0.62	0.56	0.60	58.64	51.0	158 888
	0.4	0.68	0.62	0.56	0.62	0.56	0.80	0.64	62.46	54.3	176 477
	0.6	0.74	0.56	0.68	0.62	0.56	0.74	0.65	64.41	56.0	184 415
	0.8	0.80	0.56	0.62	0.62	0.74	0.62	0.66	66.11	57.4	187 400
	1.0	0.74	0.62	0.56	0.68	0.68	0.68	0.66	67.05	58.2	190 185
均值		0.70	0.61	0.60	0.63	0.63	0.68	0.64	63.73	55.4	175 360
竞争企业		0.38	0.38	0.38	0.56	0.56	0.50	0.46	51.31	44.6	98 317

（1）敏感系数越大，目标企业提供高服务水平会带来需求覆盖率和总利润的增加。当敏感系数从 0.2 增大为 1.0，目标企业提供高服务水平的需求覆盖率增大 7.2%，总利润提高 19.7%。顾客对服务水平越敏感，服务水平较小幅的提升就会带来顾客效用较大幅的提升，当敏感系数从 0.2 增大到 0.4，服务水平策略均值提升了 0.04，带来了顾客效用 6.5%的提升；而敏感系数从 0.8 增大到 1.0，服务水平策略均值不变，顾客效用增大了 1.4%。目标企业能够根据竞争企业策略调整自身策略，倾向于为顾客提供更好的服务态度、服务环境和广告宣传，通过提供远高于对手的服务水平，提高顾客前往目标企业自提点接受服务获得的效用，吸引更多的顾客资源，从而在市场占有率方面占据优势。可见，自提服务企业应充分了解不同区域顾客对服务水平的关注度，向对服务水平高敏感的顾客投入更多人力和财力资源，以改善服务体验，避免无差别地盲目改进服务水平而增加无效成本。

（2）当某一级别顾客对某一类型服务的需求量最大时，目标企业倾向于为该级别顾客提供更高的服务水平。人口基数更大的初级顾客对标准服务的总需求量最高，目标企业为该类顾客设计了 0.7 的服务水平策略，高于其他类型顾客接受同类产品的服务水平 17.7%。相比标准服务，基础服务的需求量在中级顾客总需求中的比例最高，提供高于对手 0.07 的平均服务水平策略有利于吸引更多的中级顾客惠顾。目标企业为高级顾客提供的专业服务的服务水平策略总体偏高，达到 0.68，这是由于专业服务的基础单位服务成本较高，在同样的价格策略下，单位收益的绝对值也较高，且高级顾客总需求量最大，服务水平具有显著优势则对高级顾客的吸引作用更加明显。可见，自提服务企业应该找准各级别顾客最关注的产品，聚焦其核心需求，提供区别于竞争企业的优质服务，能够更加精准并成本有效地提高顾客满意度。

4. 竞争企业策略对结果的影响

顾客通过对比在目标企业和竞争企业获得的效用，以较大概率前往效用更高的企业接受服务，因此，竞争企业策略对目标企业策略设计有重要影响。为进一步检验竞争企业策略对目标企业优化结果的影响，分别设计低服务水平低价格、高服务水平高价格、低服务水平高价格、高服务水平低价格等 4 种竞争企业策略，即服务水平和价格策略 $\{\gamma_{F,t,r_j}, \sigma_{F,t,r_j}\}$ 分别为 {0.2，1.2}、{0.8，1.8}、{0.2，1.8}、{0.8，1.2}。通过目标企业的服务水平策略和价格策略、总利润、需求覆盖率等指标，对比 4 种情景下的优化结果，如表 3-15 所示。

表 3-15　不同竞争企业策略下的优化结果

情景	目标企业					竞争企业				
	价格		服务水平	总利润（元）	需求覆盖率（%）	价格		服务水平	总利润（元）	需求覆盖率（%）
	策略	实际价格				策略	实际价格			
1	1.67	偏高	0.59	187 356	58.3	1.2	最低	0.2	4 590	41.7
2	1.65	偏低	0.63	140 982	50.1	1.8	最高	0.8	200 855	49.9
3	1.68	最高	0.67	208 165	61.4	1.8	偏高	0.2	122 959	38.6
4	1.61	最低	0.62	118 616	47.0	1.2	偏低	0.8	24 816	53.0

情景 1 中，当竞争企业采用低服务水平和低价格策略（$\gamma_{F,t,r_j}=0.2$，$\sigma_{F,t,r_j}=1.2$）时，由于顾客对服务水平的敏感度较高，低服务水平会大大降低顾客效用，此时目标企业采取高于竞争企业 0.39 的服务水平（$\gamma_{E,t,r_j}=0.59$）能够吸引到更多的顾客。顾客的可接受价格上限普遍较高，为目标企业采取偏高的价格（$\sigma_{E,t,r_j}=1.67$）提供了空间，在提高单位收益的同时，带来的消极影响相对较小。此时，目标企业通过高市场覆盖率和较高的单位价格获得远高于竞争企业的总利润。

情景 2 中，当竞争企业采用高服务水平和高价格策略（$\gamma_{F,t,r_j}=0.8$，$\sigma_{F,t,r_j}=1.8$）时，目标企业在情景 1 的基础上略微上调了服务水平（$\gamma_{E,t,r_j}=0.63$）以应对竞争，但考虑到控制成本的原因，仍低于竞争企业，对顾客选择有一定负面影响；同时，维持偏低的价格（$\sigma_{E,t,r_j}=1.65$），低于竞争企业的服务水平带来的变动成本也较低，共同降低了产品价格，通过价格优势保留了部分价格敏感的顾客。由于覆盖率和单位收益均不高，此时总利润也处于偏低水平。

情景 3 中，竞争企业同样采用高价格但服务水平较低策略（$\gamma_{F,t,r_j}=0.2$，$\sigma_{F,t,r_j}=1.8$），在顾客对服务满意度评价中处于更加不利的位置，因此，目标企业通过提供高于竞争企业 0.47 的服务水平（$\gamma_{E,t,r_j}=0.67$）以吸引更多的顾客惠顾，而选择相对最高的价格策略（$\sigma_{E,t,r_j}=1.68$），以提高产品的单位收益，此时目标企业产品价格与竞争企业相近。这样，目标企业获得了 4 种情景中的最高利润。

情景 4 中，竞争企业采用高服务水平和低价格策略（$\gamma_{F,t,r_j}=0.8$，$\sigma_{F,t,r_j}=1.2$），目标企业在两者均不占优势的情况下，只能保持相对较低的服务水平（$\gamma_{E,t,r_j}=0.62$）和最低的价格（$\sigma_{E,t,r_j}=1.61$）。虽然此时目标企业的需求覆盖率相对其他情景更小，但由于竞争企业的单位收益水平较低，目标企业的总利润仍比对竞争企业高。

从表 3-15 可以看出，低价格和高服务水平可以有效地提高市场占有率，但由于利润空间较小，甚至出现亏本让利的情况，造成总利润低，为资金周转带来较大困难，于企业发展不利。随着人民生活水平

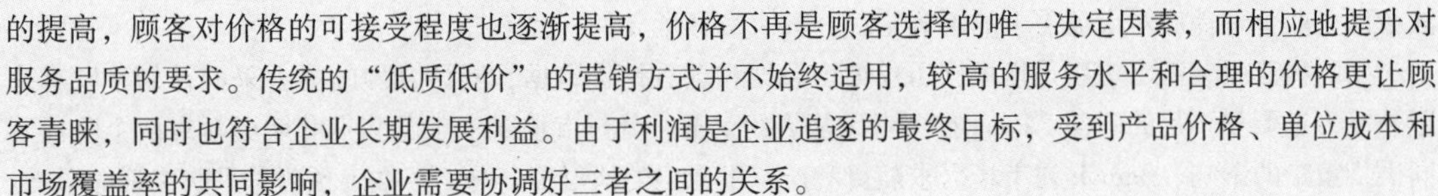

的提高，顾客对价格的可接受程度也逐渐提高，价格不再是顾客选择的唯一决定因素，而相应地提升对服务品质的要求。传统的“低质低价”的营销方式并不始终适用，较高的服务水平和合理的价格更让顾客青睐，同时也符合企业长期发展利益。由于利润是企业追逐的最终目标，受到产品价格、单位成本和市场覆盖率的共同影响，企业需要协调好三者之间的关系。

五、结语

(1) 引入网点距离、服务水平和产品价格及其参照效应对顾客效用的影响，建立了目标企业利润最大化的多周期服务水平优化模型，研究了不同服务水平敏感程度和多种竞争企业策略下的服务水平及相适应的价格。

(2) 以具体商圈中自提服务水平设计为算例，结果表明，当顾客服务水平敏感系数较大时，目标企业应提供高服务水平；目标企业各供给要素的设计需要根据竞争对手的策略不断调整，决策者可以根据先期的市场调查和历史数据预判竞争企业的服务策略，有针对性地提高服务质量。

(3) 采用遗传算法对模型进行求解，根据模型特点设计了价格计算方法，并通过算法比较验证了遗传算法在解决本研究中的优越性。

(4) 本研究有利于指导企业不断改进服务，在网点布局及其服务功能既定的前提下，通过调整服务水平优化顾客效用，把握服务水平带来的单位成本与产品价格之间的关系，合理配置有限的资源，有重点地提高顾客满意度，在激烈的市场竞争中保持长期优势。

(5) 行为经济学的发展促使研究对象逐渐向非理性人转变，因此，后续应考虑理性程度对顾客行为的影响，将禀赋效应和心理账户纳入效用函数构建中。

经典资料三　需求更新下考虑参照依赖的网购物流服务质量控制研究

（张翠华、李春雨、施全杰，东北大学，工业工程与管理，2020，01 期）

一、引言

互联网经济的快速发展以及电子商务的兴起，推动了我国传统的物流运作模式的转变。物流服务以顾客需求为起点，综合业务流、资金流和信息流，为顾客提供系列化、个性化、信息化的物流代理服务。2018 年物流行业研究报告显示，2018 年 1—8 月我国全国物流总费用 177.8 万亿元，同比增长 7.1%，我国拥有最大的物流市场。物流服务对电商企业尤为重要，甚至成为其发展的核心力量。物流企业之间的竞争也从单纯的价格竞争最终转化为服务价格和质量的竞争。然而，网上购物需求的波动性给物流服务带来了巨大的挑战，特别是在大型购物平台上的“618”“双 11”“双 12”疯狂购物节时，网上购物订单在短时间内激增，造成提供商能力短缺，产生爆仓问题。企业进行需求更新可以有效减轻物流能力短缺的压力，提高其物流服务的灵活性。

在电商产品配送过程中，物流服务质量是评价其服务水平的关键要素，直接影响物流运作的稳定性和顾客的满意度。Irene 以 B2B 和 B2C 为背景，研究了商品和信息从企业到消费者的过程中物流服务质量的评价标准，并分析了企业行为对其物流服务质量的影响。Giovanis 提出描述物流服务质量的概念框架，结合过程和结果建立了质量维度，并进行了实证分析。Liu 采用累积前景理论和能力匹配约束，研究了单个集成商和多个供应商情形下的多周期订单协调模型。Liu 针对服务提供商和集成商间的物流服务质量问题，采用纳什均衡、斯坦伯格博弈、集中决策分别进行建模求解，并比较分析了三种情况下的最优解。Heinrich 建立微积分预期效用函数，解决服务选择中潜在的服务故障和不确定性对 QOS 的影响。研究发现，目前对于物流服务供应链的质量研究较少考虑外部不确定环境因素，而且在信息获取和行为特征方面缺乏定量的研究。本文通过质量承诺，对具有主观性的物流服务质量进行定量分析，且用需求更新方法帮助企业合理地应对市场需求的不确定性，具有实际意义。

网购物流服务需求更新是指根据历史销售数据和现有销售数据，制订合理的能力采购计划，以解决服务能力过剩和不足的问题。Pong 在不考虑能力约束下，分析市场需求预测和贝叶斯更新对两个阶段不同供货策略的影响。Baruah 在市场需求随机和产量不稳定的情形下，分析了准确预测对采购决策的影响。Yan 基于需求不确定，研究了风险中立和风险规避情形下资金约束、需求预测和更新对两个阶段订货策略的影响。研究表明，物流服务需求受周期性活动的影响，在决策过程中考虑需求更新十分必要。同时，在经济活动中，顾客行为总会偏离“理性经济人”的假设，物流服务质量受到顾客的参照依赖等非理性因素的影响，参照依赖是指物流服务中企业或个体以产品质量或价格等因素为参照点，对其得失进行判断。Koszegi 在参照依赖偏好模型的基础上，提出个体参照点的一种理性预期模型。Schmidt 对参照依赖行为进行分析，提出了参照依赖的主要特点体现为损失规避和敏感性递减。目前针对参照依赖的研究主要以个体为出发点，运用效用进行分析，而本文以物流服务供应链为出发点，结合参照依赖行为因素，对市场需求存在不确定性时的物流服务质量问题进行研究，具有实际背景和现实作用。

综上所述，现在已有的物流服务质量研究对不易衡量性和市场需求不确定性考虑不足，且较少考虑集成商、提供商等参与者的自身行为特征。鉴于此，本文以 B2C 网购中的物流服务为研究背景，针对网络零售平台大型促销活动导致的市场需求波动，提出基于需求预测的需求更新策略，解决需求变动问题，同时考虑顾客质量参照依赖行为，在物流服务相关研究的基础上提出服务质量控制策略，采用博弈的方法对不同权力结构下的模型进行求解，分析提供商和集成式的最优策略，同时参考已有研究提出顾客期望衡量机制，丰富了相关研究内容。

二、问题描述与相关假设

1. 问题描述

本文构建了包含一个物流提供商和一个网购平台（简称平台，如天猫）的两阶段物流服务质量控制模型。在第一阶段，平台运用经验和历史数据对市场需求进行预测，决定物流的采购系数和服务价格；物流提供商制定质量承诺缺陷率。第一阶段（SF）结束后，物流提供商需要对未达到质量承诺的顾客进行赔偿，如果有剩余的服务能力，平台需要对提供商剩余能力进行补偿。第二阶段（SS）开始后，平台首先比较上一阶段的预期需求和实际销量，具体分为两种情形。情形一（CF）：当第一阶段的预期需求大于实际销售量时，称为需求不确定性完全披露，此时的采购系数根据第一阶段的采购系数进行决策；情形二（CS）：当第一阶段的预期需求等于实际销售量时，称为市场需求不确定性未完全披露，需根据第一阶段的采购系数对分布函数进行贝叶斯更新之后再做决策。平台进行质量预防，产生的成本由两者共同分担。物流服务质量控制的运作流程如图 3-19 所示。

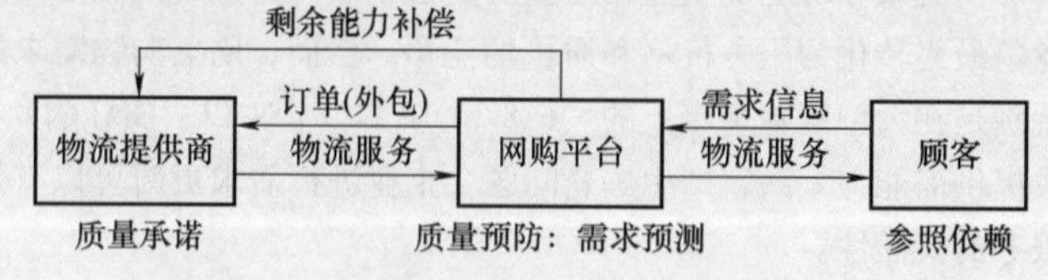

图 3-19　物流服务质量控制的运作流程

2. 模型假设

（1）参考 Liu 等的研究，构建市场需求函数 $D(P_i,q_i)=l(P_i,q_i)\times\varepsilon$，而下一阶段的需求函数会受到上一阶段的影响，影响的参照依赖函数 $R(q_i)=\mathrm{e}^{\xi\left(1-\frac{q_i}{q_{i-1}}\right)}$，此时需求函数为 $D(q_i)=l(q_i)\varepsilon R(q_i)$。其中，$i=1$，2，分别表示物流服务的第一阶段和第二阶段；$l(P_i,q_i)=\mathrm{e}^{A-\alpha P_i-\beta y(I)q_i}$，其中，$A$ 为一个需求常量，市场需求敏感于零售价格 P_i、质量预防投入 I 和质量承诺缺陷率 q_i；α 代表价格敏感系数；β 代表质量承诺敏感系数；ε 为描述市场需求不确定性的系数，$0\leqslant\varepsilon\leqslant1$。

（2）假设平台的预期需求为 Q_i，实际销量 S_i，其中预期需求 $Q_i=l(P_i,q_i)Z_i$，实际销量 $S_i=l(P_i,q_i)\times$

$\min(Z_i,\varepsilon)$。平台通过设置采购系数 Z_i，来决定服务能力采购量。假设只有剩余能力回购成本 V，没有缺货成本，并且 $V \leqslant C_F$。其中，C_F 为提供商单位固定成本；C_I 为平台单位固定成本。

（3）第一阶段（SF），随机系数 ε 的密度函数为 $f(x)$，分布函数为 $F(x)$。第二阶段（SS）开始后，可能出现两种情形。情形一（CF）：CF 的预期需求大于实际销量（$Q_1>S_1$），则称为市场需求不确定性完全披露，此时的采购系数 $Z_2=Z_1$；情形二（CS）：CS 的预期需求等于实际销售量（$Q_1=S_1$），则称为市场需求不确定性未完全披露。平台通过对 ε 的分布函数和密度函数进行贝叶斯更新，CS 的密度函数 $g(x)=\dfrac{f(x)}{1-F(Z_1)}$，分布函数 $G(x)=\dfrac{F(x)-F(Z_1)}{1-F(Z_1)}$。

（4）假设实际的服务质量缺陷率服从均值为 μ 指数分布，其密度函数为 φ，分布函数为 Φ，而提供商在实际质量水平的基础上做出缺陷率为 q_i 的质量承诺。当实际的缺陷率高于承诺的缺陷率时（概率为 $\overline{\Phi}$，$\overline{\Phi}=1-\Phi$），需要进行赔偿，赔偿的单位金额为 δ。实际质量缺陷率高于承诺的缺陷率的赔偿函数为 $\delta e^{-\frac{q_i}{\mu}}$。

（5）参考 Leng 的研究，假设平台的服务质量需要预防投入，需要进行赔偿的比例从 $e^{-\frac{q_i}{\mu}}$ 降低到 $Y(I)e^{-\frac{q_i}{\mu}}$，其中的质量预防效果函数 $Y(I)=(\eta I+1)^{-1}$，η 为质量预防效果。假设平台的服务质量预防投入为 I，此时，需要支出的质量预防成本为 τI。其中提供商需要支出的单位成本为 $\lambda\tau I$，平台需要支出的单位成本为 $(1-\lambda)\tau I$，质量预防成本分摊系数 λ 为提供商承担的质量预防成本比例，且 $I \leqslant \dfrac{W-C_F}{\lambda\tau}$，$W$ 为提供商价格，τ 为质量预防单位投入成本。

三、模型构建

通过参考 Yang 和 Winer 等的参考价格理论和定价公式，考虑顾客参照依赖对需求的影响，建立分散与集中情况下物流服务提供商和平台的利润函数及期望函数。

1. 物流服务质量的分散决策模型

（1）需求预测阶段。物流服务集成商通过预测市场需求，决定采购系数和零售价格，物流提供商负责制定质量承诺缺陷率。当提供商提供的物流服务未达到质量承诺标准时，则需要对顾客进行赔偿。同时，如果有剩余的服务能力，集成商需要对提供商的剩余能力进行补偿。提供商利润 $\prod_1^F(q_1)$ 和集成商利润 $\prod_1^I(P_1,Z_1)$ 如下：

$$\begin{aligned}\prod\nolimits_1^F(q_1)=&\left(W-\delta\frac{1}{\eta I+1}e^{-\frac{q_1}{\mu}}-\lambda\tau I\right)\left[Z_1-\int_0^{Z_1}F(x)\,dx\right]e^{A-\alpha P_1-\beta\frac{q_1}{\eta I+1}}e^{\xi\left(1-\frac{q_1}{q_0}\right)}+\\&V\int_0^{Z_1}F(x)\,dx\,e^{A-\alpha P_1-\beta\frac{q_1}{\eta I+1}}e^{\xi\left(1-\frac{q_1}{q_0}\right)}-C_F Z_1 e^{A-\alpha P_1-\beta\frac{q_1}{\eta I+1}}e^{\xi\left(1-\frac{q_1}{q_0}\right)}\end{aligned}\tag{3-40}$$

$$\begin{aligned}\prod\nolimits_1^I(P_1,Z_1)=&\left[P_1-W-(1-\lambda)\tau I-C_I\right]\left[Z_1-\int_0^{Z_1}F(x)\,dx\right]e^{A-\alpha P_1-\beta\frac{q_1}{\eta I+1}}e^{\xi\left(1-\frac{q_1}{q_0}\right)}-\\&V\int_0^{Z_1}F(x)\,dx\,e^{A-\alpha P_1-\beta\frac{q_1}{\eta I+1}}e^{\xi\left(1-\frac{q_1}{q_0}\right)}\end{aligned}\tag{3-41}$$

考虑提供商和集成商在纳什博弈情况下进行决策，集成商决定零售价格 P_1 和采购系数 Z_1，提供商决定质量承诺缺陷率 q_1，根据 $\dfrac{\partial\prod_1^I(P_1,Z_1)}{\partial P_1}=0$、$\dfrac{\partial\prod_1^I(P_1,Z_1)}{\partial Z_1}=0$ 和 $\dfrac{\partial\prod_1^F(q_1)}{\partial q_1}=0$，可得其提供商和集成商的均衡解 P_1^*、Z_1^* 和 q_1^*。

命题 1　需求预测阶段，分散情形下提供商和集成商的最优决策为

$$P_1^*=\frac{1}{\alpha}+W+(1-\lambda)\tau I+C_I+V\frac{Z_1^*}{2-Z_1^*}$$

$$q_1^*=-\mu\ln\frac{\mu(\beta q_0+\xi\eta I+\xi)(\eta I+1)}{\delta[(q_0+\mu\xi)(\eta I+1)+\mu\beta q_0](2-Z_1^*)}-\mu\ln[(W-\lambda\tau I-V)(2-Z_1^*)-2(V-C_F)]$$

$$Z_1^* = \frac{(\alpha V+3) - \sqrt{(\alpha V+3)^2-8}}{2}$$

（2）需求更新阶段。集成商首先将上一阶段的预期需求和实际销量做对比，进行需求更新。根据上一阶段 S_1 和 Q_1 的大小关系分为两种情形：市场需求不确定性完全披露和市场需求不确定性未完全披露。

情形一：市场需求不确定性完全披露，即 $\min(\varepsilon, Z_1) = Z_1$。

由于市场需求不确定性完全披露，采购系数不变，仍为需求更新前的采购系数 Z_1^*。提供商利润 $\widetilde{\Pi}_2^{\mathrm{F}}(\widetilde{q}_2)$ 和集成商利润 $\widetilde{\Pi}_2^{\mathrm{I}}(\widetilde{P}_2)$ 如下：

$$\widetilde{\Pi}_2^{\mathrm{F}}(\widetilde{q}_2) = \left(W - \delta \frac{1}{\eta I+1} \mathrm{e}^{-\frac{\widetilde{q}_2}{\mu}} - \lambda \tau I - C_{\mathrm{F}}\right) \int_0^{Z_1^*} x f(x)\,\mathrm{d}x \mathrm{e}^{A-\alpha \widetilde{P}_2 - \beta \frac{\widetilde{q}_2}{\eta I+1}} \mathrm{e}^{\xi\left(1-\frac{\widetilde{q}_2}{q_1}\right)} \tag{3-42}$$

$$\widetilde{\Pi}_2^{\mathrm{I}}(\widetilde{P}_2) = [\widetilde{P}_2 - W - (1-\lambda)\tau I - C_{\mathrm{I}}] \int_0^{Z_1^*} x f(x)\,\mathrm{d}x \mathrm{e}^{A-\alpha \widetilde{P}_2 - \beta \frac{\widetilde{q}_2}{\eta I+1}} \mathrm{e}^{\xi\left(1-\frac{\widetilde{q}_2}{q_1}\right)} \tag{3-43}$$

根据 $\frac{\partial \widetilde{\Pi}_2^{\mathrm{F}}(\widetilde{q}_2)}{\partial \widetilde{q}_2} = 0$ 和 $\frac{\partial \widetilde{\Pi}_2^{\mathrm{I}}(\widetilde{P}_2)}{\partial \widetilde{P}_2} = 0$，可得市场需求不确定性完全披露时，提供商和集成商的均衡解 $\widetilde{P}_2^*$、$\widetilde{q}_2^*$ 和 Z_1^*。

命题 2 提供商进行需求更新，当 $\min(\varepsilon, Z_1) = \varepsilon$ 时，分散决策下提供商和集成商最优决策为

$$\widetilde{P}_2^* = \frac{1}{\alpha} + W + (1-\lambda)\tau I + C_{\mathrm{I}}$$

$$\widetilde{q}_2^* = -\mu \ln \frac{\mu(q_1^* \beta + \xi \eta I + \xi)(W - C_{\mathrm{F}} - \lambda \tau I)(\eta I+1)}{\delta[(q_1^* + \mu \xi)(\eta I+1) + \mu \beta q_1^*]}$$

$$Z_1^* = \frac{(\alpha V+3) - \sqrt{(\alpha V+3)^2-8}}{2}$$

情形二：市场需求不确定性未完全披露，即 $\min(\varepsilon, Z_1) = \varepsilon$。

市场需求不确定性未完全披露，则集成商会对市场随机需求分布函数进行贝叶斯更新，在情形二中的密度函数更新为 $g(x) = \frac{f(x)}{1-F(Z_1)}$，分布函数为 $G(x) = \frac{F(x)-F(Z_1)}{1-F(Z_1)}$，提供商利润 $\hat{\Pi}_2^{\mathrm{F}}(\hat{q}_2)$ 和集成商利润 $\hat{\Pi}_2^{\mathrm{I}}(\hat{P}_2, \hat{Z}_2)$ 如下：

$$\begin{aligned}\hat{\Pi}_2^{\mathrm{F}}(\hat{q}_2) = &\left(W - \frac{\delta \mathrm{e}^{-\frac{\hat{q}_2}{\mu}}}{\eta I+1} - \lambda \tau I\right) \left[\hat{Z}_2 - \int_{Z_1^*}^{\hat{Z}_2} G(x)\,\mathrm{d}x\right] \mathrm{e}^{A-\alpha \hat{P}_2 - \beta \frac{\hat{q}_2}{\eta I+1}} \mathrm{e}^{\xi\left(1-\frac{\hat{q}_2}{q_1}\right)} - \\ &\left[C_{\mathrm{F}} \hat{Z}_2 - V \int_{Z_1^*}^{\hat{Z}_2} G(x)\,\mathrm{d}x\right] \mathrm{e}^{A-\alpha \hat{P}_2 - \beta \frac{\hat{q}_2}{\eta I+1}} \mathrm{e}^{\xi\left(1-\frac{\hat{q}_2}{q_1}\right)}\end{aligned} \tag{3-44}$$

$$\begin{aligned}\hat{\Pi}_2^{\mathrm{I}}(\hat{P}_2, \hat{Z}_2) = &[\hat{P}_2 - W - (1-\lambda)\tau I - C_{\mathrm{I}}] \left[\hat{Z}_2 - \int_{Z_1^*}^{\hat{Z}_2} G(x)\,\mathrm{d}x\right] \mathrm{e}^{A-\alpha \hat{P}_2 - \beta \frac{\hat{q}_2}{\eta I+1}} \mathrm{e}^{\xi\left(1-\frac{\hat{q}_2}{q_1}\right)} - \\ &V \int_{Z_1^*}^{\hat{Z}_2} G(x)\,\mathrm{d}x \mathrm{e}^{A-\alpha \hat{P}_2 - \beta \frac{\hat{q}_2}{\eta I+1}} \mathrm{e}^{\xi\left(1-\frac{\hat{q}_2}{q_1}\right)}\end{aligned} \tag{3-45}$$

对式（3-44）和（3-45）求 $\hat{q}_2$、$\hat{p}_2$ 和 $\hat{Z}_2$ 的一阶偏导数，由 $\frac{\partial \hat{\Pi}_2^{\mathrm{F}}(\hat{q}_2)}{\partial \hat{q}_2} = 0$、$\frac{\partial \hat{\Pi}_2^{\mathrm{I}}(\hat{P}_2, \hat{Z}_2)}{\partial \hat{P}_2} = 0$ 和 $\frac{\partial \hat{\Pi}_2^{\mathrm{I}}(\hat{P}_2, \hat{Z}_2)}{\partial \hat{Z}_2} = 0$，可得该情形的均衡解 $\hat{q}_2^*$、$\hat{P}_2^*$ 和 $\hat{Z}_2^*$。

命题 3 集成商进行需求更新，当 $\min(\varepsilon, Z_1) = \varepsilon$ 时，分散决策下提供商和集成商的最优决策为

$$\hat{q}_2^* = -\mu\ln\frac{\mu(\beta q_1^* + \xi\eta I + \xi)(\eta I+1)}{\delta[(q_1^* + \mu\xi)(\eta I+1) + \mu\beta q_1^*](2\hat{Z}_2^* - Z_1^{*2} - \hat{Z}_2^{*2})} - $$

$$\mu\ln[(W - \lambda\tau I - V)(2\hat{Z}_2^* - Z_1^{*2} - \hat{Z}_2^{*2}) - (C_F - V)\hat{Z}_2^*(2 - 2Z_1^*)]$$

$$\hat{P}_2^* = \frac{1}{\alpha} + W + (1-\lambda)\tau I + C_1 + V\frac{Z_1^{*2} + \hat{Z}_2^{*2} - 2Z_1^*\hat{Z}_2^*}{2\hat{Z}_2^* - Z_1^{*2} - \hat{Z}_2^{*2}}$$

$$\hat{Z}_2^* = \sqrt[3]{-\frac{X_2}{2} + \sqrt{\left(\frac{X_2}{2}\right)^2 + \left(\frac{X_1}{2}\right)^3}} + \sqrt[3]{-\frac{X_2}{2} - \sqrt{\left(\frac{X_2}{2}\right)^2 + \left(\frac{X_1}{2}\right)^3}} + \frac{3 + \alpha V - \alpha V Z_1^*}{3}$$

其中，$X_1 = -\frac{(3+\alpha V - \alpha V Z_1^*)^2}{3} + Z_1^{*2} + 2$，$X_2 = -\frac{2(3+\alpha V-\alpha V Z_1^*)^3}{27} + \frac{(3+\alpha V - \alpha V Z_1^*)(Z_1^{*2}+2)}{3} + \alpha V - \alpha V Z_1^* - 1$。

通过需求更新阶段情形一和情形二下提供商和集成商的利润函数，可以获得提供商和平台的期望利润函数：

$$E(\prod\nolimits_2^{\mathrm{F}}) = F(Z_1^*)\overline{\prod}\nolimits_2^{\mathrm{F}}(\bar{q}_2) + [1 - F(Z_1^*)]\hat{\prod}\nolimits_2^{\mathrm{F}}(\hat{q}_2)_2^{\mathrm{F}}(\hat{q}_2) \tag{3-46}$$

$$E(\prod\nolimits_2^{\mathrm{I}}) = F(Z_1^*)\overline{\prod}\nolimits_2^{\mathrm{I}}(\bar{P}_2) + [1 - F(Z_1^*)]\hat{\prod}\nolimits_2^{\mathrm{I}}(\hat{P}_2, \hat{Z}_2) \tag{3-47}$$

2. 物流服务质量的集中决策模型

集中决策下，提供商和集成商共同决策零售价格 P_1、采购系数 Z_1 和质量承诺缺陷率 q_1，其物流服务质量两个阶段、三种情形下供应链的利润函数如下：

（1）需求预测阶段。

$$\prod\nolimits_1^{\mathrm{All}}(P_1, q_1, Z_1) = \left(P_1 - \tau I - C_1 - \delta\frac{1}{\eta I+1}\mathrm{e}^{-\frac{q_1}{\mu}}\right)\left[Z_1 - \int_0^{Z_1} F(x)\,\mathrm{d}x\right]\mathrm{e}^{A-\alpha P_1 - \beta\frac{q_1}{\eta I+1}}\mathrm{e}^{\xi\left(1-\frac{q_1}{q_0}\right)} - C_{\mathrm{F}} Z_1 \mathrm{e}^{A-\alpha P_1 - \beta\frac{q_1}{\eta I+1}}\mathrm{e}^{\xi\left(1-\frac{q_1}{q_0}\right)} \tag{3-48}$$

分别对式（3-48）的价格、质量缺陷率和采购系数求一阶导数，由 $\frac{\partial\prod_1^{\mathrm{All}}(P_1, q_1, Z_1)}{\partial P_1} = 0$、$\frac{\partial\prod_1^{\mathrm{All}}(P_1, q_1, Z_1)}{\partial q_1} = 0$ 和 $\frac{\partial\prod_1^{\mathrm{All}}(P_1, q_1, Z_1)}{\partial Z_1} = 0$，可得集中决策下未进行需求更新情形时的均衡解 P_1^{**}、q_1^{**} 和 Z_1^{**}。

命题 4 需求预测阶段，集中决策下提供商和集成商的最优决策为

$$P_1^{**} = -\frac{C_{\mathrm{F}}(q_0 + \mu\xi)(\eta I+1) + C_{\mathrm{F}}\mu\beta q_0}{q_0(Z_1^{**} - 1)(\eta I+1)} - \frac{2C_{\mathrm{F}}\mu(\beta q_0 + \xi\eta I + \xi)}{q_0(2 - Z_1^{**})(\eta I+1)} + \tau I + C_1$$

$$Z_1^{**} = \frac{3 + \alpha C_{\mathrm{F}} - \sqrt{(3+\alpha C_{\mathrm{F}})^2 - 8}}{2}$$

$$q_1^{**} = -\mu\ln\frac{\mu(\beta q_0 + \xi\eta I + \xi)(\eta I+1)[(P_1 - \tau I - C_1)(1 - Z_1^{**2}) - 2C_{\mathrm{F}}]}{\delta[(q_0 + \mu\xi)(\eta I+1) + \mu\beta q_0](1 - Z_1^{**2})}$$

（2）需求更新阶段。

情形一：市场需求不确定性完全披露，即 $\min(\varepsilon, Z_1) = Z_1$。

$$\overline{\prod}\nolimits_2^{\mathrm{All}}(\bar{P}_2, \bar{q}_2) = \left(\bar{P}_2 - \tau I - C_{\mathrm{F}} - C_1 - \delta\frac{1}{\eta I+1}\mathrm{e}^{-\frac{\bar{q}_2}{\mu}}\right)\int_0^{z_1^*} xf(x)\,\mathrm{d}x\mathrm{e}^{A-\alpha\bar{P}_2 - \beta\frac{\bar{q}_2}{\eta I+1}}\mathrm{e}^{\xi\left(1-\frac{\bar{q}_2}{q_1^{**}}\right)} \tag{3-49}$$

由于市场需求不确定性完全披露，采购系数不变。分别对式（3-49）的价格和质量承诺缺陷率求一阶导数，由 $\frac{\partial\tilde{\prod}_2^{\mathrm{All}}(\tilde{P}_2, \tilde{q}_2)}{\partial\tilde{q}_2} = 0$ 和 $\frac{\partial\tilde{\prod}_2^{\mathrm{All}}(\tilde{P}_2, \tilde{q}_2)}{\partial\tilde{P}_2} = 0$，可得提供商和集成商的均衡解 $\tilde{P}_2^{**}$、$\tilde{q}_2^{**}$ 和 Z_1^{**}。

命题 5 需求更新阶段，当 $\min(\varepsilon, Z_1)=Z_1$时，集中决策下提供商和集成商的最优决策为

$$\widetilde{P}_2^{**}=\frac{(q_1^{**}+\mu\xi)(\eta I+1)+\mu\beta q_1^{**}}{\alpha q_1^{**}(\eta I+1)}+C_{\mathrm{F}}+C_{\mathrm{I}}+\tau I$$

$$\bar{q}_2^{**}=-\mu\ln\frac{\mu(\beta q_1^{**}+\xi\eta I+\xi)[(q_1^{**}+\mu\xi)(\eta I+1)+\mu\beta q_1^{**}]}{\alpha[q_1^{**}\delta(q_1^{**}+\mu\xi)(\eta I+1)+\delta\mu\beta q_1^{**2}]}$$

$$Z_1^{**}=\frac{3+\alpha C_F-\sqrt{(3+\alpha C_F)^2-8}}{2}$$

情形二：市场需求不确定性未完全披露，即 $\min(\varepsilon, Z_1)=\varepsilon$。

由于市场需求不确定性未完全披露，提供商和集成商会对市场随机需求分布函数进行贝叶斯更新，密度函数为 $g(x)=\frac{f(x)}{1-F(Z_1)}$，分布函数为 $G(x)=\frac{F(x)-F(Z_1)}{1-F(Z_1)}$。提供商和集成商的利润函数如下：

$$\hat{\Pi}_2^{\mathrm{All}}(\hat{P}_2,\hat{q}_2,\hat{Z}_2)=\left(\hat{P}_2-\tau I-C_{\mathrm{I}}-\delta\frac{1}{\eta I+1}\mathrm{e}^{-\frac{\hat{q}_2}{\mu}}\right)\left[\hat{Z}_2-\int_{Z_1^{**}}^{\hat{Z}_2}G(x)\mathrm{d}x\right]\mathrm{e}^{A-\alpha\hat{P}_2-\beta\frac{\hat{q}_2}{\eta I+1}}\mathrm{e}^{\xi\left(1-\frac{\hat{q}_2}{q_1^{**}}\right)}-C_{\mathrm{F}}\hat{Z}_2\mathrm{e}^{A-\alpha\hat{P}_2-\beta\frac{\hat{q}_2}{\eta I+1}}\mathrm{e}^{\xi\left(1-\frac{\hat{q}_2}{q_1^{**}}\right)} \tag{3-50}$$

分别对式（3-50）的价格、质量承诺缺陷率和采购系数求一阶导数。由 $\frac{\partial\hat{\Pi}_2^{\mathrm{All}}(\hat{P}_2,\hat{q}_2,\hat{Z}_2)}{\partial\hat{P}_2}=0$、$\frac{\partial\hat{\Pi}_2^{\mathrm{All}}(\hat{P}_2,\hat{q}_2,\hat{Z}_2)}{\partial\hat{q}_2}=0$ 和 $\frac{\partial\hat{\Pi}_2^{\mathrm{All}}(\hat{P}_2,\hat{q}_2,\hat{Z}_2)}{\partial\hat{Z}_2}=0$，可得该情形下的均衡解 $\hat{P}_2^{**}$、$\hat{Z}_2^{**}$ 和 $\hat{q}_2^{**}$。

命题 6 需求更新阶段，当 $\min(\varepsilon, Z_1)=\varepsilon$ 时，集中决策下提供商和集成商的最优决策为

$$\hat{P}_2^{**}=\frac{C_{\mathrm{F}}(Z_1^{**}-1)}{q_1^{**}(\hat{Z}_2^{**}-1)}\left(q_1^{**}+\frac{\mu\beta}{\eta I+1}q_1^{**}+\mu\xi\right)+\tau I+C_{\mathrm{I}}-\frac{C_{\mathrm{F}}\hat{Z}_2^{**}\mu(\beta q_1^{**}+\xi\eta I+\xi)(2-2Z_1^{**})}{(2\hat{Z}_2^{**}-Z_1^{**2}-\hat{Z}_2^{**2})q_1^{**}}$$

$$\hat{Z}_2^{**}=\sqrt[3]{-\frac{X_4}{2}+\sqrt{\left(\frac{X_4}{2}\right)^2+\left(\frac{X_3}{2}\right)^3}}-\alpha C_{\mathrm{F}}+1+\sqrt[3]{-\frac{X_4}{2}-\sqrt{\left(\frac{X_4}{2}\right)^2+\left(\frac{X_3}{2}\right)^3}}+\alpha C_{\mathrm{F}}Z_1^{**}$$

$$\hat{q}_2^{**}=-\mu\ln\frac{[C_{\mathrm{F}}(Z_1^{**}-1)\mu(\beta q_1^{**}+\xi\eta I+\xi)(\eta I+1)]}{\delta[(q_1^{**}+\mu\xi)(\eta I+1)+\mu\beta q_1^{**}](2\hat{Z}_2^{**}-Z_1^{**2}-\hat{Z}_2^{**2})}-\mu\ln\left[\frac{\mu\beta q_1^{**}+(q_1^{**}+\mu\xi)(\eta I+1)}{q_1^{**}(\hat{Z}_2^{**}-1)}+\frac{2\hat{Z}_2^{**}\mu(\beta q_1^{**}+\xi\eta I+\xi)(\eta I+1)}{(2\hat{Z}_2^{**}-Z_1^{**2}-\hat{Z}_2^{**2})q_1^{**}}+2\hat{Z}_2^{**}\right]$$

其中，$X_3=-3(\alpha C_{\mathrm{F}}-\alpha C_{\mathrm{F}}Z_1^{**}-1)^2+Z_1^{**2}+2$，$X_4=2(\alpha C_{\mathrm{F}}-\alpha C_{\mathrm{F}}Z_1^{**}-1)^3-2(\alpha C_{\mathrm{F}}-\alpha C_{\mathrm{F}}Z_1^{**}-1)$。

物流服务质量供应链的期望总利润函数：

$$E(\Pi_2^{\mathrm{All}})=F(Z_1^{**})\overline{\Pi}_2^{\mathrm{All}}(\overline{P}_2,\bar{q}_2)+1-F(Z_1^{**})\hat{\Pi}_2^{\mathrm{All}}(\hat{P}_2,\hat{q}_2,\hat{Z}_2) \tag{3-51}$$

四、相关策略分析

1. 质量承诺缺陷率 q 的策略分析

分散决策下：①质量承诺缺陷率 q^* 与敏感系数 ξ 成负相关。②初始参照缺陷率 q_0与最优质量承诺缺陷率 $\tilde{q}_2^*$ 的关系，受到 η、μ、β、I 的综合影响。当 $\frac{\mu-\mu\beta-1}{\eta}\geqslant I$ 时，最优质量承诺缺陷率 $\tilde{q}_2^*$ 与初始参照缺陷率 q_0成负相关；当 $\frac{\mu-\mu\beta-1}{\eta}\leqslant I$ 时，最优质量承诺缺陷率 $\tilde{q}_2^*$ 与初始参照缺陷率 q_0成正相关。

证明　① 假设 $M=e^{-\frac{\bar{q}_2^*}{\mu}}$，$N=e^{-\frac{\bar{q}_1^*}{\mu}}$。$\frac{\partial\bar{q}_2^*}{\partial\xi}=\frac{\partial\bar{q}_2^*}{\partial M}\frac{\partial M}{\partial\xi}$，而$\frac{\partial\bar{q}_2^*}{\partial M}=-\frac{1}{\mu}\leqslant 0$，$\frac{\partial M}{\partial\xi}=\frac{(W-C_F-\lambda\tau I)(\eta I+1)^2\mu}{\delta}\times\frac{q_1^*(\eta I+1)}{[(q_1^*+\mu\xi)(\eta I+1)+\mu\beta q_1^*]^2}\geqslant 0$，因此，$\frac{\partial\bar{q}_2^*}{\partial\xi}\leqslant 0$，$\bar{q}_2^*$ 与 ξ 成负相关。

② 因为$\frac{\partial\bar{q}_2^*}{\partial q_0}=\frac{\partial\bar{q}_2^*}{\partial M}\frac{\partial M}{\partial q_1^*}\frac{\partial q_1^*}{\partial N}\frac{\partial N}{\partial q_0}$，而$\frac{\partial\bar{q}_2^*}{\partial M}=-\frac{1}{\mu}\leqslant 0$，$\frac{\partial M}{\partial q_1^*}\leqslant 0$，$\frac{\partial N}{\partial q_0}=\frac{\mu(\eta I+1)[(W-\lambda\tau I-V)(2-Z_1^*)-2(V-C_F)]}{\delta(2-Z_1^*)}\times\frac{\xi(\mu-\eta I-1-\mu\beta)(\eta I+1)}{[(q_0+\mu\xi)(\eta I+1)+\mu\beta q_0]^2}$，$\frac{\partial M}{\partial q_1^*}=\frac{-(\xi\eta I+\xi)(\eta I+1)\delta\mu(W-C_F-\lambda\tau I)(\eta I+1)}{[\delta(q_1^*+\mu\xi)(\eta I+1)+\delta\mu\beta q_1^*]^2}\leqslant 0$，其中，$\frac{\mu(\eta I+1)[(W-\lambda\tau I-V)(2-Z_1^*)-2(V-C_F)]}{\delta(2-Z_1^*)}\geqslant 0$，$\frac{\partial N}{\partial q_0}$ 的正负由 $\mu-\eta I-1-\mu\beta$ 决定，因此，$\frac{\mu-\mu\beta-1}{\eta}\geqslant I$ 时，$\frac{\partial\bar{q}_2^*}{\partial q_0}\leqslant 0$，$\bar{q}_2^*$ 与 q_0 成负相关；当 $\frac{\mu-\mu\beta-1}{\eta}\leqslant I$ 时，$\frac{\partial\bar{q}_2^*}{\partial q_0}\geqslant 0$，$\bar{q}_2^*$ 与 q_0 成正相关。

2. 零售价格 P 的策略分析

①分散决策下，最优零售价格 P^* 与敏感系数 ξ 和初始参照缺陷率 q_0 无关。②集中决策下，P^* 与敏感系数 ξ 成正相关；与初始参照缺陷率 q_0 的相关性与 η、μ、β、I 有关。

证明　① 分解决策下，$\frac{\partial P_1^*}{\partial\xi}=\frac{\partial\bar{P}_2^*}{\partial\xi}=\frac{\partial\hat{P}_2^*}{\partial\xi}=0$，$\frac{\partial P_1^*}{\partial q_0}=\frac{\partial\bar{P}_2^*}{\partial q_0}=\frac{\partial\hat{P}_2^*}{\partial q_0}=0$。最优零售价格 P^* 与敏感系数 ξ 和初始参照缺陷率 q_0 无关。

② 集中决策下，$\frac{\partial P_1^{**}}{\partial\xi}=\frac{C_F\mu(\eta I+1)}{q_0(1-Z_1^{**})(\eta I+1)}-\frac{2C_F\mu(\eta I+1)}{q_0(2-Z_1^{**})(\eta I+1)}=\frac{C_F\mu(\eta I+1)}{q_0(\eta I+1)}\frac{Z_1^{**}}{(1-Z_1^{**})(2-Z_2^{**})}\geqslant 0$；$\frac{d\bar{P}_2^{**}}{d\xi}=-\frac{\mu\xi}{aq_1^{**2}}\frac{dq_1^{**}}{d\xi}+\frac{\mu(\eta I+1)}{\alpha q_1^{**}(\eta I+1)}$；由于$\frac{dq_1^{**}}{d\xi}\leqslant 0$，因此$\frac{d\bar{P}_2^{**}}{d\xi}\geqslant 0$，$P^*$ 与敏感系数 ξ 成正相关。同理：$\frac{\partial P_1^{**}}{\partial q_0}=\frac{C_F}{\eta I+1}\left[-\frac{\mu\xi(\eta I+1)Z_1^{**}}{q_0^2(1-Z_1^{**})(2-Z_1^{**})}\right]\leqslant 0$；$\frac{d\bar{P}_2^{**}}{dq_0}=\frac{\partial\bar{P}_2^{**}}{\partial q_1^{**}}\frac{dq_1^{**}}{dq_0}=-\frac{\mu\xi}{\alpha q_1^{**2}}\frac{dq_1^{**}}{dq_0}$，当 $\frac{\mu-1-\mu\beta}{\eta}\leqslant I$ 时，此时$\frac{\partial q_1^*}{\partial q_0}\geqslant 0$；当 $\frac{\mu-1-\mu\beta}{\eta}\geqslant I$ 时，此时$\frac{\partial q_1^*}{\partial q_0}\leqslant 0$，$P^*$ 与初始参照缺陷率 q_0 的相关性与 η、μ、β、I 有关。

3. 采购系数 Z 的策略分析

分散决策下，采购系数 Z_1 和 Z_2 与顾客的参照依赖行为无关。

证明：$Z_1^*=\frac{P_1-W-(1-\lambda)\tau I-C_1}{P_1-W-(1-\lambda)\tau I-C_1+V}$，可得，$\frac{F(Z_2^*)-F(Z_1^*)}{1-F(Z_1^*)}=\frac{P_1-W-(1-\lambda)\tau I-C_1}{P_1-W-(1-\lambda)\tau I-C_1+V}$，因此，$\hat{Z}_2^*=\frac{P_1-W-(1-\lambda)\tau I-C_1}{P_1-W-(1-\lambda)\tau I-C_1+V}(1-Z_1^*)+Z_1^*$，$\frac{\partial\hat{Z}_2^*}{\partial\xi}=\frac{\partial\hat{Z}_2^*}{\partial q_0}=0$，采购系数 $\hat{Z}_2^*$ 与 ξ 和 q_0 无关。

五、数值仿真分析

以某大型网购平台的 B 物流公司为例，通过调研分析平台物流运营情况，对分散和集中模式下不同阶段的均衡决策进行数值仿真分析，具体参数的初始值设定如表 3-16 所示。

表 3-16　算例数据

参数符号	相应取值	参数符号	相应取值	参数符号	相应取值
μ	0.1	W	13	C_F	7
τ	0.5	V	4	C_1	1

（续）

参数符号	相应取值	参数符号	相应取值	参数符号	相应取值
δ	3	α	0.5	A	16
η	0.9	β	0.5		
λ	0.5	I	2		

（1）当 $q_0=0.03$，$\xi\in[0,0.1]$ 时，图3-20表明，分散决策下，SSCF 下 $\tilde{q}_2^*$ 最小，SSCS 下 $\hat{q}_2^*$ 最大；集中决策下的质量承诺缺陷率位于分散决策下的质量承诺缺陷率之间，集中决策下 SSCF 的 $\tilde{q}_2^{**}$ 大于 SSCS 的 $\hat{q}_2^{**}$。分析可知，质量参照敏感性增强和需求更新可以有效降低质量缺陷率。而需求更新时，集中决策不利于质量的有效控制，如果平台不进行需求更新，集中决策能够有效降低提供商的质量缺陷率，保证服务质量。

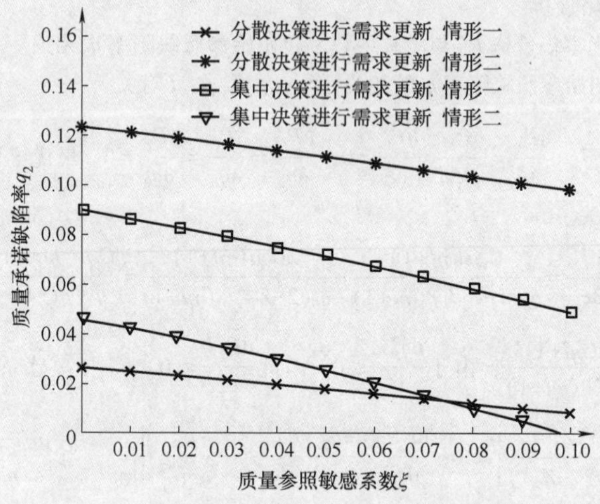

图3-20 ξ 对 $\tilde{q}_2^*$、$\hat{q}_2^*$、$\tilde{q}_2^{**}$ 和 $\hat{q}_2^{**}$ 的影响

（2）当 $q_0=0.03$，$\xi\in[0,0.1]$ 时，图3-21表明，需求更新可以提升供应链的利润。不进行更新时分散决策优于集中决策，进行更新时则与之相反。同时，质量参照敏感系数 ξ 对需求更新前的供应链期望利润影响较小，对需求更新后供应链利润影响较大。因此，缺乏数据信息支持的平台选择分散决策更有利于自身经营。而经验丰富的平台更倾向于选择集中决策，同时应采取策略降低顾客质量参照。

（3）当 $\xi=0.05$，$q_0\in[0.08,0.2]$ 时，图3-22表明，当 $q_0\geqslant0.15$ 时，集中决策下的 $\tilde{q}_2^{**}$ 和 $\hat{q}_2^{**}$ 位于分散决策下的 $\tilde{q}_2^*$ 和 $\hat{q}_2^*$ 之间。由此可知集中决策下，若初始参照缺陷率 $q_0\leqslant0.09$，则无现实意义；在分散决策和集中决策的方式下，最优质量承诺缺陷率均是随着初始参照缺陷率的提升而提升的。

（4）当 $\xi=0.05$，$q_0\in[0.06,0.2]$ 时，图3-23表明，需求更新的供应链总利润高于未更新供应链期望总利润。由此可知，当 $q_0\leqslant0.07$ 时，采用分散决策供应链总利润最大，当 $q_0\geqslant0.07$ 时，采用集中决策供应链总利润最大；而集中决策下供应链总利润受初始参照缺陷率的影响较大。

六、结论和启示

本文构建了需求更新下考虑参照依赖的物流服务质量控制模型，运用博弈方法，对分散和集中情况下的模型进行计算求解，并运用了Matlab2016a对结果进行了数值仿真分析。在分散决策下，最优质量承诺缺陷率与参照依赖敏感系数成负相关；最优质量承诺缺陷率与初始参照缺陷率的相关性取决于质量预

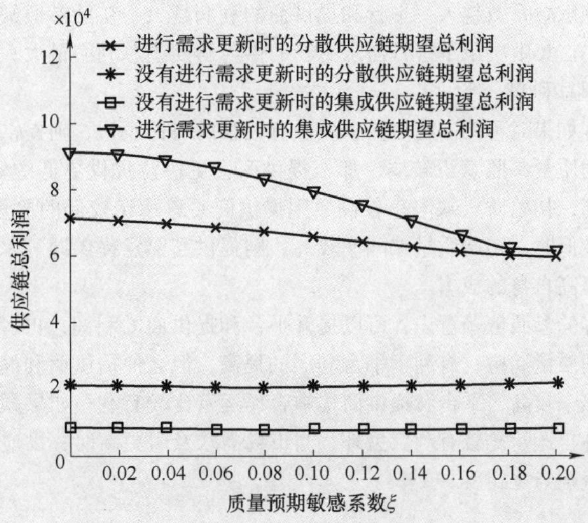

图 3-21 ξ 对供应链利润的影响

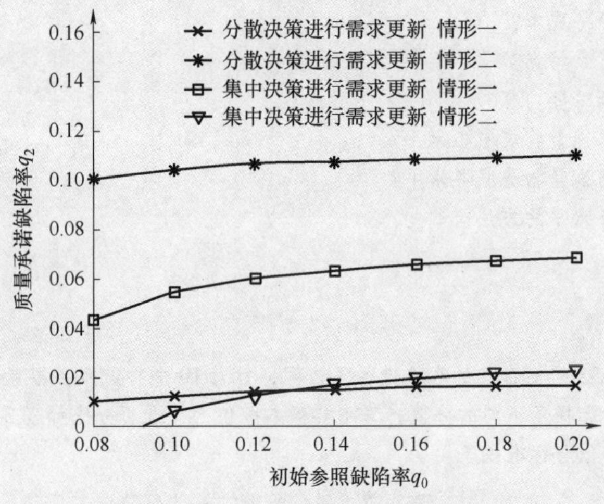

图 3-22 q_0对 $\tilde{q}_2^*$、$\hat{q}_2^*$、$\tilde{q}_2^{**}$和$\hat{q}_2^{**}$的影响

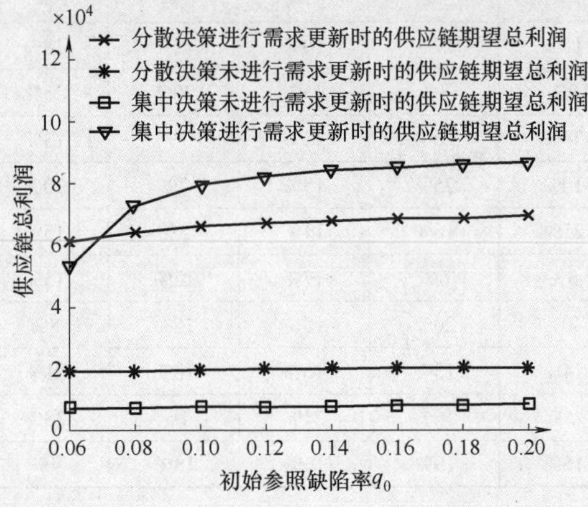

图 3-23 q_0对供应链利润的影响

防投入的大小。参照依赖敏感系数越大，平台和提供商的利润越大；初始参照缺陷率越大，平台总利润越大，提供商总利润越小。集中决策下进行需求更新的供应链期望总利润最大；未进行需求更新的总利润小于分散决策下的期望总利润。

网络购物过程中顾客如果对不同的物流需求质量有较强的对比意识，则提供商不会主动降低质量承诺缺陷率；但如果顾客的质量参照意识较弱，那么提供商会更愿意提供更低的质量承诺缺陷率。另外，当平台质量预防投入较高，初始质量缺陷率较高，则提供商愿意承诺较低的质量缺陷率保证产品质量，而当平台质量预防投入较低时，初始质量缺陷率较高，则提供商愿意提供同等水平的质量缺陷率，不愿意以降低质量缺陷率来提高自身的成本。

同时，通过培养顾客的参照依赖意识，可以提升平台和提供商的利润；再者，顾客对于进入新市场的平台和提供商有较高的质量期望，有利于平台利润的提高，但会使提供商利润变少。如果进入新市场时，顾客的初期参照缺陷率较高，平台和提供商集中合作运营比较有利；如果顾客的初期参照缺陷率较低，平台和提供商进行各自运营比较有利。另外，当市场需求及时更新时，供应链进行集中运作要优于成员间各自独立运营，否则与之相反。

思　考　题

1. 什么是客户服务成本？
2. 客户服务有什么特点？
3. 物流服务包括哪些内容？
4. 为什么企业要衡量物流服务水平？
5. 企业应当如何衡量物流服务水平？
6. 制定物流服务水平的方法有哪些？

习　　题

1. 长风物流公司对自己的客户进行了访问，针对10个物流服务要素（要素代号为1~10），客户就其重要性选择了不同的分值，每个要素各分值的被选百分比如表3-17所示，请利用Excel计算出相应的均值与标准差。

表3-17　每个要素的被选百分比

要素代号	各分值被选百分比						
	1	2	3	4	5	6	7
1	13%	17%	10%	12%	18%	10%	20%
2	2%	3%	15%	20%	25%	30%	5%
3	34%	26%	10%	7%	13%	8%	2%
4	10%	25%	15%	2%	18%	25%	5%
5	25%	16%	14%	5%	15%	15%	10%
6	5%	6%	17%	12%	15%	25%	20%
7	40%	20%	10%	15%	8%	4%	3%
8	14%	13%	16%	18%	21%	15%	3%
9	7%	16%	24%	1%	28%	14%	10%
10	16%	19%	13%	18%	4%	15%	15%

2. 某制造企业，就物流服务开展了外部衡量，其衡量结果如表 3-18 所示，请利用以竞争为导向的方法，为该制造企业制定物流服务水平。

表 3-18　某制造企业物流服务的外部衡量结果

要素代号	重量性	绩效评估	
		本企业	标杆
1	6.31	5.67	6.36
2	5.89	6.32	5.35
3	5.24	3.79	5.61
4	5.01	4.45	3.20
5	4.63	5.11	5.34
6	4.26	4.68	3.36
7	4.14	5.25	4.49
8	3.79	5.01	3.97
9	3.25	3.24	4.54
10	2.22	4.52	4.17

第四章

物流成本的计算

作　用

物流成本计算是物流成本管理的基础内容。本章首先讲述物流成本计算的特点、原则和计算程序，然后讲述物流成本的核算问题，最后讲述物流成本的计算方法。通过本章的学习，可以掌握物流成本计算的具体方法。

关　键

- 物流成本计算的原则
- 物流成本计算的程序
- 成本核算制度和成本核算的主要会计科目
- 物流成本计算的方法

第一节　物流成本计算的特点与原则

GB/T 18354—2021《物流术语》中，将物流定义为：根据实际需要，将运输、储存、装卸、搬运、包装、流通加工、配送、信息处理等功能实施有机结合，使物品从供应地向接受地进行实体流动的过程。因此，从活动内容的角度来看，物流成本包括物流中所有相关活动及对活动的管理所引发的成本，是一个特殊的成本体系。

现行的财务制度和会计核算方法都不能掌握物流成本的实际情况。在财务会计中把生产经营费用大致分为生产成本、管理费用、销售费用、财务费用和营业外支出，再把销售费用按各种支付形态进行分类。因此，在利润表中所能看到的物流成本在整个销售额中只占极少的比例。根据著名物流管理学家西泽修教授的物流成本冰山理论，如果企业仅把物流成本理解为露在水面上的冰山一角，而忽视全部的冰山，企业就会面临险境。只有对物流成本进行全面的计算，分析出混在有关成本费用中的物流成本，才能对物流成本进行全面、有效的管理。

一、物流成本计算的特点

物流成本的计算与传统的生产成本的计算相比，其特点可以归纳为以下三个方面：

（一）计算要素难以确定

物流成本计算要素难以确定主要有以下几方面原因：

1. 物流成本的计算范围太大

从供应链的角度来看，物流包括原材料的物流、工厂内部的物流、从工厂到仓库和配送中心的物流、从配送中心到商店的物流等，涉及的单位很多，应用范围很广，实践跨度大，在计算物流成本时难免有遗漏，很难做到准确。

2. 以不同的对象计算物流成本，结果相差很大

按照国家标准规定的物流的定义，物流涉及的过程较多，在以物流的过程为对象计算物流成本时，哪些过程应该作为成本的计算对象，哪些过程不应该作为成本的计算对象，难以确定。如果只将运输和保管费用计入物流成本和将运输、保管、装卸、信息等各个物流过程以及各物流过程间的协调费用全部计入物流成本进行计算，两者的计算结果相差极大。

3. 物流成本的计算内容难以归集

向外部支付的运输费、保管费、装卸费等费用各企业一般都会计入物流成本，而且也比较容易计入物流成本，但是企业内部发生的物流费用，如与物流有关的人工费、设施建设费、设备购置费及折旧费、维修费等是混于企业所发生的所有人工费、设施建设费、设备购置费以及折旧费、维修费等之中，是否也计入物流成本，怎样取舍，企业在实际操作计算时，无统一规范，难以实现。

4. 一些非物流费用与物流费用很难清楚界定

有些企业的物流部门对于一些物流成本无法掌握和控制。例如，物流成本中过量服务所发生的费用与标准服务所发生的费用是混合在一起的；很多企业将促销费用列在物流成本中；对于保管费用中的过量进货、过量生产等在库维持费用，紧急送达等产生的费用，一般也是纳入物流成本的，这无疑增加了物流成本计算与管理的难度。

（二）按照现行的企业会计准则计算物流成本难度很大

由于现行的企业会计准则和会计核算方法对物流成本没有分列记账，物流费用没有单独的科目，一般采用的方法是将企业所有的成本都列在不同的成本费用项目中，如将其分散到“材料采购”“管理费用”“销售费用”“财务费用”等账户中进行混合核算，所以不能掌握物流费用的实际情况。按照现行会计准则，购买原材料所支付的物流费用是计算在原材料成本中的，工厂生产的产品从工厂运到商业部门的物流成本是计算在主营业务成本中的，自运运输费用和自用保管费是计入销售费用中的，另外与物流有关的利息是计入财务费用中的。传统的会计体系不仅不能提供足够的物流成本分摊数据，而且如果把这些由“原材料”“主营业务成本”“销售费用”“财务费用”等科目核算的与物流有关的费用划分出来，并单独加以汇总计算，在操作上存在很大的难度，操作成本也会很高。

理论研究与实际工作毕竟有所区别，有所不同。实际上企业真正需要的是纳入管理的全部与成本有关的数据，在企业物流管理中，目前不可能为了建立物流独立核算体系，而破坏已经成熟的财务会计核算体系。

根据物流冰山理论，要把隐藏在水面下的物流成本全部计算出来，按现在传统的计算手段和方法是不可能的。在现实工作中，仍然只是把“冰山浮在水面的一角”作为物流成本计算的对象。主要的计算范围是：运输成本、仓储成本、装卸成本、搬运成本、包装成本、流通加工成本、配送成本、信息处理成本等。

（三）国家标准《企业物流成本构成与计算》发布前计算方法难以统一

在国家标准 GB/T 20523—2006《企业物流成本构成与计算》发布实施前，各企业对

物流成本的计算和控制是分散进行的，也就是说，各企业根据自己不同的理解与认识计算和控制本企业的物流成本，企业间无法就物流成本进行比较分析，也无法得出行业平均物流成本值。

2006 年 9 月，我国出台了关于物流成本构成与计算的国家标准。由国家标准化管理委员会批准发布的国家标准 GB/T 20523—2006《企业物流成本构成与计算》，建立了一套涵盖物流成本项目、物流范围和物流成本支付形态三个维度的物流成本计算体系。该标准既切合我国企业的实际情况，又与国际接轨，使国内外同类企业物流成本的比较成为可能。

该标准按以下三个方面规定物流成本的构成：

1. 物流成本项目

按成本项目划分，物流成本由物流功能成本和存货相关成本构成。其中物流功能成本包括物流活动过程中所发生的包装成本、运输成本、仓储成本、装卸搬运成本、流通加工成本、物流信息成本和物流管理成本；存货相关成本包括企业在物流活动过程中所发生的与存货有关的资金占用成本、物品损耗成本、保险和税收成本。

2. 物流成本范围

按物流成本产生的范围划分，物流成本由供应物流成本、企业内物流成本、销售物流成本、回收物流成本以及废弃物物流成本构成。

3. 物流成本支付形态

按物流成本支付形态划分，企业物流总成本由委托物流成本和内部物流成本构成。其中内部物流成本按支付形态分为材料费、人工费、维护费、一般经费和特别经费。

二、物流成本计算的原则

为提高成本核算的质量，发挥成本核算的作用，计算成本时主要应遵循以下原则：

（一）合法性原则

合法性原则是指计入成本的支出都必须符合国家法律法规、制度等关于成本支出范围和标准的规定，不符合规定的支出不能计入成本。所谓成本费用开支范围，是指哪些支出可计入成本，哪些支出不可计入成本；所谓成本开支标准，是指可计入成本范围的支出的数据限制。

成本会计制度是成本会计工作的规范，是会计法规和制度的重要组成部分。企业应遵循国家有关法律法规、制度，如《中华人民共和国会计法》《企业财务通则》《企业会计准则》《企业会计制度》等的有关规定，并适应企业生产经营的特点和管理的要求，制定企业内部成本会计制度，作为企业进行成本会计工作具体和直接的依据。

各行业企业由于生产经营的特点和管理的要求不同，所制定的成本会计制度有所不同，就物流企业来说，成本会计制度一般应包括以下几个方面的内容：

（1）关于成本预测和决策的制度。

（2）关于成本定额的制度和成本计划编制的制度。

（3）关于成本控制的制度。

（4）关于成本核算规程的制度，包括成本计算对象和成本计算方法的确定，成本项目的设置。

（5）各项费用的分配和归集的程序和方法。

（6）关于责任成本的制度。

（7）关于企业内部结算价格和内部结算办法的制度。

（8）关于成本报表的制度。

（9）其他有关成本会计的制度。

成本会计制度是开展成本会计工作的依据和行为规范，其是否科学、合理会直接影响成本核算工作的成效。因此，成本会计制度的制定，是一项复杂而细致的工作。在成本会计制度的制定过程中，有关人员不仅应熟悉国家有关法律法规、制度的规定，而且应深入基层做广泛、深入的调查和研究工作，在反复试点、具有充分依据的基础上进行成本会计制度的制定工作。成本会计制度一经制定，就应认真贯彻执行。但随着时间的推移，实际情况往往会发生变化，出现新的情况，这时应根据变化了的情况，对成本会计制度进行修订和完善，以保证成本会计制度的科学性和先进性。

成本核算遵循合法性原则，有助于保证成本信息的合法性和有用性。

（二）可靠性原则

可靠性原则包括真实性和可核实性。真实性就是所提供的成本信息与客观的经济事项相一致，不应掺假，或人为地提高、降低成本。可核实性是指成本核算资料按一定的原则由不同的会计人员加以核算，都能得到相同的结果。

真实性和可核实性是为了保证成本核算信息的正确可靠。

（三）相关性原则

相关性原则包括成本信息的有用性和及时性。有用性是指成本核算要为管理当局提供有用的信息，为成本管理、预测、决策服务。及时性是强调信息取得的时间性。可根据及时的信息反馈，及时地采取措施，改进工作，否则提供的成本核算信息往往成为徒劳无用的资料。

（四）分期核算的原则

企业为了取得一定期间所发生的物流成本，必须将各种生产经营活动按一定阶段（如月、季、年）划分为各个时期，分别计算各期的物流成本。成本核算的分期，必须与会计年度的分月、分季、分年相一致，这样可以便于利润的计算。

（五）权责发生制原则

权责发生制原则是指成本核算应以权责发生制原则为基础，对于应由本期成本负担的支出，不论其是否在本期已经支付，都要计入本期物流成本；不应由本期物流成本负担的支出（已计入以前各期的成本，或应由以后各期成本负担的支出），即使是在本期支付，也不应计入本期物流成本。

（六）按实际成本计价的原则

物流成本核算应遵循按实际成本计价的原则。企业在生产经营过程中所发生的各项费用，应当以实际发生数计入成本、费用。生产经营所耗用的原材料、燃料、动力要按实际耗用数量和实际单价计算成本。已经完工的服务成本的计算，要按实际发生的成本计算。虽然“原材料”“燃料”“产成品”等账户可按计划成本（或定额成本、标准成本）记账，但计算物流成本时，应加、减成本差异，以调整到实际成本。

总之，在成本发生的确认、分配、归集和结转的全过程中，都应遵循按实际成本计价的原则，以保证成本信息的真实性。

（七）一致性原则

企业应当根据本企业的生产经营特点和管理要求，确定适合本企业的物流成本核算对象、物流成本项目和物流成本计算方法。物流成本核算对象、物流成本项目和物流成本计算方法一经确定，不得随意变更。如需变更，应当根据管理权限，经股东大会或董事会，或经理（厂长）会议或类似机构批准，并在会计报表附注中予以说明。

成本核算遵循一致性的原则，成本核算对象、成本项目和成本计算方法前后各期一致，其目的是使各期的成本资料有统一的口径，前后连贯，互相可比，以提高成本信息的利用程度。

（八）重要性原则

重要性原则是指在物流成本核算过程中，应基于管理要求，区分主次，对于那些对物流成本有重大影响的项目应作为管理重点，力求精确。而对于那些不太重要的琐碎项目，则可以从简处理。

一般来讲，发生的经济业务是否重要，既取决于该项业务的金额的大小，还决定于各项业务的性质以及对信息使用者所产生的作用和影响的大小。成本核算遵循重要性原则，其目的是在满足管理要求的前提下，讲求成本核算工作本身的成本效益原则。

为了正确地计算物流成本，除必须遵循成本核算的基本原则以外，还必须正确划清以下四项费用支出的界限：

（一）正确划分应计入物流成本和不应计入物流成本的费用界限

企业的活动是多方面的，企业耗费和支出的用途也是多方面的，其中只有一部分费用可以计入物流成本。

首先，非生产经营活动的耗费不能计入物流成本。只有生产经营活动的成本才能计入物流成本。财政部颁布的成本开支范围，明确规定哪些成本可以列入生产经营成本，哪些成本不能列入生产经营成本。

近年来，财务会计规范发生了很大变化但没有重新规定成本开支范围，使许多人误以为凡是耗费都可以计入生产经营成本。其实，这种认识是不对的，成本开支范围仍然存在，只不过它散见于有关的会计制度之中，而没有集中于一个规范文件中。

按照我国现行会计准则规定，下列与生产经营活动无关的耗费不能计入产品成本：对外投资的支出、耗费和损失；对内长期资产投资的支出、耗费和损失，包括有价证券的销售损失、固定资产出售损失和报废损失等；捐赠支出；各种筹资费用，包括应计利息、贴现费用、证券发行费用等。

其次，生产经营活动的成本分成正常的成本和非正常的成本，只有正常的生产经营活动成本才可以计入物流成本，非正常的经营活动成本不可计入物流成本而应计入营业外支出。非正常的经营活动成本包括灾害损失、盗窃损失等非常损失和固定资产盘亏、处置固定资产净损失、处置无形资产净损失、债务重组损失、计提的无形资产减值准备、计提的固定资产减值准备、计提的在建工程减值准备、罚款支出等。

（二）正确划分资本性支出与收益性支出的费用界限

资本性支出是指那些受益期超过一年或一个营业周期的支出，如企业为取得固定资产、无形资产等而发生的支出。资本性支出应先计入相应资产账户，然后在其使用期内，通过折旧、摊销等形式逐步分摊转作费用。收益性支出是指那些受益期不超过一年或一个营业周期的支出，如企业的工资支出、机器设备日常维护保养支出等。收益性支出全部列作当期的成本、费用，与当期的营业收入相配比。划分资本性支出与收益性支出的界限，其目的是正确划分各期成本的界限。

（三）正确划分本期物流成本和以前或以后各期物流成本的界限

企业发生的各项支出，有的应计入当期物流成本，有的则应计入以前或以后各期的物流成本。如预付一年的保险费，根据权责发生制的原则，应在 12 个月内分期计入成本、费用。而对于那些本期尚未支付，而应由本期负担的费用，则应以预提方式计入本期物流成本。

（四）正确划分不同成本对象的费用界限

如果企业生产经营的成本对象不止一种，那么为了正确地计算各种成本对象的成本，正确地分析和考核各种成本对象的成本计划或定额成本的执行情况，必须将应计入当期物流成本的费用在各种成本对象之间正确地进行划分。凡属于某种成本对象单独发生，能够直接计入该种成本对象的物流费用，均应直接计入该种成本对象；凡属于几种成本对象共同发生，不能直接计入某种成本对象的物流费用，则应采用适当的分配方法，分配计入这几种成本对象。

企业为生产经营而发生的直接材料、直接工资等直接生产费用，一般应当直接计入各种成本对象；为生产经营而发生的间接费用，一般应选择合理的分配法分配计入各成本对象。

以上四方面费用界限的划分，总的来说就是要贯彻受益原则，即何者受益，何者负担费用；何时受益，何时负担费用；负担多少，按受益程度比例分担。

第二节 物流成本计算程序

一、物流成本计算的程序

物流成本计算就是按照国家的有关法律法规、制度和企业经营管理的要求，对物流服务过程中实际发生的各种劳动耗费进行计算，提供真实、有用的物流成本信息。

成本核算的一般程序是指对企业在生产经营过程中发生的各项物流费用，按照成本核算的要求，逐步进行归集和分配，最后计算出各项期间费用、物流总成本和各种成本对象的物流成本的基本过程。根据前述的物流成本计算原则、要求和费用的分类，可将物流成本计算的一般程序归纳如下：

（一）明确物流范围

物流范围作为成本的计算领域，是指从物流的起点到终点的长短。人们通常所讲的物流有：原材料物流，即原材料从供应商转移到工厂时的物流；工厂内物流，即原材料、半成品、产成品在企业的不同工序、不同环节的转移和存储；从工厂到仓库的物流；从仓库到客户的物流，这个范围相当广阔。所以，从哪里开始到哪里为止，作为物流成本的计算对象，会引起物流成本发生很大的变化。

（二）确定物流功能范围

物流功能范围是指在运输、保管、配送、包装、装卸、信息管理等众多的物流功能中，把哪种物流功能作为计算对象。可以想象，把所有的物流功能作为计算对象的成本与只把运输、保管这两种功能作为计算对象，所得到的成本会相差悬殊。

（三）审核原始记录

成本核算是以有关的原始记录为依据的，如据以计算材料费用的领料单或领料登记表，计算工资费用的考勤记录和业务量记录等。为了保证成本核算的真实、正确和合法，成本核算人员必须严格审核有关的原始记录，审核其内容是否填写齐全，数字计算是否正确，签章是否齐全，费用应不应该开支，所耗费用的种类和用途是否符合规定，用量有无超过定额或计划等。只有经过审核无误后的原始记录，才能作为成本计算的依据。

审核原始记录时，要对企业发生的各项支出进行严格的审核和控制，并按照国家的有关规定确定其应否计入物流成本，以及应计入生产成本还是期间费用。也就是说，要在对各项支出的合理性、合法性进行严格审核、控制的基础上，对不符合制度和规定的费用以及各种浪费、损失等加以制止或追究经济责任。

（四）确定成本计算对象

成本计算的过程，就是按照一定的成本计算对象分配、归集物流费用的过程。成本计算对象是指成本计算过程中归集、分配物流费用的对象，即物流费用的承担者。成本计算对象不是由人们主观随意规定的，不同的生产经营类型从客观上决定了不同的成本计算对象。企业可以根据自己生产经营的特点和管理要求的不同，选择不同的成本计算对象来归集、分配物流费用。确定成本计算对象，是设置成本明细账、分配物流费用和计算物流成本的前提。不同的成本计算对象，也是区分不同成本计算方法的主要标志。

（五）确定成本项目

为了正确反映成本的构成，必须合理地规定成本项目。成本项目要根据具体情况与需要设置，既要有利于加强成本管理，又要便于正确核算物流成本。企业一般应设置直接材料、燃料及动力、直接人工和间接费用等成本项目。在实际工作中，为了使成本项目更好地适应企业的生产经营特点和管理要求，企业可以对上述成本项目进行适当的调整。在规定或者调整成本项目时，应考虑以下三方面的问题：

（1）各项费用在管理上有无单独反映、控制和考核的需要。

（2）各项费用在物流成本中所占比重的大小。

（3）某种费用专设成本项目所增加的核算工作量的大小。

对于管理上需要单独反映、控制和考核的费用，以及在物流成本中所占比重比较大的费用，应专设成本项目；否则，为了简化成本核算工作，不必专设成本项目。

（六）处理跨期费用的摊提工作

跨期费用是指按照权责发生制原则，虽在本期支付但应由本期和以后各期共同负担的物流费用，以及本期尚未支付但应由本期负担的物流费用。对于这类物流费用，在会计核算上采用待摊或预提的办法处理。将在本月开支的成本和费用中应该留待以后月份摊销的费用，计作其他应收款，将在以前月份开支的其他应收款中本月应摊销的成本和费用，摊入本月成本和费用；将本月尚未开支但应由本月负担的成本和费用，预提计入本月的成本和费用。

（七）进行成本归集和分配

将应计入本月物流成本的各项物流费用，在各种成本对象之间按照成本项目进行分配和归集，计算出按成本项目反映的各种成本对象的成本。这是本月物流费用在各种成本对象之间横向的分配和归集。

（八）设置和登记成本明细账

为了使成本核算结果真实、可靠、有据可查，成本计算的过程必须有完整的记录，即通过有关的明细账或计算表来完成计算的全过程。要正确计算各种对象的成本，必须正确

编制各种费用分配表和归集的计算表，并且登记各类有关的明细账，这样才能将各种费用最后分配、归集到成本的明细账中，计算出各种对象的成本。

物流成本核算程序是指从物流费用发生开始，到计算出物流总成本和单位成本对象的成本为止的整个成本计算的步骤。物流成本计算的基本步骤如图 4-1 所示。

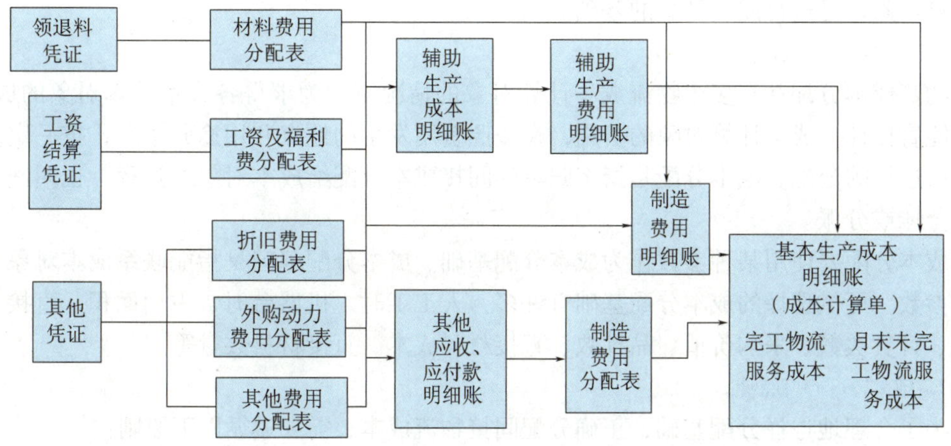

图 4-1 物流成本计算的基本步骤

二、成本归集与分配

从一定意义上讲，物流成本计算就是成本归集和成本分配两大工作。首先是成本归集，然后是成本分配。两者是密切联系、交错进行的。正确的成本归集是保证成本计算质量的关键。要做到成本归集的正确，一是费用划分要正确，如果费用划分错误，应由甲对象负担的费用，误归入乙对象的成本，则成本计算就不可能正确；二是汇总要按一定的程序进行，如果汇总程序搞乱了，就会发生费用漏记或重记的情况，影响成本计算的正确性。

物流成本的分配包括物流成本位置分配和物流成本承担者分配。物流成本位置核算要回答的问题是：在某一核算期内，各个成本位置发生了哪些成本？各是多少？成本位置核算是在成本归集的基础上完成的。通过成本位置核算，还可将不能直接计入最终产品的成本分摊到最终产品上去。物流成本承担者核算要回答的问题是：在某一核算期内，企业发生了哪些成本？为谁发生的？各是多少？成本承担者具有双重任务，一是要对每个效益单位的成本进行评价，二是对核算期内总生产成本进行评价。前者称为单位产品成本核算，后者称为企业经济效益核算。

（一）物流成本归集

物流成本的归集是指对企业生产经营过程中所发生的各种物流费用，按一定的对象，如各种产品、作业、各个车间或部门所进行的成本数据的收集或汇总。收集某类成本的聚集环节，称为成本归集点。

对于直接材料、直接人工，应按成本计算对象，如按物流服务的品种、批别、步骤进行归集。而对于间接费用，则应按发生地点或用途进行归集，然后再计入各成本对象的成本。

成本计算对象是指作为企业或成本管理部门，为归集和分配各项成本费用而确定的、以一定时期和空间范围为条件而存在的成本计算实体。物流成本如何归集与计算，取决于对所评价与考核的成本计算对象的选定。物流成本计算对象的选取，主要决定于物流范围、物流功能范围、物流成本费用范围和物流成本控制等。物流成本计算对象的选取，不仅影响成本计算方法的选择，而且会直接影响物流成本的计算结果。因此，正确地确定成本计算对象，是进行成本计算的基础。

（二）物流成本分配

物流成本分配在有多个物流成本计算对象的情况下，为求得各成本计算对象的成本，对不能直接计入成本计算对象的费用，在按照费用发生的地点和用途归集后，按一定分配标准所进行的分配。成本分配是指将归集的间接成本分配给成本对象的过程，也叫间接成本的分摊或分派。

成本分配要使用某种参数作为成本分配基础。成本分配基础是指能联系成本对象和成本的参数。可供选择的成本分配基础有许多：人工工时、机器台时、占用面积、直接人工工资、订货次数、采购价值、品种数、直接材料成本、直接材料数量等。

1. 成本分配的原则

为了合理地选择分配基础，正确分配间接物流成本，需要遵循以下原则：

（1）因果原则。因果原则是指资源的使用导致成本发生，两者有因果关系，因此应当按使用资源的数量在对象间分摊成本。按此原则，要确定各对象使用资源的数量，如耗用的材料、工时、机时等，按使用资源的数量比例分摊间接物流成本。

（2）受益原则。成本分配的受益性原则可以概括为两句话，即谁受益，谁负担；负担多少，视受益程度而定。这一原则，要求选用的分配标准能够反映受益者受益的程度，谁受益多，谁多承担成本，应按受益比例分摊间接成本。按此原则，成本管理人员要确定间接物流成本的受益者，如房屋维修成本按各部门的面积分摊，广告费按各种项目的业务额分摊等。因果原则是看“起因”，受益原则是看“后果”，两者是有区别的。

（3）公平原则。公平原则是指物流成本分配要公平地对待涉及的双方。在根据成本确定对外销售价格和内部转移价格时，合理的成本是合理价格的基础，因此计算成本时要对供销双方公平合理。公平是个抽象概念，不具有可操作性，因此在实务中政府规范或有权威的标准成为公平性的具体尺度。

（4）承受能力原则。承受能力原则是假定利润高的部门耗用的间接成本大，应按成本对象的承受能力分摊较多的间接物流成本，如按部门的营业利润分配公司总部的费用。

（5）成本效益性原则。成本分配也要讲究成本效益比，即成本分配本身也是有成本的，而成本分配所带来的效益要远大于成本分配的成本才行。当然这种成本效益比不太好计算，这就要求在进行成本分配时，要注意适度，不要将大量的时间和精力放在一些意义不大的数据收集和计算上，而且要注意成本分配能带来何种效果。

（6）及时性原则。及时性原则是指要及时将各项成本费用分配给受益对象，反对将本应在上期或下期分配的成本费用分配给本期。不及时分配成本费用必然会影响到成本的及时计算和计算结果的准确性，也必然会影响成本信息的质量，造成经济决策的失误。

（7）基础性原则。成本分配要以完整的、准确的原始记录为依据，不能凭主观臆断乱分配，更不能故意搞乱成本分配秩序，制造虚假成本信息。如果各项基础工作做不好，必然使成本分配工作陷入被动局面。

（8）管理性原则。成本分配要有利于企业加强成本管理。成本是一个综合性指标，既

可以用它来进行经济预测和决策，又可以用它来编制成本计划，考核各部门的业绩，因此提高成本分配的科学性，对提高成本管理水平是极为有利的。

（9）多元性原则。成本分配标准是多元的，成本分配方法是多样化的，成本分配的目的也是多元的。因此在进行成本分配时，要灵活地加以应用，不能固定不变地采用一个分配标准、一种分配方法。成本分配只有遵循多元性原则，才能逐步科学化，才能更好地发挥其应有的作用。

2. 成本分配的用途

成本分配对象的存在是成本分配得以发生的基础。目前大多数的成本分配，特别是那些间接费用的分配，都是建立在因果关系很不明确的分配标准上的。只有不断探索成本分配对象与所发生成本之间的因果关系，取得更有效的分配标准，采取更科学的分配方法，才能最终解决物流成本计算失真的问题。

进行成本分配，主要是基于企业的经济决策、成本计算和财务评价的需要，也是基于财务报告和合理确定成本补偿标准的需要。

物流成本分配的首要目标是使物流成本信息精确合理；其次，成本分配在正确计算物流成本的基础上，要有助于经济决策，有利于激励员工提高效率，降低成本，提高企业经济效益。

（1）成本分配用于变动成本法。对成本分配而言，区分变动成本和固定成本，可用于经营决策，也可用于业绩评价，具有特别重要的意义。它强调成本性态模型，强调某组织或个人对企业整体的贡献。变动成本的分配通常比较简单，固定成本在一般情况下可不予分配。但为了一些特殊目的，也可能要对固定成本进行分配，而这种成本分配有时就比较复杂。

（2）成本分配用于确定各责任单位的业绩。许多成本可通过分配，直接追溯到各责任单位、各产品或各服务项目。为了确定各责任单位的业绩，需要进行成本分配。但有些成本分配到各责任单位是有一定难度的，特别是那些间接成本或约束性固定成本。因此从成本分配的精确性角度来分析，往往会陷入困境。但如果通过成本分配，在确定责任单位业绩的同时起到了激励作用，则成本分配的主要目的就算达到了。当然有些成本本身是可以不分配的，要针对责任单位的性质做具体分析。

（3）成本分配用于经济决策。企业的许多经济决策都与成本分配密切相关，为了决定经营什么项目，必须预测总物流成本和单位物流成本，而总成本、单位成本的多少又受成本分配的影响。完全成本法之所以还被企业普遍接受，就与人们对成本分配的某种认识有关，即把全部成本在各项物流服务之间进行分配，作为各产品“真实的”或“实际的”成本近似值，借此来对付不确定因素，会增强经济决策的稳健性。

（4）成本分配用于资产计价和确定损益。企业中各项资产的计价一般是建立在历史成本基础上的，而各项资产历史成本的确定离不开成本分配。确定损益是企业的一项重要的会计工作，而损益的确定是在产品与劳务成本确定的基础上进行的，各产品和劳务成本的确定也离不开成本分配。从目前现有的技术来看，成本分配又面临着诸多困难，如许多固定成本如何进行有效分配就是一道难题。这个问题的最终解决还有待时机成熟，目前主要取决于管理当局的认识程度及对特定决策的正确理解。目前成本分配中主观随意性之所以还很显著，主要原因之一还是成本效益比的问题，那就是进行精确的成本分配的代价是昂贵的，而且几乎是办不到的，例行的成本分配，往往与会计人员的经验有关，而不是科学的成本分配本身。

（5）成本分配用于培养员工的成本意识。管理当局为什么要进行各种形式的成本分配，原因之一是通过成本分配使员工树立强烈的成本意识。尽管有些成本分配本身并不存在因果关系，把一些基本的费用在各经营部门之间进行分配，这样就会使各部门关心该项活动。相反，如果不进行成本分配，就会失去员工的警觉与关心，最终造成成本上升而引起各方面的不满。

第三节　成本核算制度与会计科目

一、成本核算制度

物流成本是反映物流企业生产水平、技术水平和经营管理水平的综合指标。无论劳动生产率的高低，机器设备利用的好坏，原材料和能源消耗的节约和浪费，费用开支的节滥，服务质量的优劣等，最终都会在物流成本中表现出来。在企业中，建立和健全原始记录，严格存货的计量、检验和收发领退制度，建立成本责任制，以加强物流成本管理，推动企业充分挖掘增产节约的潜力，降低物流成本的水平，对提高企业的经济效益有重要意义。

根据企业采用的不同成本核算制度，生产经营成本的组成内容是不同的。在会计核算中，有三种不同的成本核算制度：完全成本法、制造成本法和变动成本法，分别说明如下：

（一）完全成本法

完全成本法是我国于 1993 年 7 月 1 日起实行财务会计改革以前所采用的一种传统成本核算制度。完全成本法是将企业在生产经营过程中发生的所有生产经营费用，包括与产品生产或提供服务直接联系在一起的直接材料费用、直接工资费用和制造费用以及企业行政管理部门为组织和管理生产经营活动而发生的销售费用、管理费用和财务费用等，都分摊计入产品或服务生产成本中，形成产品的完全成本。

（二）制造成本法

制造成本法是将在产品生产或提供服务过程中发生的生产经营费用区分为两部分，一部分是与产品生产或提供服务有密切联系的直接材料费用、直接工资费用和制造费用，它们称为“产品成本”，计入生产或服务的生产成本中；另一部分是与产品生产或提供服务没有直接联系的销售费用、管理费用和财务费用等，称为“期间费用”，直接计入当期损益，不摊入产品或服务的生产成本。

2007 年 1 月 1 日起施行的《企业会计准则》对产品或服务生产成本的计算，采用制造成本法，实际上是将产品或服务的生产成本计算到生产车间一级为止，企业销售费用、管理费用和财务费用则另行计算，不再摊入产品或服务生产成本。这有助于简化成本核算手续，减少产品和在产品的资金占用，正确反映和考核企业各级生产管理环节的成本水平和管理责任，并正确进行成本预测和决策。

（三）变动成本法

变动成本法是将生产经营费用按费用的习性分为变动费用和固定费用两部分。变动费用是指其总额会随着业务量的增减变动而成正比例变动的费用。例如，直接材料费用、直

接人工费用、机器设备维护和修理费用、包装费用等，都是与业务数量直接相联系的，其总额会随着业务数量的变动而变动。但产品单位成本中的各项变动费用却保持不变，并不受业务数量变动的影响。固定费用是指在一定业务量范围内，其总额并不随着业务数量增减变动，而仍保持不变的费用，如房屋建筑物等固定资产折旧、车间和厂部管理人员的工资等。但从产品单位成本来看，每单位产品成本分摊的固定费用份额却会随着业务数量的增加而相应地减少。

变动成本法与制造成本法的区别是：变动成本法是只将与产品生产或提供服务直接联系的直接材料费用、直接人工费用和变动制造费用作为“产品成本”计入产品或劳务生产成本中；而将固定制造费用以及变动与固定企业管理费用和财务费用，连同在产品或劳务销售过程中发生的变动和固定销售费用，全额作为“期间费用”列支，直接从当期销售收入中扣减。

变动成本法的主要优点之一是：在损益计算中将生产费用和期间费用按费用的习性分为变动费用和固定费用，通过对每种产品“边际增益额”的计算，便于进行“本量利”分析，揭示业务量、成本和营业利润之间的相互影响关系，以正确制定最佳的产销经营决策和规划，有效进行成本计划和控制。

三种不同的成本核算制度的比较如表 4-1 所示。

表 4-1　三种不同的成本核算制度的比较

项　目	完全成本法	制造成本法	变动成本法
生产成本	直接材料	直接材料	直接材料
	直接人工	直接人工	直接人工
	制造费用	制造费用	变动制造费用
	销售费用		
	管理费用		
	财务费用		
期间成本		销售费用	固定制造费用
		管理费用	销售费用
		财务费用	管理费用
			财务费用

完全成本法、变动成本法主要是为满足企业内部经营管理需要而被采用。为编制对外财务会计报表，应按国际公认的会计原则和我国现行的会计制度的规定，采用制造成本法以计算总物流成本和单位物流成本。

二、成本核算的主要会计科目

财政部 2006 年 2 月 15 日公布了《企业会计准则》，在中华人民共和国境内设立的企业，都要执行该准则。根据《企业会计准则》的规定，企业的成本费用主要通过下列科目进行核算：

（一）“生产成本”科目

“生产成本”科目核算企业进行工业性生产，包括生产各种产品（包括产成品、自制半成品、提供劳务等）、自制材料、自制工具、自制设备等所发生的各项生产费用。该科目应当设置以下明细科目："基本生产成本"和"辅助生产成本"。

（二）"制造费用"科目

"制造费用"科目核算企业为生产产品和提供劳务而发生的各项间接费用，包括工资和福利费、折旧费、修理费、办公费、水电费、机物料消耗、劳动保护费、季节性和修理期间的停工损失等。企业行政管理部门为组织和管理生产经营活动而发生的管理费用，应当作为期间费用，记入"管理费用"科目，不在"制造费用"科目核算。

制造费用的分配方法，一般有下列几种：

（1）按生产工人工资分配。

（2）按生产工人工时分配。

（3）按机器工时分配。

（4）按耗用原材料的数量或成本分配。

（5）按直接成本（原材料、燃料、动力、生产工人工资之和）分配。

（6）按产品产量分配。

企业具体采用哪种分配方法，由企业自行决定。分配方法一经确定，不得随意变更。如需变更，应当在会计报表附注中予以说明。

"制造费用"科目应按不同的车间、部门设置明细账，并按费用项目设置专栏，进行明细核算。

（三）"劳务成本"科目

"劳务成本"科目核算企业对外提供劳务所发生的成本。企业接受的建造合同劳务所发生的成本，不在该科目核算。

（四）"主营业务成本"科目

"主营业务成本"科目核算企业因销售商品、提供劳务或让渡资产使用权等日常活动而发生的实际成本。

企业可以根据具体情况，采用先进先出法、加权平均法、移动平均法和个别计价法等方法，确定销售商品等的实际成本。方法一经确定，不得随意变更。如需变更，应当在会计报表附注中予以说明。

（五）"营业税金及附加"科目

"营业税金及附加"科目核算企业日常活动应负担的税金及附加，包括增值税、消费税、城市维护建设税、资源税、土地增值税和教育费附加等。

（六）"其他业务成本"科目

"其他业务成本"科目核算企业除主营业务成本以外的其他销售或其他业务所发生的支出，包括销售材料、提供劳务等而发生的相关成本、费用，以及相关税金及附加等。

（七）"销售费用"科目

"销售费用"科目核算企业销售商品过程中发生的费用，包括运输费、装卸费、包装费、保险费、展览费和广告费，以及为销售本企业商品而专设的销售机构（含销售网点、售后服务网点等）的职工工资及福利费、类似工资性质的费用、业务费等经营费用。商品流通企业在购买商品过程中发生的运输费、装卸费、包装费、保险费、运输途中的合理损耗和入库前的挑选整理费等，也在本科目核算。

（八）“管理费用”科目

“管理费用”科目核算企业为组织和管理企业生产经营所发生的管理费用，包括企业的董事会和行政管理部门在企业的经营管理中发生的，或者应由企业统一负担的公司经费（包括行政管理部门职工工资、修理费、物料消耗、低值易耗品摊销、办公费和差旅费等）、工会经费、失业保险费、劳动保险费、董事会费（包括董事会成员津贴、会议费和差旅费等）、聘请中介机构费、咨询费（含顾问费）、诉讼费、业务招待费、房产税、车船税、城镇土地使用税、印花税、技术转让费、矿产资源补偿费、无形资产摊销、职工教育经费、研究与开发费、排污费、存货盘亏或盘盈（不包括应计入营业外支出的存货损失）、计提的坏账准备和存货跌价准备等。

（九）“财务费用”科目

“财务费用”科目核算企业为筹集生产经营所需资金等而发生的费用，包括利息支出（减利息收入）、汇兑损失（减汇兑收益）以及相关的手续费等。为购建固定资产的专门借款所发生的借款费用，在固定资产达到预定可使用状态前按规定应予资本化的部分，不包括在“财务费用”科目的核算范围内。

综上所述，企业成本费用的核算程序如图 4-2 所示。

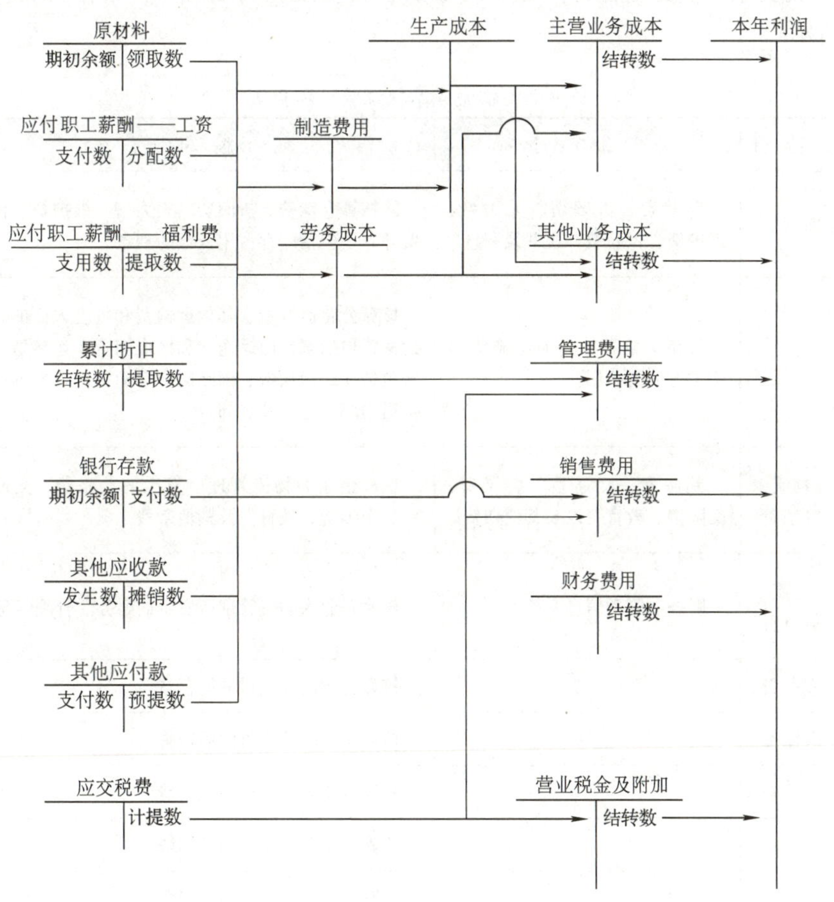

图 4-2　企业成本费用的核算程序

特别要注意的是，《企业会计准则》规定了企业进行成本费用核算应设置的会计科目以及相应科目的核算内容，企业对外提供成本资料必须按照有关的制度规定进行成本核算。由于现行的会计制度和会计核算方法对物流成本没有分列记账，物流费用在企业会计制度中没有单独的核算科目，有关的物流成本分散在各个成本费用科目中。在这些科目中，汇集企业发生的全部成本费用，不仅仅核算企业发生的物流成本费用。为了企业汇集计算物流成本的方便，可以在各个成本费用科目下按物流成本费用和非物流成本费用设置明细科目。例如，在“销售费用”科目下设置“物流费用”和“非物流费用”明细科目，分别用来核算企业在物流业务和非物流业务时所发生的销售费用。在计算物流成本时，只需将各个成本费用科目的物流成本费用明细科目加以汇总，即可计算出企业发生的物流成本。这样进行会计核算，既不违反现行的企业会计制度关于成本费用核算的规定，又可以方便、有效地进行物流成本费用的核算。

三、物流成本核算的科目、账簿设置

为了准确、方便地核算物流成本，企业可以设置“物流成本”和“委托物流费”科目及相应账簿。这两个科目属于成本（费用）类科目，分别用以核算、记录企业自身从事物流业务所发生的费用，以及企业委托第三方从事物流业务所发生的费用。其借方登记本期发生的物流费用，贷方登记计入成本对象的物流费用。明细科目可根据物流功能设置，如表 4-2 所示。

表 4-2　物流成本核算会计科目表

一级科目	二级科目	三级科目	核算内容
物流成本	库存费	仓储费、折旧费、人力费、维护费、保险费、税费及利息	除核算仓储费、折旧费、人力费、维护费、保险费及税费外，还包括库存占用资金的利息
	运输费	公路运输费、其他运输费和货主方面的费用	核算公路运输费、其他运输费和货主方面的费用；公路运输费包括城市内运送费和区域间货车运输费；其他运输费包括铁路运输费、国际国内空运费；货主方面的费用包括运输部门运作及装卸费
	物流管理费	差旅费、交通费、会议费、交际费、教育费以及其他杂费	核算企业为物流管理所发生的差旅费、交通费、会议费、交际费、教育费及其他杂费
	物流信息费	财务、管理信息系统	核算企业为物流管理所发生的财务、管理信息系统费
委托物流费	库存费		核算企业向外支付的库存费
	运输费		核算企业向外支付的运输费
	包装费		核算企业向外支付的包装费
	装卸费		核算企业向外支付的装卸费
	手续费		核算企业向外支付的手续费
	管理费		核算企业办理委托事项发生的管理费

第四节 物流成本计算方法

一、物流成本计算的一般方法

对于物流成本计算可以采用会计核算方法和统计计算方法。

（一）会计核算方法下的物流成本计算

通过会计核算方法计算物流成本，就是通过凭证、账户、报表对物流耗费予以连续、系统、全面地记录、计算和报告的方法。会计核算方法的物流成本计算，具体包括两种形式：一是双轨制，即把物流成本核算与其他成本核算截然分开，单独建立物流成本核算的凭证、账户、报表体系。在单独核算的形式下，物流成本的内容在传统成本核算和物流成本核算中得到双重反映。二是单轨制，即物流成本核算与企业现行的其他成本核算如产品成本核算、责任成本核算、变动成本核算等结合进行，建立一套能提供多种成本信息的共同的凭证、账户、报表核算体系。在这种情况下，要对现有的凭证、账户、报表体系进行较大的改革，需要对某些凭证、账户、报表的内容进行调整，同时还需要增加一些凭证、账户和报表。这种结合无疑是比较困难的，但不是不可能的。

采用会计核算方法计算物流成本，提供的成本信息比较系统、全面、连续、准确和真实。但采用这种方法计算物流成本复杂，工作量大，需要在不违反现行会计制度的前提下，设计新的凭证、账户和报表体系，或者需要对现有的体系进行较大的甚至是彻底的调整。

（二）统计计算方法下的物流成本计算

采用统计方法计算物流成本，就是说它不要求设置完整的凭证、账户、报表体系，而主要是通过对企业现行成本核算资料的解析和分析，从中抽出物流耗费部分（物流成本的主体部分），再加上一部分现行成本核算没有包括进去，但要归入物流成本的费用，如物流利息费、外企业支付的物流费等，然后再按物流管理要求对上述费用重新归类、分配、汇总，加工成物流管理所需要的成本信息。

具体做法如下：

（1）通过对材料采购、管理费用账户的分析，抽出供应物流成本部分，如材料采购账户中的外地运输费，管理费用账户中的材料市内运杂费，原材料仓库的折旧修理费，保管人员的工资等，并按功能类别、形态类别进行分类核算。

（2）从生产成本、制造费用、辅助生产成本、管理费用等账户中抽出生产物流成本，并按功能类别、形态类别进行分类核算，如人工费部分按物流人员的人数比例或物流活动工作量比例确定，折旧修理费按物流作业所占固定资产的比例确定。

（3）从销售费用中抽出销售物流成本部分，包括销售过程发生的运输、包装、装卸、保管、流通加工等费用。

（4）外企业支付的物流费用部分，现有成本核算资料没有反映的采购外企业物资支付的物流费用，可根据在本企业交货的采购数量乘以估计的单位物流费用率进行计算；销售给外企业物资支付的物流费用，可根据在本企业交货的销售数量乘以估计的单位物流费用率进行计算。单位物流费用率的估计可参考企业物资供应、销售在对方企业交货时的实际费用水平。

（5）物流利息费的确定可按企业物流作业所用资产资金占用额乘以内部利率进行计算。

（6）从管理费用中抽出退货物流费用。

（7）废弃物物流成本数额较小时，可以不单独抽出，而并入其他物流费用；委托物流费用的计算比较简单，它等于企业对外支付的物流费用。在计算物流成本时，总的原则是单独为物流作业所耗费的费用直接计入物流成本，间接为物流作业所耗费的费用，以及物流作业与非物流作业共同耗费的费用，应按一定比例，如从事物流作业人员比例、物流工作量比例、物流作业所占资金比例等进行分配计算。

与会计核算方法的物流成本计算比较，由于统计方法的物流成本计算没有对物流耗费进行连续、全面、系统的核算，所以据此得来的信息其精确程度受到影响。但正因如此，这种方法运用起来比较简单、方便。

在计算物流成本时，首先从企业财务会计核算的全部成本费用科目中抽出所包含的物流成本，然后加以汇总。汇总的方法通常是采用矩阵表的形式，矩阵表的水平方向是企业按《企业会计准则》以及其他财务会计规定设置的成本费用科目，矩阵表的垂直方向是成本计算项目，这些成本计算项目可以是不同的费用要素，如表 4-3 所示。

表 4-3　物流成本按费用要素的计算

项　目	主营业务成本	其他业务成本	销售费用	管理费用	财务费用	合　计
工　资						
材料费						
固定资产折旧费						
燃料动力费						
利息支出						
税　金						
其他支出						
合　计						

矩阵表的垂直方向的成本计算项目也可以是不同的物流功能，即物流费用的不同经济用途，如表 4-4 所示。

表 4-4　物流成本按经济用途的计算

项　目	主营业务成本	其他业务成本	销售费用	管理费用	财务费用	合　计
运输成本						
库存持有成本						
仓储成本						
包装成本						
批量成本						
其他费用						
合　计						

物流成本按费用要素或支付形态进行计算，可以反映物流成本总额，从中也可以反映企业一定时期内在物流活动或物流作业中发生了哪些费用，数额各是多少，什么经费项目花费最多，据以分析企业各个时期各种费用的构成和水平，还可以反映物资消耗和非物资消耗的结构和水平，从而考虑在物流成本管理上应以什么为重点。

物流成本按经济用途（功能）进行计算，可以反映企业不同物流功能的费用耗费。通过这种方法可以看出哪种物流功能更耗费成本，可以更进一步找出实现物流合理化的方法，有利于成本的计划、控制和考核，便于对物流费用实行分部门管理和进行监督。

物流成本核算的目的是更好地进行物流成本管理，因此，企业可以按照物流成本管理的不同要求和目的，对成本计算项目进行规定，同时企业应当按照相应的成本计算项目设置成本费用科目的明细科目。

如果企业不是从企业会计核算的成本费用科目中抽取物流成本，而是采用其他办法直接计算物流成本的话，成本计算矩阵表的水平方向和垂直方向的项目，可以选择对于企业更为有用的项目。例如，水平方向用不同的物流功能作为项目，垂直方向用不同的费用要素作为项目，如表4-5所示。

表 4-5 物流成本按费用要素与功能的计算

项 目	运输成本	库存持有成本	仓储成本	包装成本	批量成本	其他费用	合计
工 资							
材料费							
固定资产折旧费							
燃料动力费							
利息支出							
税 金							
其他支出							
合 计							

物流成本计算项目的选取，应当放在成本控制的重点上。一般来说，物流成本的计算并非越全越细越好，所以成本计算项目也并非越全越好。过细过全的成本计算是不必要的，同时也是不经济的。

企业在确定成本计算项目时，如果可作为成本计算的项目较为繁多时，可将成本控制的重点作为成本计算项目，而对于那些非成本控制重点可加以归并。

以上叙述了按不同成本计算项目计算物流成本的计算方法。当然，这只是通常采用的方法，各个企业可以结合自己的情况，采用在本企业易于实施的、有效的方法。这种计算方法是以计算物流成本总额为前提的，各个企业在计算物流成本时通常需要计算各项物流服务的物流成本，这样就要按一定方法将总物流成本在各项物流服务中进行分配。

二、产品成本计算方法

“产品”在这里是广义的，实际上是指企业的产出物，即最终的成本计算对象，它不仅指企业生产的产成品，还指企业提供的劳务，如运输、保管、装卸、包装等。在这里，“产品”是指企业最终完成的各项物流服务。

产品成本是在生产经营过程中形成的。产品的生产经营过程和生产组织不同，所采用的产品成本计算方法也应该有所不同。计算产品成本是为了加强成本管理，因而还应该根据管理要求的不同，采用不同的产品成本计算方法。因此，企业只有按照企业生产经营的特点和管理要求，选用适当的成本计算方法，才能正确、及时地计算产品成本，为成本管理提供有用的成本信息。

企业生产经营类型不同，对成本进行管理的要求也不一样。而生产经营的特点和管理的要求又必然对产品成本计算产生影响。这一影响主要表现在成本计算对象的确定上。所谓成本计算对象，是指生产经营费用归集的对象，通俗地讲就是计算什么的成本。根据管理的需要，企业的成本计算对象可能是物流服务的品种，也可能是物流服务的批别或者是物流服务的步骤。成本计算对象是生产经营费用承担的客体，也就是归集和分配生产经营费用所确定的各个具体对象。成本计算对象的确定，为正确进行产品成本的计算提供了前提。在成本计算中，必须根据成本计算对象来设置明细账和归集生产经营费用。

生产经营的特点和管理的要求对于产品成本计算方法的影响，主要表现在成本计算对象上。例如，对于物流服务过程不可间断，或不需要划分几个生产步骤，因而，没有必要分生产步骤来计算产品成本，这时就要求按产品，即物流服务的品种来划分成本计算的对象。又如，大批量多步骤的物流活动，产品成本计算不仅要求按照物流服务的品种计算产品成本，而且还要求按照物流活动的步骤计算成本，这时就要求按每种产品及其步骤的成本作为计算对象。又如，在单件、小批量或复杂的物流活动中，为了反映和监督各种或各批产品成本计划完成的情况，就要求以每件或每批产品作为产品成本计算的对象。成本计算对象的确定，除了应考虑生产经营的特点以外，还应考虑成本管理的要求。例如，对于主要产品，一般应按每一种产品作为成本计算对象，而对于那些生产工艺相同、所耗原料相同的次要产品，可以合并为一类，先按类别划分成本计算对象，分别计算每一类产品的总成本，然后再按一定的标准，分别计算该类产品中不同产品的总成本以及单位成本。

成本计算方法是按一定的成本对象归集生产经营费用，以便计算出各种产品总成本和单位成本的方法。最基本的成本计算方法有：品种法、分批法、分步法。成本计算方法的确定，在很大程度上取决于企业生产经营的特点和成本管理的要求。例如，在大量大批单步骤物流活动的情况下，只要求以产品的品种为成本计算对象，这种成本计算方法就称为品种法。又如，在单件小批多步骤的生产情况下，由于物流活动是按照客户的订单组织生产，因此，产品成本就应该按照订单进行计算，这种成本计算方法就称为分批法。而在大量大批多步骤物流活动的情况下按照产品的生产步骤计算产品成本的方法称为分步法。

除此之外，还有一些可与基本方法结合使用的成本计算方法。例如，采用品种法计算成本。在产品品种规格繁多的情况下，为了简化成本计算工作，可以先将产品划分为若干类别，分别计算各类别产品成本，然后在各个类别内部采用一定的分配标准，计算出各种产品的成本，这种方法称为分类法。在定额管理制度比较健全的企业中，为了加强成本的定额控制，还可以以定额成本为基础，计算产品的实际成本，这种方法就称为定额法。这些方法与企业生产经营类型的特点没有直接联系，不涉及成本计算对象；它们的应用或者是为了简化成本计算工作，或者是为了加强成本管理，只要具备条件，在哪种经营类型的企业中都能用。因此，从计算产品实际成本的角度来说，它们不是必不可少的。基于上述情况，这些方法被统称为辅助方法，一般应与各种类型生产经营企业采用的基本方法结合起来使用，而不能单独使用。

需要指出的是，产品成本计算的基本方法和辅助方法的划分，是从计算产品实际成本角度考虑的，并不是因为辅助方法不重要；相反，有的辅助方法，如定额法，对于控制生产经营费用，降低产品成本，具有重要作用。

以上介绍的产品成本计算方法是目前我国实际工作中采用比较广泛的几种方法。此外，在西方发达国家，为了向企业的决策人进行短期生产经营决策提供数据，还采用一种

只计算产品的变动成本，而将固定成本直接计入当期损益的变动成本法；为了加强企业内部成本控制和分析，还采用一种只计算产品的标准成本，而将实际成本与标准成本的差异直接计入当期损益的标准成本法；为了改变将计入的间接费用分配到各种产品的标准，提高产品成本计算的正确性而采用作业成本法。其中有些已被我国企业采用。这些方法都是西方管理会计的组成部分，都是为了某种目的而采用的成本计算方法。这些方法不受企业生产类型特点的制约，只要具备条件在哪个企业都能应用，因而与分类法和定额法一样，从计算产品实际成本角度来说，都不是必不可少的。因此，这些方法也应归属于辅助方法。

产品成本计算方法归类如图 4-3 所示。

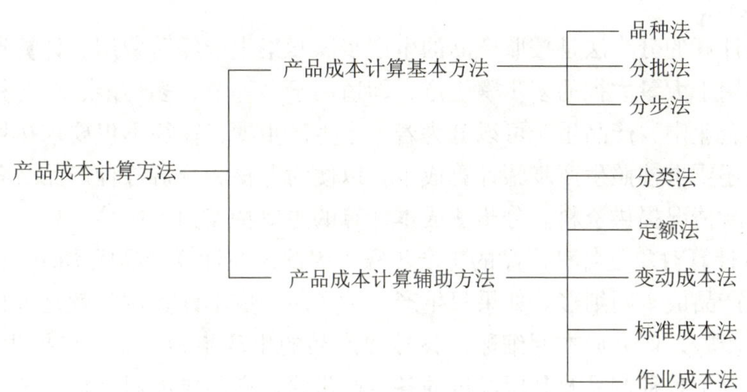

图 4-3　产品成本计算方法归类

由于企业生产经营情况错综复杂，在实际工作中，各种成本计算方法往往是同时使用或结合使用的。这主要取决于企业的生产经营特点，其目标是力求达到既要正确计算产品成本，又要简化成本的核算工作。

（一）品种法

品种法是以产品的品种（如劳务作业种类）作为成本计算对象来归集生产经营费用，计算产品成本的一种成本计算方法。这种方法适用于大量大批单步骤经营的企业，也可用于不需要分步骤计算成本的多步骤大量大批经营的企业。在品种单一的情况下，可采用简单法计算产品成本。在生产经营多品种的情况下，就需要按产品的品种分别设置成本明细账。

对于物流活动的产品成本计算，常常用到品种法中一种计算工作比较简单的方法。这种方法一般运用于大量大批单步骤的简单生产，如运输作业等。这类生产往往品种单一，采用封闭式，月末一般没有在产品存在。即使有在产品，数量也很少，所以一般不需要将生产经营费用在完工产品与在产品之间进行划分。当期发生的物流费用总和就是该种完工产品的总物流成本。总物流成本除以作业量，就可以计算出该产品的单位成本。在简单法下，生产经营中发生的一切费用都属于直接费用，可以直接计入该种产品成本。由于简单法不存在完工产品与在产品成本划分的问题，计算方法比较简单，故称之为简单法。

（二）分批法

产品成本计算的分批法，是按照产品批别（如劳务作业的批次）归集生产经营费用、计算产品成本的一种方法。它主要适用于单件小批，管理上不要求分步骤计算成本的多步骤的作业。

分批法成本计算的主要特点如下：

（1）成本计算对象是产品的批别（单件生产为件别）。在小批和单件生产中，产品的种类和每批产品的批量，大多是根据用户的订单确定的，因而按批、按件计算产品成本，往往也就是按照订单计算产品成本。因此，这种方法又称为订单法。

（2）在分批法下，为了保证各批产品成本计算的正确性，各批产品成本明细账的设立和结算，应与生产任务通知单的签发和结束紧密配合，因此产品成本计算是不定期的。成本计算期与产品生产周期基本一致，而与核算报告期不一致。

（3）在分批法下，由于成本计算期与产品的生产周期基本一致，因而在计算月末产品成本时，一般不存在完工产品与在产品之间分配费用的问题。

（三）分步法

产品成本计算的分步法是按照产品的生产步骤归集生产经营费用、计算产品成本的一种方法。它适用于大量大批的多步骤生产，即适用于多环节、多功能、综合性营运的物流企业。在这类企业中，产品生产可以分为若干个生产步骤，往往不仅要求按照产品品种计算成本，而且还要求按照生产步骤计算成本，以便为考核和分析各种产品及各生产步骤的成本计划的执行情况提供资料。分步法成本计算的主要特点如下：

（1）成本计算对象是各种产品的生产步骤。因此，在计算产品成本时，应按照产品的生产步骤设立产品成本明细账。如果只生产一种产品，成本计算对象就是该种产品及其所经过的各生产步骤，产品成本明细账应该按照产品的生产步骤开立。如果生产多种产品，成本计算对象就是各种产品及其所经过的各生产步骤，产品成本明细账应该按照每种产品的各个生产步骤开立。

（2）由于大量大批多步骤生产的产品往往跨月陆续完工，月末各步骤如有未完工的在产品，为计算完工产品成本，需要将归集在生产成本明细账中的生产经营费用在完工产品和在产品之间进行费用分配。

（3）除了按品种计算和结转产品成本外，还需要计算和结转产品的各步骤成本。其成本计算对象，是各种产品及其所经过的各个加工步骤。

经典资料

经典资料一　基于“项目核算”的企业物流成本核算方法研究

（涂传清、彭媛，江西农业大学，张莉萍，江西省学生资助管理中心，财会通讯，2011，06 期）

物流成本计算方法是物流成本计算的难点和关键，也是物流管理领域的研究热点。目前，理论界提出的物流成本计算方法被概括为三种，即会计方式、统计方式以及会计和统计相结合的方式。以国家标准 GB/T 20523—2006《企业物流成本构成与计算》为代表的主流观点是运用会计和统计相结合的方式，通过账外核算得到物流成本资料。国家标准将物流成本区分为可从现行成本核算体系中予以分离的物流成本（显性成本）和无法从现行成本核算体系中予以分离的物流成本（隐性成本）。显性成本通过会计方式计算，隐性成本通过统计方式计算。对于通过统计方式计算隐性成本，学术界基本上不存在任何异议，但在如何通过会计方式计算显性成本方面，学术界仍存在较大争议，集中表现为单轨制与双轨制之争。例如，杜赵伟（2008）从五个方面分析比较了这两种物流成本会计核算模式，认为双轨制更符合我国现阶段企业物流成本会计核算的实际需要；陈文（2009）则认为企业物流成本会计核算是采用双轨制还是单轨制，应根据每个企业的具体情况而定，并且从发展的观点来看，最好是采用单轨制会计核算方式。产生上述分歧的原因在于，虽然单轨制和双轨制都可以取得物流成本信息，但均存在相应的缺陷：单轨制把物流成本核算与企业先行的其他成本核算如产品成本核算、责任成本核算、变动成本核算等结合进行，有望建立一套能提供多种成本信息的凭证、账户、报表核算体系，但要对现有的凭证、账户、报表体系进行较大的改革，实施的难度较大；双轨制把物流成本核算与其他成本核算截然分开，单独建立物流成本核算的凭证、账户、报表体系，将给财务人员带来大量的额外工作，企业为此可能要设立专门的岗位甚至部门，导致获取物流成本信息的代价高昂。因此，在实践中，对企业来说，无论是采取单轨制还是采取双轨制，实施起来都不是一件容易的事情。

笔者认为，单轨制和双轨制之争是典型的由于受制于传统手工记账思维模式而导致的狭隘观点，因为其忽视了当前企业普遍使用财务软件处理日常会计业务的技术背景。而借助于信息技术，企业完全可以跨越双轨制和单轨制的界限，较容易地按照规定的标准和要求从现有会计数据中提取和归集物流成本信息。本文拟将讨论在我国现行的会计核算体系下，如何通过财务软件的项目核算功能从纷繁复杂的会计数据中提取物流成本信息，并按国家标准 GB/T 20523—2006《企业物流成本构成与计算》规定的企业物流成本项目构成、范围构成和支付形态构成三个维度进行归集，此方法既绕过了单轨制需要改革现有企业成本核算体系的难题，又避免了双轨制获取物流成本信息代价较高的缺陷，能够真正地帮助企业低成本地获取物流成本信息。

一、利用“项目核算”功能可以实现单轨制核算企业物流成本

“项目核算”功能是财务软件的一种重要辅助核算功能，该功能的开发充分利用了计算机在数据处理方面的特点和优势，为会计主体组织明细核算提供了新的途径，常被用于工程核算、成本核算和现金流量等范围。事实上，“项目核算”功能的应用范围远不止此，利用“项目核算”功能，企业可以不用设置物流成本辅助账户，直接从会计数据中提取和归集物流成本信息。

（1）从数据库技术看，企业多维度成本核算的实质是为满足经营管理的需要。企业想要从多个角度了解成本信息，就要求会计核算系统能提供多元化的成本信息。因此，形成了一个涵盖产品成本核算、责任成本核算、标准成本核算和变动成本核算的多维度成本核算体系。责任成本、标准成本和变动成本属于西方管理会计中的核算方法，在被引进我国之初，学术界也存在单轨制和多轨制之争：一种观点认为，几种成本核算不能结合进行，应分别组织核算，即建立“多轨制”的成本核算体系；另一种观点则认为，几种成本可以在同一核算中完成，即建立“单轨制”的成本核算体系。从目前的情况来看，经过多次会计制度调整并借助于计算机技术，“四位一体”的“单轨制”成本核算在实际操作中已经实现。

事实上，不同维度的成本核算是对相同的原始成本数据，采用不同的分类标准划分类别，并在此基础上按不同的成本对象进行归集整理，以便从多个角度反映企业的成本管理问题。从数据库技术的角度来看，多维度成本核算的实质是对同一数据源的数据从多个角度进行分类标识和分类汇总等操作。因此，从理论上讲，只要定义好原始成本数据的分类标识，借助于数据库技术，可以满足用户对原始成本数据的任何分类汇总要求。财务软件中的部门核算、个人往来、客户往来、供应商往来、项目核算等辅助核算功能均可以看作这方面的运用实例。例如，为了解各部门业务招待费的开销情况，企业可以将“管理费用”科目中的明细科目“业务招待费”指定为部门核算，然后，在填制会计凭证时，只要涉及该明细科目，系统就会自动提示输入相应的辅助核算信息，这个过程实际上是对“业务招待费”按部门进行分类标识，在凭证审核记账后，系统可以按部门分别汇总业务招待费。

（2）财务软件的“项目核算”功能可用于企业物流成本核算。从会计核算的角度来说，不同行业对项目有不同的理解。譬如，施工企业、建设单位所承建的工程项目，印刷、出版企业所承印的书画、期刊，加工、制造企业所承担的货物加工、产品制造，科研院所所承接的科研课题等，均可称为“项目”。虽然不同会计主体所要核算的“项目”内涵不同，其成本构成也存在很大差异，但就同一会计主体而言，作为成本核算对象的“项目”具有核算时效性和耗费相似性等特点。因此，可将“项目”定义为会计主体具有共同或类似支出构成的一组成本核算对象。在手工会计处理条件下，企业为了获得不同工程

项目、产品或科研课题的各项支出，通常需要对在建工程、生产成本和在研课题等科目设置多栏式明细账并按成本核算对象开设专页进行明细核算。针对“项目”所具有的核算时效性和耗费相似性等特点，财务软件一般通过开发“项目核算”功能以实现对“项目”收支的辅助核算。其基本开发思路是在凭证数据表文件中增加“项目代码”字段用以专门存储“项目代码”信息，并以“项目代码”为索引与项目数据表文件建立关联，从而把对“项目”收支的核算从传统的“科目”核算中分离出来，为会计主体组织明细核算提供了新的途径。

将“项目核算”仅用于满足会计主体的成本核算，其实是对“项目”概念的狭义理解。在电算化系统中，“项目核算”通常采用与“科目核算”类似的开发方式，即以单独存储于凭证数据表文件的“项目代码”记录实现对“项目”数据的分类、统计。这种处理方式可使用户在不增加账套明细科目级次、数量的前提下进行立体式账务系统设置。因此，“项目核算”已经不再局限于会计主体对成本的核算，而被应用于所有具有相同或类似明细核算特性的核算对象。由于电算化系统将“项目核算”视为“科目核算”的一个属性，并使用独立字段对凭证数据表文件进行单独标识，从而使用户可针对不同科目通过设定不同的核算属性而满足核算或管理上的特殊需要。如对现金类科目按现金流入、流出项目进行“项目核算”，可实现现金流量表主表的计算机编制；对应收、应付款科目按往来单位进行“项目核算”，可实时掌握与每一往来单位的债权、债务情况等；对主营业务收入、主营业务成本按商品品种或服务类别进行“项目核算”，可获得不同商品或服务的毛利信息。为此，可以把财务软件及电算化账务系统的广义“项目”概念定义为“针对不同核算科目所设置的具有相同或类似特性的一组核算对象”。物流成本符合广义“项目”的概念，其核算涉及多个会计科目，可对这些科目按企业物流成本项目构成、范围构成和支付形态构成进行“项目核算”，从中提取和归集物流成本信息。下文将以用友 ERP-U8 软件为例，阐述利用其“项目核算”功能核算企业物流成本的具体思路。

二、利用“项目核算”功能计算企业物流成本的思路

在用友 ERP-U8 下，利用项目核算功能完成企业物流成本提取和归集工作，再利用 UFO 报表系统编制企业物流成本报表。其基本思路是：在项目档案中定义“物流成本”项目大类；根据物流成本项目构成和物流成本范围构成进行二级项目分类定义；根据支付形态构成建立物流成本的项目目录；在编制记账凭证时，根据发生业务的性质，随时确认涉及物流业务所属的物流成本项目；在 UFO 报表中，自定义报表的格式，确定企业物流成本项目的数据来源，实现企业物流成本报表的编制。

（1）将与物流业务相关的会计科目设定为项目核算科目。在会计核算中，对生产制造企业来说，物流成本常被分散计入生产成本、制造费用、其他业务成本、销售费用、管理费用、财务费用、营业外支出以及材料采购等科目，因此，这些会计科目是物流成本项目的辅助核算科目，应该在设置会计科目时，将这些会计科目或其下的某些明细科目设定为“项目核算”。

（2）建立物流成本项目档案。具体包括：①定义项目大类。定义项目大类名称“物流成本”。定义项目级次为两级，以便于从物流成本项目构成和物流成本范围构成两个维度进行项目分类定义：一级参数选定为 2，因为物流成本项目构成超过十个，需要两位数对其进行编码；二级参数选定为 1，因为物流成本范围构成只有五个，只需一位数就可以完成对其编码。②指定核算科目。将生产成本、制造费用、其他业务成本、销售费用、管理费用、财务费用、营业外支出以及材料采购等科目或其下的明细科目选为物流成本项目核算科目。上述科目一般都会下设明细科目，应该只将其中与物流成本相关的明细科目指定为物流成本项目的辅助核算科目。因为一旦某科目被指定为项目辅助核算科目，那么在编制会计凭证时只要涉及该科目就会被强制要求输入项目辅助核算信息，因此，如果将与物流业务无关的明细科目剔除出去，会计人员在录入凭证时就不用费神判断该项业务应该归属于哪个物流成本项目，并减少凭证录入时的工作量，以提高工作效率。③定义项目分类。以物流成本项目构成和物流成本范围构成为依据定义项目分类，同时根据国家标准 GB/T 20523—2006《企业物流成本构成与计算》提供的企业物流成本主表所需填报的相关细目，增设部分“其他”项，用以表示无法准确划分类别的委托成本。例如，“016 其他”表示无法准确划分物流范围的委托运输成本；“034 其他”表示无法准确划分物流范围的委托包装

成本；“11 其他”表示不分成本项目，用整体计费方式支付但可划分物流范围的委托成本；“116 其他”则表示不分成本项目也无法划分物流范围，用整体计费方式支付的委托成本。另外，增加一个“非物流成本”项目类别，用于归集指定核算科目中不属于物流成本的内容。这很重要，因为一旦指定某会计科目为“物流成本”项目的辅助核算科目，那么在编制会计凭证时，在输入完科目名称后，系统会强制要求输入该科目的辅助核算信息，而可能该科目的发生额中只有小部分属于物流成本，还有大部分不属于物流成本，应将不属于物流成本的部分归属于“非物流成本”项目类别。如企业的材料采购业务，在“材料采购”科目的发生额中大部分是材料的价款，只有少部分是企业支付的运输费用，因此，应该将“材料采购”科目的发生金额一分为二，材料价款记入“非物流成本”项目类别，支付的运输费用记入“运输成本——供应物流成本”项目类别。具体项目分类如表 4-6 所示。④定义项目目录。项目分类以物流成本项目构成和物流成本范围构成为依据，因此，为了从三个维度反映企业物流成本，在项目目录中，还需要体现物流成本的支付形态；同时，根据国家标准 GB/T 20523—2006《企业物流成本构成与计算》提供的企业物流成本主表和附表所需填报相关细目，建立具体的项目合计 118 项。由于数量过多，本文不一一列举，只用举例的方式予以说明。例如，由于运输成本存在于企业供应物流、企业内物流、销售物流、回收物流和废弃物物流全过程，同时还要考虑无法准确划分物流范围的委托运输成本，因此与运

表 4-6　具体项目分类

一级分类	二级分类	一级分类	二级分类
01 运输成本	011 供应物流成本	07 物流管理成本	071 供应物流成本
	012 企业内物流成本		072 企业内物流成本
	013 销售物流成本		073 销售物流成本
	014 回收物流成本		074 回收物流成本
	015 废弃物物流成本		075 废弃物物流成本
	016 其他		076 其他
02 仓储成本	021 企业内物流成本	08 流动资金占用成本	081 供应物流成本
03 包装成本	031 供应物流成本		082 企业内物流成本
	032 企业内物流成本		083 销售物流成本
	033 销售物流成本		084 其他
	034 其他	09 存货风险成本	091 供应物流成本
04 装卸搬运成本	041 供应物流成本		092 企业内物流成本
	042 企业内物流成本		093 销售物流成本
	043 销售物流成本		094 其他
	044 回收物流成本	10 存货保险成本	101 供应物流成本
	045 废弃物物流成本		102 企业内物流成本
	046 其他		103 销售物流成本
05 流通加工成本	053 销售物流成本		104 其他
06 物流信息成本	061 供应物流成本	11 其他	111 供应物流成本
	062 企业内物流成本		112 企业内物流成本
	063 销售物流成本		113 销售物流成本
	064 回收物流成本		114 回收物流成本
	065 废弃物物流成本		115 废弃物物流成本
	066 其他		116 其他
		12 非物流成本	121 非物流成本

输成本相关的项目共有 21 个；而仓储成本通常仅发生于企业内物流阶段，因此与仓储成本相关的项目只有 4 个，如表 4-7 所示。另外，在项目分类中，定义了“非物流成本”项目类别，那么在项目目录中也要定义归属于此类别的“非物流成本”项目，该项目不在物流成本报表中反映。

表 4-7　与仓储相关的项目

项目编号	项目名称	所属分类码	项目编号	项目名称	所属分类码
001	运输成本——供应物流成本——委托	011	015	运输成本——回收物流成本——维护费	014
002	运输成本——供应物流成本——人工费	011	016	运输成本——回收物流成本——一般经费	014
003	运输成本——供应物流成本——维护费	011	017	运输成本——废弃物物流成本——委托	015
004	运输成本——供应物流成本——一般经费	011	018	运输成本——废弃物物流成本——人工费	015
005	运输成本——企业内物流成本——委托	012	019	运输成本——废弃物物流成本——维护费	015
006	运输成本——企业内物流成本——人工费	012	020	运输成本——废弃物物流成本——一般经费	015
007	运输成本——企业内物流成本——维护费	012	021	运输成本——其他——委托	016
008	运输成本——企业内物流成本——一般经费	012	022	仓储成本——企业内物流成本——委托	021
009	运输成本——销售物流成本——委托	013	023	仓储成本——企业内物流成本——人工费	021
010	运输成本——销售物流成本——人工费	013	024	仓储成本——企业内物流成本——维护费	021
011	运输成本——销售物流成本——维护费	013	025	仓储成本——企业内物流成本——一般经费	021
012	运输成本——销售物流成本——一般经费	013	⋮	⋮	⋮
013	运输成本——回收物流成本——委托	014			
014	运输成本——回收物流成本——人工费	014	118	非物流成本	121

（3）编制记账凭证时，随时确认发生的物流成本所属的物流成本项目。输入凭证时，要录入辅助核算明细，对辅助核算科目发生额中不属于物流成本的部分指定为“118 非物流成本”项目；对属于物流成本的部分，则需要根据所涉及物流业务的性质，指定其所属的物流成本项目。由于这一操作步骤既要确定发生的物流成本所属的物流成本项目，又要确定物流成本的发生金额，因此会涉及间接物流成本分配的问题，是物流成本计算的关键和难点所在，需要企业各个部门的全力配合，建立完善的原始会计信息，并采用科学的方法方能完成。

（4）物流成本报表的编制。企业可以通过总账系统中的“项目辅助账”查看物流成本项目的总账和明细账，获取详细的物流成本信息。当然，为了使各部分的物流成本看起来更直观，可以利用 UFO 报表中的自定义报表功能根据国家标准推荐的格式编制物流成本报表。物流成本项目的辅助核算科目除材料采购科目为资产类账户外，其他全部为成本费用类科目，而根据借贷记账法，资产类账户与成本费用类账户具有相同的账户结构，即借方记录本期增加的发生额，贷方记录本期减少的发生额，因此，物流成本是通过其辅助核算科目的借方一笔笔记录下来的。在编制物流成本报表时，只需要统计辅助核算科目借方发生额中与物流成本相关的部分即可。利用“项目核算”功能计算企业物流成本应注意：①我国的商品化财务软件，因受实务中“项目”核算内容、核算方式和会计工作组织的影响，对“项目核算”功能所做的不同程度的限制妨碍了用户的实际运用。例如，用友 ERP-U8 规定一个会计科目只能指定一个项目大类，从而限制了核算的维度，如将“制造费用”指定为物流成本项目大类核算的科目，就不能再将其指定为生产成本项目大类核算的科目，无法满足用户多元化的信息需求。②财务软件的项目核算功能只能对已经标识过的信息进行分类汇总，并不能解决原始数据的标识问题。例如，在编制会计凭证输入“材料采购”科目的辅助核算信息时，只有在原始凭证中分别注明了材料价款和运输费用，人们才知道应该分别将多少金额记入“非物流成本”项目和“运输成本——供应物流成本——委托”项目。可见，为了满足物流成本计算的需要，企业应该丰富原始凭证记载的内容；而企业的原始凭证既有来自外部的，也有来自内部的，因此，需要外部合作伙伴和内部各职能部门的密切配合方能完成。

经典资料二　第三方物流企业物流成本计算及案例

（徐瑜青、王瑞娟、杨露静，清华大学经济管理学院，工业工程与管理，2010，02 期）

一、引言

物流成本是物流活动中所消耗的物化劳动和活劳动的货币表现，即产品在实物运输过程中，如包装、运输、储存、流通加工、物流信息等各个环节所支出的人力、物力和财力的总和。对第三方物流企业而言，物流成本是企业的所有成本，直接成本占全部成本的大部分。第三方物流企业是提供服务型企业，没有实际意义上的“产品”或“制造费用”，所以传统的成本核算方法是核算第三方物流企业物流成本的有效方法。

二、第三方物流企业物流成本的计算与分析

（一）案例企业业务流程

笔者调研的案例企业是某第三方物流企业集团下属的专业子公司，其主营业务包括跨区域长途运输、区域内配送、仓储管理、零担专线运营、能源运输等物流服务。所有业务归入项目操作和快运专线两种方式经营。该公司有欧洲轮胎、韩国轮胎、欧牌机油三个大型客户，公司财务进行独立核算，公司的业务流程如图 4-4 所示。

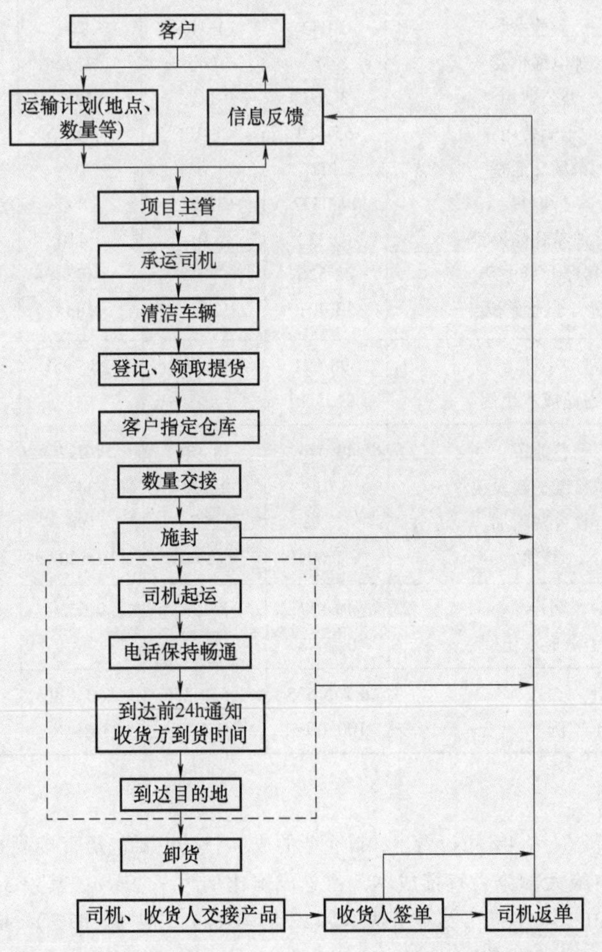

图 4-4　某第三方物流企业集团下属专业子公司的项目流程

（二）成本计算

通过传统的成本核算方法计算案例企业的物流成本，其总成本核算如表 4-8 所示。

表 4-8 某第三方物流企业集团下属专业子公司成本核算 （单位：元）

成本项目				总成本	欧洲轮胎项目			零担快运业务
					项目组	快运分摊	合计	
直接业务成本	项目组		仓储	240 093	0	0	0	0
			配送成本	11 844	2 179	0	2 180	0
			长途运输（汽运）	4 875 316	1 436 452	0	1 436 452	0
	快运部	网外	运输	217 378	0	50 707	50 707	130 726
			配送	36 884	0	8 604	8 604	22 181
		网内	干线车成本	301 749	0	70 388	70 388	181 465
			支线车成本	112 290	0	26 193	26 193	67 528
			配送成本	35 113	0	8 190	8 191	21 116
			小计	5 830 667	1 438 631	164 082	1 602 715	423 016
			占总成本比例	92. 91%				
操作费用			职工薪酬	122 629	16 455	18 349	34 804	47 306
			业务招待费	3 186	0	400	400	1 032
			差旅费	2 052	1 317	87	1 404	224
			邮电通信费	8 384	645	727	1 372	1 874
			办公费用	3 263	118	166	285	429
			车辆费用	65 419	28 186	4 088	32 274	10 540
			市场交通费	122	0	0	0	0
			折旧费	147 377	132 237	1 893	134 130	4 881
			低值易耗品摊销	10 332	0	2 410	2 410	6 213
			房屋及场地费	22 526	0	492	492	1 269
			税费（非业务税金）	13 401	12 504	183	12 688	471
			小计	398 691	191 462	28 795	220 259	74 239
			占总成本比例	6. 35%				
业务税费			营业税	43 046	18 184	4 957	23 141	12 780
			城市维护建设税	3 013	1 273	347	1 620	895
			教育费附加	1 722	727	198	926	511
			其他	−1 604	−12 001	2 120	−9 881	5 466
			小计	46 177	8 183	7 622	15 806	19 652
			占总成本比例	0. 74%				
合计				6 275 535	1 638 276	200 499	1 838 780	516 907
占总成本比例				100. 00%	26. 11%	3. 19%	29. 30%	8. 24%

（三）成本分析

（1）成本构成分析。从表 4-8 可以看出，该企业的成本分类主要包括直接业务成本、操作费用和税费三种。公司总成本中绝大部分为直接成本，占总成本比例为 92. 91%，其中，项目组合计的成本占 87. 93%（81. 70%/92. 91%），快运专线业务成本占 12. 07%（11. 21%/92. 87%）。此比例与其收入比例大致相同，即项目物流收入占 85. 97%，快运专线业务收入占 14. 03%。从业务角度来说，欧洲轮胎项目成本和零担快运成本分别占公司总成本的 29. 30%和 8. 24%。其中，欧洲轮胎外派项目组成本占整个项目成本的 89. 11%（26. 11%/29. 30%），快运部为欧洲轮胎项目提供快运服务分摊的成本占整个项目成本的 10. 89%（3. 19%/29. 30%）。

操作费用主要是项目组及快运部直接服务于物流业务的人员、设备等相关的费用，占总物流成本比例为 6. 35%。操作费用可以进一步分为与人员相关的费用、与设备相关的费用、与业务相关的费用。分摊后可知，公司的操作费用与人员、设备、业务基本均衡相关，占总操作费用的比例分别为 32. 86%、46. 03%、21. 11%。

业务税费占总成本比例为 0. 74%，包括企业营业税、城市维护建设税、教育费附加。该公司的城市维护建设税为企业营业税总额的 7%，教育费附加为企业营业税总额的 4%。该公司在具体操作过程中，有大量代开发票业务，下月互相冲减调整，但是并不影响公司整体税负大小。

（2）成本趋势分析。该企业 2005 年—2008 年物流成本情况如表 4-9 所示。

表 4-9　该企业 2005 年—2008 年物流成本情况　　（单位：元）

成本项目	2005 年		2006 年		2007 年		2008 年	
	金额	比例	金额	比例	金额	比例	金额	比例
业务成本	7 112 663	93. 30%	8 330 388	91. 05%	10 613 751	96. 31%	5 830 669	92. 91%
操作费用	425 355	5. 58%	431 188	4. 71%	306 181	2. 78%	398 692	6. 35%
业务税金	85 244	1. 12%	387 565	4. 24%	100 213	0. 91%	46 177	0. 74%
合计	7 623 262	100. 00%	9 149 141	100. 00%	11 020 145	100. 00%	6 275 538	100. 00%

从表 4-9 可知，该企业 2005 年—2008 年成本构成几乎未变，成本构成比例大致相同，直接业务成本占公司总成本比例一直高于 90%。从绝对数看，前三年一直呈上升趋势，从 2007 年至 2008 年开始下滑。究其原因，该公司于 2008 年在辖区内其他子公司新设了两个区域快运专线部，新设的两个区域快运专线部使得其操作费用即间接成本增加。

（3）成本中心成本分析。成本和利润中心主要包括欧洲轮胎、韩国轮胎、欧牌机油项目、零担快运业务。由于该公司为区域中心公司，其区域内除本公司快运部外还下辖其他几个快运部，区域内成本归公司统一核算。其直接成本通过三个层次实现：①依据干线收入将成本分摊至各干线；②依据物流量分摊至区域内的各快运部；③按照项目物流量将公司快运部的成本分摊至各项目。

笔者选用快运部的原始收入构成作为成本动因重新分摊快运部成本至各成本中心，结果如表 4-10 所示。

表 4-10　成本中心成本核算结果　　（单位：元）

成本项目			欧洲轮胎项目	韩国轮胎项目	欧牌机油项目	零担快运业务
直接成本	金额	项目物流	1 438 631. 71	586 489. 40	3 102 131. 82	0. 00
		快运部分摊	164 082. 70	116 316. 37	0. 00	423 016. 54
		小计	1 602 714. 41	702 805. 77	3 102 131. 82	423 016. 54
	占项目总成本比例		87. 16%	93. 29%	97. 97%	81. 84%
操作费用	金额		220 260. 03	28 988. 70	75 201. 29	74 241. 68
	占项目总成本比例		11. 98%	3. 85%	2. 37%	14. 36%
业务税费	金额		15 806. 18	21 565. 56	−10 846. 61	19 651. 77
	占项目总成本比例		0. 86%	2. 86%	−0. 34%	3. 80%
合计			1 838 780. 62	753 360. 03	3 166 486. 50	516 909. 99
占总成本比例			29. 30%	12. 00%	50. 46%	8. 24%

由表 4-10 可知，欧洲轮胎项目、韩国轮胎项目、欧牌机油项目及零担快运业务成本分别占公司总成本的 29. 30%、12. 00%、50. 46%和 8. 24%，各项目直接成本、操作费用、业务税费占各自总成本比例大致与总成本构成比例相当。值得指出的是：该公司欧洲轮胎项目和零担快运业务直接成本占比低于 90%。对于全部由快运部负责的零担快运业务，具有客户数目多且单个业务规模小的特点，通常需要拼车，多个项目通常由一人负责，而快运部的职工薪酬、折旧费、信息费等服务于所有客户，故操作费用较多也是比较合理的。对于欧洲轮胎项目，则大部分由外派的欧洲轮胎项目组完成，直接成本主要是运输车辆费用。对于间接费用，欧洲轮胎项目操作费用主要是职工薪酬和折旧费用，分别占欧洲轮胎项目总成本的 1. 89%和 7. 29%。此处车辆折旧费用比较高，是由于欧洲轮胎项目大部分业务由项目操作管理部的自有车辆完成。相应的，因为使用外采车辆运输费用高，故欧洲轮胎项目的直接成本较低。所以，公司应该计量外采车辆引起的高直接费用与自有车辆引起的高管理间接费用。

（4）成本中心利润分析。根据对公司总收入和总成本再次分摊核算的结果，按照成本中心核算利润，结果如表 4-11 所示。

表 4-11　成本中心利润核算结果　（单位：元）

项目	欧洲轮胎项目	韩国轮胎项目	欧牌机油项目	零担快运业务
收入	1 909 133. 80	1 153 845. 67	3 966 803. 89	647 841. 68
成本	1 838 780. 63	753 360. 03	3 166 486. 51	516 909. 99
利润	70 353. 18	400 485. 63	800 317. 39	130 931. 68
毛利率	3. 69%	34. 71%	20. 18%	20. 21%

由表 4-11 可知，韩国轮胎项目毛利率最高，欧洲轮胎项目毛利率最低，而欧牌机油项目和零担快运业务毛利率居中。这种分析结果显示出欧洲轮胎项目实际盈利性较差，与公司的相关陈述不相符合。将快运部发生的成本分摊至各项目前，各项目的利润核算结果如表 4-12 所示。

表 4-12　快运部成本分摊前成本中心利润核算结果　（单位：元）

项目	欧洲轮胎项目	韩国轮胎项目	欧牌机油项目	零担快运业务
收入	1 909 133. 80	1 153 845. 67	3 996 803. 89	647 841. 68
成本	1 638 277. 85	611 225. 89	3 166 486. 51	859 546. 91
利润	270 855. 95	542 619. 78	800 317. 38	−211 705. 23
毛利率	14. 19%	47. 03%	20. 18%	−32. 68%

根据表 4-12，在快运部成本分摊前，公司认为欧洲轮胎项目和欧牌机油项目的盈利情况比较接近，但是公司忽略了两点：①欧牌机油项目不需要快运专线部提供承运服务，而欧洲轮胎项目需要。公司在核算过程中已经将快运部收取的承运价款计入欧洲轮胎项目收入中，但未将其成本分摊至欧洲轮胎项目，即收入已经全额计算，但成本未全额核计；而欧牌机油项目的收入和成本已经全额计算。②在快运部成本分摊前，欧洲轮胎项目较欧牌机油项目的操作费用高。欧洲轮胎项目和欧牌机油项目的操作费用占其利润的比例分别为 70. 69%和 9. 40%。其中，二者差别最大的是折旧费，对欧洲轮胎项目来说是车辆折旧费，对欧牌机油项目来说是仓库折旧费。

三、第三方物流企业降低物流成本的思考

（一）规范企业财务核算体系

案例企业在成立不久后，运营已初上轨道，但是财务核算尚未完善，目前只能计算公司整体的盈利状况，不能对各项目的盈利进行计量。因此，第三方物流企业应该规范企业财务核算体系，按照项目进行收入和成本核算，准确了解项目盈利能力，合理分配企业现有资源，提高企业综合竞争力。

（二）搭建完善的配送网络，降低空载率

配送是第三方物流企业的主营业务，也是第三方物流企业降低物流成本、增强核心竞争力的重要方面。配送通常通过集中、配货等环节，将不同供应商和众多品种的货物统一运送，利用规模优势以较低的单位运作成本来开发利润空间。笔者调研的两家大型第三方物流企业均存在返程时因到货地没有合适货源空载而返，在空返过程中发生的固定费用，如车辆折旧费、养路费、油费等不可避免，因而没有收入只有成本的情况时有发生。笔者认为，在配送过程中，企业应该充分利用运力，尽可能提高车辆在容积和载重两方面的载货量。企业一方面需要搭建完善的配送网络和完整的信息系统，建立关联企业及客户信息簿，增强与其他第三方物流企业及客户的联系。另一方面，增加在设计配送路线方面的投入，根据相关信息设计更加合理的配送路线，降低回程的空载率。这样，不仅可以增加企业的收入，还可以充分利用运力降低运营成本，提高企业的综合盈利能力和社会物流利用率。

（三）建立和完善企业物流内部控制体系

调研中笔者看到案例企业还没有建立内部控制体系，而完善的内部控制将会有效地降低物流成本，增加企业利润，为此，对公司的项目物流和快运专线的内部控制分别进行了设计。笔者认为，某第三方物流集团下属专业子公司内部控制从以下几个主要方面进行：营造内部控制环境、运输管理、车辆管理、库存管理、装卸搬运管理、信息统计管理。项目物流和零担快运业务是公司的主营业务，公司应针对该业务流程中可能出现的风险进行合理控制，保证其运营规范性。现以快运专线为例，笔者对其内部的控制设计如表4-13所示。

表4-13　快运专线部内部控制点表格

控制点	潜在风险	控制措施
确定客户	客户存在欺诈行为，将来无法付款	对于市场开发部选定的客户进行严格的背景核查，包括注册资金、控股股东、财务状况等
接受客户指令	混淆客户信息	仔细核对客户及托运货物信息，及时存档
客户送货上门	送达途中导致的货物损坏责任不明晰	现场监理仔细查验货物的状态，并制作标签；调度根据货物实际状态填写运单并要求托运人签章；录入信息系统
分析运量，选定司机和车辆	派出车辆型号或数量不对应；承运商选择不合理	熟悉车型及其载重量，根据待运货物合理统筹安排；经常对运输行业进行调查，选择信誉好、有一定规模的承运商，且价格需合理；对外协车辆信息存档
司机开车去提货点	司机超时或不能到达提货点	对于自有车辆司机，需有派车单才可放行；对于承运商的司机，要对车辆和司机信息存档
提货点现场监装	货物出现短缺或残次品；装车不合适	根据运单严格清点货物数量，并把好“质量关”；根据货物属性装车，确保其在运输途中安全
提货点检查	现场监装不够仔细，提货出错	在车辆驶离提货点时进行最后一次检查，特别是数量和质量，若无误，则要求托运人在运单上签章
载货回公司	途中发生意外	对司机定期进行安全教育及必备的事故应急知识；对司机进行成本控制方面的激励
卸货	卸货过程中有损坏	现场监理严格审核货物的数量、质量，无误后在交接单上签章；制定规范的卸货程序，实行“谁损坏谁赔偿”措施
入库	入库货物发生短缺或损坏	对货物进行仔细查验，若有误立即与供货方联系并记录；对无误的货物，填写“入库登记表”

（续）

控制点	潜在风险	控制措施
调度制订发车计划 出库	出现运力不够或富余的情况 向客户发货出错	调度合理制订发车计划，并报批部门经理，需有部门经理的授权才可发车，严格根据出库单出货，若无误则签章，若有误则记录存档，明确责任
装车检查	货物摆放不合理	在签封前由调度进行检查，若无误则签封
运输追踪	运输车辆不能按时到达目的地	对自有车辆用 GPS 系统监控；对承运商车辆则时刻保持与承运商的联系；对车辆投保
到达目的地站点验货	货物短缺或有损坏	若有短缺损坏，则根据实际情况明确责任，并将差错情况报告给快运部有关调度
收货方自提货物	货物出现差错	核实客户身份；无误则要求客户签章、存档，并录入信息系统，有误则记录存档，并及时反馈给相关调度
市内配送	货物出现差错；客户验货后不予签章	规定货物须在一定时间内送达；客户验货出现差错应立即上报；客户恶意不予签章的不予放货，及时上报
回单管理	收入确认无真实完整的凭证	运单号应连续；只有经完整签字的完整运单才能作为记账凭证；没有收货人签字的运单单独管理，并追踪相关原因
处理投诉	客户投诉不能及时处理	客服人员有能力解决的问题要尽快解决，并上报存档；不能解决的问题上报给经理，经理组织人员解决
HUB 接车	对出现问题的货物没有及时处理，导致责任不明	现场监理根据司机带来的装车单仔细检查货物，若货物出现差错则记录入档，并通知发货站点；若货物无差则在装车单上签章，货物入库，填写货物入库单；调度将相关信息录入信息系统
区域外发车	不能及时找到合适的承运商，承运成本过高	外协承运商需信誉好，且信息需备份；每次承运需签订合同；将货交予承运商后，客服人员及时进行跟踪，掌握承运商在途信息
货物保管	货物被盗或损毁	对出入库的货物进行记录；定期对货物进行盘点，出现差异，及时解决；定期对仓库进行安全检查
信息系统的安全	信息被篡改、盗取，或丢失	只有经授权的员工才能操作信息系统，数据经常备份，有“灾难恢复计划”
绩效考评	绩效考评不能合理反映员工的工作	建立完备的考评制度与方法，并根据考评结果及时给予奖励；对考评结果较差的员工进行培训、沟通
初步的财务记录	财务记录无真实完整的凭证	所有的记录提交给财务部时均需附完整的记账凭证；不相容职务分离，并定期轮岗

四、结语

物流作为社会经济的“加速器”和企业“第三利润源”的地位日益彰显，自从 2005 年贯彻国家发展改革委等部门《关于促进我国现代物流业发展的意见》以来，我国物流业取得了突破性的发展，市场规模稳定增长。2008 年，全国社会物流总额 89.9 万亿元，同比增长 19.5%；全国物流业增加值为 19.965 亿元，同比增长 15.4%。在这样的大环境下，第三方物流市场需求进一步扩大，2003 年我国第三方物流市场规模即超600亿元，且每年以30%的速度增长。经济全球化和科技进步带来的市场压力，促使生产制造企业与物流企业加强合作，整合供应链来提高核心竞争力，力求在微利和开放的市场环境下获取最大利益。

笔者自2006年至今对制造业、零售业及第三方物流企业的成本核算进行了专门调研，认为制造业和零售业的物流成本具有隐含性，作业成本法是计算制造业和零售业物流成本的有效方法。同时，笔者分别对两个大型第三方物流企业多次实地调研后认为，对第三方物流企业而言，物流成本占企业全部成本的大部分，所以传统的成本计算方法就可以核算其成本，通过列举其中一个案例，笔者认为第三方物流企业应进一步规范财务核算体系、降低空载率。笔者调研的各行业均未建立物流内部控制体系，在COSO内部控制框架、萨班斯法案和企业风险管理理论的指导下，通过分析控制点、控制者、控制目标、潜在风险、控制措施，分别对三种不同行业的物流内部控制模式进行了设计，建立和完善物流内部控制体系可以降低物流成本，提高企业的盈利能力。本文期望通过第三方物流企业的成本核算，对增加企业盈利有一定的参考意义。

思考题

1. 在进行物流成本计算时应遵循什么原则?
2. 在进行物流成本分配时应遵循什么原则?
3. 在会计核算中有哪些成本核算制度?
4. 在成本核算时主要使用哪些会计科目?
5. 在计算物流成本时主要有哪些方法?
6. 物流产品成本计算方法有哪些?
7. 简述品种法、分批法和分步法的特点。
8. 我国农产品成本居高不下，其原因之一是农产品物流成本所占比重较大，农产品生产者长期忽视农产品物流成本的核算。农产品物流成本是指农产品在空间转移包括静止过程中，所耗费的各种物化劳动和活劳动的货币总和。也就是指农产品在实物运动过程中，如收购、运输、包装、装卸、储存、流通加工、配送、物流信息等各个环节所支出的人力、物力、财力的总和。请简述农产品物流成本计算的主要内容及简要计算步骤。

第五章

运输成本

作　用

运输成本是物流成本的重要组成部分，但运输成本绝不等于物流成本，作为本书第一个详细介绍的一类物流成本，其概念、构成及降低运输成本的方法在物流成本管理中具有非常重要的作用。

关　键

- 运输的概念与常见的五种运输方式
- 运输成本的概念、构成与影响因素
- 降低运输成本的方法
- 运输价格

第一节　运输与物流

一、运输概述

（一）运输的概念、功能与要求

运输是物流系统中的核心功能，是物品借助于运力在空间上所发生的位置移动。具体地讲，运输是使用运输工具对物品进行运送，以实现物流的空间效用。

运输在物流系统中提供两大功能：物品转移和物品存储。

物品转移是运输的主要功能，也就是物品在供应链中的移动。运输利用的是时间资源、财务资源和环境资源，只有当运输确实提高了物品价值时，这种物品转移才是有效的。运输过程利用的时间资源是各种供应链管理方法，如准时制和快速响应等方法所要考虑的一个重要的因素。运输过程要使用的财务资源是指自营车队所必需的开支，或者商业运输或公共运输所需的开支。运输是直接和间接地使用各种环境资源，直接如能源，间接如运输造成的拥挤、空气污染等。运输的主要目的就是以最少的时间、财务和环境等资源成本，将物品从供应地转移到需要的地点。此外，物品的损失成本也必须最低。

将运输车辆作为相当昂贵的储存设施，对物品进行临时储存只是一个附属的运输功能。然而，如果转移中的物品需要短时间存储，又将重新转移，这种储存就是必要的。因为将物品卸下来再装上去的成本可能会超过储存在运输工具上的成本。在准时生产、敏捷

制造等供应链管理方法中，可以利用运输的这种临时储存物品功能。例如，为了节约生产时间，可将运输的原材料等直接转到生产车间而不用进入仓库，当然这需要高效的运输系统或物流系统做后盾。

运输作为一种服务应符合一些基本的要求，其中最重要的是速度和一致性。运输速度是指完成特定的运输所需的时间。运输速度和成本的关系，主要表现在两个方面：首先，能够提供更快速服务的运输商实际要收取更高的运费；其次，运输服务时间越长，其单位时间费用就越低。因此，选择最期望的运输方式时，至关重要的问题就是如何平衡运输服务的速度和成本。

运输的一致性是指在若干次装运中履行某一特定的运次所需的时间与原定时间或与前几次运输所需时间的一致性。它是运输可靠性的反映，是高质量运输最重要的特征。如果运输缺乏一致性，就需要安全储备存货，以防预料不到的服务故障。运输一致性还会影响买卖双方承担的存货义务和有关风险。

（二）常见的五种运输方式

有五种基本的运输方式：公路运输、铁路运输、水路运输、航空运输和管道运输。各种方式的相对重要性可以按照系统公里数、交通流量、收入以及交通成分性质等来衡量。

1. 公路运输

公路运输是一种主要使用汽车或其他车辆（如人、畜力车）在公路上运送客货的运输方式。公路运输主要承担近距离、小批量的货运，水运、铁路运输难以到达地区的长途、大批量货运，以及铁路、水运优势难以发挥的短途运输。由于公路运输具有灵活性，近年来，即使在有铁路、水路运输的地区，长途大批量运输也开始用公路运输。

公路运输的主要优点是灵活性强，公路建设期短，易于因地制宜，对收货站设施要求不高，可采取“门到门”的运输形式，即从发货者门口直接到达收货者门口，而不需转运或反复装卸搬运。公路运输也可作为其他运输方式的衔接手段。公路运输的经济半径，一般在200km以内。

2. 铁路运输

铁路运输是一种使用铁路列车运送客货的运输方式。铁路运输主要承担长距离、大批量的货运，在没有水路运输条件的地区，几乎所有大批量货物都是依靠铁路运输，是在干线运输中起主力运输作用的运输形式。

铁路运输的优点是：速度快，运输不大受自然条件限制，载运量大，运输成本较低。主要缺点是：灵活性差，只能在固定线路上实现运输，需要与其他运输手段配合和衔接。铁路运输的经济里程一般在200km以上。

3. 水路运输

水路运输是最古老的运输方式。水路运输通常又被分为海洋运输和内陆可通航水路运输。水路运输的主要优点是能够运送数量较大的货物。它使用两种类型的船舶：一种是海船，主要用于远洋运输和长江大河中运输，限于进出深水港口；另一种是驳船，主要在河道上和江河中营运，具有相当大的灵活性。

水路运输的主要缺点是：其营运范围和运行速度受到限制；除非其起始地和目的地的运输都接近水道，否则需要铁路和公路补充运输。当需要较低的期望运费费率而运输速度是次要考虑的因素时，这种运输方式就能在较低的变动成本条件下承运大批量的货物。

4. 航空运输

航空运输是最新的但也是利用程度最低的运输方式。它的主要优点在于托运货物的运输速度上。通过航空运输，大洋两岸间的货物仅需几个小时，而其他运输方式则需要几天的时间。对航空货运具有抑制作用的就是高成本。当然，这种高成本能够换来高速度。

航空货运一般没有特定的商品。与其他运输方式最大的区别也许就在于，大多数航空货运是在紧急的情况下，而不是在日常的基础上处理的。当证明高成本是划算的情况时，厂商们通常会利用定期的或不定期的航空服务来运输货物。高价值或极易腐烂的产品最有可能成为正常空运的产品；而当一种产品的营销期极为有限时，例如，圣诞节产品、高级时装或鲜鱼之类的产品，则航空运输也许是物流作业唯一最实际的运输方法；像零部件或消费类的日常物流产品，也可能成为航空货运的候选对象。

5. 管道运输

管道运输是运输体系中的一个重要组成部分。除石油外，通过管道运输的其他进口产品主要是天然气。此外，管道还被用来运输化学制品、粉末化的水泥类干散材料和通过液压悬浮的面粉，以及在城市内用作市政当局的下水道和供水道。

与其他所有的运输方式相比，管道运输具有独特的性质，它是以每周 7 天，每天 24h 为基础运行的，仅受到完全更换运输商品和管道维修保养的限制。与其他运输方式不同，它不存在必须回程运输空的“集装箱”或“运输工具”；其高额的固定费用产生于通行权、建设控制站的要求以及泵道能力等。既然管道运输是非劳动密集型的，那么，管道一旦建设完毕，其营运变动成本必然很低。管道运输最明显的缺点是不灵活，在运输商品的范围方面受到限制：只能运送气体、液体或浆状产品。

二、运输在物流管理中的作用

（一）运输是物流系统中最为重要的构成要素

运输是通过运输手段使物品在物流节点之间流动。现代生产和消费是靠运输业的发展来实现的，高效、廉价的运输系统能促使市场竞争加剧，带来生产中更多的规模经济效益以及产品价格的下降。没有哪个企业可以在经营中不涉及原材料或产品的移动。一旦运输发生问题，物流环节中产品就会堆积，逐渐变质或过期，许多企业因此会发生财务困难，运输的重要性就更加突出。

物流中的运输包括长距离运输和短途运输（配送）。长距离运输也称为“干线运输”，主要是商品从工厂仓库到全国主要物流中心的大规模运输，可以利用大型货车、铁路（集装箱）或水路运输，既可以自己运输，也可以委托给专业运输业者。从物流中心到零售店的运输称为配送。随着电子商务的发展，配送业务迅速发展，配送费用占产品价格的比例将越来越大，有的产品的配送费用高达产品价格的50%以上，能否降低配送费用是制约电子商务发展的一个重要因素。

（二）运输是成本消耗最大的物流活动

运输成本在物流总成本中所占比例非常大。国际上一般把物流成本分为运输成本、保管成本和管理成本三部分。据中国物流与采购联合会、中国物流信息中心统计，2019 年我国社会物流总成本 14.6 万亿元，其中运输成本 7.7 万亿元，占比 52.74%；保管成本 5.0 万亿元，占比 34.25%；管理成本 1.9 万亿元，占比 13.01%，如图 5-1 所示。由此可以看出，降低运输总成本对降低社会物流总成本有非常重要的意义。

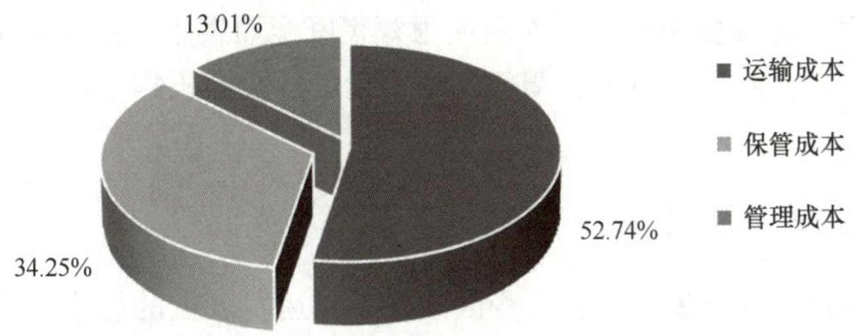

图 5-1 2019 年全社会物流总成本构成

除产品采购成本外，运输成本在企业总成本构成中占的比例越来越大，是成本消耗最大的物流活动，占物流总成本的 1/3~2/3。运输成本与产品的种类、装运的规模、距离直接相关。许多具有溢价服务特征的物流系统所依赖的高速度、小批量的运输，是典型的高成本运输。要减少运输成本，就要实现整合运输。一般来说，运输规模越大、运输距离越长，则单位运输成本越低，就需要把小批量的运输聚集成集中的、具有较大批量的整合运输。由于运输具有十分重要的意义和可见成本，几乎所有的企业都派经理人员负责运输。

第二节 运输成本的概念、构成与影响因素

一、运输成本的概念

运输服务是一种创造价值的活动。运输成本就是承运人为完成特定货物位移而消耗的物化劳动与活劳动的总和。其货币表现就是各种费用的支出，包括车队费用、燃料费、设备维护费、劳动力、保险费、装卸费等。根据分析个体的不同，可以用多种不同的方法来考察运输的支出。运输成本可以按客户、生产线、渠道类型、运输商、方向（进货与发货）等分类。根据发运量，运输的重量、距离，以及出发地和目的地不同，相应的成本变化很大。

二、运输成本的构成

在现代物流企业中，运输在其经营业务中占有主导地位。因此运输成本在整个物流业务中占有较大比例。一般综合分析计算，运输成本在社会物流成本中占 50%左右。由于运输是物流中最重要的功能要素之一，物流合理化在很大程度上依赖于运输合理化。而运输合理与否直接影响运输成本的高低，进而影响物流成本的高低。一般来说，运输总成本包括货运、车队费用、燃料费用、设备维护费用、劳动力、保险费用、装卸费用、逾期/滞留费用、税费、跨国费用等。不同的运输方式所包含的运输成本有不同的构成类别和范围，可以分为三类，即营运成本、管理费用和财务费用。

（1）营运成本。营运成本是指与运输营运生产直接有关的各项支出。包括实际消耗的各种燃料、物料、润料、用具等产生的费用；运输工具固定资产折旧费、修理费、租赁费、保险费、港口/站场费、货物费、代理费、员工工资福利费以及事故净损失等。

（2）管理费用。管理费用是指运输企业行政管理部门为管理和组织营运生产活动支出的各项费用。包括公司经费、工会经费、劳动保险费、财产和土地使用税、技术转让费、技术开发费等。

(3) 财务费用。财务费用是指运输企业为筹集资金而发生的各项费用。包括企业营运期间发生的利息支出、汇兑净损失、调剂外汇手续费、金融机构手续费,以及为筹资而发生的其他费用等。

三、影响运输成本的因素

影响运输成本的因素很多,尽管这些因素并不是运费表上的组成部分,但在承运人制定运输费率时,都必须对每一个因素加以考虑。这些因素主要有三个方面:产品特征、运输特征和市场特征。

(一) 产品特征

1. 产品密度

产品密度把重量和空间方面的因素结合起来考虑。这类因素之所以重要,是因为运输成本通常表示为每单位重量所花费的数额,如每吨金额数等。在重量和空间方面,单独的一辆运输货车更多的是受到空间限制,而不是重量限制。即使该产品的重量很轻,车辆一旦装满,就不可能再增加装运数量。既然运输车辆实际消耗的劳动成本和燃料成本主要不受重量的影响,那么,货物的密度越大,相应地可以把固定运输成本分摊到增加的重量上去,使这些产品所承担的每单位重量的运输成本相对较低。图 5-2 就是用于说明每单位重量的运输成本随产品密度的增加而下降的关系。

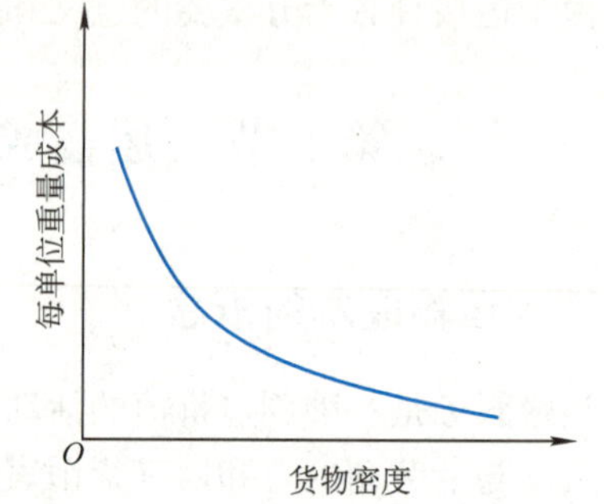

图 5-2 产品密度和运输成本之间的关系

一般来说,物流管理人员会设法增加产品密度,以便能更好地利用货车的容积,使货车能装载更多数量的货物。增加货物包装密度,可以将更多单位的产品装载进具有固定体积的车辆中去。在某种程度上,由于车辆已经满载,即使再增加产品的密度,也无法再增加利益。例如,从容积的角度来看,像啤酒或汽水之类的液体货物在装入公路货车容量的一半时,重量就会达到满载程度。显然,这类货物在还没有充分利用容量时,就有可能受到重量的限制。尽管如此,努力增加货物的密度通常会使运输成本降低。

2. 产品的可靠性

对容易损坏或者容易被偷盗的、单位价值高的许多货物而言,可靠性是非常重要的一个指标。货物运输时,需要承运人提供的可靠性越高(如计算机、珠宝及家用娱乐产品等货物的运输),货物的运输成本就越高。其他因货物种类不同,其重要性也不同的因素包括:产品是否危险品、是否需要固定和严格的包装等,对化学行业和塑料行业的产品而言,这些因素尤其重要。承运人必须通过向保险公司投保来预防可能发生的索赔,否则有可能要承担任何可能损坏的赔偿责任。托运人可以通过改善保护性包装,或通过减少货物灭失损坏的可能性,降低其风险,最终降低运输成本。

3. 产品的装载性能

装载性能这一因素是指产品的具体尺寸及其对运输工具(如火车、货车或集装箱)的空间利用程度的影响。例如,谷物、矿石和散装石油具有良好的装载性能,因为这些货物可以完全填满运输工具(如火车车厢、货车车厢、管道等),其他货物如车辆、机械和牲

畜，都不具有良好的装载性能。货物的装载性能由其大小、形状和弹性等物理特性所决定。形状古怪，以及超重或超长等的产品，通常不能很好地进行装载，因此浪费运输工具的空间。尽管装载能力的性质与产品密度相类似，但很可能存在这样的情况，即具有相同密度的产品，其装载差异很大。一般来说，具有标准矩形的产品要比形状古怪的产品更容易装载。例如，钢块与钢条具有相同的密度，但由于钢条的长度和形状，使其装载起来更困难一些。装载能力还受到装运规模的影响：大批量的产品往往能够相互嵌套、便利装载，而小批量的产品则有可能难以装载。例如，整车的垃圾罐有可能实现相互嵌套，而单独一个垃圾罐装载起来就显得较困难。

（二）运输特征

1. 输送距离

输送距离是影响运输成本的主要因素，因为它直接对劳动、燃料和维修保养等变动成本发生作用。图 5-3 显示了距离和运输成本的一般关系，并说明了两个要点：第一，成本曲线不是从原点开始的，因为它存在着与距离无关，但与货物的提取和交付活动有关的固定成本。第二，单位公里运输成本是随距离减小而增大的一个函数，这种特征被称作递减原则，即输送距离越长，城市间的输送距离所占的比例趋于更大，而不是使市内的公里数更大，于是，承运人可以使用更高的速度，使城市间单位公里运输成本相对较低，并且有更多的距离适用相同的燃料和劳动费用；而市内输送通常会频繁地停车，因此会增加额外的成本。

2. 载货量

载货量之所以会影响运输成本，是因为与其他许多物流活动一样，大多数运输活动中存在着规模经济。这种关系如图 5-4 所示。它说明了每单位重量的运输成本随载货量的增加而减少。之所以会产生这种现象，是因为提取和交付活动的固定成本以及行政管理费用可以随载货量的增加而被分摊。但是，这种关系受到运输工具（如货车）最大尺寸的限制，一旦该车辆满载，下一辆车会重复这种关系。这种关系对管理部门产生的启示是，小批量的载货应整合成更大的载货量，以期利用规模经济。

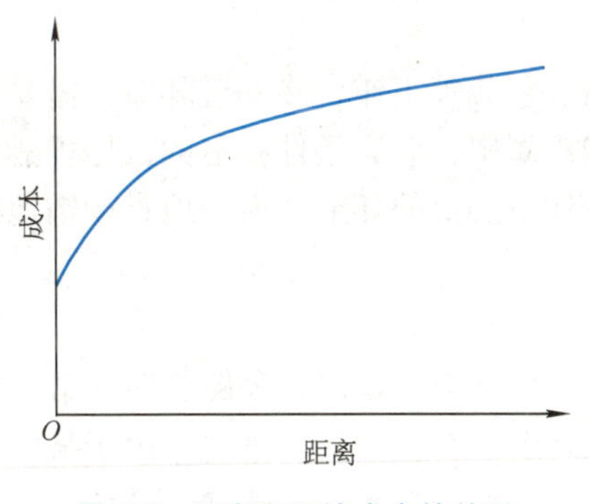

图 5-3 距离和运输成本的关系

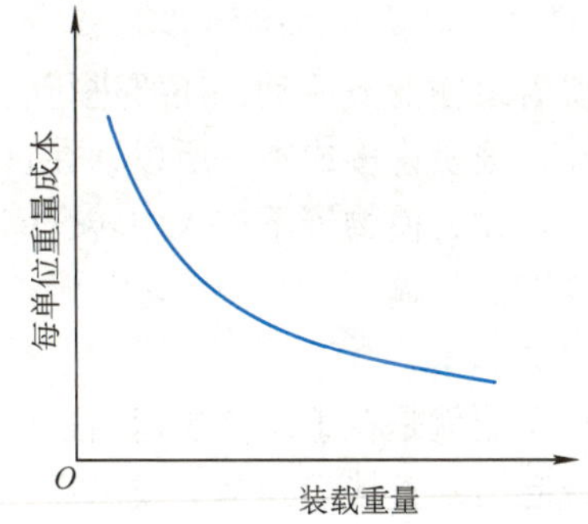

图 5-4 载货量和运输成本的关系

3. 装卸搬运

货车、火车或船舶等的运输可能需要特别的装卸搬运设备，运输成本通常较高；产品大小或形状一致的货物（如纸箱、罐头、筒）或可以用专门搬运设备（如用带子捆起来、装箱或装在托盘上等）处理的产品，搬运费用较低，因此，运输成本较低。

（三）市场特征

1. 竞争性

不同运输模式间的竞争、同一运输模式的线路竞争以及同种运输方式之间的竞争，会影响运输成本的波动。铁路、水路、航空以及海运之间长期以来都存在不同程度的竞争，有时为了赢得市场份额，会提供一些不同的价格策略或优惠策略。例如，相同起讫地的货物运输可采用两种不同的运输方式，运输速度较慢的那种运输方式只能实行较低的运价。

2. 流通的平衡性

运输通道流量和通道流量均衡等运输供需市场因素也会影响运输成本。这里所谓的运输通道，是指起运地与目的地之间的移动，显然运输车辆和驾驶员都必须返回到起运地，于是，对他们来说，要么找一票货带回来（“回程运输”），要么空车返回。当发生空车返回时，有关劳动、燃料和维修保养等费用仍然必须按照原先的“全程”运输支付。于是，理想的情况就是“平衡”运输，即运输通道两端的流量相等。但由于制造地点与消费地点的需求不平衡，通道两端流量相等的情况很少见。例如，有许多货物是在美国东海岸加工制造的，然后装运到美国西部的消费市场，这样就会产生运往西部的流量要大于流向东部的流量。这种不平衡会使东行运输的费率大大降低。此外，这种平衡性也会受到季节性影响，类似于在销售旺季里运输水果和蔬菜的情况，这种需求的方向性和季节性会导致运输费率随方向和季节的变化而变化。

第三节　降低运输成本的措施与方法

一、降低运输成本的措施

（一）简化运输系统，减少中间环节，降低运输成本

1. 进行合理的运输网络的优化

一般不可能改变现有的公路网、铁路网以及海运线等，但是可以对现有运输资源进行合理的运输网络优化，以降低运输成本。后面会讲述详细的线路优化的具体数量方法。

2. 减少不必要的运输环节

围绕着运输业务活动，还要进行装卸、搬运、包装等工作，多一道环节，需要多花费很多劳动，浪费许多成本。所以，在货物运输的规划中，对有条件直运的，尽可能组织直达、直拨运输，使物资不进入中转仓库，越过一切不必要的环节，由产地直运销地或用户处，减少二次运输。

3. 直达运输

直达运输就是在组织货物运输过程中，越过仓库环节或铁路、公路中转环节，把货物从产地或起运地直接运到销地或用户处，以减少环节。对生产资料来说，由于某些货物体大笨重，一般采取由生产厂商直接供应消费单位（生产消费），实行直达运输，如煤炭、钢材、建材等。在商业部门，则根据不同的商品采取不同的运输方法。有些商品规格简单，可以由生产工厂直接运到三级批发商、大型商店或用户处，越过二级批发商环节，如纸张、肥皂等；也有些商品规格、花色比较复杂，可由生产工厂供应到批发商，再由批发商配送到零售商店或用户。至于外贸部门，多采取直达运输，对出口商品实行由产地直达口岸的办法。

4. “四就”直拨运输

“四就”直拨运输是指各批发企业，在组织货物运输过程中，对当地生产或由外地调运的货物，不运进批发仓库，而是采取直拨的办法，把货物直接分拨给市内批发、零售商店或用户，减少一道中间环节，可以收到双重的经济效益。其具体做法有：就厂直拨、就车站（码头）直拨、就库直拨、就车（船）过载等。

（二）提高车辆的装载效率，降低运输成本

提高装载效率，是组织合理运输、提高运输效率、降低运输成本的重要内容。它一方面最大限度地利用车辆载重吨位；另一方面可充分使用车辆装载容积。其主要做法有以下几种：

1. 组织轻重配装

把实重货物和轻泡货物组装在一起，既可充分利用车船装载容积，又能达到装载重量，以提高运输工具的使用效率，降低运输成本。

2. 实行解体运输

对一些体大笨重、不易装卸又容易碰撞致损的货物，如自行车、缝纫机和科学仪器、机械设备等，可将其拆卸装车，分别包装，以缩小所占空间，并易于装卸和搬运，以提高运输装载效率，降低单位运输成本。

3. 高效的堆码方法

根据车船的货位情况，和不同货物的包装形状，采取各种有效的堆码方法，如多层装载、骑缝装载、紧密装载等，以提高运输效率。当然，推进物品包装的标准化，逐步实行单元化、托盘化，是提高车船装载技术的一个重要条件。

（三）选择最佳运输手段，降低运输成本

1. 拼装整车运输

拼装整车运输也称“零担拼整车中转分运”。它主要适用于商业、供销等部门的杂货运输。即物流企业在组织铁路货运时，由同一发货人将不同品种发往同一到站、同一收货人的零担托运货物，由物流企业自己组配在一个车皮内，以整车运输的方式托运到目的地；或把同一方向不同到站的零担货物，集中组配在一个车皮内，运到一个适当车站然后再中转分运。这是因为，铁路货运可有两种托运方式，一是整车，二是零担，两者之间的运价相差很大。采取拼装整车的办法，可减少一部分运输成本，并节约社会劳动力。

拼装整车运输主要有四种做法：零担货物拼整车直达运输、零担货物拼整车接力直达或中转分运、整车分卸（二三站分卸）、整装零担。

2. 实施托盘化运输

托盘化运输是指利用托盘作为单元载货运输的一种方法，其关键在于全程托盘化，即一贯托盘化运输。所谓一贯托盘化，就是将保管—发货—运输—进货—保管形成一条龙工序，以托盘为基本用具不改变货物状态，始终用机械搬运装卸来处理货物。一贯托盘化的效果如下：交易单位标准化；输送用具有效地返回；减少装卸场地；用机械装卸解放重体力劳动；减少装卸中的货物损伤；缩短运输时间，等等。

物流中，货物的物理性移动是免不了的。因此，近代物流系统力求把各个物理功能（保管、发货、输送、进货等）以机械化方式联系起来。实施这种一贯托盘化之后，可以把前述各项功能联结起来，托盘可以相互连续使用。由此可见，如果托盘不通用化，就不

可能实现一贯托盘化。

3. 实施集装箱运输

安全、快捷、低价本身就是集装箱运输相对于传统运输方式的主要特点。采用集装箱方式运输的每吨货物的装卸费用下降是生产力发展的必然趋势，也是集装箱运输市场能得以迅速扩展的根本性理由。集装箱运输也是单元化运输的一种形式。集装箱主要适用于大宗货物的长途运输。

（四）选择合理的运输方式，降低运输成本

1. 选择合适的运输工具

在交通运输事业日益发展，各种运输工具并存的情况下，必须注意选择运输工具和运输路线，合理使用运力，要根据不同货物的特点，分别利用铁路、水路或公路运输，选择最佳的运输路线。应该走水路的不要走铁路，应该用火车的不要用汽车，并积极改进车辆的装载技术和装载方法，提高装载量，使用最少的运力，运输更多的货物，提高运输生产效率。

2. 实行联合运输

联合运输即货车承担末端输送的综合一贯制运输，是综合一贯制运输的主要形式，在一般情况下两者是等同的。联合运输把货车的机动灵活和铁路、海运的成本低廉（便利和经济）以及飞机快速的特点组合起来，完成门到门的运输；通过优势互补，实现运输的效率化、低廉化，缩短运输时间。例如，货车—铁路—货车；货车—船舶—货车；货车—飞机—货车；货车—船舶—铁路—船舶—货车；货车—船舶—货车—飞机—货车等。

在联合运输中，发货单位在发货时，只要在起始地一次办理好运输手续，收货方在指定到达站即可提取运达的商品，它具有一次起标、手续简便、全程负责的好处。

联合运输是指充分利用火车、汽车、船舶和飞机等各自的特点并把它们中的两种以上组合起来加以有效利用的运输方式。

3. 开展国际多式联运

国际多式联运是一种效率较高的运输组织方式，它集中了各种运输方式的特点，扬长避短，融汇一体，组成连贯运输，达到简化货运环节，加速货运周转，减少货损货差，降低运输成本，实现合理运输的目的，比传统单一运输方式具有无可比拟的优越性。

在多式联运方式下，不论全程运输距离多么远，不论需要使用多少种不同的运输工具，也不论中途需要经多少次装卸转换，一切运输事宜统由多式联运经营人统一负责办理。对货主来说，只办理一次托运，签订一个合同，支付一笔全程单一运费，取得一份联运单据，就履行全部责任，这样可以节约大量的手续费用以及中转费用等。

多式联运是直达、连贯的运输，各个运输环节配合密切，衔接紧凑，中转迅速而及时，中途停留时间短。此外，多式联运以集装箱为主体，货物封闭在集装箱内，虽经长途运输，不需拆箱和搬动，这样既减少了货损货差，还可以防止污染和被盗，能够较好地保证货物安全、迅速、准确、及时地运到目的地。

货物在启运地装上第一程运输工具后，货主就可以凭承运人签发的联运提单到银行结汇，这样就可以加快资金周转，节省利息支出。由于使用集装箱运输，可以节省货物的包装费用和保险费用。此外，多式联运全程使用一份联运单据，简化了制单手续，可节省大量时间和人力、物力，尤其是由于多式联运经营人以包干方式收取全程单一运价，使货主能事先核算运输成本，为贸易的开展提供了有利条件。

（五）开展集运

1. 自发集运

集运最基本的形式是将一个市场区域中到达不同客户的小批量运输结合起来，即自发集运。这种程序在进行运输时只是修正而不是间断自然的货物流动。当然，在整个市场上被装运到客户的数量是集运的基础。

发展运输市场领域中集运的难点是每日要有足够的数量。为了抵消数量的不足，通常使用三种集运安排。第一，集运的货物可以被送到一个中间的散件货点以节约运输成本，在那里，各批装运被分开，再运到他们各自的目的地。第二，企业可选择货物的集运时间，在某几个特定日期，按计划将货物分别送至目的市场。第三，企业可利用第三方物流公司的服务来取得小规模运量的集聚而达到共同运输的目的。

2. 共同运输或共同配送

参加共同运输计划通常意味着一个货运代理、公共仓储或运输公司为在相同市场中的多个货主安排集运。提供共同运输的公司通常具备大批量送货目的地的长期送货约定。在这种安排下，集运公司通常为满足客户的需要而完成增加附加值的服务，诸如分类、排序、进口货物的单据处理。

共同配送是指由几个配送中心联合起来，共同制订计划，共同对某一地区的用户进行配送，共同使用配送车辆。这是实行物流合理化的一种很有效的、很有发展前途的模式，目前在发达国家已被广泛使用。这种模式主要能解决长途运输车辆跑空车和运费上升的问题，特别是当两个以上的产地和销地相距较远且又有交叉运输时，其优点尤为突出。采用共同配送，既能减少企业的物流设施投资，使物流设施布局合理化，又能充分合理地利用物流资源，同时还可促进实现质量管理的制度化。

二、降低运输成本的数理方法

关于运输线路的选择是常见的运输决策。在现有的公路网、铁路网、水运航道和航空线中找到运输的最佳路线，尽可能地缩短运输时间和运输距离，从而使运输成本降低的同时改善客户服务。

尽管路线选择的问题种类繁多，但归纳起来有三个基本类型：起点和终点不同的单一路线选择；多个起点和终点的路线选择；起点和终点相同的路线选择。

（一）起点和终点不同的单一路线选择

解决这类运输线路规划问题最简单、最直接的方法就是最短路径法。方法具体描述为：

已知一个由链和节点组成的运输网络，其中节点代表运输起点、中途停靠点以及终点，链代表节点之间的成本或距离或时间或者两两加权平均。

例 5-1 如图 5-5 所示，A 是一煤矿所在地，J 是煤炭需求地，B、C、D、E、F、G、H、I 是由 A 到 J 的可经过的城镇。每两节点之间的距离已经标出，现在要找出从 A 到 J 之间的最短路线。这就是一个求最短路径的问题。

求解这种问题的解题思路：

（1）找出第 n 个距起点最近的节点。对 $n=1$，2，…重复此过程，直到所找出的最近节点是终点。

（2）第 n 次迭代的输入值。在前述的迭代过程中找出 $n-1$ 个距起点最近的节点，及其距起点最短的路径和距离。这些节点和起点统称为已解的节点，其余称

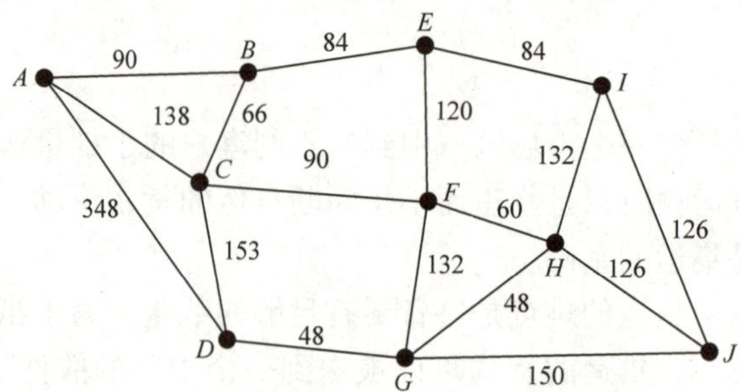

图 5-5　高速公路网络示意图（单位：km）

为未解的节点。

(3) 第 n 个最近节点的候选点。每个已解的节点直接和一个或多个未解的节点相连接，就可以得出候选节点——连接距离最短的未解节点。如果有多个距离相等的最短连接，则有多个候选点。

(4) 计算出第 n 个最近的节点。将每个已解节点与其候选点之间的距离累加到该已解节点与起点之间最短路径的距离之上，所得出的总距离最短的候选点，就是第 n 个最近的节点。表 5-1 列出了该例子的解题过程。

表 5-1　最短路径法的求解步骤表

步骤	已解点	候选点	相关距离/km	第 n 个最近节点	最短距离/km	最新连接	A 到各节点的最短路径
1	A	B, C, D	90, 138, 348	B	90	AB	A→B
2	A B	C, D C, E	138*, 348 156, 174	C	138	AC	A→C
3	A B C	D E D, F	348 174* 291, 228	E	174	BE	A→B→E
4	A C E	D D, F F, I	348 291, 228* 294, 258	F	228	CF	A→C→F
5	A C E F	D D I H, G	348 291 258* 288, 360	I	258	EI	A→B→E→I
6	A C F I	D D H, G H, J	348 291 288*, 360 390, 384	H	288	FH	A→C→F→H
7	A C F I H	D D G J G, J	348 291* 360 384 336, 414	D	291	CD	A→C→D

（续）

步骤	已解点	候选点	相关距离/km	第 n 个最近节点	最短距离/km	最新连接	A 到各节点的最短路径
8	F I H D	G J J G	360 384 414 339*	G	339	DG	A→C→D→G
9	I H D G	J J J	384* 414 489	J	384	IJ	A→B→E→I→J

第 1 步中与 A 点直接相连的节点 B、C、D、A 到 B、C、D 的距离分别为 90km、138km、348km，很快得出 A 到 B 点的路径最短，B 点已解。

第 2 步中，列出了与 A 点直接相连的未解点 C、D，距离分别为 138km、348km；与 B 点直接相连的未解点 C、E，距离分别为 156km、174km。可以得到最短距离为 138km，C 点成为已解点。注意从 A 点通过已解的节点到某一节点所需的时间，应该等于到达这个已解节点的最短距离加上已解节点与未解节点之间的距离。

重复上述过程直到到达终点 J，即第 9 步。最短路径的距离是 384km，得到的最佳路径为 A→B→E→I→J。从整个解题过程来看，其实已找到了 A 点到各个点的最短路径，如表 5-1 所示。

绝对的最短距离路径并不能说明穿越网络的最短时间，因为该方法没有考虑各条路线的运行质量，如路况问题，各点的检查等。因此，可以得到各节点之间的运行时间，找出运行时间最短的路线，或者综合考虑各方面的因素，得出各点之间的平均运行成本，求出最低成本路线更具有实际意义。

（二）多个起点和终点的路线选择

如果有多个货源地服务多个目的地，那么面临的问题是，要指定各目的地的供货地，同时找出到供货地、目的地之间的最佳路线。各供货地能够满足的需求数量有限，则问题会更复杂。解决这类问题常常可以运用一类特殊的线性规划算法，即所谓的运输问题。

求解这类特殊的线性规划问题，可以采用表上作业法。

例 5-2 设有某物资要从 A_1、A_2、A_3 运往 B_1、B_2、B_3、B_4，平衡表和运价表如表 5-2 所示，问怎样调运使总运费最少？

表 5-2 平衡表（单位：t）和运价表（单位：元/t）

产地	销地				产量	销地			
	B_1	B_2	B_3	B_4		B_1	B_2	B_3	B_4
A_1					7	3	11	3	12
A_2					4	1	9	2	8
A_3					9	7	4	10	5
销量	3	6	5	6	20				

编制初始调运方案：

编制初始调运方案时，用最小元素法，就是按通常习惯，运费最小的优先供应的原则。

（1）从运价表中可以看出，最小运价是 $C_{21}=1$。就是 A_2 的物资应先满足 B_1 的需要。同时，从平衡表中看，A_2 有物资 4t，而 B_1 需要 3t，可以从 A_2 的 4t 中供应 B_1 3t。决定以后，就在平衡表上与 C_{21} 对应的空格里填上 3，同时把 B_1 的收量 3 画上圈，表示已经供应完毕。把 A_2 的发量 4 画上圈，改为 1，表示 A_2 还剩 1t。并把运价表中 B_1 那一列也划去，因为 B_1 已供给完，这一列运价下次不再考虑了，如表 5-3 所示。

表 5-3　调运方案

产地	销地				产量	销地			
	B_1	B_2	B_3	B_4		B_1	B_2	B_3	B_4
A_1					7	3	11	3	12
A_2	**3**				④^1	1	9	2	8
A_3					9	7	4	10	5
销量	③	6	5	6	20				

（2）在未被划去的运价中最小运价为 $C_{23}=2$。现在应该考虑 A_2、B_3 间的调运。同时从平衡表中可以看出，A_2 还剩 1t，而 B_3 需要 5t，所以把 A_2 所剩 1t 全部调给 B_3，决定以后，就在平衡表上与 C_{23} 对应的格子里填上 1。同时把 A_2 的发量 1 划去。把 B_3 的收量 5 画上圈改为 4。再把运价表中 A_2 那一行全划去。因为 A_2 已全部发出，这一行运价下次不再考虑，如表 5-4 所示。继续上述方法，直至 A_1、A_2、A_3 的发量全部分配到 B_1、B_2、B_3、B_4 为止；这时相应的运价表中的运价也全被划完，而在平衡表上就得到一个调运的初始方案，如表 5-4 所示。

表 5-4　初始方案

产地	销地				产量	销地				
	B_1	B_2	B_3	B_4		B_1	B_2	B_3	B_4	
A_1			**4**	**3**	⑦^3	3	11	3	12	⑥
A_2	**3**		**1**		④^1	1	9	2	8	②
A_3		**6**		**3**	⑨^3	7	4	10	5	⑤
销量	③	⑥	⑤^4	⑥^3	20	①	④	③		

根据初始调运表可以得到总费用：

$S=(4\times3+3\times12+3\times1+1\times2+6\times4+3\times5)$ 元 $=92$ 元

对于任何平衡运输问题都可以用最小元素法求出一个初始方案。除了最小元素法，编制初始方案的方法还有伏格尔法，这里不再介绍，读者可以参考有关管理运筹学的教材。这个初始方案并不一定就是最优方案，必须对此方案进行最终

判别和调整。一般常用的判别方案有：闭回路法和位势法。通过判别和调整，最终可以得到一个最优方案，如表 5-5 所示。可以计算总费用：

$$S=(2\times3+1\times1+5\times3+3\times8+6\times4+3\times5)\text{元}=85\text{元}$$

表 5-5 最优方案

产 地	销地				产 量
	B_1	B_2	B_3	B_4	
A_1	2		5		7
A_2	1			3	4
A_3		6		3	9
销量	3	6	5	6	20

（三）起点和终点相同的路线选择

物流管理人员经常会遇到起点和终点相同的路径规划问题。在企业自己拥有运输工具时，该问题是相当普遍的。熟悉的例子有，从某仓库送货到零售点然后返回的路线（从中央配送中心送货到食品店或药店）；从零售店到客户本地配送的路线设计（商店送货上门）；校车、送报车、垃圾收集车和送餐车等的路线设计。这类路径问题是起点和终点不同的问题的扩展形式，但是由于要求车辆必须返回起点行程才结束，问题的难度提高了。目标是找出途经点的顺序，使其满足必须经过所有点且总出行时间或总距离最短的要求。

起点和终点重合的路线选择问题一般被称为“流动推销员”问题，人们已提出不少方法来解决这类问题。如果某个问题中包含很多个点，要找到最优路径是不切实际的。因为许多现实问题的规模太大，即使用最先进的计算机进行计算，求最优解的时间也非常长。

这里介绍由 Lin（1965）和 Held（1970）、Karp（1971）提出的近似解法。

例 5-3 某食品厂，每天要用汽车将该厂的产品送到若干零售点，再回到工厂继续送下一批货物。由于该车的送货地点每天均有一些变化，因此，希望找到一个方法，使得对任意需求该厂产品的若干零售点都确定一条最好的行驶路线。假设某一天，送货车要将货物送到五个零售点 A、B、C、D、E。如果各零售点装卸货物的时间是固定的，可不加考虑。而且汽车在工厂与各零售点之间以及在各零售点之间的行驶时间均是已知的，就可以画出一个有六个顶点的赋权完全图，如图 5-6 所示。图中工厂用 v 表示，每条边旁的数字表示相应两点间汽车所需的行驶时间（单位：min），求花费总时间最少的一条行驶路线。显然，这个问题就是求该图的最小 H—圈。

开始任意取一个 H—圈（图 5-6a）；该圈为 $v\to A\to B\to C\to D\to E\to v$，总行驶时间 $T=135\text{min}$。然后依图 5-6a 至图 5-6d 做三次修改，就得到一条总行驶时间 $T=90\text{min}$ 的行驶路线，即送货路线为 $v\to B\to E\to D\to A\to C\to v$。

如果对其他可能的各组零售点都求出相应的最优行驶路线，就可以对任何变化的情况做出较为合理的决策。

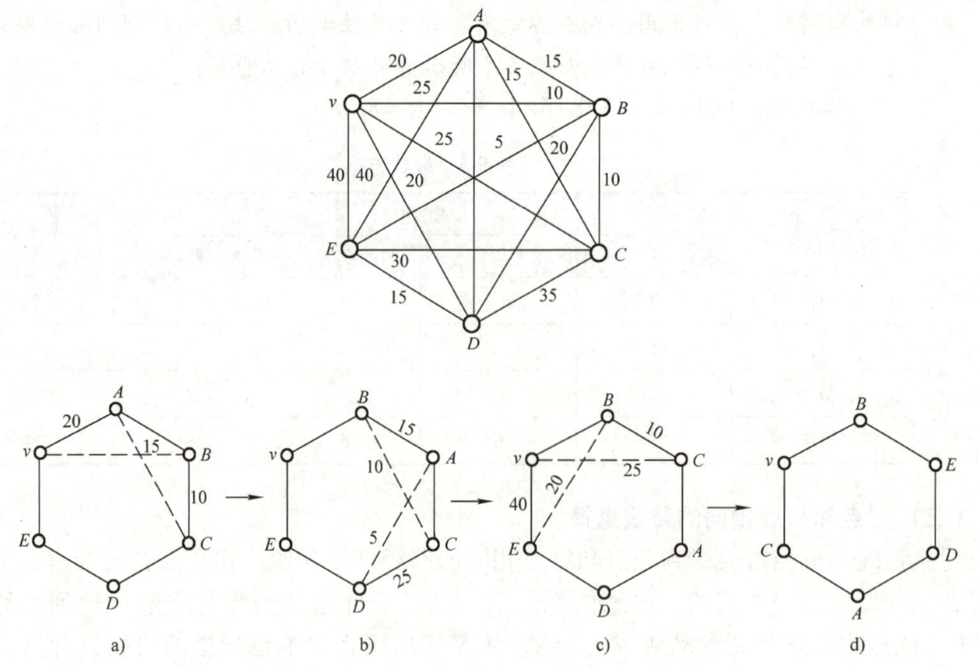

图 5-6　赋权完全图

（四）运输问题的图上作业法

在一定的交通线上，使用同种交通工具调运某种货物时，因为单位运价与运输距离成正比，因此使总运费最少，就是使吨公里最少。求解这类平衡运输问题，可以用直观、简便的图上作业法。

把某货物从 m 个产地或仓库（统称为发点）A_1，A_2，…，A_m，调运到 n 个需要地（称为收点）B_1，B_2，…，B_n。在制作调运方案时，要先画出一个交通示意图，标明收发点的大致位置、收发量、交通路线距离（距离不必与实际长度成比例）。

在交通图上，发点用圈“○”表示，并将发货量记在圈“○”里面（单位：t）。收点用方块“□”表示，并将收货量记在方块“□”里面（单位：t）。两点间交通线的长度，记在交通线旁边（单位：km）。然后作调运货物的流向图。货物调运的方向（流向）用“→”表示，并把“→”画在前进方向交通线的右边。把通过货物的数量（流量），记在“→”的右边，并加上括号，以区别于交通线上的距离。这样就做成了货物调运流向图，如图 5-7 所示。

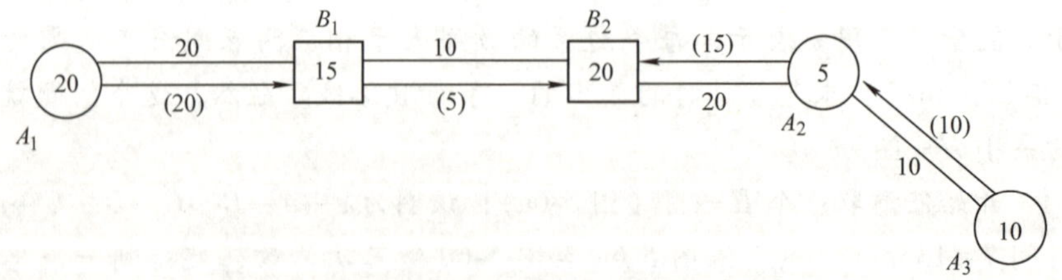

图 5-7　货物调运流向图

在货物调运中，把某货物从各发点调运到各收点，调运方案可以有很多个，问题是如何去找使运输量（t · km）最小的调运方案。这就要避免货物调运中的对流和迂回两种不

合理的运输。

1. 对流

对流即同一货物在同一线路上的往返运输（同一线路上两个方向都有流向的运输）。如图 5-8a 所示，将 10t 某物资从 A_1 运到 B_2 而又有同样 10t 物资同时从 A_2 运到 B_1 于是 A_1A_2 间就出现了对流现象。

如果把调运流向图改成图 5-8b 所示，即将 A_1 的 10t 运到 B_1，而将 A_2 的 10t 运到 B_2，就避免了对流，可以节省运输量 2×10t×40km = 800t · km。

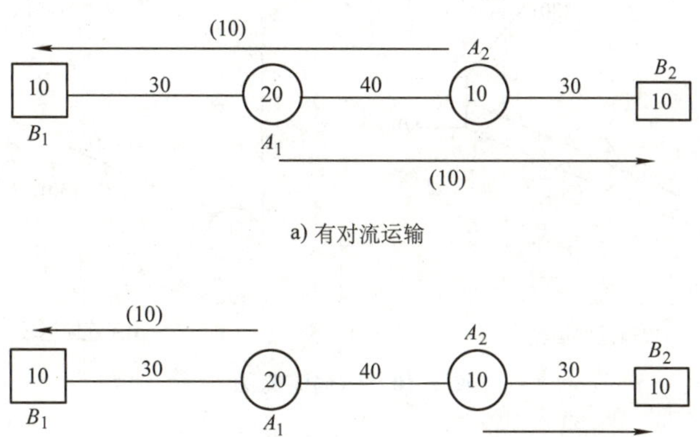

图 5-8 对流运输

2. 迂回

在交通图成圈的时候，流向图中有些流向在圈外称为外圈流向，有些流向在圈内称为内圈流向。如果流向图中内圈流向的总长（简称内周长）或外圈流向的总长（简称外圈长）超过整个圈长的一半就称为迂回运输。先看一个简单直观的例子。某货物流向图如图 5-9a 所示。

显然，图 5-9a 就是一个迂回运输流向图（内圈长大于全圈长的一半）。如果把它改成图 5-9b，就避免了迂回，可节省运输量（5×6−5×4）t · km = 10t · km。

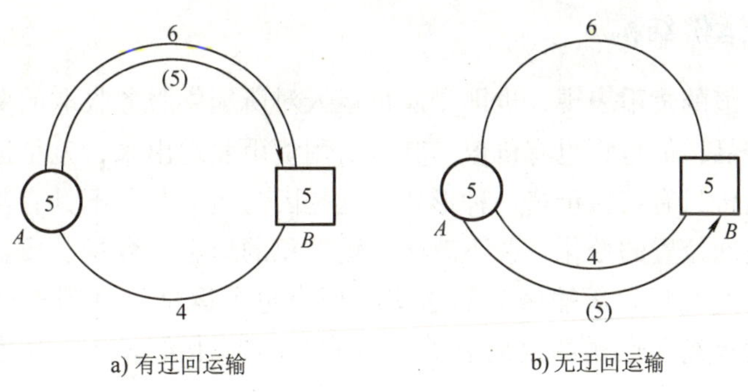

图 5-9 迂回运输

下面再看另一个例子。有某货物流向图，如图 5-10a 所示。在图中内圈长 7，大于全圈长 13 的一半，实际上也是迂回运输。这是因为，如果在内圈各流向中各减去内圈各流量中最小流量 10，在外圈流量中增加流量 10，同时在没有流向线段新添上外圈流向，流量为 10，便缩短了内圈长，得出新的流向图，如图 5-10b 所示。

新的流向图等于把旧的流向图中 10t 走大半圈的物资（因为内圈长大于半个全圈长）改为走小半圈（因为外围长和没有流向线段总长小于半个圈），节省了运输量。所以，原流向图是一个不太直观的迂回运输。

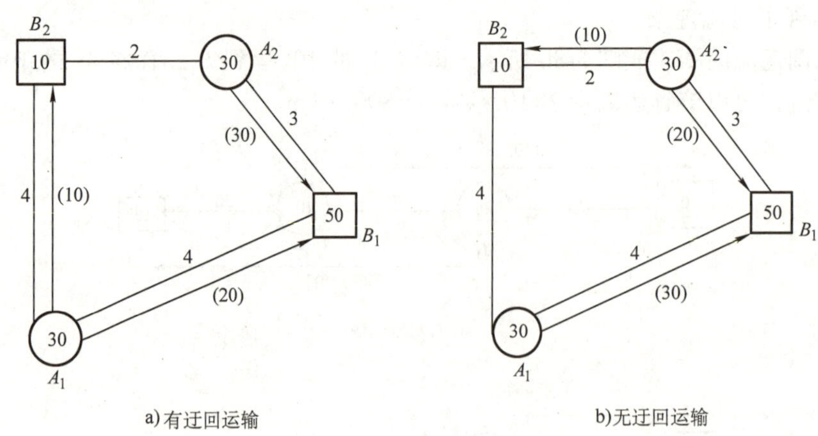

图 5-10　运输流向图

可以证明，一个货物调运方案中，如果没有对流和迂回，就是最优方案，即运输量最小的方案。

货物调运问题的图上作业法，就是帮助避免运输中的对流和迂回，达到节省运输量的一种方法。其步骤是：先找出一个没有对流的初始可行方案，再检查有没有迂回。如果没有迂回，这一方案已是最优方案。如果有迂回，则调整这一方案，直至没有迂回为止。图上作业法就是利用图从一个可行方案调整到另一个可行方案，直至得到运输量最小的最优方案。

第四节　运 输 定 价

一、运价与运价结构

运价是运输价值的货币表现，也即受雇承运人对所提供服务收取的费用。运输劳务不同于有形的物质产品，但是它也有价值，其价值用货币表现出来，就是运价。运价具有如下特点：第一，运价只有销售价格一种形式。这是因为运输劳务不具有实物形态，只是所运输的对象发生空间位置的变化，并不改变运输对象的形态、数量、质量等。运输生产的过程同时也是消费的过程。运输服务的这些特征决定了运价只有销售价格一种形式。第二，运价与货物的重量和运送的距离有关。运输产品的计价单位是重量与距离的复合单位，如吨公里。

运价结构是指运价内部各组成部分的构成及其相互间的比例关系。

（一）与运距相关的运价

运价作为运距的函数，可能完全不随运距变化，也可能直接随运距波动，而大多数的运价结构介于前两个极端之间。

1. 单一运价

简单可作为建立运价结构的基本要求。其中，最简单的莫过于单一运价结构，即对不同的起讫点距离只适用一种运输运价，如图 5-11a 所示。如邮政快件的邮费。邮政中使用单一运价结构是合理的，因为邮政服务总成本的绝大部分是处理费用，而处理费用与运量有关，与运距无关。而另一方面，货车运输中线路费用占总成本的 50%以上，如果在货车运输中也使用单一运价，就会造成严重的运价歧视问题。

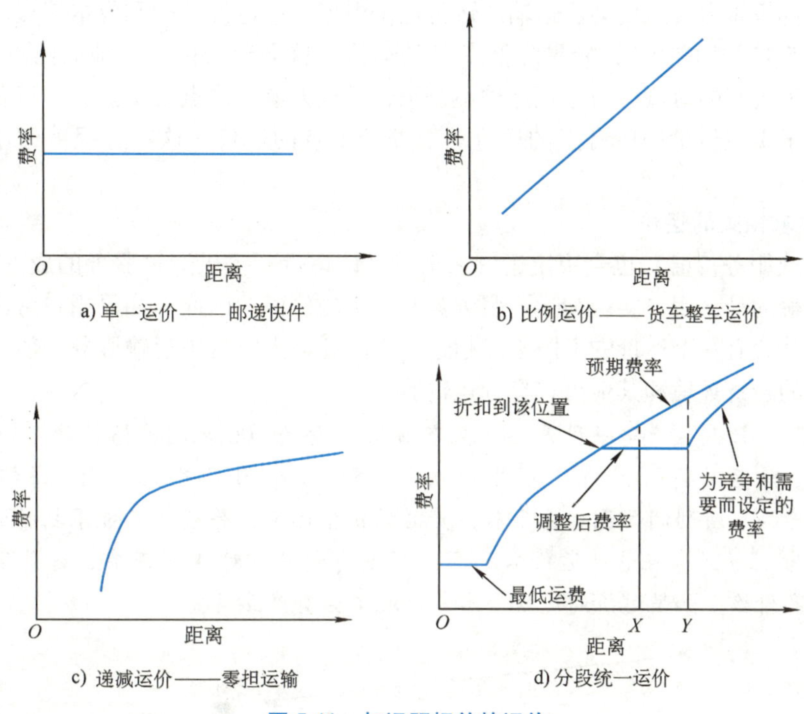

图 5-11 与运距相关的运价

2. 比例运价

如果线路成本所占的比重很大（货车运输和更低程度上的航空运输），就要由比例运价来协调简单的运价结构和服务成本之间的矛盾（图 5-11b）。只要知道两个运价，就可以绘出直线来得到该商品的其他运价。虽然这种简单的运价结构有许多明显的优势，但这种运价却对短途运输的托运人有利，对长途运输的托运人不利。在短途运输中，端点费用无法得到弥补。而整车运输由于装卸成本极低，所以可以采用这种运价。

3. 递减运价

常用的运价就建立在递减原则的基础上。由于端点费用经常被包含在线路费用中，所以根据成本变化得出的运价结构就如图 5-11c 所示，随运距的增加而增加，但增加的速度呈递减趋势。出现该形状的主要原因是随着运距的增加，端点成本和其他固定开支会被分摊在更多的里程上。运价增加量递减的程度取决于承运人的固定成本水平和线路营运中规模经济的大小。因此，只要考虑运价结构中的经济性，那么就有理由认为铁路运输、水路运输和管道运输比公路运输和航空运输中的运价递减幅度要大。

4. 分段统一运价

承运人希望向竞争对手的运价看齐，希望简化运价、简化管理，因此建立了分段统一运价。分段统一运价就是适用于一个广阔范围内的起讫点之间的单一运价。运价结构如图 5-11d 所示，曲线的平稳段就是运价归并或统一段。分段统一运价在那些长途运输的产品和生产商或市场集中在特定区域的产品中最常见。邮政包裹和联合包裹服务公司对自起点开始到呈辐射状的广阔区域所报的运输价格就是其中一种形式的分段统一运价。

分段统一运价是一种歧视性运价，但对承运人和托运人来说，运价简捷带来的好处超过了歧视带来的不利影响。同时，分段统一运价也向需要运输服务的用户提供了更多的选择。有时，竞争压力会迫使某段运输的运价低于根据一般运价结构和成本特点所预计的正常运价。图 5-11d 中的点 *Y*，如果降低点 *Y* 的运价，就会导致位于 *Y* 前面的点（如点 *X*）似乎受到了不公正的对待。为避免这种不公正，承运人就允许点 *X* 的运价，以及位于 *Y* 前面、运价高于 *Y* 点运价的所有点的运价，都等于 *Y* 点的运价。这一过程被称作分段统一过程。

5. 与需求相关的运价

需求（或服务价值）也会决定运价水平，且该运价与提供运输服务的成本很少一致。这里需要理解的是，用户会认为运输服务具有一定的价值。因此，如果用户考虑使用承运人的服务，就会有一个运价的上限不能超过。影响托运人心目中运输服务价值的因素有两个：托运人的经济环境和其他可选择的运输服务。

例 5-4 A 厂和 B 厂生产同一种产品，在市场 M 以每吨 100 元的价格销售，如图 5-12 所示。除运输成本外，A 厂的生产成本是 85 元/t，B 厂是 75 元/t。每销售 1t B 厂的产品可获利润 5 元。由于 B 厂产品的价格已定，导致 A 厂能承担的运输成本最多为 15 元/t，在这一运价水平下 A 厂没有利润。对 A 厂而言，这是运输服务的最高价格。如果运价超过这一水平，就不会有产品运输。

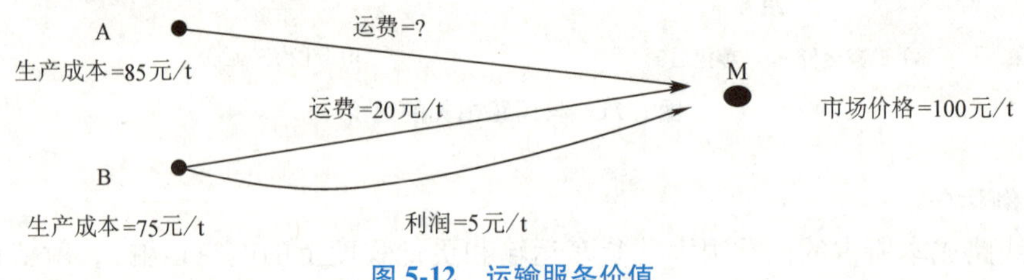

图 5-12 运输服务价值

第二个因素可以从 B 厂能够得到的两种运输服务中看出来。如果两种服务质量相同，那么对 B 厂服务的价值是那个低的运价。高价服务必须适应 20 元/t 的要求才能有竞争力，才能够运送某些产品。因此，需求或者说是竞争决定了运价水平。以服务价值为基础的竞争性运价会对以成本为基础的运价结构造成扭曲，使运费报价、管理和公布的问题更加复杂。

（二）按货物分类的运价

以货物不同种类划分，可分为普通货物运价、危险货物运价、冷藏货物运价、集装箱货物运价等。其中，在普通货物运价中，一般又按其不同的运输条件和货物本身价值高低等因素划分若干等级。例如，我国沿海、长江等航区将货物划分为 10 个等级；铁路《货物运价分类表》中将货物分为 23 类 146 项，共规定 17 个运价号等。

在美国，自 20 世纪 50 年代中期以来，许多铁路、公路、水路承运人纷纷采用了《统一货运分级表》（*Uniform Freight Classification*）作为唯一的分级标准。汽车运输公司也使

用了《全国公路货运分级表》（*National Motor Freight Classification*）之类的分级标准。水路承运人或者使用重量-体积的计算方法，或者根据铁路运输和公路运输承运人对产品的分级确定运价。货运代理人也使用铁路-公路运输的分级表。管道运输出于其产品的单一性而不需要对产品分级。航空运输货物的产品分级使用并不广泛，还没有全国性的产品分级体系。

在设定产品运价时要考虑许多因素，各种因素的基础就是货物的密度、积载因素、装卸的难易程度和运输责任的大小。这些因素包括：货物的单位价值；运输途中，如果货物遭灭失、损坏、耗费或被盗，承运人的赔偿责任；货物对与其接触的其他货物造成损害的可能性；危险品运输带来的风险；牵扯责任或风险问题的货物容器或包装的种类；装卸费用和装卸困难程度；类似货物的运价；各种货物之间运价的公平；替补货物之间的竞争情况；全国的货物运输量。

1. 等级运价

与货运分级表相呼应的就是税则或运价表。一旦知道产品的货运等级，就可以确定线路运价了。等级运价是起运地到目的地运距及其他因素的函数。运价的基础——运距可以通过标准运距表或其他托运人和承运人都接受的里程规章获得。这些规章经常使用邮政编码来指示起运地和目的地。因此，就可以将许多分散的地址集中成几个参照点以便于管理，同时也有较高的准确度。

2. 协议运价

尽管等级运价结构为许多商品提供了确定运价的一般方法，但还是有很多承运人对托运人报出特殊运价。这些运价反映了某批次运输或某托运人的一些情况，如运输的批量、运输方向和客户的价值。这些运价可能是，但也不一定建立在系统分析的基础上。协议运价意味着要比一般的等级运价更加优惠。这些运价非常特殊，可能是一次性的，反映了某次运输的具体情况。另一种常见做法是以等级运价为基础，随后给予特定托运人一定的折扣。

在运输管制解除之前，大宗商品运价都是特殊运价，属于运价表中代表一般等级运价结构所不能覆盖的个别运输。这些运价比等级运价要低，也优先适用。解除管制以来，大宗商品运价似乎渐渐消失，而由协议运价担负起同样的角色。

在一个地区运输的总运量就使用这种特殊的报价。但多数小件货物运输承运人为简化报价，使用一般的等级运价。

3. 综合运价

如果承运人不考虑构成运输批量的不同货物等级，报出单一运价，该运价就被称作“综合运价”或“所有种类货物的运价”。货运代理人经常使用这类运价，因为他们多数情况下处理的是混装货物。该运价随提供运输服务的成本变化，而不是随服务的价值变化。

（三）按运输批量划分

运价和实际的运输收费随实际交付的货量（运量）而有所差异。运价是按单位重量价格进行报价，根据运价表中起码运费和运输批量的关系而有所不同。任何一种最低运量都会出现在运价表中。运价表中可能有多个最低运量，也可能对所有运量只有单一运价，即所有运量统一的运价。

铁路、公路承运人和运输经纪人据以收取运费的数量限制更低，或者他们收取一个统一的起码运费，这样实际收费不可能降到起码运费以下。经常可以看到以等级为基础的运输报价和起码运费。因为等级运价针对零担运输、整车运输，且有一个统一的最低车载量，所以在起码运费之外还有零担运价和整车运价。某些运价表突出重量分界点，而不是等级运价。

除上述种类的运价外，企业还使用其他运价来鼓励大批量运输，其中之一就是超量运价。超量运价比整车运价要低，仅适用于超过整车最低运量的部分。该运价鼓励托运人加大运输批量，使承运人能够更充分地利用其运输设备。

承运人还通过多车运价，甚至是专列运价来进一步鼓励托运人，促使其运输的批量超过整车的最低运量。运输批量越大，承运人收到的规模经济效益就越多，然后，他们就可以利用上述优惠运价将某些收益转移给托运人。

这些优惠运价也是企业与其他承运人竞争的利器。铁路部门利用单一产品列车（单元列车）运送煤炭，适用专列运价，因而有效地抵制了管道运输的竞争。

某些承运人还制定了时间-运量运价。如果托运人在某特定时段运送货物，且货量超过最低运量，就可以享受更低的运价。煤炭运输中通常会有这种鼓励措施。

（四）其他运价

将一些不适用前述分类方法的运价简单地归为“其他运价”。下面讨论的就是从众多特殊运价中选出来的某些运价。

1. 体积运价

等级运价体系平衡考虑了许多不同产品的特征。如果货物很轻，体积很大，等级运价就不能充分弥补承运人为运输货物所支出的成本，因而需要使用体积运价。体积运价根据货物所占用的空间，而不是根据货物的重量报价。

2. 迟延运价

有时候，为换取更低的运价，托运人愿意接受可能比正常服务时间更长的运输延迟。此时，承运人往往向托运人承诺货物不会晚于某指定日期运送。借助这种方法，承运人可以利用这些货物填满运载工具的富余空间。迟延运价在航空运输和水路运输中用得最多。

3. 保值运价

公共承运人在保有货物的过程中，对货物的价值承担责任。如果货物灭失或损坏，托运人最多可以索赔货物的全部价值。正常情况下，运价的制定就基于这种无限责任。与此不同的是，法律也允许公共承运人基于有限责任制定运价，称作保值运价。利用保值运价，承运人的责任就限制在一定金额之内。例如，家用商品运输公司通常将灭失和损坏的索赔限制在一定的金额内。当货物的实际价值很难估算时，保值运价尤其有用。

二、海运运价

国际海上运输与国内货物运输有很大差异，运价也与国内运输的等级体系不太一致。在国际贸易中，交易双方在洽商交易订立合同时，必然要考虑以下几个问题：卖方在什么地方，以什么方式办理交货，货物发生损坏或丢失的风险何时由卖方转移给买方承担，由谁负责办理货物的运输、保险以及通关过境的手续，由谁承担办理上述事项时所需的各种费用，买卖双方需要交接哪些有关的单据。在具体交易中，以上问题都必须明确，贸易术语正是为了解决这些问题，在实践中产生和发展起来的。国际贸易术语是指在国际贸易中用来表示商品的价格构成以及在商品交接过程中有关的风险责任和费用划分问题的，以文

字或缩写字母组成的专门用语，也叫价格术语。

在《2020年国际贸易术语解释通则》中，采取相互对应的标准化规定办法，将每种贸易术语买卖双方各自承担的义务分别用10个项目列出，如表5-6所示。通过买卖双方义务的明确划分，有利于合同当事人分别履行自己的义务，并进行各项费用的核算。

表5-6 买卖双方各自的义务

A 卖方义务	B 买方义务
A1 一般义务	B1 一般义务
A2 交货	B2 接收货物
A3 风险转移	B3 风险转移
A4 货物运输	B4 货物运输
A5 保险	B5 保险
A6 交货/运输单据	B6 交货/运输单据
A7 出口/进口清关条款	B7 出口/进口清关条款
A8 查验、包装、标记	B8 查验、包装、标记
A9 费用划分	B9 费用划分
A10 通知买方	B10 通知卖方

在《2020年国际贸易术语解释通则》中，将全部11种贸易术语分为用于各种运输方式的术语和只适于海洋运输或内河航运的术语两类，如表5-7所示。

表5-7 贸易术语

适合的运输方式	国际代码	英文含义	中文含义
水上运输	FAS	Free Alongside Ship	装运港船边交货
	FOB	Free On Board	装运港船上交货
	CFR	Cost and Freight	成本加运费
	CIF	Cost Insurance and Freight	成本、保险费加运费
一切运输方式	EXW	EX Works	工厂交货
	FCA	Free Carrier	货交承运人
	CPT	Carriage Paid To	运费付至
	CIP	Carriage and Insurance Paid To	运费、保险费付至
	DAP	Delivered at Place	目的地交货
	DPU	Delivered at Place Unloaded	目的地卸货后交货
	DDP	Delivered Duty Paid	完税后交货

部分运价与成本的关系如图5-13所示。从图中可以看出，选择不同的贸易术语合同，所付运费成本不同。

在我国对外贸易中，经常使用的主要贸易术语为FOB、CFR和CIF，因此应对这三种主要贸易术语的解释和运用有所了解。

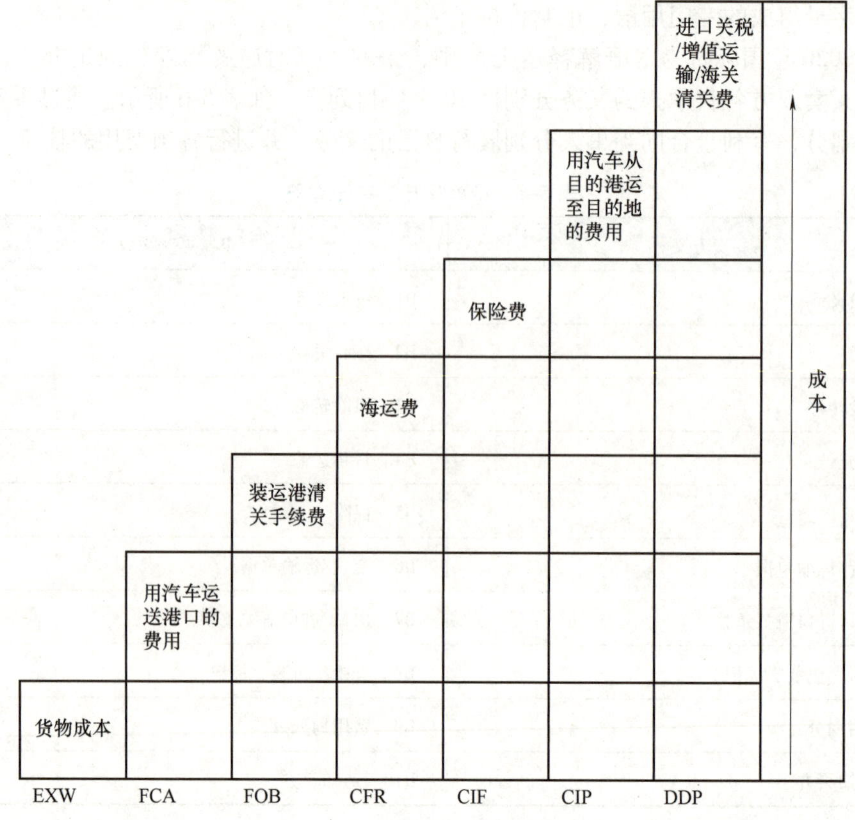

图 5-13　部分运价与成本的关系

(一) FOB

FOB 是 Free On Board（…named port of shipment）的缩写，意为装运港船上交货（……指定装运港）。它是指卖方负责办理出口清关手续，买方在指定的装运港获得交付的货物。这意味着买方自货物装船时刻起承担货物灭失或损坏的一切风险及费用。该术语仅用于买卖双方当事人仅打算装船交付货物的海运或者内河运输，如果双方打算在货物装船前交接，则应使用 FCA 术语。

（1）卖方的基本义务：提供与合同相符的货物、商业发票以及合同要求的其他任何证明货物相符的证据；在指定的装运期和装运港，把货物装到买方指定的船或装货点；承担货物交付前的一切费用与风险；向买方提供卖方掌握的买方安排运输所需的任何信息；向买方提供买方所掌握的买方获得保险所需的信息；向买方提供证明交付的单据；办理出口国要求的所有出口清关手续，并在买方要求、风险和费用由买方承担的情况下，协助买方取得所有进口清关手续相关文件及信息；支付交付货物所需的检验费用、包装费用，并用适合的方式来包装和标记货物；将一切信息及时通知买方。

（2）买方的基本义务：支付合同中规定的货物价款；受领交付的货物；承担货物交付后的一切费用与风险，除非买方未能通知卖方、买方指定船只未按时到达或约定时间前停止装货；自负费用订立从指定装运港运输货物的合同；接受卖方交付货物的证明；办理过境国或进口国要求的所有进口手续，并在卖方要求、风险和费用由卖方承担的情况下，协助卖方取得所有出口清关手续相关文件及信息；将相关的安全要求、船名、装货点和交货

日期及时通知卖方。

由于FOB条件下由买方负责安排运输工具，即租船订舱。所以这就存在一个船货衔接问题。如果买方未经对方同意提前将船派到和延迟派到装运港，卖方都有权拒绝交货，而且由此产生的各种损失均由买方负担。如果买方指派的船只按时到达装运港，而卖方却未能备妥货物，那么，由此产生的费用由卖方承担。

有时双方按FOB价格成交，但买方又委托卖方办理租船订舱，卖方也可酌情接受，但这属于代办性质，其风险和费用仍由买方承担。总之，买卖双方要加强联系，密切配合，保证船货顺利衔接。

（二）CFR

CFR是Cost and Freight（…named port of destination）的缩写，意为成本加运费（……指定目的港）。它是指卖方在指定的装运港把货物交付给买方，买方支付将货物运至指定目的港所需的运费。这意味着买方自货物装船时刻起承担货物灭失或损坏的一切风险及费用。该术语仅适用于海运或者内河运输，如果双方打算在货物装船前交接，则应使用CPT术语。

（1）卖方的基本义务：提供与合同相符的货物、商业发票以及合同要求的其他任何证明货物相符的证据；在指定的装运期和装运港，把货物装到买方指定的船或装货点；承担货物交付前的一切费用与风险；自负费用订立从指定装运港运输货物的合同；当买方要求且其承担风险和费用的情况下，向买方提供买方所掌握的买方获得保险所需的信息；自费向买方提供约定目的港的运输单据；办理出口国要求的所有出口清关手续，并在买方要求、风险和费用由买方承担的情况下，协助买方取得所有进口清关手续相关文件及信息；支付交付货物所需的检验费用、包装费用，并用适合的方式来包装和标记货物；将一切信息及时通知买方。

（2）买方的基本义务：支付合同中规定的货物价款；受领交付的货物；承担货物交付后的一切费用与风险，除非买方未能通知卖方、买方指定船只未按时到达或约定时间前停止装货；接受卖方约定目的港的运输单据；办理过境国或进口国要求的所有进口手续，并在卖方要求、风险和费用由卖方承担的情况下，协助卖方取得所有出口清关手续相关文件及信息；将相关的安全要求、船名、装货点和交货日期及时通知卖方。

使用CFR时应注意以下事项：

（1）关于风险承担的问题。按CFR术语成交时，存在着风险划分或费用划分两个分界点。在CFR条件下，卖方必须在指定的装运港履行交货义务并负担货物从装运港至约定的目的港的运费。当货物在装运港装上船时或者买方购买已经交付的货物时，风险从卖方转移给买方，然而，卖方必须订立从交货到约定目的地的货物运输合同。在该术语中，卖方对买方没有购买保险的义务，买方最好为自己购买一些保险。由此可见，买卖双方风险划分和费用划分的地点是相分离的，即风险划分地点是在出口国家的装运港，而费用划分地点却在进口国家的目的港。

（2）关于装船通知的问题。按照CFR术语成交，卖方在货物装船之后必须及时向买方发出装船通知，使卖方能够收到货物。

（三）CIF

CIF是Cost insurance and Freight（…named port of destination）的缩写，意为成本加保险费加运费（……指定目的港）。它是指卖方负责办理出口清关手续，买方在指定的装运港获得交付的货物。这意味着买方自货物装船时刻起承担货物灭失或损坏的一切风险及费用。该术语仅用于买卖双方当事人仅打算装船交付货物的海运或者内河运输，如果双方打算在货物装船前交接，则应使用 CIP 术语。

（1）卖方的基本义务：提供与合同相符的货物、商业发票以及合同要求的其他任何证明货物相符的证据；在指定的装运期和装运港，把货物装到买方指定的船或装货点；承担货物交付前的一切费用与风险；自负费用订立从指定装运港运输货物的合同；自费与保险公司签订货物保险，并在买方要求时，卖方须自费提供其他额外的保险；自费向买方提供约定目的港的运输单据；办理出口国要求的所有出口清关手续，并在买方要求、风险和费用由买方承担的情况下，协助买方取得所有进口清关手续相关文件及信息；支付交付货物所需的检验费用、包装费用，并用适合的方式来包装和标记货物；将一切信息及时通知买方。

（2）买方的基本义务：支付合同中规定的货物价款；受领交付的货物；承担货物交付后的一切费用与风险，除非买方未能通知卖方、买方指定船只未按时到达或约定时间前停止装货；提供卖方购买保险所需的必要信息；接受卖方约定目的港的运输单据；办理过境国或进口国要求的所有进口手续，并在卖方要求、风险和费用由卖方承担的情况下，协助卖方取得所有出口清关手续相关文件及信息；将相关的安全要求、船名、装货点和交货日期及时通知卖方。

使用 CIF 时应注意以下事项：

（1）关于保险的问题。按《2020 年国际贸易术语解释通则》对 CIF 的解释，投保的保险金额应按 CIF 价至少再加 10%，并应采用合同中的币制。如买方有要求，并由买方承担费用的情况下，可加保战争险、罢工险或任何类似条款的保险（除非此类保险已经包含在前段所述的货物保险中）。

（2）关于风险承担的问题。按 CIF 术语成交时，卖方必须在装运港履行交货义务并负担货物从装运港至约定的目的港的运费和保险费，当货物在装运港装上船时或者买方购买已经交付的货物时，风险从卖方转移给买方，然而，卖方必须订立从交货到约定目的地的货物运输合同。由此可见，买卖双方风险划分和费用划分的地点是相分离的，即风险划分地点是在出口国家的装运港，而费用划分地点却在进口国家的目的港。这一点与 CFR 术语存在两个分界点的情况一样。

三、特殊服务费

承运人经常会提供特殊服务，收取额外费用。当然，某些费用可能包括在运送费用中，但也可能与运送费用共同构成总运输服务费用。这样的特殊服务有很多，可以划分为特殊的线路服务和端点服务。这里只讨论那些使用较多的服务。

（一）特殊的线路服务

1. 改道和再委托

改道是指在运输途中改变货物运送的目的地。再委托通常是指在到达原定目的地后改变运输收货人。在实际应用中，这些术语之间区别不大。

托运人经常通过两种方法行使改道、再委托的权利。第一，对于易腐货物（如水果、蔬菜），托运人可以先向大致的市场区域（通过铁路或公路）运输整车货物，在具体目的地确定后，托运人再变更卸货地，运往特定市场。利用这种方法，托运人可以在整车运输下获得灵活性，满足动态的市场要求（需求和价格）。第二，承运人的设备可被用作仓库。经过迂回的运送路线，托运人可以在正常所需之外大量增加在途时间。如果需求出现，就

可以直接将货物运往市场。因为这种做法如果被滥用可能大大增加承运人的成本，所以铁路承运人尤其对此不欢迎。

2. 中途经停服务

铁路承运人和少部分公路承运人还提供一种特殊服务，即允许货物在运到最终目的地之前先被储存起来。从运价来看，承运人将这种运输视同货物直接从起运地运到目的地，其运输成本包括从起运地到目的地的直达运价，加上因中途停留而增加的少量费用。如果没有这种特权，托运人就要支付从起运地到中途经停地的直达运价，加上从中途经停地到最终目的地的直达运价，两者的运价之和一般要高于中途经停服务的价格。该项服务明显减少了加工企业选址上的不利条件，承运人则通过允许托运人使用两段运输服务提高了竞争地位。谷物运输中常常使用这种服务，先运到某地经加工后，再运输。

与之相关的服务就是中途装卸服务，即指中途再装运或卸下部分货物。有时，托运人会要求承运人在起运地和目的地之间的中间点停留（该中间点不一定在起止点两点连线上）来完成装运。该项服务的优势在于可以将货物看作全部从起点出发，托运人因此支付的运费就是全部运送费用加中途停留服务费，两项费用之和通常低于分别计算的两个运价的总和。

部分卸货的中途装卸服务与装货的情形相类似。有时，如果托运人将运往不同目的地的几批货物合并成一整批，利用大批量运输的运价优势，只需支付很少的中途装卸费。

收取中途装卸服务费的依据是运到最终目的地合并后的货物重量。每增加一个停留点还要收取额外费用，这些费用可能基于装或卸的货量，也可能不是。如果使用中途装卸服务，承运人会要求一次性收取费用。通常最多允许有 3 个卸货点，但某些驮背运输运价表允许最多达 5 个点。一般来说，如果运输总量的大部分都出现在距起点最远的点时，利用中途装卸服务支付的运费肯定比单独定价的运费更有优势。

3. 运输保护

运输途中，许多产品由于其特有的物理特性不仅需要通常的照料，还需要特殊保护。易腐商品可能需要冷藏、加冰、通风或保暖；易碎品可能需要额外的包装或衬垫（铁路车厢中的十字支架，可防止货物中途移动、受损）。在上述例子中，承运人就要提供某些特殊设备，如防损车厢、冷藏车和暖气设备，还要提供保护服务的必要人员和物料。虽然对这些货物的特殊服务体现在货物分级上，但承运人还是常常在运费外增加附加费来反映成本的上涨。

4. 联运

并不是每个承运人都对所有地区提供服务。如果承运人的服务范围有限，就会发生某承运人取货，然后交给另外一个承运人运到终点的情况。在这种情况下，第一承运人向第二承运人支付运费，但单据由第一承运人签发给托运人。总的运输成本将包括两个承运人的成本，会比由一个承运人将货物由起运地运往目的地更高些。

（二）端点服务

对在其运输网络内端点周围提供的服务，承运人会在运费外增收附加费。其中主要的端点服务就是取货和送货、转轨、滞期和滞留。

1. 取货和送货

许多承运人将取货和送货服务作为常规服务内容，并将该服务费用包括在线路运费中。但是，该种做法并不普遍，某些承运人不提供取货和送货服务（一些水路运输服务中）。如果货主要求取货和送货，就必须额外计费（空运）。如果取货和送货服务是免费的，运价表通常会将该服务限制在承运人端点的周边地区，即包括企业限定的城市或限制在端点周围一定里程内。

2. 转轨

铁路运输的“线路服务”包括端点或车站之间的运输服务。货车车厢从自有的旁轨和轨道交汇处向货车端点/车站移动，或相反的移动，就是转轨。转轨作业与取货和送货相似，只是涉及铁路车厢。运送货物的铁路部门不一定有直接与托运人或收货人相连的轨道，这样，承运人就要和其他铁路公司签订互惠的转轨协议来服务这些地区。许多铁路公司自己承担转轨费用，托运人除运送费用外无须支付任何其他费用，条件是线路运输服务创造了一定水平的收益。如果运输成本不足以使承运人承担转轨费用，或者没有互惠协议来服务旁轨或轨道交汇点，那么托运人或收货人（收取货物的一方）就要按每车统一的价格支付转轨费用。

3. 滞期和滞留

滞期费和滞留金是两个意思相近的名词，是指由于托运人或收货人的原因，实际使用运输设备的时间超过允许的免费时间，因此承运人对他们收取罚金。在铁路运输中，标准的免费装/卸时间是48h。如果设备滞留是由于托运人或收货人可以控制的原因造成的，铁路部门就会按天收费。休息日和节假日一般计入免费时间的一部分，但滞期一旦开始就要计算收费。货车运输对设备滞留也有类似规定，只是免费时间更短。无论是公路运输还是铁路运输，使设备长期滞留的货主都将支付递增的费率。计算滞期费的办法有两种：一是直接法，即运输设备的每一部分在计算滞期费时都单独处理，每部分设备根据其滞期的时间长短支付滞期费；二是平均法，即由承运人和托运人签署协议按月平均计算托运人的滞期情况，并据以收费。如果使用该方法，在使用期结束后的24h内续租车厢就可以得到贷方折扣。免费期后车厢每多停留一天，就相应计入借方费用。如果在月末，借贷相抵仍是借方费用，就按递增比率收取滞期费。如果余额为正，就不必支付任何滞期费。

经典资料

公路、海运班轮、航空运输成本的构成

（李伊松，北京交通大学，根据资料整理）

一、公路运输成本的构成及计算

1. 公路运输成本的定义

公路运输成本包括车辆运行固定成本，固定成本包括车辆折旧、税赋等；车辆运行变动成本，变动成本包括车辆的燃油费、轮胎消耗费和保修费等运营费用、道路通行费用。可以将每次运输的总成本分为三部分：

第一部分是公里成本。它是指在运输过程中的燃料、折旧、轮胎和修理及维护四个方面的费用。

第二部分是计时成本。它是指在运输过程中每小时的固定车辆费用、司机费用和管理费用三个方面的费用。

第三部分是直接运输成本。如每次过桥费、过路费、罚款等不可预料的费用。

第三部分是在实际运输过程中发生的，在计算成本时将它累加就可以了。关键是公里成本和计时成本的计算。下面将分别介绍公里成本和计时成本。

2. 公里成本的计算

公里成本=实际运输的公里数×每公里成本

每公里成本包括每公里燃料费用、每公里轮胎费用、每公里修理和维护费用、每公里折旧费用。

（1）每公里燃料费用=每公升价格×每公里燃料消耗量（升）

（2）每公里轮胎费用=(随车运行轮胎数×每个轮胎价格)÷轮胎使用里程

（3）每公里修理和维护费用=每年修理和维护总费用÷每年行驶总里程

（4）每公里折旧费用=0.5×(新车价值-运行轮胎价值-残值)÷车辆折旧里程

3. 计时成本的计算

计时成本=小时数×每小时成本

每小时成本包括每小时固定车辆费用、每小时司机费用和每小时管理费用三项之和。

（1）固定车辆费用包括每年利息费用、每年折旧费用、每年车辆保险费用、每年车辆税捐费用、每年车库费用等几项费用。

1）每年利息费用是指新车价值按每年的年利率所应得的利息。计算公式为

每年利息费用=0.5×(新车价值+残值)×I

式中 I——银行年利率。

2）每年折旧费用是指在运行时间中的损耗。计算公式为

每年折旧费用=0.5×(新车价值-运行轮胎价值-残值)÷运行年数

每年利息费用加上每年折旧费用，再加上每年车辆保险费用、每年车辆税捐费用、每年车库费用，就是该车的年固定费用。该车的年固定费用除以该车一年的运行时间，就是该车的每小时固定费用。

（2）每小时司机费用为该车驾驶人的年工资总额、年津贴之和除以年工作小时数。

（3）每小时管理费用为该车一年的管理费用除以该车的年运行小时数。

应用上述方法计算成本的好处是知道每笔运输业务的亏盈情况，也可以知道该车型在每条线路上的成本情况。由于此种方法考虑了时间成本，可以使货主提高装卸效率，也可以促使驾驶人在保证安全的前提下缩短每次运输的作业时间，以降低成本。利用此种方法，还可以计算出每辆车在每条线路上的盈亏数额，分析其原因，便于制定相应的改进措施。

二、远洋集装箱班轮运输企业作业成本管理

当今集装箱班轮运输远远超出单纯的港到港的海运区段，“门到门”的多式联运服务占的比例越来越大，这使得班轮公司的成本范围也由海运区段向两端延伸，涉及码头、集装箱内陆货运站、内陆运输工具和设备、遍及内陆的服务代理网，以及复杂的通信与管理设备等。在激烈竞争的环境下，班轮公司为争夺货源而耗费的销售、客户服务等产生了大量辅助成本，同时，多式联运的开展，以客户为导向的特定服务的推出，标志着班轮运输已进入服务多样化的时代。这也就是说，班轮公司用作业成本分析方法分析其服务及其客户的成本差异是必要的，这样才可在全球竞争中求得生存并提高竞争能力。

集装箱班轮运输的全部成本可分为销售、客户服务、船舶、港口、内陆运输和设备（集装箱、底盘车等）这几部分。如果仅计算航次、航线的总成本，或将其平均分配，计算单箱成本，并通过与航次、航线收入或单箱平均收入相比来确定航次、航线的获利情况，并没有揭示航次、航线盈亏的内在原因：是公司哪些顾客和哪些服务带来盈利和亏损？实质上，班轮公司的不同客户和服务的单位成本差异是很大的，美国航运咨询专家塞奥多尔·普林斯（Theodore Prince）对北美地区集装箱班轮运输企业的不同服务与客户的成本进行了分析，发现对于销售、客户服务、船舶、港口、内陆运输、设备等几部分的成本，如图 5-14 所示，不同客户与服务的成本是有很大差异的，最终，每 TEU 的总运输成本平均在 600~3 000 美元的范围内，对极端的情况，总成本最低为 300 美元，最高可达 10 000 美元。

下面对造成这些成本差异的原因做一粗略分析。

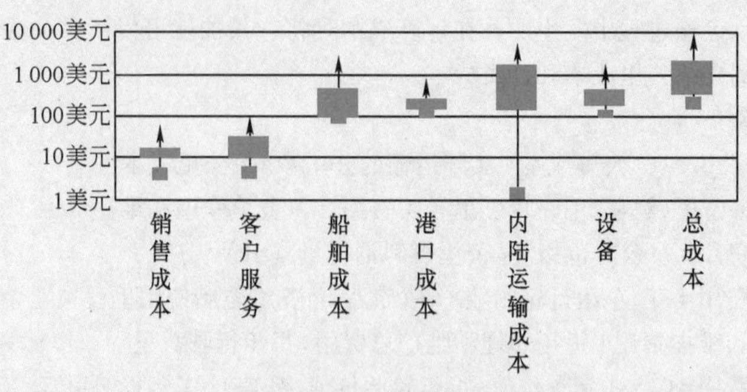

图 5-14 成本范围

1. 销售成本

对集装箱班轮运输而言，销售主要是指建立和维持与客户的销售关系，也就是通常所指的揽货过程。如果是揽货公司承接的货，班轮公司只需按货运收入的一定比例如 3%或 5%，支付其揽货佣金。而如果是公司自己销售部门承接的货，则随不同客户的情况，揽货过程中的开支可能有很大差别，例如，发展新客户就比维持与老客户的关系的支出要大得多，当然，这要从长远利益出发，如果是一个很有潜力的新客户，即使起初可能花了较高的成本才建立起关系，也是值得的，而对于只有一次交易并且货量不大的客户，在销售过程就应该注意控制不必要的花费。

销售成本是客户层次作业引起的，对不同的客户，因具体情况不同，销售成本存在着差异。对于那些较容易建立关系或已经建立关系的客户，销售成本可能不高；而对于有些客户，由于给予了过多的关注，花费了与其货运量（获取的收入）并不相称的过多的人力、物力，销售成本可能会很高，从图 5-14 可以看出，销售成本平均在 10~20 美元/TEU 的范围。

2. 客户服务

客户服务是指订舱、单证、电话查询、服务监督等服务，即班轮公司在开始接受货运至交货的整个过程为客户提供服务的一系列作业。客户服务成本也被大多数公司当作一项固定费用。

客户服务的许多作业是属批量层次的，在一般情况下，可按执行动因追溯，即按批次确定服务成本；但对于一些开展差异化服务的班轮公司来说，由于其对一些重要客户的集装箱货物在整个运输过程中都由专人负责有关事项，这时，按执行动因追溯就不太准确，对此，可用持续动因，即按对客户的某批货物服务的时间多少进行追溯；而对于一些特定的影响客户服务成本的因素，像某个客户需要专门的人员为其服务，以满足其特定的要求，如客户使用非通用语言，或其货物具有特殊性，而需要语言或产品专家的服务等，可按集约动因，将有关成本直接追溯到该批货物。

图 5-14 表明，客户服务成本平均范围为 10~40 美元/TEU。

3. 船舶成本

对船舶成本的计算与分摊，在作业成本法下，也免不了带有某种程度的估算情形。船舶成本包括船舶持有成本和船舶营运成本。船舶持有成本包括折旧、利息等，营运成本则是船舶在营运过程中的消耗，如燃料、物料、人员工资等。在很多情况下，货物的运输不只是由一条船舶完成的，必须考虑干支线的转船成本；公司间的舱位互换等情况也是影响船舶成本的因素。

另外，分析船舶成本，还有一个必须考虑的问题便是货运量不平衡问题。这涉及作业成本中对未使用生产能量的成本分配问题。举一简例，如表 5-8 所示。在这样一个往返航次中，船舶去程装载为 4. 00 美元/TEU，假设利用了其实际生产能量，而回程只有 1. 00 美元/TEU，出现了大量未使用的生产能量。按表中第一种计算方法，在往返航次间平均分配船舶成本，这部分未使用的生产能量由回程航次承担。但按作业成本法的因果关系来分析，船舶的生产能量是为满足航次的去程的箱运量设计的，这也是回程出现亏舱（未使用生产能量）的原因，因此，这部分未使用生产能量成本须由船舶去程承担，应按照表中第二种计算方法，由整个往返航次的总箱量分配船舶成本。这样主要以出口货运市场掌握整个往返航次（或整个航线）的经营情况，有利于公司在降低回程货运价，提高回程航次箱位利用率等方面做出正确决策。

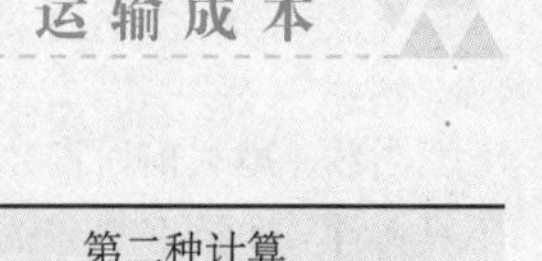

表 5-8 船舶成本的确定

项 目	第一种计算	第二种计算
往返航次船舶成本（美元）	1 000 000	1 000 000
去程航次船舶成本（美元）	500 000	800 000
回程航次船舶成本（美元）	500 000	200 000
出口箱量（TEU）	4 000	4 000
进口箱量（TEU）	1 000	1 000
出口每箱成本（美元/TEU）	125	200
进口每箱成本（美元/TEU）	500	200

4. 港口成本

港口成本包括货物、船舶在港口作业发生的费用。一般来说，针对集装箱货物的装卸、堆存、中转等单位层次作业而言，其与装卸、堆存中转箱量成正比，但航线上各地区港口的费率存在差异，这样，不同客户的货物在不同港口装卸就会产生不同的港口费用。

另外，货物不同，也会有特定的费用发生。对于危险货物、化学物品等，班轮公司在运价方面有另外的规定。而由于这些物品对装载有一定的要求，使得在装卸过程中产生翻箱等作业而导致的费用，班轮公司可能并没有进行追溯。

船舶在港口的作业，如引水、停泊、系解缆等，一般来说是批量层次作业（每航次均发生），但有时会出现因客户的某批货物的原因而发生加班，造成船舶夜间离港，由此产生的额外费用也应进行追溯。图 5-14 表明，港口成本平均在 125~200 美元/TEU。

5. 内陆运输成本

内陆运输成本包括内陆的运输、装卸及内陆货运站场发生的成本。内陆运输成本与集装箱货物的交接方式有关，当今，由于班轮运输向海运区段以外的延伸不断扩大，内陆运输在班轮公司的整个运输过程成本中占据很大的比例。内陆运输的方式有铁路、公路和驳运。

在很多情况下，设备交接单、提单或订舱单等能表明某个客户的货物或者某批货物的内陆运输过程，不少班轮公司对铁路内陆运输成本向特定客户或特定批次的货物追溯，这样做主要是为了对大宗货进行成本控制。然而，在公路运输中，由于批量较小，很少采用这种特定控制法将内陆运输成本追溯到具体客户，内陆装卸费用也被认为是一个总括的费用，但是对于不同客户，这两类费用差异是很大的。为了比较准确地确定客户的内陆运输成本，可按集装箱货物的不同交接方式，客户所处的不同地区，分成几个类别，以便有针对性地分配这项费用。图 5-14 表明内陆运输成本平均在 150~1 060 美元/TEU。

6. 设备

对于将集装箱、底盘车等设备成本追溯到具体客户的货物上，对班轮公司来说是有一定困难的，主要是很难收集到所有设备的利用信息。

当前最主要的问题之一是集装箱设备的周转（空箱调运）费用。为确定特定客户的真正的获利能力，班轮公司需要评价一次装货如何能适应整个设备的平衡，这就要求班轮公司在对不同地区的设备周转情况做出正确评价的基础上，判断客户的起运地和目的地的设备成本。

对设备的维修费用，多数公司将维修费用与日常的设备持有和营运成本合在一起。很多维修费用可能与一般的设备使用联系在一起，如与使用时间有直接的相互关系；而其他的费用则可能直接涉及特定的顾客和作业，如出口货物过重使底盘车轮胎更换；或作业地区，如铁路斜坡容易引起的装卸损坏。对这些费用成本应当具体情况具体分析，但大多数班轮公司可能并没有这样做。

如图 5-14 所示，当所有的设备费用包括在内，平均成本范围为 200~450 美元/TEU。

上述以作业为基础的成本分析表明，由于班轮公司的不同服务与客户对公司的作业消耗是有很大的不同的，造成了其成本也存在很大差异。

当然，就目前而言，多数班轮公司还较难取得进行作业成本核算所需的较全面的信息资料，因而还不具备计算不同客户与服务的确切成本的条件。但通过作业基础成本分析，可以找到成本发生的根源，对成本管理具有重要意义。

三、民航运输成本

民航运输成本是指企业在一定时期为运输一定数量的旅客、货物、行李和邮件所耗费的全部支出。主要有以下几项内容：租机成本（飞机及发动机折旧费）、航空油料消耗、航材消耗、高价周转件摊销、飞机及发动机大修、飞机及发动机保险、航路使用费及机场起降服务费、餐食供应品、销售费用、管理费用、财务费用、固定资产折旧、员工工资及福利费等，具体如表 5-9 所示。

表 5-9　航空公司运输生产年总运输成本表

项　　目	金额（元）	所占比例（%）
飞机及发动机折旧费	49 038 123. 60	8. 19
航空油料消耗	131 055 448. 55	21. 89
航材消耗	20 247 638. 55	3. 38
高价周转件摊销	20 783 707. 75	3. 47
飞机及发动机大修	22 048 799. 19	3. 68
飞机及发动机保险	4 046 427. 75	0. 68
航路使用费及机场起降服务费	76 149 814. 11	12. 72
餐食供应品	28 853 139. 99	4. 82
销售费用	39 938 346. 56	6. 67
管理费用	13 468 684. 92	2. 25
财务费用	90 661 743. 24	15. 15
固定资产折旧	12 265 063. 74	2. 05
员工工资及福利费	34 019 274. 36	5. 68
其他	56 003 832. 88	9. 36
总计	598 580 045. 19	100

1. 飞机及发动机折旧费（租机成本）

飞机及发动机折旧费是指航空运输企业购买飞机或租赁飞机投入生产运行所需的支付成本开支。如果是购入飞机则以计提折旧的方式计入成本，如果是租赁飞机则以支付租金的方式计入成本，受飞机的价格、租期及租金的支付、残值的处理等方面的诸多因素以及租期内汇率变化的影响，成本相差较大，对总体成本影响较大，并在运行中无法调整。

2. 航空油料消耗

航空油料消耗主要是指飞机用油。其中用于飞机执行航班任务的油料消耗，与航空运输企业的机型选择有关，由于各种机型的业载能力不同，航班距离不同，单位运输成本也不同，实际中无法直接类比。尽管其费用数额较大，所占比例较高，但可控范围极小。

3. 航材消耗

飞机日常维护及故障维修消耗的各种专用器材，一般的航材储备额约占飞机购价的 1/3，一方面要占用企业的大量资金，另一方面又要支付巨额的财务费用。从表 5-9 所列的费用数额和所占成本比例可以看出，科学合理的储备品量会使企业节省大量的资金成本。

4. 高价周转件摊销

高价周转件是指飞机在正常情况下维修和经常更换的属于价值比较高、有使用时间限制、有序号进行跟踪管理、可以进行多次修复使用的零配件（包括周转件和必备件）。它是民航运输企业航材储备中的主要部分，占航材资金总额的70%左右。高价周转件的科学管理和核算，对民航运输企业加速资金周转、降低运行成本、提高经济效益具有十分重要的意义。

5. 飞机及发动机大修

出于航空运输安全的技术需要，飞机及发动机的运行状态必须保持在一个良好的适航状态。要满足这种需要，除了日常维护外，就是采取全面检测（D检）和大修的方法来完成，飞机的大修计划一般采用日历时间，而发动机的大修计划一般采用工作时间，该项费用的可控空间几乎不存在。

6. 飞机及发动机保险

飞机及发动机保险以飞机的重置价值为基准，乘以一个保险率来确定。保险率一般以各航空运输业安全信用等级来确定，一般在0.15%~0.3%，相对固定。

7. 航路使用费及机场起降服务费

航路使用费及机场起降服务费是指航班运行所经航路的空管保证和服务费用以及航班始发、经停、终到站的地面服务费和代理费。它属于直接运行成本，与航线的选择和航班的编排关系密切。

8. 餐食供应品

航班运营过程中，需要为旅客提供餐食和饮料等，一般的航空运输企业是按照实际旅客人数和平均旅客费用标准计划安排的。

9. 销售费用

销售费用是指企业在业务销售过程中所发生的各项费用。其中包括售票处外派机构的人员工资等；代理费、各种销售工作的耗费。航空运输企业为了开拓市场，完善销售系统，为扩大市场影响而进行广告宣传和企业社会形象设计宣传所需的费用。

10. 管理费用

管理费用是指企业行政管理部门为组织生产经营活动所发生的各种费用。其中包括企业用于支付管理人员工资和用于企业管理、行政管理、办公、差旅费等各种费用的总和。

11. 财务费用

财务费用是指企业为筹集运输经营所需资金以及资金投入过程中的成本支出，包括负债利息、汇率变化带来的损失，以及企业经营过程中与其他企业业务往来所发生的各种业务收入结算费用、汇兑费用。

12. 固定资产折旧

固定资产折旧是指企业用于生产投入的资产按使用年限，逐年计提作为资金投入的回报，或用于设施设备的技术改造，或用于偿还购置该设施设备的贷款。

13. 员工工资及福利费

生产一线工人的工资、劳动保护、保险以及各种福利待遇在直接营运费用中列支；管理人员的工资等在间接营运费用中列支；销售人员的工资等在销售费用中列支。

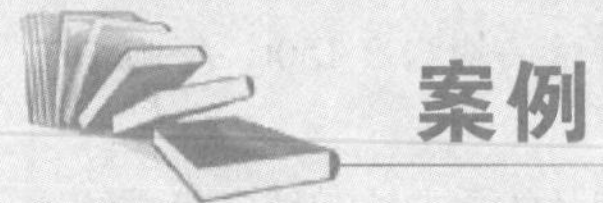

案例

塔什特戈号运输船

内燃机轮船塔什特戈号应当用作东非达累斯萨拉姆与桑给巴尔之间的采购运输，还是用作东印度群岛的巴厘巴板与新加坡之间的木薯运输？或者，这只是对所涉及的管理问题的一个太狭窄的看法？

马其顿船运公司（MS）一般情况下每年购入1~2艘轮船。1963年，公司只采购了塔什特戈内燃机船，该船于10月下水，是以梅尔维尔的小说《莫比·迪克》中来自马萨葡萄园的万帕诺亚格印第安人、捕鲸船佩科特上的第二位叉鱼手的名字命名的。与船队里其他27艘吨位在12 500t左右的大轮船相比，塔什特戈船的吨位只有4 500t（运输船的吨位是其所能运载的标准体积货物的重量）。马其顿船运公司购买该船，是为了能够参与南婆罗洲巴厘巴板与新加坡之间的木薯物流业务竞争。巴厘巴板岛的木薯出口没有限制，但由于港口水道的限制，只有像塔什特戈这样的小型运输船才能进入。在这一航线上，塔什特戈一年要往返50次。小型船只哪怕满载，其单位收益的经营成本都比大型船只的经营成本要高，但大型船只无法在那一水道航行。表5-10展示了马其顿船运公司两种规模的船只的经营成本。

在马其顿船运公司将塔什特戈船投入运营1年后，巴厘巴板港口当局获得允许对港口水道进行挖深，当时工程预计于1965年9月或10月完工。完工后，吨位达15 000t的轮船可以进入该港口，马其顿船运公司的其他大型轮船也将可使用巴厘巴板港。根据经验，虽然大轮船的经营成本高，但大轮船的运载能力更大，能够补偿增加的经营成本，还有结余。为了满足托运人的要求，如果使用大型船只，仍然不得不至少与塔什特戈船同样频繁地进出巴厘巴板港；如果大型轮船要停靠巴厘巴板港，就将不得不在新加坡经停两次，一次是在停靠巴厘巴板港前，一次是在停靠巴厘巴板港后。这是因为：①木薯不得不在新加坡被卸货转运；②大型轮船在向东驶回巴厘巴板时要装的其他货物太多，不能让装着木薯的大轮船装上其他货物后再经停新加坡卸装木薯；③运往巴厘巴板港的货物不得不在新加坡港装船。在本案例中，公司究竟是专用一艘大轮船跑这一线路，还是在必要的时候使用经过新加坡的不同船只，被认为不是关键的问题。

表5-10　轮船年度运营成本　（单位：美元）

项　目	按吨位分类的运营成本	
	4 500t	12 500t
工资	143 594	210 877
折旧（按15年折旧期直线折旧）	222 956	363 226
维修	40 000	47 500
备件和耗材	32 657	39 283
保险	36 030	46 750
通用支出	12 975	22 525
年度总成本	488 212	730 161
每个营运日成本（平均年营运时间345天）	1 415	2 116
另：燃料成本	0.73美元/n mile	1.27美元/n mile

新加坡与巴厘巴板之间一个来回最佳可航线路是960n mile（海里），按照这一海域大型船只的正常航行速度16节计算，需开足马力行驶两天半时间。塔什特戈轮开足马力需要将近三天半时间。

大型船只每次从巴厘巴板港到新加坡港可以运载6 850t木薯，而塔什特戈运载量是3 950t；目前由塔什特戈船从新加坡运回巴厘巴板港的制成品的订船量估计对大船也是一样的，是由需求决定的而不是由运载能力决定的。塔什特戈船当时从新加坡回航巴厘巴板港的制成品载货量一般为3 150t，每吨平均收入约2.70美元。

当时木薯运输的费率是从巴厘巴板港到新加坡每吨5.10美元，看来该产品的需求处于稳定或继续增长之中。尽管运输费率可能会上涨，但假定其不会下跌是比较合理的。

船只在巴厘巴板港的滞留时间（轮船从到达某个港口到离开该港口之间的时间段）相对较长，由于港口吊装设备不足，大轮船需要三天时间才能回航，塔什特戈船需要两天半，时间差主要是由于大轮船需要装卸的货物量大造成的。而在新加坡港，由于广泛使用现代化装卸设备，上面所提的大小船只都只需一天时间就可回航，不管需要装卸的货物量大量小。

塔什特戈船的两种可选用法：

马其顿船运公司总裁彼得·杰尔戈泼里斯觉得，他需要为塔什特戈船寻找一个新的用途，最佳的方案看来是将其用于东非达累斯萨拉姆与桑给巴尔岛之间做采购运输船。目前，该航线上运行的大型船只在两个港口都要停靠，每次停靠港口的成本如表5-11所示。马其顿船运公司打算使用轻型船只而不进港滞留，这样将花费少些，并且对于小批量货物装卸速度也可以更快。运输的货物主要是从达累斯萨拉姆装运椰枣和花生，从桑给巴尔装运可可豆、干椰子仁和特殊木材，一般运往美国。通常，一次航程是在达累斯萨拉姆装货1 350t，在桑给巴尔装货2 500t。大型船只每年要在这两个港口停靠80次。

如果将塔什特戈船用于东非线路，它将穿梭于两个港口之间，将货物从一个港口运到另一个港口，以便大型运输船在一次航程中在这一地区只需停靠一处港口，从而节约时间和港口费用。至于塔什特戈船在这两个港口发生的新增费用，在表5-12中进行了汇总。

表5-11 每次停靠港口的成本

成本项目	变量	单位	巴厘巴板	新加坡	桑给巴尔	达累斯萨拉姆
航行成本						
港口费	载重吨数	美元/(在港天数·吨量)	0.14	0.20	0.13	0.31
灯塔费	每次入港	美元/入港次数	73.0	16.0	—	62.0
特别评估费	每次停靠	美元/停靠次数	①			
货运成本						
快船费②	搬运货物量	美元/搬运吨数	0.25	0.16	0.14	0.15
装卸费	搬运货物量	美元/搬运吨数	0.56	0.32	0.32	0.32
吊车费	搬运货物量	美元/搬运吨数	③	0.14	0.13	0.13

① 所有装载量超过8 000t的轮船每次到港口需在港口费之外加付特别评估费2 000美元，主要用于投资及维护这类轮船所使用的深水航道。

② 快船费是让被称作“快船”的小型船只在停靠港口中的轮船侧边辅助装卸货物而收取的费用。

③ 巴厘巴板港由于是使用人工装卸，所以没有吊车费。这样，人工装卸成本与其他港口相比较高。

表5-12 在东非使用塔什特戈船的成本

	达累斯萨拉姆	桑给巴尔	合计
1. 航行成本			
港口费	1 395①	1 170②	
灯塔费	62	—	
小 计	1 457	+1 170	2 627
海上燃油成本（0.73美元/n mile×144n mile往返）		105	
每次航程合计			2 732美元/航次
全年合计	2 732美元/航次×69航次/年③ = 188 508美元/年		
2. 达累斯萨拉姆货物的附加货物成本④			
总吨量/年=(1 350t/航次×80航次/年) = 108 000t/年			
在桑给巴尔的卸载成本（0.14+0.32+0.13)美元=0.59美元	1.18×108 000=127 440美元/年		
在桑给巴尔的复载成本（0.14+0.32+0.13)美元=0.59美元			
合 计			=315 948美元/年

① 4 500t×0.31美元/(天·t)×1天=1 395美元。

② 4 500t×0.13美元/(天·t)×2天=1 170美元。

③ 345天（见表5-10)/每航次5天（两天在桑给巴尔+两天在海上+一天在达累斯萨拉姆)。假定，本案例中达累斯萨拉姆港客户服务水平的下降使得每年的停靠航次从80下降到69，但这不是一个约束性因素。

④ 目前每年同样吨量必须在达累斯萨拉姆装船，因此附加成本只是将达累斯萨拉姆装载的货物在桑给巴尔卸载并在桑给巴尔重新装上去美国的大轮船的成本。

两个港口之间的航行时间相当短，72n mile 的距离无论用哪艘船单程都只需一天（返程两天）。在这样的短途航线上，大型船只的高速度发挥不出什么明显的优势。据估计，如果将塔什特戈船用在桑给巴尔-达累斯萨拉姆航线上，将使大型船只往返东非和美国的总航程时间节省三天（原来两个港口中不管选哪一个，大型轮船都需停靠两天，另一天转换加速）。如果要将塔什特戈船用作“穿梭运输船”，那么为便于安排，大型轮船每次应停靠同一个港口。表 5-13 对大型轮船应当取消停靠哪一个港口进行了评估。

表 5-13　大型轮船为什么应当取消在达累斯萨拉姆停靠

与表 5-11 进行对比分析可以发现，桑给巴尔的港口费比达累斯萨拉姆要便宜得多，在其他的成本项目上也同样便宜，并且不收灯塔费，因此，一眼就可以看出，大型轮船在达累斯萨拉姆港的停靠应当取消。但是，还应再谨慎一些，因为在取消的这个港口的货物须得翻倍。如果在达累斯萨拉姆上船的货物多，也许取消在桑给巴尔停靠的总成本会低。但实际上在桑给巴尔上船的货物更多（每次停靠桑给巴尔上船 2 500t，而停靠达累斯萨拉姆上船 1 350t）。因此，不需细节上的计算可以得出结论，大型轮船应当停靠桑给巴尔。

大型轮船不停靠达累斯萨拉姆所节约的成本：	
港口费（港口停留两天）	7 750 美元①
灯塔费	62 美元
小计	7 812 美元
燃油成本	91 美元②
每一次航行的总成本	7 903 美元
全年总成本	7 903 美元/航次×80 航次＝632 240 美元

① 12 500t×0. 31 美元/(天・t)×2 天＝7 750 美元。

② 1. 27 美元/n mile×72n mile＝91 美元。

杰尔戈泼里斯先生急于要对是否转移塔什特戈船做出一个决断，当时正有一批货物需要从新加坡运到桑给巴尔，运费正好可以抵消移船的费用。由于这笔货运业务是很少遇到的，他认为在秋季之前再遇到类似的机会的可能性不大。

他对于让所有的轮船保持不间断运行很重视，他的公司在船运业界享有很好的声誉，因此一直都能保持满负荷运转。实际上，马其顿船运公司是行业内少数几家被全满预订的公司之一。

公司当时的损益报表展示在表 5-14 中。1963 年度经营的状况对公司来说具有代表性。

表 5-14　马其顿船运公司损益报表

1963 年 1 月 1 日—1963 年 12 月 31 日　　（单位：美元）

航运收入	49 661 000
航运支出①	33 480 000
毛利润	16 181 000
海岸支持及管理支出	10 234 000
税前净收益	5 947 000
所得税支出(税率 52%)	3 092 440
净所得	2 854 560

① 包括轮船成本、航行成本和货物成本。

问题

本案例中的问题算得上是一个舶来品——这艘内燃机船究竟应当在东亚的新加坡与巴厘巴板之间用于木薯运输，还是应当在东非的桑给巴尔与达累斯萨拉姆之间用于收购运输呢？这得取决于成本分析，看究竟哪一个选择盈利性更好。要讨论的一个问题是，既然有的成本随运量而变化，有的成本随时间而变化，有的成本随航程而变化，有的成本随停靠港口的次数而变化，那么构成“可变成本”的应该是哪些呢？其他问题还包括必须准确认定替换方案，每单位运能的利润贡献，成本分析在帮助管理者找准问

题中的重要性等。

为了厘清这一繁难但颇有价值的问题，请依次回答下面的具体问题，这些问题将帮助你逐项形成对这一决策的总体分析。试想一下，如果没有具体的问题做指引，要解决这样的案例问题将多么困难。

(1) 从巴厘巴板港码头到新加坡港码头运输木薯，考虑其收入和运输成本，每吨能够获得多少利润贡献？从新加坡向巴厘巴板运送一般货物，每吨能获得多少利润？

(2) 根据前一个问题得出的每吨获得的利润数，塔什特戈船在新加坡和巴厘巴板之间往返一次获得的总利润是多少？如果是一艘大型轮船又如何？

(3) 无论运送货物的种类和数量是多少，塔什特戈船在新加坡与巴厘巴板之间来回一次产生的新增航行成本是多少？如果是一艘大型轮船呢？

(4) 如果把收入、航行成本、货物成本都考虑进来，每种类型的船只每往返一次获得的利润是多少？每种类型船只每年获得的利润是多少？

(5) 如果将塔什特戈船调走而用一艘大型轮船来跑木薯运输，总的利润影响有多大？（提示：将问题 4 的答案与表 5-12 和表 5-13 中的信息合并考虑。）

(6) 杰尔戈泼里斯先生应当采取怎样的行动？为什么？（提示：①1963 年马其顿船运公司每个船运日获得的平均利润是多少？②根据当时的现成信息，购买塔什特戈船用于运输木薯是一个好的投资决策吗？）

思　考　题

1. 理解和掌握东西方经济学中运输成本的不同含义及其相互间的区别与联系。
2. 影响运输成本的基本因素有哪些？
3. 简述降低运输成本的措施和方法。
4. 请分别访问一家运输公司和一家生产企业，调查两者对运输价格的不同态度，总结两者不同的运输价格决定因素。
5. 请访问一家运输公司，调查其运输成本的组成并分析降低其运输成本的方法。

第六章

仓 储 成 本

作　用

本章主要讲述仓储成本。作为物流成本中的一部分，仓储成本是其中较为容易控制和管理的，但随着物流活动中技术水平的提高，仓储的效率在提高，仓储成本也在发生变化。

关　键

- 仓储的概念、仓储与仓库的作用
- 与仓储活动相关的物流成本
- 仓储成本的构成与计算
- 降低仓储成本的方法与手段

第一节　仓储活动概述

一、仓储的概念

库存、储备及仓储这几个概念在物流系统中经常涉及，有时还会互相混淆。其实，这三个概念虽有共同之处，但仍具有很大差别。

库存是指处于储存状态的物品，广义的库存还包括处于制造加工状态和运输状态的物品。

储备是指储存起来以备急需的物品。储备是有目的地、能动地、主动地储存起来的物品。储备分当年储备、长期储备、战略储备三种。库存包含了储备。

仓储是保护、管理、储藏物品的行为或活动。它是包含库存和储备在内的一种广泛的经济现象，不论社会形态如何，仓储都会存在。仓储的概念和运输的概念相对应，仓储是以改变“物”的时间状态为目的的活动，它通过克服供需之间的时间差异而使产品获得更好的效用。

二、仓储与仓库的作用

（一）仓储的作用

仓储是物流的主要功能要素之一。在物流中，运输承担了改变“物”的空间状态、产

生位移的重任。而仓储承担了改变“物”的时间状态的重任。所以，在物流系统中，运输和仓储是并列的两大主要功能要素，被称为物流的两个支柱。

1. 仓储可以创造“时间效用”

仓储使“物”在效用最高的时刻发挥作用，充分发挥了“物”的潜力，达成了时间配置上的最优。从这个意义来说，仓储提高了物的使用价值，实现了被仓储物的增值。

2. 仓储是社会物质生产必不可少的条件

作为社会再生产各环节之间的停滞，仓储对于社会再生产的顺利进行是十分必要的。针对仓储所起的作用，马克思曾在其《资本论》第2卷第155页指出：“生产过程和再生产过程的不断进行，要求一定量的商品（生产资料）不断处在市场上，也就是形成储备。”马克思还在《资本论》第2卷第165页指出：“商品停滞要看作是商品出售的必要条件。”在工业化社会，这个“必要条件”是绝对不可缺少的。在信息化社会，这种情况虽然有所改变，仓储的作用也没有完全消失。总之，仓储作为社会物质生产的必要条件，必定会长期存在。

生产的复杂性决定了在生产领域中会出现不均衡、不同步的现象，因此为了使生产和消费能够相协调，必须对生产的产品进行一定时间的仓储保管。此外，出于合理使用资源、防止由于产品过剩而造成浪费的现象，以及出于应对突发事件和自然灾害的要求，社会也必须要对生产的产品进行定时定量的仓储。

仓储的这些作用使其在工业化时期被称作“蓄水池”。在现代物流领域，它起到对整个物流过程的调节作用，被称作“调节阀”。

（二）仓库的作用

仓库在企业物流系统中具有极其重要的作用，主要表现在以下几个方面：

1. 降低成本，提高效率

仓库是产品的集散地，它的存在可以降低运输作业成本，提高运输作业效率。企业一般是从多个供应商处分别购进原材料或零部件并运至仓库，经过必要的加工处理后，整批运至下一道工序（或客户）；或者将产品从工厂大量运至仓库，然后按客户的要求进行加工处理后，再小批量地运到市场或运给客户。这时，与直接运输相比，作为集散中间环节的仓库的存在，可以大大降低运输成本，调节运力差异，提高运输效率。

2. 进行产品整合

如果考虑到颜色、形状、大小等方面的差异，一个企业往往可以生产出成百上千种产品。而客户的需求现在也出现了多样化的趋势：一个客户可能需要很多种产品，为了满足客户的这种要求，企业常常在仓库中对产品进行加工、分拣、包装、配套等，然后再将产品运给客户。因此，原有的单纯的保管型仓库已不能适应生产和市场的需要，增加配送和流通加工功能的流通型仓库才是现代仓库的发展方向。

3. 调节供应和需求，为销售服务

由于生产和消费之间或多或少地存在时间上或空间上的差异，因此，如果仓库的地理位置能够合理地靠近客户，从而使产品能够适时地送到客户手中，那么仓库就可以帮助企业提高客户的满意度、扩大销售量。这一点对于企业的产成品仓库来说更为重要。

三、仓储对企业成本的影响

仓储对企业成本的影响具有两重性，既有正面影响，也有负面影响。

（一）正面影响

仓储可以降低企业成本，主要表现在以下几个方面：

（1）拥有适当的库存，可以节省加班费用，有利于降低成本。

（2）拥有适当的库存，避免由于缺货而进行紧急采购时引起的成本提高。

（3）拥有适当的库存，使企业能在有利时机进行销售，或在有利时机实施购进，从而增加销售利润或减少购进成本。

（二）负面影响

在物流系统中，仓储是十分重要与必要的。但仓储作为一种停滞，也常常会冲减物流系统效益、恶化物流系统运行，从而冲减企业利润。这主要是因为在“存”的过程中产品的使用价值可能不断降低；同时，为了实施仓储活动，必须有成本的支出，这都会冲减利润。仓储的负面作用主要表现在以下几个方面：

（1）增加固定资产投资与其他成本的支出。实施仓储活动会引起仓库建设等固定资产投资的增加，从而增加企业成本；进货、验收、存储、发货、搬运等仓储作业的支出会导致企业收益的降低；此外，随着社会保障体系和安全体系的日益完善，我国近年来已开始对库存产品通过投保来分担风险，投保缴纳保险费带来的保险费支出在有些企业已达到了相当大的比例，而且这个成本支出的比例还会不断上升；最后，仓库管理成本的出现也使企业成本进一步增加。

（2）机会损失。库存占用资金所必须支付的利息，以及这部分资金用于其他项目可能会带来的收益，都是企业由于仓储活动而必须承担的机会成本。一般情况下，库存占用资金所带来的利息损失和机会损失都是很大的。

（3）陈旧损失与跌价损失。产品在库存期间可能发生各种化学、生物、物理、机械等方面的损失，严重时，产品会失去全部使用价值，从而报废。随着库存时间的延续，存货不断发生陈旧变质，库存时间越长，发生陈旧损失的可能性与数量就越大。对于技术含量较高且技术发展迅速的产品而言（如个人计算机），由于储存时间过长，产品技术过时而引起的跌价损失，是企业仓储活动不得不面临的另一个重大问题，因为一旦错过有利的销售期，企业就只能以较低的价格出售产品，从而带来损失。

（4）仓储活动有可能占用企业过多的流动资金，从而影响企业正常运转。在企业全部运营活动中，仓储对流动资金的占用有时可能高达40%~70%，更为严重的是有的企业的库存可能会占用了其全部流动资金，从而影响企业的现金流动，使企业无法正常运转，甚至倒闭。所以将库存看成“洪水猛兽”也就不足为怪了。

总之，无论是褒还是贬，都不能根本改变现代经济中仓储不可或缺这一现实。但是仓储既有利又有害的两重性给物流管理提出了一个重大的课题，这就是如何在物流系统中充分发挥仓储有利的一面而遏制其有害的一面。

四、与仓储活动有关的物流成本

（一）仓储成本

仓储成本是指由仓储作业（如流通加工、分拣、装卸搬运、出入库操作等）带来的成本，以及建造、购置仓库等设施设备所带来的成本。

仓储成本与库存水平无关，只与仓储作业和仓库规划有关。

（二）库存持有成本

库存持有成本包括许多不同的成本组成要素，通常代表着最高的物流成本之一。其确定也是比较困难的。库存持有成本只与库存水平有关。

本书将在本章详细叙述仓储成本，在下一章讲述库存持有成本与其他物流成本。

第二节 仓储成本的构成与计算

一、仓储成本的构成

仓储成本由以下两部分构成：

（1）建造、购买或租赁仓库等设施设备（仓库建筑物、货架等）所带来的成本。

（2）各类仓储作业带来的成本，如流通加工成本、装卸搬运成本等。

二、建造、购买或租赁仓库等设施设备所带来的成本的构成与计算

企业获得仓库等设施设备的方式共有三种：自有仓库、租赁仓库、公共仓库。

（一）自有仓库

固定资产是一种为企业经营所需而且能够长期使用的固定设施，它可以多次参加企业的生产经营过程而不改变其实物形态。其服务潜力会随着其在生产经营中的使用而逐渐降低以至于消逝，它的价值也会随着固定资产的使用而逐步、分次地转移到成本中去，并最终从企业的收入中得到补偿。在会计上，这部分因固定资产使用磨损而逐渐转移的价值称为折旧。

作为一种成本，折旧并没有在计提期间实实在在地被支出，但由于这种成本是前期已经发生的支出，而这种支出的收益在固定资产投入使用后的有效使用期内逐步实现，因此，无论是从权责发生制的原则，还是从收入与成本配比的原则来看，企业都必须为固定资产计提折旧。

当企业通过自有仓库的形式获得仓储空间时，企业的仓库等设施设备均属于企业的固定资产，因此必须对其计提折旧，同时企业在各期的仓储成本中也应当包括此项折旧。

1. 仓库等设施设备的价值损耗

仓库等设施设备由于使用、自然力的作用或科学技术的进步而逐渐丧失原有的价值，称为仓库等设施设备的价值损耗。它是计提折旧的根本原因，并可分为有形损耗和无形损耗两种形式。

（1）有形损耗。有形损耗是指仓库等设施设备由于使用和自然力的影响而引起的服务潜能的降低。如仓库建筑物受风吹、雨打、日晒等的侵蚀而逐渐陈旧，货架因使用逐渐磨损以及外部事故破坏等原因而造成的损耗。有形损耗以其物理性能的完全损耗为界限。

1）有形损耗的种类。①使用损耗，是指与使用强度有关的损耗，如仓库等设施设备在使用运行过程中发生的磨损。这种损耗的程度与使用强度的数学关系是线性或近似线性的。②闲置损耗，是指与使用强度无关的损耗。这种损耗主要受自然力的影响，如仓库等设施设备受到自然力的作用而发生的锈蚀、风化等。闲置损耗只与闲置时间有关，而与使用强度无关。

2）影响有形损耗的因素。①仓库等设施设备本身的质量与可靠性，包括设计的合理

性、原材料的种类与特性、安装的规范、精度与可靠性。②仓库等设施设备的使用条件，包括工作负荷、工作时间、工作特性、人员的技术熟练程度等。③仓库等设施设备的自然条件，包括湿度、温度、风力、雨量、地下水和地面水等。④仓库等设施设备的养护条件，包括保养与维修的水平和质量。

（2）无形损耗。无形损耗是指仓库等设施设备本身的服务潜能未受影响，但由于科学技术的进步而引起的仓库等设施设备价值的降低，如由于出现新的自动化仓库而导致旧仓库的更新换代而必须提前予以报废。根据产生的原因，无形损耗主要有以下两种形式：

1）由于社会劳动生产率提高，再建造同一仓库时所花费的社会必要劳动时间减少，而造成原有仓库贬值，这一差额就构成无形损耗。这种损耗不影响仓库的使用效能。

2）由于科学技术的进步，新一代高新技术仓库的出现，使原有的仓库必须淘汰或提前报废，由此所造成的损失。

2. 影响仓库等设施设备折旧的因素

（1）计提折旧的基数。计算仓库等设施设备折旧的基数一般为取得仓库等设施设备的原始成本，即仓库等设施设备的账面原价，在西方一些国家，也有主张以仓库等设施设备的重置完全成本（或重估价）为依据计提折旧的。

（2）仓库等设施设备的预计净残值。仓库等设施设备的预计净残值是指预计的仓库等设施设备报废时可以收回的残余价值扣除预计清理成本后的数额。

仓库等设施设备预计净残值，一般由企业的会计政策决定。若企业直到仓库等设施设备不再具有服务潜能时才予以报废，那么固定资产的预计残值会很小。而有的企业在仓库等设施设备还有使用寿命时就予以更替，此时的预计残值就要根据被处置的仓库等设施设备在处置时的公允市价来确定。在个别情况下可能出现负的净残值，如有些仓库等设施设备的清理成本会远远大于其净残值，便会导致负的净残值。

（3）仓库等设施设备的预计使用年限。仓库等设施设备预计使用年限的长短会影响各期应计提的折旧额。与仓库等设施设备的预计净残值相同，仓库等设施设备的预计使用年限也由企业的会计政策决定，企业应当合理确定仓库等设施设备的使用年限。

在确定仓库等设施设备的使用年限时，既要考虑有形损耗，也要考虑无形损耗，有时对仓库等设施设备的维修保养也会影响固定资产的使用寿命。这些因素都会影响仓库等设施设备价值的转移速度。

绝大多数仓库等设施设备的折旧是以年或月为估计单位的，也有其他的计量方式，如以使用预计工作量为估计单位。

3. 企业自有仓库等设施设备的折旧方法

企业应当根据仓库等设施设备的性质和消耗的方式，合理确定仓库等设施设备的预计使用年限和预计净残值，并根据环境变化、科技发展水平及其他因素，选择合理的折旧方法，按照管理权限，经经理会议或股东大会、董事会等机构批准，作为计提折旧的依据。同时按照相关行政法规、法律的规定报送有关方面备案。有关固定资产的预计使用年限和预计净残值、折旧方法等，一经确定不得随意变更，如需要变更时，仍然应当按照上述程序，经批准后报送有关方面备案。

企业一般应当按月计提折旧，当月增加的仓库等设施设备，当月不计提折旧，从下月起计提折旧；当月减少的仓库等设施设备，当月照提折旧，从下月起不计提折旧。仓库等设施设备提足折旧后，不管能否继续使用，均不再计提折旧；提前报废的仓库等设施设

备，也不再补提折旧。常用的计提折旧方法有直线法和加速折旧法两种，又可细分为六种，企业可依据自己的实际情况选择使用。

（1）直线法。

1）平均年限法。平均年限法的计算公式为

年折旧率=(1-预计净残值率)÷预计使用年限×100%

月折旧率=年折旧率÷12

月折旧额=固定资产原值×月折旧率

平均年限法只考虑使用时间，未考虑使用强度。因而在一个期间内，不管仓库等设施设备使用的强度是强是弱，其计提的折旧额都是相等的。由于平均年限法有上述不足，建议仓库等设施设备按工作量来计提折旧。

2）工作量法。工作量法的计算公式为

每一工作量折旧额=固定资产原值×(1-预计净残值率)÷预计总工作量

某项固定资产月折旧额=该项固定资产当月工作量×每一工作量折旧额

（2）加速折旧法。

1）双倍余额递减法。双倍余额递减法的计算公式为

年折旧率=2÷预计使用年限×100%

月折旧率=年折旧率÷12

月折旧额=固定资产账面净值×月折旧率

在双倍余额法下，余额是指其计提的基数在逐渐减少，而折旧率始终保持不变；在第一年，折旧是按照仓库等设施设备的全部成本来计提的；为了将仓库等设施设备的账面价值转为残值，通常在最后两年将折旧方法改为直线法。

2）年数总和法。年数总和法的计算公式为

年折旧率=尚可使用年数÷年数总和

月折旧率=年折旧率÷12

月折旧额=(固定资产原值-预计净残值)×月折旧率

年数总和=[预计使用年限×(预计使用年限+1)]÷2

年数总和法下每年的折旧额=(固定资产原值-预计净残值)×尚可使用年数÷年数总和

3）余额递减法，也称为定率递减法，是指以一个固定的百分率乘以仓库等设施设备在每一个会计期开始的账面价值来计算本期折旧额的方法。

4）递减折旧率法，是指每年用一个人为确定的、呈递减趋势的折旧率来计算折旧的方法。凡有预计净残值的仓库等设施设备，须先计算净残值占仓库等设施设备原值的百分比，然后与各年折旧率相加凑成100%即可。

使用不同的折旧方法每年的折旧额会各不相同，但这几种方法都能把仓库等设施设备的应计提折旧成本化，符合会计的基本原则。

使用直线法，每年的折旧额都是相等的；使用工作量法，每年的折旧额没有什么特定的模式，因为折旧额取决于对资产的使用，使用得越多，折旧额越大。而加速折旧法在资产使用的第一年最多，最后一年最少。

此外，自有仓库等设施设备的维修与保养费用也应计入此部分仓储成本。

同时，值得注意的是，企业的自有仓库一旦建置完成，所花费的成本就不会因为企业

没有库存而消失。

（二）租赁仓库

当企业不自建或自购仓库时，可以采用租赁仓库的方式来满足企业对于仓储空间的需求。租赁仓库一般只提供存储货品的服务，很少或根本不提供其他物流服务。

租赁仓库的租金通常是根据企业在一定时期内租用的仓储空间的大小来收取的。租赁仓库的租金合约一般期限都很长（如5年），而企业租用的空间大小是基于该期限内的最大储存需求而定的。当企业的库存没有达到最大值时，租金不会因为仓储空间没有被充分利用、存在空余而减少。因此，租赁仓库的租金价格不会随着库存水平变化而每天波动，它与库存水平无关，不属于库存持有成本。租赁仓库的租金费用属于仓储成本，它会随市场供求情况发生变化，受市场上可供租赁的仓储空间的供给量与需求量的制约。

此外，如果企业停止租赁，则租赁仓库所带来的所有费用都会消失。

（三）公共仓库

与租赁仓库不同，公共仓库可以为企业提供各种各样的物流服务，如卸货、存储、存货控制、订货分类、拼箱、运输安排、信息传递以及企业要求的其他服务。因此，如果企业在获取仓储空间时，希望对方不但能够提供空间，而且还能够提供其他仓储作业服务，就可以考虑采用公共仓库。通过公共仓库的方式取得仓储空间，实际上是在企业和公共仓库之间建立起一种合作伙伴关系。这种合作伙伴关系，使得企业能够把本不擅长的物流活动转包给公共仓库，而自己则可以集中精力搞好核心业务。公共仓库使社会分工更加专业化，有利于企业降低成本与发挥核心竞争优势。

公共仓库与租赁仓库的另一区别在于：公共仓库的合同属于短期合同，企业可以根据情况对合同进行及时的变更。公共仓库合同的灵活性使得企业能够适应多变的市场环境。

公共仓库的收费是由公共仓库的提供方和公共仓库的承租方（企业）通过谈判来确定的。收费的高低根据以下因素商定：所需仓储空间的大小与期限；存储产品的种类数；产品存储时有无特殊要求或限制；搬运等仓储作业的强度；订单的平均规模；所需文字记录工作的工作量等。

公共仓库的收费由三部分组成：存储费、搬运费和附加成本，它们各自具有不同的特征，而且它们的费率通常也是各不相同的。

存储费与企业在公共仓库中的存货数量与存储时间关系密切，一般按每月每单位来计收，有时也会按产品实际占用的仓储空间计收成本，以平方米或立方米计算。

搬运费反映了企业在公共仓库中仓储作业的数量，通常按每单位计收，因为货物的搬运次数是衡量搬运成本的重要尺度，因此有时也会按次收费，对每次入库/出库收取搬运费。文字记录工作的费用一般直接向客户收取，如提单制作的成本就以每份提单为单位计收。

由此可见，公共仓库的收费通常是根据其他仓储作业量以及储存的存货数量来计算的：通常其他仓储作业的费用在公共仓库收费中占相当大的比重，它属于仓储成本的第二部分，是由于仓储作业而产生的成本；公共仓库收费中的存储费是依据企业在公共仓库中的存货数量来计算的，与企业在公共仓库中的库存水平有着直接的关系，因此，该部分成本不应归在仓储成本中，而应属于库存持有成本的一部分。

对于企业来说，公共仓库是一个所有成本都可变的仓储系统。企业停止使用公共仓库后，所有的费用均会消失。

三、各类仓储作业带来的成本

（一）现代仓库中的仓储作业

现代仓库是随着流通系统中产品品种多样化、产品配送小批量、多频度、小单位化以及 JIT 等新型生产、流通体制的进化而逐渐演变而来的，可以说，流通系统中的种种变革带来了仓库机能上的重大变化。例如，随着产品品种的多样化发展，仓储管理的复杂程度日益增加；客户要求对产品进行小批量、多频度的配送，使得以整箱为单位的大件产品配送减少，而小包装的小件产品配送增加；JIT 制度要求缩短从订货到发货之间的周期，同时要求仓库能在最短时间内迅速完成订发货、备货和配送等业务，并要求有很好的流通加工机能。总之，所有这些变化导致了企业仓库作业的强度不断增大、复杂性不断提升。

现代仓库内的主要作业包括以下七种：

1. 出入库作业

现代仓库在建设过程中，无论是采取集约化、综合化的发展模式还是分散化、个性化的发展模式，都比较注意通过网络将企业本部与各供应商、仓库与经营最前沿的销售终端连接起来，这种信息传递模式，使得订货（发货）与进货信息能够通过信息系统传输到仓库，在准备发货与接货的同时，平行进行制作发货票、账单等业务，并将信息传递给相关部门。发货与接货时，制作相关单据、传递相关信息的作业属于出入库作业。现代仓库的出入库作业包括以下内容：

（1）入库作业：对入库货品进行登记，制作相应的单据并进行部门间的信息传递；为入库货品贴附方便仓储管理的条码。

（2）出库作业：根据产品订单或出库通知，对出库货品进行登记，并制作相应的单据，在部门间进行信息传递。

2. 验货作业

在现代仓库里，在货品出入库活动的同时，检验作业也在进行。

（1）入库时的验货作业：根据入库清单对即将进入仓库的货品进行数量、货品种类与规格的核对，同时还要进行货品质量方面的检验。

（2）出库时的验货作业：根据出库清单或者客户的订货清单，对即将出库的货品进行数量、货品种类与规格的核对，同时还要进行货品质量方面的检验。

随着条码的广泛使用以及便携式终端性能的提高，现代仓库正在大力推广条码，这一技术大大减轻了验货作业的工作量，使作业效率大大提高。

3. 场地管理作业

现代仓库内的场地管理有两种形式，一种是固定型场地管理，即利用信息系统事先将货架进行分类、编号并贴附货架代码，各货架内存放的货品事先加以确定；另一种管理方式是流动型场地管理，即所有货品按顺序摆放在空的货架上，不事先确定各类货品专用的货架。在固定型管理方式下，各货架上装载的货品长期相同，这有利于从事货品备货作业，建立信息管理系统也较为方便，因为只要将货架编号以及货品代码输入计算机，就能准确地掌握货品出入库动态，从而省去了不断进行更新的烦琐业务，同时，在存货发出以后，利用信息系统能很方便地掌握账目以及实际的剩余在库量，以便及时补充调剂。相反，流动型管理方式由于各货架上装载的货品是不断变化的，在货品变更登录时出差错的可能性较高。固定型场地管理方式尽管具有准确性和便利性等优点，但它也有局限性，两种管理形式都各有一定的适用范围。一般来说，固定型管理适合非季节性货品，而流动型管理由于周转较快，出入库频繁，更适合季节性货品或流行性变化剧烈的货品。

4. 日常养护与管理作业

对在库的货品要进行日常养护，以保证货品的完好状态，减少货品的损耗，同时还要预防货品被盗或发生火灾等。

5. 备货作业

备货作业是指在接受订货指令、发出货票的同时，备货员按照发货清单在仓库内寻找、提取所需货品的作业。备货作业有以下四种方式：

（1）全面分拣。由一个备货员全面负责一个订单，并负责订单从开始到结束的整个履行过程。

（2）批处理分拣。备货员负责一组订单。备货员接到这批订单后，先建立批处理清单（批处理清单包括整个订单组里每种货品的总数），然后负责按照批处理订单分拣货品并将货品送到站台，最后将它们在各个订单之间进行分配。

（3）分区分拣。将各个备货员分派到仓库的指定区域。在分区订单处理计划中，备货员挑选出订单中存放在其所负责区域的货品，并将其传给下一个备货员，由他挑选出下一个区域内的货品，依次传递下去。这种方式，一个订单往往是由很多人来完成的。

（4）分拨分拣。按照一个指定特征划分，例如，同一个承运商可以将UPS所有的订单划分给第一组进行分拣，第二组分拣所有由邮局运送的订单，其他组可以根据其他承运商来划分。

6. 装卸搬运作业

装卸（Loading and Unloading）是指货品在指定地点以人力或机械装入运输等设施设备或从运输等设施设备卸下的作业；搬运（Handing/Carrying）是指在同一场所内将货品进行以水平位移为主的作业。装卸搬运就是指在同一地域范围内进行的，以改变货品的支撑状态和空间位置为主要目的的活动。一般来说，改变货品支撑状态，叫作“装卸”，改变货品空间位置，叫作“搬运”。

在现代仓库中，各个作业环节或同一环节的不同活动之间，都必须进行装卸搬运作业。如原材料或产成品在运输至仓库并准备入库之前，必须由专门的人员或工具将其从运输设备上卸下，检验入库后，又必须通过搬运作业才能将原材料或产成品送至相应的货位进行存储。同样被存储的货品出库并被运输出去，也要有装卸搬运作业配合才能进行。装卸搬运是货品在仓库中不同运动（包括相对静止）阶段之间相互转换的桥梁。总之，在仓储活动中，装卸搬运是一项非常重要的作业，它贯穿于整个仓储活动的始终。装卸搬运作业并不只存在于仓储活动中，它在物流活动中普遍存在并发挥着重要作用：装卸搬运活动把货品运动的各个阶段连接成连续的“流”，使“物流”的概念名副其实。物流活动中的装卸搬运作业具有以下特点：

（1）具有“伴生”性与“保障”功能。装卸搬运作业总是与物流的其他环节密不可分，它与其他物流环节相伴相生。企业进行装卸搬运作业并不是为了装卸搬运，而是为了实现其他物流功能，因此，装卸搬运作业具有“伴生”性的特点。装卸搬运的“伴生”性也说明：装卸搬运保障了物流活动中其他环节活动的顺利进行，具有保障性质。装卸搬运作业除燃料动力外，不消耗原材料等其他物质资源，同时该作业不产生废弃物，不会占用大量流动资金，也不产生有形产品，因此该作业具有提供劳务的性质。

（2）“起讫”性的特点与“咽喉”的作用。装卸搬运作业往往是其他物流活动的起始点和终结点，如运输、包装、仓储等环节，因此它具有“起讫”性的特点。装卸搬运的这种“起讫”性的特点也说明：装卸搬运制约着物流领域其他环节的业务活动，这个环节处理不好，整个物流系统将处于瘫痪状态。

7. 流通加工作业

流通加工是在货品从生产领域向消费领域流动过程中，为了促进销售、维护货品质量和提高物流效率，对货品进行简单的加工，包括对货品进行包装、分割、计量、组装、贴付价签、贴付标签等简单作业。

流通加工是现代物流系统构架中的重要一环。流通加工能够提高物流系统的服务水平，提高物流效率和货品的利用率，从而对物流活动具有增值作用。目前，流通加工在许多国家都得到了推广，日本、美国等物流发达国家则更为普遍。流通加工作业，通常是由仓库来完成的，这也是现代仓库与传统仓库的主要区别之一。

流通加工是流通领域的特殊形式，它和生产一样，是通过改变或完善流通对象的形态来实现“桥梁和纽带”的作用。流通加工的主要作用在于优化物流系统，提高整个物流系统的服务水平。

（1）增强物流系统的服务水平。从工业化时代进入新经济时代，服务社会是社会经济系统的第一要务，通过流通加工，可以使物流系统的服务功能大大增强，对客户的服务水平也可以得到大幅度的提升。

（2）提高效率，降低损失。通过流通加工，可以加快流通速度，从而提升整个物流系统的运作效率。同时，流通加工可以减少物流过程中的损失、降低操作成本，从而降低整个物流系统的成本与耗费。

（3）流通加工为配送创造了条件。配送是流通加工、分拣、分类、配货、配送运输等一系列活动的集合。配送活动的开展，依赖于流通加工。可以说，流通加工是配送的前提。

（4）对于物流企业而言，流通加工可以提升其获取利润的能力。物流企业的利润一般来源于生产企业，是从生产企业的利润中转移过来的。为了获得更多的收益，物流企业必须开辟新的使物流对象增值的途径，而进行流通加工就是极为理想的方式。

（二）各类仓储作业成本的构成

1. 出入库操作、验货、备货、日常货品养护与管理、场所管理作业成本的构成

（1）人工成本，包括从事该项作业的员工工资、加班费、奖金、福利、劳保等。该项成本从相关会计科目中抽取出来即可。当某个员工从事多项作业时，应当根据员工从事各项作业的时间将其费用进行分配。

（2）如果该项作业中有能源、低值易耗品的耗费，则应当将这些费用计入相关的作业成本。

（3）如果该项作业中使用了机器设备或工具，应当以计提折旧的形式将机器设备、工具的成本计入相关作业。此外，该机器设备、工具的维修费也应计入其中。

（4）若机器设备、工具不是自有而是通过租赁获得时，应用租金代替折旧；当由租赁方负责设备与工具的维修时，租金中包含了维修费，因此，就不必再计算维修费用了；当租赁方不负责设备与工具的维修时，租金中未包含维修费，此时，在租金以外还应计入维修费用。

（5）该项作业应当分摊的管理费等间接成本。

2. 装卸搬运成本的构成

（1）人工成本，是指按规定支付给装卸搬运工人、装卸搬运机械驾驶人、装卸搬运管理人员的工资、加班费、各种工资性津贴、职工福利费（按工人、管理人员工资总额和规定比例计提的职工福利费）、劳动保护费（从事装卸搬运作业使用的劳动保护用品，防暑、防寒、保健饮料以及采取劳保安全措施所发生的各项成本）。该项成本从相关会计科目中抽取出来即可。当某个员工从事多项作业时，应当根据员工从事各项作业的时间将其费用进行分配。

（2）燃料和动力，是指装卸搬运机械在运行和操作过程中耗用的燃料、动力所产生的成本。

（3）耗费的低值易耗品，是指装卸搬运机械领用的外胎、内胎、垫带以及装卸搬运机械在运行和过程中耗用的机油、润滑油的成本等。

（4）折旧，是指装卸搬运机械、工具按规定计提的折旧费。

（5）修理，是指为装卸搬运机械和工具进行维护与小修所发生的工料成本。装卸搬运机械维修领用的周转总成本和按规定预提的装卸搬运机械的大修理成本，也列入本项目。

（6）租费，是指企业租赁装卸搬运机械或设备进行作业时，按合同规定支付的租金。当由租赁方负责机械设备的维修时，租金中包含维修费，因此，就不必再计算维修费用；当租赁方不负责机械设备的维修时，租金中未包含维修费，此时，在租金以外还应计入维修费用。

（7）外付装卸搬运费，是指支付给外单位支援装卸搬运工作所发生的成本。

（8）运输管理费，是指按规定向运输管理部门缴纳的运输管理费。

（9）事故损失，是指在装卸搬运作业过程中，因此项工作造成的应由本期成本负担的货损、机械损坏、外单位人员伤亡等事故所发生的损失，包括货物破差损失和损坏机械设备所支付的修理成本。

（10）应由装卸搬运作业承担的管理费等间接成本。

3. 流通加工成本的构成

在物流系统中进行流通加工所消耗的物化劳动和活劳动的货币表现即为流通加工成本。

（1）人工成本。在流通加工过程中从事加工活动的管理人员、工人等的工资、奖金、各项福利等成本的总和，即流通加工人工成本。

（2）流通加工过程中，需要消耗一些材料，同时这些材料最终成为产品的一部分，如标签等，这些材料的成本便是流通加工材料成本。

（3）在流通加工中耗用的燃料与动力成本，也是流通加工成本的构成成本之一。

（4）在流通加工过程中耗费的低值易耗品的成本，如润滑油等。

（5）折旧。流通加工设备因流通加工形式、服务对象不同而不同。现代化仓库常见的流通加工设备包括剪板加工需要的剪板机、印贴标签的喷印机、拆箱需要的拆箱机等。购置这些设备所支出的成本，通过折旧的形式将其计入流通加工成本。

（6）维修费。流通加工设备的维修费用，也应计入流通加工成本。

（7）设备租赁费。如果流通加工设备是通过租赁获得的，则应将租赁费用计入流通加工成本。当租赁设备的维修由出租方负责时，租赁费中包含了维修的费用，因此就不必再

计算维修费用了；当租赁方不负责设备的维修时，租金中未包含维修费，此时，在租金以外还应计入维修费用。

(8) 因为流通加工产生的废品损失。

(9) 流通加工作业外包成本。

(10) 流通加工作业的事故损失。

(11) 流通加工作业应分担的管理费等间接成本。

第三节 降低仓储成本的方法与手段

一、合理规划仓储空间的取得方式，降低仓储成本

合理规划仓储空间的取得方式，可以帮助企业降低仓储成本。对于仓储空间的取得方式，企业可以有三种选择，即自有仓库、租赁仓库或采用公共仓库。在满足一定客户服务水平的前提下，以成本为依据，选择其中之一或结合使用，既是降低仓储成本的重要手段，也是进行仓储管理的一项重要内容。自有仓库、租赁仓库与公共仓库各具特色，因此有的企业适合采用自有仓库，有的企业适合采用租赁仓库，但大多数企业则由于不同地区的市场条件及其他因素而适合采用混合的策略。

(一) 自有仓库

企业利用自有仓库进行仓储活动具有以下优点：

(1) 自有仓库使得企业对仓储活动拥有更大的控制权。企业对自有仓库拥有所有权，因此企业能够对仓储进行直接的管理控制，并且能够根据整个营销系统的需求对仓储的功能进行调整；作为仓库的所有者，企业虽然不能在短时间内增加或减少仓储空间，但可以按照自己的需求对仓库进行设计与布局，并且能够根据自身的需要进行专业的存储和搬运作业。企业对于自有仓库的控制权是企业在租赁仓库或使用公共仓库时无法得到的。

(2) 当企业长期需要大量的仓储空间时，自有仓库的成本将低于公共仓库，从而为企业节约成本。如果自有仓库的空间能够得到长期充分的利用，那么自有仓库的前期投资就得以在数量众多的库存产品中进行分摊，这样单位货物的仓储成本就会降低，从而使自有仓库的成本低于租赁仓库与公共仓库。对自有仓库的长期充分使用，等于形成了一种规模经济。

(3) 自有仓库可以提高企业在客户心目中的资信等级，帮助企业树立良好形象，从而有助于企业在竞争中取胜。当企业拥有自有仓库时，客户会认为企业的经营比较稳定可靠，客户对企业实力的信心也会相应增强。

自有仓库虽有以上优点，但并不是任何企业都适合拥有，因为它还存在以下缺点：

(1) 自有仓库的固定容量缺乏灵活性，会造成企业资源的浪费。不管企业对仓储空间的需求如何，自有仓库的容量是固定不变的，它不能随着需求的增加或减少而扩大或缩小。当企业对仓储空间的需求减少时，仍需承担自有仓库中未利用部分的成本，从而造成企业资源的浪费。

(2) 自有仓库还存在位置上的局限性。自有仓库一旦建成，企业就不可能再改变其所处的地理位置了。如果企业只使用自有仓库，那么当市场的大小、市场的位置和客户的偏好发生变化时，就不能在仓库布局上很快地适应这种变化，从而致使企业丧失许多商机。

(3) 自有仓库需要前期进行大规模的投资，这给企业带来了一系列的问题。首先，仓库的建设投资很高，许多企业因资金问题难以自行修建。其次，由于仓库专业性强而难以出售，所以其所占用的资金难以变现。最后，如果企业将资金投资于其他项目可能会得到更高的投资回报，因此自有仓库投资会带来机会成本。

（二）租赁仓库

企业可以通过租赁仓库来进行仓储。通过租赁仓库进行仓储的优点在于：从财务角度看，租赁仓库可以使企业避免仓库资本投资和财务风险；租赁仓库不要求企业对其设施和设备进行任何投资，企业只需支付相对较少的租金即可得到仓储空间。

使用租赁仓库进行仓储的缺点是：一定租赁期内，租赁的仓储空间是一定的，不会随企业库存量的改变而改变，容易造成浪费。

（三）公共仓库

利用公共仓库进行仓储具有以下优点：

(1) 与租赁仓库相同，公共仓库也不要求企业对其设施和设备进行任何投资，企业只需支付相对较少的租金即可得到仓储空间以及相应的仓储作业服务。

(2) 公共仓库的规模效应可以降低企业成本。公共仓库可以产生自有仓库难以达到的规模效应：首先，公共仓库为众多企业保管大量库存，与自有仓库相比，公共仓库的利用率要高得多，利用率的上升降低了分摊在单位存货上的固定成本；其次，规模效应还使公共仓库能够更加有效地利用装卸搬运设备，从而降低分摊在单位存货上的与仓储作业有关的成本；最后，公共仓库的规模效应还有利于降低企业的运输成本，公共仓库为许多企业实施运输作业，因而可以进行拼箱作业和大批量运输，这无疑可以降低企业的运输成本。

(3) 便于企业掌握与控制成本。当企业使用公共仓库时，每月都可以得到相关的仓储成本单据，从单据上企业可以清楚地了解自己所支出的仓储成本（搬运费）与库存持有成本（存储费），从而有助于企业预测和控制物流成本。

(4) 当企业对于仓储空间的需求具有季节性波动时，公共仓库可以满足企业在高峰期的大量额外的存储需求。如果企业的经营具有季节性，那么公共仓库可使企业在销售淡季最经济地使用仓储空间，而不致浪费企业有限的资源。公共仓库的这一优点正是自有仓库所不具备的，因为自有仓库的仓储空间量是一定的，在低谷期，就有可能出现仓储空间闲置的状况。由于公共仓库没有仓储空间量的限制，能够满足企业在不同时期对仓储空间的需求，哪怕是库存高峰时大量额外的存储需求也没有问题。因此，很多由于产品的季节性、促销活动或其他原因而库存水平变化频繁的企业都很喜欢使用公共仓库。

(5) 公共仓库的合同是短期的，因此公共仓库能够帮助企业适应瞬息万变的市场环境，从而增强企业经营的灵活性。如果企业自己拥有或长期租赁仓库，那么当市场、运输方式、产品销售或企业财务状况发生变化，从而要求仓库的地理位置也发生相应变化时，原有的仓库就变成了企业的负担；而当企业是以公共仓库的方式获取仓储空间时，就可以通过中止、更改或重新签订合同，从而灵活地改变仓库的位置；另外，企业也不必因仓库业务量的变化而增减员工；再有，企业还可以根据仓库对整个分销系统的贡献以及成本和服务质量等因素，临时签订或终止合同。

(6) 公共仓库有利于企业扩大市场范围。公共仓库具有战略性选址的设施与服务，企业可以在同一公共仓储公司设在不同地区的仓库里得到相同的仓储管理和物流服务。因此，许多企业都在尽量减少其自有仓库数量，而将各地区的仓储业务发包给具有大网络的

公共仓储公司。通过这种自有仓库和公共仓库相结合的方式，企业一方面可以通过自有仓库对核心市场区域保持直接控制，另一方面可以利用公共仓库来扩大市场的覆盖范围。

（7）使用公共仓库可以避免管理上的麻烦与困难。仓库管理人员和操作工人的培训与管理是任何一类仓库都要面临的一个重要问题，尤其对于产品搬运有特殊要求或产品具有季节性的企业来说，维持一个熟练的仓库员工队伍是相当困难的，而使用公共仓库企业就不必再考虑这一问题。

但使用公共仓库进行仓储也有一定的缺点：

（1）公共仓库会增加企业的包装成本。公共仓库中存储了许多不同种类的产品，为防止各种不同性质的产品互相影响，企业在使用公共仓库时必须对产品进行保护性包装，从而增加了包装成本。

（2）增加了企业控制物流活动的难度。首先，企业与仓库经营者都有履行合同的义务，但盗窃、产品缺损等给企业造成的损失将远大于得到的赔偿，因此在这方面，使用公共仓库将比使用自有仓库承担更大的风险。其次，企业对公共仓库的运作过程及其作业员工等缺乏控制。最后，企业使用公共仓库还有可能由此泄露有关的商业机密。总之，公共仓库的这些缺点已经成为阻碍经营高价产品的企业利用公共仓库的最大原因。

（四）从定性的角度进行自有仓库、租赁仓库、公共仓库的选择，降低仓储成本

自有仓库、租赁仓库和公共仓库各有优缺点，企业进行物流决策的主要目标是要寻求总成本最低的方案。

企业在决定采用哪一种类型的仓库进行仓储时，需要考虑以下三个因素：

1. 周转量

由于自有仓库的固定成本相对较高，而且与使用程度无关，因此必须有大量存货来分摊这些成本，才能使自有仓库的平均单位成本低于公共仓库的平均单位成本。通常，存货周转量越高，使用自有仓库就越经济。相反，当周转量相对较小时，应选择公共仓库。

公共仓库的费用包含了与库存水平有关的属于库存持有成本的存储费，还包括了与仓储作业量有关的属于仓储成本的仓储作业费用。公共仓库的费用与周转量呈线性关系。自有仓库的固定资产投资均属于仓储成本，且为固定成本，自有仓库的各类仓储作业成本为变动成本，且与周转量呈线性关系。由于公共仓库的经营具有盈利性质，因此，自有仓库的仓储作业成本的增长速度通常会低于公共仓库费用的增长速度。当周转量达到一定规模，两条成本线相交时说明：当周转量等于该交点的周转量时，采用自有仓库与公共仓库的成本相等；当周转量低于该点时，公共仓库的成本低于自有仓库，采用公共仓库是较好的选择；当周转量高于该点时，由于可以把固定成本均摊到大量存货中，因此使用自有仓库更经济。自有仓库仓储与公共仓库仓储的成本比较如图 6-1 所示。

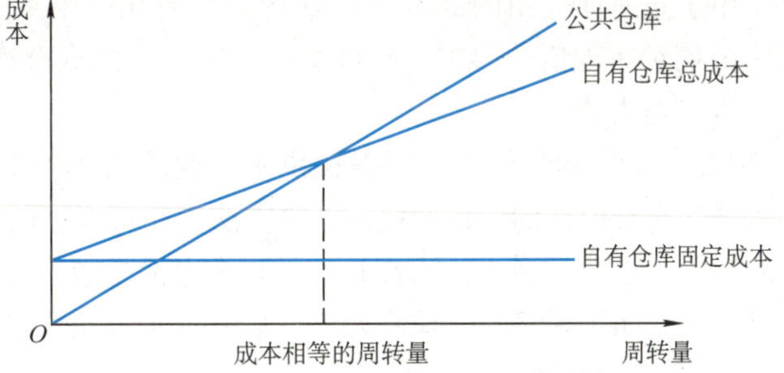

图 6-1 自有仓库仓储与公共仓库仓储的成本比较

2. 需求的稳定性

自有仓库最适合需求稳定的企业。许多企业具有多种产品线，使仓库具有稳定的周转量，因此自有仓储的运作更为经济。

3. 市场密度

市场密度较大或供应商比较集中时，有利于采用自有仓库。因为零担运输费率比较高，经自有仓库拼箱后，采用整车装运，运费率便会大大降低。相反，市场密度较低时，在不同的地方使用公共仓库要比用一个自有仓库服务一个很大的市场区域更为经济。

（五）通过财务成本分析来选择获取仓储空间的方式，降低仓储成本

可以通过财务成本分析来对仓储空间的获取方式进行选择。企业获取仓储空间的方式可粗分为两大类：一类是从公共仓库获取；另一类是经营自有的或租赁的仓储空间。当企业对仓储空间的需求相对稳定时，企业可以根据成本费用的高低来选择仓储空间的获取方式。

由于有关“如何获取仓储空间”的决策往往要涉及较长的时间期限，因此，在决策过程中必须考虑资金的时间价值。也就是说，必须采用贴现的指标对各方案进行分析对比，并据此进行最终的决策。目前财务上有三种方法可以用来进行这种决策。

1. 净现值法

净现值法就是通过比较各方案的净现值来进行决策。所谓净现值，是指特定方案未来现金流入的现值与未来现金流出的现值之间的差额。根据这种方法，首先要计算各方案的净现值，由于获取仓储空间属于企业的一项成本支出，因此，所有方案的净现值均会小于0，这时哪个方案的净现值大，就说明哪个方案所需支出的成本低（因为此时净现值为负，其值越大说明其绝对值越小），因此，该方案也就是应该选择的方案。净现值法具有广泛的适用性，在理论上也比较完善。应用净现值法的主要问题是如何确定贴现率，一种办法是根据资金的成本来确定，另一种办法是根据企业要求的最低资金利润率来确定。前一种办法，由于计算资金的成本比较困难，限制了其应用范围；后一种办法根据资金的机会成本即一般情况下可以获得的报酬来确定，比较容易解决。

计算一个方案的净现值的基本公式为

$$\mathrm{NPV} = \sum_{k=1}^{n} \frac{I_k}{(1+i)^k} - \sum_{k=1}^{n} \frac{O_k}{(1+i)^k}$$

式中 NPV——0期的净现值；

I_k——k期现金流入；

O_k——k期现金流出；

n——决策涉及的年限；

i——贴现率。

由于企业所支出的成本（包括折旧）有扣抵税款的作用，因此，在实际操作中还应考虑所得税对净现值的影响。在计算各方案每年的现金净流量时可以使用以下公式，将所得税的因素考虑进去：

现金净流量=收入×(1-所得税税率)-付现成本×(1-所得税税率)+折旧×所得税税率

作为净现值法的一种变通的计算方法，还可以将两个方案在每年的现金净流量差作为计算的对象，也就是将A方案在每年的现金净流量减去B方案每年的现金净流量，并将此计算结果贴现。如果最终的净现值为正，则说明A方案可取；若为负，则说明B方案可取。

2. 现值指数法

现值指数法使用现值指数作为评价方案的指标。所谓现值指数，是指未来现金流入现值与现金流出现值的比率，也称为现值比率、获利指数、贴现后收益-成本比率等。

其公式为

$$现值指数=\frac{\sum_{k=1}^{n}\frac{I_k}{(1+i)^k}}{\sum_{k=1}^{n}\frac{O_k}{(1+i)^k}}$$

式中 I_k——k 期现金流入；

O_k——k 期现金流出；

n——决策涉及的年限；

i——贴现率。

在使用现值指数法对仓储空间的获取方式进行选择时，应当将两个方案在每年的现金净流量差作为计算的对象，也就是将 A 方案在每年的现金净流量减去 B 方案每年的现金净流量，当差值为正数时，计为现金流入，当差值为负数时，计为现金流出。如果现值指数大于 1，则 A 方案可取；如果现值指数小于 1，则 B 方案可取。

3. 内含报酬率法

内含报酬率法是根据方案本身的内含报酬率来评价方案优劣的一种方法。所谓内含报酬率，是指能够使未来现金流入量现值等于未来现金流出量现值的贴现率，或者说是使投资方案净现值为零的贴现率。

内含报酬率的计算，通常需要“逐步测试法”。首先估计一个贴现率，用它来计算方案的净现值；如果净现值为正数，说明方案本身的内含报酬率超过估计的贴现率，应提高贴现率后进一步测试；如果净现值为负数，说明方案本身的内含报酬率低于估计的贴现率，应降低贴现率后进一步测试。经过多次测试，寻找出使净现值接近于零的贴现率，即为方案本身的内含报酬率。

内含报酬率法和现值指数法有相似之处，都是根据相对比率来评价方案，而不像净现值法那样使用绝对数来评价方案。

例 6-1 一家企业在某地区有较大量的且比较稳定的仓储空间需求，为了获取这一长期稳定的仓储空间，企业有两种选择：一种方案是使用公共仓库，在满足企业需求的前提下该公共仓库每年要收取企业存储费 600 000 元，搬运费 450 000 元；另一种方案是自建仓库，建造企业需要的仓库的投资为 6 700 000 元，使用年限为 10 年，净残值为 700 000 元，以直线法折旧，法定残值为 600 000 元。此外，为了实施仓储作业，企业还要付出每年 580 000 元的运营成本。企业选定的贴现率为 10%，所得税税率为 40%，请问应当如何抉择？

解：首先计算自建仓库方案在 10 年内的净现值，具体如表 6-1 所示。

表 6-1 自建仓库 10 年内的净现值 （单位：元）

年限	税前现金流出	税前现金流入	折旧计算表	税后现金净流量	贴现系数	税后现金净流量贴现值
0	-6 700 000	0	0	-6 700 000	1	-6 700 000
1	-580 000	0	600 000	-108 000	0. 909 090 9	-98 181. 82
2	-580 000	0	600 000	-108 000	0. 826 446 3	-89 256. 20
3	-580 000	0	600 000	-108 000	0. 751 314 8	-81 142. 00
4	-580 000	0	600 000	-108 000	0. 683 013 5	-73 765. 45

（续）

年限	税前现金流出	税前现金流入	折旧计算表	税后现金净流量	贴现系数	税后现金净流量贴现值
5	-580 000	0	600 000	-108 000	0. 620 921 3	-67 059. 50
6	-580 000	0	600 000	-108 000	0. 564 473 9	-60 963. 18
7	-580 000	0	600 000	-108 000	0. 513 158 1	-55 421. 08
8	-580 000	0	600 000	-108 000	0. 466 507 4	-50 382. 80
9	-580 000	0	600 000	-108 000	0. 424 097 6	-45 802. 54
10	-580 000	700 000	600 000	552 000	0. 385 543 3	212 819. 90
总　计						-7 109 154. 67

由于自建仓库的前期投资属于固定资产投资，应当计提折旧，折旧并不是真正的现金流出，但这可以减少企业的税收，根据题目中给出的条件：建造企业需要的仓库空间投资为 6 700 000 元，使用年限为 10 年，净残值为 700 000 元，以直线法折旧，可知，该资产每年的折旧额为(6 700 000-700 000)元÷10=600 000 元，且当最后报废时，收回的 700 000 元的净残值应缴纳的税费为

$$(700\ 000-600\ 000)\text{元}\times 40\%=40\ 000\text{元}$$

因此，零期企业一次性投资 6 700 000 元建造仓库，由于此支出以折旧的方式逐步计提，因此不受所得税的影响。

1~9 期的税后现金净流量为

$$-580\ 000\text{元}\times(1-40\%)+600\ 000\text{元}\times 40\%=-108\ 000\text{元}$$

10 期的税后现金净流量为

$$-580\ 000\text{元}\times(1-40\%)+600\ 000\text{元}\times 40\%+700\ 000\text{元}-40\ 000\text{元}=552\ 000\text{元}$$

再计算使用公共仓库的净现值，具体如表 6-2 所示。

比较方案的净现值可知，使用公共仓库更经济。

表 6-2　使用公共仓库的净现值　　（单位：元）

年限	税前现金流出	税前现金流入	税后现金净流量	贴现系数	税后现金净流量贴现值
0	0	0	0	1	0
1	-1 050 000	0	-630 000	0. 909 090 9	-572 727. 27
2	-1 050 000	0	-630 000	0. 826 446 3	-520 661. 16
3	-1 050 000	0	-630 000	0. 751 314 8	-473 328. 32
4	-1 050 000	0	-630 000	0. 683 013 5	-430 298. 48
5	-1 050 000	0	-630 000	0. 620 921 3	-391 180. 43
6	-1 050 000	0	-630 000	0. 564 473 9	-355 618. 58
7	-1 050 000	0	-630 000	0. 513 158 1	-323 289. 61
8	-1 050 000	0	-630 000	0. 466 507 4	-293 899. 65
9	-1 050 000	0	-630 000	0. 424 097 6	-267 181. 50
10	-1 050 000	0	-630 000	0. 385 543 3	-242 892. 27
总　计					-3 871 077. 27

(六)制定正确的混合仓储空间获取决策,降低仓储成本

当企业对于仓储空间的需求不稳定,具有季节性波动时,如果企业根据高峰时期的需求量来确定自有仓库或长期租赁仓库的仓储空间规模,那么在库存水平较低的低谷期便会出现仓储空间利用不足的状况,从而造成企业仓储成本的攀升。为了解决这一问题,企业可以考虑采用混合仓储空间获取策略,也就是将多种仓储空间获取方式相结合的策略,这样既能保证自有或长期租赁仓储空间的充分利用,又能通过短期使用公共仓库来满足高峰期的需求。在选择最优的混合仓储空间获取策略时,必须以成本为依据。具体步骤是:

(1)预测全年不同时期对仓储空间的需求量。

(2)要在满足全年仓储空间需求的前提下,计算各种混合仓储空间组合的相关成本。

(3)根据计算出的数据绘制出不同规模组合下的成本曲线。

(4)由于自有仓储空间或长期租赁仓储空间的仓储成本既包含固定成本也包含可变成本,短期使用公共仓库的成本都属于变动成本,所以当自有仓储空间或长期租赁仓储空间的规模在一定范围时,随着自有仓储空间或长期租赁仓储空间的规模的扩大,组合的总成本会不断下降,当自有仓储空间或长期租赁仓储空间的规模超过该范围之后,随着自有仓储空间或长期租赁仓储空间规模的扩大,组合的总成本会不断上升。因此,成本曲线上会出现一个顶点,该点所代表的组合成本是所有组合中最低的,该点对应的组合方式,就是企业应当采取的最优的混合组合方式。

例 6-2 我国的一家生产企业,计划在长江三角洲地区建造一个仓库。由于该企业产品的需求具有季节性,所以企业对于该仓库的仓储空间需求也具有季节性,表 6-3 中的第二列是企业预测出的一年中不同月份的仓库吞吐量。

如果该仓库的库存周转率为 4 次/月。总仓储空间中 40%为巷道,为了应对未来可能发生的仓储空间需求变化,仅有 80%的仓储空间被利用。1kg 产品平均占用 0.5m^3 的仓储空间,在货架上可堆码 5m 高。该仓库连同设备在内的投资为 100 元/m^2,折旧期限为 20 年,运营成本为 0.3 元/kg。总仓储空间的年固定成本为 4 元/m^2。

使用公共仓库的租金为每月 10 元/m^2,入库-出库搬运成本为 0.4 元/kg。那么如何进行混合空间决策呢?

首先需要计算企业在不同月份对仓储空间的需求数。从库存周转率可知,每月通过仓库流转的每 4kg 产品中就有 1kg 成为库存,因此,需要进行储存的产品公斤数为吞吐量的 1/4;由于 1kg 产品平均占用 0.5m^3 的仓储空间,且在货架上可堆码 5m 高,因此,每储存 1kg 产品需要占用 0.5/5m^2 的空间;由于巷道占用空间 40%,且仓库没有被全部利用(利用率为 80%),因此所需仓储空间还应再乘以两个修正系数:1/60%、1/80%,就可得出用平方米计量的空间需求:

$$\text{仓储空间}(m^2)=\text{每月吞吐量}(kg)\times\frac{1}{4}\times(0.5\div5)\times(1/60\%)\times(1/80\%)$$

$$=\text{每月吞吐量}(kg)\times0.05$$

据此,可计算每个月该企业对仓储空间的需求,如表 6-3 第三列所示。

接下来计算不同规模的组合成本,以自有仓库规模为 20 000m^2 为例进行测算:

一个 20 000m^2 的仓库造价为

表 6-3　各月的成本构成

月份	仓库吞吐量/kg	仓储空间需求/m²	自营份额(%)	每月固定成本(元)	每月变动成本(元)	公共份额(%)	每月存储成本(元)	每月搬运成本(元)	每月总成本(元)
1	13 300	665	100	15 000	3 990	0	0	0	18 990
2	65 600	3 280	100	15 000	19 680	0	0	0	34 680
3	209 700	10 485	100	15 000	62 910	0	0	0	77 910
4	428 200	21 410	93	15 000	119 467.8	7	14 100	11 989.6	160 557.4
5	564 000	28 200	71	15 000	120 132	29	82 200	65 424	282 756
6	479 000	23 950	84	15 000	120 708	16	39 500	30 656	205 864
7	260 600	13 030	100	15 000	78 180	0	0	0	93 180
8	92 180	4 609	100	15 000	27 654	0	0	0	42 654
9	19 980	999	100	15 000	5 994	0	0	0	20 994
10	3 060	153	100	15 000	918	0	0	0	15 918
11	60 440	3 022	100	15 000	18 132	0	0	0	33 132
12	111 340	5 567	100	15 000	33 402	0	0	0	48 402
总计	2 307 400	115 370		180 000	611 167.8		135 800	108 069.6	1 035 037.4

100 元/m²×20 000m² = 2 000 000 元，在 20 年的折旧期限内摊销，年计提折旧为 100 000 元。

由于总仓储空间的年固定成本为 4 元/m²，因此，20 000m² 仓库的年固定成本为

$$20\,000\text{m}^2 \times 4\ 元/\text{m}^2 = 80\,000\ 元$$

将仓库折旧与年支出的固定成本相加，就可以求出 20 000m² 仓库的全部固定总成本，进而可以计算出每个月的固定成本为

$$(100\,000+80\,000)\ 元 \div 12 = 15\,000\ 元$$

自有仓库每月的变动成本，用自有仓库处理的吞吐量与运营成本 0.3 元/kg 相乘即可得出。

使用的公共仓库的成本包括存储费与搬运费：存储费为租用仓储空间大小与费率 10 元/m² 的乘积；搬运费为公共仓库处理吞吐量与费率 0.4 元/kg 的乘积。

具体各月的成本如表 6-3 第四列至第十列所示。按此方法对各种仓库规模进行计算，可根据所得到的数据绘制年度总成本曲线。选取成本最低的那一点作为最终的混合模式即可。

二、合理选择不同吞吐量下仓储类型与作业模式，以降低仓储成本

任何拥有库存的企业都必须支付仓储成本。当企业通过租赁仓库或公共仓库的形式实施仓储活动时，仓储成本是由外部提供仓储服务的物流企业按费率向企业收取的；当企业通过自有仓库实施仓储活动时，仓储成本是由企业自有仓库产生的内部成本。由于不同仓储系统表现出不同水平的固定成本和变动成本，因此，不同吞吐量下采用不同的仓储类型与作业模式会带来不同的仓储成本，具体如图 6-2 所示。为了降低企业的仓储成本，必须根据企业吞吐量的规模，恰当地选择仓储类型与作业模式。

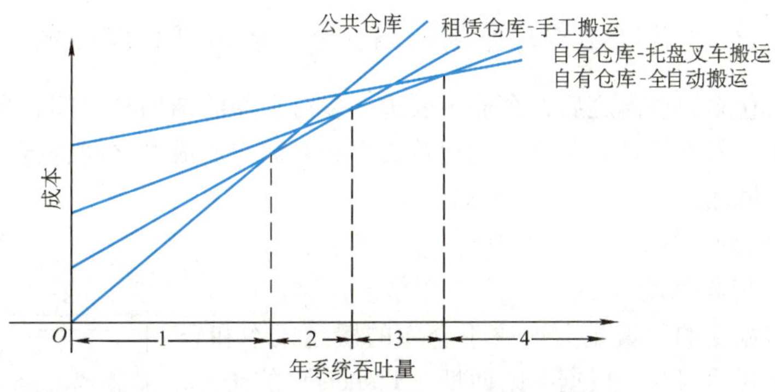

图 6-2 采用不同仓储类型与作业模式时的仓储成本

如图 6-2 所示，1 为公共仓库的经济范围；2 为租赁仓库-手工搬运的经济范围；3 为自有仓库-托盘叉车搬运的经济范围；4 为自有仓库-全自动搬运的经济范围。

(一) 公共仓库

公共仓库的收费中既有库存持有成本又有仓储成本，它与吞吐量呈线性关系，同时当企业库存为 0 时，企业就可以终止与公共仓库的合同，从而使相关成本也为 0，因此在图 6-2 中，公共仓库是一条通过原点的直线。

(二) 租赁仓库-手工搬运

所谓“租赁仓库-手工搬运”，就是将租赁仓库与手工搬运设备结合在一起的仓储系统，与公共仓库不同，租赁仓库要求企业签订一种长期的租赁协议，成本计算期内发生的仓储空间租赁费用不会随吞吐量的改变而改变，它属于固定成本；手工搬运的作业成本属于和吞吐量呈线性关系的变动成本，且由于手工搬运效率较低，单位产品的搬运成本比较高，所以代表“租赁仓库-手工搬运”的直线的斜率较大。

(三) 自有仓库-托盘叉车搬运

当企业选择自有仓库，且仓库中的搬运设备也不对外租赁时，该系统内的所有成本都是企业的内部成本。由于企业既拥有仓库又拥有搬运设备，因此在企业的总成本曲线中出现大量的固定成本，且该固定成本高出了“租赁仓库-手工搬运”系统中的固定成本——租金，在图形上显示为“自有仓库-托盘叉车搬运”线的截距大于“租赁仓库-手工搬运”线的截距；而使用自有仓库时的装卸搬运等仓储作业成本与吞吐相关，呈线性关系，属于变动成本，由于该系统使用托盘叉车搬运，搬运设备机械化程度较高，所以单位变动成本很低，在图形上显示为“自有仓库-托盘叉车搬运”线的斜率小于“租赁仓库-手工搬运”线的斜率。

(四) 自有仓库-全自动搬运

就物流成本而言，“自有仓库-全自动搬运”的仓储系统是这几种方案中的一种特例。该系统在仓库和自动搬运设备（如计算机控制的传送带和吊车）上都需要很高的固定投资，因此图形中“自有仓库-全自动搬运”线的截距最大；但由于系统几乎不需要劳动力、光、热等类似条件，所以变动成本很低，也就是图形上显示的“自有仓库-全自动搬运”线的斜率最小。

由图 6-2 可知，随着企业货物吞吐量的不断提高，“公共仓库”“租赁仓库-手工搬运”“自有仓库-托盘叉车搬运”“自有仓库-全自动搬运”会依次成为企业的最佳选择。

三、进行合理的仓库结构与空间布局决策，以降低仓储成本

当确定下来仓库的规模之后，企业还要进一步对仓库的结构与空间布局进行决策，制定这些决策的基本思路就是要在仓库的建筑成本与仓储作业成本之间进行权衡，以期将仓储总成本控制到最低。

（一）仓库结构决策

1. 仓库的长度与宽度

仓库长度与宽度的决策主要取决于仓库的搬运成本和仓库的建筑成本之间的权衡。根据弗朗西斯（Francis）的研究，可以通过搬运成本与仓库周长成本之间进行的比较权衡来确定仓库最优的长度与宽度。所谓周长成本，是指单位仓库周长的年建筑和维护成本。

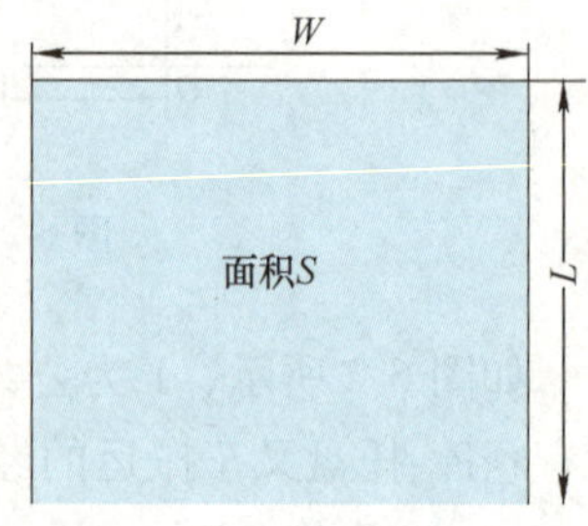

图 6-3　仓库的长度与宽度

如图 6-3 所示，仓库的面积为 S，宽度和长度分别为 W 和 L，弗朗西斯的结论认为，假定采用往返备货的方式，宽度的最优值 W^* 为

$$W^* = \sqrt{\frac{C + 8K}{2C + 8K}}\sqrt{S}$$

长度的最优值 L^* 为

$$L^* = \frac{S}{W^*}$$

式中　C——单位货物单位距离搬运成本与该种货物全年吞吐数量的乘积；

K——仓库的年周长成本；

S——所需的仓库地面面积。

此时该形状仓库的总相关成本 TC 为

$$\mathrm{TC} = 2\sqrt{\left(\frac{1}{2}C + 2K\right)\left(\frac{1}{4}C + 2K\right)}\sqrt{S}$$

弗朗西斯的公式不适用于传送带搬运系统。

2. 高度

仓库的高度与建筑成本、仓储作业成本以及货品的堆码要求等因素有关。如果仓库的高度增加，则仓库的容积也会增加，但由于仓库的屋顶和地面都没有发生变化，因此，仓库的建筑成本不会随容积的增大而进行同比例变动，仓库的建筑成本的上升速度要小于容积上升的速度，换句话说就是：增加仓库的高度可以带来仓库建筑成本的节约。但是，仓库高度的增加会提升仓储作业成本：备货作业和入库时货品堆码作业的时间会加长，难度会加大，货品搬运成本会上升；同时为了能够进行高空作业还有可能要购买新设备，当货品不适合进行多层堆码时，还必须购买货架等设施设备，从而导致相关成本增加。仓储作业成本与其他相关成本的增加会抵消建筑成本的下降，因此，在进行仓库高度决策时，应当对各方面的成本进行权衡。

（二）仓库的空间布局

仓库的基本结构确定了以后，还要研究货位、货架和巷道的布局。该布局包括：确定

所用货架的数量、货架的放置方向以及各货架上的货位数量。

常见的矩形仓库的货架布局形式有两种：一种如图 6-4a 所示，货架垂直排放；一种如图 6-4b 所示，货架水平排放。两种布局形式中产品均由仓库一侧的门入库，从另一侧的门出库，站台门位于仓库的中间位置，所有仓储空间被利用的概率相同。除了靠墙摆设的货架外，其余货架均为双面货架。

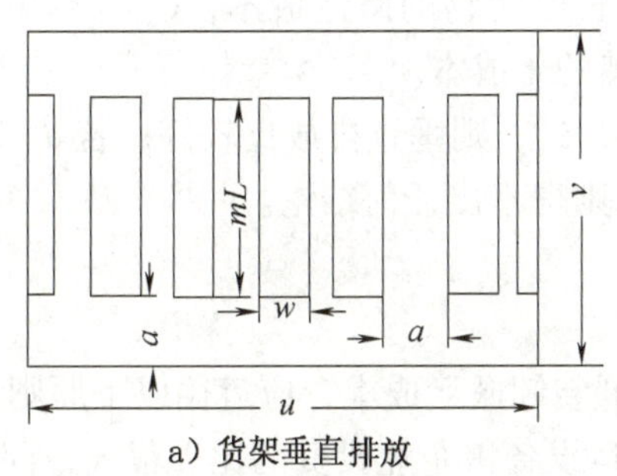

a）货架垂直排放

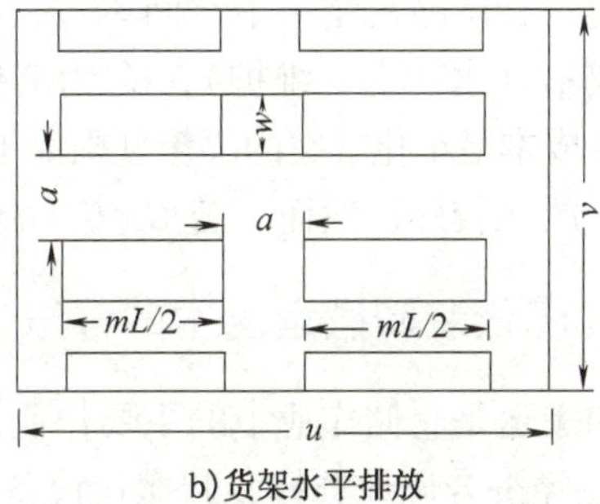

b)货架水平排放

图 6-4　矩形仓库的货架布局

仓库布局的目标是使搬运成本、年仓库面积成本和与仓库规模（周长）相关的年成本三者之和最小。

垂直排放的最经济的货架空间为

$$m_1^* = \frac{1}{L}\sqrt{\frac{dC_h+2aC_s+2C_p}{2(dC_h+C_p)}\times\frac{K(w+a)L}{2h}}$$

双面货架最优的数量为

$$n_1^* = \frac{1}{w+a}\sqrt{\frac{2(dC_h+C_p)}{dC_h+2aC_s+2C_p}\times\frac{K(w+a)L}{2h}}$$

最经济的仓库结构长度为

$$u_1 = n_1^*(w+a)$$

宽度为

$$v_1 = 2a+m_1^* L$$

水平排放的最经济的空间为

$$m_2^* = \frac{1}{L}\sqrt{\frac{2dC_h+3aC_s+2C_p}{dC_h+2C_p}\times\frac{K(w+a)L}{2h}}$$

$$n_2^* = \frac{1}{w+a}\sqrt{\frac{dC_h+2C_p}{2dC_h+3aC_s+2C_p}\times\frac{K(w+a)L}{2h}}$$

$$u_2 = 3a+m_2^* L$$

$$v_2 = n_2^*(w+a)$$

式中　w——双面货架的宽度；

L——每个库存空间的长度（如托盘的长度）；

m——货架上的货位数量；

h——垂直方向上的储存层数；

n——双面货架的数量，两个单面货架视为一个双面货架；

K——库存空间内的总库容；

a——一个巷道的宽度，假定所有的巷道宽度相同；

u——仓库的长度；

v——仓库的宽度；

d——用存储单位（如托盘）表示的仓库年吞吐量（需求）。

假定一种产品占用一个空间单位，C_h 为单位长度货物的搬运成本，C_s 为单位仓库面积的年成本（水、电、维护），C_p 为单位长度外墙的年成本。

选择成本最小化方案的决策规则如下：若 $d<C_p/C_h$，则垂直排放比较好；若 $d>2C_p/C_h$，则水平排放比较好；然而，若 $C_p/C_h<d<2C_p/C_h$，则得不出任何结论。

四、降低装卸搬运成本的方法

装卸搬运是仓储作业中的主要作业，为了降低装卸搬运成本，应遵循以下原则：

（1）经济合理地选择装卸搬运设备。装卸搬运设备占企业投资的比重很大，同时装卸搬运设备的装卸搬运能力、配件损坏的修理、动力系统和燃料的使用等都会影响装卸搬运成本。由于装卸搬运设备的选择对日后日常操作成本的固定支出和变动支出影响很大，因此，选择合适的装卸搬运设备可降低装卸搬运成本。

（2）在高峰期间或试用期间可暂时租用补充装卸搬运设备，以减少设备投资。

（3）合理布局仓库，优化搬运路线，尽量减少装卸、搬运次数与搬运距离。如使整个仓库处于一层之中，尽量避免有楼梯等。

（4）尽量提高一次装卸搬运作业的处理量，充分利用装卸搬运设备的处理能力。

（5）尽量降低装卸搬运的难度，提高劳动生产率，从而降低成本。具体措施包括：实现装卸搬运省力化，如利用物体本身的重力进行装卸搬运，减轻搬运阻力，进行劳动动作分析等；适当地提高物资装卸搬运的灵活性，即物资的活性指数，降低装卸搬运的难度。

五、降低备货作业成本的方法

备货作业是仓储作业中最复杂的作业。为了降低备货成本，可以采取以下方式：

（一）合理选择备货作业方式

如本章第二节所述，共有四种备货作业方式：全面分拣、批处理分拣、分区分拣、分拨分拣。产品的种类比较多时，应当采取全面分拣方式；产品的种类比较少时，采取批处理分拣方式；仓库面积比较大，存放不同产品的区域相隔较远时，应当采用分区分拣方式；当不同的订单由不同的承运商承担运输，并对分拣好的产品有不同的要求时，应采用分拨分拣方式。这样可以节约成本。

（二）合理分区，降低备货成本

为了提高备货的作业效率，首先应该整理好备货作业的工作环境。在备货作业中，妨碍作业效率提高的主要因素是仓储空间。空间越大，备货时移动的距离就越长。因此，尽可能减少仓储空间，将有利于提高备货的作业效率。

为了减少仓储空间，有效的办法就是将仓库分成“储藏区”和“备货区”。产品从“备货区”出库，其减少的部分再从“储藏区”补充进来，这样，虽然增加了一道补充程序，但作业效率大大提高了。

两个区的分配有两种方法：一种是将仓储空间水平分成储藏区和备货区两部分；一种

是将货架垂直分成储藏区和备货区两部分，货架的最下面一格作为备货区，其他部分作为储藏区。另外，将备货区分成“散货备货区”和“整箱货物备货区”，也有利于减少备货时间，降低备货成本。

（三）加强场地管理，提高备货作业效率

有了明确的场地管理规则后，备货人员可以十分轻松地找到要分拣的货物，节省寻找的时间，提高效率，从而降低备货成本。

（1）备货人员必须熟悉产品存放的位置，该位置通常是用6位数字来表示的，即区号、道路号、货架号、列号、址号、段号。在用计算机管理的仓库中，为了管理上的方便，其管理信息系统通常将储存产品的名称（或者是条码号）与产品存放场地的号码并列在一起，相互对应，使备货人员可以轻松地查出订单中产品的存放位置。

（2）恰当地选择场地管理方法。如本章第二节所述，场地管理有两种形式：流动型场地管理与固定型场地管理。通常在储藏区采用流动型场地管理，在备货区采用固定型场地管理，这样可以降低备货成本。

（3）对于同一条过道左右两边货架上的产品加上左右编号，将出库频率比较高的产品集中堆放在一条过道上或者仓库门附近，这样安排产品的存储位置也有利于降低备货成本。

六、降低验货与出入库作业成本的手段

在仓库中，产品检验一般都比较复杂，其费工程度仅次于备货作业。如果能省去产品检验这一道工序，供货商和客户双方都将从中获益。在产品检验中，最理想的是一次就能准确地完成整个产品的检验。要做到这一点，可利用计算机中的扫描仪来读取产品条码。这种方法与工作人员根据经验来检验产品相比，具有准确程度高、误差小、速度快的优点。

此外，条码与计算机管理信息系统还可以大大提高出入库作业的准确度与效率，通过扫描产品包装上的条码，计算机可以读取产品信息，并记入相应的入库与出库记录。

七、降低流通加工成本的手段

降低流通加工成本可以从以下几个方面着手：

（1）根据需要的加工方式与加工深度，选择最具经济性的流通加工设施设备。先进的设施设备需要较高的前期投资，但后期运作中所耗费的运作成本相对低；普通的设施设备需要较低的前期投资，但后期运作中所耗费的运作成本相对高。企业应当根据自己流通加工作业的实际情况，选择长期最具经济性的流通加工设施设备。

（2）提高流通加工能力的使用效率，减少人员与设施设备的闲置，实现规模效应，从而降低成本。若企业面临的流通加工业务具有较大的波动性，则可采取在业务高峰期，租赁外部流通加工设备与人员的方式，以降低成本。

（3）将流通加工作业与其他仓储作业整合起来以降低成本。例如，将流通加工作业——贴价格标签，与备货作业和验货作业捆绑在一起，通过采取一条龙的办法，来达到提高作业效率、降低成本的目的。具体操作程序为：首先，在分拣出库产品之前就印制好产品的价格标签；其次，在分拣产品的同时就把预先印制好的产品价格标签贴在出库产品上，并进行产品的检验。

基于互联网的共享仓储的价值分析

（何家波、顾新建，浙江大学，计算机集成制造系统，2018，09 期）

一、引言

近两年来，滴滴打车和共享单车的风行让大众对共享经济（Sharing Economy）的关注度越来越高。共享经济指在保证所有权不变的前提下，将当前自身闲置的具有剩余价值的物品（服务）通过互联网共享平台供给他人使用，并收取一定物质或非物质的回报。其本质是通过线上共享平台整合线下闲散资源，让供给方以相对低廉的价格让渡物品的使用权给需求方而获取收益，使闲置物品或服务得以充分有效利用。

新一代信息技术的发展，不仅为建立透明公平的制造业发展环境创造了条件，还为共享经济的发展提供了技术支撑。共享经济不但改变了人们旅行住宿和交通出行的方式，也颠覆了传统的物流业。基于车货匹配的共享物流平台，如云鸟配送、运满满、货车帮等平台得到大力推广，大大降低了物流成本。随着共享物流的发展，共享经济逐渐渗透到物流细分领域——仓储。仓储是企业生产加工、物流和供应链管理中的重要环节，直接影响了企业库存成本、供应链反应速度及效率，一般由各种类型的储存仓库和配送中心组成。共享仓储作为产业生态共享的重要组成部分，能够大幅降低企业的物流成本，帮助企业获取市场竞争优势。

多年来，共享仓储的发展较为缓慢，业内统计显示，2012 年—2016 年，中国共享仓储行业投融资共 28 次，其中 70%为天使轮与 A 轮。从 2017 年开始，仓储共享企业获得融资的新闻陆续出现，共享仓储逐渐形成一定规模。例如 2017 年 3 月，小斑马货栈完成了由五岳天下领投的 1 500 万元 Pre-A 轮投资；共享迷你仓品牌空间号已于 2017 年 9 月完成 1 000 万元的天使轮融资，由分众传媒创始人江南春和一些机构联合投资。

二、共享仓储的需求分析

共享仓储基于新一代信息技术，整合闲散的仓库资源，重新布局设立和调配最佳的仓储网点，包括托盘共享、仓储信息平台共享、仓库分享等与仓储相关环节，以实现仓储资源优化配置，提高供应链效率。

（一）共享仓储的需求分析

国内外制造企业都在为降低物流成本而努力，很多学者对降低物流费用的方法进行了研究。Lozano 等提出不同的公司通过使用大车合并运货需求，协商优化配送模型，分摊运输费用，以节约成本；Wong 等提出性能测量系统评估跨界供应链模型，通过优化配置仓储资源，使第三方物流企业提高市场竞争力并降低物流成本；Trappey 等以某汽车零部件生产商作为案例，研究了综合商务物流枢纽在保证物流和产品分销信息透明的前提下，实现供应链流程缩短和库存成本降低的过程及方法；Hu 等通过一种离散线性分析模型和运营策略，大幅减少了逆向物流成本；Mason 等针对多产品供应链研究开发出一种离散事件仿真模型，并通过实验证明该模型可从车辆调度及测序技术中获得潜在利益，能够帮助企业降低成本和缩短交货期；邓延洁等开发了第三方物流管理系统，并在实践中取得了明显的经济效益；马士华等构建了供应商和集配商联合决策的生产和配送协同决策模型，通过模拟退火算法求解模型，并证明了协同决策模型对降低集配商和制造商单位时间物流成本比分散决策模型更有效。

目前在我国制造业生产成本中，物流成本占到 30%左右，远高于发达国家的 10%～15%，因此加强物流服务，降低物流成本是促进我国制造业转型升级的重要途径之一。全国工商联副主席、传化集团董事长徐冠巨认为，在中国，物流成本占企业成本的 30%～40%，而发达国家只占 10%～15%。中国物流与采购联合会2014年发布的《中国采购发展报告（2014）》显示，2013年我国社会物流总费用为10.2万亿元，占GDP的比重为18%，是美国8.5%的2倍有余。通过整理相关公开资料发现，2007年—2016年，我国社会物流总费用逐年增长，但近几年同比增长率持续走低，如图6-5所示。近年来，我国社会物流总费用占GDP的比重呈缓慢下降趋势，如2014年—2016年中国社会物流总费用占GDP的比重分别是16.6%、16%和14.8%。而且与仓储密切相关的保管费用自2012年以来增速明显放缓，尤其是2015年和2016年同比增长率非常低，如图6-6所示。我国社会物流保管费用占社会物流总费用的比重基本控制在35%左右，如2014年—2016年保管费用占中国社会物流总费用的比重分别是34.9%，35.5%和34.3%。由此可见，我国每年在物流和仓储上的投入相当大。

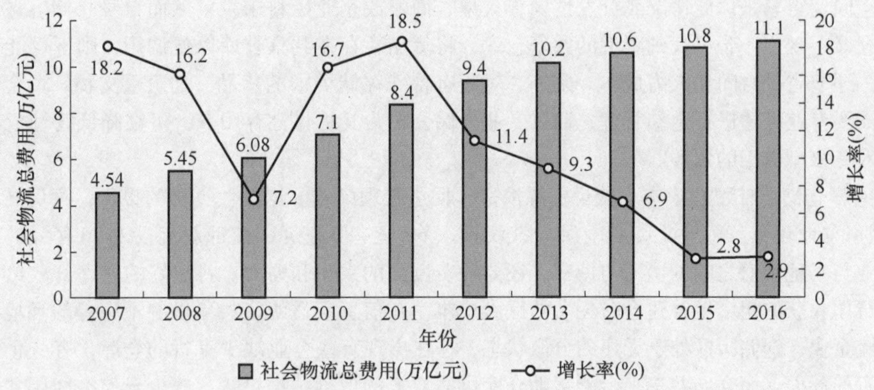

图6-5　2007年—2016年我国社会物流总费用统计（公开资料整理）

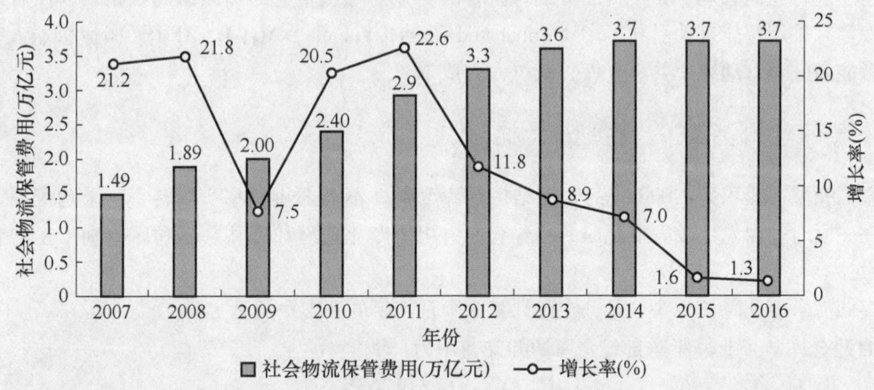

图6-6　2007年—2016年我国社会物流保管费用统计（公开资料整理）

经过近十年的快速发展，我国营业性通用仓库面积已近10亿m^2，其中立体仓库接近30%。总体来看，仓储设施已基本满足物流需求，但在结构与地区分布上还存在一些供求矛盾。仓库供不应求与仓库供过于求同时存在，仓库高空置率与高租金同时存在，仓库快速建设与仓储效益下降、仓储企业倒闭和转行同时存在，共享仓储能够帮助解决仓库利用率低下、信息不对称及仓储成本过高等问题。另外，一些企业由于流动资金有限，无法在短期内筹建新仓库以满足货品储存需求，共享仓储能够满足这些企业的需要。

（二）共享仓储能满足用户和拥有方的需求

共享仓储平台通过大数据、云计算等技术手段将分散在各地的仓储资源连接和整合，凭借先进的智能仓储设备和丰富的仓储运营经验，保证共享仓库的库存管理高效高质。共享仓储平台上汇聚了各行业丰富的仓库资源，仓储费用相对传统仓库低。共享仓库不仅满足了用户变化多样的仓储要求，减少了用户的仓储开销，还能增加仓库拥有方的收益，提高仓库空间利用率，减少仓库设施和设备的闲置现象。

具体分析如下：

（1）共享仓储满足各种变化的仓储要求。很多货品的消费具有季节性，如家电、水果、蔬菜、服装等。以家电为例，很多家电产品都有淡旺季，如空调在夏季销售火爆，企业需要提前数月大量备货，这时需要大量仓储空间。若企业自身在当地没有足够的仓库，则需要考虑租赁第三方仓库；如果企业自建仓库或购买仓库，则投入成本较高，就算满足了旺季时备货的储存需求，在销售淡季时也会出现新建仓库大部分时间闲置、仓储空间利用率不高的问题。若家电企业利用共享仓库的平台资源，找到符合空调存储要求的共享仓库，则既减少了建仓和仓储成本，又规避了仓库利用率低造成浪费的风险。还有某些货品会在一段时间内订单陡增，销售火爆。例如某保健品一时很畅销，急需大量进货，导致原本较为充裕的仓储空间变得紧张。此情况属突发性销售火爆，商家或企业始料未及，然而自身仓储容量有限，为其临时建仓又不现实。若可找到附近的共享仓库，将货品暂存在共享仓库以便调用，则不仅能节省仓储管理成本，还节省了时间和人力成本。此外，对于有特殊存储要求的货品，如贵重文物、黄金饰品、危险品等，需要专业人才进行仓储管理，通过专业仓储公司为其提供储存服务，可在降低管理成本的同时减少公司对专家型员工的依赖。

（2）共享仓储填补建仓成本，减少资源浪费，促进管理高效。据罗兰贝格的报告，菜鸟网络已在全国14个城市拿地建仓：郑州投入47亿元、武汉投入60亿~80亿元，成都双流投入20亿元。拿地建仓不只是企业与当地政府之间的协商与博弈，还要耗费巨大的人力和财力。将建好的仓库开放给第三方企业使用，可用收获的租金填补建仓时耗费的巨大成本。在信息不透明、共享机制不完善的环境下，生产企业、物流企业、仓储园区处于无序的分散状态，往往出现有些企业缺少存货的仓库，有些企业的仓库却大量闲置的局面。而仓储共享平台能帮助仓库供需双方的信息精准对接，减少仓储空间闲置浪费，提高仓库利用率。另外，专业的共享仓库拥有者在仓库管理方面更有经验，他们可将多家企业同类货品集中在专门仓库进行仓储管理，异类货品分别跨区存放，并给每家企业的货品编码贴条，以便后续智能分拣或出入库等。采用智能自动引导小车（Automated Guided Vehicle，AGV）、RFID、搬运机器人等，专业仓库管理者能高效地管理整个共享仓库，减少人力成本。

三、三种仓储方式的价值分析比较

以典型二线城市面积为1 000m^{2}的轻钢结构仓库为例，不考虑供货率、周转率、采购等因素，计算存储需求在一段时间内发生较大变化时，自建仓库、租赁专业仓库和进驻共享仓库分别产生的仓储基本费用。

假设存储需求变化时长为3个月，在此计算3个月产生的开支费用。

（1）自建仓库。企业每年对自建仓库的开支费用为

$$C_{tot}=C_{dep}+C_{mai}+12NP_{sal} \tag{6-1}$$

$$C_{bui}=\sum_{i=1}^{M}(P_{cos}+P_{dec}+P_{lan})S_i \tag{6-2}$$

$$C_{dep}=C_{bui}/y, C_{mai}=xC_{bui} \tag{6-3}$$

式中　C_{tot}——企业自建仓库折算成每年的开支总费用；

C_{dep}——不考虑残值前提下的每年仓库折旧费用；

C_{mai}——该仓库每年的维护费用；

N——该仓库管理员数量；

P_{sal}——仓库管理员的平均月工资（单位：元，余同）；

C_{bui}——建成一座面积为S的成品仓库的费用；

S_i——自建第i个仓库的面积；

P_{cos}——目前每平方米仓库的建造费用（单位：元/m^2，余同）；

P_{dec}——每平方米仓库的装修费用；

P_{lan}——每平方米仓库建设用地的地皮费用；

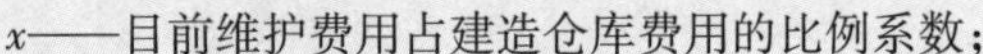

x——目前维护费用占建造仓库费用的比例系数；

y——仓库预期的使用年限。

假设（基于当前市场行情做出假设，余同）某家电制造企业要自建一个面积为 1 000m^2 的标准仓库，使用年限为 50 年，每年维护费用占建造仓库总费用的 5%。设仓库造价为 800 元/m^2，装修费用为 500 元/m^2，当地建设仓库用地地皮价格为 1 300 元/m^2，当地仓管人员平均薪资是 3 000 元/月，雇用仓管员 3 名。计算该家电企业 3 个月在该仓库的开支费用。

由式（6-2）和式（6-3）可得建仓费用、每年折旧费用、每年仓库维护费用分别为

$$C_{\text{bui}} = \sum_{i=1}^{M} (P_{\text{cos}} + P_{\text{dec}} + P_{\text{lan}}) S_i = 2\ 600\ 000 \text{ 元}$$

$$C_{\text{dep}} = C_{\text{bui}} / y = 52\ 000 \text{ 元}$$

$$C_{\text{mai}} = xC_{\text{bui}} = 130\ 000 \text{ 元}$$

由式（6-1）可得每年的开支费用和 3 个月开支费用为

$$C_{\text{tot}} = C_{\text{dep}} + C_{\text{mai}} + 12NP_{\text{sal}} = 290\ 000 \text{ 元}$$

$$C_{\text{3mon}} = 0.25C_{\text{tot}} = 72\ 500 \text{ 元}$$

（2）租赁专业仓库。不考虑杂费的前提下，企业每年需要支付给专业仓库所有者的费用为

$$C_{\text{ren}} = P_{\text{un}} MS_{\text{ren}} \tag{6-4}$$

式中　C_{ren}——每年企业向专业仓库出租者支付的费用；

M——租赁专业仓库的月数；

S_{ren}——所租赁专业仓库的面积；

P_{un}——租赁专业仓库的每月每平方米的单价［单位：元/(月·m^2)，余同］。

假设某家电企业租赁专业仓库单价为 15 元/(月·m^2)，租赁专业仓库面积为 1 000m^2。计算该家电企业租赁专业仓库 3 个月需要支付的费用。由式（6-4）可得每年支付的费用和 3 个月支付的费用为

$$C_{\text{ren}} = P_{\text{un}} MS_{\text{ren}} = 180\ 000 \text{ 元}$$

$$C_{\text{3mon}} = 0.25C_{\text{ren}} = 45\ 000 \text{ 元}$$

（3）进驻共享仓库。企业每年进驻共享仓库所需缴纳的费用为

$$C_{\text{inw}} = P_{\text{ave}} MS_{\text{inw}} \tag{6-5}$$

$$P_{\text{ave}} = \sum_{i=1}^{n} k_i p_i \Big/ \sum_{i=1}^{n} k_i \tag{6-6}$$

式中　C_{inw}——该企业每年向共享仓库拥有者缴纳的费用；

P_{ave}——该企业进驻共享仓库每月每平方米的单价；

M——该企业进驻共享仓库的月数；

S_{inw}——该企业租赁共享仓库的面积；

k_i——第 i 个已有仓库租赁单价对共享仓库定价的影响权重；

p_i——第 i 个仓库的租赁单价。

假设某家电企业进驻共享仓库，所租仓库面积为 1 000m^2。已知仓库 A 采用撇脂定价法将租赁单价定为 30 元/(月·m^2)，仓库 B 采用渗透定价法将租赁单价定为 9 元/(月·m^2)，仓库 C 采用绝大多数仓库定价将租赁单价定为 15 元/(月·m^2)。由于共享仓库有规模经济效益，且当前首要任务是提高市场占有率，采用渗透定价法的比重较大，但是定价不能过低，否则有低质低价之嫌，且回收投资过慢，故采用君子定价法，既能树立企业良好形象，又能获取一定的初期利润。按照主次指标排队分类法，将当前影响共享仓库定价的 3 个主要因素（无法考虑所有因素）按重要程度排列：提高市场占有率>树立企业良好形象>资金回收。在此基础上将仓库 A、仓库 B、仓库 C 的租赁单价对共享仓库定价的影响权重系数定为 10%、60%和 30%，计算该家电企业进驻共享仓库 3 个月所需支付的费用。

由式（6-6）可得共享仓库租金单价为

$$P_{\text{ave}}=\sum_{i=1}^{n}k_ip_i/\sum_{i=1}^{n}k_i=12.9\text{ 元/(月}\cdot\text{m}^2)$$

由式（6-5）可得每年缴纳的费用和 3 个月缴纳的费用分别为

$$C_{\text{inw}}=P_{\text{ave}}MS_{\text{inw}}=154\ 800\text{ 元}$$

$$C_{3\text{mon}}=0.25C_{\text{inw}}=38\ 700\text{ 元}$$

通过以上分析可得，针对季节性货品的存储要求而自建仓库的投入，比租用专业仓库和进驻共享仓库的费用高很多，对企业很不合算；进驻共享仓库比租赁专业仓库的费用更低，在同等条件下更能吸引潜在的企业客户。

四、应用案例

某家电企业利用共享仓储平台，通过进驻共享仓库实现节约仓储库存成本和配送费用的目标。在此不考虑企业将产品存储在自有仓库的过程，只针对共享仓库存储和配送过程设定了一些相关参数，并获得该企业提供的 6 个月的库存及运输费用等数据，共享仓库的管理员根据客户提供的信息安排接收货物的时间和位置。具体设定的相关参数如下：

N_{mt}^{in}为共享仓库在时间段 t 内收到从客户的制造仓库运送来的 M 货品/物料数量（用托盘数表示）；

N_{mt}^{out}为共享仓库在时间段 t 内根据客户调度指令将商品运往大卖场的 M 货品/物料的数量；

Q_{mt}^{off}为共享仓库在时间段 t 开始时拥有跨区存储的 M 货品的数量；

Q_{mt}^{on}为共享仓库在时间段 t 开始时拥有本地存储的 M 货品的数量；

R 为共享仓库本身的容量（以托盘数量计算）；

C^{s}为共享仓库中单个托盘使用产生的存储费用；

C^{t}为共享仓库中单个托盘使用产生的配送费用；

C^{g}为共享仓储过程单个托盘使用产生的管理费用；

p_{mt}^{off}为共享仓库在时间段 t 内因某原因返回异地制造仓库的 M 货品/物料的数量；

p_{mt}^{on}为共享仓库在时间段 t 内因某原因返回本地制造仓库的 M 货品/物料的数量；

q_{mt}^{off}为共享仓库在时间段 t 结束时拥有异地存储的 M 货品的数量；

q_{mt}^{on}为共享仓库在时间段 t 结束时拥有本地存储的 M 货品的数量。

假设货品 M 的货物在时刻 t 内能够及时到达现场交付，其中同地区和异地在共享仓库的存储量占总储存量比例分别为 y_{mt} 和 $1-y_{mt}$；C_{Z}为共享仓库的仓储总费用，即配送费用和仓管费用之和，C_{Zmin}为仓储总费用最小值。具体如下：

$$C_{\text{Zmin}}=\min\sum_{m\in M}\sum_{t\in T}(N_{mt}^{\text{in}}+N_{mt}^{\text{out}})C^{\text{t}}+\sum_{m\in M}\sum_{t\in T}(q_{mt}^{\text{off}}-Q_{mt}^{\text{off}}+q_{mt}^{\text{on}}-Q_{mt}^{\text{on}})(C^{\text{s}}+C^{\text{g}}) \tag{6-7}$$

$$q_{mt}^{\text{on}}=q_{m(t-1)}^{\text{on}}+y_{mt}N_{mt}^{\text{in}}-p_{mt}^{\text{on}}-y_{mt}N_{mt}^{\text{out}},\ \forall m\in M,t\in T \tag{6-8}$$

$$q_{mt}^{\text{off}}=q_{m(t-1)}^{\text{off}}+(1-y_{mt})N_{mt}^{\text{in}}-p_{mt}^{\text{off}}-(1-y_{mt})N_{mt}^{\text{out}},\ \forall m\in M,t\in T \tag{6-9}$$

$$\sum_{m\in M}q_{mt}^{\text{on}}\leqslant R,\ \sum_{m\in M}q_{mt}^{\text{off}}\leqslant R,\ \forall t\in T \tag{6-10}$$

$$Q_{m1}^{\text{on}}=q_{m0}^{\text{on}},Q_{m1}^{\text{off}}=q_{m0}^{\text{off}},\ \forall m\in M \tag{6-11}$$

$$y_{mt}\in[0,1],\ \forall m\in M,t\in T \tag{6-12}$$

$$N_{mt}^{\text{in}},N_{mt}^{\text{out}},p_{mt}^{\text{off}},p_{mt}^{\text{on}},q_{mt}^{\text{off}},q_{mt}^{\text{on}},\ \forall m\in M,t\in T \tag{6-13}$$

该家电企业通过共享仓储平台进驻共享仓库，将各项基本物流相关数据与平台共享，包括 N_{mt}^{in}、N_{mt}^{out}、p_{mt}^{off}、p_{mt}^{on}、Q_{mt}^{off}、Q_{mt}^{on}的数值，这里假设 $y_{mt}=0.5$，$C^{\text{s}}=0.5$ 元，$C^{\text{t}}=5$ 元，$C^{\text{g}}=0.5$ 元，将数值代入以上公式，计算出仓储总费用，并对进驻共享仓库前后产生的仓储总费用进行比较，如表 6-4 所示。

通过实例分析发现，企业通过进驻共享仓库能有效减少仓储费用，降低物流成本，表明共享仓储能够有效降低物流成本，间接地促进制造业转型升级。

表 6-4 进驻共享仓库前后的仓储总费用 (单位：元)

月份	使用前		使用后	
	配送费用	仓管费用	配送费用	仓管费用
2	20 568	45 389	10 658	35 976
3	21 379	46 732	14 302	34 278
4	20 854	46 053	14 148	35 095
5	25 451	51 034	13 607	42 196
6	24 623	49 137	13 895	34 963
7	28 192	44 319	13 764	35 724
总成本	423 731		298 606	

五、共享仓储发展中的问题和改进方法

（一）共享仓储发展中的问题

尽管共享仓储得到了政府和企业的关注，也取得了一定的成效，但在我国离全面推行还有较大差距。

（1）中国用户使用共享仓库的潜力缺少引导和开发。对共享仓库的使用频率不高，较难形成用户黏性。

（2）共享仓库尚缺乏相应的行业标准，用户担心使用的安全可靠性。

（3）共享仓库的选择标准高，选址、建仓门槛较高，数量增长不快。

（4）目前政府并没有实质性的政策法规批准实力雄厚的物流企业建造固定的共享仓库，没有发放营运物流中心许可证，更没有制定出相关的税务优惠政策。

（5）共享仓库缺乏相关的信用评价和监管机制，没有有效的针对企业信用、行为的评价方法和评分规则，同时政府缺乏对共享平台及企业行为的监管，使得共享仓储双方都缺乏安全感。

（6）共享仓储的信息化、自动化和智能化对仓储管理人员的职业素质要求更高，而高素质的仓储管理人才储备不足。

（二）共享仓储的改进方法

共享仓储在发展过程中遇到了诸多问题，为了加快共享仓储的创新发展，本文提出以下改进方法：

（1）加强宣传共享仓库的性价比和便捷性，使更多人知道共享仓储能确实改善生活质量，培养企业或家庭使用共享仓库的思维方式。

（2）仓储行业协会应联合工商等部门及相关研究人员尽快建立共享仓库的行业标准，使用户使用共享仓库更放心。

（3）共享仓库的规划、建设及装修应标准化，避免不同地区同类别和规格的仓库储存条件和储存效果不同，通过标准化共享仓库来节省部分建仓成本。

（4）政府根据仓储行业实际情况制定相关鼓励共享仓库发展的政策法规，同时加强对共享仓储双方行为的监管。

（5）高校或企业联合培养专业的仓储管理人才，满足共享仓储的人才需求。

（6）政府应和多方企业合作，依托云计算、大数据等信息化技术，构建全国性仓储共享互联网平台数据库，保证仓储资源交易的公平公正。

事实上，共享仓储的发展不是孤立的，它影响着整个供应链上下游的衔接和正常运行。不仅如此，有专家甚至提出跨界共享理念，与金融服务进行跨界创新。例如仓储物联网金融创新就是在仓储金融基础上发展起来的金融服务，是借助物联网技术进一步提升仓单质押、融通仓、物资银行等服务能力。借助物联网技术，可以实现仓储金融监管服务的网络化、可视化、智能化。共享仓储的发展会越来越智能化，以后智能化共享仓储可以实现远程监控和操作功能。仓库中库存的货品分拣、搬运等工作由机器人来完成，机器人根据编码系统寻找货品、检查货品质量状况、扫码识别货品，并将货品放在仓库的适当位置。

六、结束语

本文对基于互联网的共享仓储进行了需求分析，得出共享仓储能满足用户各种变化的仓储需求，能有效填补建仓成本，减少资源浪费，促进管理高效的结论。通过对一段时间内用户存储需求发生剧烈变化的 3 种仓储方式的价值分析，发现用户使用共享仓库产生的仓储总费用远低于租赁仓库和自建仓库。最后，对企业进驻共享仓库的案例进行了分析，表明共享仓储在降低企业物流成本上是可行和有效的。未来将重点研究共享仓储技术的突破和功能的完善。

思　考　题

1. 仓储对企业物流成本有何影响？
2. 仓储成本的构成是怎样的？
3. 租赁仓库与公共仓库如何收费？
4. 请问各类由仓储作业带来的成本的构成是怎样的？
5. 如何合理规划仓储空间的取得方式，以降低仓储成本？
6. 如何合理选择不同吞吐量下仓储类型与作业模式，以降低仓储成本？
7. 如何进行合理的仓库结构与空间布局决策，以降低仓储成本？
8. 如何降低各类由仓储作业带来的成本？

习　　题

1. 胜利机械制造公司花费 500 万元建造了一座仓库，该仓库预计使用年限为 15 年，预计净残值率为 5%，请分别使用平均年限法、年数总和法和双倍余额递减法计算该仓库各年应计提的折旧额。其中在使用双倍余额递减法时，在最后两年改用平均年限法，将该仓库的账面价值转为残值。

2. 春雷公司在某地区有较大量的且比较稳定的存储空间需求，为了获取这一长期稳定的存储空间，企业可以有两种选择：一种使用公共仓库，在满足企业需求的前提下该公共仓库每年收取企业存储费 560 000 元，搬运费 360 000 元；另一种方案是自建仓库，建造企业需要的仓库空间投资为 7 100 000 元，使用年限为 10 年，净残值为 600 000 元，以直线法折旧，法定残值为 540 000 元。此外，为了实施仓储作业，企业还要付出每年 550 000 元的运营成本。企业选定的贴现率为 10%，所得税税率为 25%，请问应当如何抉择？

3. 某仓库正在进行操作模式的选择，已知：

（1）如果采用手工操作模式，年固定成本为 25 000 元，单位业务量的变动成本为 82 元/件。

（2）如果采用半自动操作模式，年固定成本为 180 000 元，单位业务量的变动成本为 58 元/件。

（3）如果采用全自动操作模式，年固定成本为 280 000 元，单位业务量的变动成本为 46 元/件。

请问：该仓库选择手工操作、半自动操作和全自动操作模式的年业务量范围各为多少？

第七章

库存持有成本与其他物流成本

作　用

本章主要围绕库存持有成本和其他物流成本展开。作为物流成本的主要组成部分，库存持有成本与客户服务成本及运输成本之间有着有趣的关系，因此不同的库存持有水平，对物流成本的变化有着关键的影响；其他物流成本，如包装成本、批量成本与订单处理/信息系统成本也属于狭义物流成本，其计算和管理也是物流成本管理的内容。

关　键

- 库存持有成本的构成与计算
- 包装成本的构成与计算
- 降低库存持有成本的手段与方法
- 降低包装成本的手段与方法
- 批量成本与订单处理/信息系统成本

第一节　库存持有成本

所谓库存持有成本，就是与存储的库存数量有关的成本。它包括多种不同的成本组成要素。当库存占企业资产的比例过大、库存过多时会降低企业的盈利性。这是因为，一方面，因持有库存而必须支付的相关现金成本（如保险、税收、报废、损坏和利息支出）会降低企业的净利润；另一方面，总资产随库存量的增加而增加，但库存量的增加会降低资产周转率，还有可能造成其他更好的投资机会流失，从而影响企业的盈利能力。

一、库存持有成本的构成与计算

库存持有成本只包括那些随库存数量变动的成本。具体说来包括以下四类：

（一）资金成本

持有库存占用了可以用于其他投资项目的资金，包括内部产生的资金和从企业外部获取的资金（如来自银行和保险公司的贷款，或来自企业出售普通股的收入）。因此，企业将购买库存的资金用于其他投资所能实现的收益，就属于库存投资的资金成本，这种成本并不是一种实实在在支出的成本，它只是对于可能丧失的获利机会的反映，因此属于机会成本。

资金成本的计算公式为

$$资金成本=库存占用资金\times相关收益率$$

1. 相关收益率的确定

相关收益率的确定是一个比较困难的问题，因为企业必须在对未来进行预测的基础上确定该收益率，所以该收益率是估算与预测得出的数值。要确定相关收益率，应当分以下两种情况进行考虑：

（1）当企业资金有限时。企业的资金一般都是有限的，当资金用于某项投资之后，就得放弃其他的投资项目，也就是说，企业如果决定将这部分资金用以购买（生产）存货，就必须放弃其他的投资机会，这时库存的资金成本计算公式中的相关收益率就是该部分资金用作其他用途时的最小收益率。

（2）当企业资金充裕时。当企业自己资金充裕时，就不用再执行资金限额供给，这时企业将资金投资于库存就不会以牺牲其他投资项目为代价。此时资金成本计算公式中的相关收益率应取决于企业将来自库存降低的资金投资到什么地方。如果企业将节约的资金投资于有价证券，那么有价证券的收益率就是相关收益率。如果企业将节约的资金存入银行账户或用来偿还贷款，那么银行的存款利率或企业为贷款支付的利率就是计算库存资金成本时的相关收益率。

2. 库存占用资金的确定

为了计算资金成本，企业必须确定出库存占用的资金。要计算库存占用的资金必须解决四个方面的问题：单个库存产品实际成本的计算方法、库存的盘存方法、库存流动假设、平均库存价值的计算方法。

（1）单个库存产品实际成本的计算方法。

1）对于商品流通企业来说（包括批发企业与零售企业），所谓库存产品的实际成本，就是库存产品当前的重置成本，其中包括企业为取得该库存而支付的所有运费；如果产品的生命周期处于衰退期，正在逐步被淘汰，那么就可以用当前的市场价格来计算库存产品的实际成本。

2）对于制造企业而言，可以采用以下方法来计算其库存产品的实际成本：

① 直接成本法。这种方法运用的基础是将成本按照性态划分为固定成本和变动成本。从企业计划与控制的目的来看，将成本划分为固定成本与变动成本能够产生更多的信息，对企业决策的指导意义也更大。在直接成本法中，企业应当从库存产品的价值中扣除固定的制造管理费用，这样计算得出的库存产品实际成本更接近于它们的重置付现成本。直接成本法又可以分为以下两类：

a. 实际直接成本法。用这种方法计算库存产品的实际成本时，库存产品的成本包括实际的直接材料和直接人工成本，以及预先确定的变动制造管理费用；固定的制造管理费用不在成本计算范围之内。具体公式为

$$\begin{matrix}单个库存产品\\的实际成本\end{matrix}=\begin{matrix}实际的直接材料\\和直接人工成本\end{matrix}+\begin{matrix}标准的变动制造\\管理费用\end{matrix}$$

b. 标准直接成本法。用这种方法计算库存产品的实际成本时，库存产品的成本包括预先确定的直接材料和直接人工成本，加上预先确定的变动制造管理费用；固定的制造管理费用不在成本计算范围之内。具体公式为

$$\frac{单个库存产品}{的实际成本}=\frac{标准的直接材料}{和直接人工成本}+\frac{标准的变动制造}{管理费用}$$

② **吸收成本法**。吸收成本法又称为全部成本法或全部吸收成本法，大多数制造企业目前都在使用这种方法来计算库存产品的实际成本，它是一种传统的成本计算方法。吸收成本法与直接成本法最大的区别在于，吸收成本法将固定的制造管理费用计算进库存价值之中。吸收成本法又可以分为以下两类：

a. 实际吸收成本法。用这种方法计算库存产品的实际成本时，库存产品的成本包括实际的直接材料和直接人工成本，加上预先确定的变动和固定的制造管理费用。具体计算公式为

$$\frac{单个库存产品}{的实际成本}=\frac{实际的直接材料}{和直接人工成本}+\frac{标准的变动制造}{管理费用}+\frac{标准的固定制造}{管理费用}$$

b. 标准吸收成本法。用这种方法计算库存产品的实际成本时，库存产品的成本包括预先确定的直接材料和直接人工成本，加上预先确定的变动和固定的制造管理费用。具体计算公式为

$$\frac{单个库存产品}{的实际成本}=\frac{标准的直接材料}{和直接人工成本}+\frac{标准的变动制造}{管理费用}+\frac{标准的固定制造}{管理费用}$$

（2）库存的盘存方法。库存盘存用以确定减少与结存库存数量。它包括定期盘存制和永续盘存制两种。

1）**定期盘存制**。定期盘存制又称为实地盘存制，是指会计期末通过实地盘点以确定期末库存的结存数量，再分别乘以各项库存的盘存价格，计算期末库存成本；计算出期末库存的购进，不记减少，然后采用倒算的方法确定本期销售或耗用的库存成本。因此，这种方法又称为“以存计销”或“以存计耗”。它的优点是平时可以不登记存货明细账，核算工作比较简单。

定期盘存制的缺点是：①期末的工作量加大了。②核算手续不够严密。无法通过账簿记录随时反映各种存货的收入、发出和结存情况，很难做好存货的计划、管理和控制工作。③由于发出存货的成本是通过倒算的方式确定的，因此如果出现收发错误、损毁、自然损耗、被盗等情况，不但账面无法反映，而且全部隐匿在倒算出的本期发出（销售或耗用）存货之中。这不利于对存货的管理，也会影响成本计算和利润计算的准确性。

2）**永续盘存制**。永续盘存制又称账面盘存制，是指对库存项目设置经常性的库存记录，也就是分品名规格设置存货明细账，对存货的增减变动进行连续记录，并随时结出存货的结存数量。这样，通过会计账簿资料，就可以完整反映存货的收入、发出和结存情况。因此，在没有发生缺损丢失和记账错误的情况下，存货账户的余额应与实际库存相符。在采用永续盘存制时，也要对存货进行定期或不定期盘点，使账实相符。如发现账实不一致时，应在查明原因的基础上调整账面记录，使之符合实际。实际工作中的永续盘存制，实际上是与定期盘存制的结合体。

永续盘存制的优点是：核算手续严密，平时可以通过账簿记录完整掌握各种存货的动态收发及结存情况，有利于加强控制和管理。缺点是存货核算的工作量比较大。

（3）库存流动假设。进入仓库的货品的批次不同，其单位成本也会存在差异。那么如何确定不同出库批次的货品的单位成本呢？会计人员所选择的假定的货品出库流动次序将决定出库存货的成本和仓库中现有存货的价值。通常，会计上假定的货品出库的流动次序

可以不同于货品的真实出库次序。

目前存在多种库存流动假设。普遍采用的有四种方法，按使用频率的大小排列，这四种方法依次是：先入先出法（FIFO）、后入先出法（LIFO）、平均成本法和特定成本法。

1）先入先出法。先入先出法运用最为广泛，它主张“先入者先出”。它假设各种出库的货品都是最早进入仓库的货品，出库的货品都按记载在存货分类账中最早的单位成本计价，任何时候在库的货品都是最后购入或产出的。按照先入先出法，已销售或已消耗的货品都是储存时间最长的货品；仓库中仍储存的货品都是最后购入或产出的货品。

先入先出法简单，并与许多企业的经营状况相符。库存记录通常都是根据永续盘存制或定期盘存制进行登记的。在永续盘存制下，存货的增加、减少或删除均按每项输入或输出业务加以记录。在定期盘存制下，则仅记录增加的存货，采用按预定的间隔时间对存货进行实物盘点，以便确定库存状况。先入先出法既适合永续盘存制，也适合定期盘存制。由于实际流动通常都同账簿的记录相符，故采用先入先出法可简化存储货品的记录。

例 7-1 某企业仓库采用永续盘存制，在某年6月月末，该仓库库存量为0，7月1日仓库购进了30件产品，每件计价10元，2日从库存中发出了15件产品，库存单价为10元，出库金额为（15×10）元=150元。这部分必须从前一天的流水账记录中扣除。库存数据更新为数量15件，金额150元。3日又入库10件，这次的单价为15元，总金额为150元。该数量和2日的结余库存相加，数量为25件，金额为300元。需要注意的是，在先入先出法中，即使是同一品目的库存，前一天的结余15件（单价10元）和当日入库的10件（单价15元）应被视为不同的货物。4日从库存中发出20件。按规定，从单价为10元的库存中发出15件，然后再从单价为15元的库存中发出5件，结果是，出库存货的价值为225元，库存结存的价值为75元。5日又入库了20件，这次单价为20元，总金额为400元，将其和前一天的结余库存相加，库存数量为25件，金额为475元。如表7-1所示。

表 7-1 先入先出法

时间	入库			出库			库存		
	数量（件）	单价（元/件）	金额（元）	数量（件）	单价（元/件）	金额（元）	数量（件）	单价（元/件）	金额（元）
7月1日	30	10	300				30	10	300
7月2日				15	10	150	15	10	150
7月3日	10	15	150				25		300
7月4日				20		225	5	15	75
7月5日	20	20	400				25		475

2）后入先出法。主张“后入者先出”的后入先出法，是假设最后入库的产品最先出库，也就是仓库中在库货品的单位成本是最早获得的货品的单位成本，发出货品均按最近获得的货品的单位成本计价。在某时期内销售或消耗的存货都是最近获得或产出的；存储中的存货都是最早获得或产出的。

后入先出法的目的是使本期收入与本期成本相适应。但是，此法可能导致资产负债表中的存货价值不真实，而使流动比率和其他流动资产的关系失真。在单位存货成本上涨时

期，它使收入减少，而在单位存货成本下跌时期使收入增加。由于在单位存货成本上涨时期它可减少所得税，所以此时采用后入先出法往往是有利的。后入先出法同先入先出法一样，既可用于永续盘存制，又可用于定期盘存制。

例 7-2 接例 7-1，某企业仓库采用永续盘存制，在某年 6 月月末，该仓库库存量为 0，7 月 1 日仓库进了 30 件产品，每件计价 10 元，2 日从库存中发出了 15 件，库存单价为 10 元，出库金额为（15×10）元 = 150 元。这部分必须从前一天的流水账记录中扣除。库存数据更新为数量 15 件，金额 150 元。3 日又入库 10 件，这次的单价为 15 元，总金额为 150 元。该数量和 2 日的结余库存相加，数量为 25 件，金额为 300 元。需要注意的是，在后入先出法中，即使是同一品目的库存，前一天的结余 15 件（单价 10 元）和今天入库的 10 件（单价 15 元）应被视为不同的货物。4 日从库存中发出 20 件。按规定，从单价为 15 元的库存中发出 10 件，然后再从单价为 10 元的库存中发出 10 件，结果是，出库存货的价值为 250 元，库存结存的价值为 100 元。5 日又入库了 20 件，这次单价为 20 元，总金额为 400 元。将其和前一天的结余库存相加，库存数量为 25 件，金额为 450 元。

用前述的先入先出法的话，5 日结存库存量同样为 25 件，而金额为 475 元。由于评估方法不同，结存库存价值中出现了 25 元的差额。如表 7-2 所示。

表 7-2 后入先出法

时间	入库			出库			库存		
	数量（件）	单价（元/件）	金额（元）	数量（件）	单价（元/件）	金额（元）	数量（件）	单价（元/件）	金额（元）
7 月 1 日	30	10	300				30	10	300
7 月 2 日				15	10	150	15	10	150
7 月 3 日	10	15	150				25		300
7 月 4 日				20		250	5	10	50
7 月 5 日	20	20	400				25		450

3）**平均成本法**。使用平均成本法，企业既能获得较为真实的期末存货价值，又能获得较为真实的出库货品成本。这种方法并不注重货品出库的先后，而是注重每项货品在某一时期内的单位平均成本，并以此作为出库货品的单位成本。通常企业确定单位平均成本有三种方法：算术平均法、加权平均法、移动平均法。

算术平均法用生产或采购的货品的单位成本之和除以入库次数来计算。算术平均法忽略批量的大小（货品数量），给予每批单位生产成本或购入成本以相等的权数，当不同入库批次的货品单位成本相差悬殊，且不同入库批次的货品数量也相差悬殊时，采用算术平均法会带来很大的误差。

加权平均法除考虑单位成本外还考虑数量，故排除了算术平均法的失真。该法用计算期间可用货品的总数去除可用货品总成本计算单位平均成本。

移动平均法就是计算每次采购或追加库存后的单位平均成本。它最适合用计算机管理的库存作业。

算术平均法和加权平均法都要在该时期过去之后才能使用。所以，它们均不适合永续盘存制，而适合定期盘存制。移动平均法适合永续盘存制。

按照平均成本法，在一定时期内获得的所有同类货品的成本都要加以平均，以得出期末存货价值。在单位存货成本增加或减少时，平均成本法势必会使其增加或减少的部分逐渐缩小。当存在上涨或下跌的趋向时，平均成本法较其他流动假设反映得更为平缓。平均成本法虽然使用简便，但也存在任何一种平均法都存在的根本缺点：所得出的单位平均成本不可能等于任一真实的成本，并且不能像期望的那样清晰地显示出单位成本的变化。

将例 7-2 用加权平均与移动平均两种方法求解。

例 7-3 用加权平均法求解（盘存方法为定期盘存制）：

某企业仓库采用定期盘存制，在某年6月月末，该仓库库存量为0，7月1日仓库进了30件产品，每件计价10元。3日又入库10件，这次的单价为15元。5日又入库了20件，这次单价为20元，7月5日进行盘点，库存数量为25个。则可以计算出该期间出库货品的数量为

$$(30+10+20)\text{ 件}-25\text{ 件}=35\text{ 件}$$

计算出该期间的加权平均价格为

$$[(10\times30+15\times10+20\times20)\div(30+10+20)]\text{ 元}=14.17\text{ 元}$$

最终的库存结存价值为 (14.17×25) 元 $=354.25$ 元

该期间出库货品的价值为 $[(10\times30+15\times10+20\times20)-14.17\times25]$ 元 $=495.75$ 元

例 7-4 用移动平均法求解：

某企业仓库采用永续盘存制，在某年6月月末，该仓库库存量为0，7月1日仓库进了30件产品，每件计价10元，2日从库存中发出15件，库存单价为10元，出库金额为（15×10）元＝150元。这部分必须从前一天的流水账记录中扣除。库存数据更新为数量15件，金额150元。3日又入库10件，这次的单价为15元，总金额为150元。该数量和2日的结余库存相加，数量为25件，金额为300元，这时计算平均价格为（300÷25）元＝12元。4日从库存中发出20件，按规定，这20件产品的单价为12元，结果是，出库存货的价值为240元，库存结存的价值为60元。5日又入库了20件，这次单价为20元，总金额为400元。将其和前一天的结余库存相加，库存数量为25件，金额为460元，此时计算平均价格为（460÷25）元＝18.4元，如表7-3所示。

表 7-3 移动平均法

时间	入库			出库			库存		
	数量（件）	单价（元/件）	金额（元）	数量（件）	单价（元/件）	金额（元）	数量（件）	单价（元/件）	金额（元）
7月1日	30	10	300				30	10	300
7月2日				15	10	150	15	10	150
7月3日	10	15	150				25	12	300
7月4日				20	12	240	5	12	60
7月5日	20	20	400				25	18.4	460

4）特定成本法。在所有库存流动假设中，特定成本法是最能真实地提供期末存货价值和出库产品成本的方法。采用这种方法，成本流动和实物流动是等同的。它既适合永续盘存制也适合定期盘存制。特定成本法的运用范围通常局限于加工数量小的大型、贵重的货品或用户定做的产品；当货品或作业的数量很大时，采用特定成本法会显得非常困难。同时，由于选用不同的库存假设而造成的成本差异对企业无重大影响，显然为提高成本计量精确性而采用特定成本法，是不经济、不适用的。

只要单位存货成本相同，以上四种假设方法就都能达到相同效果。但当单位存货成本有明显变化时，这些方法之间便存在较大的区别。若存货周转率很高，则各种方法之间的差异便会减少。在单位存货成本增加的时期内，与先入先出法相比，后入先出法将导致较高的出库产品成本，因而使利润和税金较少；但在单位存货成本下跌时期内则正好相反。

在库存流动假设方面没有可以推荐的标准做法。最佳的方法取决于出库的类型、预计的经济状况、行业的实际状况、税法以及其他规章等因素。通常，企业可以根据自己的具体情况，本着实用、可靠和简便易行的原则，采用不同的库存流动假设。

会计假设的货品出库流动次序一经选定，就不宜再改用其他方法，因为企业要缴纳的所得税与出库产品的会计计价有关，所以不能轻易改变库存流动假设，同时对外报告会计信息必须要有连贯性，因而也要求该假设具有连贯性。

（4）平均库存价值的计算方法。经过定期盘存或永续盘存，在一定的库存流动假设下，可以得出一定时期内企业每天或该期间期初及期末的库存结存价值。

接下来，为了计算企业库存的资金成本，还必须计算该期间的平均库存价值。平均库存价值的计算方法有两种：

1）概略法。具体做法是：首先，将每天的库存结存价值，描点在纵坐标为库存结存价值、横坐标为时间的直角平面坐标系上；然后，将这些点依次连接起来形成曲线；最后，以该曲线大约中间部分对应的价值，作为该期间的平均库存价值。

2）将该期间期初和期末的库存结存价值相加再除以 2，即可得到该期间的平均库存价值。

某个期间的平均库存价值，实际上就是该期间企业库存占用的资金。

（二）库存服务成本

库存服务成本包括缴纳的税金和因持有库存而支付的火灾及盗窃保险。

国外通常会对企业持有的库存征收税金。以美国为例，国家向企业征收的税金会随存货存放地点的不同而不同。这主要是因为，在美国不同的州向企业征收的库存税率是有差别的，有的州对库存免税，即税率为 0；有的州的征收税率则高达 20%。库存税金等于库存产品的价值与税率的乘积，因此它直接随库存水平而变化。

保险费率通常并不与库存水平保持严格的比例。这主要是由于购买保险的主要目的是在一定时期内保护一定价值的库存产品，所以当库存发生小幅度变化时，保险的金额并不立即随之变动。但是，当库存水平未来发生较大变化时，保险政策就会根据预期的库存水平变化做出调整。因此，从总体上来看，保险和库存水平之间还是有十分密切的关系的。保险费的水平还会受到其他一些因素的影响，如仓储建筑所使用的材料、建成年代以及安装的消防设备类型等。

（三）储存空间成本

如上一章所述，通常企业可以通过三种方式获取仓储空间：企业自有仓库、租赁仓库、公共仓库。

其中，企业自有仓库与租赁仓库的费用与企业的库存水平没有直接关系，而与仓库规划和仓储作业方式有关，所以应当属于仓储成本，而不是库存持有成本；公共仓库的收费通常是按转进和转出仓库的产品数量（搬运费）以及储存的库存数量（存储费）来计算的，因此，公共仓库收费中的存储费与库存水平有直接关系，应当属于库存持有成本中的储存空间成本，而搬运费与企业的仓储作业量有关，与库存水平没有直接关系，应当算作仓储成本。

（四）库存风险成本

库存风险成本包括过期成本、破损成本、损耗和移仓成本等。具体分析如下：

1. 过期成本

企业的仓库中有时会出现由于过时或其他原因而必须亏本处理或以低于正常售价的价格出售库存产品的情况。这时过期成本便出现了。过期成本是由于企业库存控制不当，库存货品过多所引起的，它与库存水平有直接关系。过期成本的计算要分以下两种情况：

（1）当产品由于过时而必须降价处理时，过期成本便是需要亏本处理的产品的原始成本和它的处理价值之间的差价。具体计算公式为

$$过期成本=原始成本-处理收入$$

（2）如果产品属于降价促销，过期成本就是原来售价与促销售价之差再乘以促销量。通常，此项成本会被包含在产品制造成本科目或销货成本科目里，因此，核算比较困难。具体计算公式为

$$过期成本=(正常售价-促销价格)\times促销数量$$

2. 破损成本

库存持有成本中的破损成本是指随库存数量变动而发生破损的部分。在仓储过程中由于装卸搬运或其他仓储作业导致的产品破损，与库存持有水平无关，因此，应该被算作仓储成本而不应算作库存持有成本。产品破损所发生的损失金额与企业库存水平的关系，通常可以通过简单的线性回归来加以确定。

3. 损耗

损耗是指由于库存被盗而造成的成本支出。

与库存水平相比，由于库存被盗而产生的损耗成本可能与企业的安保措施有着更为密切的关系，但是库存水平越高，存货被盗的数量也就有可能越多，因此产生的成本也就越高。在很多企业，与库存有关的安保费用是随库存水平的变动而变化的。库存风险成本中的损耗随行业不同而不同。

需要注意的是：存储或记录不善、企业发货作业的质量不高也会带来损耗，但是这种损耗不应计入库存持有成本之中。有时，企业并没有丢失某些货品，但由于存储或记录不善，相关人员无法将这些货品找到，而只能将这些货品计入损耗。同时，如果企业发货作业的质量不高，发给客户的产品数量不对，多发了产品，或者企业将错误的产品发给了客户，那么也会产生损耗。这样产生的损耗与被盗带来的损耗是不同的，因为这些损耗与库存水平无关，而与企业的仓储作业质量有关，因此，该部分损耗成本应当计入仓储成本，而不是库存持有成本。

4. 移仓成本

产品在一地销售不畅，并不意味着它在所有的地区都销售不好。当企业在销售不畅的

地区保有了过多的库存时，为了避免库存过期，往往需要将库存从该地的仓库转运到畅销地的仓库，以便销售该产品，这时，移仓成本便产生了。

移仓成本之所以被算作库存持有成本，主要是由于该成本是由企业对库存水平控制不当，拥有的库存过多所引起的。例如，在城市销得很好的产品不一定在农村也销得好，通过将产品发运到销售旺盛的地方，企业就可以避免过期成本，但相应地要增加额外的运输成本，这时的运输成本就应被算作移仓成本，而从运输成本中分离出来。需要注意的是，移仓成本通常会被核算在企业的运输成本中，在实施物流成本管理时必须将其分离出来。

还需要注意的是，有些因移动库存产品而带来的成本不应计入移仓成本之中。例如，有些地区发生了缺货，为了保持承诺的服务水平，避免缺货，就需要从距离最近的其他仓库调运货品来进行补救。这时，为避免缺货而转运库存所产生的成本就不属于库存持有成本中的移仓成本，它属于运输成本。企业究竟是保持较高的库存水平，还是在缺货时调运其他地区的产品，该决策要依据于仓储成本、库存持有成本和该成本之间的权衡结果来制定。

二、影响库存持有成本的因素

（一）库存周转率

库存周转率对企业的库存持有成本影响显著，通常随着库存周转速度的加快，企业库存持有成本会不断下降，但其下降的速度会逐步减弱；当库存周转速度快到一定水平时，库存周转率的大幅度提高，只能带来库存持有成本的少量下降。库存周转率与库存持有成本之间的关系如图 7-1 所示。

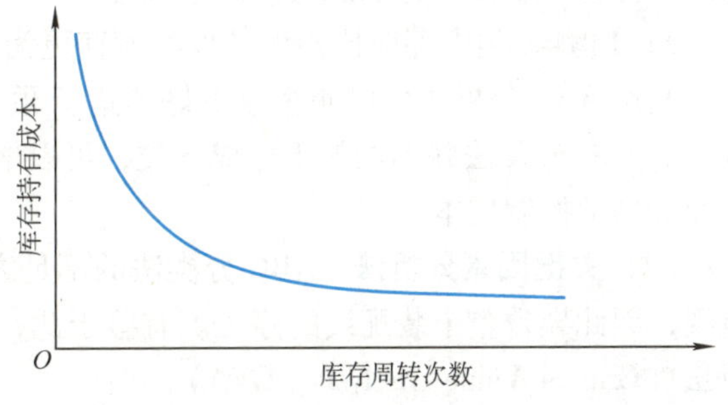

图 7-1　库存周转率与库存持有成本之间的关系

（二）库存水平

库存持有成本与库存水平息息相关，可以说，库存水平是影响库存持有成本的最主要的因素，库存持有成本会随库存水平同向变动。

三、降低库存持有成本的方法

（一）适当提高库存周转率能降低库存持有成本

根据前面讲到的企业库存周转率与库存持有成本之间的关系可以看出，在一定范围内，库存周转率的上升可以有效地促使库存持有成本的下降。因此，适当提高库存周转率有助于降低库存持有成本。但是，提高库存周转率往往要提高运输成本、批量成本、仓库备货成本以及订单处理和信息系统成本，因此在最终决策时应当进行各类物流成本之间的权衡，核算库存持有成本的下降能否超过这些相关成本的上升，如果答案是肯定的，则提高周转率较为有利；否则，就应当保持原有周转率不变。

（二）控制库存水平是控制库存持有成本的最有效方法

控制库存水平的方法有以下几类：

1. 库存管理分类方法

这类方法是从对库存进行有效的管理和控制入手，对存货进行分类。常用的存货分类方法有 ABC 分类法和 CVA 分类法。

（1）**ABC 分类法**。ABC 分类法（ABC Analysis）又称为重点管理法或 ABC 分析法。它是一种从名目繁多、错综复杂的客观事物或经济现象中，通过分析，找出主次，分类排队，然后区别不同情况分别加以管理的方法。该方法的理论基础是帕累托曲线所揭示的“关键的少数和次要的多数”的规律。ABC 分类法将企业现有的库存按年度货币占用量分为三类：A 类是年度货币量最高的库存，A 类的品种数可能只占库存总品种数的 15%，但用于它们的成本却占到总成本的 70%~80%。B 类是年度货币量中等的库存，B 类的品种数占全部库存总品种数的 30%，其价值占总价值的 15%~25%。而 C 类是年度货币量较低的库存品种，它们的价值可能只占全部年度货币量的 5%，但其品种数却占库存品种总数的 55%。除按货币量指标分类外，企业还可以按照销售量、销售额、订货提前期、缺货成本等指标对库存进行分类。通过分类，管理者就能为每一类库存品种制定不同的管理策略和不同的控制方法。

建立在 ABC 分类基础上的库存管理策略包括以下内容：

1）花费在购买 A 类库存的资金应大大多于花在 C 类库存上的资金。

2）对 A 类库存的现场管理应更严格，应把它们存放在更安全的地方，并对它们频繁地进行检查，以保证它们的记录的准确性。

3）预测 A 类库存应比预测其他类库存更为仔细。

利用 ABC 分析法可以使企业更好地进行预测和现场控制，以及减少保险库存和库存投资。ABC 分类法并不局限于分成三类，可以增加。但最多不要超过五类，因为种类过多反而会增加控制成本。

（2）**关键因素分析法**。ABC 分类法的不足之处在于，C 类货品有时往往得不到应有的重视，因此导致整个装配线的停工。有鉴于此，有些企业在库存管理中引入了**关键因素分析法**（Critical Value Analysis，CVA）。

CVA 的基本思想是把存货按照关键性分成 3~5 类，如：

1）最高优先级。这是经营的关键性货品，不允许缺货。

2）较高优先级。这是指经营活动中的基础性货品，但允许偶尔缺货。

3）中等优先级。这多属于比较重要的货品，允许合理范围内的缺货。

4）较低优先级。经营中需用这些货品，但可替代性高，允许缺货。

关键因素分析法与 ABC 分类法相比，有着更强的目的性。但在使用中要注意，防止出现以下偏差：人们往往倾向于制定高的优先级，结果高优先级的货品种类很多，从而导致较低优先级的货品得不到应有的重视。CVA 和 ABC 分析法结合使用，可以达到分清主次、抓住关键环节的目的。所以，在对成千上万种货品进行优先级分类时，还要借用 ABC 分类法进行归类。

2. 准时制（JIT）与零库存管理

准时制（JIT）与零库存管理是 20 世纪 80 年代中期由日本丰田汽车公司首创，并在日本工业企业中广泛推行的关于库存优化管理的一种新理念和管理方法。准时制（JIT）与零库存管理的优点是可以避免库存积压，减少资金占用，还可以节省仓库建设投资和仓库管理费用。其基本原理是：

（1）产品生产按照生产流程，各工序之间紧密配合，严格按生产进度时间表规定的生产节拍进行。

（2）根据市场需要，以最终产品的生产数量为基础，推动各道工序的生产活动，按生产流程相反的方向，计算逐道工序每天需要零部件和材料的品名与数量。

（3）上道工序严格按下道工序的需要进行生产，并将准时按量完成的在制品交给下道工序。因此，在各道工序上，顶多有一天的在制品库存，甚至零库存。

（4）外购零部件和材料严格按各道工序所需数量由协作厂和供应商在每天开工前准时送达指定生产线。因此，在各道工序上，外购零部件和材料最多有一天的库存，甚至零库存。

实行准时生产制度，厂内货品流通与产品生产流程在时间和数量上相互衔接，密切配合，使原材料、零部件、在制品和产品的库存减少到最低限度，几乎接近于零。

看板管理是准时制的主要管理形式。其特点是：从生产过程的最后一道工序开始，按反向生产流程，一道工序一道工序地向前追溯，直到第一道工序。以看板为工具（Kanban，在日语中指传递信息的媒介物，如卡片、指示板等），严格按照既定的时间、需要的原材料和零部件数量，控制整个生产过程的在制品流转。看板有多种形式，在厂内使用的有生产看板和领料看板；在订货厂与供货厂商之间运行的有外协看板。使用零部件的下道工序会根据领料看板的记录到上道工序领取相应数量与种类的零部件。生产看板记载上道工序所需要生产的在制品名称和数量。以看板控制生产流程，可以使整个生产过程准时化，将原材料、零部件和在制品等的库存降到最低限度甚至几乎等于零，从而达到降低库存持有成本与仓储成本，获得良好经济效益的目的。

3. MRP（Material Requirements Planning）——物料需求计划

MRP 的生产管理模式首先由美国 IBM 公司在 20 世纪 60 年代中期提出，并在 20 世纪 70 年代得到不断完善。

MRP 的基本原理是按照基于产品结构的物料需求组织生产，根据产品完工日期和产品结构制订生产计划。具体来说，就是根据产品结构的层次从属关系，以产品零件为计划对象，以完工日期为计划基准倒排计划，按各种零件与部件的生产周期反推出它们的生产与投入的时间及数量，按提前期长短分别为各个物料下达订单，从而保证在生产需要时所有物料都能配套齐备，而又不会出现过早积压的情况。MRP 可以帮助企业达到减少库存水平的目的。按照 MRP 的基本原理，企业从原材料采购到产品销售，从自制零件的加工到外协零件的供应，从工具和工艺的准备到设备的维修，从人员的安排到资金的筹措与运用等，都要围绕 MRP 进行，从而形成一整套新的、像钟表一样准确的生产管理方法体系。

实行 MRP 生产管理，可以使企业在物料按计划流动，生产过程中的物料需求被满足以及在生产正常运行前提下实现库存持有成本的降低，从而提高企业满足市场需求的效率。

4. MRP Ⅱ（Manufacturing Resources Planning）——制造资源计划

MRP Ⅱ是由美国著名生产管理专家奥利夫 · 怀特（Oliver Wright）在 1977 年提出来的，是一种对制造企业全部资源进行系统综合计划的方法。由于它与 MRP 字母缩写相同，并且又是在 MRP 的基础上发展起来的，为了与之相区别，所以在 MRP 后加上一个罗马数字Ⅱ。

MRP Ⅱ的基本思想是把 MRP、与生产经营活动直接相关的工作和资源，以及财务计划连成一个整体，实现企业管理的系统化。从系统来看，MRP Ⅱ是一个闭环系统，它不但考虑 MRP，还考虑与之有关的能力需求计划、车间生产作业计划和采购计划等，使整个问题形成“闭环”。为了进行有效控制，计划制订与实施之后，必须不断根据企业的内外环境变化提供的信息反馈及时做出调整，从而使整个系统处于动态的优化之中。所以，MRP Ⅱ实质上是一个面向企业内部信息集成及计算机化的信息系统，它把企业的经营计划、销售计划、生产计划、主生产计划、物料需求计划和生产能力计划、现金流动计划，以及物料需求和生产能力需求计划的实施和执行等通过计算机有机地结合起来，形成一个由企业各功能子系统有机结合的一体化信息系统，使各子系统能在统一的数据环境下运行。通过计算机模拟功能，系统输出的以数量表述的业务活动计划和以金额表述的财务报表可以相互印证，从而实现物流与现金流的统一。

MRP Ⅱ最大的特色就是运用管理会计的概念，用货币形式表述了执行企业“物料计划”带来的效益，实现了物料信息同资金信息的集成。换句话说，就是把传统的账务处理同发生账务的事务相结合，这不仅说明了账务的资金现状，而且追溯了资金的来龙去脉。

MRP Ⅱ与 MRP 一样，也可以做到合理控制库存水平，从而达到降低库存持有成本的目的。同时，MRP Ⅱ实现了“资金流”同“物流”的同步和一致，更有利于成本的监测与控制。

5. ERP（Enterprise Resources Planning）——企业资源计划

ERP 是由美国加特纳公司（Gartner Group Inc.）在 20 世纪 90 年代初首先提出来的。其核心管理思想是供应链管理，即在 MRP Ⅱ 的基础上通过前馈的物流与反馈的信息流和资金流，把客户需求和企业内部的生产活动以及供应商的制造资源整合在一起，形成一种完全按用户需求制造的供应链管理网络结构模式。ERP 强调通过企业间的合作，达成快速反应市场需求，实施高度柔性的战略管理，降低风险成本以及实现高收益等目标。ERP 将管理的视角投向了整个供应链，它的实施有利于降低包括库存持有成本在内的多种成本，并有助于提升整个供应链的效益。

6. 定量库存成本控制法

定量库存成本控制法又称订购点法或订货点法，是一种以固定订购点和订购批量为基础的库存控制方法。它采用永续盘存制，对处于收发动态的货品随时进行盘点，当库存量降低到订购点时就提出订购，且每次订购数量相同，定量库存成本控制法中的订购时间由货品需要量的变化来决定。

定量库存控制法的关键是正确地确定订购点。订购点是提出订购时的库存量标准，由备运时间需要量和保险储备量两部分构成：

$$
\begin{aligned}
\text{订购点} &= \text{备运时间需要量} + \text{保险储备量} \\
&= \text{平均备运天数} \times \text{平均每日需用量} + \text{保险储备量}
\end{aligned}
$$

7. 定期库存成本控制法

定期库存成本控制法是一种以固定检查和订购周期为基础的库存成本控制方法。它对库存货品进行定期盘点，按固定的时间检查库存量并随即提出订购，补充货品数量。订购时间是预先固定的，而每次订购批量则是根据以下公式计算得出的：

$$
\begin{aligned}
\text{订购批量} &= \text{订购周期需要量} + \text{备运时间需要量} + \text{保险储备量} - \\
&\quad (\text{现有库存量} + \text{已订未到量}) \\
&= (\text{订购周期天数} + \text{平均备运天数}) \times \text{平均每日需用量} + \\
&\quad \text{保险储备量} - (\text{现有库存量} + \text{已订未到量})
\end{aligned}
$$

8. 定期定量混合控制法

定期定量混合控制法也称为最高最低库存量控制法，它是以规定的最高库存量标准和最低库存量标准为基础的一种库存量控制法，简称 Ss 控制法。S 是最高库存量，指订购时要求补充到的最高点；s 是最低库存量，指订购点。这种方法是定期库存成本控制法和定量库存成本控制法相结合的产物，是一种不严格的订购点法。它由三个参数组成，即检查周期、订购点和最高库存量。实行定期检查，当实际盘点库存量等于或低于订购点时就及时提出订购，而订购批量则视实际盘点库存量而定；如果实际盘点库存量高于订购点，就不能发出订购单。这是定期定量混合控制法区别于定期库存成本控制法的最主要的方面。

第二节 包装成本

一、包装概述

（一）包装的定义

国家标准《物流术语》（GB/T 18354—2021）中对包装所下的定义是："为在流通过程中保护产品、方便储运、促进销售，按一定技术方法而采用的容器、材料及辅助物等的总体名称。""也指为了达到上述目的而采用容器、材料和辅助物的过程中施加一定技术方法等的操作活动。"

日本工业标准（JIS. Z. 0101）将包装定义为："作为包装，是指在产品的运输和保管等过程中，为保护产品的价值和状态，采用适当的材料、容器等对产品实施的技术或实施的状态，分为个装、内装和外装。"

（二）包装的主要功能

一般来说，包装的主要功能有四种：保护货物、提高物流作业效率与效用、信息传递、营销手段。

1. 保护货物

在物流系统中，包装的主要作用是保护产品，避免在移动和储存过程中发生破损。

究竟什么样的包装才能够满足保护产品的要求，这主要取决于以下三个方面：

（1）产品本身的特性。通常产品的价值越高、产品越容易破损，对包装的要求也就越高。

（2）物流环境。在物流系统中，产品要处在不同的物流作业环境之下，如运输、仓储、装卸、搬运等作业，这些作业都可能会导致货损。四个最容易引起货损的动因是：由于物流作业引起的振动、碰撞、击穿、挤压。另外，在储存产品时，堆垛出了问题也会使产品出现破损、压碎、变形和破裂等情况。

包装设计与物流系统设计是互相影响的：在满足一定服务水平的条件下，提高物流系统的设计水平，降低产品在物流作业中受损的可能性，就可以相应地降低包装的规格，节约包装成本；而提高产品的包装规格，提升产品的抗损能力，就可以降低对各类物流作业提出的特殊要求，从而带来其他各类物流成本的节约。包装设计与物流系统设计之间的相互影响正说明了包装成本与其他各类物流成本之间的悖反关系。因此，"采用何种规格的包装"较为合适，必须基于包装成本和其他物流成本之间的权衡结果，将物流总成本最低的方案作为最终的方案。

对计算机进行标准化配送，就是一个能很好地反映包装与物流系统之间的关系的例子。由于计算机的价值高并容易破损，如果用普通的运输服务来完成配送，就会导致包装投资的提高。因此，计算机企业通常采用专门的运输机械来进行配送，设备的使用和装卸搬运作业都由专门人员控制，这些专门人员懂得如何保护货物免受损坏，此时的运输成本就要高于普通运输成本，但由于不再需要为保护产品不受损坏而使用的特殊产品包装，包装成本得到了降低。

（3）外界自然环境。导致货损的外界自然环境因素包括温度、湿度及其他因素。包装设计必须考虑这些因素对产品的影响。

设计包装时必须先评估外界自然环境，然后根据产品的稳定性和是否容易变质等方面的情况，判定如何设计包装才能使产品不受自然环境的影响。

温度极高、极低都会影响包装的产品。在很高的温度下，一些产品会软化溶解、分解变质、出现气泡（局部隆起，产生气孔）、外皮剥落、脱色等；在极低的温度下，产品会产生裂纹、脆化或完全变质。

水和蒸汽也会影响包装的产品。在许多情况下，湿度比极端温度对产品的影响更为严重。通常，产品遇水会发生分解、分离、腐蚀、凹点等情况。多数情况下，货物在运输过程中，有时会出现遇水情况，这时候，包装可能是产品最好的保护。

其他因素是指使包装产品的稳定性受到损坏的其他类别的因素。例如，如果包装产品长时间暴露在化学物质、有毒物质中，就会被污染或吸收其中的气味、气体。有些产品的包装必须要防虫或防啮咬。有些产品还必须采取真空或避光包装以免变质。

2. 提高物流作业的效率与效用

装卸搬运、仓库备货、运输、存储等所有物流作业的效率，都会受到包装的影响。包装的设计会影响其他物流成本的高低。

例如，减小包装尺寸能提高运输空间与仓储空间的利用率，宜家家居是瑞典家具零售商，经营项目为家居用品。为了提高运输与仓储作业的效率，宜家在运输家具的过程中全部采用板式运输的方式——将家具以未装配的形式包装，然后再运送到零售网点与消费者手中，这种包装方式大大节约了运输与仓储空间，提高了运输与仓储作业的效率，有利于相关成本的下降；在运输枕头时，宜家采用抽掉空气的真空包装方法来进行运输，实现了包装后产品体积的最小化。宜家家居运用的这种包装战略在美国取得了非常好的效果。一些专家认为，目前的包装立方体体积还能减少50%，这将使运输效率提高一倍，使运输成本大大降低。立方体最小化对于重量轻的产品尤为重要。轻型产品被包装形成一个立方体，如果体积超大，便无法充分利用运输车辆的净载重，造成运输效率的降低；另一方面，重型货（如玻璃瓶盛液体）可通过更换包装来减轻其重量，如将玻璃瓶换成塑料瓶，就可增加拖车所能运输瓶子的数量。

3. 信息传递

包装上还附带有相关的信息，起到了信息传递的作用，从而给其他物流作业带来了帮助。

（1）识别产品。产品包装上的信息通常包括制造商、产品名称、容器类型（如盒、瓶等）、件数、通用的产品代码（Universal Product Code，UPC）等数据。在收货入库、备货和出运验货过程中，包装上用来识别产品的信息可以大大提高这些作业的效率。

（2）跟踪。包装上附带信息的另外一个重要用途是跟踪。一个良好的物流系统能在收

货、储存、发货、运输等各个过程中跟踪产品。这种对产品的积极控制，减少了产品的货差，而且有利于提高监控人员的工作效能。而包装上的有关产品的信息为实施跟踪创造了条件。

（3）装卸说明书。包装可以提供有关装卸和防止货损的说明书。说明书提出了产品装卸的要求和注意事项，如玻璃容器、温度限制、堆垛要求、潜在的环境要求等。如果是危险产品，如化学品，包装或随附材料应当对渗漏和损伤情况加以说明。这些说明能够明确对其他物流作业的要求，有助于提高其他物流作业的质量。

4. 营销手段

在营销方面，包装可以向顾客介绍产品的相关信息，能通过颜色、尺寸等要素宣传产品吸引顾客的注意力。“包装是一位‘无言的销售人员’，它是企业和顾客之间的最后接触……顾客通常会根据他们对产品的印象来选择和购买产品，这些印象会受到产品包装的强烈影响，如品牌、颜色和外观等。”

（三）包装的分类

1. 按照包装的功能分类

可以将包装分为工业包装与商业包装。工业包装的主要功能是为物流服务，它主要用来保证产品在运输、存储等过程中不受到损伤或者少受到损伤，同时它还要保证能切实提高各类物流作业的效率。商业包装的主要功能是为营销服务。

2. 按照包装的层次分类

可以将包装分为：单件包装、内包装、外包装。单件包装通常与产品连为一体，往往属于商业包装的范畴。内包装是指产品的内部包装，用来保护产品，往往属于工业包装。外包装是产品最外层的包装，其中一般包含有多个单个包装的产品，外包装多为工业包装。

二、包装成本的构成与计算

据统计，包装成本一般约占物流成本的 10%，但有些产品（特别是生活消费品）包装成本却高达 50%左右。其构成包括包装材料成本、包装机械设备成本、包装技术成本、包装人工成本、包装辅助成本、与包装相关的管理费等间接成本。

（一）包装材料成本

常见的包装材料有木材、纸、金属、塑料、玻璃、陶瓷等，这些包装材料功能不同，成本相差也较大。产品包装花费在材料上的成本称为包装材料成本。

企业的包装材料除少数自制外，大部分通过采购取得。购入材料成本如何计算？哪些项目包括在采购成本之内？现分述如下：

1. 买价

买价即购买价格。对于购货时存在的购货折扣应以扣除，即购入的材料，按扣除折扣后的净额计价。

2. 材料入库前发生的各种附带成本

（1）运杂费（包括运输费、装卸费、保险费、仓储费等）。

（2）运输中的合理损耗。

（3）入库前的挑选整理成本。

（4）购入材料负担的不能抵扣的税和其他成本。

由于每次采购的材料种类不止一种，因此外购材料的成本可按下列程序计算：

（1）对于买价可直接计入各种材料的成本。

（2）对于各种附带成本，凡能分清归属的，可直接计入各种材料成本；不能分清的，可根据各种材料的特点，采用一定的分配方法，分别计入各种材料成本。其分配方法通常按材料的重量、体积、买价等来进行分配。

（二）包装机械设备成本

现代包装技术发展的重要标志之一是对包装机械设备的广泛应用。包装机械设备不仅可以极大地提高包装的劳动生产率，改善劳动条件，而且可大幅度提高包装的质量水平。包装机械设备成本包括包装机械设备的折旧、维修费，以及包装机械设备的租赁费。

折旧是指包装机械设备由于在使用过程中的损耗而被定期逐渐转移到包装中的那一部分价值。影响折旧的主要因素有包装机械设备的原值、折旧期限、净残值和计提折旧的起止时间。计提折旧的主要方法有平均年限法、工作量法、加速折旧法等。企业一旦决定采用某种折旧方法，就不得随意改变。包装机械设备的维修费是包装机械设备发生部分损坏，进行修理时支出的成本，可以分为中小修理成本和大修理成本。中小修理成本直接计入当期包装成本，大修理成本由于其支出额较大，可分期计入包装成本。

（三）包装技术成本

由于产品在流通过程中可能受到外界的不良影响，因此在包装产品时要采取一定的技术措施，如实施缓冲包装、防潮包装、防霉包装等。这些技术的设计、实施所支出的成本，合称为包装技术成本。

包装技术成本包括包装技术设计成本和包装技术购买成本。

1. 包装技术设计成本

包装技术设计成本是指设计人员在包装技术的设计过程中所发生的与设计包装技术有关的一切成本，主要包括设计人员的工资、设计过程中领用的材料或产品以及各种现金支出。

（1）设计人员的人工成本，包括设计人员的标准工资、奖金、津贴、福利、补助和加班工资及特殊情况下支付的工资。设计人员的工资应根据其考勤记录和个人工资标准计算。其计算公式为

应付月工资=月标准工资+各种补贴+加班工资+各种奖金-事假或旷工日数×平均日工资-病假日数×平均日工资×病假应扣工资百分比

其中，平均日工资（称日工资率）的计算公式为

平均日工资=月标准工资÷30天（或21.75天）

（2）设计中领用的材料或产品。设计人员在设计过程中，可能需要经过反复试验，为试验领用的材料的成本计算方法与企业当期领用的包装材料成本相同；为试验领用的产品，其成本计算方法与企业产品成本计算方法相同。

（3）与设计有关的其他各种成本支出，均应以实际支出额为准。

2. 包装技术购买成本

当包装技术是通过购买专利等形式取得的时候，购买专利等的费用为包装技术购买成本。

（四）包装人工成本

包装人工成本是指从事包装作业的操作工人与其他有关人员的工资、奖金、补贴、福利等成本的总和。

包装人工成本的计算，必须有准确的原始记录资料，包括工资卡、考勤记录、工时记

录、工作量记录等原始凭证。企业的会计部门根据劳动合同等有关规定和企业规定的工资标准、工资形式、奖励津贴等制度，及相关原始资料计算每个包装工人及其他有关人员的工资。支付给所有包装工人及其他有关人员的工资总额即为包装人工成本。

（五）包装辅助成本

包装辅助成本包括包装标记、标志、标识的印制、拴挂物成本的支出，一些低值易耗品的支出等。

（六）与包装相关的管理费等间接成本

除上述五项成本之外，与包装相关的管理费等间接成本也应计入包装成本。

三、降低包装成本的手段与方法

（一）通过试验与价值分析，优化包装设计，降低包装成本

包装设计首先要考虑的一个关键问题是包装对货物的保护程度。包装可起到保护货物的作用，包装设计决定了对货物的保护程度。有时会出现包装设计不仅满足了对产品的保护功能，而且出现了过分保护的情况（包装功能质量过剩），从而导致了包装成本的上升。

包装设计要考虑的另一个关键问题就是包装同时也担负着营销的功能，有时为了满足营销的要求，也会使得包装成本攀升。当出现包装已经完全能够满足营销要求，且出现了过剩时，也导致了成本的浪费。

因此，应根据包装要达到的既定目标（保护和营销的功能）对包装的设计进行仔细的分析与研究，杜绝过剩功能的出现，是降低包装成本的主要方法之一。

杜绝过剩包装功能的出现有以下两种方法：

1. 实验室测试确定包装设计是否合理

最终的包装设计可以在大量测试的基础上确定，以保证在包装成本最低的情况下，使设计达到功能、质量、品牌定位的要求。这些试验可在实验室里完成，也可在装运的过程中进行测试。通过试验可以去掉包装设计中不合理的部分，使之既能达到企业对包装的要求，又能做到使包装成本最低。

2. 利用价值分析法判定包装设计

价值分析法产生于美国，后经日本引进推广，成效显著。价值分析法的目的是：从品质上、使用上、耐用性上、外观上考虑降低包装成本的可能性，通过了解包装材料的效果，剔除不必要的功能和过剩质量，以达到效果好、节约成本的目的。

采用价值分析法要从寻找有替代性的廉价材料开始，采取合理的包装工艺，发挥专业人员的作用，一步一步地进行调查分析。在保证包装功能不变的情况下，博采众长，集思广益，从而产生一种更新的物美价廉的包装。需要说明的是，价值分析法不是找一个代用品使之比原来的价格低就行了，而是为了实现更好的效果进行周密的研究。采用价值分析法，一般可使包装成本降低 15%左右。

价值分析法通常包括下述项目：

（1）必要性，通过必要性检查，找出不必要的地方。

（2）效果，包装的各种功能是增强了还是降低了。

（3）包装的成本与用途对比，是否相称。

（4）产品的价格是否合理，能否降低。

（5）包装规格尺寸是否恰当，够不够标准。

（6）包装生产时，是否经济，效率高低。

（7）包装的安全性。

（8）包装成本的各项构成是否合理等。

对上述各项必须认真检查分析，以求最终达到最佳的经济效果。

（二）发展包装机械化，降低包装成本

包装机械化主要从以下两个方面来降低包装成本：

（1）可提高包装作业效率，从而有利于降低包装成本。

（2）可大大缩减劳动工资成本。例如，就瓦楞纸箱而言，分别有纸箱组装机、装箱机、贴封签机、钉合机等，将上述几种机器连接起来，组成全自动瓦楞纸箱生产线，这样，便可比原来节约劳动力约70%，生产效率可大幅度提高。

（三）组织散装运输，降低包装成本

散装运输是现代物流中备受推崇的技术，也被称为无包装运输。散装是指对水泥、谷物等这些颗粒状或粉末状的产品在不进行包装的情况下，运用专门的散装设备（车或船）来实现产品的运输。从某个角度而言，这种专用的散装设备，实际上本身是一种扩大了的包装。目前，美国、日本等物流发达国家水泥散装率（水泥散装运输总量与水泥全部运输量之比）超过了90%，而我国仅为15%左右。显然，无包装运输从理论上可使包装成本为零，因此，组织散装运输和无包装运输应引起经营者的高度重视，加以推广。

（四）包装物的回收和旧包装利用

产品包装回收是将使用过的产品包装和其他辅助包装材料，通过各种渠道和各种方式进行回收，然后由有关部门进行修复、净化、改造以供再次使用。包装物的回收使用可以相对地节省包装材料，节省加工劳动，节省因包装而造成的能源、电力的消耗等。

四、有利于降低包装成本与其他物流成本，提高物流效率的先进包装方式

有利于降低包装成本与其他物流成本，提高物流效率的先进包装方式主要有以下几种：

（一）实现包装规格的标准化

包装规格的标准化，可以保证包装质量，并使包装的外部尺寸与运输工具、装卸机械设备相配合，从而降低运输作业的成本。标准包装同时还提高了堆垛效率，降低了仓库的拥挤程度，节约了仓储空间和仓储成本。

现以制鞋业为例来说明包装标准化的重要性。当物流配送系统要将鞋子从仓库运到零售商店时，通常仓库是按照分拣清单分拣鞋子的，工人首先依据分拣清单列出的鞋子样式和数量将鞋子分拣出来，装入标准箱；然后将分拣清单附在标准箱上，这样可以使零售商清楚地知道箱中所装的货物；接下来，工人将标准箱放在四轮叉车上，把它运送到装运区，最后装上汽车运到零售商店。

在整个运出过程中：首先，从仓库拣选到车辆出运，标准箱适于连续输送，降低了装卸搬运成本；其次，每一个标准箱的利用率达到最大化，且标准箱尺寸的设计与汽车的要求一致，因此减少了汽车运输的无效空间，从而降低了运输成本。

当货品到达零售商店的仓库时，标准箱同样带来便利。因为每个标准箱都有一份分拣清单，所以零售商可以轻松地寻找到某一样式、尺寸的鞋子。

总之，标准箱的使用无论是从仓库角度，还是从零售商店角度来看，物流系统的总成本都降低了。

（二）集装化和集合包装

集装化和集合包装在现代物流系统中日益显示出它的优越性，发挥出越来越大的作用，主要表现在以下五个方面：

（1）降低物流成本。产品集装化所使用的容器（集装箱、托盘等）大多数可以反复周转使用，同时集装化的包装可以相应地降低所装产品的外包装的用料标准，甚至有的产品可以简化包装或不包装，从而节省包装成本；产品集装化后可简化托运手续，提高运输工具的运载率，降低运输成本；产品集合包装就像一座会移动的小仓库，受环境气候的影响较小，便于露天存放，节省库容，减少仓储成本。

（2）提高物流运作效率。产品集装化有利于降低产品运输、装卸的劳动强度，减少重复操作，缩短装卸时间，加速搬运装备周转，提高运输和装卸的效率；产品集装化有利于实现海运、铁路和公路的联合运输，形成从发货人仓库直达收货人仓库的“门到门”运输；便于实施装卸机械化和自动化，从而加速运输工具周转和产品运输的速度。

（3）保证产品的储运安全。集装后的产品被装在密封箱内，集合包装起到了一个强度很大的外包装作用。在储运过程中，每一个环节都是整箱运输，自发货人处装箱签封直至收货人处实行一票到底，中途货物不用倒装，避免货损、货差和丢失，有效地保证产品的储运安全与完整。

（4）促进包装标准化、规格化、系列化的实现。产品集装化要求集合包装采用某种规格的统一尺寸，要求每件产品外包装尺寸必须适合集装箱或托盘等的装放要求，以便充分利用该集合包装的空间。集装化的产品要求单件杂货按标准系列尺寸组成同一规格的货组。

（5）产品集合包装是实现集装化运输的基础，是运输业高度发展的必然结果。集装运输是以集合包装为条件，化零为整的一种先进运输方式。集合包装的特点就是把产品的包装方式和运输方式融为一体。离开了集装运输就谈不上集合包装，而没有集合包装就无法实现集装运输，两者是相互依存、互相促进的关系。

第三节　其他物流成本

一、批量成本

主要的批量成本是由于生产和采购活动所引起的。批量成本是和生产或采购相关的成本，随着生产批量或生产启动频次、采购规模的大小或采购频率的改变而变化。它包括以下几种：

（一）与生产批量和生产启动频次有关的成本

1. 不同生产批量制造出的产品在成本上的差别

企业在进行产品生产时，为了使生产能力得到充分的利用，从而降低单个产品的制造成本，往往不按销售状况而进行大规模的生产。有时销售人员为了避免出现缺货，也会不顾真实的销售情况，而要求企业事先生产出大量的产品。不论是出于何种目的，规模效应都会使单件产品的制造成本下降。

例 7-5　企业一次生产 10 000 个产品时，每个产品的制造成本为 5 元，如果分两次生产每次生产 5 000 个，则每个产品的制造成本为 5.2 元。不同生产批量下，10 000 个产品的制造成本差为

$$[(5.2\times5\ 000+5.2\times5\ 000)-5\times10\ 000]\ 元=2\ 000\ 元$$

这是小规模生产带来的成本浪费，属于批量成本。

2. 生产启动成本

生产启动成本是指启动一次生产线所带来的成本。它包括以下几种：

（1）由于准备生产线所造成的废料损失。

（2）生产线刚开始启动时的无效运作。

（3）准备生产线需要的时间的机会成本。

（4）由于生产线转换期间的停工所造成的生产能力损失。

（5）物料搬运、安排计划等带来的成本。

（二）与采购批量和采购频次有关的成本

1. 采购的数量不同，所导致的采购价格的差异

很多供应商采取数量折扣，以鼓励大量购买，同时，采购部门也往往预计原材料涨价而事先采购大量的原材料。这时，就会产生不同采购批量下的价格差。

例 7-6 某企业在进行原材料采购时，可以一次购进 200 箱，每箱价格为 10 000 元，也可以分两次购进，每次购入 100 箱，但这时每箱的价格就变为 10 050 元。可以计算得出，一次购入 200 箱与分两次购入的成本差为

$$[(10\ 050\times100+10\ 050\times100)-10\ 000\times200]\ 元=10\ 000\ 元$$

这是小规模采购带来的成本浪费，属于批量成本。

2. 订货成本

订货成本是指企业为了实现一次订货而进行的各种活动的费用，包括与订货有关的差旅费、邮资、电报电话费、文书等支出。订货成本中有一部分，如常设采购机构的基本开支等，称为订货的固定成本，与订货次数无关；另一部分，如差旅费、邮资等，称为订货的变动成本，与订货的次数有关。订货成本是与采购相关的成本，它通常随采购次数的增加而增加。

批量成本与仓储成本及库存持有成本呈悖反关系，大批量、小频次的采购或生产带来的批量成本下降，往往被这些囤积在仓库中的原材料或产品所带来的仓储成本和库存持有成本的上升所抵消。

二、订单处理/信息系统成本

订单处理/信息系统的成本与处理客户订单、配送信息和需求预测等活动相关。对订单处理/信息系统进行投资，有助于保持良好的物流服务水平和降低其他物流成本。订单处理成本包括与订单发送、订单录入、订单核实、订单处理相关的内部和外部成本，如通知运输商和客户有关发运信息和产品的可供情况的成本。

目前，不少企业都进行了大量投资，以改善它们的信息系统，包括采用电子数据交换（EDI）、卫星数据传输以及发货与销售的条码编码及扫描技术。另外，复杂的信息技术也有了快速发展，如决策支持系统、人工智能（AI）、互联网接入和专家系统等。先进的订单处理系统会带来物流服务水平的提高，而物流服务水平的提高将有助于带来更高的客户忠诚度，从而降低客户服务成本。此外，虽然先进的订单处理系统其固定成本要比手工操作系统高很多，但从长远来看，先进系统的每份订单的变动成本（运营成本）要比手工操作系统小得多。

经典资料

基于（R，S）策略的多品种零备件库存结构优化

（李虎、吴剑英、霍佳震，同济大学，工业工程与管理，2006，04 期）

一、引言

制造行业的零备件（Spare Parts）管理是企业设备管理工作中的一项重要内容。大中型制造企业由于拥有大量的机器设备，零备件品种多，需求随机性强，消耗量很大，因此需要制定合理的库存策略，以使在保障服务水平、维持机器设备正常运转的前提下，减少零备件库存占用资金。

在关于随机库存管理的研究中，一般都以订货成本（Order Cost）、库存持有成本（Holding Cost）以及缺货成本（Shortage Cost）为参数建立模型，但这三项成本往往很难估算，影响了库存模型的实际应用。在生产实际中，管理者更关心的是投入一定的库存金额后，能够达到怎样的最优服务水平，以及如何根据不同零件的价格、需求特性等因素，合理分配库存金额，实现该最优服务水平。

本文采用目前制造型企业广泛采用的定期检查库存策略，即（R，S）策略（R 为检查周期，S 为库存水平），在库存金额一定的条件下，以年平均期望总缺货次数最少为优化目标，计算各零备件的安全库存系数，从而确定各零件的库存水平。在本模型中，单位库存持有成本和单位缺货成本不需明确给出，而是通过两者的比值来权衡总库存成本和总缺货成本，确定各个零件的安全库存，具有较好的实用性。随机库存策略模型一般可分为订货点模型，如（r，Q）模型、（s，S）模型和周期检查（R，S）模型。精确求解这些模型，同时确定 r、Q 或 s、S 等参数的计算过程比较复杂。为了方便使用，许多学者研究了简化的近似方法，如 Shore（1986）、Zheng（1992）、Axsater（1996）、Agrawal & Smith（1996）、Tyworth 等（1996）、Platt 等（1997）研究了不同的缺货成本、服务水平计算方法以及提前期需求分布下依次确定各参数的方法，并通过与最优解的比较，指出了近似算法的可行性（Zheng，1992）。Silver 等（1998）对（r，Q）模型的“总安全库存-服务水平曲线”进行了研究。而本文主要考察（R，S）策略下，以年平均总缺货次数为服务水平指标的“总安全库存-服务水平曲线”。

二、定义和说明

本模型为多品种库存模型，假设共有 n 种零件，零件 i 的提前期为 L_i，单位时间内需求量服从正态分布（Tyworth & O'Neill（1997）指出了用正态分布近似提前期需求量的鲁棒性），且为独立同分布变量，每个预测周期 T 内的需求量均值和标准差分别为 x_i、σ_i。零件单价为 V_i，运输成本计入单价中，因此订货成本可以忽略不计。设零件的在库数量为 I_i，缺货量为 B_i，则净库存量 $IN_i=I_i-B_i$。设已定货量为 IO_i，检查周期为 R，库存水平为 S_i，在每个周期开始时检查零件的净库存量 IN_i 和已定货量 IO_i，如果 $IN_i+IO_i<S_i$，则需要订货，订货量 $O_i=S_i-IN_i-IO_i$。以年平均总缺货次数作为服务水平指标。

三、对应于最小缺货次数的库存策略模型

库存策略采用（R，S）策略，由于订货成本忽略不计，则 R 可以选择为方便业务操作的周期，如 1 周。需要确定的参数只有每个零件的库存水平 S_i。因为需求量服从正态分布，并且每周期的库存水平除满足提前期内需求量外还要满足检查周期内的需求量，因此得到

$$S_i=x_i^{L+R}+k_i\sigma_i^{L+R} \tag{7-1}$$

式中　x_i^{L+R}——提前期及检查周期内的平均需求量；

σ_i^{L+R}——提前期及检查周期内的需求量均方差；

k_i——安全系数；

$k_i\sigma_i^{L+R}$——零件 i 的安全库存量。

下面分别介绍这三个参数的计算方法。

1. 计算提前期发料量和均方差

根据零件使用的历史数据，按预测周期 T，选择合适的预测方法对零件的使用量进行预测，得到 x_i、σ_i。由于假设需求量为独立同分布，得

$$x_i^{L+R}=x_i(L+R)/T \tag{7-2}$$

$$\sigma_i^{L+R}=\sigma_i\sqrt{(L+R)/T} \tag{7-3}$$

2. 计算安全系数

各零件的安全系数 k_i用“总安全库存-服务水平曲线”来计算。设 $P_{u\geqslant(k_i)}$ 表示标准正态分布的随机变量 u 大于等于 k_i的概率，则在（R，S）策略中，$P_{u\geqslant(k_i)}$ 表示每个检查周期发生缺货的概率。为了在一定安全库存金额 Y 下，使 n 种零件的年期望总缺货次数最少，得到以下规划问题

$$\min\sum_{i=1}^{n}(1/R)P_{u\geqslant(k_i)} \tag{7-4}$$

满足

$$\sum_{i=1}^{n}k_i\sigma_i^{L+R}V_i = Y \tag{7-5}$$

式（7-4）表示 n 种零件总的年缺货次数的期望值，式（7-5）表示 n 种零件总的安全库存金额。用拉格朗日乘数法求解这个规划问题。令

$$L(k_i,M)=\sum_{i=1}^{n}P_{u\geqslant(k_i)}-M\left(Y-\sum_{I=1}^{n}k_i\sigma_i^{L+R}V_i\right) \tag{7-6}$$

对式（7-6）中的 k_i求偏导数，并令偏导数为零，得

$$\frac{\partial L}{\partial k_i}=-(1/R)f_u(k_i)+M\sigma_i^{L+R}V_i=0$$

即

$$f_u(k_i)=MR\sigma_i^{L+R}V_i$$

其中，$f_u(k_i)=\dfrac{1}{\sqrt{2\pi}}\exp(-k_i^{\,2}/2)$ 为标准正态分布密度函数。

转换后得

$$k_i^*=\sqrt{2\ln\frac{1}{\sqrt{2\pi}MR\sigma_i^{L+R}V_i}} \tag{7-7}$$

再由式（7-5），可得到拉格朗日系数 M 满足以下方程

$$Y=\sum_{i=1}^{n}\sqrt{2\ln\frac{1}{\sqrt{2\pi}MR\sigma_i^{L+R}V_i}}\,\sigma_i^{L+R}V_i \tag{7-8}$$

由于 M 的实际意义为每增加 1 单位金额的安全库存减少的缺货次数（详见模型解释），因此在计算时可以先选择多个 M 值，代入式（7-8）得到相应的安全库存金额 Y，代入式（7-7）得到每个零件的安全系数 k_i，然后由式（7-4）计算年平均总缺货次数，最终得到“总安全库存-服务水平曲线”。

四、模型解释

1. M 的含义

假设已知每次缺货的缺货成本为 B，单位金额的库存成本为 r，由订货成本忽略不计，得零件 i 的总库存成本为

$$\text{ETRC}(k_i)=\text{库存持有成本}+\text{缺货成本}$$

$$=k_i\sigma_i^{L+R}V_ir+BP_{u\geq(k_i)}/R$$

为选择 k_i 使 ETRC(k_i) 最小，令 dETRC(k_i)/dk_i=0，即

$$\sigma_i^{L+R}V_ir+\frac{B}{R}\frac{\mathrm{d}P_{u\geq(k_i)}}{\mathrm{d}k_i}=0$$

变换后得到

$$k_i^*=\sqrt{2\ln\frac{1}{\sqrt{2\pi}R\sigma_i^{L+R}V_i}\frac{B}{r}} \tag{7-9}$$

对比式（7-7）、式（7-9）就会发现 $M=r/B$。

按边际理论，当安全库存金额 Y 和总缺货次数达到“总安全库存-服务水平曲线”时，应该满足：增加 1 单位金额安全库存的持有成本等于增加 1 单位金额安全库存的期望收益。即

r = 增加 1 单位金额安全库存减少的缺货次数×每次缺货的缺货成本

= 增加 1 单位金额安全库存减少的缺货次数×B

所以

M = 增加 1 单位金额安全库存减少的缺货次数

2. Y 与 M 的关系

由式（7-8）得到，Y 越小 M 越大，可以解释为：

（1）Y 较小即安全库存金额较少时，服务水平较低，因此每增加 1 单位金额的安全库存，减少的缺货次数较大，即 M 较大。

（2）Y 较大即安全库存金额较大时，服务水平较高，因此每增加 1 单位金额的安全库存，减少的缺货次数较小，即 M 较小。

3. M 与 k_i 的关系

由式（7-7）得到，M 越大，k_i 越小。可以解释为：由于 M 越大，Y 越小，即安全库存金额较少，则每个零件的安全库存量较少，即 k_i 越小。

4. 相关图形解释

图 7-2 描述的是零件 i 的缺货成本、持有成本和总库存成本随 k_i 变化的曲线。

由式（7-7）可知，在 MR 一定的情况下，$\sigma_i^{L+R}V_i$ 越大，则 k_i^* 越小。可以这样理解：由于 $\sigma_i^{L+R}V_i$ 越大，持有成本曲线的斜率越大，随着 k_i 的增大，持有成本会迅速上升，因此 k_i^* 将向左移动，即 k_i^* 越小。

所以 $\sigma_i^{L+R}V_i$ 较大的零件，其安全系数相对较小，占用安全库存金额较少；而 $\sigma_i^{L+R}V_i$ 较小的零件，其安全系数相对较大，占用安全库存金额较多。这样就实现了总安全库存金额在各个零件之间的合理分配，也就是求解式（7-4）、式（7-5）规划问题的目的所在。

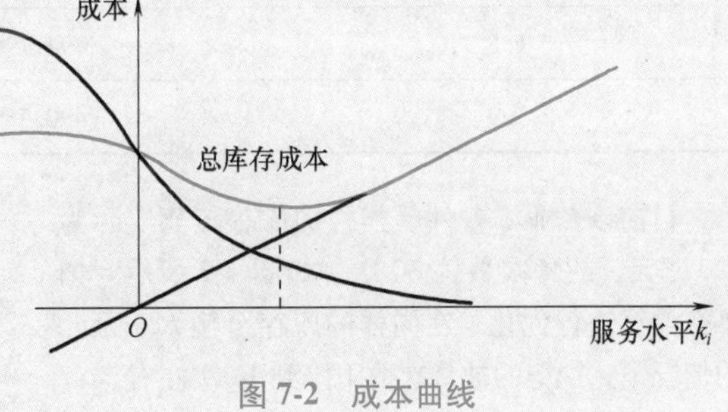

图 7-2　成本曲线

五、算例

某大型烟草企业零备件仓库易损件 2 611 种，采用（R，S）库存策略，检查周期为 1 周。首先，根据其提供的 6 年的使用量及提前期等历史数据，应用移动平均、指数平滑、趋势指数平滑（Winter 模型）、Box-Jenkins 等模型，按预测周期对零件的需求量进行预测，得到 x_i、σ_i，再按式（7-2）、式（7-3）计算 x_i^{L+R} 和 σ_i^{L+R}。取不同的 M 值，按式（7-4）、式（7-7）和式（7-8）计算，得到表 7-4 以及图 7-3。

表 7-4　安全库存金额与年期望缺货次数

拉格朗日系数 M	安全库存金额（万元）	年期望缺货次数（次）
0.1	684.501 3	5.191 982
0.2	644.669 7	10.968 7
0.3	620.090 2	17.047 75
0.4	601.984	23.354 41
0.5	587.513	29.850 3
0.6	575.385 4	36.511 72
0.7	564.900 3	43.322 48
0.8	555.633 1	50.270 87
0.9	547.306 7	57.348 07
1.0	539.729 5	64.547 26
1.1	532.763 7	71.863 1
1.2	526.306 3	79.291 35
1.3	520.278 7	86.828 67
1.4	514.618 9	94.472 44
1.5	509.277 6	102.220 7
1.6	504.214 6	110.071 9
1.7	499.396 7	118.025 1
1.8	494.796 1	126.079 9
1.9	490.389 4	134.236 3

目前该企业零备件易损件的库存金额实际为620万元，缺货次数约30次，如图7-3所示。如果按曲线进行优化，在同样的库存金额620万元的情况下，期望的缺货次数下降到17次左右。

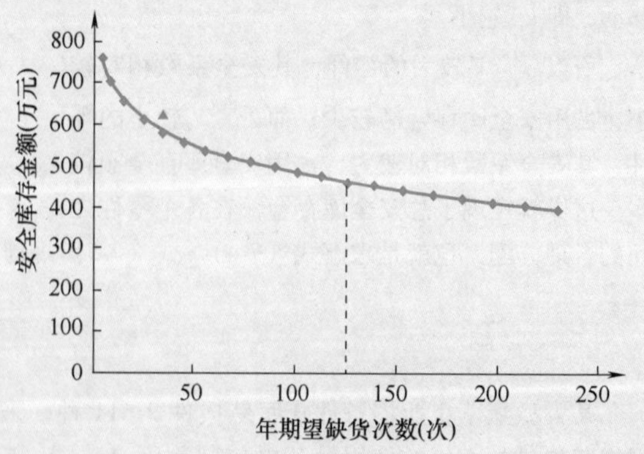

图 7-3　安全库存金额-年期望缺货次数交换曲线

六、结论

本文研究了多品种的零部件库存结构优化问题。在（R，S）库存策略下，当总安全库存金额确定时，如何计算每个零件的安全系数，实现库存金额的合理分配，以减少总缺货次数的期望值，提高服务水平。在模型中，不需明确给出库存成本 r 与缺货成本 B，而是通过两者的比值 M，来权衡零件的总库存成本和服务水平，确定零件的安全系数，并且指出了 M 的具体含义，以及 M 与总安全库存金额 Y、最优安全系数 k_i^* 之间的关系，便于管理者理解模型的意义，具有较好的实用性。

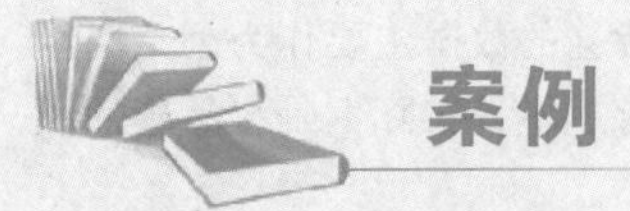

案例

让库存无限接近零

（整理自：让库存无限接近零，宋文明，中国经营报，2010；
雅戈尔："玻璃化"库存体验，张一君，中国经营报，2010）

零库存这个词对于很多企业来说并不陌生。行业特点不同、地域差异、消费者习惯在不断改变……在这些因素的影响下，企业为了降低库存持有成本，对于零库存的追求一直没有停止。本文中的两个案例极具典型性：黄色小鸭所处的婴童用品行业产品线复杂，变化快速；雅戈尔作为老牌服装企业也正在探索新的经营模式。在这个过程中，一方面它们在采取各种手段不断改进着供应链系统，降低库存持有成本；另一方面它们在未来还都有很大的成长改进空间，让库存无限接近于零。

一、黄色小鸭：扁平化库存解决方案

上海万源路上的黄色小鸭公司里，专门腾出了一个 100m² 的房间做产品展示，里面陈列着公司 1 000 多种系列产品。从奶瓶的材质，到婴儿用指甲钳的设计，以及各种婴童服装的款式，黄色小鸭副总经理詹志明如数家珍。

黄色小鸭是国内婴童服装用品行业一个排名靠前的品牌，来自我国台湾，截至 2010 年，已经在我国大陆拥有 20 处办事机构以及近 200 家门店。虽然规模不是很大，但这只"小麻雀"却拥有完整的"五脏"，从原料的采购、加工到产品的营销，传统供应链的冗长环节它一个不落。

但就是因为行业的特殊性也给黄色小鸭带来了很多管理难题。"我们在婴童服装用品行业经营的产品包含服装及日常用品，管理上有其独特性。"詹志明告诉《中国经营报》记者，在分销环节，婴童服装按品牌、季节、颜色、尺码、材质、系列及款式实行多维度管理，并且各维度分组管理。例如，黄色小鸭的颜色组中的黄色就包含中黄、暗黄、鹅黄、浅黄、杧果黄等 10 多种；尺码组也有童装、内衣、棉品、配饰、成人服等，每个维度都有几十种到上百种档案资料。婴童用品品种及品项繁多，单价低但销售笔数多，对系统效能有较高要求。同时洗漱用品有保质期要求，需要在保质期前进行提醒，以便分支机构及门店提前进行促销清仓。另外，在生产环节，因生产流程复杂，涉及工序繁多，每款的加工过程也不尽相同，这些都极大地增加了企业管理的难度。

目前这家企业却做到了很多同行难以做到的事情，比如"零库存""五日看财报"等，这不仅让黄色小鸭在对供应链的掌控上做到了精细化，也加强了企业上下游的协同，从而控制了库存水平，削减了库存持有成本，降低了经销商和供应商的经营风险。

1. 订货会指导生产

上海黄色小鸭贸易有限公司咨询部副经理徐斌一直忙个不停。2010 年 7 月 18 日，黄色小鸭 2011 年春夏服装的订货会在上海召开，数百家经销商来到订货会现场订货。徐斌所在的部门要负责汇总经销商的订单，并根据采购量进行筛选，将最终的采购清单报到自己的工厂或者上游供应商处。

每年，类似的订货会公司要举办两次。在订货会前，公司的设计部需要设计出新品及"打样"，并将可供采购的产品列成产品目录供经销商选择。服装及用品只有达到起订量才投入生产或采购，达标样品自动转换成正式产品，达标的订货会订单转成正式订单。

在詹志明看来，公司一年两次订货会是用来降低库存压力、控制库存持有成本的一个很重要的手段。经销商在订货前，要对各自前一年的销售数据进行分析，并对来年的销售业绩做出预测。这是公司"零库存"计划的第一步，即订单的准确，确保每张订单都是消费者的有效需求。

其实在这个行业，每家上规模的企业都会有类似的订货会。但婴童行业里的另外几家零售品牌，它在订货会之前就已经确定了下季度供应到各个区域的产品种类及数量，订货会的数据主要作为公司决策的参考。这个方法的结果就是可能会导致大量的无效库存和高昂的库存持有成本，实际上是将品牌的风险转移到了经销商身上。

“比方说同一款式和颜色的童装，经销商反馈的数据就显示，在我国北方区域的要货尺码一般偏大，而南方区域的尺码相对偏小，这些数据是不可能靠总部决策就能够分配的。”詹志明如是说。

为了最大限度地通过减少无效库存来降低库存持有成本，黄色小鸭每次的订货会，除了邀请经销商参加外，也规定公司的各个区域主管必须参加。黄色小鸭的销售环节有两个渠道：一是各个百货商场自营的专柜，基本每个产品在销售城市都有自己的区域主管。另一个就是大小经销商。黄色小鸭将自己在每个区域的直营业务也当作一个独立的团队看待，与经销商一样需要收集市场信息，并提前半年订货。

2. 让“无效库存”变成“有效库存”，削减库存持有成本

新妈妈小张某天到百联又一城的黄色小鸭柜台购物，指定要一款婴童服装，这款服装之前在这家门店销售过，但她要的尺码已经售罄。这时候，该门店的营业员就会通过终端 POS 机将这条购买信息上传到后台，由负责该门店的督导通过 ERP 系统查询附近几家黄色小鸭门店的库存信息，并在附近的一家门店找到了顾客指定款式的婴童服装，并通过同城物流送到小张手中。

类似的场景几乎在每一家黄色小鸭的门店都出现过。这种小范围的货物调转，一般是由黄色小鸭的门店督导负责，在门店督导的权限范围内，能看到自己负责的 10 家门店的库存信息，并在自己的权限范围内进行货物调转。

但服装行业的不确定性在于，即使之前做过很详尽的数据分析和预测，难免还是会出现某款产品在某个区域卖得很好，而在另外一个区域滞销的情况。在黄色小鸭的管理架构中，还分有一、五、七、九部，分别负责上海、浙江、江苏等市场。部上一级还有处，分别负责华东或西南等大区。

因此，一旦出现某款产品在上海卖得特别好，但在浙江还有很大库存的情况。该公司的处级负责人就会负责协调相关的产品调转，在权衡成本和效益后，交由常年合作的物流公司进行产品的调转。为了确保调转产品的及时性，黄色小鸭与物流公司的合同里规定了“T 3”的内容，即在三日内将产品发到。

为了减少产品在调转过程中的流程，黄色小鸭还在进行一场扁平化的管理架构调整。徐斌告诉记者：“在他的资讯部下面，原本还有课一级管理，但在公司最近的管理架构调整中，这一级全部被取消，处直接对部负责。”

另外，黄色小鸭上游有台凌、东凌以及其他外部供应商。台凌作为黄色小鸭的主要供应商，东凌作为进口产品的供应商，与黄色小鸭关联的其他外部供应商只负责包装物的供应。为适应婴童服装用品行业快速响应的特点，上海台凌主要负责产品的生产，黄色小鸭主要负责产品的营销，在管理运作上是一套人马，分别负责两个公司的业务。在营销模式上，采取“总部-办事处-直营专柜”的分销零售渠道管理模式。

3. 五日看报表

在大陆深耕多年之后，黄色小鸭已确定回台湾上市的计划，公司的财务透明和流程简洁的要求也随之而来。黄色小鸭董事长在考察一些日化上市公司的管理流程后，提出了“五日看报表”的目标。

在上海徐汇区港汇广场内的黄色小鸭专卖店里，收款机可以将每一笔销售单据实时传递给总部，实现最快速的报表汇总。

分布全国的 200 多家门店，每日通过 POS 系统下载属于本门店的最新产品及价格信息、产品入库通知单、促销活动及公司的通知公告，在 POS 机上完成扫描入库、扫描售货及扫描盘点，每日营业结束进行日结并上传零售日报及库存信息。而在第二天的上午 10 点，坐在黄色小鸭上海总部办公室里的詹志明就能看到多数门店前一天的销售及库存情况。

销售与库存信息的透明化对于黄色小鸭进一步合理安排生产与采购，降低库存，削减库存持有成本具有重大意义。

二、雅戈尔：“玻璃化”库存体验

“未来的竞争，将是整个供应链的竞争”。雅戈尔集团董事长李如成是服装业界较早推崇并贯彻实施

“供应链竞争”理念的。他直言：在公众把整个中国服装行业当作落后生产力代表的今天，雅戈尔服饰有限公司正是通过一系列供应链的改革，在普遍供过于求的困难形势下摆脱了货物积压的困扰。9 年间使存货周转天数缩短到原来的 1/10，从而有效地降低了库存水平，大幅度地削减了库存持有成本。雅戈尔的库存管理经历其实是一场使市场数据更为透明的“玻璃化”变革。

1. 掌握真实数据

雅戈尔其实是在迫不得已的情况下进行供应链改革的。在 2001 年前后，服装市场已由卖方市场转变为买方市场，导致企业利润趋薄。同时，服装行业也开始面临一系列的挑战：原有的根据订货安排生产计划的模式不能及时满足市场需求，造成服装制造厂生产能力过剩，库存积压、库存持有成本攀升等问题；此外还包括企业普遍缺乏对市场需求的洞察和快速反应能力等。

雅戈尔也遇到了同样的问题。2001 年，雅戈尔仅衬衣一项就积压了大量的资金。雅戈尔副总经理陈志高告诉《中国经营报》记者，在雅戈尔意识到供应链管理非做不可之前的 2001 年，各种各样的问题已经显现。其中最为突出的是，不仅库存积压多，而且库存周转天数达到 360 天，造成了巨额的库存持有成本。

谁都知道，按照市场的需要及时更换配货策略是解决库存积压、降低库存持有成本的有效方法。但如何才能把销售渠道的信息及时地反映给生产和配送环节呢？陈志高说，雅戈尔是从掌握销售终端的真实数据开始入手的。

并不是说雅戈尔在此之前没有掌握各个营业点的销售数据，而是各个区域的数据分散在全国，并不集中在总部管理，在这些数据的真实性很难保证的情况下，雅戈尔集团很难对这些数据进行分析，更不用说拿这些数据指导生产和配送了。

陈志高不无感慨地回忆雅戈尔统一数据管理的艰难性。很容易想到的阻力就是各销售网络的不配合。谁都知道信息不透明意味着有更多的空子可钻。于是刚开始的时候，雅戈尔选择了试点推行，IT 部门先在安徽、河南等区域建设为地区服务的数据仓库系统，同时也保证这些来自一线的销售情况能被总公司及时了解。

在掌握了一线数据的前提下，雅戈尔随即上线了 DRP（配送需求计划）系统。这套系统管理企业的分销网络，可以使供应商和经销商之间实时地提交订单、查询产品供应和库存状况，并获得市场、销售信息及客户支持。

2. 快速调整生产

数据统计并不是解决库存积压，降低库存持有成本的最终方法，它只是一个基础，真正要做到零库存，必须让生产设计等各个环节灵动起来。

服装行业里有个“343”原则。即在服装厂收到订单之后，会将第一批生产出的订单总量 30%的货物投入市场。这第一批 30%的货物，是用来在市场试水的。在这些货物中，哪些款式受欢迎、哪些不受欢迎，厂家会根据市场的反馈情况来修正订单。第二批 40%的货物基本上是根据市场需求生产，会形成市场销售的主力。而最后的 30%则主要满足补货需求。这样的行业准则使销售信息能够快速反馈到厂家，并成为服装厂商在市场上取胜的关键。

雅戈尔集团信息总监顾跃君说，数据仓库系统给雅戈尔带来的收益非常明显：2001 年—2009 年，企业的全国零售业务每年以 20%的速度增长，而库存周转天数每年下降 36 天。

3. 灵动供应链

雅戈尔希望不只做到零库存，最好还能够让整个运营环节都因此动起来，像智能化的机器人一样，不但各个环节都能够根据市场的需要调整策略，整个集团的决策流程也能够因此而变得更加科学。2009 年 9 月，已经进行了 8 年供应链建设的雅戈尔和 IBM 合作，试图让雅戈尔的供应链系统更加智能。

据了解，IBM 为雅戈尔的下游供应链设计了“喝酒模式”。即喝啤酒时服务员能通过透明的酒杯看见你的酒还剩多少，如果你要就再给你倒，喝酒就很少有剩下的。就好比雅戈尔通过网络掌握专卖店的西服究竟销售出了多少，再决定供不供货，供多少货。“喝酒模式”要延伸到整条供应链，将来雅戈尔的信息系统要打通西服生产的每一环节，从面料、生产、配送到销售，雅戈尔的老总在自己的办公室里要能看见每一种西服的生产和销售情况，每一家卖场的销售情况和每一批西服的配送情况。

借助于 IBM 的商业智能软件 Cognos，雅戈尔能够及时抽取供应链系统中的重要数据并按需进行多维分析，辅助领导层制定公司策略及生产采购计划，随时响应千变万化的服装市场需求，并通过统一系统平台同步发出货物的配送指令，及时调整策略。雅戈尔集团信息总监顾跃君说："Cognos 十分开放，能与各种数据库、数据仓库良好地兼容，这就为系统的部署节约了很多的人力及时间成本。"事实上，销售渠道的数据分析确实为雅戈尔带来很大的利润，雅戈尔之前有 2 000 多家店铺，整合到现在的 1 500 多家，销售额却翻了 3 倍。这样不仅可以节省资源的投入，同时对减低库存，消减库存持有成本也很有帮助。

思考题

1. 什么是库存持有成本、包装成本、批量成本、订单处理/信息系统成本？
2. 库存持有成本、包装成本、批量成本、订单处理/信息系统成本的构成是怎样的？
3. 简述包装的作用。
4. 如何计算资金成本？
5. 如何降低库存持有成本？
6. 如何计算批量成本？
7. 如何降低包装成本？

习题

北京红都机械制造有限公司的物流成本管理人员正在对该公司的物流成本进行计算。小王负责计算公司仓库中存储的货物 A 的资金成本。

已知：

相关收益率为 10%。

2021 年 5 月 1 日，A 货物的库存量为 90 件，每件货物单价为 15 元；5 月 3 日，A 货物进货 72 件，每件货物的单价为 10 元；5 月 4 日，A 货物出库 38 件；5 月 6 日，A 货物出库 79 件；5 月 7 日，A 货物进货 60 件，每件货物的单价为 12 元；5 月 8 日，A 货物进货 70 件，每件货物的单价为 18 元；5 月 9 日，A 货物出库 128 件。

请你帮助小王做如下计算：

（1）在永续盘存制下，用先入先出法，得出在 2021 年 5 月 1 日—9 日，A 货物每日的库存结存数量与库存价值，并使用概略法计算在 2013 年 5 月 1 日—9 日这一期间内 A 货物的平均库存价值及其资金成本。

（2）在永续盘存制下，用后入先出法，得出在 2021 年 5 月 1 日—9 日，A 货物每日的库存结存数量与库存价值，并使用概略法计算在 2021 年 5 月 1 日—9 日这一期间内 A 货物的平均库存价值及其资金成本。

（3）在定期盘存制下，用加权平均法计算得出 2021 年 5 月 9 日时的 A 货物的库存数量与价值，并用期末与期初相加除以 2 的方法计算在 2021 年 5 月 1 日—9 日这一期间内 A 货物的平均库存价值及其资金成本。

（4）在永续盘存制下，用移动平均法，得出在 2021 年 5 月 1 日—9 日，A 货物每日的库存结存数量与库存价值，并使用概略法计算在 2021 年 5 月 1 日—9 日这一期间内 A 货物的平均库存价值及其资金成本。

第八章

物流成本的分析、预测与决策

作　用

物流成本分析是物流成本计算完成后，进入物流成本决策之前所要做的重要管理工作；物流成本的预测与决策则是物流成本管理的关键性活动。它们都是物流成本管理中的重要环节。

关　键

- 物流成本的分析方法
- 物流成本的预测方法
- 物流成本的决策方法
- 物流成本分析的指标

第一节　物流成本分析

物流成本分析是指利用物流成本计算数据和其他相关资料，以本期实际物流成本指标与目标物流成本指标、上期实际物流成本指标、国内外同类企业的物流成本指标等进行比较，以便了解物流成本相关指标的升降变动情况，及其变动的因素和原因，并分清单位与个人的责任。

物流成本分析与物流成本预测是物流成本决策的基础，依据物流成本分析与物流成本预测提供的素材，企业可以制定各类物流成本决策，从而达到降低物流成本、提高物流成本使用效益、优化物流管理的目的。

一、物流成本分析的方法

物流成本分析采用的技术方法是多种多样的，它可以采用会计的方法、统计的方法或数学的方法。在实际的物流成本分析工作中，使用最广泛的技术方法主要有指标对比法和因素分析法。

（一）指标对比法

指标对比法又称比较法，这是实际工作中广泛应用的分析方法，是通过相互关联的物流成本指标的对比来确定数量差异的一种方法。通过对比，揭露矛盾，发现问题，寻找差距，分析原因，为进一步降低物流成本、提高物流成本使用效益指明方向。物流成本指标的对比分析可采取以下几种形式：

1. 实际指标与计划指标对比

进行物流成本分析时，可以将实际成本指标与计划成本指标进行比较，通过对比，说明计划完成的程度，为进一步分析指明方向。

2. 本期实际指标与前期（如上年同期或历史最好水平）实际指标对比

通过对比，反映企业物流成本的动态和变化趋势，有助于吸取历史经验，改进物流成本管理。

3. 本期实际指标与同行业先进水平对比

通过对比，可以反映本企业与国内外先进水平的差距，以便扬长避短，努力挖掘降低物流成本的潜力，不断提高企业的经济效益。

应该指出的是，采用指标对比法时，应注意对比指标的可比性，即对比指标采用的计量单位、计价标准、时间单位、指标内容和计算方法等都应具有可比的基础和条件。在同类企业比较物流成本指标时，还必须考虑它们在技术经济上的可比性。所要对比的指标可以用绝对数，也可以用相对数。

（二）因素分析法

因素分析法是将某一综合指标分解为若干个相互联系的因素，并分别计算、分析每个因素影响程度的一种方法。如企业物流成本是一个综合性的价值指标，各方面工作都会影响物流成本的水平。物流成本的升降是由许多因素造成的，概括起来有两类：一类为外部因素；一类为内部因素。外部因素来自社会，是由外部经济环境和条件造成的；内部因素是由企业本身经营管理造成的。这样分类有利于评价企业的各方面工作质量。

因素分析法的一般做法是：第一，确定分析指标由几个因素组成；第二，确定各个因素与指标的关系，如加减关系、乘除关系等；第三，采用适当方法，把指标分解成多个因素；第四，确定每个因素对指标变动的影响方向与程度。

因素分析法的具体计算程序是：以物流成本的计划指标为基础，按预定的顺序将各个因素的计划指标依次替换为实际指标，一直替换到全部都是实际指标为止，将每次的计算结果与前次的计算结果相比，就可以求得某一因素对计划完成情况的影响。下面举例说明指标与因素的关系。

设物流成本指标 N 是 A、B、C 三个因素的乘积，其计划成本指标与实际成本指标分别列示如下：

计划成本 $N_1=A_1B_1C_1$

实际成本指标 $N_2=A_2B_2C_2$

差异额 $G=N_2-N_1$

计算程序是：计划成本指标 $A_1B_1C_1=N_1$

第一次替换 $A_2B_1C_1=N_3$　$N_3-N_1=A$ 变动的影响；

第二次替换 $A_2B_2C_1=N_4$　$N_4-N_3=B$ 变动的影响；

第三次替换 $A_2B_2C_2=N_2$　$N_2-N_4=C$ 变动的影响。

以上三个因素变动影响的总和为

$$(N_3-N_1)+(N_4-N_3)+(N_2-N_4)=G$$

从上式可知，三个因素变动的差异之和与前面计算的实际物流成本指标脱离计划成本指标的总差异是相符的，这就确定了各个因素对成本指标升降的影响程度，并可以确定各

个因素所占差异的比重程度，为物流成本决策提供了可靠的依据。从上例可以看出，因素分析法是在指标对比法的基础上发展起来的，成为对比法的补充。

二、用于物流成本分析的指标

（一）各类物流成本

在进行物流成本分析时，首先可以对各类物流成本的数值进行分析，这样可以找出各类成本升降的原因，为进行相关物流成本决策，降低物流成本提供依据。

（二）企业物流成本的效益指标

具体而言，物流成本的效益指标包括物流营运能力指标和物流获利指标。其中营运能力是利润等财务目标实现的物质基础，而获利能力的提高又有助于推动营运能力的增强，两者相辅相成。对于物流成本效益指标的分析，可以帮助企业掌握物流成本的效益状况与存在的问题，从而为进行相关物流成本决策，提升物流成本的效益提供依据。

1. 物流营运能力指标

物流经营的基本动机是追求利润的最大化，而企业的物流营运能力，正是获取利润的基础。物流的营运能力可描述为：物流基于外部市场环境的需要，通过内部人力资源和作业资源的配置组合而对实现财务目标产生作用的程度。无疑，营运能力的大小对获利能力的持续增长有着决定性的影响。

（1）人力资源营运能力指标。物流作业是以人为核心展开的，物流成本中有相当的支出花费在人力资源的获取之上，物流作业人员素质与能力的高低对物流营运能力具有决定性的影响。衡量人力资源营运能力的指标为劳动作业效率指标，其计算公式为

物流劳动作业效率=物流营业净额÷从事物流作业的员工人数的平均值

物流营业净额=物流营业额-物流营业折扣与折让

物流劳动作业效率越高，说明每一个从事物流工作的人员创造的物流营业净额越高，因而人力资源利用得越好，物流人力资源的营运能力越强。

（2）作业资源营运能力指标。企业物流成本中有很大部分是为了获取完成各项物流作业所需的作业资源而耗费的。作业资源的营运能力包括物流的总资产以及构成物流总资产的各要素的营运能力。

1）物流总资产的营运能力指标。物流总资产的营运能力是通过物流总资产的营业水平反映出来的，也就是说，物流总资产的周转率代表着物流总资产的营运能力。其计算公式为

物流总资产周转率=物流营业额净额÷平均物流资产总额

物流总资产周转率也可以用周转天数表示，其与物流总资产周转率的关系为

物流总资产周转天数=计算期天数÷物流总资产周转率

在上述公式中：平均物流资产总额应按不同的计算期分别确定，且公式中的平均物流资产总额与物流营业额净额应属于同一计算期，即在时间上保持一致。

年平均物流资产总额的计算公式为

年平均物流资产总额=（1/2 年初+一季度末+二季度末+三季度末+1/2 年末）/4

当物流总资产所占用的资金波动比较大时，可以采取加大数据采集密度的方法来计算年平均物流资产总额，如上述公式中，由原来的以每季度末的数据进行计算，变为以每月月末的数据进行计算。

当物流总资产所占用的资金相对比较稳定，波动幅度较小时，可以采取以下公式来计算平均物流资产总额：

平均物流资产总额=(期初物流资产占用额+期末物流资产占用额)/2

物流总资产周转率，全面综合地反映了全部物流资产的营运能力。物流总资产周转率越高，说明在一定的计算期内，物流总资产周转的次数越多，周转一次的天数便越短，周转速度便越快，因而物流总资产的营运能力也就越高。

这里需要注意的是，物流总资产的营运能力可以由物流总资产周转率与周转天数两个指标来反映。物流总资产周转率越高，说明营运能力越强；而物流总资产周转天数越多，则说明营运能力越弱。

2）**物流流动资产的营运能力指标**。物流总资产由流动资产与固定资产两部分组成。为了更深入地剖析物流总资产的营运能力及其影响因素，必须对流动资产与固定资产的周转情况分别进行分析。

物流流动资产的周转额是物流营业额的直接来源。所以，对物流流动资产的分析应着眼于其对营业额实现的贡献。物流流动资产营运能力的大小主要通过物流流动资产周转率与周转天数来反映。其计算公式为

物流流动资产周转率=物流营业额净额÷物流流动资产平均占用额

物流流动资产周转天数=计算期天数÷物流流动资产周转率

以上公式中，物流流动资产平均占用额的计算方法与物流平均资产总额的方法相同。

物流流动资产周转率反映了企业物流流动资产的营运能力。

首先，物流流动资产利润率=物流营业利润率×物流流动资产周转率。因此，一定时期内，在物流营业利润率一定的情况下，物流流动资产周转速度越快，也就是物流流动资产的周转率越高（物流流动资产的周转天数越少），物流流动资产的利润率也就越高，其对财务目标的贡献也就越大。

其次，物流流动资产占用额与物流流动资金周转速度之间有着密切的制约关系，在物流营业额保持不变的情况下，物流流动资产周转速度越快，物流流动资产的占用额就越少。因此，物流流动资产周转天数缩短，周转速度加快，就会减少企业对物流流动资产的占用，从而提升物流流动资产的营运能力。

与物流总资产营运能力指标相同，物流流动资产周转率越高，说明营运能力越强，而物流流动资产周转天数越多，则说明营运能力越弱。

3）**物流固定资产的营运能力指标**。物流作业的收入主要来源于物流流动资产的周转，而不是物流固定资产的周转。但是，物流固定资产是实现物流流动资产周转的基础，物流流动资产投资规模、周转额的大小及周转速度的快慢在很大程度上取决于物流固定资产的作业经营能力及利用效率。因此，有必要考量物流固定资产的营运能力，即物流固定资产的作业经营能力及利用效率。

反映物流固定资产营运能力的指标是物流固定资产周转率。其计算公式为

物流固定资产周转率=物流营业额净额÷物流固定资产平均占用额
=(物流流动资产平均占用额÷物流固定资产平均占用额)×
物流流动资产周转率

式中的物流固定资产平均占用额应按物流固定资产原值计算，因为这样可以剔除因不同企业所采用的折旧方法或折旧年限的不同而产生的差异，从而使企业能够就该指标进行比较

分析与研究。

物流固定资产营运能力指标可以考量企业是否能以相对节约的物流固定资产投资达成尽可能大的物流流动资产规模及尽可能快的周转速度，从而使企业能够以流动资产投资规模扩大和周转速度加快为手段，实现更多的物流营业额。该指标越高，说明物流固定资产的营运能力越强。

2. 物流获利能力指标

企业支付物流成本的最终动力与目的是希望通过物流系统获取效益。所谓物流获利能力，实际上就是投入物流系统的资金（物流成本）的增值能力。通常用来源于物流系统的收益来反映该能力的高低。具体指标如下：

（1）**物流作业利润率**。物流作业利润率的计算公式为

物流作业利润率=物流利润÷物流营业净额

物流所能带来的利润可以被分为不同的层次：毛利润、经营利润、营业利润、税前利润、利润净额。由于税前利润或利润净额中包含着非营业利润因素，所以建议在上述公式中使用经营利润、营业利润，这样得出的指标就能够更直接地反映获利能力。物流作业利润率是正向指标，该指标越大，说明该项作业的获利能力越强。

（2）**物流作业的成本利润率**。物流作业的成本利润率的计算公式为

物流作业成本利润率=物流利润÷物流成本

在计算物流作业的成本利润率时，必须注意物流成本与利润之间的匹配关系，因为成本同利润一样，也包含有不同的层次：

经营成本=经营费用+营业税金及附加

营业成本=经营成本+管理费用+财务费用+其他业务成本

税前成本=营业成本+营业外支出

税后成本=税前成本+所得税

只有将物流成本与利润相互对应起来，才能有效地揭示出物流成本的获利能力。

在实践当中，经营成本利润率指标（经营成本利润率=经营利润÷经营成本）的重要性最高，它能够反映主要物流成本的利用效果。将该项指标与其他的物流作业成本利润指标配合使用，可以帮助企业发现物流系统中存在的问题：当各项收益及税率一定时，经营成本利润率很高而税前成本利润率却很低，就说明物流系统的管理费用、财务费用及营业外支出开支过多，应当在以后的工作中对这些成本进行控制；相反，如果经营成本利润率与税前成本利润率均很低，而且差异很小，就说明物流成本过高，是今后控制的重点；当经营成本利润率与税前成本利润率均比较高时，说明物流系统的成本管理效果较好。

物流作业的成本利润率为正向指标，即该指标越高越好。

（3）**物流作业的资产利润率**。物流作业的资产利润率是反映物流资产获利能力的风向标。具体指标如下：

1）**物流总资产利润率**。根据利润层次的不同，可以列出三类物流总资产利润率：

物流总资产息税前利润率=息税前物流利润总额÷平均物流资产总额

物流总资产利润率=物流利润总额÷平均物流资产总额

物流总资产净利润率=物流利润净额÷平均物流资产总额

物流总资产利润率主要是从资金来源（资本+负债）的角度出发，对物流资产的使用效益进行评价，因此，所有者与债权人都十分重视该指标：对于债权人而言，只要物流总

资产的息税前利润率大于负债利息率，其债务本息的偿还就能得到保证；对所有者来说，较高的物流总资产息税前利润率只能降低或避免不能偿还债务本息的风险，为了确保资本得到保值增值，还需要对物流总资产利润率与物流总资产净利润率进行分析。

2）物流流动资产利润率。为获取物流流动资产支出的物流成本与其周转是物流利润的主要来源。因此，物流流动资产的利润率能够揭示物流利润增长的基础是否稳固。

考核物流流动资产获利能力的指标主要有两项，其计算公式为

物流流动资产经营利润率=物流经营利润÷物流流动资产平均占用额

物流流动资产营业利润率=物流营业利润÷物流流动资产平均占用额

其中，物流流动资产经营利润率比物流流动资产营业利润率更为重要。

3）物流固定资产利润率。由于物流固定资产是物流流动资产周转获利的物质基础，因此还应当考察物流固定资产利润率。其计算公式为

物流固定资产经营利润率=物流经营利润÷物流固定资产平均占用额
=(物流流动资产平均占用额÷物流固定资产平均额)×
物流流动资产经营利润率

物流固定资产营业利润率=物流营业利润÷物流固定资产平均占用额
=(物流流动资产平均占用额÷物流固定资产平均额)×
物流流动资产营业利润率

以上三大类指标均为正向指标。

（4）物流作业的净资产利润率。物流作业的净资产利润率的计算公式为

物流净资产利润率=物流利润净额÷物流净资产

企业支出物流成本的最终目的是实现物流系统利润的最大化，要达到这一目的，首先就要最大限度地提高物流净资产利润率。因此，物流净资产利润率是物流获利能力指标的核心。该项指标为正向指标。

由于商品制造企业和商品流通企业的收入与利润的获得来源于多个方面，很难分离出由物流作业带来的收入与利润，因此可以采取内部转移价格的形式获取与物流作业相关的收入与利润，并利用以上指标对企业的物流成本的效益进行分析。物流服务供应商的主要业务是向客户提供物流服务，其收入与利润也主要来源于物流作业，因此可以直接使用上述指标。

第二节　物流成本预测

企业要在激烈的竞争中立于不败之地，就必须对未来的状况做出正确的估计，并以这种估计作为决策和计划的客观基础，正所谓“凡事预则立，不预则废”，对于企业的物流成本管理工作来说尤为如此。在物流成本管理工作中，物流成本预测具有十分重要的意义。通过物流成本预测，可以使企业对未来的物流成本水平及其变化趋势做到“心中有数”，从而与物流成本分析一起，为企业的物流成本决策提供科学的依据，以减少物流成本决策过程中的主观性和盲目性。

所谓物流成本预测，是指依据物流成本与各种技术经济因素的依存关系，结合发展前景及采取的各种措施，并利用一定的科学方法，对未来期间物流成本水平及其变化趋势做出科学的推测和估计。

一、物流成本预测的步骤

为了保证预测结果的客观性，企业在进行物流成本预测时，通常分为以下几个具体步骤：

（一）确定预测目标

进行物流成本预测，首先要有一个明确的目标。物流成本预测的目标又取决于企业对未来的生产经营活动所欲达成的总目标。物流成本预测目标确定之后，便可明确物流成本预测的具体内容。

（二）收集预测资料

物流成本指标是综合性指标，涉及企业的生产技术、生产组织和经营管理等各个方面。在进行物流成本预测前，必须尽可能全面地占有相关的资料，并应注意去粗取精、去伪存真。

（三）建立预测模型

在进行预测时，必须对已收集到的有关资料，运用一定的数学方法进行科学的加工处理，建立科学的预测模型，借以揭示有关变量之间的规律性联系。

（四）评价与修正预测值

以历史资料为基础建立的预测模型可能与未来的实际状况之间有一定的偏差，且数量方法本身就有一定的假定性，因此还必须采用一些科学方法对预测的结果进行综合的分析判断，对存在的偏差及时予以修正。

二、物流成本的预测方法

物流成本预测的方法可以分为三大类：一是外推法，即利用过去的资料来预测未来状态的方法；二是因果法，即依据所掌握的历史资料，找出所要预测的变量和与它相关的变量之间的关系，从而预测未来状态的方法；三是判断分析法（或称集合意见法、直观法），即主要依靠管理人员的过去经验和综合分析能力来预测未来状态的方法。上述方法中，前两种方法一般被称为定量分析法（或称数量方法），第三种方法一般被称为定性分析法（或称非数量方法）。这两类方法必须结合起来使用，才能取得较客观的预测结果。

（一）物流成本预测的时间序列预测法

定量分析中的外推法，主要是指时间序列预测法（趋势预测法）。这种方法的基本思路是把时间序列作为一随机变量序列的一个样本，应用概率统计的方法，尽可能减少偶然因素的影响，做出在统计意义上较好的预测。下面，介绍时间序列预测法中最常用的两种方法——趋势平均法和指数平滑法。

1. 趋势平均法

此法建立在过去的物流成本趋势及其规律性依然不变这一假定之上。其基本计算公式为

某期预测值=最后一期移动平均数+推后期数×最后一期趋势移动平均数

显然，采用趋势平均法计算若干期的平均数和趋势平均数时，前后各个时期所用的是同一个权数，即认为这些数据对未来的预测值具有同等的影响。因此，用此法预测的结果与实际情况往往差异较大。为了弥补这一缺陷，可以采用指数平滑法进行预测。

2. 指数平滑法

设以 F_n 表示下期预测值，F_{n-1} 表示本期预测值，D_{n-1} 表示本期实际值，a 为平滑系数（其取值范围为 $0<a<1$），则 F_n 的计算公式为

$$F_n=F_{n-1}+a(D_{n-1}-F_{n-1})=aD_{n-1}+(1-a)F_{n-1}$$

由上式类推下去，可得展开式

$$F_n=aD_{n-1}+a(1-a)D_{n-2}+a(1-a)^2D_{n-3}+\cdots+a(1-a)^{t-1}D_{n-t}+(1-a)^tF_{n-t}$$

可见，指数平滑法在预测时分别以 a、$a(1-a)$、$a(1-a)^2$ 等系数对过去各期的实际数进行了加权。远期的实际值影响较小，因而其权数也较小；近期的实际值影响较大，因而其权数也较大。显然，这种预测方法更符合客观实际，但 a 的确定受主观因素的影响较大。

（二）物流成本预测的回归分析法

定量分析中的因果法，主要是指回归分析法，它是通过对观察值的统计分析来确定它们之间的联系形式的一种有效的预测方法。从量的方面来说，事物变化的因果关系可以用一组变量来描述，因为因果关系可以表述为变量之间的依存关系，即自变量与因变量的关系。运用变量之间这种客观存在着的因果关系，可以使人们对未来状况的预测达到更加准确的程度。

1. 一元线性回归预测法

用线性回归分析法时，首先要确定自变量 x 与因变量 y 之间是否线性相关及其相关程度。判别的方法主要有“散布图法”与“相关系数法”。所谓散布图法，就是将有关的数据绘制成散布图，然后依据散布图的分布情况判断 x 与 y 之间是否存在线性关系；所谓相关系数法，就是通过计算相关系数 r 来判别 x 与 y 之间的关系。相关系数可按下列公式进行计算：

$$r=\frac{\sum x_iy_i-n\bar{x}\bar{y}}{\sqrt{\left(\sum x_i^2-n\bar{x}^2\right)\left(\sum y_i^2-n\bar{y}^2\right)}}$$

判断标准如表 8-1 所示。

表 8-1 判断标准

相关系数的绝对值	>0.7	0.3~0.7	<0.3	0
因变量与自变量的关系	强相关	显著相关	弱相关	不相关

在确认因变量与自变量之间存在线性关系之后，便可建立回归直线方程：

$$y=a+bx$$

式中 y ——因变量；

x ——自变量；

a、b——回归系数。

根据最小二乘法原理，可求得 a、b

$$a=\frac{\sum x_i^2-\bar{x}\sum x_i\,y_i}{\sum x_i^2-n\bar{x}^2}$$

$$b=\frac{\sum x_i\,y_i-n\bar{x}\bar{y}}{\sum x_i^2-n\bar{x}^2}$$

然后，便可根据回归直线方程进行预测了。

2. 多元线性回归预测法

当影响因变量 y 变动的因素不止一个时，就必须采用多元线性回归模型对未来的状态进行预测。在此，仅讨论二元线性回归模型。

二元线性回归方程的标准方程为

$$y=a+bx_1+cx_2 \tag{8-1}$$

式中　y ——因变量；

x_1、x_2——自变量；

a、b、c ——回归系数。

先以总和的形式表达式（8-1）中的每一项，得

$$\sum y=na+b\sum x_1+c\sum x_2 \tag{8-2}$$

以 x_1 乘以式（8-2），得

$$\sum x_1y=a\sum x_1+b\sum x_1^2+c\sum x_1x_2 \tag{8-3}$$

以 x_2 乘以式（8-2），得

$$\sum x_2y=a\sum x_2+b\sum x_1x_2+c\sum x_2^2 \tag{8-4}$$

根据式（8-2）、式（8-3）、式（8-4），便可求出式（8-1）中的 a、b、c 三个系数的值。然后，根据二元线性回归方程就可以进行相关预测了。

第三节　物流成本决策

物流成本决策是指根据物流成本分析与物流成本预测所得的相关数据与结论，运用定性与定量的方法，选择最佳成本方案的过程。具体来说，就是以物流成本分析和预测的结果为基础建立适当目标，拟定几种可以达到该目标的方案，根据成本效益评价从几个方案中选出最优方案的过程。

一、以物流总成本最低为依据的决策方法

以物流总成本最低为依据的决策方法是指在物流系统所要提供的物流服务水平既定的前提下，对各类物流成本进行权衡，将能够实现物流成本之和最小的方案作为最佳方案。

通过物流成本分析，企业可以发现哪些物流成本过高、存在问题，并可以采取相应的手段与措施来降低该成本（具体的手段与措施在本书第五章至第七章有详细论述）。但是由于各类物流成本之间存在悖反关系，一类物流成本的下降往往以其他物流成本的上升为代价，因此，在进行物流成本决策时，绝不能只关注某一类物流成本，而必须在物流成本预测的基础之上，将各类物流成本综合在一起加以考虑，以物流总成本最低作为方案取舍的标准。

同样，当企业为了适应市场需要，要在物流运作方面进行某些改变时，由于各类物流成本之间存在着悖反关系，也应当以物流总成本最低来作为方案取舍的标准。

（一）各类物流成本之间的悖反关系

各类物流成本之间有着密切的关联，总的来说就是呈悖反关系，即一种物流成本的下降，往往以其他几种物流成本的上升为代价。物流成本之间的悖反关系决定了企业管理层在进行物流决策时，必须要在各种物流成本之间进行权衡，并以物流总成本最小作为选择

物流运作方案的依据。

1. 仓储成本及库存持有成本与批量成本之间的关系

仓储成本及库存持有成本和批量成本随着采购（生产线启动）次数或采购（生产）批量的变化而呈反方向变化，起初随着采购（生产）批量的增加，批量成本的下降比仓储成本及库存持有成本的增加要快，即批量成本的边际节约额比仓储成本及库存持有成本的边际增加额要多，使得总成本不断下降。当采购（生产）批量增加到某一点时，批量成本的边际节约额与仓储成本及库存持有成本的边际增加额相等，这时总成本最小。此后，随着采购（生产）批量的不断增加，批量成本的边际节约额比仓储成本及库存持有成本的边际增加额要小，总成本便会不断增加。

总之，随着采购（生产）规模的增加，仓储成本及库存持有成本会增加，而批量成本会降低，总成本线呈U形。其关系如图 8-1 所示。

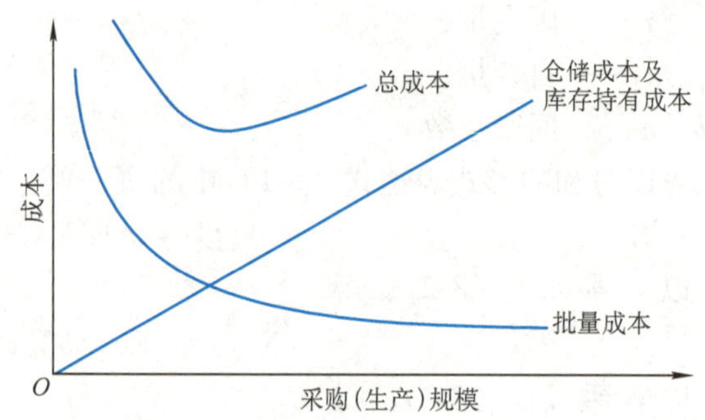

图 8-1　仓储成本及库存持有成本与批量成本之间的关系

2. 运输成本与仓储成本及库存持有成本之间的关系

企业对运输的要求是：运费最低、运输时间最短、运输速度最快；对仓储的要求是：使仓库的建设和运营成本最低、降低库存水平、加快库存周转，最理想的目标是实现“零库存”。

从运输和仓储本身来看，这些要求都是最希望达到的目标。但是，从物流的角度来看，任何一个企业，它的仓储系统和运输系统不可能同时达到各自的上述要求，即运输成本和仓储成本及库存持有成本不可能同时达到最低。

从实际运作情况看，仓储和运输是互相影响的，它们的目标甚至是矛盾的。以一个企业为例，假设某种产品一年的销售量是固定的，那么从生产地运往销售点的年总发货量也是固定的。如果要使运输成本最低，就要使每次的发运量达到经济规模，如果用火车发运，能够装满整车车皮的发运规模才是经济规模，用其他发运工具也如此。也就是说，只有通过整车发运才能达到发运的经济规模，才能不浪费运力，并能最大限度地提高运输工具的使用效率，减少运输次数，达到运输成本最低的效果。如果想使与仓储有关的成本最低，仓库里存的货物应越少越好，最好是没有仓库或者实现“零存货”，这就必须做到随要随送，但会增加运输的次数，降低每次发运的批量，相当于将一次整车运输变成多次零担运输。整车的运价低于零担运价，零担凑整需要更多的集结时间，待运期较长，最后的结果是，要完成全年的发运量，实现即时运送，全年的总运输成本会比整车发运时大幅度增加，这就是它们互相矛盾的地方。运输成本与“和仓储活动有关的成本（仓储成本及库存持有成本）”之间的关系如图 8-2 所示。

随着每次运量的增加，运输成本逐渐降低，和仓储活动相关的成本逐渐上升，反映这两种关系的两条线只有一个交点，该交点对应的数量对运输来讲不是最大运量，对仓储来讲，也不是最小库存量，但此时总成本达到了最小值，是整个物流系统的最佳方案。单考虑运输或单考虑仓储是不可能得出这个方案的。

接下来，分析一下“零库存”。如果要求与仓储活动有关的成本最低，那么最佳的状

态就是企业没有仓储作业，也就是要“零库存”，从图 8-2 可知，“零库存”状态下的运输成本趋于无穷大。也就是说，任何一个企业都不可能做到绝对“零库存”，实际上“零存货”是一种理想状态，是一种要追求的理想目标。从供应链的角度看，如果一个企业实现了“零库存”，同时，该企业与供应链上的其他企业信息沟通并不顺畅，那么该企业一定是以其他企业（如提供原材料、备件等的供应链上游供应商或卫星工厂）的相关成本提高为代价实现“零库存”的，供应链中库存并不是“零”。同样，如果要求运输成本趋于极限最低点，那就要求无限增大存储量。从图 8-2 可以看出，运输成本可以趋近于某一值，但不可能等于该值，在运输成本接近于该值的过程中，和仓储有关的成本趋近于无穷。

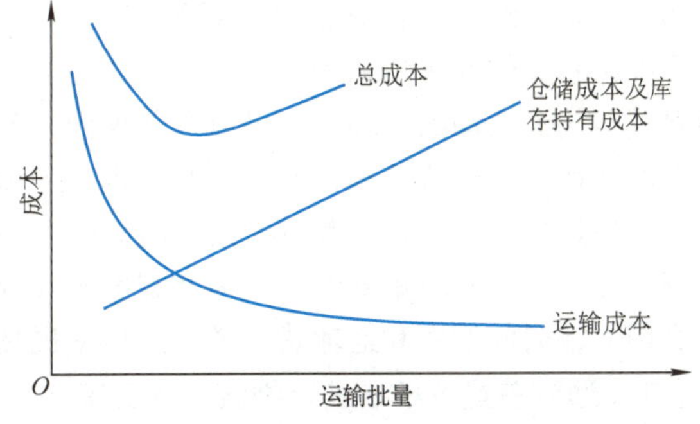

图 8-2　运输成本与仓储成本及库存持有成本之间的关系

3. 包装成本与其他物流成本的关系

（1）包装与各类物流活动的关系。

1）包装与运输的关系。运输的主要功能是使产品产生空间位置转移，具有流动性。物料、产品运输的基本要求是安全、迅速、准确、方便。包装直接关系着运输过程中产品的安全、运输载体的容积利用的充分程度。所以，不同的运输方式对包装有不同的要求。包装的设计必须考虑产品特性、产品特征、运输方式、运输工具、运输距离等因素，才能提高运输效率，并避免产品损失。

2）包装与装卸搬运的关系。装卸搬运是产品运输和仓储过程中必不可少的作业环节，产品的装上和卸下，以及水平移动都会受到包装的影响。因此，包装的设计要适应装卸搬运工作中的装上卸下、搬运的需要，以提高装卸搬运效率，防止产品损坏。

3）包装与仓储活动的关系。仓储可以解决产品流通过程中时间要求不一致的矛盾。它是维持并扩大社会再生产必不可少的条件，可以说，没有产品的仓储，就没有产品的流通。产品的任何仓储方式都与包装有着密切的关系，例如，在潮湿的环境下，需要对产品进行防湿、防潮包装；户外堆放，需要采用“茧式封存包装”；一般产品储存，为了适应高层堆码，需考虑采用耐堆码负荷（又称堆压）的耐压包装。各类仓储作业也都与包装关系密切：库存货品盘存控制依赖人工或自动化识别系统的准确性，而识别系统与产品包装密切相关；备货的速度、准确性和效率都会受包装标识、形状和操作的简便程度的影响。

（2）包装影响每一项物流作业的成本。包装成本与其他各类物流成本呈悖反关系。高质量的包装会带来包装成本的提升，但是会带来其他物流成本的下降。这种下降来源于两个方面：一方面是好的包装可以提高其他物流作业（如运输、仓储）的效率，降低对这些作业的要求；另一方面是好的包装可以降低这些物流作业中可能产生的损耗（被盗、丢失、毁损等）。同样，降低包装成本也会带来其他物流成本的提升。因此，在进行物流决策时，必须将包装成本与其他物流成本进行权衡，以寻求总成本最低的物流运作方案。

4. 订单处理及信息系统成本与其他物流成本的关系

订单处理及信息系统成本与其他物流成本呈悖反关系。例如，建立先进的订单处理系统会带来订单处理及信息系统成本的大幅攀升，但该系统能够节省大量的时间，从而带来其他物流成本的降低：首先，由该系统带来的订单通信、订单输入和订单处理时间的减少，可以使企业的销售预测和生产计划部门更早地获得销售信息，同样主管仓储、运输和库存管理等物流活动的经理们也可以提前得到相关的信息，信息流的提前可以提高仓库分配订单的效率，让物流经理们有更充裕的时间计划仓库作业，从而实现仓储成本的降低。其次，订单通信、订单输入和订单处理时间的大幅度减少可以提高订货周期的稳定性，对降低安全库存水平有着重要作用，因此有助于降低库存持有成本。再次，计划时间的增加往往会使运输时间缩短和运输货品准时送达率提高，有利于运输成本的降低。

（二）通过差量分析法进行物流成本决策

通过差量分析法进行物流成本决策就是计算不同被选方案下，物流总成本的数值，将总成本最低的那个方案作为最终方案。

差量分析法还有一种变形，就是当企业想要实施某一方案时，可以计算实施该方案后，有哪些物流成本会下降，下降的数值是多少，有哪些物流成本会上升，上升的数值是多少，如果上升的成本数值低于下降的成本数值，则该方案可取。

1. 以物流总成本为依据，进行仓库租赁决策

例 某企业的生产地点设于甲地，其产品的消费者分散于较为广泛的地理区域。开始是企业将产品直接送往各个零售店，如图 8-3 所示。

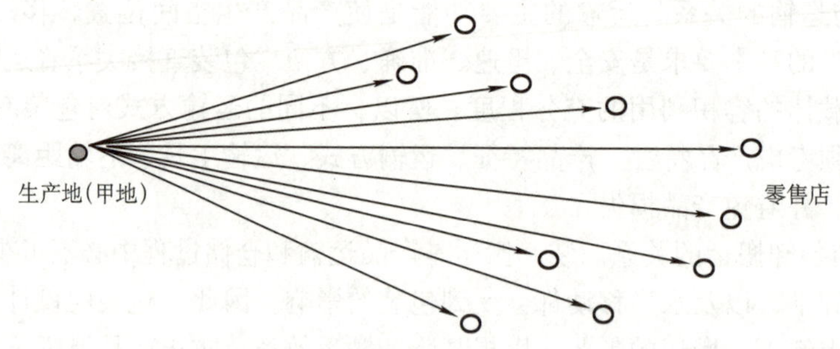

图 8-3 企业将产品直接送往各个零售店

由于零售店没有充足的仓储空间，因此企业必须进行多频次、小批量供货。根据统计，企业平均每年要运输 2 010 次，每次的运输量平均在 200 件左右，每件产品的平均运输成本为 9.8 元，每次运输的平均成本为 1 960 元。由于每次运输的货品批量越大，则单位货品所分摊的运输成本就越低，所以企业希望通过建立中转仓库来降低运输成本。经过考察，企业在乙地找到了一个可以租赁的仓库。如果租赁了该仓库空间，企业便可以按图 8-4 所示的方式进行产品的运输。

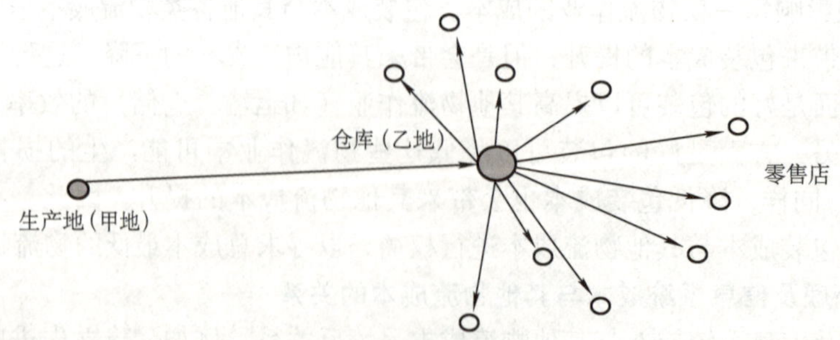

图 8-4 由租赁的仓库将产品送往各个零售店

在租赁了仓库之后，企业先将产品以 8 000 件/次的批量从甲地运往乙地，此时，由于运输批量的加大以及运输距离的缩短，每件产品的运输成本降为 2.9 元，这样每批产品从甲地至乙地的运输成本为 23 200 元。在产品进入仓库后，企业再根据零售店的要求将产品配送至各零售网点，此时每次依然运送 200 件，一年平均运送 2 010 次，但由于运输距离的缩短，每件产品的平均运输成本变为2 元，每次运送的平均成本为 400 元。

在没有租赁中转仓库，实行工厂至零售网点的直接运输时，企业一年的运输成本为

$$(9.8\times200\times2\ 010)\text{元}=3\ 939\ 600\text{元}$$

当企业租赁了中转仓库，采取从工厂到中转仓库再至零售网点的方式以后，企业一年的运输成本为

$$[200\times2\ 010\times(2.9+2)]\text{元}=1\ 969\ 800\text{元}$$

由此可见，通过建立中转仓库实行集运，在保持原有物流服务水平的前提下，节约了运输成本：

$$(3\ 939\ 600-1\ 969\ 800)\text{元}=1\ 969\ 800\text{元}$$

但应当看到，运输成本的节约是以仓储成本及库存持有成本的增加为代价的，是否租赁该仓库，决不能只以运输成本的降低为决策依据。为了做出最终决策，还必须计算一年中因为租赁仓库、增加仓储活动而带来的仓储成本及库存持有成本。如果一年中租赁仓库空间的成本为 700 元/m^3，共租赁 1 000 m^3，仓库中的仓储作业共耗费成本 450 000 元，库存持有成本为 250 000 元，可以得出，租赁中转仓库后，企业的仓储成本增加：

$$(700\times1\ 000+450\ 000)\text{元}=1\ 150\ 000\text{元}$$

库存持有成本增加 250 000 元。

因此，由于租赁仓库共增加物流成本：

$$(1\ 150\ 000+250\ 000)\text{元}=1\ 400\ 000\text{元}$$

由于增加的成本低于运输成本的节约，因此应当租赁该仓库。

2. 以成本为依据，对是否建设订单处理及信息系统进行决策

利用计算机与网络技术兴建先进的订单处理系统与物流信息系统，对于提高企业物流系统的运作效率，改善企业物流管理水平有重大的意义。但应当注意的是，并不是每一个企业都适合进行订单管理系统与信息系统方面的投资与建设，适合建设的企业，也要根据自己的实际情况，确定建设的规模与等级。

为了确保投资的合理性，企业应在进行信息系统投资建设之前进行成本决策。

先进的订单处理及信息系统，可以降低订单处理成本、运输成本、仓储成本、库存持有成本及其他物流成本。与手工系统相比，计算机与网络化的订单处理及信息系统的固定成本相对较高（固定成本包括系统的开发成本和启动成本等），变动成本相对较低。由于订单处理及信息系统的固定成本是在该系统建设初期，在某一时间点一次性投入的，因此在进行成本决策时，应当将系统使用年限内建设运行该系统所带来的现金流入折现。应当注意的是，该现金流入是指由于使用新系统而产生的成本节约，具体包括订单处理成本、运输成本、仓储成本、库存持有成本的节约。计算完折现后，应当将该折现值与初始投资进行比较，如果折现值小于初始投资值，则该系统是可以建设的；如果折现值大于初始投

资值，则说明建设该系统得不偿失，不应建设。

经验表明，如果企业处理的订单数量十分巨大，这时建设先进的订单处理系统往往可以起到降低企业物流总成本的作用。当企业的规模比较小，需要处理的订单数目较少，如果建设先进的订单处理系统便会大大超过企业的需要，从而增加企业物流成本的总支出。

（三）利用数学模型进行物流成本决策

经济订货批量（EOQ）模型是最经典的通过物流成本权衡，以物流总成本最小为依据进行物流成本决策的数量模型。它来源于运筹学中的存储论，用于进行存储决策。

1. 经济订货批量（EOQ）模型的基本概念

对于制造企业而言，为了生产（销售）的正常进行，必须储存一些原料（半成品、产成品）以形成库存。由于企业生产（销售）时要从仓库中取出库存（原料、半成品、产成品）并将其消耗掉，因此随着生产（销售）的不断进行，库存将会不断减少。为了保证生产（销售）能够连续不断地持续下去，企业到一定时刻必须进行订货（生产），对库存进行补充。

商业企业也面临着同样的问题。商业企业（零售商与批发商）必须拥有一定的库存，当卖掉一部分商品而使库存减少时，为了保证正常营业，避免缺货，必须及时订货，对库存进行补充。

在上述情况下，企业就面临着这样的决策：每次订货的数量应当为多少（确定订货批量），究竟在什么时候进行订货（确定再订货点）。对于企业而言，为了降低库存持有成本，应当将存货数量控制在一个较低的水平，也就是降低再订货点与每次订货的数量，但是这样会降低物流服务水平，带来客户服务成本的提升，同时小批量订货也会带来批量成本的攀升。因此，企业必须通过经济订货批量（EOQ）模型对各物流成本进行权衡，选取物流总成本最低的方案，作为最佳方案。

经济订货批量（EOQ）模型会涉及以下基本概念：

（1）需求。对库存来说，由于有需求，才会不断需要从库存中取出一定数量的产品，使库存量减少，需求是库存的输出。需求是多种多样的：有的需求是间断式的；有的需求是连续均匀的；有的需求是确定性的，如钢厂每月按合同卖给电机厂硅钢片 10t；有的需求是随机性的，如书店每日卖出去的书可能是 1 000 本，也可能是 800 本，但是经过大量的统计以后，可能会发现每日售书数量的统计规律，符合一定的随机分布。

（2）补充（订货或生产）。库存由于需求而不断减少，必须加以补充，否则最终将无法满足需求。补充就是库存的输入。补充的办法可能是向其他企业购买，从订货到货物进入“库存”状态往往需要一段时间，把这段时间称为拖后时间。从另一个角度看，为了在某一时刻能补充库存，必须提前订货，那么这段时间也可称之为提前时间（或称订货时间）。拖后时间可能很长，也可能很短，可能是随机性的，也可以是确定性的。

（3）经济订货批量（EOQ）模型中用以权衡的相关成本。

1）与仓储活动相关的成本，包括货物占用资金应付的利息以及使用仓库、存储货物、货物损坏变质等支出的成本。

2）与订货相关的成本，包括两项内容。一项是订货活动产生的费用，该费用与订货的批量无关，而与订货的次数有关，具体来说包括手续费、电信往来费用、派人员外出的采购费用等。另一项是货物的成本，它与订货批量有关，而与订货次数无关，包括货物本身的价格、运费等。

3）与生产相关的成本。补充库存时，如果不需向别的企业采购，而由本企业自行生产的话，需要支出两项成本：一项是生产准备成本，如更换模、夹具需要的工时成本，或添置某些专用设备等的费用。该项成本与生产启动的次数有关，与生产批量无关。另一项是生产产品的成本。该项成本与生产批量有关，包括材料费、加工费等。

4）缺货成本。缺货成本实际上就是估计得出的客户服务成本，也就是当库存供不应求时所引起的损失，如失去销售机会的损失、停工待料的损失，以及不能履行合同而缴纳的罚款等。在不允许缺货的情况下，在成本上的处理方式是将缺货成本设定为无穷大。

2. EOQ 模型

（1）最简单的 EOQ 模型。

1）模型假设。在开发模型的过程中，经常用一种简单的方法将现实加以抽象和概括。模型中包括一些试图反映现实的假设。模型的复杂及精确程度与假设有很大关系。模型的假设越多，就越容易处理与理解模型。简单模型的输出往往不够精确，因此，建模者要把握好简单性与精确性的关系。建模要尽可能简单与直观，但同时又不能偏离现实太远。

最简单的 EOQ 模型的基本假设如下：

① 已知确定的需求量，整个周期内的需求是均衡的。

② 供货周期固定并已知。

③ 集中到货，而不是陆续入库。

④ 不允许缺货，并能满足所有需求。

⑤ 购买价格或运输费率、生产成本等是固定的，与订货（生产）的数量、时间无关。

⑥ 没有在途库存。

⑦ 只有一种产品库存，或虽有多种产品库存，但各不相关。

⑧ 资金使用不受限制。

上述假设中，前四条是确定型 EOQ 模型成立的基础。在每一相关时间间隔（每天、每周或每月）需求是已知的并与时间呈线性关系。库存消耗的速率是固定的，补充库存所需的时间长度是已知的，即订货与收货之间的提前时间是固定的，这表明在原有库存用完之前所订货物刚刚到达，因此不需考虑缺货情况及缺货损失。对于价格（成本）固定的假设表明，价格（成本）相对稳定，而且没有价格折扣或由于生产批量加大而带来的产品成本的下降。没有在途库存假设意味着货物以买方企业交货价为基础购买（购买价格包含运费），并以卖方企业交货价（买方负责运输）出售。这表明：企业在购货时，直到收到所买货物才拥有所有权；在销货时，货物所有权在产品离开企业或装运点后即已转移。如果做出这些假设，企业就不用负责在途货物，也就没有在途货物的相关成本。许多企业库存有多种产品，单项物品的假设虽然比较符合实际，可以对每一项重要的库存产品单独做 EOQ 决策。但由于没有考虑各种产品之间的相互作用，所以和现实会有一定的距离。资金使用不受限制的假设在一些情况下是非常重要的，如果对库存的资金有某些限制，便要把它作为模型的一个约束条件。

在以上假设前提下，最简单的 EOQ 模型只考虑与仓储活动相关的成本，与订货（生产）相关的成本，因此只涉及这两种成本之间的权衡分析。与仓储活动相关的成本随订货（生产）批量的增加而呈线性增加，如果只考虑与仓储活动相关的成本，则订货（生产）批量越小越好。但与订货（生产）相关的成本会随订货（生产）批量的增加而降低，如果只考虑与订货（生产）相关的成本，则订货（生产）批量越大越好。因此应综合考虑两种成本，使总成本达到最小的订货（生产）批量即为最优订货批量。

最简单的 EOQ 模型如图 8-5 所示。

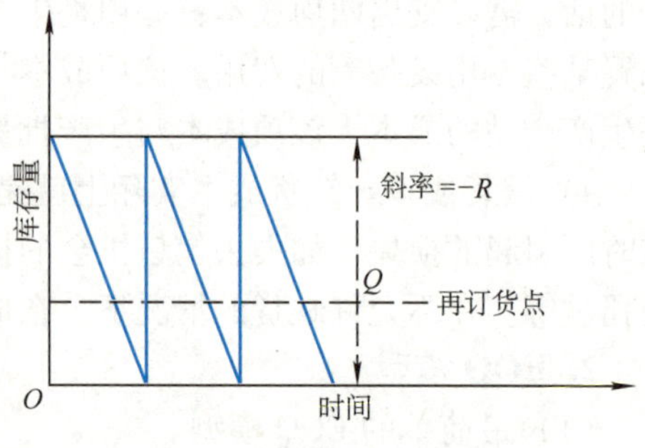

图 8-5　最简单的 EOQ 模型

图中 Q 为订货量。这里描述了三个库存周期，每一周期都以 Q 个单位为开始，它是固定订货（生产）批量。刚收到货物时，库存水准为 Q 个单位，货物按斜率为负值的斜线表示的某一固定需求率 R 出库。当库存量降至再订货点时，就按 Q 单位发出一批新的订货（生产）指令，经过一个固定的提前期后，货物便到达并入库。建立再订货点是为何时订购固定批量提供一个信号，在企业库存管理中，再订货点是以提前期或补充时间的概念，即订货被补充或制造固定批量所需的时间长度为基础的。

2）计算经济订货批量。为了建立最简单的 EOQ 模型，首先假定以下变量：

R：每年的需求量（件）；

Q：订货（生产）批量（件）；

A：每次与订货（生产）相关的成本（元/每次订货或元/每次生产）；

V：每件产品的价值（元/件）；

W：每件产品每年与仓储相关的成本占产品价值的百分比（%）；

$S=VW$，每件产品每年与仓储相关的成本（元/件）；

TAC：年总成本（元）。

已知上述假设，年总成本可由下面公式表示：

$$\mathrm{TAC}=\frac{1}{2}QVW+\frac{R}{Q}A \tag{8-5}$$

式（8-5）中，由于每一个订货周期开始的库存总量为 Q，需求是已知并均衡的，且库存产品以相同的速率减少，那么持有库存的平均值是初始总量 Q 的一半。

为了获得使总成本达到最小的 Q，即经济订货批量，将 TAC 函数对 Q 微分：

$$\mathrm{TAC}=\frac{1}{2}QVW+\frac{R}{Q}A$$

$$\frac{\mathrm{d}(\mathrm{TAC})}{\mathrm{d}Q}=\frac{VW}{2}-\frac{AR}{Q^2}$$

令
$$\frac{\mathrm{d}(\mathrm{TAC})}{\mathrm{d}Q}=0$$

即可得出

$$Q^2=\frac{2RA}{VW}\qquad Q=\sqrt{\frac{2RA}{VW}}=\sqrt{\frac{2RA}{S}}$$

3）确定再订货点。“再订货点”是订货或发出生产指令的时点。在最简单的 EOQ 模型下，如果提前时间已知，则可以通过提前时间与日需求量的乘积来确定再订货点。

假设订货补充期或提前期为 20 天，已知每天的需求量是 15 个单位，那么：

再订货点＝15 个单位/天×20 天＝300 个单位

（2）非瞬时供应。在现实中，货物往往不能像以上模型中假设的那样，订货以后在某

一个时刻全部到达入库，而是要在一次订货之后陆陆续续到达入库。同样，当补充来源于企业的自产产品时，也会出现这种情况。

这时就需要对原来的模型进行调整，如图 8-6 所示。

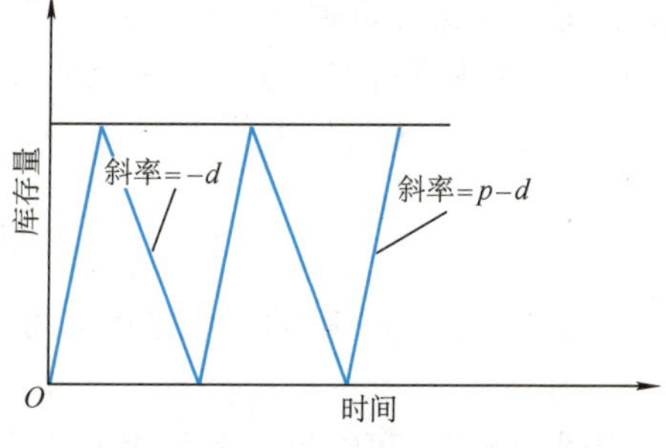

图 8-6　非瞬时供应

如果企业平均每天耗用 d 件产品，而该产品每天入库 p 件，企业每次订购 Q 件，那么每批货物全部入库需要 Q/p 天。在送货期内，耗用掉的产品数为 dQ/p 件，那么此时最高库存量就变为 $Q-dQ/p$，平均库存量也相应地变为（$Q-dQ/p$）/2。

据上分析，对最简单的 EOQ 模型进行变形，可得总成本函数，即

$$\mathrm{TAC}=\frac{1}{2}\left(Q-\frac{Q}{p}\times d\right)VW+\frac{R}{Q}\times A$$

EOQ 公式为

$$Q=\sqrt{\frac{2RA}{VW}\times\frac{p}{p-d}}=\sqrt{\frac{2RA}{S}\times\frac{p}{p-d}}$$

（3）存在批量折扣的 EOQ 模型。在现实中，大批量的订货可以获得一定的价格折扣，以及更加低廉的运输费率；同样大批量的生产，也会因规模效应而给企业带来产品生产成本的下降。因此在实际工作中往往需要对最简单的 EOQ 模型进行调整，以便将这些因素纳入到最终决策的范围之内。

当存在批量折扣时，可以通过以下方法对最简单的 EOQ 模型进行调整：

1）计算不同价格或成本水平下的 EOQ。

2）将未达到某价格或成本水平所要求的最低订货批量的 EOQ 剔除。

3）计算未被剔除的各 EOQ 的年总成本，注意此时的年总成本含产品的买价或成本。

4）针对所有的折扣临界批量，依据折扣价格（成本）计算年总成本。

5）将所有总成本进行比较，以总成本最小的订货批量作为最终方案。

二、利用量本利分析进行物流成本决策

（一）量本利分析概述

1. 量本利分析的基本原理与相关概念

量本利分析（VCP 分析）又称本量利分析（CVP 分析），是成本-业务量-利润关系分析的简称。作为一种定量分析方法，量本利分析能在变动成本计算模式的基础上，以数学模型与图形来揭示固定成本、变动成本、营业量、单价、营业额、利润等变量之间的内在规律性联系，从而为预测和决策规划提供必需的财务信息。

量本利分析所考虑的因素主要包括：固定成本 a、单位变动成本 b、营业量 x、单价 p、营业额 px 和营业利润 P 等。这些变量之间的关系为

$$P=px-(a+bx)=(p-b)x-a \tag{8-6}$$

式（8-6）是建立量本利分析的数学模型的基础，是量本利分析的基本公式。

将式（8-6）变形后可知，营业利润等于产品单价与单位变动成本之差乘以营业量后再减去固定成本。这里的产品单价与单位变动成本之差，是量本利分析中一个十分重要的

概念，即单位边际贡献（记作 cm），而单位边际贡献与营业量的乘积被称为边际贡献（记作 Tcm）。量本利分析中另一个与边际贡献有关的重要概念就是边际贡献率（记作 cmR）。边际贡献率的公式为

$$\mathrm{cmR}=\frac{p-b}{p}\times100\%$$

在引入了边际贡献的概念之后，可以对量本利基本公式进行如下变形：

$$P=\mathrm{Tcm}-a \tag{8-7}$$

从式（8-7）可看出，各种服务或产品提供的边际贡献与营业利润的形成有着十分密切的关系：边际贡献首先要被用来补偿固定成本；只有当边际贡献大于固定成本时，才有可能获得利润，否则将会出现亏损。

在式（8-7）的基础上，还可以推导出以下变型公式：

$$\mathrm{Tcm}=a+P$$

$$a=\mathrm{Tcm}-P$$

与边际贡献率密切关联的指标是变动成本率。变动成本率（记作 bR）是指单位变动成本占单价的百分比。其计算公式为

$$\mathrm{bR}=\frac{b}{p}\times100\%$$

边际贡献率与变动成本率两指标之间的关系可以表示为

$$\mathrm{cmR}=1-\mathrm{bR} \tag{8-8}$$

$$\mathrm{bR}=1-\mathrm{cmR} \tag{8-9}$$

由式（8-8）、式（8-9）可知，边际贡献率与变动成本率之和等于 1。因此，变动成本率越高，边际贡献率越低，产品或服务的获利能力越强；反之，变动成本率越低，边际贡献率就会越高，产品或服务的获利能力就越弱。

2. 量本利分析图

为了使量本利分析的思想更加形象化，实践中常常会使用到量本利分析图。所谓量本利分析图，就是在平面直角坐标系上以解析几何模型来反映量本利关系的图像。量本利分析图不但能够反映固定成本、变动成本、营业量、营业额和盈亏平衡点、亏损区和利润区，而且还可以反映贡献边际、安全边际及其相关范围，甚至可以提供单价、单位变动成本和单位贡献边际的水平，如图 8-7 所示。

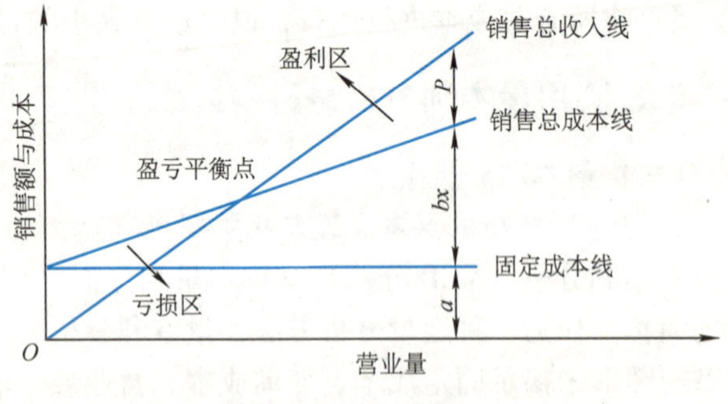

图 8-7 量本利分析图

在量本利分析图中：x 轴为营业量；y 轴为销售额与成本。通过该图可以看出：

（1）当企业的营业量恰好为盈亏平衡点的营业量，企业处于盈亏平衡的状态，既不盈利也不亏损；如果企业在达到盈亏平衡的基础上多出售一个单位的产品或服务，即可获得盈利，进入盈利区，其盈利额等于一个单位边际贡献，企业的营业量越大，能实现的盈利也就越多。如果企业的营业量低于盈亏平衡点，则企业出现亏损，进入亏损区，其业务量

低于盈亏平衡点一个单位，就会亏损一个单位边际贡献，营业量越少，亏损额就越大。

（2）盈亏平衡点降低，盈利区的面积就会扩大，亏损区的面积就会缩小，这时企业产品或服务会比以前更容易获得盈利。在营业量不变的情况下，盈亏平衡点降低，这依赖于单位边际贡献的提高；反之亦然。

（二）通过物流作业的量本利分析，可进行的物流成本决策

对某项物流作业进行量本利分析，可以帮助企业进行以下几个方面的决策：

1. 对物流业务量（额）的决策

（1）确定物流作业的盈亏平衡点。所谓物流作业的盈亏平衡点，就是物流作业在一定时期内的收入与成本相等，既不盈利也不亏损，利润额为零。当企业的物流作业业务量（额）低于该点时，企业在该项物流作业上会出现亏损，因此该点是企业可以接受的业务量（额）的最低线。当业务量（额）低于该点时，企业应当拒绝该单生意。

1）确定某项物流作业的盈亏平衡点的方法。物流作业的盈亏平衡点既可以用盈亏平衡点营业量表示，也可以用盈亏平衡点营业额表示。

物流作业盈亏平衡点既可以通过绘图法来计算，也可以通过等式计算法来计算。

① 绘图法。绘图法是指通过绘制量本利分析图来确定盈亏平衡点位置，进而确定盈亏平衡点营业量或营业额的方法。具体步骤如下：

在平面直角坐标系上以横轴，即 x 轴表示该项物流作业的营业量，以纵轴，即 y 轴表示该项物流作业的营业额和成本。

绘制物流作业的营业额线 $y=px$，该线为通过原点的、以 p（物流作业的单价）为斜率的直线。

绘制物流作业的总成本线 $y=a+bx$，该线是以 a（物流作业的固定成本）为截距，以 b（物流作业的单位变动成本）为斜率的直线。

物流作业总成本线与营业额线的交点即为该项物流作业的盈亏平衡点。

记录该点坐标（x_0，y_0），x_0 便是该项物流作业达到盈亏平衡状态时对应的营业量；y_0 是盈亏平衡状态下该项物流作业的总成本与营业额。

绘图法十分形象、直观，同时也易于理解。但是由于绘图法是通过绘图来获得盈亏平衡状态下的营业量或营业额的，因而比较烦琐，且由此方法确定的营业量或营业额都需要通过数轴上读出，有时可能会降低结果的准确性。

② 等式计算法。等式计算法是通过量本利关系基本公式计算盈亏平衡状态下的营业量，进而计算营业额的方法。

量本利分析的基本公式为

$$P=px-(a+bx)$$

当物流作业处于盈亏平衡时，$P=0$。

因此，$px_0-(a+bx_0)=0$，便可以求出盈亏平衡时的物流作业营业量，即

$$x_0=\frac{a}{p-b}$$

进一步可以求出盈亏平衡时物流作业的营业额，即

$$y_0=px_0$$

通过等式计算法，可以精确地计算出盈亏平衡状态下的营业量或营业额。

2）相关要素变动对物流作业盈亏平衡点的影响。

① 单独变动单价。单价变动会引起单位边际贡献或边际贡献率的同向变动，从而使得盈亏平衡点业务量计算公式的分母发生变化，改变盈亏平衡点：当单价上涨时，单位边际贡献（边际贡献率）上升，从而使盈亏平衡点降低，这时物流经营状况向好的方向发展；单价降低时，情况恰好相反。

② 单独变动单位变动成本。单位变动成本变动会引起单位边际贡献或边际贡献率的反向变动，从而引起盈亏平衡点的变动：当单位变动成本上升时，会提高盈亏平衡点，这时物流经营状况向不好的方向发展；单位变动成本降低时，情况恰好相反。

③ 单独变动固定成本。固定成本单独变动会引起盈亏平衡点计算公式的分子的变动，从而引起盈亏平衡点的变动：固定成本增加会使盈亏平衡点提高，这时物流经营状况向不好的方向发展；固定成本下降时，情况恰好相反。

④ 单独变动目标利润。目标利润单独变动不会改变盈亏平衡点。

⑤ 单独变动营业量。营业量单独变动不会影响盈亏平衡点的高低。

（2）进行物流经营安全程度的评价。当物流作业的营业量（额）超过盈亏平衡点以后，企业还要对物流经营的安全程度进行评价，当安全度较低时，企业也需要采取相应措施提高营业量（额），从而提高物流经营的安全性。

1）物流经营安全边际指标的计算。所谓安全边际指标，是指将现有或预计的物流作业营业量（可以用营业量 x_1 表示，也可以用营业额 y_1 表示）与处于盈亏平衡状态下的营业量进行比较，并由两者之间的差额确定定量分析指标。

安全边际指标包括两种形式：绝对形式和相对形式。安全边际的绝对形式又可分为安全边际营业量（以下简称安全边际量，记作 MS 量）和安全边际营业额（以下简称安全边际额，记作 MS 额），它们的计算公式分别为

$$\text{MS 量}=x_1-x_0$$

$$\text{MS 额}=y_1-y_0$$

安全边际量与安全边际额有如下关系：

$$\text{MS 额}=\text{MS 量}\times p$$

安全边际的相对形式，被称为安全边际率（记作 MSR）。其计算公式为

$$\text{MSR}=\frac{x_1-x_0}{x_1}\times100\%=\frac{y_1-y_0}{y_1}\times100\%$$

所有的安全边际指标都属于正向指标，也就是说，安全边际指标越大，说明该项物流作业的经营安全程度越高。目前许多欧美企业都在使用安全边际指标来评价物流经营的安全程度，并提出了以下经验值：安全边际率低于 10%时，物流经营处于危险状态；安全边际率处于 10%~20%时，企业应当提起注意；安全边际率处于 20%~30%时，提示物流经营较为安全；安全边际率处于 30%~40%时，提示物流经营安全；安全边际率处于 40%以上时，提示物流经营十分安全。

与安全边际率相连的另一个衡量物流经营安全的指标是保本作业率指标。保本作业率又称为“危险率”（记作 dR），是盈亏平衡状态下物流作业的营业量占现有或预计营业量的百分比。其计算公式为

$$\text{dR}=\frac{x_0}{x_1}\times100\%=\frac{y_0}{y_1}\times100\%$$

显然

$$MSR+dR=1$$

与安全边际指标不同，保本作业率是一个负向指标，该指标越小说明现有或预计营业量距离盈亏平衡状态下的营业量越远，因而物流经营也就越安全。

2）相关要素变动对物流经营安全边际的影响。

① 单独变动单价。单价单独变动会引起盈亏平衡点的反向变动，因此，在营业量一定的情况下，安全边际会随单价进行同向变动。

② 单独变动单位变动成本。单位变动成本单独变动会使盈亏平衡点产生同向变动，因而，在营业量既定的条件下，安全边际会随单位变动成本进行反向变动。

③ 单独变动固定成本。固定成本单独变动会使安全边际向相反的方向变动。

④ 单独变动营业量。单独变动营业量时，会使安全边际产生同方向的变动。

2. 确定企业可以获得的利润额

（1）物流作业利润额的计算。通过量本利分析公式，企业可以计算出在目前经营状态下可以从该项物流作业中获取多少利润（P）：

$$\begin{aligned} P &= px-(a+bx) \\ &= \text{cm}\times x-a \\ &= \text{Tcm}-a \\ &= \text{MS 量}\times \text{cm} \\ &= \text{MS 额}\times \text{cmR} \end{aligned} \tag{8-10}$$

式（8-10）可以用来计算企业某项物流作业的利润。同时，通过式（8-10）可以看出：盈亏平衡状态下的营业量所带来的边际贡献刚好弥补了固定成本，企业实际营业量超过盈亏平衡点营业量的部分（安全边际）所提供的边际贡献额才是利润。

利润还有另一层含义，就是净利润。净利润是物流作业在一定时期内要实现的税后利润，是企业可以实际支配的盈利，它具有十分重要的意义。在计算出利润之后，企业可以通过以下公式计算出净利润：

$$P_{净}=P\times(1-t_R)$$

式中　t_R——所得税税率。

（2）相关要素变动对物流作业利润的影响。

① 单独变动单价。单价单独变动会引起利润的同向移动，这种影响主要来源于单价变动对于营业额的影响。

② 单独变动单位变动成本。单位变动成本单独变动可以引起利润的反向变动。

③ 单独变动固定成本。固定成本单独变动会从反方向改变利润。

④ 单独变动营业量。营业量单独变动可通过改变边际贡献总额带来利润的同向移动。

3. 在实现目标利润的前提下，确定物流作业所要达到的营业量

实现目标利润（记作 TP）的营业量是指在单价和成本水平保持不变的情况下，为保证预先已经确定的目标利润能够实现而必须达到的营业量（记作 x_2）或营业额（记作 y_2）的统称。

计算 x_2 和 y_2 的公式为

$$x_2=\frac{a+\text{TP}}{p-b}=\frac{a+\text{TP}}{\text{cm}}$$

$$y_2=\frac{a+\text{TP}}{p-b}\times p=\frac{a+\text{TP}}{\text{cm}}\times p$$

当企业以目标净利润（记为 TTP）进行计算时，其计算公式为

$$\mathrm{TTP}=\mathrm{TP}\times(1-t_R)$$

量本利分析的基本公式，也可以帮助企业确定为实现目标净利润而必须达到的营业量（记作 x_3）和营业额（记作 y_3）。实现目标净利润的营业量（额）的计算公式为

$$x_3=\frac{a+\dfrac{\mathrm{TTP}}{1-t_R}}{p-b}=\frac{a+\dfrac{\mathrm{TTP}}{1-t_R}}{\mathrm{cm}}$$

$$y_3=\frac{a+\dfrac{\mathrm{TTP}}{1-t_R}}{p-b}\times p=\frac{a+\dfrac{\mathrm{TTP}}{1-t_R}}{\mathrm{cm}}\times p$$

4. 在实现目标利润的前提下，确定物流作业单价

利用量本利分析的基本公式，企业还可以计算出：其他要素不变时，为实现目标利润，物流作业的单价（p_T）应为多少。具体计算公式为

$$p_T=\frac{\mathrm{TP}+bx+a}{x} \tag{8-11}$$

如果企业要用目标净利润来进行计算，则式（8-11）将变为

$$p_T=\frac{\dfrac{\mathrm{TTP}}{1-t_R}+bx+a}{x} \tag{8-12}$$

式（8-11）、式（8-12）对于企业定价有借鉴作用。

5. 在实现目标利润的前提下，确定物流成本水平

当其他要素一定时，企业有时需要通过量本利分析来确定：将该项物流作业成本控制在什么水平才能实现企业既定的目标利润。利用量本利分析的基本公式，可以计算出固定成本（a_T）与单位变动成本（b_T）的数值。其计算公式如下：

$$a_T=y-bx-\mathrm{TP}=(p-b)x-\mathrm{TP} \tag{8-13}$$

$$b_T=\frac{y-a-\mathrm{TP}}{x}=p-\frac{a+\mathrm{TP}}{x} \tag{8-14}$$

式（8-13）、式（8-14）可以用来制定目标成本，协助企业进行物流成本控制。

（三）利用量本利分析进行物流成本决策时应注意的几个问题

在实际工作中利用量本利分析进行物流决策必须解决两个问题：混合成本的分解问题和内部转移价格问题。

1. 混合成本的分解

混合成本是指介于固定成本与变动成本之间的各项成本。它同时包含了固定成本与变动成本两种因素，所以将其称为混合成本。这类成本的基本特征是，其发生额虽受业务量变动的影响，但其变动的幅度并不同业务量的变动保持严格的比例关系。

在企业的物流成本中，有大量的成本属于混合成本。为了使用量本利分析进行物流决策，必须将混合成本分解为固定成本和变动成本两部分。

混合成本的分解方法共有四种：历史成本分析法、工程研究法、账户分类法和合同认定法。这四种成本分解方法，各有其优缺点及适应性，在实际应用中常常互相补充和印证。

（1）历史成本分析法。历史成本分析法是通过对历史成本数据的分析，依据以前各期

实际成本与业务量间的依存关系，来推算一定期间固定成本和单位变动成本的平均值，并以此来确定所估算的未来成本。历史成本分析法的精确程度，取决于用以分析的历史数据的恰当程度。历史成本分析法又可具体分为高低点法、散布图法和回归直线法三种。其中前两种得到的都是近似值，只有回归直线法所得到的是较为精确的结果。历史成本分析法只适用于有历史成本数据的情况。

1）高低点法。高低点法是指在若干连续的时期内，选择最高业务量和最低业务量两个时点的混合成本进行对比，求得变动成本和固定成本的一种分解混合成本的方法。

高低点法是利用代数式 $y=a+bx$，选用一定历史资料中的最高业务量与最低业务量的总成本（或总费用）之差 Δy，与两者业务量之差 Δx 进行对比，先求出 b，然后再求出 a 的方法。

设以 y 代表一定期间某项混合成本总额，x 代表业务量，a 代表混合成本中的固定部分，b 代表混合成本中依一定比率随业务量变动的部分，即单位变动成本，则

$$y=a+bx$$

最高业务量与最低业务量之间的混合成本差额，只与变动成本有关，因而单位变动成本可按如下公式计算：

$$单位变动成本=\frac{最高业务量成本-最低业务量成本}{最高业务量-最低业务量}=\frac{高低点成本差}{高低点业务量差}$$

知道了 b，可根据公式 $y=a+bx$，代入最高业务量或最低业务量的有关数据后，便可求解 a。

用高低点法求解变动成本简便易算，只要有最低点和最高点业务量以及相应成本，就可求解，因而使用较为广泛。但这种方法只根据最高、最低两点资料，而不考虑两点之间业务量和成本的变化，计算结果往往不够精确。

2）散布图法。散布图是表示两个变量之间关系的图，又称相关图，用于分析两测定值之间的相关关系。它有直观简便的优点。通过绘制散布图对数据的相关性进行直观的观察，不但可以得到定性的结论，而且可以通过观察剔除异常数据，从而提高估算相关程度的准确性。

散布图的具体作法是，以成本为 y 轴，以业务量为 x 轴，建立直角坐标系；然后将历史各点标在此坐标系上；再通过目测，画出一条尽可能接近所有点的直线。此直线的截距就是固定成本 a，斜率就是单位变动成本 b。

散布图法考虑了一系列业务量与成本的依存关系，其结果比高低点法准确。但散步图法主要依赖于目测，分析者主观判断的成分很大，因此有时误差比较大。

3）回归直线法。回归直线法也称最小二乘法，它是根据若干期业务量和成本的历史资料，运用最小二乘法公式，将某项混合成本分解为变动成本和固定成本的方法。回归直线法是在分析自变量和因变量之间相关关系的基础上，建立变量之间的回归方程，用它分解混合成本，其结果要比采用其他方法更准确。但是值得指出的是，采用这种方法是以业务量（x）和成本（y）之间存在显著的线性关系为前提的，也就是说，当业务量（x）和成本（y）之间如果不存在显著的线性关系或线性相关程度较低或存在其他关系时，这种方法的准确性就难以保证。

回归直线法相对而言比较麻烦，但与高低点法相比，由于选择了包括高低两点在内的全部观测数值，因而避免了高低两点可能带来的偶然性；与散布图法相比，则是以计算代替了目测，所以是一种比较好的混合成本分解方法。不过，无论计算如何准确，与高低点

法和散布图法一样，分解的结果仍具有一定的假定性和估计的成分，决策者在据以决策时需加以考虑；同时与高低点法和散布图法一样，也应剔除非正常值的影响。

（2）工程研究法。工程研究法是由工程技术人员通过测定正常生产流程中投入的成本与产出的数量之间有规律性联系的各种消耗量标准，并在此基础上直接估算出固定成本和单位变动成本，所以又称技术测定法。

工程研究法的主要优点在于：确定理想的投入产出关系，使企业能够建立具有较高科学性和先进性的标准成本与预算控制。同时，它既是在缺乏历史成本数据条件下可用的、最有效的方法，也是用于检验历史成本分析结论的最佳方法。不足的是：进行技术测定分析，通常要耗用较多的人力、物力。

工程研究法由于其所依赖的投入产出关系只存在于生产过程中的直接消耗部分，因而对于不能直接把成本归属于特定的投入产出的，或者不能单独进行观察的联合过程，如各种间接成本，不能使用这种方法。

（3）账户分类法。账户分类法是根据各有关成本账户（包括明细账）的内容，结合其与产量的依存关系，判断其比较接近哪一类成本，就视其为哪一类成本。该方法虽具有简便易行的优点，但它在确定账户的成本性态时，由于依赖的是无法反映成本随产量变动的特定产量水平的观测值，所以需要分析人员做出一定的主观判断，容易产生误差。

（4）合同认定法。合同认定法是根据企业与供应单位签订的各种合同、契约，以及企业内部既定的各种管理和核算制度中所明确规定的计费方法，分别确认哪些费用属于固定成本，哪些费用属于变动成本。该方法特别适合有明确计算方法的各种初始量变动成本，如电费、水费、煤气费、电话费等各项公用事业费。其账单上的基数即为固定成本，而按耗用量多少计价部分则属于变动成本。该方法也是在没有历史成本数据的情况下可以应用的一种方法。

2. 内部转移价格

物流作业的量本利分析比较适合物流服务供应商。不过，商品制造企业与商品流通企业的物流部门可以通过采取内部转移价格的形式获取与物流作业相关的收入与利润，并按以上方法对物流作业进行量本利分析。对于内部转移价格的制定，主要分析商品制造企业与商品零售企业出售的商品的收入之中，有多少份额是由企业的物流作业带来的，从而确定转移价格的具体数值。具体来说可以以物流服务的市场价格作为内部转移价格，或者在市场价格的基础上，根据企业的实际情况进行一定的调整得出内部转移价格。

经典资料

经典资料一　基于混频数据的社会物流成本预测

（黄羽翼，北京物资学院；艾小青，北京工业大学；吴盼玉，北京物资学院，统计与决策，2020，13 期）

一、引言

物流作为生产性服务业的重要组成部分，与宏观经济特别是实体经济息息相关，发达国家的发展经

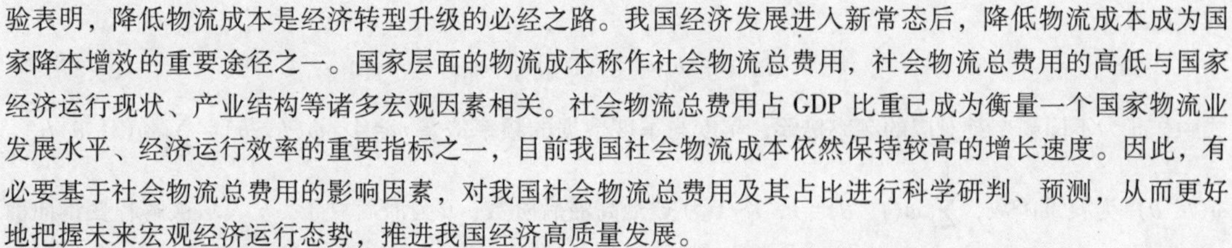

验表明，降低物流成本是经济转型升级的必经之路。我国经济发展进入新常态后，降低物流成本成为国家降本增效的重要途径之一。国家层面的物流成本称作社会物流总费用，社会物流总费用的高低与国家经济运行现状、产业结构等诸多宏观因素相关。社会物流总费用占 GDP 比重已成为衡量一个国家物流业发展水平、经济运行效率的重要指标之一，目前我国社会物流成本依然保持较高的增长速度。因此，有必要基于社会物流总费用的影响因素，对我国社会物流总费用及其占比进行科学研判、预测，从而更好地把握未来宏观经济运行态势，推进我国经济高质量发展。

社会物流成本的预测方法主要有回归分析法、ADL 模型、灰色关联法、神经网络预测等方法，上述方法在预测时，解释变量与被解释变量采用同频数据，样本量较小；同时，对未来社会物流成本的预测需掌握同期解释变量的具体值。混频模型弥补了传统时间序列分析中不同频率数据不能在同一模型分析的不足。广义混频模型包括混频数据回归模型（MIDAS）及混频向量自回归模型（MF-VAR）。Ghysels 等（2006）提出的 MIDAS 模型是一种时间序列回归方法，其解释变量与被解释变量来自不同频率的样本数据，使用该方法处理高频解释变量时，要严控其系数参数化的数量，将高频变量的待估参数转化为高度简约的分布式滞后多项式来解决待估参数过多的问题，该方法最初主要用于金融市场分析与预测研究。此后 MIDAS 模型迅速扩展，应用领域也由金融市场的短期预测扩大到宏观经济分析中。

MF-VAR 由 Zadrozny 等（1988）提出并改进，该方法将低频变量看作包含缺失值的高频变量，利用状态空间模型建立起高频变量生成过程与低频变量的联系，然后通过极大似然法对该状态空间模型进行估计。Schorfheide 和 Song（2015）基于明尼苏达先验分布（Minnesota prior）的贝叶斯估计方法建立 MF-BVAR，进一步改善了宏观数据的预测效果。

两种方法相比而言，MIDAS 模型偏重直接预测，MF-VAR 模型偏重迭代预测；对于现实经济问题的预测效果，Kuzina 等（2011）指出上述两种模型更类似于互补关系而非替代关系，MIDAS 更适于短期预测，MF-VAR 在长期预测方面表现更佳。由于本文偏重于社会物流总费用的短期预测，以及社会物流总费用与经济规模、产业结构等各种因素的关系，因此本文选择 MIDAS 混频模型进行研究。

二、社会物流成本的影响因素

物流成本与实体经济发展紧密相连，宏观经济发展对物流成本的影响，主要表现在社会物流总费用随着 GDP 提高而同步提升，两者保持较好的线性关系。因此，在对社会物流总费用分析预测时 GDP 是非常重要的影响因素。也应该注意到，GDP 虽然代表全社会生产成果，但是主要代表增加值，社会物流总费用所对应的是社会实物量总产出。根据社会物流总额来看，2018 年社会物流总额中工业品占到 93%以上，农产品、再生资源、进出口货物、居民与单位物品占比仅为 7%左右。因此，对于社会物流总费用的预测，在考虑 GDP 的基础上，要引入能够高度反映工业运行状态、部分反映国民经济其他部门生产经营的指标。由于社会物流总额缺乏长期高频数据，因此本文引入全社会用电量作为预测社会物流成本的重要指标。全社会用电量中 70%以上为工业用电量，其他行业与居民用电比例相对较低，与社会物流总额的构成比例相似。因此，对社会物流总费用的预测，可以考虑与物流需求高度相关的 GDP、全社会用电量等指标。

社会物流总费用占 GDP 比重与一国的经济发展阶段、产业结构息息相关。第一、第二产业总产出以实物产品为主，流通环节对物流的需求大，相应产生的物流费用也高；第三产业产出大部分是无形服务，对物流依赖度相对较低，相应产生的物流费用也较低。因此，对社会物流总费用占比的预测以第三产业增加值在 GDP 中占比为解释变量。此外，运输结构、物价水平、物流效率也会对社会物流总费用及占比产生影响。货物运输结构是指公路、铁路、水路等各种运输方式所占的市场份额。与铁路、水路运输相比，公路运输的单位物流成本较高，但前者往往因为多式联运而发展滞后，“最后一公里”问题不能解决而发展缓慢。

三、社会物流成本的预测方法

（一）理论模型

假设 y_t^L 为低频被解释变量，如年度社会物流总费用；x_t^H 为高频被解释变量，如季度 GDP 等，则 MIDAS

的表达式为

$$y_{t+h}^{L}=a_h+b_h\omega(L^{1/m};\theta_h)x_t^{H}+\varepsilon_{t+h}^{L} \tag{8-15}$$

式中，m 为不同频变量对应的频率倍差，年度与季度数据的频率倍差 $m=4$；$\omega(L;\ \theta)=\sum_{i=1}^{K}\omega(i;\ \theta)L^{\frac{i-1}{m}}$，$\omega(i;\ \theta)$ 为权重函数，$\sum_{i=1}^{K}\omega(i;\ \theta)=1$，$K-1$ 为 x_t^{H} 最高滞后阶数，L 为滞后算子，h 表示被解释变量向前预测的期数，文中向前预测期数以年为单位，$h=1$ 表示向前预测 1 年。

Ghysels 等（2015）将混频数据引入自回归分布滞后模型（ADL）中，使用 ADL-MIDAS 模型进行回归，其表达式为

$$y_{t+h}^{L}=a_h+\lambda y_t^{L}+b_h\omega(L^{1/m};\theta_h)x_t^{H}+\varepsilon_{t+h}^{L} \tag{8-16}$$

其中，权重函数主要有六种形式：零阶 Beta 密度权重函数（Beta）、非零阶 Beta 密度权重函数（BetaNN）、阿尔蒙权重函数（Almon）、指数阿尔蒙权重函数（Exp-Almon）、Step Function 权重函数（StepF）和无约束权重函数（U-MIDAS）。上述权重函数具体内容为：

（1）零阶 Beta 和非零阶 Beta 权重函数，两者的区别是参数是否以 0 结尾，将 Beta 概率密度函数引入权重函数，其公式为

$$\omega(i;\theta=[\theta_1,\theta_2,\theta_3])=\frac{f\left(\frac{i}{K},\theta_1,\theta_2\right)}{\sum_{i=1}^{K}f\left(\frac{i}{K},\theta_1,\theta_2\right)}+\theta_3 \tag{8-17}$$

其中，

$$f(i,\theta_1,\theta_2)=\frac{\Gamma(\theta_1+\theta_2)}{\Gamma(\theta_1)\Gamma(\theta_2)}\left(\frac{i}{K}\right)^{\theta_1-1}\left(1-\frac{i}{K}\right)^{\theta_2-1} \tag{8-18}$$

若 $\theta_3=0$，则为零阶 Beta 权重函数，记为 Beta；若 $\theta_1=1$，则为非零阶 Beta 权重函数，记为 BetaNN。

（2）Almon 权重函数及指数 Almon 权重函数，Almon 权重函数利用 Almon 滞后多项式的形式来表示，其一般形式为 $\omega(i;\ \theta=[\theta_0,\ \cdots,\ \theta_P])=\sum_{p=0}^{P}\theta_p i^p(i=1,\ \cdots,\ K)$，其中 P 远小于 K，写成矩阵形式为

$$\begin{pmatrix}\omega_1\\ \omega_2\\ \omega_3\\ \vdots\\ \omega_K\end{pmatrix}=\begin{pmatrix}1 & 1 & 1 & \cdots & 1\\ 1 & 2 & 2^2 & \cdots & 2^P\\ 1 & 3 & 3^2 & \cdots & 3^P\\ \vdots & \vdots & \vdots & & \vdots\\ 1 & K & K^2 & \cdots & K^P\end{pmatrix}\begin{pmatrix}\theta_0\\ \theta_1\\ \theta_2\\ \vdots\\ \theta_P\end{pmatrix} \tag{8-19}$$

该函数通过式（8-19）中矩阵对 Almon 滞后多项式中的高频解释变量进行转换，然后使用 OLS 进行参数估计，记为 Almon。指数 Almon 权重函数的表达式为

$$\omega(i;\theta=[\theta_0,\cdots,\theta_P])=\frac{\exp(\theta_1 i^1+\theta_2 i^2+\cdots+\theta_P i^P)}{\sum_{i=1}^{K}\exp(\theta_1 i^1+\theta_2 i^2+\cdots+\theta_P i^P)} \tag{8-20}$$

为避免待估参数过多，一般令式（8-20）中 $P=2$，记为 EXP-Almon。

（3）Step-Function 权重函数，其表达式为

$$\omega(i;\theta=[\theta_0,\cdots,\theta_P])=\theta_1 I_{i\in[a_0,a_1]}+\sum_{p=2}^{P}\theta_p I_{i\in[a_{p-1},a_p]}$$

$$I_{i\in[a_{p-1},a_p]}=\begin{cases}1, & a_{p-1}\leqslant i\leqslant a_p\\ 0, & \text{在其他情况下}\end{cases} \tag{8-21}$$

其中 $a_0=1<a_1<\cdots<a_P=K$，记为 StepF。

（4）无约束权重函数，记为 U-MIDAS，与上述带有约束的权重函数不同，U-MIDAS 对滞后多项式的待估参数没有任何约束，相当于没有权重函数。采用 U-MIDAS 时式（8-16）可以写成：

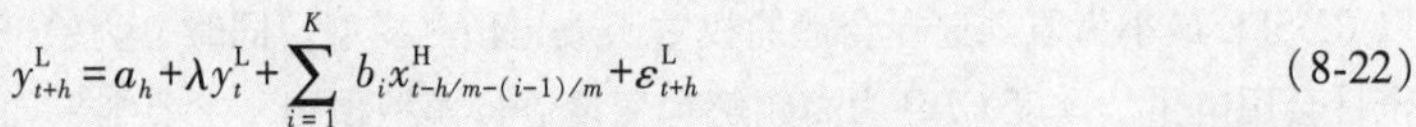

$$y_{t+h}^{L}=a_h+\lambda y_t^{L}+\sum_{i=1}^{K}b_i x_{t-h/m-(i-1)/m}^{H}+\varepsilon_{t+h}^{L} \tag{8-22}$$

因此，可以使用最基本的 OLS 方法对其进行参数估计。该函数适于频率倍差 m 值较小的情形，是 StepF 权重函数的一种特殊形式。

（二）预测方法

ADL-MIDAS 模型的预测方法包括固定窗口（Fixed-Window）、滚动窗口（Rolling Window）及递归窗口（Recursive）三种，若被解释变量全部样本数据共有 N 个，初步分为 $r=2N/3$ 个估计样本与 $f=N/3$ 个预测样本，文中社会物流总费用为低频被解释变量，全部样本数据时间点为 1992 年—2018 年，固定窗口是将估计样本限定在一个固定时间范围，将估计期初时点（estStart）到估计期末时点（estEnd）的样本数据使用 NLS 进行估计并计算预测误差。以实证数据为例，将 1992 年—2009 年数据作为估计样本进行模型拟合，然后根据估计结果一次性预测 2010 年—2018 年共 9 年的数据。本文采用均方根预测误差 RMSFE 计算预测精度。计算公式为

$$\text{RMSFE}=\sqrt{\frac{1}{f}\sum(y-\hat{y})^2} \tag{8-23}$$

滚动窗口可设置多个时间窗口进行多次估计，估计样本从 estStart+j 到 estEnd+j($j=0$，1，…，$f-1$)，每次预测期为估计期末时点向前移动一期为 estEnd+j+1，数据窗口不断滚动，每次滚动可得到一个估计模型与一个对应预测值，共进行 f 次估计与 f 次预测。以实证数据为例，第一次估计窗口为 1992 年—2009 年的数据，仅预测 2010 年的数据；第二次估计窗口为 1993 年—2010 年的数据，然后依据新估计值预测 2011 年的数据；第 9 次估计窗口为 2000 年—2017 年，然后预测 2018 年的数据，将预测结果与真实值比较计算 RMSFE 值。

递归窗口可设置多个时间窗口，但其估计期初时点固定，估计期末时点不断变化，即估计期为 estStart 到 estEnd+j（$j=0$，1，…，$f-1$），预测期为 estEnd+j+1，数据窗口持续递归，每向前预测一期就对估计样本长度进行扩展，共进行 f 次估计与 f 次预测。以实证数据为例，第一次估计窗口为 1992 年—2009 年，对 2010 年的数据进行预测；第二次估计窗口为 1992 年—2010 年的数据，依据新估计值对 2011 年的数据进行预测；第 9 次估计窗口为 1992 年—2017 年，对 2018 年的数据进行预测。最后，每次预测的结果与真实值比较，计算其 RMSFE 值。

上述三种方法相比，固定窗口较为简单，使用一次估计结果进行预测；滚动窗口使用与预测期较近的数据进行参数估计并预测，对于前后波动较大的变量预测较为准确；递归窗口在使用与预测期较近样本数据的同时，尽量使用较多的样本量进行拟合。

四、实证分析

（一）指标选取和数据处理

本文拟对社会物流总费用及社会物流总费用在 GDP 中的占比进行预测。全部变量信息如表 8-2 所示，在预测时，年度社会物流总费用为低频被解释变量，对应的高频解释变量分别为月度全社会用电量、季度 GDP；年度社会物流总费用占比为被解释变量，对应的高频解释变量为季度第三产业增加值占比。将影响社会物流总费用的其他因素作为外生变量引入模型，检验外生解释变量的引入能否改善模型预测效果。根据影响因素分析结论，同时考虑与高频自变量的信息重合度，此处引入代表运输结构的公路货运量在货运总量中占比为外生变量，外生变量时间频数与低频被解释变量相同。在数据预处理方面，首先对高频数据进行 X-12 季节调整，同时对所有变量数据进行对数化处理。

在滞后阶数方面，根据高频解释变量的经济含义及波动特点，分别选择 12 阶、4 阶为月度、季度解释变量的滞后阶数。根据 AIC、BIC 最小，拟合优度及对数极大似然函数值（LL 值）最大的原则，选择被解释变量的滞后阶数为 1。

（二）社会物流总费用的预测

预测社会物流总费用时，有三种预测方法及六个权重函数，共 18 种可选模型，分别计算 RMSFE 值，

以 RMSFE 最小为原则选择合适的权重函数与预测模型。同时，为验证理论分析结论，此处分别使用月度全社会用电量、季度 GDP 为高频解释变量进行模型预测，主要结果如表 8-3 所示。

表 8-2　变量名称及时间范围

指标名称	频率	样本区间	样本量
被解释变量：社会物流总费用	年度	1992—2018	27
社会物流总费用在 GDP 中占比	年度	1992—2018	27
解释变量：全社会用电量	月度	1992M1—2019M11	335
GDP	季度	1992Q1—2019Q3	111
第三产业在 GDP 中占比	季度	1992Q1—2019Q3	111
其中外生变量：公路运输量在总货运量中占比	年度	1992—2018	27

（数据来源：国家统计局，wind 及国家发改委能源局。）

表 8-3　基于 ADL-MIDAS 的全社会用电量对社会物流总费用预测 RMSFE 值

y 向前预测期数	预测方法	权重函数					
		Beta	BetaNN	Exp-Almon	U-MIDAS	StepF	Almon
h=1	固定窗口	0.0334	0.0325[a]	0.0403[a]	0.1102	0.0462	53.45
	滚动窗口	0.0395	0.0401[a]	0.0412	0.1035	0.0531	30.34
	递归窗口	0.0314**	0.0387	0.0379[a]	0.0866	0.0640	35.60
h=2	固定窗口	0.0424	0.0457[a]	0.0425	0.1184	0.0395	28.83
	滚动窗口	0.0413[a]	0.0405[a]	0.0407	0.0720	0.0393**	24.00
	递归窗口	0.0407[a]	0.0402	0.0408[a]	0.0753	0.0519	30.64
h=3	固定窗口	0.0691[a]	0.0788[a]	0.0703[a]	0.1728	0.0733	70.04
	滚动窗口	0.0623[a]	0.0729[a]	0.0656[a]	0.1832	0.0812	31.06
	递归窗口	0.0637[a]	0.0700[a]	0.0603**	0.1257	0.0744	33.89

注：** 表示 $h=1$，2，3 时最优预测结果；a 表示该模型在参数估计时，待估参数协方差矩阵存在非正定性，下表同。

表 8-3 的结果显示，$h=1$ 时月度全社会用电量对年度社会物流总费用的期测中，采用递归窗口下 Beta 权重函数的 RMSFE 最小，因此，向前 1 期的预测采用递归窗口下 Beta 权重函数。以此类推，$h=2$、3 时分别使用滚动窗口下 StepF 权重函数、递归窗口下 Exp-Almon 权重函数。随着预测期数的增加，所有模型 RMSEF 均有所增加，预测精度下降。

为了比较不同影响因素的预测效果，本文同时引入季度 GDP 为高频变量对社会物流总费用进行拟合预测，主要结果如表 8-4 所示。

表 8-4　基于 ADL-MIDAS 的季度 GDP 对社会物流总费用预测 RMSFE 值

y 向前预测期数	预测方法	权重函数					
		Beta	BetaNN	Exp-Almon	U-MIDAS	StepF	Almon
h=1	固定窗口	0.0475[a]	0.0593	0.0475[a]	0.0277	0.0279	137553
	滚动窗口	0.0572	0.0618[a]	0.0573	0.0338	0.0340	97534
	递归窗口	0.0494	0.0588[a]	0.0494	0.0325	0.0274**	152245
h=2	固定窗口	0.0602[a]	0.0721[a]	0.0602[a]	0.0524	0.0432	103468
	滚动窗口	0.0873[a]	0.0652[a]	0.0945	0.0504	0.0580	105412
	递归窗口	0.0562[a]	0.0625[a]	0.0630	0.0492	0.0384**	112017

（续）

y 向前预测期数	预测方法	权重函数					
		Beta	BetaNN	Exp-Almon	U-MIDAS	StepF	Almon
h=3	固定窗口	0.0841[a]	0.0801[a]	0.0813[a]	0.0820	0.0800	151945
	滚动窗口	0.0712[a]	0.0748[a]	0.0731	0.0727	0.0740	199857
	递归窗口	0.0604	0.0594[a]	0.0595**	0.0677	0.0597	181526

首先，从季度 GDP 对社会物流总费用的预测效果来看，对 $h=1$、2 时使用递归窗口下 StepF 权重函数预测精度较高，$h=3$ 时使用递归窗口下 Exp-Almon 权重函数预测误差最小。此外，当 $h=1$、2、3 时，表 8-4 中最优预测模型的 RMSFE 值均小于表 8-3，说明以季度 GDP 为高频解释变量的预测效果要优于月度全社会用电量。该结果也说明，虽然工业产品占社会物流总额的大部分比例，但随着服务业及电子商务的迅速发展，服务业及最终需求端对物流的需求越来越高。从 2017 年投入产出表物流服务的去向看，价值 83 360 亿元的物流总产品中，约有 74.0%的物流产品被中间需求部分所使用，其中被第二产业使用物流产值占比 44.46%，第一产业消耗占比 2.42%，第三产业消耗占比 27.09%。26.0%的物流产品被最终需求（消费、资本形成、进出口）所使用，其中消费使用占比高达 12.98%。随着产业结构升级及居民消费需求迅速提升，工业生产中产生的物流费用占比越来越低，居民消费及其他服务业产生的物流费用比例不断提高。其次，虽然工业品的社会物流总额占比较大，但单位物流成本低，最终需求端单位物流成本较高；同时部分工业制成品被最终需求、服务业生产所使用，由此产生的物流费用与最终需求、服务业规模高度相关。最后，全社会用电量代表为数量指标，GDP 是价值指标，同时包含数量、价格因素，且 GDP 数据采用现期价格与社会物流总费用保持一致。

为了比较不同估计模型的预测效果，本文引入 ADL 模型、MIDAS 模型，比较其与 ADL-MIDAS 模型的拟合及预测效果。上述模型都以 GDP 为解释变量，ADL（1，4）模型中所有变量都采用年度数据，MIDAS（4）及 ADL-MIDAS（1，4）模型都采用固定窗口的 U-MIDAS 函数进行拟合。主要结果如表 8-5 所示。

从表 8-5 拟合效果上看，ADL-MIDAS 模型各种拟合系数要优于 ADL 模型、MIDAS 模型，拟合优度、LL 值较高，AIC 值最小，说明拟合效果较好；$h=1$、2、3 时，ADL-MIDAS 模型 RMSFE 均小于 ADL 模型、MIDAS 模型。整体来看，ADL-MIDAS 在模型拟合及预测上都具有显著优越性。

表 8-5　ADL 模型、MIDAS 模型及 ADL-MIDAS 模型拟合及预测效果比较

y 向前预测期数	模型	拟合效果			预测效果
		拟合优度（%）	AIC	LL	RMSEF
h=1	ADL	99.58	−99.75	32.28	0.0587
	MIDAS	98.72	−110.80	32.53	0.0363
	ADL-MIDAS	99.82	−120.26	39.59	0.0227
h=2	ADL	98.67	−102.56	32.26	0.0931
	MIDAS	99.60	−108.15	32.53	0.0601
	ADL-MIDAS	99.88	−120.26	42.59	0.0524
h=3	ADL	99.48	−98.67	31.67	0.1036
	MIDAS	99.54	−105.66	31.29	0.0874
	ADL-MIDAS	99.61	−106.82	32.87	0.0820

注：表中数据的估计窗口为 1992 年—2009 年，预测窗口为 2010 年—2018 年。

考虑到货运结构对社会物流总费用的影响，引入公路货运量在总货运量中的占比作为外生变量（Exo），分析外生变量的引入是否能够有效改善社会物流总费用的预测效果。为方便比较，仅以季度 GDP 为解释变量的模型，记为 Model1；在 Model1 基础上，引入年度公路货运量占比为外生解释变量，该

模型记为Model2。通过比较RMSFE值，$h=1$、2、3时Model2的最优预测模型及权重函数分别为递归窗口下StepF函数、递归窗口下StepF函数、递归窗口下Exp-Almon函数。比较不同模型的预测效果，具体结果如表8-6所示。

由表8-6分析可知，外生变量的引入，略微改善了估计结果，但并未显著提高预测精度，Model1的RMSFE值明显小于Model2，说明仅使用季度GDP作为高频解释变量的预测精度最高。同时除了$h=3$时外生变量参数估计显著外，其余预测期均不显著，说明随着季度GDP滞后期的增加，GDP对社会物流总费用的影响相对减弱，货运结构对社会物流总费用的影响逐步凸显。从外生变量参数估计值可知，公路货运比例与社会物流总费用呈同向变化，随着公路货运比例的提高，社会物流总费用也是增长的，因此提高铁路、水运货运量比例，改善运输结构，能够控制社会物流总费用的增长速度。

表8-6 Model1与Model2模型拟合及预测结果

预测期	模型	最优模型	Exo	拟合优度（%）	AIC	BIC	LL	RMSFE
$h=1$	Model1	递归窗口 StepF	—	99.95	−181.26	−176.01	64.37	0.027 4
	Model2	递归窗口 StepF	0.264 （$t=0.908$）	99.95	−189.71	−183.04	64.89	0.028 9
$h=2$	Model1	递归窗口 StepF	—	99.73	−146.26	−141.16	43.51	0.038 4
	Model2	递归窗口 StepF	−0.461 2 （$t=-1.253\ 5$）	99.82	−147.73	−141.29	44.82	0.041 7
$h=3$	Model1	递归窗口 Exp-Almon	—	99.57	−128.82	−123.38	36.87	0.059 5
	Model2	递归窗口 Exp-Almon	1.220 2** （$t=-2.988\ 5$）	99.70	−134.69	−127.87	40.52	0.067 3

注：** 表示该参数估计值通过了$p=0.05$的显著性检验；拟合效果指标是递归窗口最后一次估计结果，下表同。

（三）社会物流总费用在GDP中占比的预测

按照上文分析的思路，预测年度社会物流总费用占比时，仅以季度第三产业增加值占比为解释变量的模型，记为Model3，使用ADL-MIDAS进行$h=1$、2、3的预测，并以RMSFE最小为标准寻求最优模型。在Model3基础上，引入公路货运量占比为外生解释变量（Exo），记为Model4，分析Exo的引入能否改善预测效果。具体结果如表8-7所示。

表8-7 Model3与Model4模型拟合及预测结果

预测期	模型	最优模型	Exo	拟合优度（%）	AIC	BIC	RMSFE
$h=1$	Model3	递归窗口 Beta	—	99.82	−120.26	−115.81	0.017 7
	Model4	滚动窗口 Exp-Almon	0.185 （$t=1.079$）	96.63	−141.71	−135.04	0.022 9
$h=2$	Model3	滚动窗口 StepF	—	99.82	−120.26	−115.66	0.022 2
	Model4	滚动窗口 StepF	0.290 5 （$t=1.271$）	96.22	−135.73	−131.29	0.023 6

（续）

预测期	模型	最优模型	Exo	拟合优度（%）	AIC	BIC	RMSFE
$h=3$	Model3	滚动窗口 Exp-Almon	—	99.61	-106.82	-102.38	0.027 0
	Model4	滚动窗口 StepF	0.269 4（$t=-0.998$）	95.35	-132.26	-128.10	0.028 8

由表 8-7 可知，$h=1$、2、3 时，Model3 对社会物流总费用占比的预测最优预测方法及权重函数分别为递归窗口下 Beta 函数、滚动窗口下 StepF 函数、滚动窗口下 Exp-Almon 函数；Model4 最优预测模型分别是滚动窗口下 Exp-Almon 函数、滚动窗口下 StepF 函数及滚动窗口下 StepF 函数。由拟合优度、AIC 及 BIC 值可知，外生变量的引入并没有改善拟合效果；Model4 的 RMSFE 值均大于 Model3，说明 Model4 的预测精度低于 Model3，外生变量货运结构的引入并未显著改善预测效果，仅以第三产业增加值占比为解释变量的 Model3 更为合适。

根据 Model1 与 Model3 混频模型的估计结果，分别选择 $h=1$、2、3 时的最优模型，预测 2019 年—2021 年社会物流总费用及其占比，主要结果如表 8-8 所示。

表 8-8 2019 年—2021 年社会物流总费用及占比预测

时间	2019 年	2020 年	2021 年
社会物流总费用（亿元）	142 520.2	152 188.6	161 806.3
社会物流总费用在 GDP 中的占比（%）	14.31	14.19	13.96

根据表 8-8 预测结果可知，2019 年—2021 年，社会物流总费用绝对值随着总体经济规模扩大而逐步提高，由于物流业“降本增效”与运输结构调整的持续实施，同比增速有所下降。目前经济步入高质量发展阶段，随着产业结构逐步升级，服务业成为经济增长的重要引擎，社会物流总费用占比将处于持续下降阶段。

五、结论

本文探讨了社会物流成本的宏观影响因素，基于若干宏观经济指标对社会物流总费用及其在 GDP 中的占比进行预测，为解决不同频率数据建模的问题，本文引入 ADL-MIDAS 混频模型进行分析预测。结果表明：季度 GDP 对社会物流总费用的预测效果较好，比基于月度全社会用电量的预测更为准确；第三产业占比可以有效预测社会物流总费用占比，而引入外生变量并不能有效提高预测效果。从模型应用效果看，ADL-MIDAS 模型能够有效提高估计精度，而滚动窗口和递归窗口比固定窗口的预测精度更高。

经典资料二 考虑仓储与运输一体化的物流系统运输方式选择

（丁雪峰、高倩、高攀，三峡大学，工业工程，2019，02 期）

相关数据表明，产成品物流成本占销售额的 5%~11%，运输成本与库存成本作为物流成本的主要组成部分，两者之间存在“效益悖反”的现象。一方面，企业为了实现运输成本的降低采取较大规模的运输，而较大规模的运输带来了货物在节点环节的大量停顿与仓储，从而导致库存成本的上升；另一方面，为了减少库存成本，企业采用小批量多频次的运输却导致了运输配送成本的上升。在现实中，不同运输方式对运输成本产生直接影响：铁路运输与水路运输因其单位运输成本较低而明显优于公路运输，但是铁路运输需要较大的固定投入与组织成本，不能满足客户灵活性的要求。如何依据不同运输方式来解决物流成本优化问题，成为当前物流管理的一个热点问题。

本文研究领域涉及多式联运范畴，国内外学者围绕多式联运问题已经做了大量研究，Van Schijndel 等在一项对荷兰运输公司的调查中得出，在运输公司中有将近 10%的运输车辆会遇到交通拥堵问题，而由于拥堵带来的成本占运输成本的 7%，这将使得多式联运成为物流供应商的首要选择。Johnson 等在生物燃料供应链的运输方式选择问题的研究中，建立了包括基础设施、原料采购、运输、存储成本的物流成本模型，研究结果表明，在持续性运输情况下，铁路更适于短距离运输。Seo 等在研究从我国重庆出口笔记本电脑到荷兰鹿特丹的运输路线选择问题中，建立了包括运输成本、转移成本、运输时间、港口拥挤等附加费用的多目标运输模型，研究结果表明，铁路运输优于水路运输。Zeng 等在我国汽车物流仍然以公路运输为主的现实背景下研究了商用车多式联运的问题，在运输成本、运输时间、运输能力存在约束的条件下建立了以物流成本最小化为目标函数的模型，并通过遗传算法解决了该运输方式的选择问题。成本固然是选择运输方式的主要因素，但是上述文献并没有同时考虑库存成本和运输成本。各种运输方式因为其服务距离、服务效率、运输批量和运输成本的差异对供货过程中的库存成本和运输成本有不同的影响。为了解决库存成本和运输成本的矛盾，本文从仓储和运输一体化角度考虑系统成本。仓储和运输一体化就是在选择运输方式供货时，既考虑货物的运输成本，又考虑仓储地库存成本，在保证供货的同时降低系统成本。

在平衡库存成本和运输成本的相关研究中，Larson 研究了考虑安全库存的库存和运输成本模型，并通过该模型确定经济运输批量和最优运输方式。Hoberg 等基于快速运输和慢速运输相结合的库存控制模型，分别从确定性需求和随机性需求的角度研究了不同订货量和库存值组合。Stenius 等研究了一种基于运输排放和库存控制的配送系统，通过对不同运输数量下的成本和排放进行评价，再与库存控制相结合从而在成本和排放方面对库存和运输决策进行联合优化。Speranza 等通过建立混合整数规划模型确定固定运输路线运输不同产品的频次来降低库存成本和运输成本。Ji 等、Venkatadri 等分别研究了由供应商、制造商和客户组成的三阶段供货系统，以及物联网中模拟整合情况下如何平衡库存成本和运输成本。葛显龙等将补货周期和补货量相结合，从物流供应链视角研究了库存与运输整合优化问题，并利用云遗传算法解决该问题。本文是基于 Roorda 等研究的库存控制与货运选择模型：该论文将经济订货批量模型运用到货运选择问题中，在考虑了车辆装载量约束后建立库存成本和运输成本的物流成本模型。本文将以该模型为基础，在铁路运输和公路运输均存在运输批量约束的前提下同时考虑运输成本和库存成本，并探讨不同条件下运输方式的选择问题。

一、问题描述与基本假设

本文研究的是仓储和运输联合决策一体化运作系统，系统由仓储与运输两个子系统组成，仓储子系统按照经济订货批量模式（见图 8-8）集货，当集货数量达到最高水平时，运输子系统按照这样的水平（批量）将所有货物运输（配送）到需求地。为了实现仓储与运输的无缝对接，以及保证一体化系统最小库存成本，单个周期内仓储的库存最大值与运输批量相等。为研究问题分析需要，做如下假设：

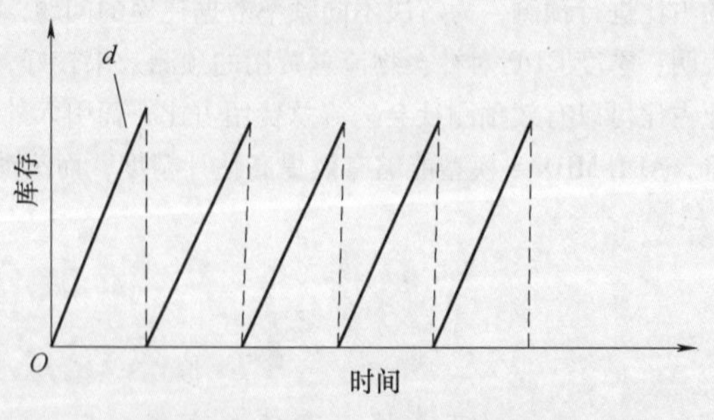

图 8-8　仓储和运输联合决策系统

假设 1　仓储子系统的集货速率为 d，同时集货速率也反映一体化系统服务对象货物的到达速率，因此 d 可以理解为系统的需求速率，假设需求率固定为常量。

假设 2　仓储子系统集货的最大库存水平为 s，单位库存持有成本为 h，参照经济订货批量模式运作，库存成本为 $C_h = hs/2$。

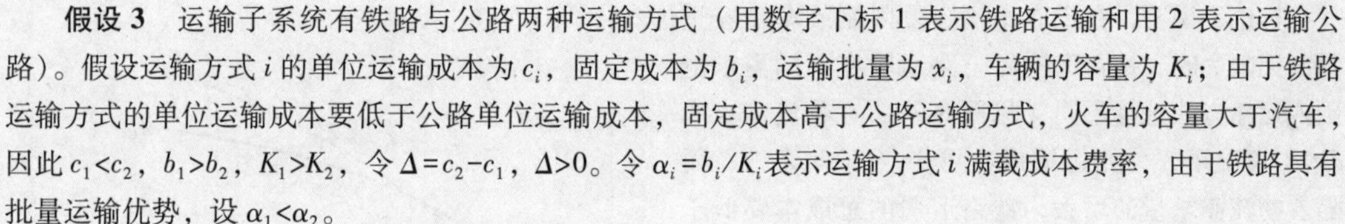

假设 3　运输子系统有铁路与公路两种运输方式（用数字下标 1 表示铁路运输和用 2 表示运输公路）。假设运输方式 i 的单位运输成本为 c_i，固定成本为 b_i，运输批量为 x_i，车辆的容量为 K_i；由于铁路运输方式的单位运输成本要低于公路单位运输成本，固定成本高于公路运输方式，火车的容量大于汽车，因此 $c_1<c_2$，$b_1>b_2$，$K_1>K_2$，令 $\Delta=c_2-c_1$，$\Delta>0$。令 $\alpha_i=b_i/K_i$ 表示运输方式 i 满载成本费率，由于铁路具有批量运输优势，设 $\alpha_1<\alpha_2$。

假设 4　运输成本是运输批量的线性函数。

二、运输批量及方式决策

（一）不考虑装载量限制运输决策

单一运输方式是一体化系统只能选择一种运输方式运输所有货物，即只采用铁路运输或者是只采用公路运输。因为仓储子系统集货的最大库存水平为 s，故每次运输的批量为 $x_i(x_i=s)$ 的货物，根据假设 4，单次运输成本为 $b_i+c_ix_i$。当需求率为 d 时，运输批量为 x_i，需要运输 d/x_i 次，运输成本 $C_t=d(b_i+c_ix_i)/x_i$。所以运输批量为 x_i 时单一运输方式的系统成本为 $C_h+C_t=\dfrac{hs}{2}+\dfrac{d}{x_i}(b_i+c_ix_i)$，其中 $x_i=s$，故系统成本为

$$\min Z_i=\frac{x_i}{2}h+\frac{db_i}{x_i}+dc_i \tag{8-24}$$

根据目标函数性质，很容易看出函数具有凸函数性质，由一阶条件

$$\frac{\partial Z_i}{\partial x_i}=\frac{1}{2}h-\frac{db_i}{x_i^2}=0$$

容易得到如下命题：

命题 1　不考虑运输方式装载量限制条件下一体化系统最优运输量与最小成本为

$$x_i^*=\sqrt{\frac{2db_i}{h}}$$

$$Z_i^*=\sqrt{2dhb_i}+dc_i$$

命题 1 表明，在不考虑运输方式装载量限制（或车辆容量足够大时），一体化系统的最优运输量与 EOQ 模型吻合，且最优运输量与固定成本（b_i）、物流需求率（d）、单位库存持有成本（h）相关，却与单位运输成本 c_i 无关，系统的总成本与上述四个因素有关。根据假设可以知道，两种不同运输方式的固定成本与单位成本存在一定差异，由此带来两种运输方式总成本大小的不同。作为物流运输管理者应该选择哪种运输方式使总物流成本更小，给出下面的推论：

推论 1　当 $0<d\leqslant d_1$ 时，$Z_1^*\geqslant Z_2^*$；当 $d>d_1$ 时，$Z_1^*<Z_2^*$。其中，

$$d_1=\frac{2h\left(\sqrt{b_1}-\sqrt{b_2}\right)^2}{\Delta^2}$$

证明　根据命题 1 知，$Z_1^*=\sqrt{2dhb_1}+dc_1$，$Z_2^*=\sqrt{2dhb_2}+dc_2$。令 $f(d)=Z_1^*-Z_2^*=\sqrt{2dhb_1}+dc_1-\sqrt{2dhb_2}-dc_2=\sqrt{2dh}(\sqrt{b_1}-\sqrt{b_2})-d\Delta$，有 $f(0)=0$；$f_d'=\dfrac{(-\sqrt{b_2}+\sqrt{b_1})\sqrt{2h}}{2\sqrt{d}}-\Delta$，$f''(d)=\dfrac{(\sqrt{b_2}-\sqrt{b_1})\sqrt{2h}}{4d\sqrt{d}}-\Delta$，根据假设 $b_1>b_2$，所以 $f''(d)<0$，函数 $f(d)$ 为凹函数，$f'(d)$ 单调递减，$f(d)$ 函数在 $d>0$ 区间表现为先增后减趋势。由 $f(d)$ 表达式可以看出，当 $d\to\infty$ 时，$\sqrt{2dh}(\sqrt{b_1}-\sqrt{b_2})<d\Delta$，即 $f(d\to\infty)<0$，根据介值定理，在 $d>0$ 区间存在零点，令 $f(d)=\sqrt{2dh}(\sqrt{b_1}-\sqrt{b_2})-d\Delta=0$，得到 $d_1=\dfrac{2h(\sqrt{b_1}-\sqrt{b_2})^2}{\Delta^2}$，此时 $f'(d_1)=-\dfrac{1}{2}\Delta<0$，$f(d)$ 在 d_1 点附近单调递减，因此当 $d\leqslant d_1$ 时，$f(d)\geqslant f(d_1)=0$；当 $d>d_1$ 时，$f(d)<f(d_1)=0$。即当 $0<d\leqslant d_1$ 时，$Z_1^*\geqslant Z_2^*$；当 $d>d_1$ 时，$Z_1^*<Z_2^*$，推论得证。

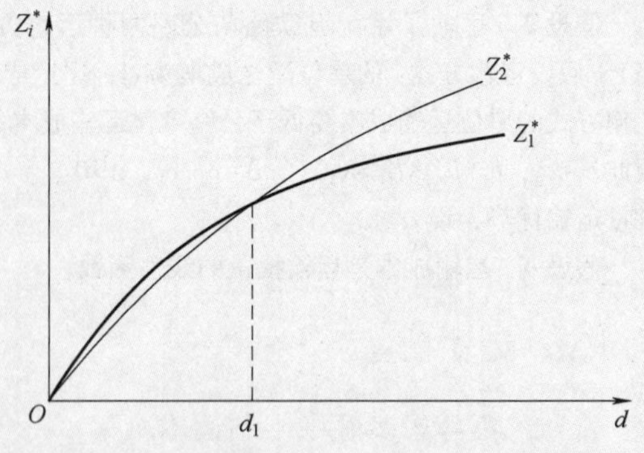

图 8-9 不考虑车辆容量限制时运输方式的决策

推论 1 说明，在没有车辆容量限制或车辆容量限制无限大时，铁路运输和公路运输在不同需求范围内运输方式选择不同（见图 8-9）：在物流需求率 $d \leqslant d_1$ 情况下，公路运输成本更小（$Z_2^* \leqslant Z_1^*$）；而随着物流需求量的增大，铁路运输的总成本要低于公路运输（$Z_1^* \leqslant Z_2^*$）。产生这种现象的主要原因是铁路运输的单位运输成本（c_1）低于公路运输，但每一次的固定成本（b_1）高于公路运输，因为运输规模与需求量没有达到相应的规模时，铁路运输优势无法显现，这种现象很好地解释了现实中大规模或大宗物资采取铁路运输的优势。

同时从推论 1 还可以看出，当物流需求率达到 $d=d_1$ 时，铁路与公路运输无差异，两种运输方式物流总成本相等，这种无差异运输方式明显与特定的需求率相关，从推论中 d_1 的取值可以得到推论 2。

推论 2 $\frac{\partial d_1}{\partial d_2}>0$，$\frac{\partial d_1}{\partial \Delta}<0$。

推论 2 说明，使铁路运输和公路运输无差异的物流需求率 d_1 随着货物单位库存持有成本（h）的增加而增加，这表现为无差异物流需求率 d_1 在图 8-9 中向右移动，即适于铁路运输的物流需求率的门槛增加；同时无差异的物流需求率 d_1 随着铁路运输与公路运输的单位运输成本差值（Δ）的增加而减小，这表现为无差异物流需求率 d_1 在图 8-9 中向左移动，即适于铁路运输的物流需求率的门槛降低，这是因为当 Δ 增加时，说明公路运输的单位运输成本（c_2）增加或者是铁路运输的单位运输成本（c_1）减小，使得铁路运输的竞争优势更加明显。

（二）考虑装载量限制的运输决策

参照上文，考虑运输车辆装载量限制的系统成本如下：

$$\min Z_i = \frac{x_i}{2}h + \frac{db_i}{x_i} + dc_i$$

$$\text{s. t. } x_i \leqslant K_i$$

命题 2 考虑运输方式装载量限制条件下一体化系统最优运输批量与最小成本为

$$x_i^* = \min\left\{\frac{\sqrt{2db_i}}{h},\ K_i\right\}$$

$$Z_i^* = \begin{cases} \sqrt{2dhb_i} + dc_i, & d \leqslant \dfrac{hK_i}{2\alpha_i} \\ \dfrac{hK_i}{2} + d(c_i + \alpha_i), & d > \dfrac{hK_i}{2\alpha_i} \end{cases} \tag{8-25}$$

证明 根据目标函数构造 Lagrange 函数

$$L(x_i, \lambda) = \frac{x_i}{2}h + \frac{db_i}{x_i} + dc_i + \lambda(K_i - x_i)$$

对 $L(x_i, \lambda)$ 分别求 x_i、λ 的一阶导数，得到

$$\frac{\partial L(x_i, \lambda)}{\partial x_i} = \frac{1}{2}h - \frac{db_i}{x_i^2} - \lambda = 0$$

$$\frac{\partial L(x_i, \lambda)}{\partial \lambda} = K_i - x_i = 0$$

根据 KKT 条件，存在 $K_i \geqslant \sqrt{\frac{2db_i}{h}}$ 或 $d \leqslant \frac{K_i^2 h}{2b_i} = \frac{hK_i}{2\alpha_i}$，$\lambda = 0$，原函数存在内点最优解 $x_i^* = \sqrt{\frac{2db_i}{h}}$，此时

$Z_i^*=\sqrt{2dhb_i}+dc_i$；当 $K_i<\sqrt{\dfrac{2db_i}{h}}$ 或 $d>\dfrac{K_i^2h}{2b_i}=\dfrac{hK_i}{2\alpha_i}$ 时，$\lambda>0$，原函数存在内点最优解 $x_i^*=K_i$，且 $Z_i^*=\dfrac{hK_i}{2}+d(c_i+\alpha_i)$，由此得 $x_i^*=\min\left\{\dfrac{\sqrt{2db_i}}{h},\ K_i\right\}$，得到式（8-25）的结论，命题2得证。

命题2表明，系统最小成本是关于物流需求率的分段函数，即对于不同的需求规模，最小系统成本有不同的取值。当最优运输批量小于运输车辆容量时，最优运输批量和物流需求率、固定运输成本和单位库存持有成本相关；且最优运输批量随着物流需求率和固定运输成本的增加而增加，随着单位库存持有成本的增加而减少。这是因为，固定成本与运输批量没有关系，当固定运输成本高时，较大的运输量可以分摊固定运输成本。另外，系统的最小成本也是随着物流需求率、固定运输成本、单位库存持有成本和单位运输成本的增加而增加。

推论3　考虑运输方式装载量限制条件下，运输方式按如下策略选择：

（1）当 $K_1\geqslant\dfrac{2(b_1-\sqrt{b_1b_2})}{\Delta}$，且 $K_2\geqslant\dfrac{2(\sqrt{b_1b_2}-b_2)}{\Delta}$ 时，Z_1^* 与 Z_2^* 的大小参照推论1决策。

（2）当 $K_1<\dfrac{2(b_1-\sqrt{b_1b_2})}{\Delta}$，$K_2<\dfrac{2(\sqrt{b_1b_2}-b_2)}{\Delta}$，且 $K_1-K_2>\dfrac{4(\sqrt{b_1}-\sqrt{b_2})^2\ (\Delta+\alpha_2-\alpha_1)}{\Delta^2}$ 时，存在当 $d<d_2$ 时，$Z_1^*>Z_2^*$，当 $d>d_2$ 时，$Z_1^*<Z_2^*$，其中，$d_2=\dfrac{h(K_1-K_2)}{2(\Delta+\alpha_2-\alpha_1)}$。

（3）当 $K_1>\dfrac{2(b_1-\sqrt{b_1b_2})}{\Delta}$，$K_2<\dfrac{2(\sqrt{b_1b_2}-b_2)}{\Delta}$，$\dfrac{K_1-K_2}{K_1^2}<\dfrac{\Delta+\alpha_2}{b_1}$，且 $\dfrac{2(\sqrt{b_1}-\sqrt{b_1b_2})\ -2(\sqrt{b_1}-\sqrt{b_2})^2(1+\alpha_2)}{\Delta^2}>K_2$ 时，存在当 $d<d_3$ 时，$Z_1^*>Z_2^*$，当 $d>d_3$ 时，$Z_1^*<Z_2^*$，其中，$d_3=\dfrac{h(\sqrt{b_1}+\sqrt{b_1-b_2-\Delta K_2})^2}{2(\Delta+\alpha_2)^2}$。

证明见附录。

推论3说明，当铁路运输和公路运输的装载容量在不同范围时，使铁路运输或公路运输无差异的物流需求率也在变化，主要表现在以下几个方面：

（1）当铁路运输和公路运输的装载容量分别满足 $K_1>\dfrac{2(b_1-\sqrt{b_1b_2})}{\Delta}$，$K_2\geqslant\dfrac{2(\sqrt{b_1b_2}-b_2)}{\Delta}$ 时，符合推论1运输车辆的装载容量无限大的情况，因此运输选择决策也参考推论1。

（2）当铁路运输和公路运输的装载容量满足 $K_1<\dfrac{2(b_1-\sqrt{b_1b_2})}{\Delta}$，$K_2<\dfrac{2(\sqrt{b_1b_2}-b_2)}{\Delta}$，且 $K_1-K_2>\dfrac{4(\sqrt{b_1}-\sqrt{b_2})^2(\Delta+\alpha_2-\alpha_1)}{\Delta^2}$，即两种运输方式的装载容量均存在上限时，$d=d_2$ 为铁路运输和公路运输的无差异物流需求率，此时仓储和运输一体化系统对选择何种运输方式不敏感；当物流需求率 $d<d_2$ 时，公路运输优于铁路运输；当物流需求率 $d>d_2$ 时，铁路运输优于公路运输。

（3）在铁路运输和公路运输的装载容量满足 $K_1>\dfrac{2(b_1-\sqrt{b_1b_2})}{\Delta}$，$K_2<\dfrac{2(\sqrt{b_1b_2}-b_2)}{\Delta}$，$\dfrac{K_1-K_2}{K_1^2}<\dfrac{\Delta+\alpha_2}{b_1}$ 且 $\dfrac{2(\sqrt{b_1}-\sqrt{b_1b_2})-2(\sqrt{b_1}-\sqrt{b_2})^2(1+\alpha_2)}{\Delta^2}>K_2$，即铁路运输的装载容量无限大，公路运输的装载容量在一定范围内的前提下，当物流需求率 $d=d_3$ 时，采用铁路运输的系统成本和采用公路运输的系统成本相同，此时系统对选择何种运输方式不敏感；当物流需求率 $d>d_3$ 时，系统应该采用铁路运输；当物流需求率 $d<d_3$ 时，系统应该采用公路运输。另外，由 $d_3<d_2$ 可以发现，当铁路运输和公路运输的装载容量均有最大限制时，适用铁路运输的物流需求率大于当铁路运输的装载容量无限大且公路运输的装载容量一定时适用铁路运输的物流需求率，这说明铁路运输相对于公路运输的竞争优势主要在于火车的装载容量远远

大于汽车的装载容量，使得铁路运输可以通过规模经济降低运输成本。

综上所述，铁路运输和公路运输都是在各自的优势下适用不同范围的物流需求率，只是不同条件下对应的无差异物流需求率不同。对仓储和运输一体化系统而言，在进行仓储与运输的联合决策时，不应该只考虑运输方式的成本要素，因为低运输成本会导致库存成本增加，而低库存成本又会导致较高的运输成本，所以应该在库存成本和运输成本之间实现平衡，即从物流需求率与运输方式的运输批量、单位库存成本、单位运输成本等因素之间的特定关系角度选择合适的运输方式。

三、算例分析

为验证本文的结论，接下来进行数值仿真分析，参数设置分别如下：$h=5$，$c_1=1.6$，$c_2=2.5$，$K_1=1\ 500$，$K_2=300$，$b_1=3\ 000$，$b_2=900$。根据 maple 计算并得到如下分析。不考虑车辆容量限制的系统成本如图 8-10 所示，从图形结果来看，铁路运输和公路运输的系统成本随着物流需求率的增加而增加，当物流需求率 $d<7\ 577$ 时，采用铁路运输的系统成本大于采用公路运输的系统成本，即公路运输优于铁路运输；当物流需求率 $d>7\ 577$ 时，采用铁路运输的系统成本小于采用公路运输的系统成本，即铁路运输优于公路运输；当物流需求率 $d=7\ 577$ 时，两种运输方式产生的系统成本相同，这与推论 1 相符，这实际上也说明选择何种运输方式与特定物流需求率相关。

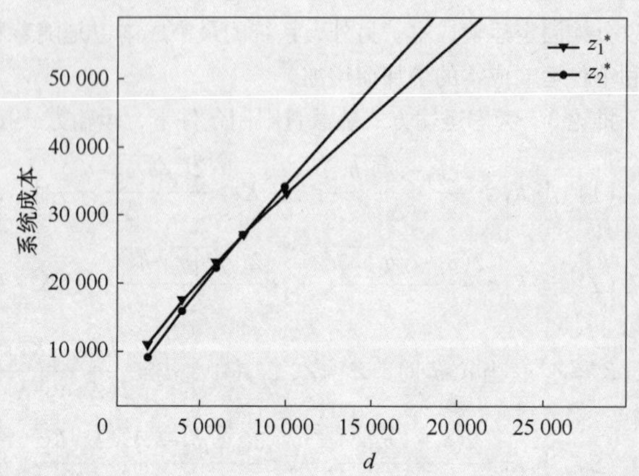

图 8-10　不考虑车辆容量限制单一运输方式的系统成本

四、结论

运输方式选择对仓储与运输一体化系统的成本产生重要影响。本文参照经济订货批量模型，在考虑运输工具存在装载量限制的前提下，实现库存成本和运输成本的平衡。通过单一运输方式中铁路运输和公路运输的比较发现：当铁路和公路运输的最优运输批量小于运输车辆的限制时，两种运输方式的最优运输批量和系统最小成本随着物流需求率、固定运输成本等因素的增加而增加，随着单位库存持有成本的增加而减少；无论是否考虑运输车辆限制，铁路运输和公路运输的竞争优势所适用的物流需求率的范围不同；最后不同策略下的无差异需求率是随着单位库存持有成本的增加而增加，体现了适于铁路运输或公路运输的物流需求规模的变化。对物流管理者而言，综合考虑库存成本和运输成本是选择何种运输方式的重要因素，同时也应该根据物流需求规模做出运输方式决策。

附录　推论 3 证明

根据命题 2，Z_1^*、Z_2^* 存在两个取值区间，主要取决于 d 或 K_i 取值区间，当 $d\leqslant\dfrac{hK_i^2}{2b_i}$时，$Z_i^*=\sqrt{2dhb_i}+dc_i$，反之 $Z_i^*=\dfrac{hK_i}{2}+d(\alpha_i+c_i)$。又根据假设$\dfrac{d_1}{K_1}<\dfrac{d_2}{K_2}$，$K_1>K_2$，因此$\dfrac{hK_1^2}{2b_1}>\dfrac{hK_2^2}{2b_2}$；根据推论 1 中 Z_1^*、Z_2^* 的交点 d_1 知，d_1 与$\dfrac{hK_1^2}{2b_1}$，$\dfrac{hK_2^2}{2b_2}$存在三种关系。

（1）$\dfrac{hK_1^2}{2b_1}>\dfrac{hK_2^2}{2b_2}\geqslant d_1$。即当 $d>\dfrac{hK_1^2}{2b_1}>\dfrac{hK_2^2}{2b_2}\geqslant d_1$时，$Z_1^*=\dfrac{hK_1}{2}+d(c_1+\alpha_1)$，$Z_2^*=\dfrac{hK_2}{2}+d(c_2+\alpha_2)$，两种运输方式的装载容量足够大时，容量对总成本不产生影响，此时两种运输方式的总成本曲线按照命题 1 结论在 d_1 点相交。结论与推论 1 相同，即 $\dfrac{hK_1^2}{2b_1}\geqslant d_1=\dfrac{2h(\sqrt{b_1}-\sqrt{b_2})^2}{\Delta^2}$，得到 $K_1\geqslant\dfrac{2(b_1-\sqrt{b_1b_2})}{\Delta}$，同理得 $K_2\geqslant\dfrac{2(\sqrt{b_1b_2}-b_2)}{\Delta}$。

（2）$d_1>\frac{hK_1^2}{2b_1}>\frac{hK_2^2}{2b_2}$。即当$d<\frac{hK_2^2}{2b_2}<\frac{hK_1^2}{2b_1}<d_1$时（见图 8-11），根据推论 1 有 $Z_1^*>Z_2^*$，当 $d>d_1>\frac{hK_1^2}{2b_1}>\frac{hK_2^2}{2b_2}$时，$Z_1^*=\frac{hK_1}{2}+d(c_1+\alpha_1)$，$Z_2^*=\frac{hK_2}{2}+d(c_2+\alpha_2)$，令 $g(d)=Z_2^*-Z_1^*=\frac{h(K_2-K_1)}{2}+d(\Delta+\alpha_2-\alpha_1)$，$\frac{\partial g(d)}{\partial d}=\Delta+\alpha_2-\alpha_1$。根据假设 $\alpha_2>\alpha_1$，有$\frac{\partial g(d)}{\partial d}>0$，故 $g(d)$ 在 $d>d_1$范围内单调递增，由 $g(d_1)=-\frac{h(K_1-K_2)}{2}+d_1(\Delta+\alpha_2-\alpha_1)<0$，推出 $K_1-K_2>\frac{4(\sqrt{b_1}-\sqrt{b_2})^2(\Delta+\alpha_2-\alpha_1)}{\Delta^2}$，又 $d\to\infty$，$g(d)\to\infty$，故$g(d)$ 在 $d>d_1$范围内存在零点。当令 $g(d)=Z_2^*-Z_1^*=0$，求得 $d_2=\frac{h(K_1-k_2)}{2(\Delta+\alpha_2-\alpha_1)}$。可知，当 $d_1<d<d_2$时，$g(d)<0$，$Z_2^*<Z_1^*$，同理，$d<d_2$，$Z_2^*<Z_1^*$，当 $d>d_2$时，$Z_2^*>Z_1^*$。由 $d_1>hK_1^2/2b_1>hK_2^2/2b_2$，$g(d_1)<0$，推出 $K_1<\frac{2(b_1-\sqrt{b_1b_2})}{\Delta}$，$K_2<\frac{2(\sqrt{b_1b_2}-b_2)}{\Delta}$，且 $K_1-K_2>\frac{4(\sqrt{b_1}-\sqrt{b_2})^2(\Delta+\alpha_2-\alpha_1)}{\Delta^2}$。

（3）$\frac{hK_1^2}{2b_1}>d_1>\frac{hK_2^2}{2b_2}$。当$d<\frac{hK_2^2}{2b_2}<d_1$时（见图 8-11），根据推论 1 有 $Z_1^*>Z_2^*$；当$\frac{hK_2^2}{2b_2}<d_1<d<\frac{hK_1^2}{2b_1}$时，$Z_1^*=\sqrt{2dhb_1}+dc_1$，$Z_2^*=\frac{hK_2}{2}+d(c_2+\alpha_2)$，令 $G(d)=Z_1^*-Z_2^*=\sqrt{2dhb_1}+d(c_1-c_2-\alpha_2)-\frac{hK_2}{2}$，$\frac{\partial G(d)}{\partial d}=\frac{hb_1}{\sqrt{2dhb_1}}-\alpha_2-\Delta$，$\frac{\partial G^2(d)}{\partial d^2}=-\frac{hb_1}{2d\sqrt{2dhb_1}}<0$，$G(d)$ 在 $d_1<d<hK_1^2/2b_1$范围内为凹函数，并呈现先递增后递减的趋势，$G'(d)$单调递减，由 $G(d_1)>0$ 推出$\frac{2(b_1-\sqrt{b_1b_2})-2(\sqrt{b_1}-\sqrt{b_2})^2(1+\alpha_2)}{\Delta^2}>K_2$，由 $G(hK_1^2/2b_1)<0$ 推出$\frac{K_1-K_2}{K_1^2}<\frac{\Delta+\alpha_2}{b_1}$，根据介值定理，$G(d)$ 在$d_1<d<\frac{hK_1^2}{2b_1}$范围内存在零点，令$G(d)=0$，求得$d_3=\frac{h(\sqrt{b_1}+\sqrt{b_1-b_2-\Delta K_2})^2}{2(\Delta+\alpha_2)^2}$，综上可知，当 $d_1<d<d_3$时，$Z_1^*>Z_2^*$；当 $d_3<d<\frac{hK_1^2}{2b_1}$时，$Z_1^*<Z_2^*$；同理，当 $d_3<d$ 时，$Z_1^*<Z_2^*$。根据$\frac{hK_1^2}{2b_1}>d_1>\frac{hK_2^2}{2b_2}$，得 $K_1>\frac{2(b_1-\sqrt{b_1b_2})}{\Delta}$，$K_2<\frac{2(\sqrt{b_1b_2}-b_2)}{\Delta}$，由 $G(d_1)>0$，$G(hK_1^2/2b_1)<0$，推出$\frac{K_1-K_2}{K_1^2}<\frac{\Delta+\alpha_2}{b_1}$，$\frac{2(b_1-\sqrt{b_1b_2})-2(\sqrt{b_1}-\sqrt{b_2})^2(1+\alpha_2)}{\Delta^2}>K_2$，证毕。

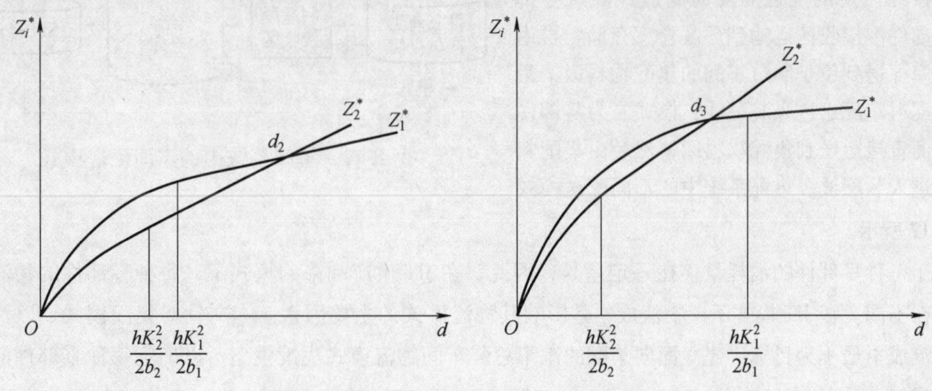

图 8-11　考虑车辆容量限制时运输方式决策

经典资料三　面向集配的汽车总装物流模式决策研究

（邓明星、唐秋华、曹梦鑫，武汉科技大学，现代制造工程，2017，08 期）

一、引言

汽车物流是一个复杂的系统，可以分为厂内物流和厂外物流两部分。厂外物流部分通常是指各供应商将各零部件配送到制造厂的过程；厂内物流部分包括接收区筛选和分拣零部件并存储到仓库区，然后通过不同的方式配送到生产线。厂内物流是最复杂且最能体现物流精髓的部分。

由于汽车产品的复杂性和品种多样性，在装配线线体工位数不扩展的前提下，装配线线边并不宽裕的物料存储区域就成为限制提高装配线柔性和工作效率的一个瓶颈。丰田基于其精益生产的理念，提出了一个行之有效的解决方法——集配（Set Parts Supply，SPS），集配是面向生产线成组供料的一种物料配送方式，已经广泛应用于国内外各大汽车制造厂。

集配，即将大部分标准件、配套件和部分小基础件存储于装配线外（集配物料区），操作人员按照系统的配料信息，将一条装配线上装配一辆汽车所需要的零部件按装配顺序集中配送到特制的配送料车内，然后按需求时间配送至相应的装配工位，装配工人按作业顺序拿取所需零部件。在汽车装配过程中配送料车随着对应的被装配汽车同步行进。当该条装配线上的装配任务完成后，配送料车内的零件正好用完，配送料车从指定工位撤出并进入下一个工作循环。

目前，通用的集配物流过程是制造厂在接收区接收供应零部件，通过筛选、分拣后存储到仓库存储区。采用集配供应的零部件，会先由物流送到集配存储区，然后通过集配料车分别配送到各岗位。

在这个过程中，零部件从接收区到进入装配线，有两次存储区存储过程。在准时化（Just In Time，JIT）生产和采购模式下，供应商直接将零部件配送到集配物料存储区也是一个可行模式。生产和配送协同优化能为企业带来更大的潜在收益。本文从降低成本的角度，构建集配系统中不同厂内物流模式决策模型，由此为制造厂采用何种模式配送零部件提供理论依据，使集配系统更好地发挥其优势。

二、问题描述与建模

（一）问题描述与假设

不是所有零部件都适合集配方式，因此本文所针对的零部件均为经过试验和经验验证，适合集配的零部件。

某制造厂商实施 JIT 生产和采购模式，对于集配零部件目前有两种可行配送路径（模式一和模式二）：模式一为零部件由多个供应商供应，这些供应商按照一定的配送间隔向制造厂配送零部件，零部件由接收区运输到厂区仓库存储，再由厂区仓库配送到位于制造车间的集配物料区，最后由集配料车配送进入装配线；模式二为零部件由供应商直接运送到集配物料区，然后由集配料车配送进入装配线。集配系统中的不同配送模式如图 8-12 所示。

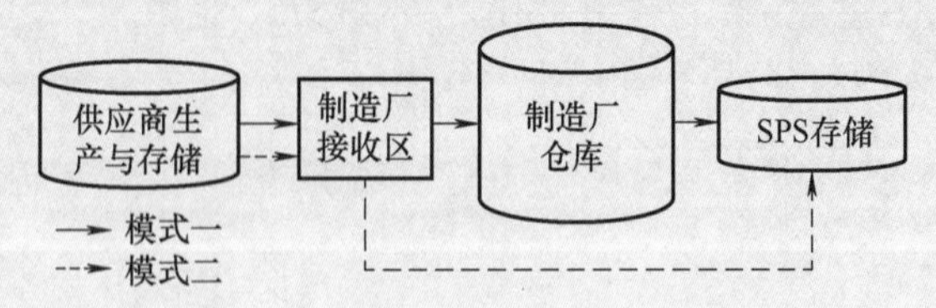

图 8-12　集配系统中的不同配送模式

由于每种零部件的消耗量存在一定差异，因此，在 JIT 生产和采购模式下，每种零部件的物流模式也会存在不同。在 JIT 模式下，物流成本是影响其物流模式的主要因素。本文针对集配模式，以汽车制造厂物流成本最小为目标，建立面向集配的汽车总装车间物流模式决策模型，以确定每种零部件的厂内物流模式。

为了不失去模型的一般性，以某一区域的集配系统为对象，具体假设条件如下：

假设 1 供应商有足够的能力保证制造厂的供货需求，且每个供应商仅提供一种零部件。制造商仓库存储区及集配物料区有足够的存储空间来满足存储需求。

假设 2 集配物料区物料必须定时补充，即每隔相同时间对集配物料存储区进行配送补给，配送批量为配送间隔时间内生产线上的消耗量。

假设 3 由于集配物料区存储面积有限，因此，集配物料存储区需采用高频率配送，以尽量减少集配物料区的存储量，因此从仓库存储区到集配物料区的配送间隔较短。假设集配零件 i 从供应商到制造厂的配送间隔为仓库存储区到集配物料存储区的配送间隔的 N 倍。在最优化设计中，N 为整数。

假设 4 从制造厂接收区到仓库存储区的配送时间，以及从仓库存储区到集配存储区的配送时间或者直接由制造厂接收区到集配存储区的配送时间不变且确定，假设其数值为 0。

假设 5 零部件存储在仓库存储区和集配物料存储区时会产生一定的费用。仓库存储区作为存储专用空间，其存储费用低于车间内的集配物料存储区的存储费用。

假设 6 供应商对制造厂供货时，由运输货车完成供货，每辆货车每次的运输成本不变。

假设 7 供应商对某种零部件的配送提前期为 0，配送批量为配送间隔内该种零部件的消耗量。

假设 8 从仓库存储区到集配存储区每次通过物流料车配送，假设每次配送成本不变。

（二）参数符号定义

本文模型中定义的参数符号如下所示：

i 为零部件代码，$i=1, 2, \cdots, n$。

d_i 为制造厂对零部件 i 单位时间的需求量。

S_i 为供应商批量提供零部件 i 的调整准备成本。

O_i 为供应商批量提供零部件 i 的变动调整准备成本。

p_i 为供应商生产零部件 i 的单位生产时间。

h_{mi} 为零部件 i 在供应商仓库存储区的单位库存维持费用。

h_{wi} 为零部件 i 在制造厂仓库存储区的单位库存维持费用。

h_{si} 为零部件 i 在集配物料区的单位库存维持费用。

F_i 为零部件 i 从供应商运到制造厂接收区时，单车次运输固定成本。

V_i 为零部件 i 从供应商运到制造厂接收区时，单车次运输变动成本。

F_{ws} 为将各种零部件从制造厂仓库存储区配送到集配物料区的单次配送成本。

F_{rw} 为从制造厂接收区配送到制造厂仓库存储区的单次配送成本。

F_{rs} 为从制造厂接收区直接配送到集配物料区的单次配送成本。

C_{rw} 为从制造厂接收区到制造厂仓库存储区配送的单次运输容量。

C_{ws} 为从制造厂仓库存储区到集配物料区配送时的单次运输容量。

C_{rs} 为从制造厂接收区到集配物料区配送时的单次运输容量。

C_i 为从供应商到制造厂接收区配送时的单车次运输容量。

R_i 为从供应商向制造厂配送零部件 i 的配送间隔。

R_{ws} 为从制造厂仓库存储区对集配物料区的配送间隔。

R_{rs} 为从供应商直接配送各种零部件到集配区的配送间隔。

TC_i 为零部件 i 的物流总成本。

三、模型建立

（一）模式一

供应商每隔 R_i 配送 d_iR_i 批量的零部件 i 到制造厂。到厂后，先配送到制造厂仓库存储区，然后仓库每隔 R_{ws} 将零部件 i 配送至制造车间的集配物料区。在 JIT 供应模式下，供应商的生产周期和对制造厂的供货周期应相同。故零部件 i 在供应商处单位时间内的平均库存水平为 $d_iR_i(p_id_iR_i/R_i)/2=p_id_i^2R_i/2$；在仓库存储区单位时间的平均库存水平为 $d_i(R_i-R_{ws})/2$，在集配物料区处平均库存水平为 $d_iR_{ws}/2$。

各个供应商按照一定配送间隔将零部件配送至制造厂接收区，然后由物流料车将零部件运输至制造厂仓库存储区，最后由物流料车将零部件配送至集配物料区，因此在物流运作中，物流成本主要包括供应商的配送成本、从制造厂接收区到仓库存储区的配送成本、在制造厂仓库存储区的平均库存成本、从制造厂仓库存储区到集配物料区的配送成本，以及在集配物料区的平均库存成本；则供应商一次配送 d_iR_i 批量的零部件 i 到制造厂，其从接收区到仓库存储区的运输成本为（d_iR_i/C_{rw}）F_{rw}。令 u 为由制造厂仓库存储区向集配物料区配送时，根据制造厂物流料车的装载能力，对于零部件 i 的最大配送间隔，则 u 表征了单次配送能力。在最优化配送中，配送批量应小于等于车辆容量，即制造厂仓库存储区的计划配送间隔应小于允许的最大配送间隔，$R_{ws}\leqslant u$，则单位时间由制造厂仓库存储区向集配物料区配送成本为 $[(R_{ws}/u)F_{ws}]/R_{ws}$。本文主要考虑制造厂自身运输能力的约束，以决定各种零部件的配送间隔，其目标是使单位时间内平均的供应商生产与运输成本、从制造厂接收区到仓库存储区的配送成本、仓库存储成本、从制造厂仓库存储区到集配物料区的配送成本，以及在集配区的存储成本最小化。对于这种物流路线，此处仅针对单种零部件 i 建立物流成本模型，其目标函数为

$$\min \mathrm{TC}_i=\frac{S_i+O_i}{R_i}+\frac{F_i+V_i}{R_i}\left\lceil\frac{d_iR_i}{C_i}\right\rceil+\frac{1}{2}h_{mi}p_id_i^2R_i+ \\ \frac{F_{rw}}{R_i}\left\lceil\frac{d_iR_i}{C_{rw}}\right\rceil+\frac{1}{2}h_{wi}d_i(R_i-R_{ws})+\frac{F_{ws}}{R_{ws}}\left\lceil\frac{R_{ws}}{u}\right\rceil+\frac{1}{2}h_{si}d_iR_{ws} \tag{8-26}$$

$$\text{s. t.}\quad R_i>0\quad R_{ws}>0 \tag{8-27}$$

$$R_{ws}\leqslant u \tag{8-28}$$

$$R_i=NR_{ws}\quad N\geqslant 1,\text{且 } N \text{ 为正整数} \tag{8-29}$$

$$O_i=R_id_iS_0\quad S_0=0.2 \tag{8-30}$$

式（8-26）中第一项表示供应商生产批量零部件 i 时的单位时间内的生产成本，由固定成本和变动成本构成；第二项表示供应商向制造厂配送零部件时的单位时间内的运输成本，由固定成本和变动成本构成；第三项表示零部件 i 在供应商处的单位时间内的存储成本；第四项表示零部件 i 由制造厂接收区配送至制造厂仓库存储区时的单位时间内的运输成本；第五项表示零部件 i 在制造厂仓库存储区的单位时间内的存储成本；第六项表示零部件 i 由制造厂仓库存储区配送至集配区时单位时间内的运输成本；第七项表示零部件 i 在集配区的单位时间内的存储成本。

模型的约束条件中式（8-27）根据实际情况而定，配送的间隔必须大于 0，式（8-28）则是制造厂自身物流配送能力的约束。因为集配物料区面积有限，从制造厂仓库存储区到集配物料区的配送间隔一般较短，一般一次配送量为 1～2h 的消耗量，而各供应商对制造厂配送的间隔会相对较长。在优化调度决策中，从每个供应商到制造厂的配送间隔是从制造厂仓库存储区到集配物料区的整数倍，因此在式（8-29）中增加了对 N 的约束。式（8-30）表示每次的变动调整准备成本 O_i 由生产数量决定，其中 S_0 为调整准备成本参数。

将式（8-27）～式（8-30）代入式（8-26）中，可得：

$$\min \mathrm{TC}_i=\frac{S_i+NF_{ws}}{NR_{ws}}+d_iS_0+\frac{F_i+V_i}{NR_{ws}}\left\lceil\frac{Nd_iR_{ws}}{C_i}\right\rceil+\frac{1}{2}Nh_{mi}p_id_i^2R_{ws}+ \\ \frac{F_{rs}}{NR_{ws}}\left\lceil\frac{Nd_iR_{ws}}{C_{rw}}\right\rceil+\frac{1}{2}R_{ws}d_i[(N-1)h_{wi}+h_{si}] \tag{8-31}$$

式中，$\lceil\cdot\rceil$ 为向上取整。

在最优策略中，d_iR_i/C_{rw} 为整数，代入式（8-31）可得：

$$\min \mathrm{TC}_i(R_{\mathrm{ws}})=\frac{S_i+NF_{\mathrm{ws}}}{NR_{\mathrm{ws}}}+d_iS_0+\frac{(F_i+V_i)d_i}{C_i}+\frac{1}{2}Nh_{\mathrm{m}i}p_id_i^2R_{\mathrm{ws}}+\frac{F_{\mathrm{rs}}d_i}{C_{\mathrm{rw}}}+\frac{1}{2}R_{\mathrm{ws}}d_i[(N-1)h_{\mathrm{w}i}+h_{\mathrm{s}i}] \tag{8-32}$$

对式（8-32）进行求导，因为

$$\frac{\mathrm{d}^2\mathrm{TC}_i}{\mathrm{d}R_{\mathrm{ws}}^2}=2\times\frac{S_i+NF_{\mathrm{ws}}}{NR_{\mathrm{ws}}^3}>0$$

故 $\mathrm{TC}_i(R_{\mathrm{ws}})$ 为下凸函数。

$\mathrm{TC}_i(R_{\mathrm{ws}})$ 存在最小值，且当：

$$\frac{\mathrm{d}TC_i}{\mathrm{d}R_{\mathrm{ws}}}=-\frac{S_i+NF_{\mathrm{ws}}}{NR_{\mathrm{ws}}^2}+\frac{1}{2}Nh_{\mathrm{m}i}p_id_i^2+\frac{1}{2}d_i[h_{\mathrm{w}i}(N-1)+h_{\mathrm{s}i}]=0$$

$\mathrm{TC}_i(R_{\mathrm{ws}})$ 取得最小值。

令 $\gamma=Nh_{\mathrm{m}i}p_id_i^2/2+d_i[h_{\mathrm{w}i}(N-1)+h_{\mathrm{s}i}]/2$，$\beta=(S_i+NF_{\mathrm{ws}})/N$，当 $R_{\mathrm{ws}}=(\beta/\gamma)^{-1/2}$时，$\mathrm{TC}_i$取得最优值。

（二）模式二

此模式为供应商将零部件配送到接收区后，直接配送到集配物料区，因此在物流运作中，要使总成本最小，其中包括供应商的单位时间配送成本、从接收区到集配物料区的配送成本以及在集配物料区单位时间的平均库存成本最小。其目标函数为

$$\min \mathrm{TC}_i=\frac{S_i+O_i}{R_i}+\frac{F_i+V_i}{R_i}\left\lceil\frac{d_iR_i}{C_i}\right\rceil+\frac{1}{2}h_{\mathrm{m}i}p_id_i^2R_i+\frac{1}{R_{\mathrm{rs}}}\left[F_{\mathrm{rs}}\left\lceil\frac{d_iR_{\mathrm{rs}}}{C_{\mathrm{rs}}}\right\rceil\right]+\frac{1}{2}h_{\mathrm{s}i}d_iR_{\mathrm{rs}} \tag{8-33}$$

$$\text{s.t.}\quad R_{\mathrm{rs}}>0 \tag{8-34}$$

$$R_i=R_{\mathrm{rs}} \tag{8-35}$$

$$O_i=R_id_iS_0\quad S_0=0.2 \tag{8-36}$$

式（8-33）中第一项表示供应商单位时间内的生产成本，由固定成本和变动成本两部分组成；第二项表示供应商向制造厂配送零部件 i 单位时间内的运输成本，由固定成本和变动成本两部分组成；第三项表示零部件 i 在供应商处单位时间内的存储成本；第四项表示零部件 i 由接收区向集配区配送时单位时间内的运输成本；第五项表示零部件 i 在集配区中单位时间内的存储成本。

约束条件中式（8-34）表示配送间隔必须大于 0，式（8-35）表示供应商直接配送到集配区，式（8-36）同式（8-30）。

将约束条件式（8-34）~式（8-36）代入目标函数整理得：

$$\min \mathrm{TC}_i=\frac{S_i+F_{\mathrm{rs}}}{R_{\mathrm{rs}}}+d_iS_0+\frac{F_i+V_i}{R_{\mathrm{rs}}}\left\lceil\frac{d_iR_{\mathrm{rs}}}{C_i}\right\rceil+\frac{1}{2}h_{\mathrm{m}i}p_id_i^2R_{\mathrm{rs}}+\frac{1}{2}h_{\mathrm{s}i}d_iR_{\mathrm{rs}} \tag{8-37}$$

在最优策略中，$d_iR_{\mathrm{rs}}/C_{\mathrm{rs}}$为整数，代入式（8-37）可得：

$$\min \mathrm{TC}_i=\frac{S_i+F_{\mathrm{rs}}}{R_{\mathrm{rs}}}+d_iS_0+\frac{(F_i+V_i)d_i}{C_i}+\frac{1}{2}h_{\mathrm{m}i}P_id_i^2R_{\mathrm{rs}}+\frac{1}{2}h_{\mathrm{s}i}d_iR_{\mathrm{rs}} \tag{8-38}$$

对式（8-38）进行求导，因为：

$$\frac{\mathrm{d}^2\mathrm{TC}_i}{\mathrm{d}R_{\mathrm{rs}}^2}=2\times\frac{F_{\mathrm{s}}+S_i}{R_{\mathrm{rs}}^3}>0$$

所以 $\mathrm{TC}_i(R_{\mathrm{rs}})$ 为下凸函数，故 $\mathrm{TC}_i(R_{\mathrm{rs}})$ 存在最小值，且当：

$$\frac{\mathrm{dTC}_i}{\mathrm{d}R_{\mathrm{rs}}}=-\frac{F_{\mathrm{s}}+S_i}{R_{\mathrm{rs}}^2}+\frac{1}{2}d_ih_{si}+\frac{1}{2}h_{\mathrm{s}i}P_id_i^2=0$$

即

$$R_{\mathrm{rs}}=\sqrt{\frac{2(F_{\mathrm{rs}}+S_i)}{h_{\mathrm{s}i}d_i+h_{\mathrm{m}i}P_id_i^2}}$$

TC_i取得最优值。

四、模型验证与分析

为验证本文所提出的模型，给出以下假设，其中本文仅考虑零部件 i 运输和存储成本，在运输过程中，可能存在多种零部件一起配送的情况，但仅考虑零部件 i 所涉及的部分。假设供应商运输零部件 i 到制造厂的固定运输成本 $F_i=100$ 单位/每车次，变动运输成本 $V_i=\mathrm{Dis}_i\times F_0$，其中，$F_0$为动态运输成本系数，$F_0=0.5$；$\mathrm{Dis}_i$为供应商处的运输距离。零部件 i 在供应商处单位时间内的单位库存维持费用 $h_{wi}=1.5$ 单位；零部件 i 在制造厂仓库存储区的单位时间内的单位库存维持费用 $h_{wi}=2$ 单位；在集配物料存储区的单位时间内的单位库存维持费用 $h_{si}=4$ 单位。将零部件 i 从制造厂仓库存储区配送到集配物料区的单次配送成本 $F_{ws}=4$ 单位，从制造厂接收区到仓库存储区的单次配送成本 $F_{rw}=6$ 单位，从接收区到集配物料区的单次配送成本 $F_{rs}=8$ 单位。从制造厂接收区到仓库存储区配送时，单次运输容量 $C_{rw}=500$ 单位。从制造厂接收区到集配物料区配送时，单次运输容量 $C_{rs}=60$ 单位。

假设零部件 i 的单位时间需求为 d_i个单位，分别对模式一和模式二进行物流成本计算。物流成本的单位为根据需求量的单位确定的相对量。表 8-9 所示为当运输路径不变时，不同车间物流模式的物流成本随着零部件需求量不同的变化趋势。TC_1 和 TC_2分别表示模式一和模式二的制造车间物流成本。

表 8-9 物流成本与需求量变化趋势

需 求 量	TC_1	TC_2
10	73.0	73.1
15	101.1	99.6
20	128.2	126.2
25	146.2	152.7
30	182.2	179.2
35	193.4	205.8
40	236.3	232.3
45	240.1	258.9

由计算结果可知，零部件 i 在需求量小的情况下，模式一和模式二的物流成本相差不大。但是随着零部件消耗量的增加，不同的零部件消耗量所对应的最优配送模式则发生了变化，物流成本与需求量变化趋势如图 8-13 所示。同属于集配零部件，根据消耗量的不同，零部件可采用不同的物流配送方式。而且，当生产计划发生改变时，物流配送方式可随着生产计划进行优化，以达到降低物流成本的目的。对于多种零部件，则可根据物流方式的不同进行分类，同一配送模式则可集中配送。

汽车零部件多而复杂，采用集配可以减少线边存放、提高生产效率。但是车间内集配存储区面积有限，因为生产计划在一定时间内是稳定的，因此采用文中所述方法，可以优化集配零件配送方式，降低物流成本。

五、结语

汽车总装线的多品种混流生产使得其物流非常复杂，精益物流是保证混流装配线高效生产的途径，而集配是精益物流的重要手段。

本文分析了集配系统下两种不同的物流配送模式，建立了两种不同模式下的物流成本模型。然后通过实例分析，得到了物流成本随着零部件消耗量变化的趋势。结果表明，不同的零部件，在消耗量发生变化的情况下，最优配送模式也会发生变化，因此，在精益物流中，需要根据不同的零部件选择最优的配送模式，从而保证物流成本最低。

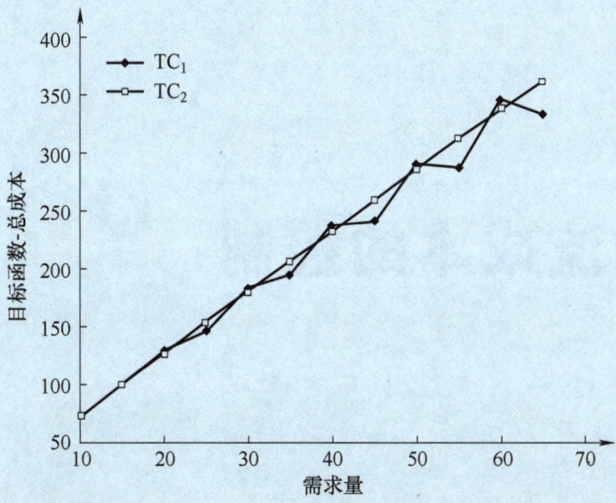

图 8-13　物流成本与需求量变化趋势

思　考　题

1. 简述物流成本分析的方法。
2. 简述用于物流成本分析的成本指标。
3. 简述物流成本预测的步骤。
4. 简述物流成本预测的方法。
5. 各类物流成本之间的悖反关系是怎样的？
6. 如何通过差量分析法进行物流成本决策？
7. 如何利用量本利分析进行物流成本决策？

习　　题

1. 某物流企业的物流服务单价为 70 元，上一年的成本资料如下：

直接材料 25 元/件，直接人工 5 元/件；

间接成本：固定成本 80 000 元/年，变动成本 6 元/件；

销售成本：固定成本 40 000 元/年，变动成本 7 元/件。

请回答：

（1）如今年的目标利润为 70 000 元，该企业物流服务的业务量必须达到多少？

（2）如该企业最大物流处理量为 5 000 件/年，利润最多为多少？

（3）如该企业最大物流处理量为 5 000 件/年，且今年必须要完成 70 000 元的目标利润，那么在固定成本不变的情况下，单位变动成本至少要降低多少？

2. 某物流服务产品固定成本 250 000 元/年，变动成本 45 元/件，价格与业务量的关系如表 8-10 所示。

表 8-10　价格与业务量的关系

单价（元/件）	业务量（件）	单价（元/件）	业务量（件）
100	9 000	150	4 000
120	7 000	200	2 000

请问以上定价中，何种价格可使该物流服务产品的利润最大？

第九章

物流成本的控制

作　用

成本控制是成本管理的最主要内容，本章对物流成本控制的概念和方法进行介绍，重点讲述两种常用的成本控制方法：标准成本法和目标成本法。通过本章的学习，学生可以掌握物流成本控制的理念和操作方法。

关　键

- 物流成本控制的基本程序、内容
- 标准成本的制定、成本差异的计算与分析
- 目标成本的确定和分解

第一节　物流成本控制概述

物流成本控制是企业在物流活动中依据物流成本标准，对实际发生的物流成本进行严格审核，发现浪费，进而采取不断降低物流成本的措施，实现预定的物流成本目标。进行物流成本控制，应根据物流成本的特性和类别，在物流成本的形成过程中，对其事先进行规划，事中进行指导、限制和监督，事后进行分析评价，总结经验教训，不断采取改进措施，使企业的物流成本不断降低。

现代物流成本控制是企业全员控制、全过程控制、全环节控制和全方位控制，是商品使用价值和价值结合的控制，是经济和技术结合的控制。在现代企业管理中，物流成本控制占有十分重要的地位，它突破了传统物流成本管理把物流成本局限为“唯成本而成本”的研究领域，把重心转向企业整体战略这一更为广阔的研究领域。

一、现代物流成本控制意识

现代物流成本控制意识是指企业管理人员对物流成本管理和控制足够重视，不受“物流成本控制即为物流成本降低，物流成本到一定程度即无法再降低”的传统思维定式的束缚，充分认识到企业物流成本降低的潜力是无穷无尽的。确实，在相关指标不变的情况下，降低物流成本支出的绝对额，会相应地增加企业的收益，而单纯的物流成本降低确实是有限度的。然而，在各项经济指标发生变化的情况下，有时增加物流成本支出的绝对额，反而会相应地增加企业的收益。因此，现代企业物流成本控制的内容不仅仅是孤立地

降低物流成本，其目的是从成本与效益的对比中寻找物流成本的最小化。必须指出，这种无穷尽降低物流成本的思想必须依靠战略构筑、组织措施的配合才能形成现代完整意义上的物流成本意识。其表现为：一方面把降低物流成本的工作扩展到供应、生产和设计等各个部门，形成全企业、全员式的降低物流成本的格局，形成贯穿企业各部门的物流成本控制意识；另一方面将降低物流成本从战略布局的高度加以定位，即从选择开发项目种类、进行可行性研究起就注入对物流成本的思考，确立具有长期发展观的成本意识。成本效益理念可通俗地表述为“为了省钱而花钱”的思想，即为了未来的更多收益应该支出某些短期看来似乎高昂的费用。例如，引进新型物流设备可能导致一笔较大的支出，但是在今后设备使用期间内，因设备利用效率的提高而增加的效率加上设备维修费用降低的综合效益，可能抵补支出而有余，这样就总体而言，效益有所增加。树立现代物流成本控制意识，运用成本-效益分析，可以为企业创造更大收益，所以为未来“增效”而树立物流成本效益的理念是极为重要的。

物流成本控制的现代化主要表现为以下几个方面：

（1）物流成本控制思想革新化。传统的算账报账型成本管理模式只采用手工操作，不考虑先进的控制手段；只依靠企业财务部门，不注意发挥广大员工的积极性。这就需要在物流成本控制的观念上革新，要树立竞争观念、效益观念、经营观念、法制观念和开拓观念等新的观念。

（2）物流成本控制组织合理化。这是管理现代化的保证，没有组织上的保证，企业就很难把现有的人力、物力和财力组织好，就不可能发挥最大的总体效益。物流成本控制组织合理化就是要求实行统一领导、分级控制的原则，要建立物流成本控制责任制度，保证目标物流成本的顺利实现。

（3）物流成本控制方法科学化。要总结我国物流成本控制的好经验，引进国外现代化成本控制方法，相互融合，发展提高。目前采用的主要有目标成本法、标准成本法、责任成本法、作业成本法等多种方法。

（4）物流成本控制手段电子化。在物流成本控制中应用电子计算机，不但可替代一些繁重的事务性劳动，而且可以加速信息处理，便于建立物流成本管理信息系统，使管理人员及时做出正确决策。同时，还应推广应用先进的检测手段和显示监控装置，加强对物质消耗和流向的控制，为物流成本控制和计算创造条件。

（5）物流成本控制人才专业化。要培养一支能够适应物流成本控制现代化需要的专业人员队伍，只有这样，才能推动物流成本控制工作不断前进，保证物流成本控制现代化早日实现。

总之，管理思想是灵魂，管理人才是关键，管理组织是保证，管理方法和管理手段是条件。这五个方面的内容应该配套，并同步进行，才能共同推动物流成本管理向着现代化方向迈进。

二、物流成本控制的基本程序

物流成本控制应贯穿于企业生产经营的全过程。一般来说，物流成本控制应包括以下几项基本程序：

1. 制定成本标准

物流成本标准是物流成本控制的准绳，是对各项物流费用开支和资源耗费所规定的数量限度，是检查、衡量、评价实际物流成本水平的依据。物流成本标准应包括物流成本计划中规定的各项指标，但物流成本计划中的一些指标通常都比较综合，不能满足具体控制的要求，这就必须规定一系列具体的标准，确定这些标准可以采用计划指标分解法、预算法、定额法等。在采用这些方法确定物流成本控制标准时，一定要进行充分的调查研究和科学计算，同时还要正确处理物流成本指标与其他技术经济指标的关系（如与质量、生产效率等的关系），从完成企业的总体目标出发，进行综合平衡，防止片面性，必要时还应进行多种方案的择优选用。

2. 监督物流成本的形成

这就是根据控制标准，对物流成本形成的各个项目经常地进行检查、评比和监督，不仅要检查指标本身的执行情况，而且要检查和监督影响指标的各项条件，如物流设施、设备、工具及工人技术水平和工作环境等。所以，物流成本日常控制要与企业整体作业控制等结合起来进行。物流成本日常控制的主要方面有：物流相关直接费用的日常控制、物流相关工资费用的日常控制和物流相关间接费用的日常控制。上述各种与物流相关联的费用的日常控制，不仅要有专人负责和监督，而且要使费用发生的执行者实行自我控制，还应当在责任制中加以规定。这样才能调动全体员工的积极性，使成本的日常控制有群众基础。

3. 及时揭示并纠正不利偏差

揭示物流成本差异即核算确定实际物流成本脱离标准的差异，分析差异的成因，明确责任的归属。针对物流成本差异发生的原因，分清情况，分清轻重缓急，提出改进措施，加以贯彻执行。对于重大差异项目的纠正，一般采用下列程序：

（1）提出降低物流成本的课题。从各种物流成本超支的原因中，提出降低物流成本的课题。这些课题首先应当是那些成本降低潜力大、各方关心、可能实行的项目。提出课题的要求，包括课题的目的、内容、理由、根据和预期达到的经济效益等。

（2）讨论和决策。课题选定以后，应发动有关部门和人员进行广泛的研究和讨论。对重大课题，要提出多种解决方案，然后进行各种方案的对比分析，从中选出最优方案。

（3）确定方案实施的方法、步骤及负责执行的部门和人员。

（4）贯彻执行确定的方案。在执行过程中也要及时加以监督检查。方案实现以后，还要检查方案实现后的经济效益，衡量是否达到了预期的目标。

4. 评价和激励

评价物流成本目标的执行结果，根据物流成本控制的业绩实施奖惩。

三、物流成本控制必须遵循的原则

为了有效地进行物流成本控制，必须遵循以下原则：

1. 经济原则

这里所说的“经济”是指节约，即对人力、物力和财力的节省，它是提高经济效益的核心，因而，经济原则是物流成本控制最基本的原则。

2. 全面原则

在物流成本控制中实行全面性原则，具体说来有如下三方面的含义：

（1）全过程控制。物流成本控制不限于生产过程，而是从生产向前延伸到投资、设计，向后延伸到用户服务成本的全过程。

（2）全方位控制。物流成本控制不仅对各项费用发生的数额进行控制，而且还对费用发生的时间和用途加以控制，讲究物流成本开支的经济性、合理性和合法性。

（3）全员控制。物流成本控制不仅要有专职物流成本管理机构和人员参与，而且还要发挥全体员工在物流成本控制中的重要作用，使物流成本控制更加深入和有效。

3. 责、权、利相结合原则

只有切实贯彻责、权、利相结合的原则，才能使物流成本控制真正发挥其效益。显然，企业管理当局在要求企业内部各部门和单位完成物流成本控制职责的同时，必须赋予其在规定的范围内有决定某项费用是否可以开支的权力。如果没有这种权力，也就无法进行物流成本控制。此外，还必须定期对物流成本业绩进行评价，据此实行奖惩，以充分调动各单位和职工进行物流成本控制的积极性和主动性。

4. 目标控制原则

目标控制原则是指企业管理当局以既定的目标作为管理人力、物力、财力和完成各项重要经济指标的基础，即以目标物流成本为依据，对企业经济活动进行约束和指导，力求以最小的物流成本获取最大的盈利。

5. 重点控制原则

所谓重点控制，简言之，就是对超出常规的关键性差异进行控制，旨在保证管理人员将精力集中于偏离标准的一些重要事项上。企业日常出现的物流成本差异成千上万、头绪繁杂，管理人员对异常差异实行重点控制，有利于提高物流成本控制的工作效率。重点控制是企业进行日常控制所采用的一种专门方法，盛行于西方国家，特别是在对物流成本指标的日常控制方面应用得更为广泛。

四、成本控制的内容

物流成本控制按控制的时间具体可分为物流成本事前控制、物流成本事中控制和物流成本事后控制几个环节。

（1）物流成本事前控制是在物流活动或提供物流作业前对影响物流成本的经济活动进行事前的规划、审核，确定目标物流成本。它是物流成本的前馈控制。

（2）物流成本事中控制是在物流成本形成过程中，随时对实际发生的物流成本与目标物流成本进行对比，及时发现差异并采取相应措施予以纠正，以保证物流成本目标的实现，它是物流成本的过程控制。物流成本事中控制应在物流成本目标的归口分级管理的基础上进行，严格按照物流成本目标对一切生产经营耗费随时随地进行检查审核，把可能产生损失浪费的苗头消灭在萌芽状态，并且把各种成本偏差的信息及时地反馈给有关的责任单位，以利于及时采取纠正措施。

（3）物流成本事后控制是在物流成本形成之后，对实际物流成本的计算、分析和考核，它是物流成本的后馈控制。物流成本事后控制通过实际物流成本和一定标准的比较，确定物流成本的节约或浪费，并进行深入的分析，查明物流成本节约或超支的主客观原因，确定其责任归属，对物流成本责任单位进行相应的考核和奖惩。通过对物流成本的分析，为日后的物流成本控制提出积极的改进意见和措施，进一步修订物流成本控制标准，改进各项物流成本控制制度，以达到降低物流成本的目的。

物流成本的事中控制主要针对具体各个物流成本费用项目进行实地实时的分散控制。而物流成本的综合性分析控制，一般只能在事后才可能进行。物流成本事后控制的意义并不是消极的，大量的物流成本控制工作有赖于物流成本事后控制来实现。从某种意义上讲，控制的事前与事后是相对而言的，本期的事后控制，也就是下期的事前控制。

第二节　标准成本法

一、标准成本法概述

标准成本法是在泰勒的生产过程标准化思想的影响下，于 20 世纪 20 年代在美国产生的，是泰勒科学思想在成本管理中的具体体现。刚开始时它只是一种比较简单的统计分析方法，经过不断完善和发展，它已成为在理论上较为完善，在实际中行之有效的成本控制系统之一，现在已经相当普遍地为企业所采用。

标准成本法与产品成本计算的其他方法不同。其他成本计算方法计算出的产品成本是产品的实际成本，即生产过程中实际耗费的各种费用，而标准成本法下的产品成本，不是产品的实际成本，而是产品的标准成本。因此，标准成本法更重要的是被用来加强成本控制，在本质上它是一种成本管理方法，这是标准成本法与其他成本计算方法的本质区别。

采用标准成本系统具有以下优点：第一，能对成本数据进行有效的分析。通过对比，可以确定成本脱离标准的差异，并使管理人员的注意力集中于成本差异。第二，使用标准成本，可以减少簿记标准工作量。第三，标准成本中已剔除了各种不合理因素，从而使材料在在产品和产成品的计价时更为科学。

标准成本法并不单纯是一种成本计算方法，而是一种将成本计算和成本控制相结合的，一个包括制定标准成本、计算和分析成本差异、处理成本差异三个环节的完整系统。它以标准成本为基础，把成本的实际发生额区分为标准成本和成本差异两部分，并以成本差异为线索，进行分析研究，具体掌握差异的成因和责任，并及时采取有效措施消除不利的差异，实现对成本的有效控制。标准成本系统虽然在期末可以通过一定的方法将标准成本和成本差异重新组合成实际成本，但其并非一种单纯的成本计算方法，标准成本法更重要的是被用来加强成本控制，在本质上它是一种成本管理方法。

标准成本是通过精确的调查、分析与技术测定而制定的，用来评价实际成本、衡量工作效率的一种预计成本。在标准成本中，基本上排除了不应该发生的“浪费”，因此它被认为是一种“应该成本”。标准成本要体现企业的目标和要求，主要用于衡量物流企业经营过程的工作效率和控制成本。

“标准成本”有两种含义：

一种是指单位物流服务的标准成本，它是根据单位物流服务的标准消耗量和标准单价计算出来的，准确地来说应该称为“成本标准”。

成本标准＝单位物流服务标准成本＝单位物流服务标准消耗量×标准单价

另一种是指实际产量的标准成本，是根据实际产品产量和单位物流服务成本标准计算出来的。

标准成本＝实际产量×单位物流服务标准成本

实施标准成本一般有七个步骤：①制定单位物流服务的标准成本。②根据实际产量和成本标准计算物流服务的标准成本。③汇总计算实际成本。④计算标准成本与实际成本的差异。⑤分析成本差异的产生原因。如果标准成本纳入账簿体系的，还要进行分析标准成

本及其成本差异的账务处理。⑥向成本负责人提供控制报告。⑦评价成本目标的执行结果，根据成本业绩实施奖惩。

二、标准成本的分类

（一）理想标准成本和正常标准成本

标准成本按其制定所根据的生产技术和经营管理水平，分为理想标准成本和正常标准成本。

理想标准成本是以现有生产经营条件处于最优状态为基础确定的最低水平的成本。它通常是根据理论上的生产要素耗用量，最理想的生产要素价格和可能实现的最高生产经营能力利用程度来制定的。采用这种标准成本不允许有任何的失误、浪费和损失。由于这种标准成本未考虑客观存在的实际情况，提出的要求过高，很难实现，故实际工作中很少采用，它的主要用途是提供一个完美的工作目标，揭示实际成本下降的潜力。

正常标准成本是根据正常的耗用水平、正常的价格和正常的生产经营能力利用程度制定的标准成本。在制定这种标准成本时，把生产经营活动中一般难以避免的损耗和低效率等情况也计算在内，使之切合下期的实际情况，成为切实可行的控制成本。这种标准成本的实现既非易事，也非高不可攀，而是经过努力可以达到的。

在标准成本法中，广泛使用正常标准成本。它具有以下特点：①它是用科学方法根据客观实际和过去实践经充分研究后制定出来的，具有客观性和科学性。②它排除了各种偶然性和意外情况，又保留了目前条件下难以避免的损失，代表正常情况下的消耗水平，具有现实性。③它是应该发生的成本，可以作为评价业绩的尺度，成为督促员工去努力争取的目标，具有激励性。④它可以在工艺技术水平和管理有效性水平变化不大时持续使用，不需要经常修订，具有稳定性。

（二）现行标准成本和基本标准成本

标准成本按其适用期，分为现行标准成本和基本标准成本。

现行标准成本是指根据其适用期应该发生的价格、效率和生产经营能力利用程度等预计的标准成本。现行标准成本是在现有生产技术条件下进行有效经营的基础上，根据下一期最可能发生的生产要素的消耗量、预计价格和预计生产经营能力利用程度制定出来的标准成本。这种标准成本可以包括管理当局认为短期还不能完全避免的某些不应有的低效、失误和超量消耗。因其切实可行，这种标准成本最适用于在经济形式变化多端的情况下使用。

基本标准成本是指一经制定，只要生产的基本条件无重大变化，就不予变动的一种标准成本。这种标准成本一经制定，长期保持不变，它可以使各个时期的实际成本以同一标准进行比较，以反映成本的变化。但由于基本标准成本不按各期实际修订，不宜用来直接评价工作效率和成本控制的有效性，因此，在实际工作中，基本标准成本很少被人们采用。

三、标准成本的制定

标准成本由物流服务的直接材料、直接人工和间接费用三部分组成，通常以直接材料、直接人工和间接费用三大项目按其性态划分为的变动成本与固定成本作为制定标准的基础。尽管这三大项目的具体性质各有不同，但在制定标准成本时，无论是哪一个成本项目，都需要分别确定其用量标准和价格标准，两者相乘后得出成本标准。

用量标准包括单位物流服务材料消耗量、单位物流服务直接人工工时等，主要由生产技术部门主持制定，吸收执行标准的部门和员工参加。

价格标准包括原材料单价、小时工资率、小时间接费用分配率等，由会计部门和有关其他部门共同研究确定。采购部门是材料价格的责任部门，劳资部门和生产部门对小时工资率负有责任，各生产车间或部门对小时间接费用率承担责任，在制定有关价格标准时，成本管理部门要与有关部门进行协商研究确定。

大多数企业都以正常标准成本为基础，即根据正常的工作效率、正常的经营管理水平和正常的价格规定标准成本。制定标准成本时既要考虑过去较长时期的实际平均水平，又要消除企业经营活动中的异常情况，并估计未来的生产发展趋势。

（一）直接材料的标准成本

在单位物流服务的标准成本中，直接材料标准成本是生产单位产品所需各种直接材料的标准用量同这些材料在正常情况下的价格的乘积之和。直接材料的标准用量是指在现有物流运作条件和经营管理水平下，提供单位物流服务所需的材料数量。其中包括必不可少的消耗，以及各种难以避免的损失等。直接材料的标准用量是用统计方法、工业工程法或其他技术分析方法确定的。

"价格"标准是指事先确定的购买材料、燃料和动力应付的标准价格，包括发票价格、运费、检验和正常损耗等成本，是取得材料的完全成本。

（二）直接人工的标准成本

直接人工的标准成本是单位物流服务所需消耗的各种人工的标准工时数同其相应的标准小时工资率的乘积之和。其中的标准工时数是指在现有物流运作条件和经营管理水平下，提供单位物流服务所需要的工作时间，包括进行物流作业的直接加工所费工时、必要的间歇和停工时间所费的工时等。

工资率标准，也就是每一标准工时应分配的工资。需要注意的是，工资率标准应按现行工资制度所定的工资水平计算确定。如果采用计件工资制，标准工资率是预定的每件产品支付的工资除以标准工时；如果采用月工资制，需要根据月工资总额和可用工时总量来计算标准工资率。

（三）间接费用的标准成本

间接费用的标准成本是单位物流服务标准工时数与事先确定的标准分配率的乘积。制定间接费用的标准成本时，标准工时数是指在现有物流运作条件和经营管理水平下提供单位物流作业所需的直接人工小时（或机器小时）。

间接费用分配率标准取决于两个因素：①产量标准，即企业充分利用现有生产能力所可能达到的最高作业量。由于许多企业物流服务种类繁多，作业量无法以实物单位汇总，因此，产量标准通常用直接人工小时或机器小时表示。②间接费用预算，它所确定的费用发生额（区分变动费用和固定费用）与产量标准之比，就是间接费用的分配率标准。

间接费用的标准成本分为变动间接费用的标准成本和固定间接费用的标准成本两部分。如果企业采用变动成本法进行成本计算，固定间接费用不计入物流成本，因此标准成本中不包括固定间接费用。在这种情况下，不需要制定固定间接费用的标准成本，固定间接费用的控制则通过预算管理来进行。如果采用完全成本法计算成本，固定间接费用要计入物流成本，还需要确定其标准成本。

将直接材料、直接人工和变动间接费用的标准成本相加，即得按变动成本法计算的单位物流服务标准成本，再加上固定间接费用的标准成本，即可得按完全成本法计算的单位物流服务标准成本。在实际工作中，标准成本制定可采用单位物流作业标准成本卡的形式进行。

四、成本差异的计算与分析

成本差异是指实际成本与标准成本之间的差额。实际成本超过标准成本所形成的差异叫作不利差异、逆差或超支；实际成本低于标准成本所形成的差异叫作有利差异、顺差或节约。

按成本项目可将成本差异分解为直接材料差异、直接人工差异和间接费用差异。其中，间接费用差异又可分为变动制造费用差异和固定制造费用差异。计算分析成本差异的主要目的在于查明差异形成的原因，以便及时采取措施消除不利差异，并为成本控制、考核和奖惩提供依据。

（一）变动成本差异的计算

直接材料、直接人工和变动间接费用都属于变动成本，其成本差异分析的基本方法相同。由于它们的实际成本高低取决于实际用量和实际价格，标准成本的高低取决于标准用量和标准价格，所以其成本差异可以归结为价格脱离标准造成的价格差异与用量脱离标准造成的数量差异两类。

成本差异＝实际成本－标准成本

＝实际数量×实际价格－标准数量×标准价格

＝实际数量×实际价格－实际数量×标准价格＋实际数量×标准价格－标准数量×标准价格

＝实际数量×（实际价格－标准价格）＋（实际数量－标准数量）×标准价格

＝价格差异＋数量差异

（二）固定间接费用差异的计算

固定间接费用的差异分析与各项变动成本差异分析不同，其分析方法有“二因素分析法”和“三因素分析法”两种。

1. 二因素分析法

二因素分析法是将固定间接费用差异分为耗费差异和能量差异。

耗费差异是指固定制造费用的实际金额与固定制造费用预算金额之间的差额。固定费用与变动费用不同，不因业务量而变，故差异分析有别于变动费用。在考核时不考虑业务量的变动，以原来的预算数作为标准，实际数超过预算数即视为耗费过多。其计算公式为

固定间接费用耗费差异＝固定间接费用实际数－固定间接费用预算数

能量差异是指固定制造费用预算与固定制造费用标准成本的差额，或者说是实际业务量的标准工时与生产能量的差额用标准分配率计算的金额。它反映未能充分使用现有生产能量而造成的损失。其计算公式为

固定间接费用能量差异＝固定间接费用预算数－固定间接费用标准成本

＝固定间接费用标准分配率×生产能量－固定间接费用标准分配率×作业量

＝（生产能量－作业量）×固定间接费用标准分配率

2. 三因素分析法

三因素分析法是将固定制造费用成本差异分为耗费差异、闲置能量差异和效率差异三部分。耗费差异的计算与二因素分析法相同。不同的是要将二因素分析法中的“能量差异”进一步分为两部分：一部分是实际工时未达到标准能量而形成的闲置能量差异；另一部分是实际工时脱离标准工时而形成的效率差异。其计算公式为

固定间接费用闲置能量差异 = 生产能量×固定间接费用标准分配率-实际工时×固定间接费用标准分配率
= (生产能量-作业量)×固定间接费用标准分配率

固定间接费用效率差异 = 固定间接费用标准分配率×实际工时-固定间接费用标准分配率×实际产量标准工时
= (实际工时-作业量)×固定间接费用标准分配率

(三) 成本差异的形成原因和责任归属

确定了成本差异后，就应进一步分析差异产生的具体原因及其责任归属，采取有力的措施，消除不利差异，发展有利差异，以实现有效的成本控制。产品实际成本脱离标准成本的因素纷繁复杂，既有客观因素，也有主观因素，有可控因素，也有不可控因素。在明确成本差异责任时，应以成本能否为各职能部门或个人所控制为基础。例如，材料价格差异应由采购部门负责。因为材料购买价格的高低、采购费用的高低，采购部门大体上是可以控制的。但是，决定材料价格的因素是多方面的，有些引起材料价格变动的因素，会超出采购部门的控制范围，如因市场供求关系变化所引起的价格变动，就是采购部门所不能控制的。又如，因临时性需要进行紧急采购时，由于改变运输方式（如由陆运改为空运）而引起的价格差异，也不应由采购部门负责，而应由造成这种情况的有关部门负责。

总之，由于影响各个成本项目差异的因素是多种多样的，所以在进行成本差异分析时，应从实际出发，认真分析产生差异的具体原因，以便有针对性地采取改进措施。

五、实例

某物流企业的物流成本计算采用标准成本计算系统，与 A 产品有关的成本资料如表 9-1 所示。

表 9-1　单位产品标准成本

	标 准 价 格	标 准 数 量	标准成本(元/件)
直接材料	3 元/kg	10kg/件	30
直接人工	4 元/h	4h/件	16
变动间接费用	1.5 元/h	4h/件	6
固定间接费用	1 元/h	4h/件	4
单位产品标准成本			56

该企业本月生产销售 A 产品 2 450 件。购入原材料 30 000kg，实际成本 88 500 元；本月生产消耗原材料 25 500kg；实际耗用工时 9 750h；应付生产工人工资 40 000 元；实际发生变动间接费用 15 000 元；预计生产能量 11 000h；实际发生固定间接费用 10 000 元。要求：计算 A 产品的成本差异。

(1) 直接材料成本差异：

直接材料成本差异＝实际成本－标准成本

＝实际数量×实际价格－标准数量×标准价格

＝[25 500×(88 500/30 000)－2 450×3×10]元＝1 725 元

其中：

价格差异＝实际数量×(实际价格－标准价格)

＝[25 500×(88 500/30 000－3)]元＝－1 275 元

数量差异＝(实际数量－标准数量)×标准价格

＝[(25 500－2 450×10)×3]元＝3 000 元

直接材料成本差异＝价格差异＋数量差异

＝（－1 275＋3 000）元＝1 725 元

（2）直接人工成本差异：

直接人工成本差异＝实际人工成本－标准人工成本

＝(40 000－2 450×16)元＝800 元

其中：

直接人工效率差异＝(实际工时－标准工时)×标准工资率

＝[(9 750－2 450×4)×4]元＝－200 元

直接人工工资率差异＝实际工时×(实际工资率－标准工资率)

＝[9 750×(40 000/9 750－4)]元＝1 000 元

直接人工成本差异＝直接人工效率差异＋直接人工工资率差异

＝(－200＋1 000)元＝800 元

（3）变动间接费用的差异分析：

变动间接费用的差异＝实际间接费用－标准间接费用

＝(15 000－2 450×6)元＝300 元

其中：

变动间接费用效率差异＝(实际工时－标准工时)×变动费用标准分配率

＝[(9 750－2 450×4)×1. 5]元＝－75 元

变动间接费用耗费差异＝实际工时×(变动费用实际分配率－变动费用标准分配率)

＝[9 750×(15 000/9 750－1. 5)]元＝375 元

变动间接费用的差异＝变动间接费用效率差异＋变动间接费用耗费差异

＝(－75＋375)元＝300 元

（4）固定间接费用的差异分析：

固定间接费用的差异＝实际固定间接费用－标准固定间接费用

＝(10 000－2 450×4)元＝200 元

其中：

固定间接费用耗费差异＝固定间接费用实际数－固定间接费用预算数

＝(10 000 元－1×11 000)元＝－1 000 元

固定间接费用能量差异＝固定间接费用预算数－固定间接费用标准成本

＝生产能量×固定间接费用标准分配率－

实际产量标准工时×固定间接费用标准分配率

＝(生产能量－实际产量标准工时)×固定间接费用标准分配率

＝(11 000×1－2 450×4×1)元＝1 200 元

固定间接费用的差异=固定间接费用耗费差异+固定间接费用能量差异
=(-1 000+1 200)元=200 元

第三节　目标成本法

一、目标成本法概述

目标成本法是战略成本管理所用的新工具之一。所谓目标成本（Target Cost），是指根据市场调查，预计可实现的物流营业收入，为了实现目标利润而必须达成的成本目标值。换句话说，即生命周期成本下的最大成本容许值。

目标成本法从本质上看，就是一种对企业的未来利润进行战略性管理的技术。目标成本法使得“成本”成为产品开发过程中的积极因素，而不是事后消极结果。企业只要将待开发产品的预计售价扣除期望的边际利润，即可得到目标成本，然后关键便是设计能在目标成本水平上满足客户需求并可投产制造的产品。

与传统的成本管理思想相比，目标成本规划所体现的成本管理思想主要反映在以下四个方面：

（1）传统成本管理的范围将注意力集中于生产制造过程的控制，目标成本法的实施意味着成本管理的范围得以向产品的整个生命周期扩张。国外有学者将产品成本的管理范围由制造过程转向涵盖产品的整个生命周期的做法称之为“从摇篮到坟墓”式的管理。这种成本控制方法至少有三个优点：①它强调与每一产品相关的收入和成本，克服了传统成本只重视制造成本，而忽视上游领域（如研究与开发）和下游领域（如客户服务）的成本。②它突出了产品生命周期中成本发生比率的差异，有利于明确成本管理的重点。③它突破了传统成本管理的时间跨度只能以日历年度为极限（与会计报表的编制相对应）的主观做法，将其延长至产品的整个生命周期，从而与经济实质更相吻合。

（2）目标成本法中所确定的各个层次的目标成本都直接或间接地来源于激烈竞争的市场，按照这种目标成本进行成本控制和业绩评价，显然有助于增强企业的竞争地位。而传统的成本管理手段则是根据企业自身的状况从内部确定各种成本标准，揭示各种差异，从而达到成本控制和业绩评价的目的。这种做法虽然有助于提高企业的生产效率，但在市场瞬息万变的情况下，对企业竞争地位的提高不会产生很大的帮助。

（3）整个目标成本法的枢纽部分是确定产品层次的目标成本。从国外的经验来看，该目标成本是由产品的联合开发设计小组根据市场信息、内部潜力和对供应商的潜力的挖掘而确定的。这意味着成本管理的重点将由传统观念下的生产制造过程转移到产品的开发设计过程。之所以如此，是因为人们逐渐认识到，产品的制造成本在一定程度上是由产品的设计阶段所确定的。例如，产品的功能设计得越复杂，制造成本也要相应增大。特别是随着信息技术的发展和消费者日益追求个性化产品，迫使企业要不断加大产品的创新力度，尽可能地根据顾客的需要提高产品的功能和质量，从而使得产品的制造成本与产品的功能和质量的设计之间的关系越来越密切。

（4）目标成本法改变了为降低成本而降低成本的传统观念，取而代之为战略性成本管理的观念。战略性成本管理所追求的是在不损害企业竞争地位前提下降低成本的途径。如果成本降低的同时削弱了企业的竞争地位，这种成本降低的策略就是不可取的。如果成本

的增加有助于增强企业的竞争实力，则这种成本增加就是值得鼓励的。例如，市场调查表明顾客需要某种产品增加一种功能，这种做法会导致产品制造成本的增加，但如果不增加这种成本，企业的竞争地位就会受到削弱，产品的设计者就必须为产品增设这种功能。成本管理中的这种辩证思维在传统的成本管理观念中是很难找到影子的。原因很简单，传统的成本管理只注重事中和事后管理，完全忽视了事前管理。而目标成本管理旨在确定各个层次的目标成本，表明该方法或技术的落脚点完全是事前管理。

目标成本法是以实现目标利润为目的，以目标成本为依据，对企业的经营活动发生的各种支出进行全面的管理。它与传统的成本管理相比，主要有以下区别：

（1）指导思想不同。传统的成本管理是以基期的成本水平为依据，考虑到计划期有关因素变动对成本的影响来确定计划期的成本水平，并以此为依据进行成本管理。目标成本法是以市场为导向，围绕企业的经营管理目标所进行的成本管理，取决于企业的目标利润水平。

（2）管理的范围不同。传统成本管理的范围只局限于事中、事后的成本管理。目标成本法的范围是将企业的全部经营活动作为一个系统，从事前的成本预测到成本的形成及事后的成本分析实行全面的、全过程的管理，将全部经营活动中的一切耗费都置于成本控制之下。

（3）管理的侧重点不同。传统的成本管理侧重于事后算账，虽然也进行成本分析，提出改进意见，但改进措施的实施要等到下一个成本管理期间。目标成本法则把工作重点放在事前控制和事中控制，及时分析差异，采取措施消除不利因素，加强了成本的控制地位。

（4）管理责任的区分不同。传统成本管理以成本的形成作为成本管理的出发点和归宿点。目标成本法强调成本指标的分解归口管理，在各自责任范围内有效地控制成本，强调严格划分各责任单位的经济责任。

二、目标成本的确定

传统产品的设计和售价决定方法与目标成本法有所不同，传统法是先做市场调查后设计新产品，再计算出产品成本，然后再估计产品是否有销路，最后加上所需利润计算出产品的售价。

目标成本法在产品企划与设计阶段就先做市场调查制定出目标售价（最可能被消费者接受的售价），其次根据企划中长期计划制定出目标利润，最后以目标售价减去目标利润即为产品的目标成本。其计算公式为

$$目标成本=目标售价-目标利润$$

目标成本的确定流程如图 9-1 所示。

目标成本的确定一般包括制定目标售价、确定目标利润和制定目标成本三个步骤。

（一）制定目标售价

目标售价的制定通常可运用下列两种方法：

1. 消费者需求研究方法

新产品推出前要先做市场研究，以回答一些问题，如市场目前和将来需要的是什么样的产品，消费者需要这些产品具有哪些功能与特色，这些产品的需求量如何，客户能接受的价格是多少？

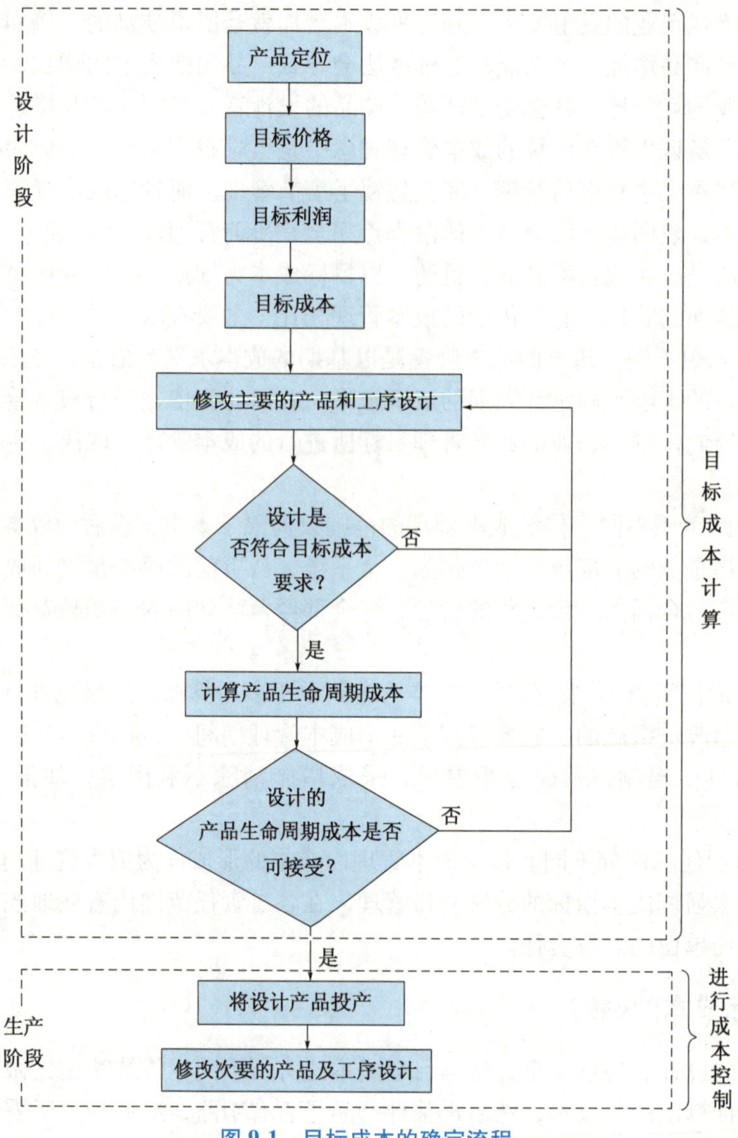

图 9-1　目标成本的确定流程

主要对以下问题进行调查研究：

（1）对经济、政治、人口、产业等宏观或总体性资料进行收集与预测。

（2）对过去、目前和将来的顾客做系统的消费者需求调查。

（3）选取特定消费者样本群体，对他们的需求做深入研究。

2. 竞争者分析方法

收集竞争对手及其产品的资料与将来计划，这些资料及分析可回答一些问题。例如，竞争对手现有哪些产品，将来可能有哪些产品；竞争对手产品品质、服务水平如何；竞争对手产品有哪些功能及特性，价格水平如何？

可以将主要竞争对手产品的资料收集在品质功能矩阵表里，然后将本企业的产品资料与竞争对手的资料进行比较。

在确定目标售价时应时刻牢记，销售价格能否提高主要取决于顾客对产品追加价值的看法，这些追加价值或来自产品的功能或性能的提高，或来自产品质量的提高。企业开发

设计的新产品只有在功能或质量上不但超过了旧产品，而且超过了竞争者的同类产品时，才可以提高售价。另外，考虑到目标定价在整个目标成本规划中的重要性，企业也应十分谨慎地制定尽可能切实可行的目标售价。

（二）确定目标利润

每种产品可能因不同市场需求、售价政策、成本结构、所需投入资本、品质等因素不同，其利润目标也会有所不同。

确定目标利润可采用目标利润率法：

目标利润=预计服务收入×同类企业平均营业利润率

或

目标利润=本企业净资产×同类企业平均净资产利润率

目标利润=本企业总资产×同类企业平均资产利润率

例 9-1　运输企业的平均营业利润率为15%，运输作业的市场价格为1元/(t·km)，某运输企业预计运输作业的作业量为500万t·km，则

目标利润=预计营业收入×同类企业平均营业利润率

=(500×1×15%)万元=75万元

目标总成本=营业收入−目标利润

=(500×1−75)万元=425万元

目标单位成本=目标总成本÷作业量

=425万元÷500万t·km=0.85元/(t·km)

（三）制定目标成本

目标成本为目标售价减去目标利润，按上述方法计算出的目标成本，只是初步的设想，提供了一个分析问题的合乎需要的起点。它不一定完全符合实际，还需要对其可行性进行分析。

目标成本的可行性分析，是指对初步测算得出的目标成本是否切实可行做出分析和判断。分析时，主要是根据本企业实际成本的变化趋势和同类企业的成本水平，充分考虑本企业成本节约的潜力，对某一时期的成本总水平做出预计，看其与目标成本的水平是否大体一致。经过测算，如果预计目标成本是可行的，则将其分解，下达到有关部门和单位。如果经反复测算、挖潜，仍不能达到目标成本，就要考虑放弃该产品，并设法安排剩余的生产能力，如果从全局看不宜停产该产品，也要限定产量，并确定亏损限额。

一种产品的总目标成本确定后，可按成本要素如直接材料成本、直接人工成本、其他直接成本和间接成本等细分制定每一成本要素的目标成本，也可按产品的各部分功能分别制定目标成本。

三、目标成本的分解

目标成本的分解是指将企业总体的目标成本值进行分解，将其落实到企业内部各单位、各部门的过程，目的在于明确责任，确定未来各单位、各部门的奋斗目标。分解目标成本时应结合企业的实际情况进行。通常可以先将总体目标成本分解到各种产品，然后再将各产品的目标成本分解到各车间或工序。

如果某企业属于多品种作业的企业，在这种情况下，应先将企业总体目标成本分解为各作业的目标成本，分解方法在确定每种作业目标销售利润率的基础上，倒推每种作业的

目标成本，最终将各作业目标成本的合计值与企业总体目标成本进行比较并综合平衡，进而确定每种作业的目标成本。这种方法从每种作业的自身盈利状况出发，直接与企业总体目标成本进行比较，无论是企业的总体目标成本还是各作业的目标成本均可采用“倒扣法”予以确定。其计算公式为

企业总体目标成本或每种作业的目标成本=预计营业收入-应交税金-目标利润

其中：

目标利润=预计营业收入×目标销售利润率

例 9-2 假设某企业有甲、乙两种产品。预计甲产品的作业量为 5 000 单位，单价为 600 元，预计应缴纳流转税（包括消费税、城市维护建设税和教育费附加）165 000 元；乙产品的预计作业量为 5 000 单位，单价为 400 元，应缴纳流转税（包括城市维护建设税和教育费附加）为 11 0000 元。该企业以同行业先进的营业利润率为标准确定目标利润，假定同行业先进的营业利润率为 20%。要求：预测该企业的总体目标成本，并说明如果该企业结合实际确定的甲产品的目标营业利润率为 23%，乙产品的目标营业利润率为 18%，在这种情况下，该企业规定的总体目标成本是否合理？

依题意，有：

企业总体的目标成本=[(5 000×600+5 000×400)-(165 000+110 000)-(5 000×600+5 000×400)×20%]元=3 725 000 元

甲产品目标成本=(5 000×600-165 000-5 000×600×23%)元=2 145 000 元

乙产品目标成本=(5 000×400-110 000-5 000×400×18%)元=1 530 000 元

总体目标成本=(2 145 000+1 530 000)元=3 675 000 元<3 725 000 元

说明：虽然各种产品自身的销售利润率与同行业先进的营业利润率不一致，但以此测算的总体目标成本为 3 675 000 元，低于企业规定的总体目标成本 3 725 000 元，因此该企业规定的总体目标成本合理，应将各产品目标成本的预计值纳入计划。

一种产品的目标成本确定以后，应将其自上而下按照企业的组织结构逐级分解，落实到有关的责任中心。具体的分解方法有以下几种：

（1）按管理层次分解。将目标成本按总公司、分公司、部门、班组、个人进行分解。这是一种自上而下的过程。分解的内容包括料、工、费三项。

（2）按管理职能分解。将成本在同一管理层次按职能部门分解。例如，推广部门负责推广费用，配送部门负责配送费用，运输部门负责运输费用，劳资部门负责工资成本，后勤部门负责燃料和动力费用，行政部门负责办公费等。

（3）按服务结构分解。把服务成本分成各种材料消耗和人工成本等，分派给各责任中心。

（4）按服务形成过程分解。按服务设计、服务材料采购、服务的提供、服务的推广过程分解成本，形成每一过程的目标成本。

（5）按成本的经济内容分解。把服务成本分成固定成本和变动成本；再把固定成本进一步分解为折旧费、日常费、办公费、差旅费、修理费等项目，把年度目标成本分为季度或月份成本目标，甚至分解成旬或日的成本目标；把变动成本分解为直接材料、直接人工、各项变动费用。

上述方法，要根据物流企业组织结构和成本形成过程的具体状况选择采用。

四、目标成本——供应链物流成本管理

（一）目标成本——供应链物流成本管理

合作竞争时代的到来，竞争无国界与企业相互渗透的趋势越来越明显，市场竞争实质上已不是单个企业之间的较量，而是供应链与供应链之间的竞争，这对传统企业管理思想产生了巨大的冲击。面对变化反复无常、竞争日趋激烈的市场环境以及客户需要多样化与个性化，消费水平不断提高的市场需求，一方面，企业越来越注重利用自身的有限资源形成自己的核心能力，发挥核心优势；另一方面，充分利用信息网络寻找互补的外部优势，与其供应商、分销商、客户等上下游企业构建供应链网链组织，通过供应链管理，共同形成合作竞争的整体优势。

为了更有效地实现供应链管理的目标，使客户需求得到最大限度的满足，成本管理应从战略的高度分析，与战略目标相结合，使成本管理与企业经营管理全过程的资源消耗和资源配置协调起来，因而产生了适应供应链管理的目标成本法。

供应链管理的目标是通过成员企业的共同努力，创造供应链的整体竞争优势。而传统成本管理方法的目标是达到本企业要求的企业及单个部门的成本最低和客户满意的最大化，从而损害供应链的整体绩效。为了适应供应链管理模式，企业必须剔除传统成本法，实施目标成本法，以有效提高客户满意程度，增强整个供应链的竞争力。目标成本——供应链物流成本管理方法追求供应链总成本的合理化，而不是单个企业功能成本的最小化。

目标成本——供应链物流成本管理是一种全过程、全方位、全人员的成本管理方法。全过程是指从供应链产品的生产到售后服务的一切活动，包括供应商、制造商、分销商在内的各个环节；全方位是指从生产过程管理到后勤保障、质量控制、企业战略、员工培训、财务监督等企业内部各职能部门各方面的工作以及企业竞争环境的评估、内外部价值链、供应链管理、知识管理等；全人员是指从高层经理人员到中层管理人员、基层服务人员、一线生产员工。

（二）目标成本——供应链物流成本的确定

供应链成员企业间的合作关系不同，所选择的确定目标成本的方法也不一样。一般来说，目标成本——供应链物流成本的确定主要有三种形式，即基于价格的目标成本法、基于价值的目标成本法和基于作业成本法的目标成本法。

1. 基于价格的目标成本法

这种方法最适用于契约型供应链关系，而且供应链客户的需求相对稳定。在这种情况下，供应链企业所提供的产品或服务变化较少，也就很少引入新产品。目标成本法的主要任务就是在获取准确的市场信息的基础上，明确产品的市场接受价格和所能得到的利润，并且为供应链成员的利益分配提供较为合理的方案。

2. 基于价值的目标成本法

基于价值的目标成本法以所能实现的价值为导向，即按照供应链上各种作业活动创造价值的比例分摊目标成本。这种按比例分摊的成本成为支付给供应链成员企业的价格。一旦确定了供应链作业活动的价格或成本，就可以运用这种目标成本法来识别能够在许可成本水平完成供应链作业活动的成员企业，并由最有能力完成作业活动的成员企业构建供应链，共同运作，直到客户需求发生进一步的变化，需要重构供应链为止。

基于价值的目标成本法适用于市场需求变化较快，需要供应链有相当的柔性和灵活性，特别是在交易型供应链关系的情况下。

3. 基于作业成本法的目标成本法

目标成本法的作用在于激发和整合成员企业的努力，以连续提升供应链的成本竞争力。因此，基于作业成本法的目标成本法实质上是以成本加成定价法的方式运作，供应链成员企业之间的价格由去除浪费后的完成供应链作业活动的成本加市场利润构成。这种定价方法促使供应链成员企业剔除基于自身利益的无效作业活动。诚然，供应链成员企业通过“利益共享”获得的利益，必须足以使它们致力于供应链关系的完善与发展，而不为优化局部成本的力量所左右。

为有效运用基于作业成本法的目标成本法，要求供应链能够控制和减少总成本，并使得成员企业都能由此而获益。因此，供应链成员企业必须尽最大的努力建立跨企业的供应链作业成本模型，并通过对整体供应链的作业分析，找出其中不增值部分，进而从供应链作业成本模型中扣除不增值作业，以设计联合改善成本管理的作业方案，实现供应链总成本的合理化。

基于作业成本法的目标成本法适用于紧密型或一体化型供应链关系，要求供应链客户的需求是一致的、稳定的和已知的，通过协同安排实现供应链关系的长期稳定。

经典资料

智慧供应链成本控制屋多级规划顶层设计研究——以油气矿区为例

（赵振智、王芳，中国石油大学（华东）、中央财经大学，中国软科学，2014，08期）

一、引言

中共中央、国务院发布了《国家新型城镇化规划（2014—2020）》，要求各省市和全国各个部门贯彻执行，规划要求推进智慧城市建设，统筹城市发展的物资资源、信息资源和智力资源，而且要把创新和应用与社会发展深度融合。油气矿区智慧供应链不仅是智慧油城建设的重要组成部分，在保证国家能源安全方面也发挥着重大作用。

油气矿区供应链是以油气开发为核心任务，融合勘探与开发工程、物资供应、油气开采和炼化、运输、销售企业等成员企业的产业链条。传统油气矿区供应链成本控制是以企业利益为核心，在竞争环境下的一种应急反应，没有考虑人工智能、绿色创新、柔性响应等问题，无法更好地满足智慧城市发展的需要。随着智慧供应链理念深入人心，基于智慧思想的油气矿区供应链成本控制，已经引起企业高层乃至政府越来越多的重视。本文基于智慧供应链视角，构建油气矿区供应链成本控制屋模型，强化企业环境保护意识和社会责任意识，并为供应链节点企业和企业内部各部门分配成本控制资源提供决策依据，帮助企业减少因协整问题而造成的损失，提升企业的社会形象。

二、研究文献简述

智慧供应链是结合物联网技术和现代供应链管理的理论、方法和技术，在企业中和企业间构建的，实现供应链的智能化、网络化和自动化的技术与管理综合集成系统。它可以缩短企业的市场响应时间、尽可能降低资源消耗并提高产品质量。目前对供应链成本控制的研究主要是基于作业成本法、目标成本法、成本控制工程等方法的研究，不同学派的学者分别从不同的视角分析探讨。其中，经济学派运用经济学理论研究供应链的治理、改善和一体化问题。会计学派以成本会计理论为基础，对供应链条件下的成本计量与控制的方法进行研究。工程管理学派运用系统工程的理论结合价值工程方法，对供应链的运输、存货和配送环节进行成本控制，建立了相关模型。

石油行业比较特殊，虽然通用的供应链研究方法具有广泛的适用性和抽象性，但并不能涵盖石油行业供应链的特点。因此，国内外学者针对这一特殊行业供应链的管理进行了系列研究。Escudero（1999）等人针对油气的生产供应和分销，通过构建模型解决价格和成本的不确定性问题，提出运用线性模型来解决石油公司的采购、运输、仓储和配送等问题。Neiro 和 Pinto（2004）阐述了石油行业供应链模型的一般框架，分别为管道模型、处理单元模型和油罐模型三个基本模型。Al-Othman 等人将不确定性的理念引入石油行业的市场需求中，建立了一个由采油、精炼、石化和下游化工四个部门组成的供应链网络，进一步深化了上述模型。Zaid Laftah（2007）等人结合马来西亚石油公司将石油行业供应链分为三部分，运用系统工程的方法分析石油供应链的增值节点来确定供应链的增值环节，并选择达到目标效应的措施。Fernandes（2013）等针对一个受设施、资源和需求共同约束的多实体、多层级、多产品、多运输的下游石油供应链网络，提出了将确定性混合整数线性规划用于下游石油供应链网络设计与规划的思想。这些文献用量化的方法帮助企业进行油气供应链决策，蕴含了油气供应链智能管理的可能性。

Koen（2008）等人比较了等式模型和委托代理模型的使用条件和各自的结论，指出了委托代理模型在解决石油炼化供应链合作中各主体谈判和决策的理性反应。Sinha（2011）等针对石油行业供应链的复杂性和特殊性，提出运用多代理技术以优化石油行业供应链管理，并通过模拟验证了柯西方法比高斯方法的收敛性更佳。这些文献证明了油气供应链企业间合作共赢的可能性及可以采用的协作方略，使油气供应链管理渐近智慧。

Hart 和 Dell（2014）研究发现可持续发展的相关因素，如环境、社会和政府等，会影响油气供应链管理，导致供应链断裂、计划延迟、成本上升、安全受损、法律触犯、员工流失、产品/服务质量下降等问题，从而提出油气供应链管理中需要考虑可持续发展驱动因素。该思想有利于丰富智慧供应链的内涵，将油气企业人格化对待，倡导环境、社区与企业的和谐发展，使油气供应链管理更为智慧。

在国内，关于油气矿区供应链研究的文献，与国外的研究呈现同样的脉络。刘晓（2002）等对石油行业供应链中原油的采购方法进行了研究，建立了多目标采购优化模型，并利用层次分析法与多目标规划相结合的方法对模型求解，得出了原油采购方案。邸丛颖（2007）等建立了一个以总成本最小为目标函数的成品油供应链优化的模型，通过一个成品油供应链实例对模型进行求解，并得出了最优解。王华（2010）等对石油行业供应链一体化进行了研究，运用流程优化、布局优化、管理优化的方法以及集成化、可视化、模型化的技术手段设计出石油行业供应链一体化优化方案，并建立了石油行业上中下游一体化的优化模型，实现了各项业务的全面化与精细化管理。刘桂云（2013）研究了胜利油田战略采购与第三方物流模式相结合的采购供应管理模式，认为战略采购可以对供应商及其资源进行有效管理，第三方物流模式能够更好地实现物资系统内物流的专业化运作，实现物资系统运行精细化管理。这些文献解释了智慧供应链决策的方法和途径，使供应链管理从粗放状态上升到智能阶段。

崔树杰（2010）采用斯坦伯格博弈模型研究了石油开采企业和勘探企业的成本分担问题，认为石油开采企业对勘探企业投入的资助比例取决于两者的边际利润，石油开采企业利用资源优势处理与勘探企业的成本分担问题使供应链达到协调状态，并使自己获得最多的收益。徐梓钧（2013）等针对以炼油企业为主导的基础油供应链中多对一原料采购与定价问题，利用斯坦伯格博弈问题求解方法，建立了分散决策模式下实际现有模型与收益共享契约模型，并引入粒子群优化算法，得到一个广泛适用的采购定价模型。这些文献表明油气供应链可以根据面临的条件，使博弈达到最优，供应链管理更加智能。

李莉（2011）等认为随着低碳经济的发展，我国石油行业供应链的传统获利模式受到挑战，超额利润随碳排放成本的增加而减少，为使石油行业供应链获得持续竞争力，石油企业应充分利用现有资源优势，积极推行低碳技术和新能源的开发与转化，推动石油行业可持续发展。王洪敏、张立国（2014）

针对石化企业存储能力有限、应对市场变化能力弱的问题，提出了“保姆式”石油行业供应链服务解决方案，以第三方物流强大的软硬件设施和运营体系为载体为地方石油化工企业提供全天候保姆式服务。这些研究关注自然环境和社区服务，建议推行低碳技术和保姆式服务理念，丰富了油气供应链管理的内涵。

上述研究拓展了石油行业供应链成本控制的研究领域，将单一企业成本的控制系统发展为由多个企业组成的供应链成本控制系统，使成本控制演变为成本工程，将传统的定性研究拓展到数量描述与论证阶段，这对本文的撰写具有重要的启发意义。但上述文献主要围绕供应链的物流成本、交易成本、生产或劳务成本展开。虽涉及环境成本与公益成本，但未上升到智慧供应链的概念以及实现智慧供应链的信息采集与协作成本等内容。本文采用更为宽泛的成本概念，引入智慧供应链思想，借助于质量屋（House of Quality）的建模思路，建立成本屋的基本框架，采用直观的矩阵框架表达形式，输入信息，通过分析评价得到输出信息，从而实现一种成本及控制措施的需求转换。

三、油气矿区智慧供应链成本控制屋框架设计及规划

油区智慧供应链不仅要考虑经济发展的速度和效益，更要关注和重视发展的代价。石油和天然气属于不可再生资源，油气矿区的发展除了考虑经济因素外，还要考虑环境可持续、社会责任、人工智能和大数据系统发展的统一。油气矿区供应链作为融合油气开采、工程技术服务、炼化、集输销售等活动的产业一体化链条，其成本控制除了考虑传统的物流成本、交易成本、生产或劳务成本外，还要考虑环境和社会责任成本、信息采集成本、基建投入与维护成本、协作成本。

基于上述考虑，本文站在油气矿区智慧供应链的整体高度，融合供应链物流成本、交易成本、环境与公益成本、生产或劳务成本、信息采集与协作成本于一体，构建复杂成本屋控制系统。根据成本控制屋提供的模块信息，以总成本控制效果最大（即成本降低幅度最大）为目标，综合考虑相关资源约束，采用多级规划模型对该供应链成本屋进行量化。根据从高层级到低层级、从部门成本到明细成本的原则设计成本措施层次，基于目标规划理论，设计递阶求解算法，优选成本控制措施，为供应链节点企业和企业内部各部门分配成本控制资源提供决策依据。油气矿区智慧供应链成本控制屋（Cost Control House，CCH）框图如图 9-2 所示。

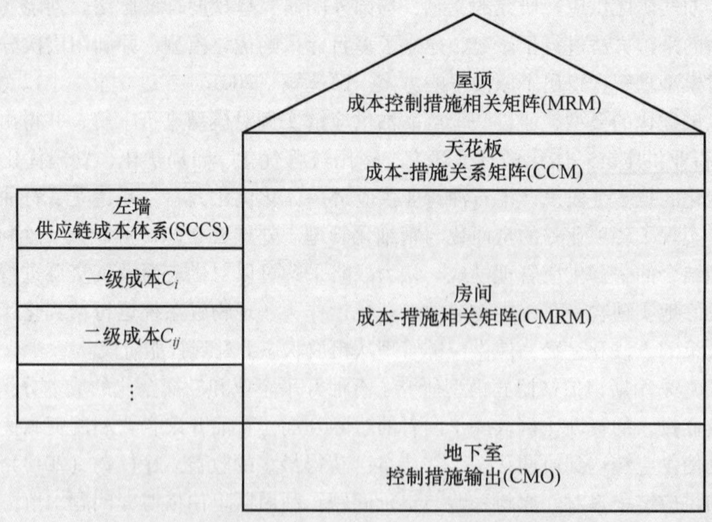

图 9-2　油气矿区智慧供应链成本控制屋框图

油气矿区智慧供应链成本控制屋将供应链划分为五大模块。其中，左墙模块用于描述油气矿区供应链分层级成本体系（Supply Chain Cost System，SCCS），其中一级成本控制项目包括供应链物流成本、供应链交易成本、供应链环境与公益成本、供应链生产或劳务成本和供应链信息采集与协作成本五项，一

级成本控制项目下按照供应链条节点划分二级成本控制项目，二级成本控制项目下可再细化为三级成本控制项目。依此类推，形成多层级成本体系。

天花板模块代表成本-措施关系矩阵（Cost Control Measures，CCM），根据措施之间的逻辑关系，成本控制措施可以细化为一级措施、二级措施、三级措施。依此类推，形成多层级成本控制措施体系，并可以借助一系列指标量化其实施改善效果。

屋顶模块代表成本控制措施相关矩阵（Measure Relation Matrix，MRM），在措施关联分析中，可以用符号描述措施之间的相关关系，并赋予数值进行量化。

房间模块代表成本-措施相关矩阵（Cost-Measure Relation Matrix，CMRM），反映成本项目与控制措施之间的相关关系。成本与措施之间的关联系数为成本下降比例与措施独立改善率的比值。其中，措施独立改善率是指不考虑措施之间的关联关系，单独推行某项措施对效果的改善程度。措施独立改善率的测定需要借助相关效果衡量指标实现。由于措施之间存在协同效应，所以多项措施同时实施的综合改善率要考虑措施之间的相关程度。房间模块可以将成本降低目标转化为措施的改善程度。

地下室模块代表控制措施输出（Cost Measure Output，CMO），主要描述措施当前效果、措施最大期望效果以及措施资源消耗等信息。

本文根据图 9-2 成本控制屋中的相关信息，为寻求油气矿区智慧供应链价值的提升途径，构建了多级规划模型并对其进行定量描述和研究。

通过成本控制屋分析平台可获得以下信息：各层级成本现状矩阵（左墙模块），其中 $\boldsymbol{A}$、$\boldsymbol{A}_i$ 分别代表供应链条总成本、成本控制项目 i 成本现状矩阵；各层级成本控制措施的自相关矩阵（屋顶模块），其中 $\boldsymbol{P}$、$\boldsymbol{P}_m$ 分别代表 1 级成本控制措施 $\boldsymbol{D}$ 及其二级子措施 $\boldsymbol{D}_m$ 的自相关矩阵；各层级成本-措施相关矩阵（房间模块），其中 $\boldsymbol{R}$、$\boldsymbol{R}_k$ 分别代表 $\boldsymbol{C}$ 与 $\boldsymbol{D}$、$\boldsymbol{C}_i$ 与 $\boldsymbol{D}_m$ 的关联矩阵；各层级措施独立改善率的最大期望矩阵（地下室模块），其中 $\boldsymbol{I}$、$\boldsymbol{I}_m$ 分别代表成本控制措施 $\boldsymbol{D}$、$\boldsymbol{D}_m$ 的独立改善率的最大期望矩阵；$\boldsymbol{E}=(e_i)$ 为可用于供应链条成本控制的资源总量矩阵；各层级措施资源需求矩阵（地下室模块），其中 $\boldsymbol{Q}$、$\boldsymbol{Q}_m$ 分别代表 $\boldsymbol{D}$、$\boldsymbol{D}_m$ 的资源需求矩阵。

设（$\boldsymbol{X}$，$\boldsymbol{X}_m$，$\boldsymbol{X}_m^a$，…）分别为各层级成本控制措施的独立改善率矩阵，其中，$\boldsymbol{X}=(\boldsymbol{X}_m)$、$\boldsymbol{X}_m=\boldsymbol{X}_m^a$ 分别为成本控制措施 $\boldsymbol{D}$、$\boldsymbol{D}_m$ 的独立改善率矩阵。$\boldsymbol{T}_m=(t_m)_{1\times1}$ 为措施 $\boldsymbol{D}_m$ 的资源分配量矩阵，$\boldsymbol{E}_i=(e_i)_{1\times1}$ 为施控项目 i 从拟开展的措施中获得的资源量矩阵，$\boldsymbol{B}=(b_{ij})$ 为 R 列归一化矩阵。

现以各层级成本项目的成本降幅最大和资源消耗最少为双层优化目标，在考虑措施期望改善率、资源总量约束和措施本身成本效益原则的基础上，可构建多级规划模型如下：

$$
\left.\begin{array}{l}
\vdots \\
\left.\begin{array}{l}
\max\Delta_i = |((\boldsymbol{A}_i)^{\mathrm{T}}\boldsymbol{R}_k\boldsymbol{P}_m)\boldsymbol{X}_m| \\
\min\prod_i = \boldsymbol{W}\boldsymbol{Q}_m\boldsymbol{X}_m \\
\text{s. t.}\left\{\begin{array}{l}
0\leqslant X_m\leqslant I_m \\
\boldsymbol{Q}_m X_m\leqslant E_i \\
\boldsymbol{E}_i = b_{im}\boldsymbol{T}_m \\
\boldsymbol{T}_m = (x_m^* q_m) \\
\boldsymbol{W}\boldsymbol{Q}_m\boldsymbol{X}_m < |((\boldsymbol{A}_i)^{\mathrm{T}}\boldsymbol{R}_m\boldsymbol{P}_m)\boldsymbol{X}_m| \\
\left.\begin{array}{l}
\max\Delta = |((\boldsymbol{A})^{\mathrm{T}}\boldsymbol{R}\boldsymbol{P})\boldsymbol{X}| \\
\min\prod = \boldsymbol{W}\boldsymbol{Q}\boldsymbol{X} \\
\text{s. t.}\left\{\begin{array}{l}
0\leqslant X\leqslant I \\
\boldsymbol{Q}\boldsymbol{X}\leqslant E \\
\boldsymbol{W}\boldsymbol{Q}\boldsymbol{X} < |((\boldsymbol{A})^{\mathrm{T}}\boldsymbol{R}\boldsymbol{P})\boldsymbol{X}|
\end{array}\right.
\end{array}\right\}\text{第 1 级规划}
\end{array}\right.
\end{array}\right\}\text{第 2 级规划}
\end{array}\right\}\text{第 } n \text{ 级规划}
$$

根据上述建模思想，可以利用递推循环的方法，得到多级规划模型的算法并加以应用分析。

四、模拟算例及结论

（一）模拟算例

由于油气矿区智慧供应链还是一个新生事物，还没有真正有效的实施案例，因此本文的研究处于设计探讨阶段。如上述理论分析，某油气矿区智慧供应链一级成本构成项目由生产或劳务成本、交易成本、物流成本、环境与公益成本、信息采集与协作成本组成，一、二级成本项目之间的隶属关系如图 9-3 所示。

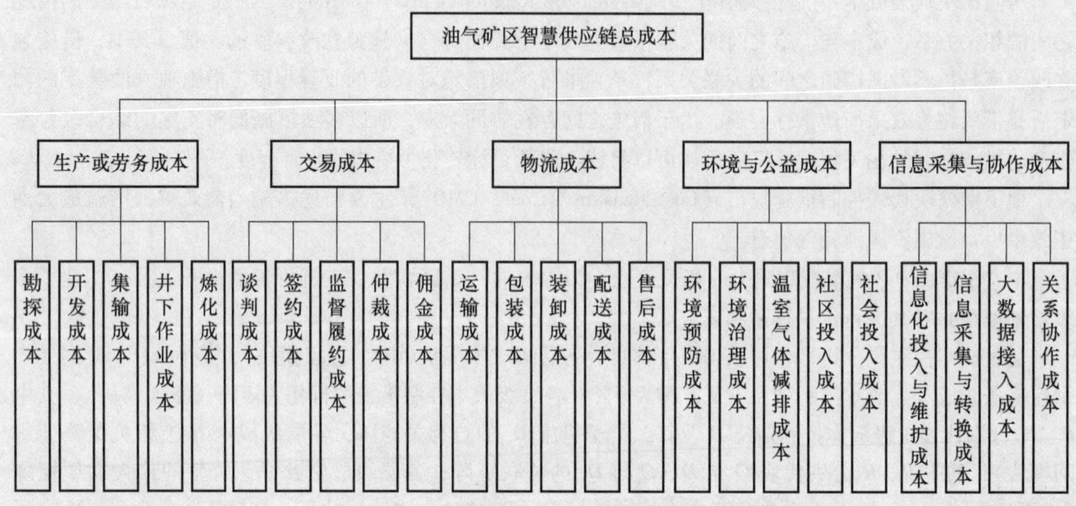

图 9-3　油气矿区智慧供应链成本

本文设计通过收集相关资料得到五个一级成本项目现状（万元）$\boldsymbol{A}=(950,\ 310,\ 230,\ 210,\ 180)^{\mathrm{T}}$，其中供应链生产或劳务成本的明细成本现状（万元）$\boldsymbol{A}_1=(400,\ 200,\ 150,\ 120,\ 80)^{\mathrm{T}}$。通过实地调研，确定未来一年内拟推行的五项一级成本控制措施 $\boldsymbol{D}=(d_1,\ d_2,\ d_3,\ d_4,\ d_5)$，其中，措施 d_1 为“优化作业链，加强作业成本管理”；措施 d_2 为“加强目标成本管理，基于价值链分解成本目标”；措施 d_3 为“重新制定消耗定额，加强标准化管理”；措施 d_4 为“完善责任会计制度，实现责权利的统一”；措施 d_5 为“大力推行工程设计思想，从源头上降低成本”；

另外，根据作业成本管理的要求，措施 d_1 可以针对供应链生产或劳务成本细化为六项二级成本控制措施 $\boldsymbol{D}_1=(d_1^1,\ d_1^2,\ d_1^3,\ d_1^4,\ d_1^5,\ d_1^6)$，其中，措施 d_1^1 为“建立适时生产系统”；措施 d_1^2 为“实施全面质量管理”；措施 d_1^3 为“建立作业成本计算系统”；措施 d_1^4 为“实施作业成本预算管理”；措施 d_1^5 为“组织结构调整”；措施 d_1^6 为“对相关人员进行业务培训”。

另外，本文设计根据调研可得到措施的最大期望改善率，以及措施改善需要的人力资源、财力资源情况，如表 9-2 所示。整条供应链可用于成本控制工作的人力资源总量为 30 个标准人，单位人力资源年成本为 2.4 万元，财力资源总量为 35 万元。

表 9-2　成本控制措施改善率及资源需求

措施	d_1	d_2	d_3	d_4	d_5	d_1^1	d_1^2	d_1^3	d_1^4	d_1^5	d_1^6
最大期望改善率（%）	8.6	3.2	5.5	7.8	8.3	4.8	5.5	6.2	8.2	3.4	4.1
改善 1%需人力资源（标准人）	1.3	1.3	0.8	1.4	1.5	0.5	0.5	0.3	0.3	0.2	0.4
改善 1%需财力资源（万元）	1.2	0.8	0.6	2	2.1	0.6	0.4	0.2	0.3	0.4	0.2

设一级措施的独立改善率矩阵为 $\boldsymbol{X}=(\boldsymbol{X}_1,\ \boldsymbol{X}_2,\ \boldsymbol{X}_3,\ \boldsymbol{X}_4,\ \boldsymbol{X}_5)^{\mathrm{T}}$，其中，措施 d_1 针对供应链生产或劳务成本的六项二级子措施的独立改善率矩阵为 $\boldsymbol{X}=(\boldsymbol{X}_1^1,\ \boldsymbol{X}_1^2,\ \boldsymbol{X}_1^3,\ \boldsymbol{X}_1^4,\ \boldsymbol{X}_1^5,\ \boldsymbol{X}_1^6)^{\mathrm{T}}$，根据式（9-1），构建两级规划模型如下：

$$\max\Delta_1=\left|\begin{pmatrix}400\\200\\150\\120\\80\end{pmatrix}^{\mathrm{T}}\begin{pmatrix}-0.3&-0.2&-0.4&-0.5&-0.3&-0.2\\-0.2&-0.1&-0.5&-0.5&-0.3&-0.1\\-0.1&-0.3&-0.4&-0.3&-0.4&-0.1\\-0.3&-0.1&-0.3&-0.3&-0.2&0\\-0.1&0&-0.3&-0.2&-0.3&-0.2\end{pmatrix}\begin{pmatrix}1&0.4&0.8&0.3&0.7&0.4\\0.4&1&0.8&0.4&0.2&0.3\\0.8&0.8&1&0.8&0.7&0.6\\0.3&0.4&0.8&1&0.2&0.7\\0.7&0.2&0.3&0.7&1&0\\0.4&0.3&0.2&0.6&0&1\end{pmatrix}\boldsymbol{X}_1\right|$$

$$\min\Pi_1=100(2.4\quad 1)\begin{pmatrix}0.5&0.5&0.3&0.3&0.2&0.4\\0.6&0.4&0.2&0.3&0.4&0.2\end{pmatrix}\boldsymbol{X}_1$$

$$\text{s.t.}\begin{cases}\begin{pmatrix}0\\0\\0\\0\\0\\0\end{pmatrix}\leqslant\boldsymbol{X}_1\leqslant\begin{pmatrix}4.8\%\\5.5\%\\6.2\%\\8.2\%\\3.4\%\\4.1\%\end{pmatrix}\\100\begin{pmatrix}0.5&0.5&0.3&0.3&0.2&0.4\\0.6&0.4&0.2&0.3&0.4&0.2\end{pmatrix}\boldsymbol{X}_1\leqslant\boldsymbol{E}_1\\\boldsymbol{E}_1=0.33\boldsymbol{T}_1\end{cases}$$

$$\text{s.t.}\begin{cases}\boldsymbol{T}_1=(x_1^*q_1)=\begin{pmatrix}x_1^*\times1.3\times100\\x_1^*\times1.2\times100\end{pmatrix}\\\Pi_1\leqslant\Delta_1\\\max\Delta=\left|\begin{pmatrix}950\\310\\230\\210\\180\end{pmatrix}^{\mathrm{T}}\begin{pmatrix}-0.5&-0.3&-0.5&-0.5&-0.3\\-0.3&-0.3&-0.1&-0.2&-0.2\\-0.3&-0.4&-0.1&-0.3&-0.4\\-0.2&-0.3&-0.2&-0.3&-0.4\\-0.2&-0.3&-0.1&-0.3&-0.2\end{pmatrix}\begin{pmatrix}1&0.7&0.8&0.7&0.9\\0.7&1&0.9&0.6&0.4\\0.8&0.9&1&0.3&0.6\\0.7&0.6&0.3&1&0.2\\0.9&0.4&0.6&0.2&1\end{pmatrix}\boldsymbol{X}\right|\\\min\Pi=100(2.4\quad 1)\begin{pmatrix}1.3&1.3&0.8&1.4&1.5\\1.2&0.8&0.6&2&2.1\end{pmatrix}\boldsymbol{X}\\\text{s.t.}\begin{cases}\begin{pmatrix}0\\0\\0\\0\\0\end{pmatrix}\leqslant\boldsymbol{X}\leqslant\begin{pmatrix}8.6\%\\3.2\%\\5.5\%\\7.8\%\\8.3\%\end{pmatrix}\\100\begin{pmatrix}1.3&1.3&0.8&1.4&1.5\\1.2&0.8&0.6&2&2.1\end{pmatrix}\boldsymbol{X}\leqslant\begin{pmatrix}30\\35\end{pmatrix}\\\Pi\leqslant\Delta\end{cases}\end{cases}$$

根据多级规划模型算法，可得一级最优解 $\boldsymbol{X}^*=(8.6\%,\ 3.2\%,\ 5.5\%,\ 7.3\%,\ 0)^{\mathrm{T}}$，二级最优解 $\boldsymbol{X}_1^*=(0,\ 0,\ 6.2\%,\ 5.0\%,\ 1.7\%,\ 0)^{\mathrm{T}}$。即在五项一级措施中应当推广前四项措施 d_1、d_2、d_3、d_4，二级成本控制措施中优先推广 d_1^3、d_1^4、d_1^5 措施，可以达到最佳投入产出效果。其中，一级措施总投入 $\Pi=102.84$ 万元，带来整个油气矿区供应链 $\Delta=556.85$ 万元的成本降低额。二级措施总投入 $\Pi=12.26$ 万元，带来供应链生产或劳务成本 $\Delta=137.87$ 万元的成本降低额。具体计算结果如表 9-3 所示。

表 9-3　措施分配资源及优化数值

措施	一级措施					二级措施					
	d_1	d_2	d_3	d_4	d_5	d_1^1	d_1^2	d_1^3	d_1^4	d_1^5	d_1^6
分配人力资源（标准人）	11.18	4.16	4.4	10.26	0	0	0	1.86	1.49	0.33	0
分配财力资源（万元）	10.32	2.56	3.3	14.66	0	0	0	1.24	1.49	0.67	0
Δ（万元）	556.85					137.87					
Π（万元）	102.84					12.26					
投入产出利得：$\Delta-\Pi$（万元）	454.01					125.61					

（二）结论及意义

近年来，传统油气矿区成本管理与控制的弊病日益凸显，链条节点企业数据独占，协作与沟通不畅、生态环境遭到破坏、矿区与社区关系不和谐，导致企业经济效益提升缓慢，环境成本和社会成本上升。同时，随着智慧供应链理念的推广，油田企业开始关注人工智能和大数据系统的应用，将发展的视角转向经济、社会和生态环境的协调统一，并探索新的矿区成本管理与控制模式，这为我们提供了研究契机。本文研究了油气矿区智慧供应链成本控制问题，通过模型构建、数据整理和计算，得出以下结论：

（1）油气矿区智慧供应链成本控制屋多级规划模型在企业现有资源能力范围内考虑成本控制措施之间的相互关系，从投入产出基本原理设计模型，可以有效地优选成本控制措施和优化措施资源配置，能够为供应链节点企业和企业内部各部门分配成本控制资源提供决策依据。

（2）油气矿区智慧供应链成本控制将供应链环境和社会公益成本纳入成本控制体系，克服了企业自身利益导向下优化的局限，能够将油气矿区生产、环境可持续发展和企业社会责任有效关联，既可以降低油气生产成本、树立公益品牌形象，又可以实现经济、社会和环境的有机协调发展。

（3）油气矿区智慧供应链成本控制顶层设计考虑了人工智能和大数据系统的引入，摒弃了企业内部优化的局限，综合考虑整个供应链的成本控制，提高了供应链节点企业的感知和响应能力，且将成本控制思想转换为优化计算技术，可以借助计算机来实现运算，有利于实现油区供应链管理信息化、数据共享化、决策智能化和服务便捷化，为智慧油城的发展奠定基础。

五、相关对策建议及保障措施

根据上述油气矿区智慧供应链成本控制屋框架设计、多级规划模型构建和模拟结论分析，本文提出以下几点对策建议及保障措施，以降低油气矿区供应链成本，提高供应链管理效率。

（1）加强油气矿区供应链资源配置。正如第四部分模拟算例显示，油气矿区智慧供应链成本控制屋多级规划模型的构建，可以有效地优选成本控制措施，有利于供应链节点企业和企业内部各部门优化资源配置，有助于识别供应链中引发间接费用的各项作业，准确计算、分析和控制供应链成本，为供应链成本控制提供决策依据。因此，可以从油气矿区供应链整体出发，通过对油气矿区供应链成本的驱动因素进行剖析，消除非增值作业，改善低效增值作业，协调企业间和企业内部作业联系，实现油气矿区作业链的优化，提高油气矿区供应链运作效率。

（2）实施油气矿区绿色供应链管理。可持续发展理念要求油气矿区发展注重环境保护和履行社会责任，考虑经济可持续发展、社会可持续发展、环境可持续发展的统一。因此，油气矿区需要加强绿色供应链管理，将保护生态环境作为企业的基本任务，实现环境、资源与经济的协调发展，将环境成本内部化，加大环境投入力度。同时，进行绿色供应链绩效考核，建立健全供应链绩效考核体系，加强对供应链各节点的监督和管理。通过设置环保性的考核指标，运用绩效评价的方法，跟踪反馈绿色供应链实施

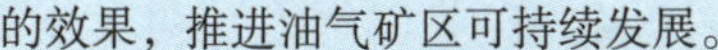

的效果，推进油气矿区可持续发展。

（3）实现油气矿区供应链各节点企业的数据共享。网络信息技术的推广和普及是油气矿区智慧供应链成本管理的重要保障。相对一般企业而言，在寻找潜在的合作伙伴过程中，供应链各节点企业积极利用网络信息技术建立联系并加强沟通，达到资源共享，实现优化组合。油气矿区供应链各节点企业建立成本信息开放共享平台，通过了解供应链上各节点企业的成本动因、作业流程以及成本结构，形成跨企业的开放式成本控制系统，走出“信息孤岛”，增进彼此的了解和协作，提高油气矿区供应链对外部环境的反应能力。

（4）强化油气矿区智慧供应链联盟协作。在竞争加剧、市场需求多变的背景下，建立供应链联盟是提高市场应变能力、实现联盟整体效益最大而成本最低的有效方式。油气矿区智慧供应链联盟的建立要基于共同的愿景，在相互信任、相互配合的基础上实现信息共享、利益共享，供应链各节点企业间逐步形成战略合作伙伴关系，发挥各自的比较优势，形成优势互补，实现规模经济，达到降低成本并分散风险的目的，从而为油气矿区可持续发展奠定基础。

总之，智慧思想的引入拓展了油气矿区供应链成本管理的思路。本文以供应链生产或劳务成本、交易成本、物流成本、环境与公益成本、信息采集与协作成本为成本控制项目，构建油气矿区智慧供应链成本控制屋多级规划模型，可以协调供应链各节点企业以及企业内部相关部门对成本控制资源的分配，提高石油企业自身的竞争力，实现区域资源节约和环境保护，推进油气矿区区域经济发展和价值提升，实现区域经济、社会、环境可持续发展的统一。

思　考　题

1. 现代成本控制有哪些特点？
2. 简述物流成本控制的程序和内容。
3. 标准成本分为几类？
4. 标准成本如何制定？
5. 成本差异如何计算与分析？
6. 目标成本如何确定？
7. 成本控制中的标准成本法和目标成本法各有什么优点和缺点？它们分别在什么情况下适用？

习　　题

1. 某物流企业包装货物，本月货物包装量为 400 件，发生固定间接费用 1 424 元，实际工时为 890h；企业生产能量为 500 件即用时 1 000h；每件产品固定间接费用标准为 3 元，即每件产品标准工时为 2h，标准分配率为 1. 50 元/h。请用二因素法分析固定间接费用成本差异。

2. 某企业的平均营业利润率为 20%，经营的产品市场价格为 25 元/件，该企业预计 1 月产量为 10 000 件，请计算该企业的目标利润、目标总成本和目标单位成本。

3. 某产品本月成本费用资料如表 9-4、表 9-5 所示。

（1）单位产品标准成本如表 9-4 所示。

表 9-4　单位产品标准成本

直接材料	50kg/件×9 元/kg	450 元/件
直接人工	45h/件×4 元/h	180 元/件
变动间接费用	45h/件×3 元/h	135 元/件
固定间接费用	45h/件×2 元/h	90 元/件
合计		855 元/件

本企业该产品正常生产能量为 1 000h，间接费用均按人工工时分配。

(2) 本月实际产量 20 件，实际耗用材料 900kg，实际人工工时 950h，实际成本如表 9-5 所示。

表 9-5 实际成本

直接材料	9 000 元
直接人工	3 325 元
变动间接费用	2 375 元
固定间接费用	2 850 元
合计	17 550 元

要求：

(1) 计算本月产品成本差异总额。

(2) 将成本差异总额分解为九种差异（固定间接费用采用“三因素法”）。

第十章

物流作业成本管理

作　用

作为成本计算和控制方法之一的作业成本管理，是以作业为中心，在作业分析的基础上对物流作业流程进行改善，实行有效的作业管理，从而实现物流成本最低和作业流程最优的目标，作业成本管理在物流成本管理中有着极其广泛的应用。

关　键

- 作业成本管理的基础理论
- 物流企业实施作业成本管理的必要性和可行性
- 物流作业的成本核算
- 物流作业的成本分析
- 作业成本管理在物流成本管理中的应用
- 时间驱动作业成本法
- 物流作业管理控制与管理系统

企业乃至供应链的物流系统是由一系列物流作业组成的，随着物流管理越来越受到重视，物流作业管理也成为现代物流管理的重要组成部分。作业成本管理为物流作业管理提供了有效的成本核算和控制工具，企业可以利用作业成本管理所得到的信息对物流作业流程进行改善，实行有效的作业管理，从而实现物流成本最低和作业流程最优的目标。

作业成本管理以作业为中心，通过对作业成本的确认和计量，对所有作业活动进行追踪、动态反映，尽可能消除“不增值作业”，改进“可增值作业”，及时提供有用的信息，促使损失、浪费减少到最低限度，提高决策、计划、控制的科学性和有效性，促进企业管理水平不断提高。作业成本管理通过细化间接费用分配标准，提供了比传统标准更为准确的成本信息。从作业成本管理的适用范围看，主要包括符合下列两个条件的行业：制造费用在产品总成本中的比例较高；个性化生产要求较强。综上所述，物流企业和企业中的物流系统恰恰符合上述条件，因此，在物流管理中运用作业成本管理有着非常广阔的前景。

第一节　作业成本管理概述

一、新环境对传统成本管理的冲击

随着企业 IT 技术的运用，MRP II（制造资源计划，Manufacturing Resources Planning）、ERP（企业资源规划，Enterprise Resource Planning）、FMS（柔性制造系统，Flexible Manufacturing System）、CIM（计算机集成制造系统，Computer Integrated Manufacturing）、JIT（准时制生产系统，Just-In-Time）等系统应用范围不断扩大，企业新制造环境逐渐形成。企业使用计算机管理信息系统来管理经营与生产，最大限度地发挥现有设备、资源、人、技术的作用，最大限度地提高企业经济效益，已成为企业的一致选择。

企业的产品成本是由直接材料、直接人工、制造费用三部分组成的。直接材料、直接人工统称为直接费用。直接费用以外的所有生产成本都称为制造费用，如折旧费、水电费、物料消耗费用、间接人工费用等。传统的成本计算对制造费用的分摊是以部门作为成本库，然后再将它分摊到产品中去。在传统的成本计算中，通常暗含一个假定：产量成倍增加，投入的所有资源也随其成倍增加。基于这种无意识的假定，成本计算中普遍采用与产量关联的分摊基础——直接工时、机器小时、材料耗用额等。这就是所谓的“数量基础成本计算”的由来。这种表面上风平浪静的传统成本信息，实际上是暗藏着许多危险礁石的大海。从本质上看，隐藏着浪费，隐藏着不盈利的产品或顾客。这种危机在传统的企业表现尚不明显，然而在先进的现代化企业中，在高科技时代的今天，它却是致命的。

先进制造环境下，采用传统的以数量为基础的成本计算方法分摊制造费用，将使产品成本严重失真。原因是许多制造费用的产生与产品数量关系不大。例如，设备调试费用、物料搬运次数等；制造费用在产品成本中的比重日趋增大，其中最重要的是折旧费用的增加。资料表明：20 世纪 80 年代间接费用在产品成本中所占的比重，美国为 35%，日本为 26%。特别是在电子与机械工业中的比重，日本高达 50%~60%，美国更高，为 70%~75%。

产品品种日趋多样化，多品种、少批量的生产方式使过去费用较少的订货作业、设备调试准备、物料搬运等与产量无关的费用大大增加。

这种情况下，把大量的与数量无关的制造费用，用与数量有关的成本动因（如直接人工小时等）去分摊，将使产品成本发生扭曲，其扭曲的严重程度视数量无关的成本占总制造费用的比重而定。因此由传统的以交易或数量为基础的成本计算转变为现代的以作业为基础的成本计算是成本会计科学发展的必然趋势。

面对新环境的冲击，企业如果继续使用传统的成本会计技术与方法，至少会造成以下两大方面的后果：

（一）产品成本计算不准确

因为在新的生产环境下，机器和计算机辅助生产系统在某些工作上已经取代了人工，人工成本比重从传统制造环境下的 20%~40%，降到了现在的不足 5%。但同时制造费用剧增并呈多样化，其分摊标准如果只用人工小时已难以正确反映各种产品的成本。

（二）成本控制可能产生负功能行为

传统成本会计中将预算与实际业绩编成差异报告，即将实际发生的成本与标准成本相比较。但在新的生产环境下，这一控制系统将产生负功能的行为，如为获得有利的效率差

异，可能导致企业片面追求大量生产，造成存货的增加。另外，为获得有利的价格差异，采购部门可能购买低质量的原材料，或进行大宗采购，造成质量问题或材料库存积压等。

二、作业成本管理的产生与发展

为解决新的生产环境下传统成本会计的难题，作业成本管理作为新的成本核算和管理方法应运而生。传统成本管理是一种通用的解决方案，不考虑企业的目标。新兴的作业成本从一开始就考虑企业的实施目标和范围，结合企业的实际情况实施，并把成本核算与成本信息分析和应用结合起来，直至采取改善行动，为企业提供一个整体的解决方案。

作业是指在一个组织内为了某一目的而进行的耗费资源的工作，是作业成本管理的核心要素。作业成本法（Activity Based Costing，ABC）是一种通过对所有作业活动进行追踪的动态反映，计量作业和成本对象的成本，评价作业业绩和资源的利用情况的成本计算和管理方法。它以作业为中心，根据作业对资源耗费的情况，将资源的成本分配到作业中，然后根据产品和服务所耗用的作业量，最终将成本分配到产品与服务中去。

美国会计学家埃里克·科勒（Eric Kohler）教授于 1941 年在《会计论坛》杂志上发表了论文，首次对作业、作业账户设置等问题进行了讨论。随后乔治·斯托布斯（George J. Staubus）教授在具有重大影响的《作业成本计算和投入产出会计》一书中，对“作业”“成本”“作业成本计算”等概念做了全面阐述，引发了 20 世纪 80 年代之后西方会计学者对传统的成本会计系统的全面反思。

1988 年，哈佛大学的罗宾·库珀（Robin Cooper）连续发表了《一论 ABC 的兴起：什么是 ABC 系统?》《二论 ABC 的兴起：何时需要 ABC 系统?》《三论 ABC 的兴起：需要多少成本动因并如何选择?》《四论 ABC 的兴起：ABC 系统看起来到底像什么?》的文章。他与罗伯特·卡普兰（Robert S. Kaplan）一起对作业成本管理的现实意义、运作程序、成本动因选择、成本库的建立等重要问题进行了全面深入的分析，奠定了作业成本管理研究的基石。此后在英美等国家 ABC 日益兴起，研究作业成本管理的文章纷纷出现，作业成本理论日趋完善，在冶金、电信、制药、电子设备和 IT 等行业逐步得到应用。

作业成本法引入了许多新概念，图 10-1 显示了作业成本计算中各概念之间的关系。资源按资源动因分配到作业或作业中心，作业成本按作业动因分配到产品。分配到作业的资源构成该作业的成本要素（图中的黑点），多个成本要素构成作业成本池（中间的小方框），多个作业成本池构成作业中心（中间的椭圆）。成本动因包括资源动因和作业动因，分别是将资源和作业成本进行分配的依据。

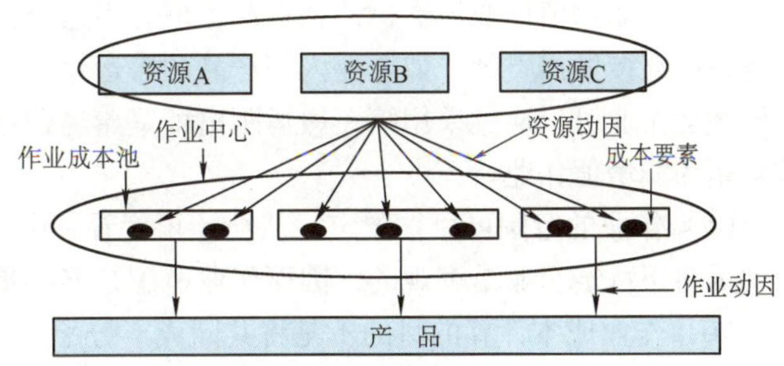

图 10-1　作业成本模型

三、作业成本管理的基础理论

一般认为，作业成本管理是一个以作业为基础的管理信息系统。它以作业为中心，作业的划分从产品设计开始，到物料供应；从工艺流程的各个环节、总装、质检到发运销售全过程，通过对作业及作业成本的确认计量，最终计算出相对准确的产品成本。同时，经过对所有与产品相关联作业的跟踪，为消除不增值作业，优化作业链和价值链，增加需求者价值，提供有用信息，促进节约，提高决策、计划、控制能力，以最终达到提高企业竞争力和获利能力，增加企业价值的目的。作业成本管理不仅可以提供相对准确的成本信息，还可依据对作业链和价值链的分析进行作业管理，满足经营控制的需要。正是在这样的观念下，作业成本管理已从单纯的成本会计系统发展为应用更为广泛的成本管理系统。作业成本管理的基本原理是：作业消耗资源，产品消耗作业；生产导致作业的产生，作业导致成本的发生。

（一）作业的内涵

企业进行作业成本计算，最关键的是要理解作业的各项内涵：

（1）作业是以人为主体的。现代企业中，尽管机械化、自动化程度很高，但仍然不乏人的参与。人仍然是现代企业中各项具体生产经营工作的主体，也是作业的主体。

（2）作业消耗一定资源。作业以人为主体，至少要消耗一定的人力资源；作业是人力作用于物的工作，因而也要消耗一定的物质资源；在用计算机作为作业手段的高度自动化生产条件下，计算机因使用而耗费的价值也应计入作业成本中去等。就一般企业而言，资源消耗包括直接材料、直接人工和各种间接费用。

（3）区分不同作业的标志是作业目的。在一个完备的企业中，其现代化程度越高，生产经营过程的可区分性就越强。这样，可以把生产经营过程按照每一工作的特定目的区分为若干作业，每项作业负责完成该作业职权范围内的每项工作，这些工作互补并且互斥，构成了完整的生产经营过程。作业目的不同于某一项具体工作的目的，如采购作业，负责适时为生产提供材料，但就该作业内部看，仍然包括若干项具体工作，有人负责与供应商建立固定联系，有人处理款项结算与材料交接，有人负责材料运输等。之所以把这些工作确定为一项作业有其深层次的原因，这个原因就是作业动因，因为这些具体工作都可以归属为由该作业动因而发生的。所谓作业动因，是指作业贡献于最终产品或劳务的方式和原因。

（4）对于一个生产经营程序设置欠合理的企业，作业可以区分为增值作业和非增值作业。这里，非增值作业虽然也消耗资源，但并不是合理消耗，其对于企业提供最终产品或劳务并不直接做出贡献。如企业内部产品的搬运作业，以搬运距离作为动因消耗资源，但这种搬运作业可以通过采用缩短搬运距离即紧凑经营过程的方式予以逐步消除，因而一般被确定为非增值作业。

（5）作业的范围可以被限定。从会计角度看，由于作业区分的依据是作业动因，而作业动因对于特定企业是客观的，因而作业范围是能够得到本质上的限定的。

（6）作业成本计算的目的不是将共同成本分配到产品，而是对用于各种作业的资源进行计量和定价。它首先要确认耗用企业资源的所有作业，然后把辅助资源的费用追索到对应的作业中，直到将企业的全部辅助资源费用都对应到相应的作业中为止。最后按照一定方法分配到产品中去。

综上所述，作业是指基于一定目的，以人为主体，消耗了一定资源的特定范围内的工作。这种定义拓展了作业观的内涵，使作业管理手段可以广泛地与作业成本分析联系起来，从而能够改良成本会计理论与实务。

（二）作业划分

对作业可以从不同角度进行分类。杰弗·米勒(Jeff Miller）和汤姆·沃尔曼(Tom Vollman)

两位现代制造过程的研究者将作业分为以下几类：

（1）逻辑性作业，是指定购、执行和确保材料移动的作业。忙于逻辑性作业的全体人员包括间接场地巡视工人以及从事接收、运输、数据登记、计算机处理系统和会计工作的人员。

（2）平衡性作业，是将原材料、人工和机器供应与需求配比的作业。采购、材料计划、生产控制、预测和计划等人员执行平衡性作业。

（3）质量作业，是确保生产和规范一致的作业。质量控制、间接工程技术、采购等人员从事质量作业。

（4）变化作业，是生产信息现代化的作业。涉及计划、程序规范标准的制定和材料清单的编制，质量工程师从事变化作业。

库珀（Robin Cooper）将作业划分为以下几类：

（1）单位作业（Unit Activity），即使单位产品受益的作业，如机器的折旧及动力等。这种作业的成本与产品产量成比例变动。

（2）批别作业（Batch Activity），即使一批产品受益的作业，如对每批产品的检验、机器准备、原材料处理等。这种作业的成本与产品的批数成比例变动。

（3）产品作业（Product Activity），即使某种产品的每个单位都受益的作业，如对每一种产品编制数控规划、材料清单。这种作业的成本与产品产量及批数无关，但与产品项目成比例变动。

（4）过程作业（Process Activity），该类作业是计算加工成本的基础。

彼得·B. B. 特尼教授在库珀作业分类的基础上，又提出了顾客作业（Customer Activity），即为特定顾客服务的作业，如为顾客提供技术服务。

（三）成本动因

作业成本管理认为，成本动因是决定成本发生、资源耗费的真正原因。针对传统成本在制造费用分摊上不精确的情况，它采用两阶段成本分摊方法来计算各种成本标的的成本，从而获得更为准确的产品成本信息。为了更准确地衡量产品成本，作业成本管理采用多重动因分摊成本。掌握成本动因是运用作业成本管理的关键，因此，选择适当的成本动因非常重要。

1. 成本动因的分类

一般而言，成本动因是指导致成本发生的任何因素，亦即成本的诱致因素。出于可操作性考虑，成本动因必须能够量化。可量化的成本动因包括生产准备次数、零部件数、不同的批量规模、工程小时数等。成本动因主要可分为资源动因和作业动因。

（1）资源动因。资源动因反映了作业中心对资源的消耗情况，是资源成本分配到作业中心的标准。在分配过程中由于资源是一项一项地分配到作业中去的，于是就产生了作业成本要素。将每个作业成本要素相加就形成了作业成本库。通过对作业成本要素和作业成本库的分析，可以揭示哪些资源需要减少，哪些资源需要重新配置，最终确定如何改进和降低作业成本。

（2）作业动因。作业动因是将作业中心的成本分配到产品、劳务或顾客中的标准，它也是将资源消耗与最终产出相沟通的中介。通过实际分析，可以揭示哪些作业是多余的，应该减少，整体成本应该如何改善，应该如何降低。

布林逊在《成本会计》一书中将成本动因分为两类：一是积极性成本动因，是指能够产生产品、收入或利润的作业，如销售订单、生产通知单等；二是消极性成本动因，是指引起不必要的工作和利润减少的作业，如重复运送产品等。

2. 确定成本动因的个数要考虑的因素

（1）成本动因与实际制造费用的相关程度。在既定的精确度下，运用相关程度较高的成本动因时，则成本动因的数目就较少；反之，如果缺少与实际制造费用相关程度较高的成本动因，则为达到一定的精确度，必须增加成本动因的数量。

（2）产品成本的精确度和产品组合的复杂程度。倘若对产品成本的精确度要求比较高，则成本动因的数目必增加；反之，则会减少。产品复杂程度低，则多个作业成本可汇集在同一作业成本库中；反之，则汇集比较困难，所要求的成本动因数目也相应增加。

3. 选择成本动因要考虑的因素

（1）成本与效益的关系，即要考虑成本动因的资料是否易于获得，若在现有的成本系统内即可获得，则成本不会太高；反之，需要另设新的系统收集资料，则成本会大增，此时，必须做成本效益分析。

（2）成本动因与实耗资源成本的相关程度。相关程度越高，产品成本被歪曲的可能性就越小。

（3）会计的行为面。在选择成本动因时，必须考虑组织的行为。成本动因相关程度的确定可运用经验法和数量法。经验法是指依据各相关作业经理的经验，对一项作业中可能的成本动因做出评估。例如，最有可能成为成本动因的，权数为6；可能程度属于中等的，权数为3；可能程度较小者，权数为1。然后各成本动因的权数依各经理给定的权数加权平均，取较高者进行数量法测试。所谓数量法，是指利用回归分析，比较各成本动因与成本间的相关程度。

（四）作业成本管理的成本计算程序

（1）确认和计量耗用企业资源的成本。将能够直观地确定为某特定产品或服务的资源成本划为直接成本，直接计入该特定产品或服务成本，其余部分则列为作业成本。

（2）确认和计量耗用资源的作业。作业是指为提供产品或服务而耗用企业资源的相关生产经营管理活动，如订单处理、产品设计、员工培训、材料处理、机器调试、质量检验、包装、销售、一般管理等。

（3）计量作业成本。根据资源耗用方式的不同将间接资源成本分配给相关作业，计算出各项作业的成本，即作业成本。

（4）选择成本动因，即选择驱动成本发生的因素。一项作业的成本动因往往不止一个，应选择与实耗资源相关程度较高且易于量化的成本动因作为分配作业成本、计算产品成本的依据，如人工小时、机器小时、机器准备次数、产品批数、收料次数、物料搬运量、订单份数、检验次数、流程改变次数等。

（5）汇集成本库，即将相同成本动因的有关作业成本合并汇入“同质成本库”，如动力与维护费用可归入一个成本库。

（6）作业成本分配。其计算公式为

分摊成本=某作业成本（库）分配率×被某产品耗用成本动因数量

（7）计算产品成本。将分配给某产品的各作业成本（库）的分摊成本和直接成本（直接人工及直接材料）合并汇总，计算该产品的总成本，再将总成本与产品数量相比，计算该产品的单位成本。

四、作业成本管理

各个行业、各种类型的企业已经认识到降低成本是企业未来战略发展的重要方向。尤其对服务业来说，由于行业竞争激烈，必须进行大量固定资产投入，间接成本比例高，其后台服务更需要经常进行计划、管理和调整。

作业成本管理（Activity Based Management，ABM）从根本上来说是一种间接成本分配方法，它以作业为中心，根据作业对资源耗费的情况将资源的成本分配到作业中，然后根据产品或服务所耗用的作业量，最终将成本分配到产品与服务。与传统的按照生产工时、定额工时、机器工时、直接人工费等比例分配间接成本的方法相比，作业成本管理无疑能够提供更为精确的成本信息。

作业成本管理是同作业管理紧密结合的，作业成本管理以作业管理为基础，旨在减少损失与浪费，提高决策、计划、控制的科学性和有效性，促进企业管理水平的不断提高。

作业成本管理与战略规划、预算、绩效管理报告等其他管理要素共同构成了一个完整的企业管理体系。由于作业成本管理能够更加精确地对成本进行分摊，因而能够为企业的预算的制定、平衡计分卡、财务报表提供更为准确的数据，全面支持企业的战略规划、预算编制与执行、绩效管理等。

通过对产品成本的正确计算，管理层能够得到各个产品真正的收益率。对于收益率无法达到要求的产品，可以考虑退出。将资源投入收益率较高的产品，通过提高产品的价格、提高销量等各种措施提升产品收益。

传统的成本管理法通常不会区分企业为吸引、留住不同客户所耗费的成本，分析的结果一般都是大客户的收益贡献率高，小客户的收益贡献率低。其实，企业为不同客户所耗费的成本有很大的区别。有些客户交易量大，需求量平稳，对产品及服务的要求并不高，这些客户的成本很低；而有些客户交易量虽然大，但需求量波动也大，对产品及服务要求苛刻，经常会有投诉，企业需要投入大量人力与物力对该类客户进行销售与服务工作，这些客户的成本就很高。实际上，通过作业成本管理分析会发现，一个企业的大客户往往不是该企业收益贡献率最高的客户，就是收益贡献率最低的客户。实施了作业成本管理法之后，市场部门就能够做出相应的决策：对收益贡献率高的客户可以适当增加服务支出去争取、维护；对于收益贡献率低的客户可以进行适当的取舍，或是改变工作方式，降低成本，使该类客户的收益贡献率达到应有的水平。

由于进行作业成本管理需要分析每项作业服务的产品及其耗用的资源，使企业能够识别出那些高成本、无附加值的作业，以及高成本、有附加值的作业。对于前者，可以停止该类作业，减少资源的浪费；对于后者，则可以进行业务流程的深入分析与重组，使作业的价值与成本相匹配。此外，通过作业成本管理，企业还能够清楚地掌握资源的使用情况，更好地在企业内部调配资源及从外部获取资源。

通过实施作业成本管理，企业可以获得各项主要业务的成本数据，这些客观公正的数据，可以用来作为企业进行绩效管理的数据来源，从而有效地支持企业进行绩效管理。

（一）系统的方法实施

作业成本管理法的推行是一项系统工程，以下通过一个案例对实施作业成本管理的步骤做一个简单描述，提示实施过程中需要重视的环节。

B公司是一家国际性的大型储运企业。由于成本信息不明确，公司内部无法明确分配的间接费用很高，直接影响了公司的整体收益状况。为了有效地控制、降低成本，项目组决定引入以作业成本管理为基础的“内部服务收费制度”，即为公司内部部门间提供的服务设定价格，使用服务的部门要向提供该服务的部门购买服务，同时以作业成本信息为依据，同样可以进行业务决策，如制定对外服务的价格，考核各个部门的绩效。

第一阶段，分析需求。

第二阶段，作业分析。要建立“内部服务收费制度”，首先须将公司所有部门分为以下三类：

第一类，前台部门，是指那些直接与客户接触，进行业务操作的部门。

第二类，产品直接服务部门，是指提供与产品直接相关服务的部门。

第三类，产品间接服务部门，是指人事部、信息系统部等向其他部门提供与产品无直接关系的服务的部门。

其中第二类与第三类部门向第一类部门提供的服务即是进行内部交易的服务。在明确了哪些服务为内部交易对象以后，就需要进行作业分析，建立作业字典，对业务流程、作业与成本动因进行明确定义，将内部服务的成本分配给相关的前台部门。

第三阶段，识别与分析数据来源。在分析了各项内部服务的成本后，作为服务提供方的部门与作为服务购买方的部门进行协商，对成本数据来源进行分析与研究，最终商定内部服务的内容与购买价格。例如，研发部认为信息系统部为其提供的内部服务成本过高，却不能产生相应的收益，因而大大减少了从信息系统部购买 IT 支持服务的内容，该项成本开支也大大下降。此外，前台部门还需要利用相关成本数据分析主要客户、客户群及业务品种的利润水平，并采取相关措施确保本部门的利润水平。

第四阶段，设计作业成本模型。根据协商结果签订内部服务协议。

第五阶段，实施作业成本模型。公司内部开始根据签订的内部服务协议，计算各部门的成本与利润，并进行绩效考核。

在实施作业成本管理的过程中，还包括三项重要工作：项目管理、转变促成、知识转移。

（1）项目管理是为了保证项目能够在规定的时间内保质保量完成。

（2）转变促成是为了顺利实现人员与组织的转变。

（3）知识转移则是通过联合项目团队、培训等方式使企业能够拥有一批充分掌握作业成本管理方法的人员，在项目结束后能够继续推进作业成本管理，使企业能够真正实现持续性的改进与提高。

（二）推行作业成本管理应重视的问题

（1）作业成本管理的实施涉及企业的方方面面，整个工作不仅与财务部门密切相关，其他职能部门和业务部门的积极参与同样是项目成功的重要保障。企业的最高管理层尤其需要给予项目有力的支持，并抓好具体的管理和协调工作。

（2）对业务流程的深度理解和具体化是作业成本管理设计和推行的基础，这一工作的客观性与科学性是作业成本管理最终设计结果准确与合理的重要保障。因此，业务流程评估和细化需要有一个客观公正的团队来完成，并且应给予这个团队足够的时间与资源。

（3）作业成本管理的推行对于企业的每个员工来说都是一个全新的事物，打破了他们心中传统的成本观念与管理模式。企业领导应充分重视员工在这一转变中可能遇到的困难，通过丰富、灵活的手段促使每位员工更好地理解与运用作业成本管理。

（4）作业成本管理对基础数据的要求很高，这些成本数据的收集和整理工作复杂、工作量大且不容有错，可以借助于信息系统的有力支持，以确保高效、准确地完成基本数据的收集和分析。

（5）作业成本管理改变了企业的管理模式，影响面涉及企业经营管理的方方面面，包括业务流程、绩效考核、组织架构甚至企业战略。在作业成本管理的规划上应全面考虑它们之间的接口，并确保在项目推动过程中各团队之间的相互合作，避免出现接口问题。

五、作业成本管理的优缺点及在我国发展的关键

（一）作业成本管理的优点

作业成本管理具有成本计算和成本管理两大功能。在成本分配观念下，作业成为资源和产品的中介，制造费用分摊采用两步骤法，以提高成本信息的准确性。在过程观念下，作业链和价值链分析成为成本管理的基础，这有利于揭示企业各环节上的问题。

作业成本管理与传统成本管理的显著区别在于，将企业视作为满足顾客需要而设计的一系列作业的集合体，企业商品凝聚了在各个作业上形成而最终转移给顾客的价值，作业链同时表现为价值链。从而将成本管理的着眼点与重点从传统的“商品”转移到了“作业”，以作业为成本分配对象，这样不仅能够合理地分配各种制造费用，提供较为客观的成本信息，而且能够通过作业分析，追根溯源，不断改进作业方式，合理地进行资源配置，实现持续降低成本的目标。因此，作业成本管理能够很好地适应高新经济技术环境对成本管理的客观要求。

作业成本管理有利于加强成本控制。作业成本管理以作业成本为对象，以每一作业的完成及其所耗资源为重点，以成本动因为基础，及时、有效地提供成本控制所需的相关信息，从而可极大地增强管理人员的成本意识。作业成本管理以作业中心为基础，设置成本控制责任中心，将作业员工的奖惩与其作业责任成本控制直接挂钩，充分发挥企业员工的积极性、创造性与合作精神，进而达到有效控制成本的目的。

作业成本管理有利于提高商品的市场竞争能力。随着社会生产的发展和世界经济的一体化，现代企业间的市场竞争也逐渐趋于激烈化和国际化。作业成本管理能很好地适应现代企业在激烈的市场竞争中的发展需要，从一开始就特别重视商品设计、研究开发和质量成本管理，力求按照技术与经济相统一的原则，科学合理地配置相对有限的企业资源，不断改进商品设计、工艺设计以及企业价值链的构成，从而提高企业商品的市场竞争能力。

（二）作业成本管理的缺点

不可否认，作业成本管理也有局限性。由于作业成本管理提供的仍然是历史成本信息，所以要发挥决策作用必须要有附加条件。作业成本管理虽然大大减少了现行方法在产品成本计算上的主观分配，但并未从根本上消除它们。也就是说，由于作业成本管理的基础资料来自现行的权责发生制，因此其计算结果必须受诸如折旧和开发等成本期间分配任意性的影响，这样，成本归集库归集成本的正确性和客观性就会受到影响。另外，就作业成本管理的最核心内容，即成本归集库和成本动因选择而言，作业成本管理也无法做到尽善尽美。

尽管作业成本管理还存在如上一些问题，但它的可借鉴之处也是很多的。它不仅是一种先进的成本计算方法，同时也是实现成本计算与控制相结合的全面成本管理制度。由于作业成本管理独具的特点，完全可以在成本控制方面，用作业成本管理来达到控制和节约

成本的目的。

（三）作业成本管理的关键

作业成本管理没有固定的框架和统一的模式，不同的企业有不同的实施目的和计算体系，因此在多个行业的具体应用中，必须结合企业实际具体实施。推行科学和流程管理的企业，一定要以客户和作业流程为中心来对工作任务进行管理。

企业应用作业成本管理，开展作业成本管理的关键包括：

（1）获得企业高层的认同。只有获得企业领导者的支持，才能在企业里推广作业成本管理。

（2）明确实施的责任主体。作业成本管理属于管理会计范畴，但我国大多数企业没有管理会计这一职位或负责部门。如果作业成本的实施中没有一个具体的主管部门，就可能出现人人有责、人人都不负责的情况。

（3）推动组织再造。作业成本法是全员工程，其成本计算体系设计、基础数据收集以及改善行动都需要全员参与。实施作业成本管理不可避免地会导致对个人和组织的绩效的影响，可能会引起某些人的抵制。

（4）开发和应用实施工具。没有软件工具的支持，作业成本的运行与数据分析都很困难。因此，要尽快开发出适合企业特色的作业成本软件，使得作业成本管理的实施标准化、信息化，同时加快与企业现有信息系统的集成。

我国在信息化和工业化的道路上，企业对作业成本的需求将十分强烈。一些非制造行业的成本计算与控制比较复杂，传统成本对此无能为力，如物流、电信、银行、保险、铁路行业在成本计算与控制上，作业成本管理将大有作为。

六、物流企业实施作业成本管理的必要性

成本管理的变化源于企业外部环境的变化和管理理论与方法的创新。进入 20 世纪 90 年代以来，企业外部环境的变化使得传统的成本会计技术与方法所计算的成本扭曲了信息，无法解决现实问题。

第一，传统的成本计算法造成了所谓的“物流费用冰山说”。一般情况下，企业会计科目中，只把支付给外部运输、仓库企业的费用列入成本，实际这些费用在整个物流费用中犹如冰山一角，因为企业利用自己的车辆运输、利用自己的库房保管货物和由自己的工人进行包装、装卸等的费用都没有列入物流费用科目内。传统的会计方法没有完全显现各项物流费用，在确认、分类、分析和控制物流成本上都存在许多缺陷。

第二，基于现代化生产的特点，利用传统的物流成本计算方法提供的物流成本处处失真，不利于进行科学的物流控制。

我国物流企业的成本核算大多仍以传统的成本核算制度为主。在传统成本制度下，间接费用的分配标准一般采用直接人工小时或机器台时，这种分配方式在产品品种少或间接费用不大的情况下比较适用，一般不会产生较大的成本波动。

现代化生产的特点是生产经营活动复杂，产品品种结构多样，工时或机器台时在产品间很难界定，产品生产工艺多变，经常发生调整准备成本，使过去费用较少的订货作业、物料搬运、物流信息系统的维护等与产量无直接关系的物流费用大大增加，投入的所有资源也随其成倍增加。传统成本计算中普遍采用与产量关联的分摊基础——直接工时、机器小时、材料耗用额等。这种计算方法使许多物流活动产生的费用处于失控状态，造成了大

量的浪费和物流服务水平的下降。

物流企业及企业中的物流系统间接费用较高。因此，在物流企业及企业中的物流系统中实施新的成本核算方法非常必要，作业成本管理不仅克服了传统成本法的诸多缺陷，更为重要的是作业成本管理并不局限于就成本论成本，而是把着眼点与着重点放在成本发生的前因与后果上，以作业为核心，以资源流动为线索，以成本动因为媒介，对所有作业活动进行跟踪动态反映，因而现代物流系统运用作业成本管理进行成本控制具有十分重要的现实意义。

第三，传统的会计实践通常并不能提供足够的物流量度。

（1）传统会计方法不能满足物流一体化的要求。物流活动及其发生的许多费用常常是跨部门发生的，而传统的会计是将各种物流活动费用与其他活动费用混在一起归集为诸如工资、租金、折旧等形态，这种归集方法不能确认运作的责任。

（2）传统会计科目的费用分配率存在问题。将传统成本会计的各项费用剥离出物流费用，通常是按物流功能分离的，在分配物流成本中却存在许多问题，很难为个别活动所细分，比如人工费分配率由于每个人花费在物流活动上的精力很难确定而难以估计。

（3）传统会计方法不能对物流供应链改造活动进行物流成本核算。

总之，对传统会计需要做若干修正以便跟踪物流成本。物流在供应链中的流动过程是价值增值与成本增加相结合的过程。完成一项物流作业或活动可以使产品或中间产品的价值有所增加，同时，产品的成本也会增加。而作业成本分析方法，在整个制造业企业物流管理过程中是去除无效成本以及再造整个物流管理过程的实用工具之一。

孟焰在其所著的《西方现代管理会计的发展及对我国的启示》一书中提到，作业成本管理在物流系统运用的适用条件："从西方国家应用的经验来看，具备下列条件的企业应用 ABC 较为有利：间接费用占全部制造成本的比重较高；管理当局对传统成本计算系统提供信息的准确程度不满意；生产经营活动十分复杂；产品品种结构十分复杂；产品生产工艺复杂多变，经常发生调整准备成本；经常调整生产作业，但很少相应调整会计核算系统；企业拥有现代化的计算机技术和自动化生产设备；较好地实施了准时生产系统和全面质量管理体系；具有较高业务水平的管理人员。"

在间接费用高、产品品种复杂的情况下，由于传统成本法提供的信息严重扭曲了产品的实际成本，误导了企业的经营决策，所以实施作业成本管理会带来巨大收益，依据成本-效益原则，企业应考虑采用作业成本管理。从物流系统营运成本的特点（营运间接费用在营运成本中所占比例也很大）来看，更应考虑采用作业成本管理。

首先，物流企业的间接费用在总成本中所占比例较高的特点与作业成本管理适用的条件不谋而合。物流企业不生产有形的产品，而是提供无形的物流服务，这可以看成物流企业的产品。由于物流企业以物流合同或客户为成本计算对象，生产物流服务这一产品所耗的直接人工和直接材料很少，它的成本几乎全部由间接费用构成。物流企业的营运间接费用包含的项目范围很广，种类很多，在营运成本中所占比例也很大。在物流企业提供物流服务的过程中，不能归入直接人工和直接材料的费用支出很多，如运输车辆的营运、维护，仓库的折旧，装卸、搬运、升降设备的折旧、维修，水、电、保安、物业管理及信息系统的开发维护等。物流企业成本的这一特点与作业成本管理适用的条件不谋而合。

其次，物流企业个性化生产的要求高。物流服务产品的物化表现是企业与客户签订的合同，而且几乎没有两份完全一样的合同要求一样的服务，也就是说，物流服务产品生产的个性化极高。

再次，作业成本管理能有效解决物流企业产品定价难的问题。由于物流服务产品存在无形性、瞬时性和多样性的特点，导致物流企业对其产品的定价比较困难，传统成本法对此无能为力，而作业成本法能有效地解决这一问题。作业成本管理的一个最大特点就是可以将作业分析的观点应用于物流服务产品的定价决策。它不仅将成本的计算深入到作业的层面，分别对每一作业进行价值确认，计算出整体物流服务的成本，而且还能准确地计算出每个客户的服务成本及客户间的成本差异。这样，企业就可以获得可靠的产品成本信息。而产品的价格建立在产品成本的基础上，因而物流企业可以利用作业成本管理合理地制定出产品的价格，有效解决产品定价难的问题。

最后，物流企业建立在供应链、服务链等作业链以及价值链的基础上，而在企业的作业链中，并非所有的作业链都能创造价值，因而物流企业非常有必要运用作业成本管理对企业的“作业流程”进行彻底、根本的改造。因此，物流企业是最需要采用作业成本管理的企业类型之一。

七、物流企业实施作业成本管理的可行性

在物流企业实施作业成本管理是非常可行的。物流企业实施作业成本管理的可行性分析可以从以下两个方面入手：

（一）物流企业实行了先进的计算机管理

由于物流企业的物流活动要形成完整的物流链过程，一般包括的环节主要有运输、仓储、装卸搬运、包装、配送、流通加工以及物流信息服务等。而在每一环节都会涉及若干不同的作业流程及大量的作业信息数据，并且作业成本计算的实施成本很高。要对这些繁杂的信息数据进行加工处理和分析，单靠手工处理是远远不能完成的，因而必须借助于计算机软硬件来完成。尽管目前国内物流企业的实际水平有待提高，但随着计算机在物流企业中的不断运用和逐渐普及，它必将越来越有利于企业运用作业成本管理进行成本控制和管理。

（二）物流企业具有高素质的管理人才

从作业成本管理的可行性角度出发，要对企业的成本运用作业成本管理进行控制，需要有高素质的人员进行配合，目前我国物流企业的人员素质相对比较高。随着在物流企业成本管理中逐渐引用和普及作业成本法，随着成本管理和计算人员经验的不断积累，相关的高水准的人才必将层出不穷。虽然作业成本的计算方法是作业成本管理的核心，但作业成本管理的其他观点和思路对物流企业的成本管理改善也是大有帮助的。

第二节　物流作业成本核算

商品价值是在一系列的作业活动（包括采购、制造、加工、配送、销售等）中形成的，企业通过连续的作业活动为消费者创造和提供价值，同时实现自身的价值增值。同样，贯穿供应链的所有物流作业也形成了一条联系链上所有企业的作业链，并且对该供应链的价值增值过程产生重要影响。因此，物流管理是以流程为基础的价值增值过程的管理，企业要实现物流作业链的整体最优，就必须站在供应链的角度对物流作业环节进行作业分析和管理。

作业成本管理为企业物流成本的核算提供了重要的成本信息，同时也为企业的物流管理引入了作业管理的观念，通过对产品、价值（作业）链、作业和资源的分析，为改善企业的物流管理提供了重要的信息，有效地促进了物流管理的发展。

物流系统就其自身的成本构成及其特殊性来看，其成本的最主要的特点是物流系统成本构成中无存货成本。物流系统的物流服务与有形产品相比，具有无形性、瞬时性和多样性的特点。无形性是指某项物流服务的购买者在购买前无法直接感觉到该项服务的存在。瞬时性是指客户只能即时享受某项服务，该项服务不能储存到未来使用。多样性有两个方面的含义：一方面，每个客户要求的物流服务不同，货物的种类不同，运输的目的地不同，货物存放的时间不同，配送的频率与数量不同等；另一方面，提供服务的工作人员由于受教育程度、工作经验不一样，甚至工作当天受个人情绪、家庭生活等的影响，都会生产出不同服务效率和服务质量的物流服务。

一、作业成本管理归集、分配物流成本的流程

作业成本管理归集、分配物流成本的流程如图 10-2 所示。

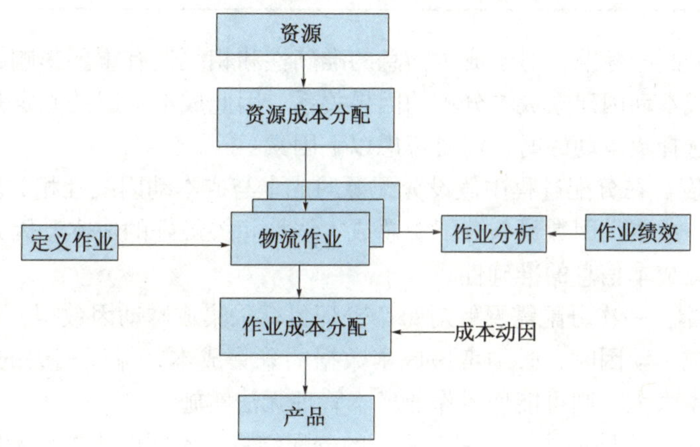

图 10-2 作业成本管理归集、分配物流成本的流程

例 10-1 一家汽车配件生产厂商，部分原材料需要进口。我国加入世界贸易组织后，汽车价格面临压力，希望通过物流成本的核算发掘成本下降的潜力。由于在原有的会计体系中，无法直接得到物流成本，因此采用作业成本进行核算。

（1）界定物流系统中涉及的各个作业，如表 10-1 所示。

表 10-1 确定作业

活动	作业					
	作业 1	作业 2	作业 3	作业 4	作业 5	作业 6
计划管理	计划编制	档案管理				
采购	价格管理	谈判	发订单	委托采购		
储运	入库检验	仓库租赁	流通加工	报关、运输	搬运、装卸	流通加工
供货	运输	搬运、装卸				
供应商建设	月供应会	年供应大会	访问	评审		

（2）确认企业物流系统中涉及的资源，如表10-2所示。

（3）确认资源动因，将资源分配到作业。以人工费为例，将其分配到各个作业成本池，可选择工时为资源动因。

（4）确认作业动因，将作业成本分配到产品或服务中。以采购成本池为例，将其分配到各个产品时，可选用采购材料在各产品中的比例为作业动因。

表10-2 确定资源费用

<table>
<tr><th rowspan="2">活动</th><th colspan="6">资源</th></tr>
<tr><th>费用1</th><th>费用2</th><th>费用3</th><th>费用4</th><th>费用5</th><th>共同费用</th></tr>
<tr><td>计划</td><td>材料费</td><td></td><td></td><td></td><td></td><td rowspan="5">人工费、办公用品等低值易耗品、水电等费用</td></tr>
<tr><td>采购</td><td>差旅费</td><td>业务招待费</td><td></td><td></td><td></td></tr>
<tr><td>储运</td><td>资金占用费</td><td>仓库租赁费</td><td>搬运器具折旧费</td><td>包装用材料费</td><td>报关运输费</td></tr>
<tr><td>供货</td><td>运输费</td><td>搬运器具折旧费</td><td>包装用材料费</td><td></td><td></td></tr>
<tr><td>供应商建设</td><td>会议费</td><td>业务招待费</td><td>差旅费</td><td></td><td></td></tr>
</table>

成本动因是分配的标准，对于成本信息的准确性和相关性有重要影响，是进行成本分析的基础，通过成本动因建立成本分析的因果关系，因此成本动因的确定是作业成本实施的重要内容。在选择成本动因时，需要考虑以下因素：

（1）相关程度。在分配过程中假设分配源的成本与成本动因线性相关。在实践中，存在多个成本动因，成本动因数量与分配源总成本线性相关最好的成本动因是最恰当的成本动因，这样能保证成本信息的准确性。

（2）实行成本。一次分配需要针对每个分配目标采集成本动因数据，无法采集数据则无法分配。确定成本动因时，必须考虑成本数据的采集成本，保证相关的数据易于获取。如果数据采集成本太大，则可能使得作业成本管理无法实施。

（3）行为导向。不同的成本动因有不同的分配结果，不同的成本分配结果以及基于分配结果的管理决策（如奖金）会对组织和员工的行为产生导向作用，因此必须仔细分析成本动因的行为导向作用。企业可以利用成本动因的行为导向功能把握员工的行为导向，有利于降低成本。

二、计算方法

确定了各项成本的归集和分配方案后，具体的核算比较容易操作。对这一部分内容，通过实例进行说明。

例10-2 某企业的采购物流活动由订货传输、订货处理、订货选择、订货运输、顾客递送五项作业构成，其中总人工成本为16万元，总折旧费为1.57万元。

核算步骤主要包括以下三步：

（1）确认各项作业所消耗的资源种类，也就是确认一项作业所包含的成本要素。在这里以“订货处理”作业为例进行说明。“订货处理”作业消耗两种资源：工资和折旧。

（2）确立各类资源的资源动因，将资源分配到各受益作业，据此计算出作业中该成本要素的成本额。据统计，企业采购物流活动中有30%的员工全职从

事订货处理，故可得出“订货处理”作业所消耗的“工资”要素成本额为 4.8 万元。“订货处理”作业所耗的折旧成本额占总的采购物流活动折旧费的 70%，可以得出“订货处理”所耗“折旧”要素成本额为 1.099 万元。

（3）开列作业成本单，汇总各成本要素，得出作业成本库的总成本额。

以“订货处理”作业为例，开列成本计算单，如表 10-3 所示。

表 10-3 成本计算单——订货处理

成本要素项目	数额（元）	百分比（%）
工资	48 000	81
折旧	10 990	19
总成本库	58 990	100

采用类似方法，可分别开列其他四项作业——订货传输、订货选择、订货运输、顾客递送的作业成本单，汇总这些成本单就可以计算出采购物流活动的成本。

如果把基于作业成本管理的核算结果与基于传统会计核算的结果进行比较，会发现作业成本管理的核算结果要大出许多，说明利用作业成本管理核算物流成本能达到揭示“物流冰山”的目的，是物流成本核算的有力工具。

第三节 物流作业成本分析

企业物流成本分析主要应用在三个方面：企业物流诊断、企业物流流程再造、企业财务管理。表 10-4 为公司实施物流作业成本分析提供了标杆，企业可以比较与最好做法之间的差距，明确目标。

表 10-4 实施物流作业成本分析的标杆

项目	水平				
	第一层次	第二层次	第三层次	第四层次	第五层次
采购的成本	传统方法	非 ABC 的复杂成本法	ABC 局部实施	ABC 基本实施	ABC 全面实施
ABC 使用的程度	不理解 ABC	其他分配法分配成本	仅关键活动进行 ABC 分析	基本按 ABC 分析	包括上下游完全按 ABC 进行分析
成本分析工具	没有使用成本分析工具	传统会计报表分析工具	偶然产生 ABC 报表	ABC 报表日常管理与决策分析	包括上下游数据全面准确提供和动态更新
与供应链上下游的协作情况	不提供任何成本信息	提供的是传统成本信息	提供决策的成本信息	共同降低作业成本	共同系统地进行 ABC 核算与管理

一、利用物流作业成本的核算结果进行效益分析

（一）产品效益分析

物流成本是企业乃至整个供应链总成本的重要组成部分，并且由于对“物流冰山说”的普遍接受，大家都在寻找“第三利润源泉”，因而物流成本越来越受到管理者的重视。

进行产品效益分析，首先要计算出相关的产品成本，作业成本管理为核算总成本中的物流作业成本提供了很好的工具。使用作业成本管理能使企业乃至供应链更好地追踪物流成本，将资源消耗归集给相应的物流作业活动，然后将该项作业成本分配到消耗该项作业的产品上去，从而将总的物流成本分配给相应的产品。除此之外，当企业发生经营变化时，如推出新产品，或运输方式改变等，都将使企业的物流成本发生很大变化，利用作业成本管理就能很快找出变化的物流作业活动，并且核算出相应的作业成本。因此，物流作业成本管理将有助于管理者进行产品效益分析。

（二）客户效益分析

企业所有的作业中，只有得到客户认可的部分才能实现价值增值，才是应该保留的作业。对于一项物流作业来说，它的下一道工序就是该物流作业的客户，因而只有对下一道工序有价值的物流作业，才能称之为增值的物流作业。

把物流作业看成商品，对其进行客户效益分析。研究显示，通常对于企业来说，只有 1/3 的客户是盈利的，即能带给企业增值价值；1/3 的客户保持盈亏平衡；1/3 的客户则是亏损的，即为这部分客户服务的作业环节所消耗的资源多于能够获得的价值增值。利用作业成本管理对物流作业的成本进行核算，获得相应的成本信息，可以帮助决策者决定对于特定的客户所应该提供的服务水平。因此，物流作业环节的操作者都应该既明了该项物流作业所消耗的资源及成本，同时又清楚客户的要求和客户所能带给企业的效益。

二、运用价值工程方法进行相关物流作业分析

传统企业长期以来对物流管理不够重视，因而现有的物流作业环节中存在大量不合理或不增值的作业，如何对物流作业进行分析，以判断其能否带来价值增值已成为当务之急。在这里，引入价值工程方法进行分析。价值公式为

$$V=\frac{F}{C}$$

式中 V——某项物流作业的价值；

F——该项物流作业的功能；

C——该项物流作业所消耗的成本费用。

利用该公式，分五种情况对具有增值作用的物流作业进行分析。

（一）F 上升，C 下降

这是最优的情况，说明该项物流作业在通常情况下都能产生价值增值。在对企业乃至整个供应链的物流作业进行改善的时候，这类物流作业应该是作业改善的中心环节，也是通过作业改善获利最大的环节。

（二）F 不变，C 下降

这是一种次优的情况，在功能不变的情形下，物流作业的成本有所下降，原因有可能是供应链企业间加强了合作，减少了企业间物流的重复作业，即减少了物流资源的浪费；也可能是提高了物流作业的熟练程度，即由于效率的提高，导致作业成本费用的降低。

（三）F 上升，C 不变

在这种情况下，消耗同样多的企业资源，可以获得更高的价值。这通常是由于供应链

企业间相关物流作业的整合所致。例如，利用配送中心对运往某个特定零售商且来源不同的货物进行整合运输，由于减少了空载率和装卸次数，提高了配送效益。

（四）F 上升，C 上升

对于这种情况，必须对功能增加和成本上升进行详细分析，以得出相关的上升比率。通常，这种作业是物流作业优化的主要对象，通过有效的成本-效益分析，做出作业环节的增减决策。

（五）F 下降，C 下降

对于这种情况，要进行详细分析，以得出功能下降和成本减少的相应比率。通常，符合这种情况的物流作业，其作业效率逐渐降低，是亟须进一步改善或消除的作业环节。

应该指出，物流作业成本所包含的各项目是不能分割开来分析的，它们之间存在着互相联系、互相制约的关系。物流成本中某一组成项目的波动将会引起其他组成项目的变化，进而导致物流总成本的变化。例如，若招揽物流的业务费用（物流业务广告费用）偏低，不能使物流作业规模化和连续化，将会使有关物流设施利用率降低，相应增加其他物流成本，从而使物流总成本升高。若物流的规模化和连续化已达最佳，仍大幅增加物流业务广告费用，无疑会造成物流总成本不必要的上升，使总体效益降低。此外，物流节点成本、物流流动成本及途中意外损耗等成本之间也同样存在着相互联系、相互制约的关系。因此，对于物流作业的研究不能停留在单个作业上，而是应该具有全局观点，从整体上把握物流作业的价值增值过程和成本费用情况。

第四节　实 例 分 析

下面以运输业为例说明作业成本的核算与分析。

一、运输业物流成本现状

运输业是整体物流业中建立在制造商、批发商和零售商之间的一条纽带。它不产生新的实物形态的产品，它的劳动对象是所运输的货物，其劳动对象不因发生了位移而改变其物质形态。运输业的生产过程与其销售过程是统一的，通过产品的位移，该产品的价值也随着位移而增值。进入 21 世纪，物流业也发生了很大变化。随着新的物流技术的出现，如集中和实时制采购、零库存、与供应商建立合作伙伴关系、提高对顾客的物流服务、借助于现代信息系统、通过效率化的配送、利用一贯制的运输等物流方法的使用，产业竞争越来越激烈，运输业所面临的经济形势发生了巨大的变化。运输业的成本是通过对产品的位移所耗费的物化劳动和活劳动的价值之和，传统的运输业成本是以货币表现的，成本核算中的成本项目主要分为运输车辆费用、运营间接费用，如图 10-3 所示。

传统的成本核算是将运输服务作为核算对象按分步法和分批法进行的，它基本上是以数量为基础的成本核算的方法（Volume Based Accounting）。这种成本核算法适用于品种少、批量大、直接人工费用高、管理费用低的运输业。由于现代化信息技术的使用，直接人工费用逐步下降，批量减少、批次增加，一个运输企业面对多家供应商与零售商，造成管理及其他费用大幅上升，也使得运输业的成本构成发生了根本的改变，因此传统的成本计算方法不仅不适应现代运输业的现状，反而制约了现代运输业的快速发展。

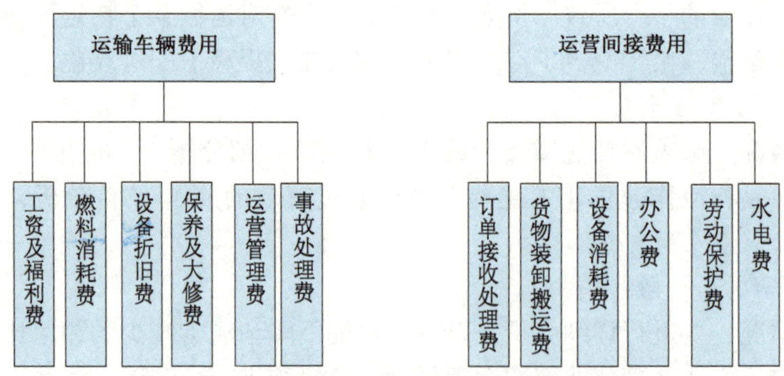

图 10-3　成本核算中主要成本项目框图

现代物流运输业已把信息的统计、处理、分析，全面、快速提高运输业的效率作为企业重要的发展方向，作业成本法为适应这一目标提供了一个有利的工具。该方法把资源、资源动因、作业、作业动因、成本对象、成本系数分配、直接成本作为成本核算的主要体系，并对企业的各项作业活动进行静态与动态分析，找出其中不合理的作业或操作并将其消除，以达到降低成本的目的。

作业成本管理中所涉及的指标在运输业原有的统计数据中均有相应的核算项目，如运输业所消耗的资源包括时间（维修时间、等待时间、储存时间、验收时间、运输时间、重复操作时间）、设备（车辆、维修设备、库房、办公用房）、资金（固定资金、流动资金）和人员（管理人员、驾驶人员、维修人员）。作业活动包括订单的接收处理、货物的装卸搬运、运输及车辆调度维修等；成本对象是指运输业服务的线路、地区、客户及运输批次等；成本系数即各不同的作业活动中所消耗不同资源的比率；直接成本是指那些直接被作业所消耗的资源成本，如每次运输作业中的燃料费用等。这些指标均可在原企业成本核算体系的数据中找到或直接从作业中获取。因此现代运输业实施作业成本管理是有基础并且可行的。

二、运输业实施作业成本核算的具体操作方法

（一）对作业划分和作业中心的确认

运输业属于批作业，如对每批产品进行订单处理、规划、车辆准备、维修检验及运输等。这些作业的成本与产品批数成比例变动，是该批产品所有单位产品的固定（或共同）成本。当运输的批数越多时，准备成本就越多，但与每批的数量多少无关。其次，运输业中还有为维持企业生产而从事的作业，如企业的管理、暖气、照明及库房折旧等，这类作业的成本应视为全部运营活动的共同成本。根据企业业务活动的情况，运输业的作业中心划分如下：

维修中心，包括车辆维修、保养、大修作业。

订单处理中心，包括订单的接收、归类、发放作业。

运输中心，包括货物的检验、接收、搬运、分类装车、运输作业。

调度中心，包括车辆、线路、人员安排及调配、协调作业。

（二）作业中心成本的归并

作业中心成本可以用作业中心所包括的各项作业所消耗费用之和表示，它应包括工

资、职工福利、折旧费、修理费、低值易耗品的费用、运输费、办公费等。这些数据可在企业（作业中心）原有成本信息系统获取，经过加工处理可以利用。成本数据的测算应先测算出作业中心的整体成本，再将该成本分配到各作业。这是一种最直接的测算方法，可根据每一作业的各种消耗的代数和得到作业中心的总成本。有些数据如某作业的成本要用该作业所涉及的各种费用之和，而不同成本项目的测算方法应有所不同，如工资、职工福利可按该作业人员数测算；折旧应按设备数及该作业在作业中心的重要程度测算；修理费应按设备完好率或历史数据测算；低值易耗品应按该作业实际使用平均数获得；运输费在动态分析中应按实际费用（本次运货中运输车辆费）测算，在静态分析时应取加权（由批量、批次决定，批量小，批次多时加权系数就大，反之就小，其数值应在 1 附近）平均值为佳；办公费应取一个较长时间（如一年）的平均值。当某一作业或作业中心按作业成本管理核算的成本与其真正的费用大致相同时，成本的归并就完成了。一般对这种成本的计算应反复进行调整才可以达到要求。

（三）资源的确定

运输过程中的资源主要包括资金、时间、设备、人力等。资源是成本的源泉，运输业的资源包括固定资产费用（如车辆、库房等）、直接人工、直接材料、运输生产维持成本（如业务人员的工资成本）、间接费用（如管理人员的工资）、低值易耗材料成本、车辆及运输保险费等，以及运输过程以外的成本（如广告费用）。资源成本信息的主要来源是总分类账，它提供诸如企业今年支付了多少工资，计提了多少折旧，应支付多少税金等信息。

（四）资源动因分析

完成一项作业要消耗一定的资源，这种资源消耗与作业的关系称为资源动因，资源动因是分配作业所耗资源的依据。分配到作业的每一种资源就成为该作业成本中心的一项成本要素。成本要素的观点有助于管理资源。在很多情况下，改善作业的效率并不能带来成本的自动降低，因为资源有可能是闲置的。如果不重新配置这些闲置资源，它仍将存在于作业中。成本要素的价值在于它们清晰地揭示了哪些资源需要重新配置和利用，如运输作业中由于批次的增加就产生了运输次数的加大，从而增加了资金、车辆和人员的消耗。这里运输的批次就是运输业的资源动因。

假定运输过程中有两大资源消耗：100 000 元的工资、奖金和 50 000 元的运输费用（养路费、油料与车辆的消耗等）。对于货物的检验、接收搬运、分类装车、运输等作业，会计部门通过估算各作业消耗的资源把工资和奖金分配到各作业。这种估算的人力就是工资和奖金的资源动因。人力的估计是根据分配到每一作业的人数以及每一个人在该作业上所花费的时间，如果 3/5 的人员把他们 20% 的时间花费在搬运作业上，那么人力的 12%（3/5×20%）的工资和奖金，也就是 12 000 元（100 000×12%）就应分配到搬运的作业上去。

三、运输中心的作业效率分析

运输作业的效率分析是从作业完成的速度、时间、质量等方面对作业的效率进行分析，即作业是否是用最短的时间完成的，因为时间越长作业中包含重复工作的可能性就越大，时间的浪费就越多。作业完成的效率可以根据作业的投入产出比（投入/产出），重复工作的百分比（重复工作时间/作业完成总时间）等指标来进行衡量。这些指标越高，说明作业的效率就越低，它将影响整体成本的降低。作业完成的质量用作业总成本及用户满意度测量。货物运输线路的选择，如费用高的高速公路与费用较低的一般公路，将对作业完成的时间、速度、质量有直接的影响，应以企业整体效益为最终目的，充分考虑客户的满意程度和合作伙伴的长期关系来考虑选择的线路，以最大限度地降低成本，提高企业的利润率，促进企业的发展。

四、运输中心的作业增值分析

运输作业虽不产生新的物质形态的产品，但经过所运产品的位移，其价值发生了改变，这就是运输作业所产生的价值增值。在运输中心的作业中，有些作业是不增值的或不完全增值的，如重复作业、线路选择不当而产生的路途的增加、迂回运输、车辆空载作业等，要在作业中将其消除掉。对所有增值作业应再一次将作业中心成本库中的成本按每一作业的作业动因分配到各作业上，将各作业成本中相同操作按成本因素分摊到各最终产品或服务上，形成作业成本管理的最终结果。

第五节　时间驱动作业成本法

一、时间驱动作业成本法的提出

1988 年，美国哈佛大学教授罗伯特 · 卡普兰（Robert S. Kaplan）和罗宾 · 库珀（Robin Cooper）提出了作业成本法（ Activity- based Costing，简称 ABC 法）。ABC 法为会计界注入了一股先进理论思潮。随后在美国、日本和西欧各国的企业，尤其是竞争激烈和人工成本很低的高新技术企业得到了广泛的应用。但 1996 年后，ABC 法在实践中却逐渐被冷淡。

ABC 法遇冷主要是由于其本身存在诸多不足：信息的访谈过程和调查过程耗时又耗钱；数据来源具有主观性；数据的储存、处理和报告成本高；与其他系统之间相互独立，无法从整体角度为企业提供盈利性分析的机会；系统难以根据商业环境变化（如增加新业务、新销售渠道、新顾客及订单多样化等）进行适时更新；忽略了潜在的未使用产能，存在理论缺陷。

为了解决以上不足，罗伯特·卡普兰和史蒂文·安德森（Steven R. Anderson）教授在 2004 年 11 月的《哈佛商业评论》中发表了 *Time-driven Activity-based Costing* 一文，提出了时间驱动作业成本法（TDABC）。针对传统作业成本法复杂的实施过程及高昂的实施成本，TDABC 法以时间作为分配资源成本的依据，基于企业管理层对有效作业时间和单位作业耗时的可靠估计来计算单位作业应分担的成本，从而避免了以往大范围运用作业成本法过程中的一些难题。对于每一类资源，企业只需估计两个参数：一是单位时间投入的资源成本，即单位时间产能成本（the Unit Cost of Supplying Capacity），该指标可以用一个部门的总费用除以管理层估计的实际产能得到；二是单位作业在消耗资源时所占用的时间，即单位作业消耗时间（the Time Required to Perform a Transaction or an Activity），管理人员通常凭借经验或者观察就可以得到。两个数字相乘，就可以得到完成一个单位的某项作业的成本，即为成本动因率（Cost-driver Rate）。

二、时间驱动作业成本法的基本原理

卡普兰和安德森教授在 *Time-driven Activity-based Costing* 一文中引用一个实例㊀，详细解释了 TDABC 的实施思路：从总体成本入手（总体成本可以很容易地从企业财务信息中获得），通过估计实际产能和单位作业消耗时间计算出单位作业费率，即成本动因率。根据该实例提供的信息，可以将 TDABC 法的基本原理归纳如下：

假设某部门共有 m 项作业，C 为部门总成本；t 为总工作时间；α 为工作时间有效利用率（估计）；g_j 为 j 作业的单位作业消耗时间（估计）；y_j 为 j 作业的数量；r 为本部门未利用资源，则可得到如下模型

$$C = \sum_{j=1}^{m} \frac{C}{t\alpha} g_j y_j + r$$

同时，考虑到同一作业在不同情况下会产生时间上的差异性，为解决所有作业的时间问题，可以使用一个基本时间等式来确定同一作业中不同的单位作业消耗时间。对于性质相同彼此有差别的作业直接在时间等式上增减一些变量或系数即可。基本时间等式为

$$g_{jk} = \beta_0 + \beta_1 X_1 + \beta_2 X_2 + \cdots + \beta_k X_k + \cdots + \beta_p X_p$$

其中，β_0 是 j 作业消耗的固定时间；β_1 是当 X_2，…，X_k，…，X_p 保持不变的情况下，时间动因 1 的单位时间消耗；X_1 为时间动因 1，X_2 为时间动因 2，…，X_k 为时间动因 k；X_k 取值为 0 和 1，当发生时间动因 k 时，取值为 1，不发生时间动因 k 时，取值为 0；p 为完成 j 作业所需的时间动因的数量。

例如，一家快递公司需要将产品进行包装后发送给客户。一项标准的业务过程仅需要 2min，如果采用特别的包装，还需要 4min，如果是空运，再增加 1.5min，那么，该快递公司包装部门的单位作业消耗时间就可以用以下时间等式表示，即

单位包装作业所需时间=2min+4min（需要特别处理）+1.5min（需要空运）

假设该公司要为客户发运重要文件，需要特别包装，则包装一份文件的时间为 6min；若客户需要加急空运，则包装一份文件的时间为 7.5min。

㊀ 某企业的销售部门从事三项业务作业：处理客户的订单、回答客户的问讯、对客户的信用调查。部门一个季度的总费用（包括人员工资、管理费用、智能技术、电信和其他固定性资源的费用）为 560 000 元。三项作业的季度实际（或估计）工作量分别为 49 000 份订单、1 400 次问讯和 2 500 次信用调查。在 TDABC 法下，部门经理需要对两类数据进行估计：①可提供的实际产能，即销售部门员工的有效工作时间。本部门共有 28 名员工，一个季度的理论工作时间为 887 040（60×8×22×3×28）min，部门经理根据自己的经验和观察，将部门的有效工作时间估计为 700 000min。根据提供这个产能的间接成本（即该部门一个季度的总费用）为 560 000 元，可以计算出单位时间产能成本为 0.8 元/min。②单位作业消耗时间，部门经理根据自己的经验和观察确定每处理一份订单需要 8min，处理一次问讯需要 44min，处理一次信用调查需要 50min。根据上述估计数据，将单位时间产能成本与单位作业消耗时间相乘，即可算出单位作业费率（成本动因率）。计算结果表明，这个季度投入费用总额 560 000 元所形成的实际产能中，只有 83%（700 000min 中的 578 600min）被真正用于生产性工作，而另外 17%（121 400min）的产能虽然投入了相关的费用，却因处于空闲状态而未被充分利用。根据这个道理，费用总额 560 000 元中分配计入本期客户或产品成本的部分，只能占 83%（462 880 元）左右。

三、时间驱动作业成本法在物流成本核算中的应用

（一）利用时间驱动作业成本法核算物流成本的步骤

物流成本中的间接成本所占比重较大，很适合采用 TDABC 法来进行核算。利用 TDABC 法对物流成本进核算，主要通过以下步骤实施：第一，确定物流作业涉及的资源库。一项物流作业可能涉及许多部门，如采购部门、仓储部门、配送部门、销售部门等，每个物流作业涉及的部门都可以作为一个资源库。第二，估计每个资源库成本。第三，估计每个资源库所能提供的实际产能，一般按理论产能的 80%~85% 估算。这主要是因为员工需要必要的时间用于休息、交流和离开，机器设备也需要调试、维护和修理。第四，计算每个资源库的单位时间产能成本。第五，基于不同时间动因，确定每个特定物流作业的单位耗时（即单位作业消耗时间）。第六，计算各作业的成本动因率。第七，分摊各物流作业成本。

（二）应用实例

在下面的实例中，我们分别采用传统 ABC 法和 TDABC 法来对物流成本进行核算，以解释两种方法在企业实践中的应用及不同之处。为简化分析，只选定物流作业涉及的一个资源库——配送中心进行核算，如果要核算企业的物流总成本，物流作业涉及的其他资源库采用同样的方法核算，然后各成本加总即可。

某贸易公司配送中心负责配送 A、B 两种产品给不同的客户，完成这两项业务需要订单处理、进货、包装、拣货和发货五个作业，配送中心共有员工 30 人。

2020 年 6 月该配送中心发生的包括设施设备折旧、办公、工作人员薪金及相关消耗等总费用共计 76 800 元，费用发生明细如表 10-5 所示。

表 10-5　配送中心 2020 年 6 月费用明细表　（单位：元）

费 用 项 目	人员工资	折旧费	办公费	水电费	维修费	合计
金　　额	37 000	20 400	5 700	8 300	5 400	76 800

该配送中心在 2020 年 6 月完成的实际工作任务是 2 520 个订单、1 800 次进货、2 650 次包装、3 230 次拣货和 2 700 次发货。其中涉及 A 产品的物流作业量是普通订单 900 个、新客户订单 280 个、紧急订单 150 个、既是新客户订单又是紧急订单的 100 个；普通进货 700 次、特殊进货 300 次；普通包装 900 次、特殊包装 250 次、航空运输包装 100 次、既是特殊包装又是航空运输包装的 100 次；普通拣货 1 330 次、特殊拣货 600 次；普通发货 1 100 次、特殊发货 450 次。涉及 B 产品的物流作业量是普通订单 700 个、新客户订单 220 个、紧急订单 110 个、既是新客户订单又是紧急订单的 60 个；普通进货 500 次、特殊进货 300 次；普通包装 800 次、特殊包装 300 次、航空运输包装 150 次、既是特殊包装又是航空运输包装的 50 次；普通拣货 900 次、特殊拣货 400 次；普通发货 800 次、特殊发货 350 次。

在 ABC 法下，先要在员工中进行详细调查以确定花费在各项作业上的时间比例，然后按照这一比例对费用总额进行分配，再用各项作业所分摊的费用额除以各项作业的作业量就可以得到成本动因率。计算过程如表 10-6 所示。

而在应用 TDABC 法核算时，具体步骤如下：

表 10-6　ABC 法核算 A、B 产品的物流成本

物流作业	消耗时间比例（%）(1)	分摊成本（元）(2)	总作业量(3)	成本动因率（元/作业单位）(4)	A 产品		B 产品	
					作业量(5)	分摊成本（元）(6)	作业量(7)	分摊成本（元）(8)
订单处理	11.16	8 570.88	2 520	3.40	1 430	4 863.63	1 090	3 707.25
进货	27.16	20 858.88	1 800	11.59	1 000	11 588.27	800	9 270.61
包装	8.26	6 343.68	2 650	2.39	1 350	3 231.69	1 300	3 111.99
拣货	15.16	11 642.88	3 230	3.60	1 930	6 956.89	1 300	4 685.99
发货	38.26	29 383.68	2 700	10.88	1 550	16 868.41	1 150	12 515.27
总计	100	76 800	—	—	—	43 508.89	—	33 291.11

注：(2)= 76 800×(1)；(4)=(2)/(3)；(6)=(4)×(5)；(8)=(4)×(7)。

假设该配送中心每位员工每天工作 8h，每月工作 22 天，则理论上总的产能供应为 316 800（30×8×22×60）min，依据经验估计，实际产能按理论供应的 83%计算，配送中心的实际产能为 262 944（316 800×83%）min，则单位时间产能成本为 0.29（76 800/262 944）元/min，A、B 产品的各项物流作业时间等式如表 10-7 所示。

表 10-7　各项物流作业的时间等式

产品种类	物流作业	单位作业消耗时间/(min/作业单位)
A 产品	订单处理	$10+5X_1+7X_2$
	进货	$33+10X_1$
	包装	$6+2X_1+3X_2$
	拣货	$10+5X_1$
	发货	$28+8X_1$
B 产品	订单处理	$8+6X_1+5X_2$
	进货	$28+8X_1$
	包装	$7+3X_1+2X_2$
	拣货	$9+6X_1$
	发货	$30+5X_1$

注：1. 每种物流作业的单位作业消耗时间是时间等式所有项之和。

2. 在订单处理中，X_1、X_2 是虚拟变量，如是新客户订单，X_1 取 1，否则取 0；如是紧急订单，X_2 取 1，否则取 0。

3. 进货、拣货和发货中的 X_1 是虚拟变量，如进货需要特殊处理取 1，否则取 0；拣货和发货同样处理。

4. 在包装中，X_1、X_2 是虚拟变量，当需要特殊包装时，X_1 取 1，否则取 0；如果采用航空运输，X_2 取 1，否则取 0。

根据作业时间等式，可以得出每种产品的各项作业所分摊的成本。以 A 产品的订单处理作业为例，其计算过程如表 10-8 所示。

同理可以得出其他各项作业的成本，最终的核算结果如表 10-9 所示。

从表 10-9 可以看出，此公司配送中心有 33 344min 的资源能力未被有效利用，从而导致 10 216 元的成本浪费，客观地反映出公司物流作业的成本发生与资源利用情况。

表 10-8 A 产品订单处理作业的成本计算过程

作业类型	单位时间产能成本（元/min）(1)	单位作业消耗时间/(min/个)(2)	成本动因率（元/个）(3)	作业数量（个）(4)	分摊成本（元）(5)	耗费时间/min (6)
普通订单	0.29	10	2.9	900	2 610	9 000
新客户订单	0.29	15	4.35	280	1 218	4 200
紧急订单	0.29	17	4.93	150	739.5	2 550
新客户订单兼紧急订单	0.29	22	6.38	100	638	2 200
总计	—	—	—	1 430	5 205.5	17 950

注：(3)=(1)×(2)；(5)=(3)×(4)；(6)=(2)×(4)。

表 10-9 TDABC 法核算 A、B 产品物流成本

物流作业	A 产品			B 产品			总成本（元）
	单位时间产能成本（元/min）	消耗时间/min	分摊成本（元）	单位时间产能成本（元/min）	消耗时间/min	分摊成本（元）	
订单处理	0.29	17 950	5 205.5	0.29	11 250	3 262.5	8 468
进货	0.29	36 000	10 440	0.29	24 800	7 192	17 632
包装	0.29	9 400	2 726	0.29	10 550	3 059.5	5 785.5
拣货	0.29	22 300	6 467	0.29	14 100	4 089	10 556
发货	0.29	47 000	13 630	0.29	36 250	10 512.5	24 142.5
总成本（元）	—	—	38 468.5	—	—	28 115.5	66 584
总使用产能/min	—	132 650	—	—	96 950	—	—
总提供产能或成本	262 944min						76 800 元
未使用产能或成本	33 344min						10 216 元

四、TDABC 法对传统 ABC 法的改进

通过上面实例的比较能够发现，相对于传统的 ABC 法而言，TDABC 法的改进主要体现在以下几个方面：

（一）更清楚地反映资源的有效利用率

通过两种方法具体实施的对比发现：传统的 ABC 法事先需要通过员工调查得到人力资源在各项作业中投入的时间比例，然后根据比例来分摊资源成本。其结果是员工们所报告的比例具有很大的主观随意性，并且员工们报告的时间比例加起来总是会等于 100%，基本上没有人会报告说，自己有相当多的一部分时间无所事事，这样就不能真实地反映实际的产能利用率。人们计算成本动因率时，是基于这样一个假设条件：公司的资源得到了充分利用。但正如我们所知，公司的产能常常有相当大一部分未得到利用，这意味着人们估计的成本动因率通常会高很多（从技术上讲，成本动因率的高估程度与实际产能利用率成反比关系）。而在 TDABC 的系统中，不仅避免了把时间浪费在讨论本来主观性就很强的时间分配比例问题上，而且经理们能够很清楚地看到实际的产能利用率与理想的产能利用

率到底有多大的差距，从而为提高流程效率提供宝贵的信息资料。

（二）更能满足复杂的现实运营要求

从应对复杂运营的解决方式不同上可以看出，传统 ABC 法基于的“相同作业具有固定成本”的假设使其无法反映和把握实际运营的复杂性。以一个公司向客户发货这项物流作业为例，公司往往不会假定每次发货的成本固定不变，而会注意到整车发货、零担发货，使用隔夜快递或是专业商业运输公司运送等不同方式之间的成本差异。而在现实的公司运营中，往往是复杂情况占绝大多数。

TDABC 法通过采用“时间等式”，能够更精确地计算出某项作业的具体时间，反映出订单和作业活动的不同特点是如何导致处理时间出现差异的，这不仅提高了核算的准确性，而且可以更好地满足错综复杂的现实运营的要求。

（三）更易于公司管理层的实施

传统 ABC 法基于对员工和作业的调查，在实施时需要开展大范围的工作，对于公司管理层来说是一个难题。而 TDABC 法基于公司管理层可靠估算，并非对员工的调查，从而避开了这些难题。而且受益于 TDABC 法下时间等式的灵活性和适应性，管理人员能够通过目前许多公司的 ERP 系统中已经存储的相关数据信息（包括订单、包装、配送方式以及其他一些相关信息），迅速地计算出完成任何作业所需的具体时间，从而简化了整个财务核算系统并提高了效率。

（四）更便于系统建成后的更新

创建和维护大规模的作业成本模型所需投入的时间和耗费的成本都是极大的。传统 ABC 系统在建成后很少进行更新，因为这需要反复向员工调查和了解一些数据信息，成本高昂。面对企业外部和内部经常变化的经营条件，TDABC 法能够更容易地更新以适应变化，对流程、产品和客户的成本所做的估算也会变得更准确。当一个部门增加了若干项作业，公司管理层不需要与员工重新做面谈调查，只要对新增作业的单位作业消耗时间做出估计即可，更新各项成本动因率时也更方便快捷。

第六节　物流作业管理控制与管理系统

一、物流作业成本管理流程

企业的作业管理系统就是在作业成本管理的基础上，根据不同的物流作业活动来控制成本，进行业务分析，从而改善作业流程，最终目标是实现物流成本的最低以及作业流程的最优。其具体流程如图 10-4 所示。

二、物流企业作业成本管理下的成本控制体系

通过物流作业成本核算和物流作业分析，获得了大量物流作业的相关信息，就可利用这些信息进一步对物流作业流程进行控制和优化管理。物流企业的成本控制是指采用适当的方法降低物流成本，提高物流效率，这也是物流企业成本管理的最终目标。作业成本管理不仅创立了准确计算成本的方法，而且还引入了作业改善、成本动因分析和价值链效率计算等理念。将其引入物流企业的成本控制，将会形成完整的成本控制体系。物流企业作业成本管理下的成本控制体系包括以下几部分：

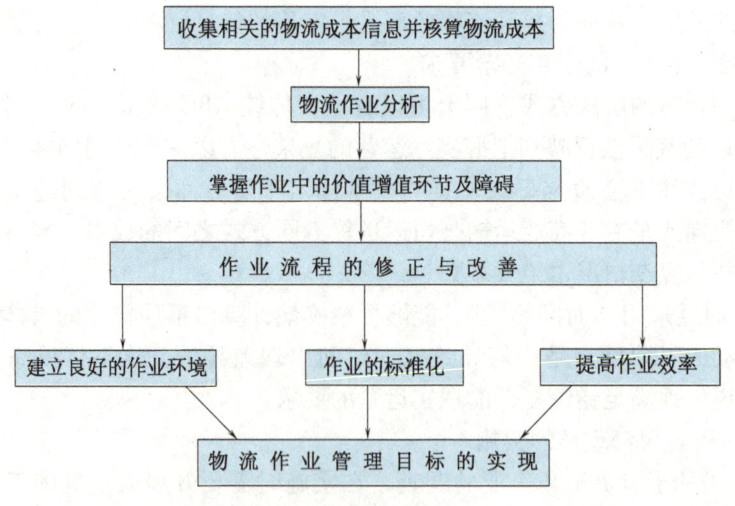

图 10-4　物流作业管理流程

（一）作业改善

作业改善是降低成本、提高效率的有效方法。常用的方式有作业消除、作业选择、作业减低和作业分享四种。

1. 作业消除（Activity Elimination）

作业消除即消除无附加价值的物流作业，对确认的无效作业采取有效措施予以消除。在成本控制中，作业消除是重要的手段。首先，企业必须确认不能实现价值增值的作业，进而才有可能采取有效措施予以消除。例如，厂商为确保产品是用优质的原料生产的，常对购入的原料进行检验，这就导致对原料进行拆箱和装箱的重复物流作业。如果企业选择高质量原料的供应商，即可消除检验作业，从而降低成本。一般情况下，只有当供应商信誉相当可靠时，才可将某项作业予以消除，从而降低成本。

2. 作业选择（Activity Selection）

作业选择是物流企业进行物流决策的常用手段之一。从多个不同的作业（链）中选择最佳的作业（链）。不同的物流策略通常会产生不同的物流作业，如不同的产品分销策略，会产生不同的分销作业，而作业必然产生成本。因此，每项产品不同的分销策略将会引发不同的物流成本。在其他条件不变的情况下，应优先选择物流成本最低的分销策略。如选择不同的运输工具和运输路径，会产生不同的运输作业，进而产生不同的运输作业成本。在其他条件不变的情况下，如选择成本最低的运输作业，将可降低整个物流成本。

3. 作业减低（Activity Reduction）

作业减低以改善已有物流作业的方式来降低企业物流活动所耗用的时间和资源。例如，改善机器准备作业，就可减低准备次数及其成本；改善产品的包装作业，通过整合包装就可以降低装卸次数及其成本。

4. 作业分享（Activity Sharing）

利用规模经济提高相应物流作业的效率，也就是提高作业的投入产出比，以降低作业动因分配率和分摊到产品中去的物流成本。例如，通过对多个零售店的共同配送，提高货车的载重率，就可减少单位产品的运输成本，进而降低总物流成本。

总之，物流管理系统强调低成本、高质量和快速响应。企业利用作业成本管理测算与

物流活动相关的费用，使得物流成本明晰化。然后，在作业成本管理的基础上，应用作业管理思想来进行物流管理，深入开展企业作业的增值性分析和因果关系分析。同时，关注作业增值性与作业成本，以及产品服务和顾客需求之间的因果联系，以高质量、低成本的物流活动来保证企业物流的高效和通畅。

（二）成本动因分析

成本动因是决定执行作业所需的工作量和工作耗费的因素，这些因素既包括本作业与前一作业相关的因素，也包括本作业内部的因素。成本动因分析的目的在于解释作业发生的原因，例如，搬运工作的发生，是因为在生产布局时车间与仓库没有安排在一起所致。或者说，由于车间与仓库之间存在距离，导致搬运工作的发生。成本动因除能解释作业产生的原因外，还能解释执行工作所需耗费的增减变动的原因。如前一作业生产的零件有缺陷则会增加下道工序作业所需的耗费。成本动因与作业动因既有联系又有区别。它们各有用途，不能替代，也不能混淆。这里用一个实际例子说明成本动因的应用：

某物流企业使用的是多层仓库，有一家客户的货物需要每天配送，由于沿用以前的仓库布局，该客户的货物并不位于底层仓库区，于是每天都需要启用货物电梯出货。电梯升降作业要消耗电力资源和相关人工资源。以成本动因的观点分析，该作业之所以发生，是因为货物不位于底层。如果调整仓库布局，该作业即可消除或减少。当然，在物流企业实际的工作中作业链很复杂，无效作业不一定这么容易被发现，这时运用成本动因分析就是一个有效的途径。

（三）价值链效率计算

提高价值链效率的计算可以发现无效作业在整个作业链中所占的比例，量化作业链效率。下面举例说明，以时间为计算单位计算和分析某物流企业作业链效率的方法。

某物流企业完成某产品的运输作业的过程是这样的：客户通知企业，货物由海外供应商用船运至国内某港口，在不久的某个时间内到港。企业派车空载至该港口，装货运到指定的仓库。首先对此作业进行分析。此运输作业是一个作业的组合，它是由一系列作业前后衔接完成的，形成一个作业链。该作业链包括的作业有：车辆空载至港、空车等待装货、货物装车、车辆重载至库、车辆重载等待卸货、货物卸至仓库。如果以时间为标准来分析该作业链，六个作业就相应地占用了六个时间段。依次设为 T_1、T_2、T_3、T_4、T_5、T_6。对于这个运输作业链，以时间为分析标准，完成作业链的一个周期时间设为 T。则有 $T=T_1+T_2+T_3+T_4+T_5+T_6$，以价值链分析的观点，并不是所有的作业都是必要的和能够增值的。该作业链的最终产品——客户的货物被按时运到仓库，那么空车等待装货、车辆重载等待卸货均不能增加最终产品的价值，所以，它们是无效作业。相应地，空车等待装货的时间 T_2 和车辆重载等待卸货的时间 T_5 都是不必要的时间，称为无效时间。其余的四个作业都是增加了附加价值的作业，它们所耗费的时间称为有效时间。以时间为计算标准，可以计算出价值链的效率。其计算公式为

$$价值链的效率=\frac{有效时间}{作业链周期}=1-\frac{无效时间}{作业链周期}$$

在上面的例子中，该运输作业链的效率$=\frac{T_1+T_3+T_4+T_6}{T}=1-\frac{T_2+T_5}{T}$。

通过对作业链效率的计算，可以发现无附加价值的时间。假设上例计算的价值链的效率为 0.8，则表明有 20%的时间浪费在两个等待作业上，只有通过作业改善，才可以使价

值链的效率达到1，才能说明无效作业被完全消除了。可见，价值链效率的计算从量化的角度监控作业效率，以达到企业成本控制的目的。

三、物流作业管理的目标

物流作业管理的目标主要包括：快速反应、最小变异、最低库存、整合运输、产品质量以及生命周期支持等。

快速反应关系到企业能否及时满足客户的服务需求的能力。信息技术提高了在可能的最短时间内完成物流作业的能力。快速反应的能力把物流作业的重点从根据预测和对存货储备的预期，转移到从装运到装运方式对客户需求做出迅速反应上来。

变异事件包括客户收到订货的时间被延迟、制造中发生意想不到的损坏、货物交付到不正确的地点等。传统解决变异的方法是建立安全储备存货或使用高成本的溢价运输。信息技术的使用使积极的物流控制成为可能。

最低库存的目标是减少资产负担和提高相关资产的周转速度。存货的高周转率意味着分布在存货上的资金得到了有效的利用。因此，保持最低库存就是要把存货减少到与客户服务目标相一致的最低水平。

最重要的物流成本之一是运输费用。一般来说，运输规模越大及需要运输的距离越长，每单位运输成本就越低。这就需要有创新的规划，把小批量的装运聚集成集中的、具有较大批量的整合运输。为了使运输达到高效率，应考虑运输里程、运输效率、车辆完好率等因素，充分利用已有的运输能力，尽量不增加新设备，避免空载。而能源的配备要考虑各种不同的运输工具的时间、频率、容量等。

由于物流作业必须在任何时间、跨越广阔的地域来进行，因此对质量的要求被强化。绝大多数物流作业是在监督者的视野之外进行的。由于不正确的装运或运输中的损坏导致重做客户订货所花的费用，远比第一次就正确地履行所花费的费用多，因此，加强全面质量管理是降低物流成本的主要组成部分。

对于某些对产品生命周期有严格需求的行业，回收已流向客户的超期存货将构成物流作业成本的重要部分。如果不仔细审视逆向的物流需求，就无法制定良好的物流策略。因而，产品生命周期支持也是设计的重要目标之一。

四、物流企业实施作业成本管理的思考

（一）间接费用的界定

由于作业成本管理在物流企业中的运用尚处于起步阶段，因而物流企业在传统成本法下有关间接费用的范围与作业成本管理的要求存在一定的差异，对于物流企业作业成本管理下的间接费用目前还没有一个明确的范围界定。因此，建议物流企业应当以其服务对象（客户）或者是物流服务产品为成本对象，将其间接费用予以明确的界定。

（二）物流信息网络的建立

近年来，大数据、物联网等新一代信息技术在物流业加快应用，信息化水平大大提高，但物流信息化水平受到各地区经济发展程度的影响，存在区域性差异。计算机信息管理水平以及物流信息网络状况会影响作业成本管理在物流企业中的运用。同时，由于物流企业生产产品的特殊性及其涉及的物流环节较多，构成了极为复杂的作业链组合，也给在物流企业全面实施作业成本管理带来了一定的困难。因此，建议物流企业可以先在局部环

节运用作业成本管理，在此基础上逐步推广。另外，也可以先在物流企业实施作业分析法，选择重要的作业进行作业成本计算，然后在时机成熟时，再进一步推广。

（三）作业成本管理应用中要注意的其他问题

首先，企业的领导层要统一思想，对作业成本管理要有一个清醒的认识。在当前新的经济形势下，要想提高企业的竞争力，需要进一步降低企业成本，提高效益。而作业成本管理是企业提高经济效益的第三利润源泉。只有做到人无我有，人有我优，才能使企业在越来越激烈的国际竞争中处于有利的地位。

其次，在作业成本管理的应用中要注意所选的成本因素不宜太多，否则会使得其成本分析的劳动量加大以至无法实现。同时还要对过程实行动态管理，逐项跟踪，针对各成本因素预测其间接费用的支出，并计算真正的成本大小，但也应注意到实行作业成本管理是一个长期利益的工作，不可急功近利。

再次，作业活动划分应当适中，分得太细会使信息零乱，不利于信息统计分析；分得太粗又不能反映作业间的相互关系。运输问题中要特别注意线路的选择、运输能力的充分利用、人员的配备等几方面的因素。

综上所述，物流企业通过作业成本管理的应用可以将成本与成本的发生因素建立一一对应的联系，通过分析成本发生的原因，来减少作业中无效作业的发生。这种会计成本计算方法也为实行专业成本核算，揭示成本发生的原因，提高企业的整体利润率提供了一种有效的方法。

经典资料

基于时间研究的物流作业成本核算管理

（邓爱民、李红、文慧、文小平，湖南大学，科技管理研究，2014，19 期）

降低物流成本不仅有利于挖掘企业利润源泉，而且有利于发现物流隐性成本，克服物流成本管理的薄弱环节，最终打造出低成本的物流核心竞争力。因此正确而全面地了解和控制企业内外物流费用，建立一套有效的物流成本核算体系，加强企业物流成本核算与管理，已成为现代物流成本管理的核心问题。

作业成本法（Activity-Based Costing，ABC）是一种能精算企业物流成本的方法。Pohlen 和 LaLonde 首次将 ABC 应用到物流系统研究中，提出基于作业的分析能帮助发现物流系统中存在的许多漏洞和不足之处的观点；Pirttil 认为假设作业成本法可以在物流系统中实施，它可以比传统成本核算系统提供更加精确的物流成本信息，因而帮助决策者更好地进行分析和管理；国内学者郭晓顺从物流企业运用作业成本法的背景分析入手，从必要性和可行性两个方面论证了作业成本法适合物流企业的成本核算与管理。田军等通过对物流成本构成的系统分析，提出基于作业成本法的物流成本核算模型。宋华、帅斌和孙朝苑也探讨了作业成本法在物流成本核算中的应用。但因其操作的复杂性，推行实施的长期性，更新的不易性，这一方法在实践中困难重重。

为进一步改善作业成本法，卡普兰教授提出了时间驱动作业成本法（Time-Driven Activity-Based Costing，TDABC），和 ABC 的不同点在于对每一项作业进行时间估计。Brugemann 指出，TDABC 比 ABC 更适合应对物流业务的复杂性，有利于增强公司盈利能力。Everaert 通过案例研究发现，TDABC 通过时间方程能有效化解成本多动因的复杂性，并且提供比 ABC 更准确的成本信息。杨头平指出，TDABC 较 ABC

操作简单且成本低，同时 TDABC 具有更大的弹性，可根据核算需要随时对模型进行更新交换。但这种方法对时间估计带有主观性与不确定性，TDABC 许多研究文献也证实了它不是万能的方法，其时间测量误差的改进便成为研究热点。

基于上述不足，在 TDABC 的基础上融入时间研究，这样在一定程度上降低时间估计的主观性和不确定性，为物流成本的精确核算打下基础。时间研究是对实际完成工作所需时间的测量和预测，制定标准的作业时间，广泛应用于制造行业。国内外研究主要是从时间定格制定方法、时间模型、模块化的应用、时间的影响因素、定制因素等方面展开。综上分析，研制和开发一套适合服务业的工作研究系统，真正运用时间研究对物流系统进行辅助设计、优化和管理，已成为一个迫切的研究课题。

一、时间研究概述

时间研究又叫作业测定，是工作研究的一项基本技术。主要用途是建立标准作业时间，为运用时间驱动作业成本法进行物流成本核算打下坚实的基础。

（一）时间研究的定义

时间研究是在一段时间内运用秒表或电子计时器对操作者的作业执行情况进行直接、连续的测量，并结合组织所制定的宽放政策，来确定操作者完成某项工作所需标准时间的方法。

（二）时间研究的步骤

（1）获取充分的资料。包括与时间研究有关的基础信息资料、操作方法资料、产品或材料资料、设备资料、操作者资料、有关作业环境资料等。

（2）物流活动分解。物流活动的相关作业比较复杂，为便于测量与分析，可把作业划分成易于测量的作业单元，然后对其测量和记录。在进行工作分解时要坚持两个原则：

1）为测量作业单元所需时间，要求每一个作业单元都应有明确的开始和结束标志。

2）一般地，3s 以内就可完成的动作不宜作为一个单独的作业单元。

（3）确定样本大小。一般采取随机抽样的方式进行测量时，根据随机抽样原理，要有足够的样本容量（测量次数）才能保证得到合理的作业时间，观测次数的确定一般采用误差界限法。误差界限法是先对某操作单元试观测若干次，求其平均数与标准差，再按可允许的误差界限求应观测的次数。

样本大小可按下式来计算

$$n=\left(\frac{Zs}{p\bar{t}}\right)^2$$

式中 n——所需样本数；

Z——期望置信度需要的正态标准差值，在计算中常使用的 Z 值如表 10-10 所示；

p——估计精度，所期望精确度的百分值；

s——作业单元样本标准差；

$\bar{t}$——对某作业单元观测得到的时间平均值。

样本标准差 s 可按统计量公式计算，即

$$s=\sqrt{\frac{\sum_{j=1}^{\hat{n}}(t_j-\bar{t})}{\hat{n}}}$$

式中 t_j——j 个工作循环的观测时间值；

$\hat{n}$——初次测量次数。

（4）测时。时间测量人员在测时过程中，既不能干扰操作者，又可以清楚地观测操作，一般测量人员应在操作者的侧后方。一般采用秒表或其他工具，观察和测量每一个工作单元，常用的测试方法是连续测试法。

（5）剔除异常值。通常采用三倍标准差法，设测量时间的样本均值为$\bar{x}$，标准差为 σ，作业时间的正常取值范围为（$\bar{x}-3\sigma$，$\bar{x}+3\sigma$），超过该范围的作业时间一般视为异常值，应予以剔除。

表 10-10 常用正态标准差值 Z

期望的置信度（%）	Z 值	期望的置信度（%）	Z 值
90	1.65	98	2.33
95	1.96	99	2.58
95.5	2.00		

（6）确定宽放时间。正常时间并没有考虑到操作者个人需要和许多无法避免的影响因素所耽误的时间，在现实作业中，由于操作者心理和生理等因素需花费一定的时间，所以应适当加入宽放时间。

（7）制定标准作业时间。即根据对作业单元的实测时间来确定研究对象的标准作业时间。

标准时间=正常时间+宽放时间=正常时间×(1+宽放率)

二、物流作业时间测定

以某一配送中心为例，测量其处理订单、包装和配送三项作业的时间，然后依照时间研究的原理，求出三项作业的标准时间。

（一）订单处理时间的测定

订单处理作业是以接到用户订单开始一直到着手准备拣选货品之间的工作，其中还包括有关用户和订单的资料确认、存货查询和单据处理等内容。订单处理时间主要受是否为新客户、是否为紧急订单的影响，其测量数据如表 10-11 所示。

表 10-11 处理订单作业时间测定

新客户（X=1 表示新客户；X=0 表示老客户）	紧急订单（Y=1 表示紧急订单；Y=0 表示非紧急订单）	作业时间/min	新客户（X=1 表示新客户；X=0 表示老客户）	紧急订单（Y=1 表示紧急订单；Y=0 表示非紧急订单）	作业时间/min
1	0	11.85	1	0	11.27
1	1	16.41	1	1	16.49
0	0	9.12	0	1	12.67
0	0	8.96	1	0	11.19
0	1	13.02	0	0	8.36
0	0	8.73	0	0	8.27
1	0	12.03	1	0	11.19
1	0	11.49	1	1	16.45
0	0	8.58	0	1	12.62

（1）测量包装作业时间，并进行整理。令是否为新客户为 X_1 变量，是否为紧急订单为 X_2 变量。

（2）逐步回归拟合得到数学模型：

$$y=8.529+3.116X_1+4.523X_2 \tag{10-1}$$

（3）相关性分析。相关指数 $R^2=0.984$，可见存在很强的相关关系。

（4）做方差分析。取显著水平 $\alpha=0.05$，样本容量 $n=18$，$F_{0.05}(p,\ n-p-1)=F_{0.05}(2,\ 15)=3.68$。该数学模型中 $F=466.515>F_{0.05}(2,\ 15)=3.68$。总体方差分析表明，回归方程是高度显著的，说明是否为新客户和是否为紧急订单整体上对处理订单时间有显著影响。

（5）显著性检验。$T_{X_1}=18.019>t_{0.025}(18-1)=2.1098$；$T_{X_2}=24.665>t_{0.025}(18-1)=2.1098$；说明自变量是否为新客户和是否为紧急订单分别对处理订单作业时间 T 均有显著影响。因此，式（10-1）即为其数学模型。

求平均得到正常作业时间 T=11.594min，这里假定宽放系数取值为15%，则处理订单的标准作业时间可计算如下：

$$\mathrm{ST}=11.594\mathrm{min}\times(1+0.15)=13.333\mathrm{min}$$

则表明处理订单的标准作业时间为13.333min。

（二）包装作业时间的测定

包装作业是指包装人员在确认包装材料和货物后，对货物进行包装的过程。这里主要研究的是能由一个人独立完成的包装作业，不包括特大件需要几个人合力完成的情况。这里主要采用连续测试法，具体测量数据如表10-12所示。

表10-12　包装作业时间测定（一）

作业单元		观察记录/min										$\bar{t}$/min
		1	2	3	4	5	6	7	8	9	10	
准备包装材料	t	1.72	1.69	1.70	1.71	1.65	1.67	1.63	1.60	1.58	1.54	1.65
	r	1.72	8.19	14.60	20.98	27.27	33.61	39.81	45.90	51.87	57.78	
把货物放入纸箱中	t	2.57	2.53	2.54	2.51	2.56	2.52	2.51	2.48	2.46	2.43	2.51
	r	4.29	10.72	17.14	23.49	29.83	36.13	42.32	48.38	54.33	60.21	
封口	t	1.64	1.62	1.61	1.62	1.63	1.58	1.53	1.49	1.50	1.48	1.57
	r	5.93	12.34	18.75	25.11	31.46	37.71	43.85	49.87	55.83	61.69	
贴标签	t	0.57	0.56	0.52	0.51	0.48	0.47	0.45	0.42	0.41	0.42	0.48
	r	6.50	12.90	19.27	25.62	31.94	38.18	44.30	50.29	56.24	62.11	

根据表10-10中常用的置信度及其对应的分数位，通常情况下，时间研究的期望置信度为95%，就基本上满意。如果要达到更高的精度，那么样本数会急剧增大，为测量带来一定的困难和麻烦。

在上述包装例子中，取95%的置信度，并设与真正时间值（未知）偏离程度不超过5%，即估计精度为5%，根据样本公式可得样本观测数如表10-13所示。

表10-13　样本数据计算结果

作业单元	s/min	$\bar{t}$/min	n
准备包装材料	0.0605	1.65	2
把货物放入纸箱中	0.0438	2.51	1
封口	0.0634	1.57	3
贴标签	0.0578	0.48	22

为保证每个单元的估计精度都在5%以内，所需样本数应取表中最大值。因此，需在原来观测的基础上再追加12次测量，其结果如表10-14所示。

表10-14　包装作业时间测定（二）

作业单元		观察记录/min												$\bar{t}$/min
		1	2	3	4	5	6	7	8	9	10	11	12	
准备包装材料	t	1.70	1.67	1.64	1.65	1.62	1.63	1.65	1.60	1.57	1.62	1.60	1.58	1.63
	r	1.70	8.08	14.46	20.79	27.00	33.26	39.50	45.65	51.76	57.84	63.88	69.98	
把货物放入纸箱中	t	2.58	2.60	2.57	2.54	2.53	2.51	2.52	2.51	2.48	2.47	2.50	2.52	2.53
	r	4.28	10.68	17.03	23.33	29.53	35.77	42.02	48.16	54.24	60.31	66.38	72.50	

（续）

作业单元		观察记录/min												$\bar{t}$/min
		1	2	3	4	5	6	7	8	9	10	11	12	
封口	t	1.59	1.62	1.60	1.54	1.57	1.59	1.56	1.52	1.51	1.52	1.53	1.51	1.56
	r	5.87	12.30	18.63	24.87	31.1	37.36	43.58	49.68	55.75	61.83	67.91	74.01	
贴标签	t	0.54	0.52	0.51	0.51	0.53	0.49	0.47	0.51	0.47	0.45	0.49	0.43	0.49
	r	6.41	12.82	19.14	25.38	31.63	37.85	44.05	50.19	56.22	62.28	68.40	74.44	

通过上述22次观察和测量后，得到四个作业单元的样本平均值分别为1.64min、2.52min、1.56min、0.49min。观测得到的总时间为：（1.64+2.52+1.56+0.49）min=6.21min。这里假定宽放系数为15%，则包装的标准作业时间计算为：ST=6.21min×(1+0.15)=7.142min。

（三）配送作业

配送作业是利用配送车辆把用户订购的物品从物流配送中心送到用户手中的过程。在实际配送过程中，受许多动、静因素的影响。货物配送的重点就是如何有效利用车辆，在配送时间和距离都相对最优的情况下将货物送到客户手中。具体测量数据如表10-15所示。

表10-15　配送作业时间的测定

路程/km	送达时间要求/h	作业时间/h	路程/km	送达时间要求/h	作业时间/h
54	1.5	0.736	129	2.5	1.612
92	3	1.286	86	3	1.228
67	3	1.023	97	3	1.386
81	3.5	1.257	103	3	1.475
95	4	1.583	36	1	0.526
49	1	0.654	69	1	0.920
58	2	0.892	138	4	2.031
63	2	0.900	92	3	1.534
112	3	1.493	47	1	0.641

（1）测量配送作业时间，并进行整理。令路程为x_1变量，送达时间要求为x_2变量。

（2）逐步回归拟合得到其数学模型为

$$y=0.008+0.0106X_1+0.127X_2 \tag{10-2}$$

（3）相关性分析。相关指数$R^2=0.975$，可见存在很强的相关关系。

（4）分差分析。取显著水平$\alpha=0.05$，样本容量为$n=18$，$F_{0.05}(p,\ n-p-1)=F_{0.05}(2,\ 15)=3.68$。该数学模型中$F=288.997>F_{0.05}(2,\ 15)=3.68$。通过总体方差分析可以看出，回归方程高度显著，说明路程和送达时间要求整体上对订单处理时间有显著的影响。

（5）显著性检验。$T_{X_1}=11.329>t_{0.025}(18-1)=2.1098$；$T_{X_2}=4.932>t_{0.025}(18-1)=2.1098$；表明自变量是否为新客户和是否为紧急订单分别对订单处理作业时间T都有显著影响。因此，式（10-2）即是其数学模型。

求平均得到正常作业时间为$T=1.177$h，这里假定宽放系数取值为15%，则处理订单的标准作业时间：ST=1.177h×(1+0.15)=1.354h=81.213min，表明配送作业的标准作业时间为81.213min。

三、物流成本核算管理

依时间驱动作业成本法的原理，将上述求出的标准作业时间代入便可算出每项物流作业的标准成本。根据求出的时间和成本，管理者便可进行分析和决策。

（一）时间驱动作业成本法的基本原理

TDABC 通常可定义为"以时间作为分配资源成本的依据，通过经验丰富的管理人员对实际产能和作业单位时间的可靠估计，计算出作业的成本动因率，进而计算出该项作业应分摊成本的简单核算方法"。TDABC 核算程序简捷，省去了 ABC 中分配资源费用至作业的步骤，通过测定单位作业耗时将确定资源动因和作业动因的过程融合在一起，直接将资源成本分配至成本对象。

（二）时间驱动作业成本法的核算模型

时间驱动作业成本法的核算模型如图 10-5 所示。

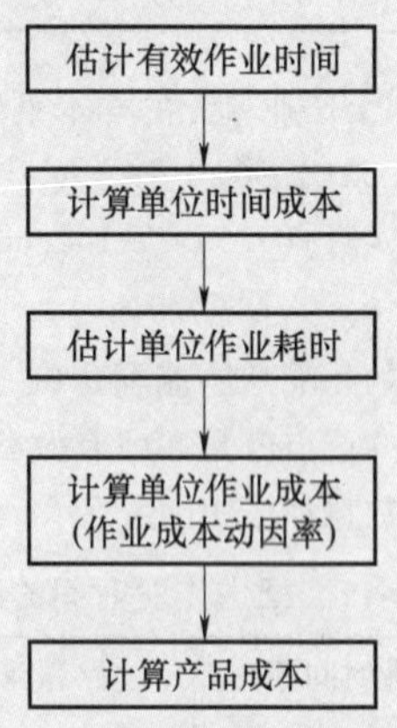

图 10-5　时间驱动作业成本法的核算模型

（三）时间驱动作业成本法的核算步骤

TDABC 克服了核算程序上烦琐的问题，将 ABC 中资源动因和作业动因过程融合在一起，用时间作为统一的度量工具，对成本进行分摊，这样使物流成本的计算过程更加简单，也更容易推广。具体步骤为：

（1）估计有效总作业时间。部门实际产能为员工或者设备实际工作时间，管理者可根据工作经验估算，一般认为资源能力的实际提供量占理论提供量的 80%～85%，按照实际提供量是理论提供量的 80% 计算，这样就很容易估算出有效作业时间。

（2）计算单位时间成本。单位时间成本为总成本除以有效总作业时间。

（3）估计单位作业耗时。单位作业所需时间可以通过经验丰富的作业经理直接观察或推测获得。

（4）计算单位作业成本，即作业成本动因率。单位作业成本是单位时间成本和单位作业耗时这两个指标的乘积。作业成本动因率的经济含义是某项作业的单位作业成本。

（5）计算产品成本。求出作业成本动因率后，就可以将作业成本计入产品或服务上，最后汇总计算出产品或服务成本。

（四）基于时间研究的时间驱动作业成本法模型检验

物流配送中心的三项作业：处理订单、包装及配送。作业量（件）分别为 3 000、2 000 和 2 000。具体数据如表 10-16 所示。该部门雇用了 30 名员工，每人每天工作 8 小时，每月工作 22 天。该部门一个月的费用总额为 150 000 元。因此该部门每月资源能力的理论提供量是 316 800（30×8×22×60）min，按照实际提供量是理论提供量的 80%计算，该部门每月资源能力的实际提供量为 253 440min，所以单位时间（每分钟）成本大约为 0.60（150 000÷253 440）元。

表 10-16　时间驱动作业成本法的成本核算

作　业	单位作业时间/min （1）	作业量（件） （2）	总时间/min （3）	总成本（元） （4）=（3）×0.60
处理订单	13.333	3 000	39 999	23 999.4
包装	7.142	2 000	14 284	8 570.4

（续）

作　业	单位作业时间/min (1)	作业量（件） (2)	总时间/min (3)	总成本（元） (4)=(3)×0.60
配送	81.213	2 000	162 426	97 455.6
总使用量	—	—	216 709	130 025.4
未使用量	—	—	36 731	19 974.6
总提供量	—	—	253 440	150 000

计算可以得出时间利用率为 85.507%（216 709÷253 440），而成本利用率为 86.684%（130 025.4÷150 000）。通过分析未使用的时间量，可以计算出需裁剪的人数为 36 731÷(8×22×60)=4，还可根据每项作业所需时间进行人员安排和调整，直至最优。

通过分析时间研究，可以大致归纳出时间研究的优势如下：

（1）能够为管理者提供更准确的成本信息。通过相关时间测定法，对作业时间进行标准制定，为做决策提供很大帮助。

（2）利用这个方法可以使物流各环节隐形物流成本的核算进一步清晰化，为降低成本提供了更多的可能性。

（3）利用时间研究进行时间测定，可以让管理者对每一个作业单元的时间有大致的了解，以便发现每一项作业所存在的问题，对各个环节进行改进和优化。

（4）更重要的是，明确成本管理的目标和质量要求，克服从业人员缺乏追求最准确成本信息的缺点。

四、结语

对时间驱动作业成本法的原理和模型分析表明，精确衡量每一项物流作业时间对于物流成本的准确核算具有十分重要的意义。而时间研究正好满足了这一需求，它主要是利用对时间的测定，得出每一项作业的标准时间，克服了以往估计时间的缺陷。时间研究的目的是建立工作标准，对比实际作业时间与标准作业时间，寻找改进的方向，减少工人空闲和等待物料的时间。综合运用各种时间测定方法对该配送中心作业时间和成本进行分析研究，使该配送中心作业时间的确定更加准确，作业成本更加精确，从而更加合理地制定工时定额，使作业均衡化，更合理地安排作业人员，以达到最优状态。时间研究不仅适于物流行业，未来还可以推广到更多的服务行业。

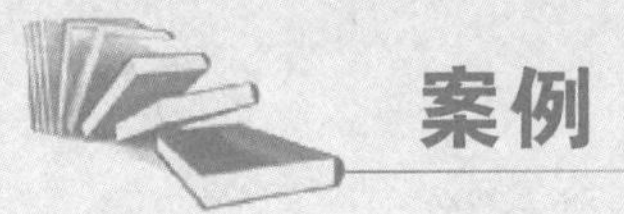

案例

作业成本法在企业物流成本管理中的应用——以A公司为例

（蒋丽芹、许明月，江南大学商学院，财会月刊，2015，16期，稍有改动）

作业成本法是一种以作业为基础，通过对所有作业活动进行追踪动态反映，计量作业和成本对象的成本，评价作业业绩和资源利用情况的成本计算和管理方法。本文运用作业成本法探究A公司在物流成本管理中存在的问题，选取B、C两个产品，构建作业成本模型对其物流成本进行核算，并将计算结果与企业运用传统核算方法得出的结果进行对比，结果表明作业成本法可以使企业的物流成本管理更具系统性、科学性，为我国企业提升市场竞争力和市场地位提供一定的参考。

作业成本法的基本原理主要是指“资源被作业所耗用，而作业又被产品所耗用”这个理念，即先把作业看成成本计算对象，根据资源动因将资源分配给各作业中心形成作业成本，再根据作业动因将作业成本分配给各个产品，最终形成产品的成本。具体如图 10-6 所示。

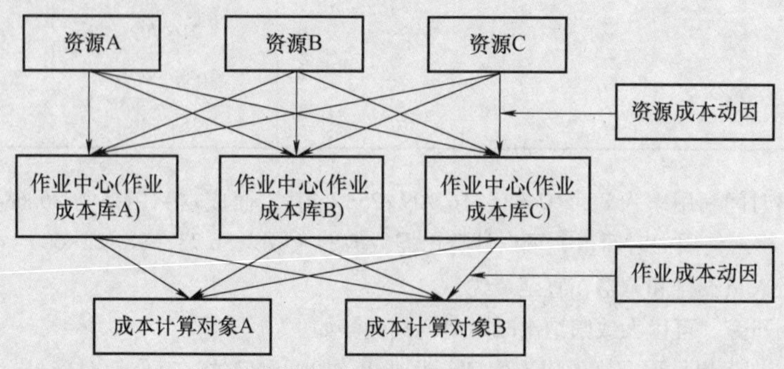

图 10-6　作业成本法基本原理

一、A 公司的基本情况

S 公司总部设在美国密苏里州圣路易斯，是一家知名的生产生物化学试剂的跨国公司。该公司主要在生命科学方面与化学方面进行各项研究，是迄今为止世界上最大、最知名的化学/生物试剂生产商和供应商。公司已成为全球多个国家若干名生化科学家和实验技术人员的实验好搭档。S 公司以其惊人的实力与速度实现在全球的扩张，在 34 个国家中有其分公司或办事处，并在 9 个国家设立了 31 个生产基地，全球员工有 6 800 余人，年销售额一般为 20 亿美元。

2008 年，S 公司在无锡新区投资建立了 A 公司。A 公司在营运初期，从 S 公司引进了目前世界上最先进的对生化试剂的生产技术，与此同时，还采购了国际上最先进的生产设备，学习了最精湛的生产工艺。目前已经是集产品研发、生产、储运、销售、人才培训和技术支持等综合功能于一体的运营中心，该中心致力于成为 S 公司亚太地区最重要的产品基地。

二、A 公司物流成本管理中的问题

（一）缺乏单独的核算体系

由于物流成本的核算范围比较广泛，公司采用现有的核算体系计算出来的结果具有片面性，管理人员常常以偏概全，无法对公司的物流成本实现有效的管理。主要表现在以下三个方面：

（1）没有一个确切的成本核算目标，对物流成本认知薄弱，意识淡薄。

（2）所表现出来的物流成本信息只是一小部分，比较片面，不够准确。

（3）只是使用传统的方法计算物流成本，仅仅计算了会计项目中预留的那一部分。

（二）缺乏系统的物流管理

A 公司为了获得力度大的折扣，经常大批量购买原材料。这样做虽然一定程度上降低了企业运输成本和采购成本，但是同时增加了企业的仓储成本，甚至可能导致部分库存因技术更新太快而一直被积压。在 A 公司中，六个部门的物流管理是分割开的，各个部门对自身的物流进行管理。很多部门只关心本部门物流成本的节约，只在某一种活动中减少物流成本，缺少全局观念，忽视了对物流活动的整合。由此可见，这种只关注某一要素的最优化，而忽视了整体最优，只考虑某一部门或某一要素的成本最低的做法，其结果可能不但没有降低成本，一定程度上还会增加总成本。这种长期忽视物流要素之间“二律悖反”关系的低成本策略，必将导致 A 公司利润下降和竞争力削弱。

（三）信息化程度较低

A 公司的信息化水平较低，不能顺应现代技术的发展，无法对其物流成本采用现代化的管理方式。

由于受美国总部控制的原因，A 公司无法按照公司自身的物流过程，设计、开发适合其自身情况的物流成本核算软件。所以，A 公司仍由人工进行物流管理的各方面操作，这将致使产生误差的概率更大，误差值必然也更大。

三、作业成本法在 A 公司的应用

A 公司在其运营的整个过程中，实施基本物流服务所需的物流作业主要包括：①销售部门根据客户的订单需求对订单进行处理，并与客户签订合同（简称“订单处理作业”）；②采购部门根据客户需求及公司库存情况向供应商采购原材料（简称“采购作业”）；③收到原材料后，由质量控制和质量检测部门进行验收（简称“验收作业”）；④检验合格后，由仓储部门将原材料运送至仓库存储（简称“存储作业”）；⑤根据拟订的生产计划，开始生产工序，完成后对货物进行包装（简称“生产包装作业”）；⑥质量检测部门对产成品进行详细检验，检验合格后放入成品仓库（简称“质量检验作业”）；⑦将成品从 A 公司运送至订购的客户（简称“运输作业”）。物流作业流程如图 10-7 所示。

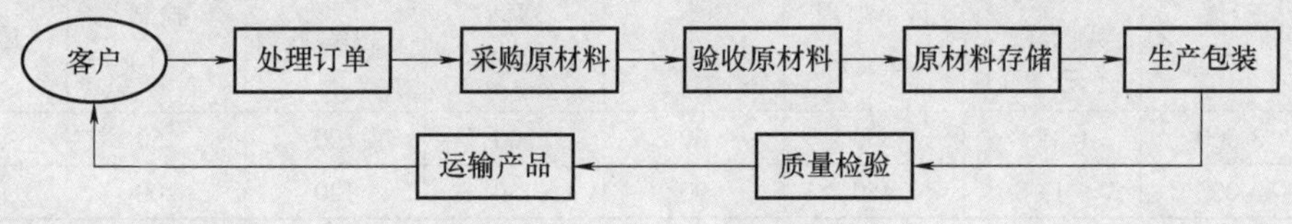

图 10-7　物流作业流程

接下来，本文将根据 A 公司物流作业的流程，采用作业成本法计算各项物流作业的成本。

（一）分析资源，确定 A 公司中资源费用的构成

本文研究的对象为 A 公司的物流活动，所涉及的资源费用包括以下几种：人工费用（员工工资、礼品、补贴及福利）、材料费用（运输费用、车辆燃料费、水电费、卫生保洁费、通信费等）、间接费用（车辆以及仓库的折旧、管理费用及财务费用等）。

（二）确定 A 公司从原材料开始到产成品完工所包括的物流作业

依据 A 公司的物流作业流程图，总结出 A 公司的物流作业主要有以下七项：订单处理作业、采购作业、验收作业、存储作业、生产包装作业、质量检验作业和运输作业。为提高最终计算出来的作业成本的准确性，按照同质性，将同类作业归集为一个作业中心，即将采购作业与验收作业归集。可以建立以下六个作业中心：订单处理中心、采购验收中心、存储中心、生产包装中心、质量检测中心和运输中心。

（三）明确 A 公司各项物流作业的成本动因

通过对 A 公司的各项物流作业进行分析，得到其相应的成本动因，如表 10-17 所示。

表 10-17　公司各项物流作业及其成本动因

作　　业	作业成本动因
订单处理	订单处理份数
采购验收	采购次数
存储作业	托盘的数量
生产包装	机器工时
质量检测	检测货物数量
运输作业	运输时长

为了能准确地分析 A 公司的物流成本，以 B、C 两个产品为例建立作业成本模式，详见表 10-18、表 10-19。

表 10-18　作业成本资料表　（金额单位：元）

资源	作业					
	订单处理	采购验收	存储作业	生产包装	质量检测	运输作业
员工人数	2	2	3	3	2	2
人工费用	7 000	10 000	10 500	10 500	10 000	8 000
材料费用	2 500	6 000	4 000	5 000	6 000	5 500
间接费用	4 200	8 500	13 000	14 000	8 800	20 000
合计	13 700	24 500	27 500	29 500	24 800	33 500

表 10-19　B、C 产品的相关资料

产品	项目							
	产量（瓶/月）	直接材料价格（元/瓶）	订单处理数量（份）	采购（次数）	存储（托盘数）	包装/h	检测（件）	运输/h
B	3 000	25	300	60	300	100	150	60
C	4 000	13	450	90	450	120	200	72

A 公司以 B、C 两个产品为例建立的作业成本模型如图 10-8 所示。

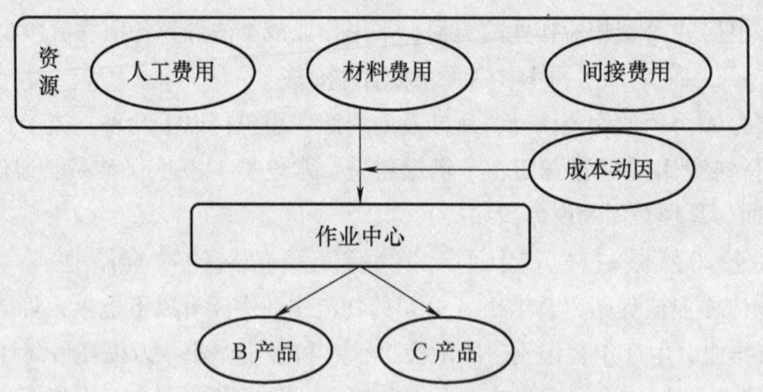

图 10-8　B、C 产品的作业成本模型

（四）将成本归集到作业中心

由表 10-18 可得知六个作业中心所消耗的资源费用总额，将其单独列示，详见表 10-20。

表 10-20　作业中心消耗的资源费用　（单位：元）

作业	订单处理	采购验收	存储作业	生产包装	质量检测	运输作业
资源数	13 700	24 500	27 500	29 500	24 800	33 500

（五）将作业中心的成本分配到 B、C 两个产品中

根据表 10-19 可以得知各个作业中心的工作量，如订单处理中心的工作量为 750 份（300+450），同理可得出其他作业中心的工作量，按照公式：成本动因率=作业中心消耗的资源费用÷作业工作量，可得出各个作业中心的成本动因率，计算结果（保留两位小数）如表 10-21 所示。

表 10-21　作业成本动因率

作业	订单处理	采购验收	存储作业	生产包装	质量检测	运输作业
成本动因率	18.27	163.33	36.67	134.09	70.86	253.79

根据公式：耗用资源=产品作业动因数量×成本动因率，参照表10-21的结果，可以计算出B、C两种产品实际消耗的资源费用。汇总计算结果，得到表10-22。

表10-22　B、C产品实际消耗的资源费用

作业	成本动因率	消耗作业成本动因数			消耗资源（元）	
		B产品	C产品	合计	B产品	C产品
订单处理	18.27	300	450	750	5 481	8 221.5
采购验收	163.33	60	90	150	9 799.8	14 699.7
存储作业	36.67	300	450	750	11 001	16 501.5
生产包装	134.09	100	120	220	13 409	16 090.8
质量检测	70.86	150	200	350	10 629	14 172
运输作业	253.79	60	72	132	15 227.4	18 272.88
合 计					65 547.2	87 958.38

（六）计算各项物流作业的总成本

根据表10-22可以计算出B、C两种产品的间接成本，再加上直接成本就可以得出B、C两种产品的单位总成本，进一步可以求得各作业中心的单位成本。主要公式如下：

单位成本=单位直接成本+单位间接成本

单位间接成本=∑各作业中心的单位成本

各作业中心的单位成本=各作业中心的实际耗用资源÷产品产量

根据计算得出B、C产品的物流成本，详见表10-23。

表10-23　B、C产品的物流成本　（单位：元）

成本		B产品（3 000件）		C产品（4 000件）		消耗资源费用
		总成本	单位成本	总成本	单位成本	
直接成本		75 000	25	52 000	13	127 000
间接成本	订单处理	5 481	1.83	8 221.5	2.06	13 702.5
	采购验收	9 799.8	3.27	14 699.7	3.67	24 499.5
	存储作业	11 001	3.67	16 501.5	4.13	27 502.5
	生产包装	13 409	4.47	16 090.8	4.02	29 499.8
	质量检测	10 629	3.54	14 172	3.54	24 801
	运输作业	15 227.4	5.08	18 272.88	4.57	33 500.28
合计		65 547.2	46.86	87 958.38	34.99	153 505.58

四、传统物流成本计算法

传统的计算方法比较简单，制造费用的分配标准主要是直接的材料成本、直接的人工工时和机器运行时间。根据数据，可以将直接材料成本作为制造费用的分配标准，计算过程如下：

B、C两种产品耗用的总资源数=153 505.58元

B产品直接材料成本=75 000元

C产品直接材料成本=52 000元

制造费用分配率=153 505.58元/（75 000+52 000）元=1.21

因而，B产品的单位制造费用=（75 000×1.21）元/3 000=30.25元

同理，C 产品的单位制造费用=(52 000×1.21) 元/4 000=15.73 元

所以，B、C 两种产品的成本分别为 55.25 元（25+30.25）和 28.73 元（13+15.73）。

五、研究效果评价

（一）比较两种成本计算方法在物流成本管理的运用

分别运用作业成本法和传统成本计算方法计算 A 公司中 B、C 两种产品的单位成本，并进行比较，详见表 10-24。

表 10-24　两种成本法计算产品单位成本结果比较　（单位：元）

方法	B 产品单位成本	C 产品单位成本
作业成本法	46.86	34.99
传统成本计算法	55.25	28.73

由表 10-24 可知，通过采用两种不同的成本计算方法，得出的 B、C 两种产品的单位成本相差甚大。在使用传统成本计算方法时，对产品投入大、单价较高的产品的成本估算太高；反之，则估算太低。这样会使产品的成本信息失真，会对公司领导层在决策时带来不良影响，影响公司的正常发展。

如果仅就制造费用这个因素而言，两种方法计算的结果也截然不同，传统成本计算方法主要采用单一的人工工时等财务变量作为制造费用分配的基准，而忽略了一套良好的非财务变量，因而丧失了一些改善管理的机会。作业成本法的制造费用分配基础是多元的，不仅限于人工工时，而是根据不同作业成本中心所耗费资源的类型，选择作业成本动因，进而确定分配制造费用的基准。传统成本计算方法往往忽略了成本的相关性，而作业成本法计算物流成本的最终结果会更加科学合理。

（二）A 公司应用作业成本法结果分析

根据前面的计算结果，对 B、C 两种产品的单位成本做进一步的分析，计算产品中各项作业成本占总成本的比例，找出占用资源比例较大的作业中心，以此作为物流成本管理的核心控制点。计算结果详见表 10-25。

表 10-25　B、C 产品各项工作成本占总成本的比例

成本		B 产品		C 产品	
		单位成本（元）	所占比例	单位成本（元）	所占比例
直接成本		25	53.35%	13	37.15%
间接成本	订单处理	1.83	3.91%	2.06	5.89%
	采购验收	3.27	6.98%	3.67	10.49%
	存储作业	3.67	7.83%	4.13	11.80%
	生产包装	4.47	9.54%	4.02	11.49%
	质量检测	3.54	7.55%	3.54	10.12%
	运输作业	5.08	10.84%	4.57	13.06%
总成本		46.86	100.00%	34.99	100.00%

由表 10-25 可知，除去直接成本，在剩下的几个作业过程中，运输作业单位成本占总成本的比例最高，分别占 B、C 产品成本的 10.84%和 13.06%，因此，运输作业的成本管理是物流成本管理的关键。众多研究表明，运输作业成本主要受运输方式、运输价格等因素的影响，鉴于此，企业需要对运输的方式与运输的价格做一个合理的安排，从而在价格最低的同时，能够保证运输正常以及高水平的运输服务。

六、总结

（1）针对A公司物流成本管理中存在的问题，以及通过作业成本法运算出来的数据分析，A公司物流成本管理可以实施以下策略：

建立完善的核算体系，优化物流成本管理结构。A公司需要加强对成本的核算，在物流方面设立单独的部门或者对物流成本进行单独的统计核算，把分散到其他成本项目中的物流成本分离出来。在公司的财务部门可以采取“双管齐下”的管理方式：一方面，建立作业成本法的相关制度，通过作业记录将各项作业成本分类，并最终运用作业成本法对物流成本进行详细核算，得出最终数据；另一方面，按原有方式记账，并与作业成本法对比，发现问题所在，从而优化物流成本管理结构。

（2）加强对物流成本中关键环节的控制。从表10-25数据可以看出，运输作业、存储作业、生产包装对B、C两个产品间接成本的影响较大。除去直接成本，运输作业成本占产品总成本的比例最高，B、C产品分别为10.84%和13.06%。因此，其短期工作重点是降低物流成本。由于A公司订单的内容和要求不同，该公司很难对其业务进行资源的合理配置。A公司可以选择将其物流方面相关的业务外包给第三方物流企业，让其为本公司提供便利的服务。与此同时，A公司可以集中精力和资源在核心业务上，专注于生产、研发以及销售渠道的构建。为了在外包过程中取得可观的收益，A公司必须做到以下四点：①与提供物流服务的第三方物流企业保持积极良好的合作关系；②建立科学的评价标准，对供应商进行一定的绩效考核，并计算企业以往在与该供应商承运物流业务中获取的收益；③明确提出A公司的服务要求，并且与第三方物流企业共同制定操作指引；④积极建立畅通的沟通渠道，最好能与其时刻保持联系，提前解决潜在问题。

（3）建立现代信息系统。为了与上游企业或者下游企业共享信息，A公司必须建立完善的信息系统。信息系统一旦构建成功，供应商就可以及时了解到企业的原材料需求计划，合理安排原材料的生产和运送。A公司也可以对客户的订单信息进行共享，以提高效率并合理安排生产，从而大大缩减对客户需求的反应时间，保证产品有序高效地流转，有利于A公司加强对成本的管理。

思 考 题

1. 简述作业成本管理的基本原理。
2. 简述计算物流作业成本的流程。
3. 简述作业成本管理的优缺点。
4. 简述作业成本管理法在物流成本管理中应用的必要性和可行性。
5. 如何应用作业成本管理控制物流成本？
6. 在进行物流成本计算和控制时，在什么情况下作业成本管理更加适用？
7. 应用作业成本管理的关键是什么？

习 题

1. 假设某企业客户服务部门共有三项作业：订单处理、回答询价及检查客户信用，作业量分别为：50 000、1 500和3 000。假设该部门第一季度的费用总额为600 000元。该部门采用传统作业成本法，请员工估计这三项作业时间分别占总工作时间的比例。假设员工估计用于这三项作业的比例分别为：70%、10%和20%，请利用传统作业成本法计算各作业的成本动因率。

2. S企业物流配送中心共有24位员工，人均薪金2 754元。2020年4月该中心发生的折旧、各类办公费用及相关消耗共计58 800元。假定每月每人工作22.5天，一天工作8h，有效工时率为85%。根据时间驱动作业成本法的计算步骤，完成下面的计算表（见表10-26），并计算出未用工时。

表 10-26 计算表

作业	单据费单价（元）	单位作业耗时/min	单位作业费用率（元/min）	作业动因（单据份数）	单据成本（元）	总耗时/min	分摊间接成本（元）	分摊总成本（元）
收货	0.81	20		3 600				
出货	0.61	12		9 200				
拣货	1.65	35		800				
退货	1.17	20		60				

3. 某物流公司主要为客户提供货物运输、货运代理、仓储、城市配送、货物包装等物流服务。该公司现阶段物流的间接费用比重较大，业务种类繁多，其物流成本核算和管理比较复杂。现运用作业法对其运输部门的业务进行成本分析，该部门主要存在以下活动：①发车前检验；②装货；③固定货物与检查；④货物发送登记等办公作业；⑤发车；⑥运货；⑦开门及检查货物；⑧卸货；⑨清扫货车；⑩办公作业和管理。根据活动的性质和重要性把这些活动归为三类作业：

装货：①~⑤

运货：⑥

卸货：⑦~⑩

本月度该部门的理想产能为 125 000min，实际工作量为：198 次装货、198 次运货以及 198 次卸货。该部门本月成本归集如表 10-27 所示。

表 10-27 成本归集

项　　目	输送活动	活　动　号	成本动因	输送费用（元）
人力费	托板堆积	②、⑧	堆积时间	3 500
	其他活动	其他活动	需要时间	14 000
燃料费	货车行程	⑥	行程距离	36 100
设备费	设备使用	②、⑧	使用时间	4 000
	货车使用	⑥	行程距离	24 000
总输运费				81 600

要求：

（1）运用传统作业成本法计算。管理人员经过对员工的调查，得到了装货、运货、卸货所消耗的时间比重约为 15%、70%、15%，据此分别计算出这三项作业应分摊的成本及各项作业的成本动因率。

（2）运用时间驱动作业成本法计算。管理人员根据长期观察，发现员工在工作过程中平均有 20%的时间用于交流、离开和休息，即实际产能为理想产能的 80%。管理人员通过与员工交谈和直接观察又得到如下数据：装货为 66min/次，运货为 328min/次，卸货为 66min/次。据此分别计算出各项作业的成本动因率、分摊的成本，并计算出未使用产能。

（3）比较上述两种计算方法，分析时间驱动作业成本法相对于传统作业成本法的优点。

参考文献

[1] 朱伟生，张洪革. 物流成本管理 [M]. 北京：机械工业出版社，2003.

[2] 现代物流课题组. 物流成本管理 [M]. 广州：广东经济出版社，2002.

[3] 傅桂林. 物流成本管理 [M]. 北京：中国物资出版社，2004.

[4] 邓凤祥. 现代物流成本管理：消除“物流成本” 获取利润之第三利润源泉 [M]. 北京：经济管理出版社，2003.

[5] 巴罗. 企业物流管理：供应链的规划、组织和控制 [M]. 王晓东，等译. 北京：机械工业出版社，2002.

[6] 兰伯特，等. 战略物流管理：一本以市场营销为导向、以客户满意为中心的物流教科书 [M]. 邵晓峰，等译. 北京：中国财政经济出版社，2003.

[7] 佛莱哲利. 物流战略咨询：供应链一体化的方法论、工具和实践 [M]. 任建标，译. 北京：中国财政经济出版社，2003.

[8] 尚克. 汤姆森成本管理经典案例 [M]. 李宏明，崔嘉芳，译. 北京：中国时代经济出版社，2003.

[9] 崔介何. 企业物流 [M]. 北京：中国物资出版社，2002.

[10] 王槐林. 采购管理与库存控制 [M]. 北京：中国物资出版社，2002.

[11] 陈宏. 物流企业财务会计 [M]. 北京：中国物资出版社，2002.

[12] 田中一成. 图解库存管理 [M]. 顾月花，译. 上海：文汇出版社，2002.

[13] 汤浅和夫. 物流管理 [M]. 张鸿，译. 上海：文汇出版社，2002.

[14] 田源. 仓储管理 [M]. 3 版. 北京：机械工业出版社，2015.

[15] 财政部注册会计师考试委员会. 财务成本管理 [M]. 北京：经济科学出版社，2004.

[16] 于福生，王俊生，黎文珠. 成本会计学 [M]. 4 版. 北京：中国人民大学出版社，2006.

[17] 孙勤. 成本会计 [M]. 北京：机械工业出版社，1999.

[18] 胡富昌. 应用经济数学：四 线性规划 [M]. 北京：中国人民大学出版社，1995.

[19] 赵锡铎. 运输经济学 [M]. 大连：大连海事大学出版社，1998.

[20] 国家信息中心中国经济信息网. CEI 中国行业发展报告 · 物流业 [M]. 北京：中国经济出版社，2004.

[21] 科特勒，等. 市场营销管理：亚洲版 · 下 [M]. 郭国庆，等译. 北京：中国人民大学出版社，1997.

[22] 闫华红. 财务成本管理：轻松过关 1 2008 年注册会计师考试应试指导及全真模拟测试 [M]. 北京：经济科学出版社，2008.

[23] 中华人民共和国国家质量监督检验检疫总局，中国国家标准化管理委员会. 企业物流成本构成与计算：GB/T 20523—2006 [S]. 北京：中国标准出版社，2007.

[24] 陈小龙，朱文贵，张显东. ABC 成本法在企业物流成本核算和管理中的应用 [J]. 物流技术，2002 (6).

[25] 王新利，王春阳. 农产品物流成本核算初探 [J]. 中国农业会计，2006 (1).

[26] 闵亨锋. 基于时间驱动作业成本法下的物流成本核算 [J]. 物流科技，2007 (6).

[27] 温素彬，徐佳. 时间驱动作业成本法的原理与应用 [J]. 财务与会计，2007 (2).

[28] 姚旻霏. 时间驱动作业成本法与传统作业成本法的区别及改进 [J]. 科技情报开发与经济，2006 (7).

[29] 陈玉清，严琳. 基于时间驱动因素的两种作业成本法的分析比较 [J]. 东北大学学报（社会科学版），2005 (5).

[30] 罗晓蕾. 时间驱动作业成本法研究 [J]. 物流技术，2010 (3).

[31] 金建恺. 创建第三方物流企业成本核算模型探析：基于时间驱动作业成本法 [J]. 通化师范学院学报，2009 (5).

[32] 田中禾，周伟，吴丹. 时间驱动作业成本法应用举例 [J]. 财会月刊，2009 (11).

[33] 蒋惠园，等. 美国企业物流成本的分析与国内降低物流成本的对策［J］. 武汉理工大学学报（交通科学与工程版），2003（1）.

[34] 吴安南. 中美物流成本现状及其比较分析［J］. 物流科技，2008（4）.

[35] 谈贵军，梁婷. 韩国物流成本统计方法研究［J］. 北京交通大学学报（社会科学版），2008（1）.

[36] 张文杰. 区域经济发展与现代物流［J］. 中国流通经济，2002（1）.

[37] 隽娟. 中美物流成本的比较研究［J］. 北方经济，2007（10）.

[38] 高红平. 国内外物流成本的构成结构比较分析［J］. 现代商业，2006（7）.

[39] 贺爱民. 荷兰道路运输企业在货物运输成本方面的计算［J］. 综合运输，1996（5）.

[40] 江焕平. 远洋集装箱班轮运输企业作业成本管理［J］. 交通财会，2003（3）.

[41] 余梦铷，蒲娟. 浅析以“前·中·后”三步走来降低物流成本［J］. 企业导报，2012（21）.

[42] 国家发展改革委，中国物流与采购联合会. 2018 年全国物流运行情况通报［EB/OL］.［2019-03-23］. http://www.chinawuliu.com.cn.

[43] 宋华. 日本物流成本现状及其管理框架［DB/OL］.［2021-07-08］. https://max.book118.com/html/2021/0607/6023140003003155.shtm.

[44] ALFORD L P，BANGS J R. Production handbook［M］. New York：Ronald，1955.

[45] KAPLAN R S，ANDERSON S R. Time-driven activity-based costing［J］. Harvard Business Review，2004（11）.